TAXNET
세무/회계 전문 재경비즈니스 포털 서비스

2025

제 8 판

꼭 필요한 실무내용만 짚어주는!

Point 포인트 법인조정 실무

김태원 · 장윤서 공저

조세통람

시중에 수많은 법인세법 관련 서적이 즐비한 가운데 또 하나의 책을 추가한다는 것은 여간 부담스러운 일이 아닐 수 없다. 그럼에도 불구하고 다년간 실무현장과 강의현장에서 겪었던 아쉬움들과 좀 더 실무자들에게 도움이 될 수 있는 책을 만들고자 하는 열정들이 다시금 집필에 대한 생각을 접을 수 없게 하였고 수년간의 집필노력이 본서로 결실을 맺게 되었다. 이미 좋은 책들이 많이 나와 있는데, 새로 도서를 출간하면서 기존 책들의 집필방식을 답습한다면 본서의 저작 목적은 상실될 것이다. 본서의 가장 중요한 저작 목적은 중소기업 및 세무회계사무소의 실무자들에게 꼭 필요한 법인조정 실무내용을 포인트 위주로 간결하게 전달하는 것이다. 이에 따라 책의 처음부터 끝까지 집필의도와 주안점을 보다 명확히 하여, 방향성을 잃지 않고 책이 집필될 수 있도록 총력을 기울였다. 그중에서도 가장 주안점을 둔 부분은 다음과 같다.

1. **중소기업 및 세무회계사무소의 실무자들에게 꼭 필요한 포인트 위주로 집필하였다.**
   법인세법의 법조문과 예규 · 심판례 · 판례들은 실로 방대하나 본서는 그 방대한 양의 법인세법 내용 중 핵심 포인트 위주로 기술하였다. 본서의 저작 목적은 중소기업 및 세무회계사무소의 실무자들에게 꼭 필요한 법인조정 실무내용을 간결하게 정리하여 전달하는 것이기에 법인세법의 지엽적인 내용은 과감하게 제외하였고, 다수의 기업에서 일반적으로 발생하는 공통적인 법인조정 사항 위주로 기술하였다.

2. **기업회계의 내용을 최대한 배제하고 법인세무조정의 핵심적인 내용 위주로 기술하였다.**
   우리나라 전체 법인 수를 기준으로 보면 기업회계기준의 적용이 의무적인 법인보다 의무적으로 적용하지 않는 법인의 수가 압도적으로 많다. 또한, 법인세법 제60조 제2항에 따르면 법인세 신고 시 "기업회계기준을 준용하여 작성한 개별 내국법인의 재무상태표 · 포괄손익계산서 및 이익잉여금처분계산서(또는 결손금처리계산서)"를 첨부서류로 제출하도록 하고 있다. 따라서 우리나라 법인 중 상당수는 기업회계기준의 적용보다는 준용을 하게 되며, 법인세법과의 차이에 대한 세무조정 최소화를 목적으로 회계처리를 한다면, 기업회계기준의 내용은 보충적으로 적용하고 법인세법의 내용을 우선적으로 적용하여 회계처리하는 것이 바람직할 것이다. 이에 본서는 기업회계기준의 설명을 최소화하였고, 법인세법의 내용을 설명하는 데 대부분의 지면을 할애하도록 집필하였다.

3. 실무적 접근이 용이하도록 계정과목별로 목차체계를 구성하였다.

본서와 같은 실무서는 첫 페이지부터 마지막 페이지까지 정독하여 읽는 경우가 거의 없고, 대부분 업무를 수행하다가 필요한 부분을 찾아서 실무에 적용하게 된다. 그런데 법인조정 실무자들은 실제로 법인세 세무조정을 수행함에 있어서 손익계산서 및 재무상태표를 보면서 각 계정과목별로 접근하는 것이 일반적이다. 따라서 저자는 본서를 활용하는 법인세 세무조정 실무자의 관점에서 볼 때 법인세법의 각 내용은 회계 계정과목 위주로 기술하는 것이 가장 효율적이라 판단하였고, 손익계산서의 매출액부터 영업외 손익까지 일반적인 손익계산서 양식의 계정과목 순서대로 목차를 구성하였다.

4. 서식 간 연결관계가 필요한 부분에 대하여 연계성 있는 작성사례를 수록하였다.

법인세 세무조정 서식은 각 개별 서식의 작성으로 업무가 완료되는 것이 아니라, 해당 서식의 내용이 다른 서식의 작성에 영향을 주므로 서식 간의 연결관계가 중시된다. 이에 본서에서는 서식 간의 연결관계를 파악해 볼 수 있도록 서식작성 사례를 구성하는 데 주안점을 두었다. 예를 들어, 지급이자 손금불산입 내역이 수입배당금 익금불산입 세무조정의 지급이자 차감액에 반영되도록 사례를 구성한 것이나, 기부금 명세서의 작성사례에 있어서 소득금액조정합계표 및 법인세과세표준 및 세액조정계산서의 작성을 함께 설명한 것, 최저한세 · 법인세과세표준 및 세액조정계산서 · 세액공제감면 관련 서식이 연결된 사례를 수록한 것 등, 서식 간의 연결관계 파악이 가능하도록 최대한 집필하였다.

저자는 출간만으로 의무를 다하였다고 생각하지 않으며 온라인과 오프라인 강의를 통하여 계속해서 독자들을 만날 것이다. 또한 본서에 대한 강의를 진행하며 부족하다고 느끼는 점과 독자들께서 주시는 제언들을 밑거름으로 하여 더 좋은 책을 만들기 위한 노력을 계속해 나갈 것이다. 끝으로 본서의 출간을 위해 아낌없는 격려와 조언을 해주신 이영우 회계사님께 감사드리며, 책의 완성도를 높이기 위해 작업에 참여해준 김동우 세무사, 옳세무회계 박아름님, 그리고 촉박한 일정 중에서도 항상 친절한 마음으로 최선을 다해준 조세통람 출판팀 직원분들께도 감사를 드린다.

2025년 7월 세무사 김태원

세무사 장윤서

CONTENTS

CHAPTER 04 법인세 신고납부 … 46

CHAPTER 05 성실신고 확인 … 61

CHAPTER 06 중간예납 … 68

PART 02

법인세 개 요

PART 03

계정과목별 세무조정

PART 05

부 록

개정세법

01 비영리법인의 유 · 무형자산 처분수입 과세소득 제외

(법령 3)

- **(신설)** 고유목적사업에 총 10년 이상 직접 사용한 유 · 무형자산의 경우
- 자산의 보유기간 대비 고유목적사업 사용기간에 비례하여 처분수입 과세 제외

적용시기 2025.2.28. 이후 유 · 무형 자산을 처분하는 분부터 적용

02 임직원 할인금액에 대한 과세 합리화

(법령 11, 법령 19)

- **(수익의 범위에 추가)** 법인의 임직원에 대한 재화 · 용역 등 할인금액은 사업수입금액에 포함
- **(손비의 범위에 추가)** 소득세법 제20조 제1항 제6호에 따른 이익 상당액*

  * 임직원에 대한 재화 · 용역의 할인 판매 · 제공가액과 시가와의 차이

적용시기 2025.1.1. 이후 판매 · 제공하는 분부터 적용

03 손금불산입 대상 부담금 범위 조정

(법법 21)

- **(손금불산입대상 추가)** 법령상 금지 · 제한 등의 위반을 이유로 부과되는 부담금

04 주식매수선택권 손금인정 범위 명확화

(법령 19)

– **(손금인정 대상 추가)** 상법 제542조의 3에 따른 주식매수선택권*(자사 임직원에게 제공하는 경우만 해당)

* 상장회사가 자사 또는 관계회사의 이사 · 집행임원 · 감사 또는 피용자에게 부여하는 주식매수선택권

05 감가상각 대상 무형자산 범위 보완

(법령 24 ①, 법령 26)

– **(추가)** 철도시설관리권*

* 내용연수(30년)는 시행규칙에서 규정

– **(추가)** 그 밖에 이와 유사한 무형자산

– 기업회계기준에 따른 상각방법 적용(무신고 시 5년 균등상각)

적용시기 2025.2.28.이 속하는 사업연도에 감가상각하는 분부터 적용

06 의료기술협력단에 대한 세제지원 ①

(법법 24 ②, 법령 39 ①)

의료기술협력단을 기부금 손금산입 대상에 포함

– **(특례기부금 추가)** 특례기부금 단체에 해당하는 병원이 설립하는 의료기술협력단

– **(일반기부금 추가)** 일반기부금 단체에 해당하는 병원이 설립하는 의료기술협력단

적용시기 **(특례기부금)** 2025.1.1. 이후 과세표준을 신고하는 분부터 적용

(일반기부금) 2025.2.28. 이후 과세표준을 신고하는 분부터 적용

07 의료기술협력단에 대한 세제지원 ②

(법령 74 ①)

의료기술협력단에 대한 고유목적사업준비금 손금산입 특례 적용

- **(적용대상 추가)** 고유목적사업준비금 손금산입 특례를 적용받는 법인이 설립하는 의료기술협력단

적용시기 2025.1.1. 이후 과세표준을 신고하는 분부터 적용

08 공동경비 배분 기준 보완

(법령 48 ①, ②)

- **(공동경비 배분기준 추가)** 비출자공동사업자의 직전년도 매출액이 없는 경우 ①, ② 중 선택, 미선택 시 ① 선택으로 간주
  ① 해당 사업연도 매출액 총액
  ② 해당 사업연도 총자산가액
- **(공동경비 분담 적용 손비 범위 추가)** 자산의 공동 운영에 따른 손비

적용시기 2025.2.28.이 속하는 사업연도에 공동경비를 지출하는 분부터 적용

09 성실신고확인대상 부동산임대업 주업법인 등에 대한 법인세 조정

(법법 55 ①)

– 성실신고확인대상 부동산임대업 주업법인 등*에 대한 법인세 과표구간 · 세율 조정

* ①~③ 요건을 모두 갖춘 법인

① 지배주주 등 지분율 50% 초과

② 부동산임대업이 주된 사업이거나 부동산 임대수입 · 이자 · 배당소득이 매출액의 50% 이상

③ 상시근로자 수가 5인 미만

과세표준	세 율
200억원 이하	19%
200억원 초과 ~ 3,000억원 이하	21%
3,000억원 초과	24%

(적용시기) 2025.1.1. 이후 개시하는 사업연도분부터 적용

10 중소 · 중견기업 범위 조정

(조특령 2 ①, 조특령 6의 4)

– **(제외대상 추가)** 부동산임대업, 성실신고확인대상 부동산임대업 주업법인 등*

* ①~③ 요건을 모두 갖춘 법인

① 지배주주 등 지분율 50% 초과

② 부동산임대업이 주된 사업이거나 부동산 임대수입 · 이자 · 배당소득이 매출액의 50% 이상

③ 상시근로자 수가 5인 미만

(적용시기) 2025.2.28. 이후 개시하는 과세연도부터 적용

11 창업중소기업 세액감면 제도 합리화

(조특법 6 조특령 5)

- **(신설)** 과밀억제권역 아닌 수도권 : (일반) 5년간 50% → 25%
(청년 등) 5년간 100% → 75%
- 고용증대 추가감면율 상향 : 상시근로자 증가율 × 50% → 100%
- 감면한도 연간 5억원
- **(적용기한 연장)** 2027.12.31.

적용시기 2025.1.1. 이후 창업하는 경우부터 적용

12 중기업 규모 출판업 지원 확대

(조특법 7 ①)

- **(추가)** 수도권에서 일반서적 출판업 영위하는 중기업에 대한 감면율 : 0 → 10%

적용시기 2025.1.1. 이후 개시하는 과세연도분부터 적용

13 R&D 세액공제 적용대상 확대

(조특령 별표 6)

- **(대상 추가)** 사내 교육프로그램을 청년 등 일반에게 제공하는 추가로 소요되는 비용
- **(공제대상 인건비 범위 명확화)** 4대 사회보험 보험료 → 사회보험 보험료*

* 국민연금, 건강보험, 고용보험, 산재보험+장기요양보험

적용시기 2025.2.28.이 속하는 과세연도에 지출하는 분부터 적용

14 통합투자세액공제 증가분 공제율 상향

(조특법 24 ①)

– **(추가공제율 상향)** 일반, 신성장 · 원천기술 사업화 시설 3%→10%
국가전략기술 사업화 시설 4%→10%

적용시기 2025.1.1. 이후 개시하는 과세연도에 투자하는 분부터 적용

15 국가전략기술 반도체 투자에 대한 세액공제율 상향

(조특법 24)

– **(반도체 분야 기본공제율 상향)** 중견 · 대기업 15%→20%
중소기업 25%→30%

적용시기 2025.1.1. 이후 투자하는 분부터 적용

16 중소 · 중견기업에 대한 임시투자세액공제 적용기한 연장

(조특법 24)

적용시기 **(2024년 투자분)** 2025.1.1. 이후 최초로 과세표준을 신고하는 분부터 적용
(2025년 투자분) 2025.1.1. 이후 개시하는 과세연도에 투자하는 분부터 적용

17 경력단절자의 정의 신설

(조특법 29의 8, 조특법 30)

- **(용어변경)** 경력단절여성 → 경력단절자
- **(성별)** 여성 → 삭제
- **(업종)** 동일 업종 기업에서 1년 이상 근무 → 1년 이상 근무
- **(퇴직사유 추가)** 가족돌봄

적용시기 **(통합고용세액공제)** 2025.1.1. 이후 개시하는 과세연도를 최초 공제연도로 하여 통합고용세액공제를 신청하는 분부터 적용

(중소기업 취업자 감면) 2025.1.1. 이후 취업하는 분부터 적용

18 중복지원 배제 개편

(조특법 127 ④)

- **(신설)** 창업중소기업 세액감면 중 고용증대 추가감면과 통합고용세액공제 고용증대 중복 배제 → 창업중소기업 세액감면과 통합고용세액공제 중복 배제

적용시기 2025.1.1. 이후 개시하는 창업하는 경우부터 적용

용어 정의

내국법인

내국법인이란 본점, 주사무소 또는 사업의 실질적 관리장소가 국내에 있는 법인을 말한다(법법 2 1호).

부동산임대업 주업법인 등 (법령 42 ②)

부동산임대업 주업법인 등이란 다음의 요건을 모두 갖춘 내국법인을 말한다(법령 42 ②).

① 해당 사업연도 종료일 현재 내국법인의 지배주주등이 보유한 주식등의 합계가 해당 내국법인의 발행주식총수 또는 출자총액의 50%를 초과할 것

② 해당 사업연도에 부동산 임대업을 주된 사업으로 하거나 다음의 금액 합계가 기업회계기준에 따라 계산한 매출액(㉠부터 ㉢까지의 금액이 포함되지 않은 경우에는 이를 포함하여 계산)의 50% 이상일 것

㉠ 부동산 또는 부동산상의 권리의 대여로 인하여 발생하는 수입금액(간주임대료 포함)

㉡ 이자소득의 금액

㉢ 배당소득의 금액

③ 해당 사업연도의 상시근로자 수가 5명 미만일 것

한편, 주된 사업을 판정할 때 내국법인이 2 이상의 서로 다른 사업을 영위하는 경우에는 사업별 사업수입금액이 큰 사업을 주된 사업으로 본다(법령 42 ③). 또한, 상시근로자란 「근로기준법」에 따라 근로계약을 체결한 내국인 근로자로 한다. 다만, 다음 중 어느 하나에 해당하는 사람은 제외한다(법령 42 ④).

① 해당 법인의 최대주주 또는 최대출자자 및 그와 친족관계인 근로자

② 근로소득원천징수부에 의하여 근로소득세를 원천징수한 사실이 확인되지 아니하는 근로자

③ 근로계약기간이 1년 미만인 근로자(다만, 근로계약의 연속된 갱신으로 인하여 그 근로계약의 총 기간이 1년 이상인 근로자는 제외한다)

④ 「근로기준법」에 따른 단시간근로자

비영리법인

비영리법인은 「민법」 또는 「사립학교법」 등에 의하여 설립된 법인으로서 영리를 목적으로 하지 않고 종교, 사회복지, 교육을 목적으로 설립된 법인을 말한다. 비영리법인의 종류는 다음과 같다(법법 2 2호).

① 「민법」 제32조의 규정에 의하여 설립된 법인

② 「사립학교법」 기타 특별법에 의하여 설립된 법인으로서 「민법」 제32조에 규정된 목적과 유사한 목적을 가진 법인

③ 「국세기본법」 제13조 제4항에 따른 법인으로 보는 단체

사채(私債)

사채(私債)란 개인 간의 금전 차입거래로서, 금융기관이 아닌 개인 또는 법인으로부터 차입한 차입금을 말한다.

사채(社債)

사채는 주식회사에 있어서 장기자금을 조달하기 위한 중요한 수단인데, 사채권이라고 하는 유가증권을 발행함으로써 불특정다수인으로부터 장기계약에 의하여 균일하게 세분된 금액으로 거액을 모아 차입하는 경우에 발생하는 금전채무이다. 또한 장기자금을 조달하기 위하여 발행하는 것으로서 비유동부채라는 점에서는 금융기관으로부터의 장기차입금과 그 성격이 같지만 그것이 증권금융이고 직접금융이며 사채권을 유가증권으로 유통함으로써 투자의 대상이 됨과 동시에 불특정다수의 사채권자가 이해를 같이하는 하나의 이익단체로서 법적으로 인정된 사채권자집회를 구성한다는 점, 그리고 금리가 일반적으로 차입금보다 저율이라는 점에서 장기차입금과 다르다.

소액주주등 (법령 50 ②)

소액주주등이란 발행주식총수 또는 출자총액의 1%에 미달하는 주식등을 소유한 주주등(해당 법인의 국가, 지방자치단체가 아닌 지배주주등의 특수관계인인 자는 제외)을 말한다.

수익사업

수익사업이란 비영리내국법인의 각 사업연도 법인세 과세대상 소득으로서 다음 중 어느 하나의 사업 또는 수입에서 생기는 소득을 말한다(법법 4 ③, 법령 3).

① 제조업, 건설업, 도매 및 소매업 등 한국표준산업분류에 따른 사업. 다만, 대통령령으로 정하는 사업은 제외한다.
② 이자소득
③ 배당소득
④ 주식 · 신주인수권 또는 출자지분의 양도로 인하여 생기는 수입
⑤ 유형자산 및 무형자산의 처분으로 인하여 생기는 수입. 다만, 고유목적사업에 직접 사용하는 해당 유형자산 및 무형자산의 처분일 현재 3년 이상 계속하여 법령 또는 정관에 규정된 고유목적사업(수익사업은 제외)에 직접 사용한 유형자산 및 무형자산의 처분으로 인하여 생기는 수입은 제외한다(법령 3 ②). 이 경우 해당 고정자산의 유지 · 관리 등을 위한 관람료 · 입장료수입 등 부수수익이 있는 경우에도 이를 고유목적사업에 직접 사용한 고정자산으로 보며, 비영리법인이 수익사업에 속하는 고정자산을 고유목적사업에 전입한 후 처분하는 경우에는 전입 시 시가로 평가한 가액을 그 고정자산의 취득가액으로 하여 처분으로 인하여 생기는 수입을 계산한다.
⑥ 양도소득세의 과세대상이 되는 부동산에 관한 권리 및 기타자산 양도로 인하여 생기는 수입
⑦ ①부터 ⑥까지의 규정 외에 대가를 얻는 계속적 행위로 인하여 생기는 수입으로서 채권 등을 매도함에 따른 매매익(그 이자소득에 대하여 법인세가 비과세되는 것은 제외)

영리법인

영리법인은 영리를 목적으로 사업을 수행하고 획득된 이윤을 주주들에게 배당하는 법인을 말한다. 영리법인의 종류로는 「상법」상의 합명회사, 합자회사, 유한책임회사, 주식회사와 유한회사 등이 있다(상법 170).

외국법인

외국법인이란 외국에 본점 또는 주사무소를 둔 단체(국내에 사업의 실질적 관리장소가 소재하지 아니하는 경우만 해당)로서 다음 중 어느 하나에 해당하는 법인을 말한다(법령 2 ②).

① 설립된 국가의 법에 따라 법인격이 부여된 단체
② 구성원이 유한책임사원으로만 구성된 단체
③ 그 밖에 해당 외국단체와 동종 또는 유사한 국내의 단체가 「상법」 등 국내의 법률에 따른 법인인 경우의 그 외국단체

임원
(법령 40 ①)

임원이란 다음 중 어느 하나의 직무에 종사하는 자를 말한다(법령 40 ①).

① 법인의 회장, 사장, 부사장, 이사장, 대표이사, 전무이사 및 상무이사 등 이사회의 구성원 전원과 청산인
② 합명회사, 합자회사 및 유한회사의 업무집행사원 또는 이사
③ 유한책임회사의 업무집행자
④ 감사
⑤ 그 밖에 위 ①~④의 규정에 준하는 직무에 종사하는 자

> 1. 「법인세법」상 임원인지 여부의 판단에 있어 해당 임원의 등기 여부에 불구하고 그 직무의 실질내용에 의하여 사실판단함이 타당함(조심 2009서3394, 2009.12.14.).
> 2. 내국법인의 비등기 업무집행임원으로서 해당 법인의 직제규정에 따라 '상무'의 명칭을 사용하여 재무결산 · 경영기획 및 손익관리 · 법무 · 인사 및 총무업무를 총괄하여 집행할 권한과 책임이 있는 경영지원본부장은 「법인세법 시행령」 제20조 제1항 제4호 라목에 따른 임원에 해당하는 것임(법규법인 2009-228, 2009.6.23.).

지배주주등
(법령 43 ⑦)

지배주주등이란 법인의 발행주식총수 또는 출자총액의 1% 이상의 주식 또는 출자지분을 소유한 주주등으로서 그와 특수관계에 있는 자와의 소유 주식 또는 출자지분의 합계가 해당 법인의 주주등 중 가장 많은 경우의 해당 주주등을 말한다(법령 43 ⑦).

친족
(국기령 1의 2 ①)

친족관계란 다음 중 어느 하나에 해당하는 관계를 말한다(국기령 1의 2 ①).

① 4촌 이내의 혈족
② 3촌 이내의 인척
③ 배우자(사실상의 혼인관계에 있는 자를 포함한다)
④ 친생자로서 다른 사람에게 친양자 입양된 자 및 그 배우자 · 직계비속

특수관계인
(법법 2 12호)

특수관계인이란 법인과 경제적 연관관계 또는 경영지배관계 등의 관계에 있는 자를 말한다. 이 경우 본인도 그 특수관계인의 특수관계인으로 본다(법법 2 12호). 즉, 특수관계인 여부는 쌍방관계를 기준으로 판단하므로, 어느 한 쪽을 기준으로 하여 특수관계인에 해당하면 다른 쪽을 기준으로 하여도 특수관계인에 해당한다. 여기서 "경제적 연관관계 또는 경영지배관계 등의 관계"란 다음 중 어느 하나에 해당하는 관계에 있는 자를 말한다(법령 2 ⑧).

① 임원의 임면권의 행사, 사업방침의 결정 등 당해 법인의 경영에 대하여 사실상 영향력을 행사하고 있다고 인정되는 자(상법 제401조의 2 제1항에 따라 이사로 보는 자를 포함)와 그 친족
② 비소액주주등과 그 친족
③ 다음 중 어느 하나에 해당하는 자 및 이들과 생계를 함께하는 친족
  ㉠ 법인의 임원 · 직원 또는 비소액주주등의 직원(비소액주주등이 영리법인인 경우에는 그 임원을, 비영리법인인 경우에는 그 이사 및 설립자를 말한다)
  ㉡ 법인 또는 비소액주주등의 금전이나 그 밖의 자산에 의해 생계를 유지하는 자
④ 해당 법인이 직접 또는 그와 ①부터 ③까지의 관계에 있는 자를 통하여 어느 법인의 경영에 대하여 지배적인 영향력을 행사하고 있는 경우 그 법인
⑤ 해당 법인이 직접 또는 그와 ①부터 ④까지의 관계에 있는 자를 통하여 어느 법인의 경영에 대하여 지배적인 영향력을 행사하고 있는 경우 그 법인

⑥ 해당 법인에 30% 이상을 출자하고 있는 법인이나 개인
⑦ 해당 법인이 기업집단에 속하는 법인인 경우 그 기업집단에 소속된 다른 계열회사 및 그 계열회사의 임원

한편 다음의 구분에 따른 요건에 해당하는 경우 해당 법인의 경영에 대하여 지배적인 영향력을 행사하고 있는 것으로 본다(국기령 1의 2 ④).

① 영리법인인 경우
　㉠ 법인의 발행주식총수 또는 출자총액의 30% 이상을 출자한 경우
　㉡ 임원의 임면권의 행사, 사업방침의 결정 등 법인의 경영에 대하여 사실상 영향력을 행사하고 있다고 인정되는 경우
② 비영리법인인 경우
　㉠ 법인의 이사의 과반수를 차지하는 경우
　㉡ 법인의 출연재산(설립을 위한 출연재산만 해당)의 30% 이상을 출연하고 그중 1인이 설립자인 경우

특수관계에 있는 자 (법령 43 ⑧)

특수관계에 있는 자란 해당 주주등과 다음 중 어느 하나에 해당하는 관계에 있는 자를 말한다(법령 43 ⑧).

(1) 해당 주주등이 개인인 경우
해당 주주등이 개인인 경우에는 다음 중 어느 하나에 해당하는 관계에 있는 자를 말한다.

① 친족
② 사실상 영향력(법령 2 ⑤ 1호)을 행사하고 있는 법인
③ 해당 주주등과 ① 및 ②에 해당하는 자가 발행주식총수 또는 출자총액의 30% 이상을 출자하고 있는 법인
④ 해당 주주등과 그 친족이 이사의 과반수를 차지하거나 출연금(설립을 위한 출연금에 한한다)의 30% 이상을 출연하고 그중 1명이 설립자로 되어 있는 비영리법인
⑤ ③ 및 ④에 해당하는 법인이 발행주식총수 또는 출자총액의 30% 이상을 출자하고 있는 법인

(2) 해당 주주등이 법인인 경우
해당 주주등이 법인인 경우에는 「법인세법 시행령」 제2조 제5항(제3호 제외)의 특수관계인의 관계에 있는 자를 말한다.

한국표준산업분류

한국표준산업분류는 기업이 주로 수행하는 산업 활동을 그 유사성에 따라 체계적으로 유형화한 것이다. 이러한 한국표준산업분류는 통계법에 의거하여 통계자료의 정확성 및 국가 간의 비교성을 확보하기 위하여, 유엔에서 권고하고 있는 국제표준산업분류를 기초로 작성한 통계목적분류이다. 한국표준산업분류는 통계목적 이외에도 일반 행정 및 산업정책 관련 법령에서 적용대상 산업영역을 결정하는 기준으로 준용되고 있다. 한국표준산업 분류는 통계분류포털(https://kssc.kostat.go.kr)에서 최신내용을 확인할 수 있다.

Corporate tax
Account Code
Tax base

PART 01

법인세 총설

CHAPTER 01 납세의무

CHAPTER 02 사업연도

CHAPTER 03 납세지

CHAPTER 04 법인세 신고납부

CHAPTER 05 성실신고 확인

CHAPTER 06 중간예납

CHAPTER

01 납세의무

1 법인의 구분

「민법」에서는 법적인 권리와 의무의 주체가 될 수 있는 인격체를 '자연인'과 '법인'으로 구분한다. '자연인'이란 유기적인 육체를 가지고 실제 살아 숨 쉬는 인간을 말한다. '법인'이란 법률에 의하여 권리능력이 인정된 단체 또는 재산을 말하며, 그 구성원과는 독립된 법인격을 단체에게 부여하고 독립된 권리 · 의무의 주체성을 인정한 법적 인격체를 말한다.[1] 즉, 법인은 사람은 아니지만 단체의 재산에 관한 법률관계를 간편하게 처리하기 위한 제도로서 사람과 같이 법적 권리의무를 가질 수 있도록 인격권을 부여한 법적 실체이다.

세법에서는 소득에 대하여 과세를 하고 있는바 '자연인'이 얻은 소득에 대하여는 소득세를, '법인'이 얻은 소득에 대하여는 법인세를 부과한다. 법인은 영리목적 유무에 따라 영리법인과 비영리법인으로 나뉘며, 본점소재지에 따라 내국법인과 외국법인으로 나누어진다.

법 인	내 국 법 인	영 리 법 인
		비 영 리 법 인
	외 국 법 인	영 리 법 인
		비 영 리 법 인

1) 김형배, 2003, 『민법강의』, 신조사, 57p.

2 내국법인과 외국법인

내국법인이란 본점, 주사무소 또는 사업의 실질적 관리장소가 국내에 있는 법인을 말한다(법법 2 1호). 외국법인이란 외국에 본점 또는 주사무소를 둔 단체(국내에 사업의 실질적 관리장소가 소재하지 아니하는 경우만 해당)로서 다음 중 어느 하나에 해당하는 법인을 말한다(법령 2 ②).

① 설립된 국가의 법에 따라 법인격이 부여된 단체
② 구성원이 유한책임사원으로만 구성된 단체
③ 그 밖에 해당 외국단체와 동종 또는 유사한 국내의 단체가 「상법」 등 국내의 법률에 따른 법인인 경우의 그 외국단체

3 영리법인과 비영리법인

(1) 영리법인

영리법인은 영리를 목적으로 사업을 수행하고 획득된 이윤을 주주들에게 배당하는 법인을 말한다. 영리법인의 종류로는 「상법」상의 합명회사, 합자회사, 유한책임회사, 주식회사와 유한회사 등이 있다(상법 170).

(2) 비영리법인

비영리법인은 「민법」 또는 「사립학교법」 등에 의하여 설립된 법인으로서 영리를 목적으로 하지 않고 종교, 사회복지, 교육을 목적으로 설립된 법인을 말한다. 비영리법인의 종류는 다음과 같다(법법 2 2호).

① 「민법」 제32조의 규정에 의하여 설립된 법인
② 「사립학교법」 기타 특별법에 의하여 설립된 법인으로서 「민법」 제32조에 규정된 목적과 유사한 목적을 가진 법인
③ 「국세기본법」 제13조 제4항에 따른 법인으로 보는 단체

「민법」에서는 “학술, 종교, 자선, 기예, 사교 기타 영리 아닌 사업을 목적으로 하는 사단 또는 재단은 주무관청의 허가를 얻어 이를 법인으로 할 수 있다”(민법 32)고 규정되어 있어, 비영리 사단법인 또는 비영리 재단법인은 주무관청의 법인설립 허가 없이 설립할 수 없다. 또한, 주주 · 사원 또는 출자자에게 이익을 배당할 수 있는 법인은 원칙적으로 비영리법인에서 제외되나(법법 2 2호 나목) 농 · 수산업협동조합과 그 중앙회 등 대통령령으로 정하는 조합법인 등은 이익을 배당할 수 없음에도 영리법인으로 본다(법령 2 ①).

(3) 법인으로 보는 단체

「국세기본법」 규정에 의하여 법인으로 보는 단체는 다음과 같으며, 이들은 비영리법인으로 보아 「법인세법」을 적용한다.

1) 당연히 법인으로 보는 단체

법인이 아닌 사단, 재단, 그 밖의 법인 아닌 단체 중 다음 중 어느 하나에 해당하는 것으로서 수익을 구성원에게 분배하지 아니하는 것은 법인으로 보아 「국세기본법」과 세법을 적용한다(국기법 13 ①).

① 주무관청의 허가 또는 인가를 받아 설립되거나 법령에 따라 주무관청에 등록한 사단, 재단, 그 밖의 단체로서 등기되지 아니한 것
② 공익을 목적으로 출연된 기본재산이 있는 재단으로서 등기되지 아니한 것

2) 세무서장의 승인에 의해 법인으로 보는 단체

법인으로 보는 사단, 재단, 그 밖의 단체 외의 법인격이 없는 단체 중 다음의 요건을 모두 갖춘 것으로서 대표자나 관리인이 관할 세무서장에게 신청하여 승인을 받은 것도 법인으로 보아 「국세기본법」과 세법을 적용한다. 이 경우 해당 사단, 재단, 그 밖의 단체의 계속성과 동질성이 유지되는 것으로 본다(국기법 13 ②).

① 사단, 재단, 그 밖의 단체의 조직과 운영에 관한 규정을 가지고 대표자나 관리인을 선임하고 있을 것
② 사단, 재단, 그 밖의 단체 자신의 계산과 명의로 수익과 재산을 독립적으로 소유 · 관리할 것
③ 사단, 재단, 그 밖의 단체의 수익을 구성원에게 분배하지 아니할 것

4 법인별 납세의무

법인세 납세의무자는 다음과 같이 구분되며, 각각의 납세의무는 다음과 같다.

법인의 종류		각 사업연도 소득에 대한 법인세	토지등 양도소득에 대한 법인세	청산소득	미환류소득 법인세
내국법인	영리법인	• 국내 · 외 모든 소득	○	○	○
	비영리법인	• 국내 · 외 수익사업에서 발생하는 소득	○	×	×
외국법인	영리법인	• 국내원천소득	○	×	×
	비영리법인	• 국내원천소득 중 열거된 수익사업에서 발생한 소득	○	×	×
국가 · 지방자치단체		납세의무 없음			

내국법인 중 국가와 지방자치단체(지방자치단체조합을 포함)에 대하여는 법인세를 부과하지 아니하며, 외국의 정부 및 지방자치단체는 비영리외국법인에 포함된다(법법 2 4호).

5 연결납세의무

연결납세방식이란 둘 이상의 내국법인을 하나의 과세표준과 세액을 계산하는 단위로 하여 법인세를 신고 · 납부하는 방식을 말하며, 연결법인이란 연결납세방식을 적용받는 내국법인을 말한다. 연결법인은 각 연결사업연도의 소득에 대한 법인세(각 연결법인의 토지 등 양도소득에 대한 법인세를 포함)를 연대하여 납부할 의무가 있다(법법 2 6호).

6 미환류소득법인세

(1) 개 요

각 사업연도 종료일 현재 상호출자제한기업집단에 속하는 내국법인이 투자, 임금 등으로 환류하지 아니한 소득이 있는 경우에는 같은 항에 따른 미환류소득(차기환류적립금과 이월된 초과환류액을 공제한 금액)에 20%를 곱하여 산출한 세액을 미환류소득에 대한 법인세로 하여 각 사업연도 소득에 대한 법인세액에 추가하여 납부하여야 한다(조특법 100의 32 ①).

(2) 미환류소득법인세의 계산

미환류소득에 대한 법인세의 과세대상법인이 투자, 임금 등으로 환류하지 아니한 소득이 있는 경우에는 법인이 신고한 방법으로 계산한 미환류소득에서 미환류소득의 전부 또는 일부를 다음 사업연도의 투자, 임금 등으로 환류하기 위한 금액(차기환류적립금)과 이월된 초과환류액을 공제한 금액의 20%를 미환류소득에 대한 법인세로 하여 법인세에 추가하여 납부하여야 한다(조특법 100의 32 ①·②).

미환류소득법인세＝(미환류소득－차기환류적립금－이월된 초과환류액)×20%

'미환류소득'이란 다음의 방법 중 법인이 선택한 방법으로 계산한 금액(그 금액이 음수인 경우에는 "초과환류액"이라 함)으로 하는데(조특법 100의 32 ①·②, 조특령 100의 32 ⑤), 이를 산식으로 표시하면 다음과 같다.

<table>
<tr><th>구 분</th><th colspan="3">미환류소득의 계산</th></tr>
<tr><td>A방식
(투자포함방식)</td><td>• 기업소득×70%－ { • 투자합계액
• 상시근로자의 임금증가액
• 상생협력 지출액</td><td rowspan="2">} 중 선택＝</td><td>(+)
미환류소득</td></tr>
<tr><td>B방식
(투자제외방식)</td><td>• 기업소득×15%－ { • 상시근로자의 임금증가액
• 상생협력 지출액</td><td>(−)
초과환류액</td></tr>
</table>

(3) 신고절차

미환류소득에 대한 법인세의 적용대상 내국법인은 미환류소득에 대한 법인세를 각 사업연도의 종료일이 속하는 달의 말일부터 3개월(연결납세의 경우에는 4개월) 이내에 납세지 관할 세무서장에게 신고하여야 한다(조특법 100의 32 ②). 이때 미환류소득에 대한 법인세를 신고하려는 내국법인은 법인세 과세표준신고를 할 때 미환류소득에 대한 법인세신고서[조특칙 별지 제114호 서식]를 납세지 관할 세무서장에게 제출하여야 한다(조특령 100의 32 ③).

CHAPTER

02 사업연도

1 기본원칙

사업연도는 법령이나 법인의 정관 등에서 정하는 1회계기간으로 한다. 다만, 그 기간은 1년을 초과하지 못한다(법법 6 ①).

2 사업연도의 신고

법령이나 정관 등에서 정하는 사업연도가 없는 경우에는 사업연도를 신고하여야 한다(법법 6 ②·③·④).

<table>
<tr><th colspan="2">구 분</th><th>내 용</th></tr>
<tr><td colspan="2">(1) 내국법인</td><td>법령이나 정관 등에 사업연도에 관한 규정이 없는 내국법인은 따로 사업연도를 정하여 법인 설립신고 또는 사업자등록과 함께 납세지 관할 세무서장에게 사업연도를 신고하여야 한다.</td></tr>
<tr><td rowspan="2">(2) 외국법인</td><td>국내사업장이 있는 경우</td><td>국내사업장이 있는 외국법인으로서 법령이나 정관 등에 사업연도에 관한 규정이 없는 법인은 따로 사업연도를 정하여 국내사업장 설치신고 또는 사업자등록과 함께 납세지 관할 세무서장에게 사업연도를 신고하여야 한다.</td></tr>
<tr><td>국내사업장이 없는 경우</td><td>국내사업장이 없는 외국법인으로서 국내원천소득 중 부동산 소득 또는 양도소득이 있는 법인은 따로 사업연도를 정하여 그 소득이 최초로 발생하게 된 날부터 1개월 이내에 납세지 관할 세무서장에게 사업연도를 신고하여야 한다.</td></tr>
</table>

3 신고하지 않은 경우

사업연도를 신고를 하여야 할 법인이 그 신고를 하지 아니하는 경우에는 매년 1월 1일부터 12월 31일까지를 그 법인의 사업연도로 한다(법법 6 ⑤).

4 최초 사업연도 개시일

법인의 최초 사업연도의 개시일은 다음의 날로 한다(법령 4 ①).

구 분	내 용
(1) 내국법인	설립등기일
(2) 외국법인	국내사업장을 가지게 된 날(국내사업장이 없는 경우에는 부동산소득 또는 양도소득이 최초로 발생한 날)

다만, 최초 사업연도의 개시일 전에 생긴 손익을 사실상 그 법인에 귀속시킨 것이 있는 경우 조세포탈의 우려가 없을 때에는 최초 사업연도의 기간이 1년을 초과하지 아니하는 범위 내에서 이를 당해 법인의 최초 사업연도의 손익에 산입할 수 있다. 이 경우 최초 사업연도의 개시일은 당해 법인에 귀속시킨 손익이 최초로 발생한 날로 한다(법령 4 ②).

5 법인으로 보는 단체의 최초 사업연도 개시일

「국세기본법」 규정에 의한 법인으로 보는 단체의 최초 사업연도 개시일은 다음의 날로 한다(법령 4 ①).

① 법령에 의하여 설립된 단체에 있어서 당해 법령에 설립일이 정하여진 경우에는 그 설립일
② 설립에 관하여 주무관청의 허가 또는 인가를 요하는 단체와 법령에 의하여 주무관청에 등록한 단체의 경우에는 그 허가일 · 인가일 또는 등록일

③ 공익을 목적으로 출연된 기본재산이 있는 재단으로서 등기되지 아니한 단체에 있어서는 그 기본재산의 출연을 받은 날
④ 「국세기본법」 규정에 의하여 납세지 관할세무서장의 승인을 얻은 단체의 경우에는 그 승인일

6 사업연도의 변경

사업연도를 변경하려는 법인은 그 법인의 직전 사업연도 종료일부터 3개월 이내에 납세지 관할 세무서장에게 이를 신고하여야 한다(법법 7 ①). 만약, 법인이 신고기한까지 신고를 하지 아니한 경우에는 그 법인의 사업연도는 변경되지 아니한 것으로 본다(법법 7 ②). 사업연도가 변경된 경우에는 종전의 사업연도 개시일부터 변경된 사업연도 개시일 전날까지의 기간을 1사업연도로 한다. 다만, 그 기간이 1개월 미만인 경우에는 변경된 사업연도에 그 기간을 포함한다(법법 7 ③).

CHAPTER 03 납세지

납세지란 납세의무자가 납세의무를 이행함에 있어서 기준이 되는 장소를 말하며, 일반적으로 납세지를 통해 관할 세무서를 결정하게 된다. 법인세는 납세지를 관할하는 세무서장 또는 지방국세청장이 과세한다(법법 12).

1 일반적인 납세지

(1) 내국법인

내국법인의 법인세 납세지는 그 법인의 등기부에 따른 본점이나 주사무소의 소재지로 한다. 만약, 국내에 본점 또는 주사무소가 있지 아니하는 경우에는 사업을 실질적으로 관리하는 장소의 소재지를 납세지로 한다(법법 9 ①).

(2) 외국법인

외국법인의 법인세 납세지는 국내 사업장의 소재지로 한다. 다만, 국내 사업장이 없는 외국법인으로서 부동산소득이나 양도가 있는 외국법인의 경우에는 각각 그 자산의 소재지로 한다(법법 9 ②). 이때 둘 이상의 국내 사업장이 있는 외국법인에 대하여는 주된 사업장의 소재지를 납세지로 한다(법법 9 ③). 주된 사업장의 소재지라 함은 직전 사업연도의 사업수입 금액이 가장 많은 사업장의 소재지를 말하며, 주된 사업장 소재지의 판정은 최초로 납세지를 정하는 경우에만 적용한다(법령 7 ②·③). 한편, 둘 이상의 자산이 있는 법인에 대하여는 국내원천소득이 발생하는 장소 중 당해 외국법인이 납세지로 신고하는 장소를 납세지로 한다. 이 경우 그 신고는 둘 이상의 국내원천소득이 발생하게 된 날부터 1월 이내에 납세지신고서에 의하여 납세지 관할 세무서장에게 하여야 한다(법법 9 ③, 법령 7 ④).

(3) 법인으로 보는 단체의 납세지

법인으로 보는 단체의 경우에는 당해 단체의 사업장소재지를 말하되, 주된 소득이 부동산 임대소득인 단체의 경우에는 그 부동산의 소재지를 말한다. 이 경우 둘 이상의 사업장 또는 부동산을 가지고 있는 단체의 경우에는 주된 사업장 또는 주된 부동산의 소재지를 말하며, 사업장이 없는 단체의 경우에는 당해 단체의 정관 등에 기재된 주사무소의 소재지(정관 등에 주사무소에 관한 규정이 없는 단체의 경우에는 그 대표자 또는 관리인의 주소를 말함)를 말한다(법령 7 ①). 여기서 "주된 사업장 또는 주된 부동산의 소재지"라 함은 직전 사업연도의 사업수입금액이 가장 많은 사업장 또는 부동산의 소재지를 말한다(법령 7 ②).

2 원천징수한 법인세의 납세지

원천징수한 법인세의 납세지는 해당 원천징수의무자의 소재지로 한다(법법 9 ④, 법령 7 ⑥).

(1) 원천징수의무자가 개인인 경우

1) 원천징수하는 자가 거주자인 경우

그 거주자의 주된 사업장 소재지. 다만, 주된 사업장 외의 사업장에서 원천징수를 하는 경우에는 그 사업장의 소재지, 사업장이 없는 경우에는 그 거주자의 주소지 또는 거소지로 한다.

2) 원천징수하는 자가 비거주자인 경우

그 비거주자의 주된 국내사업장 소재지. 다만, 주된 국내사업장 외의 국내사업장에서 원천징수를 하는 경우에는 그 국내사업장의 소재지, 국내사업장이 없는 경우에는 그 비거주자의 거류지 또는 체류지로 한다.

(2) 원천징수의무자가 법인인 경우

1) 일반적인 경우

당해 법인의 본점 · 주사무소 또는 국내에 본점이나 주사무소가 소재하지 아니하는 경우의 사업의 실질적 관리장소의 소재지로 한다. 다만, 법인으로 보는 단체에 있어서는 그 단체의 법인세 납세지, 외국법인의 경우에는 당해 법인의 주된 국내사업장의 소재지로 한다.

2) 사업장별 납부의 경우

법인의 지점 · 영업소 기타 사업장이 독립채산제에 의하여 독자적으로 회계사무를 처리하는 경우에는 그 사업장의 소재지로 한다. 단, 그 사업장의 소재지가 국외에 있는 경우를 제외한다. 단, 다음의 경우에는 해당 법인의 본점 · 주사무소 등을 원천징수세액의 납세지로 할 수 있다(법령 7 ⑥ 2호).

① 법인이 지점 등에서 지급하는 소득에 대한 원천징수세액을 본점에서 전자계산조직 등에 의하여 일괄계산하는 경우로서 본점 등의 관할 세무서장에게 신고하는 경우
② 「부가가치세법」에 따라 사업자단위로 관할 세무서장에게 등록한 경우

3 납세지 지정

관할지방국세청장이나 국세청장은 납세지가 그 법인의 납세지로 적당하지 아니하다고 인정되는 경우에는 위의 규정에도 불구하고 그 납세지를 지정할 수 있다(법법 10 ①). 이렇게 관할지방국세청장이나 국세청장이 납세지를 지정한 경우에는 그 법인의 당해 사업연도 종료일부터 45일 이내에 이를 통지하여야 하며, 기한 내에 하지 아니한 경우에는 종전의 납세지를 그 법인의 납세지로 한다(법령 8 ③ · ④).

4 납세지 변경

법인이 납세지가 변경된 경우에는 그 변경된 날부터 15일 이내에 변경 후의 납세지 관할 세무서장에게 이를 신고하여야 한다. 이 경우 납세지가 변경된 법인이 「부가가치세법」 규정에 따라 그 변경된 사실을 신고한 경우에는 납세지 변경신고를 한 것으로 본다(법법 11 ①). 만약, 납세지가 변경된 법인이 납세지 변경신고를 하지 아니한 경우에는 종전의 납세지를 그 법인의 납세지로 하며, 신고기한을 경과하여 변경신고를 한 경우에는 변경신고를 한 날부터 그 변경된 납세지를 당해 법인의 납세지로 한다(법법 11 ②, 법칙 3). 한편, 외국법인이 납세지를 국내에 가지지 아니하게 된 경우에는 그 사실을 납세지 관할 세무서장에게 신고하여야 한다.

CHAPTER

04 법인세 신고납부

1 법인세의 신고기한

(1) 기본원칙

법인은 '법인세 과세표준 및 세액신고서'를 작성하여 각 사업연도의 종료일이 속하는 달의 말일부터 3월 이내에 관할세무서에 신고하고 법인세를 납부하여야 한다. 12월말 결산법인의 경우 다음 해 3월 31일이 법정 신고납부기한이다. 다만, 연결납세방식을 선택한 경우 연결모법인은 각 연결사업연도의 종료일이 속하는 달의 말일부터 4월 이내에 관할 세무서에 신고, 납부하여야 한다(법법 76의 17 ①).

(2) 신고기한의 연장

1) 공휴일

만약 신고기한의 말일이 공휴일인 경우 그 다음 날까지 신고·납부기한이 연장된다.

2) 외부감사 미종결

외부감사 대상 법인의 결산이 신고기한까지 미확정되어 신고기한 종료일 이전 3일 전까지 연장신청하는 경우 1개월 범위에서 연장할 수 있으며, 연장기간 동안 연 3.1%에 해당하는 이자상당액을 추가로 납부하여야 한다(법법 60 ⑧).

3) 「국세기본법」상 기한연장사유

천재지변 기타 사유로 인하여 법인세 과세표준을 기한 내에 신고할 수 없다고 인정되는 경우에는 세무서장에게 신고기한의 연장승인신청을 하고 승인을 받아 연장할 수 있는데, 그 연장사유는 다음과 같다(국기법 6, 국기령 2).

① 납세자가 화재 · 전화 그 밖의 재해를 입거나 도난을 당한 경우
② 납세자 또는 그 동거가족이 질병이나 중상해로 6개월 이상의 치료가 필요하거나 사망하여 상중인 경우
③ 정전, 프로그램의 오류 기타 부득이한 사유로 한국은행(그 대리점을 포함) 및 체신관서의 정보통신망의 정상적인 가동이 불가능한 경우
④ 금융회사 등(한국은행국고대리점 및 국고수납대리점인 금융기관에 한함) 또는 체신관서의 휴무나 그 밖에 부득이한 사유로 인하여 정상적인 세금납부가 곤란하다고 국세청장이 인정하는 경우
⑤ 권한 있는 기관에 장부 · 서류가 압수 또는 영치된 경우
⑥ 납세자의 장부작성을 대행하는 세무사(세무법인을 포함) 또는 공인회계사(회계법인을 포함)가 화재, 전화, 그 밖의 재해를 입거나 도난을 당한 경우
⑦ 그 밖에 ①, ②, ⑤에 준하는 사유가 있는 경우

2 법인세 신고 시 제출서류 유의사항

(1) 필수적 제출서류

법인세 신고는 법인세 과세표준 및 세액신고서에 다음 서류를 첨부하여야 한다(법법 60 ②).

① 기업회계기준을 준용하여 작성한 재무상태표, 포괄손익계산서 및 이익잉여금처분계산서
② 세무조정계산서 – 법인세 과세표준 및 세액조정계산서[법칙 별지 제3호 서식](법칙 82 ① 3호)
③ 기타 세무조정계산서 부속서류, 현금흐름표(외부회계감사대상법인), 원화재무제표(기능통화 채택 법인), 합병 및 분할 명세서(합병분할법인, 법칙 97 ⑤)

위 첨부서류 중 ①~②의 서류를 첨부하지 아니하고 신고서를 제출하는 경우에는 신고를 하지 아니한 것으로 본다. 그리고 ① 및 ③의 현금흐름표의 제출은 국세정보통신망을 이용하여 기획재정부령이 정하는 표준재무상태표, 표준손익계산서 및 표준손익계산서부속명세서를 제출하는 것으로 갈음할 수 있다(법령 97 ⑪).

한편, 법인이 법인세 과세표준신고서에 첨부한 재무제표에 대하여 세법에서 별도로 기업회계기준을 준용하였는지의 여부 및 주주총회의 결의를 거쳤는지를 검증하는 규정은 없으며, 법인이 당초 적법하게 법인세 과세표준신고서에 첨부한 재무제표를 수정하고 이를 근거로 수정신고 또는 경정청구를 할 수 없다(서면2팀 – 59, 2006.1.10.).

(2) 대표자 서명

외부감사 대상 법인이 전자신고를 통하여 법인세 과세표준과 세액을 신고하는 때에는 그 신고서에 대표자가 서명날인하여 서면으로 납세지 관할 세무서장에게 제출하여야 한다(법령 97 ①).

(3) 주식 등 변동상황명세서의 제출

사업연도 중에 주식 등의 변동사항이 있는 법인은 신고기한 내에 주식 등 변동상황명세서[법칙 별지 제54호 서식]를 제출하여야 한다(법법 119 ①). 다만, 주권상장법인 및 코스닥 등록법인의 지배주주(그 특수관계인을 포함한다) 외의 주주와 그 밖의 법인의 소액주주에 대하여는 변동상황명세서를 제출하지 아니한다(법법 119 ②).

3 해외현지법인에 대한 자료제출 의무

(1) 해외직접투자의 명세 등

「외국환거래법」 제3조 제1항 제18호에 따른 해외직접투자를 한 내국법인은 법인세법에 따른 사업연도 종료일이 속하는 달의 말일부터 6개월 이내에 다음의 해외직접투자명세등을 납세지 관할 세무서장에게 제출하여야 한다(국조법 58 ①, 국조령 98 ①).

① 외국환거래법 제3조 제1항 제18호 가목에 따른 해외직접투자를 한 내국법인 : 해외현지 법인명세서[국조칙 별지 제47호 서식]

② 위 '①'의 내국법인 중 다음의 어느 하나에 해당하는 내국법인 : 해외현지법인명세서와 해외현지법인재무상황표[국조칙 별지 제48호 서식]

㉠ 외국환거래법 제3조 제1항 제18호 가목에 따른 해외직접투자를 받은 법인(이하 "피투자법인")의 발행주식 총수 또는 출자총액의 10% 이상을 소유하고 그 투자금액이 1억원 이상인 내국법인

㉡ 피투자법인의 발행주식 총수 또는 출자총액의 10% 이상을 직접 또는 간접으로 소유하고 있고, 피투자법인과 국제조세조정에관한법률 제2조 제1항 제3호에 따른 특수관계에 있는 내국법인

③ 위 '②'의 'ⓛ'에 해당하는 내국법인 중 다음 중 어느 하나에 해당하는 거래의 건별 손실금액(이하 "손실거래금액")이 단일 사업연도에 50억원 이상이거나 최초 손실이 발생한 사업연도부터 5년이 되는 날이 속하는 사업연도까지의 누적 손실금액이 100억원 이상인 요건을 갖춘 내국법인 : 해외현지법인명세서, 해외현지 법인재무상황표와 손실거래명세서[국조칙 별지 제49호 서식]

㉠ 해외직접투자를 한 내국법인의 손실거래(해외직접투자를 받은 외국법인과의 거래에서 발생한 손실거래로 한정한다)

ⓛ 해외직접투자를 받은 외국법인의 손실거래(해외직접투자를 한 내국법인과의 거래에서 발생한 손실거래는 제외한다)

④ 외국환거래법 제3조 제1항 제18호 나목에 따른 해외직접투자를 한 내국법인 : 해외영업소 설치현황표[국조칙 별지 제50호 서식]

실무포인트 **외국환거래법에 따른 투자**

1. 외국환거래법 제3조 제1항 제18호 가목에 따른 해외직접투자

① 외국법령에 따라 설립된 법인(설립 중인 법인을 포함하며 이하 "외국법인"이라 함)이 발행한 증권을 취득하거나 그 법인에 대한 금전의 대여 등을 통하여 그 법인과 지속적인 경제관계를 맺기 위하여 하는 거래 또는 행위로서 대통령령으로 정하는 아래에 해당하는 것(외국환거래법 3 ① 18호 가목, 외국환거래법시행령 8 ①)

㉠ 외국법인의 경영에 참가하기 위하여 취득한 주식 또는 출자지분이 해당 외국법인의 발행주식총수 또는 출자총액에서 차지하는 비율(주식 또는 출자지분을 공동으로 취득하는 경우에는 그 주식 또는 출자지분 전체의 비율을 말하며 이하 "투자비율"이라 함)이 10% 이상인 투자

ⓛ 투자비율이 10% 미만인 경우로서 해당 외국법인과 다음의 어느 하나에 해당하는 관계를 수립하는 것

ⓐ 임원의 파견

ⓑ 계약기간이 1년 이상인 원자재 또는 제품의 매매계약의 체결

ⓒ 기술의 제공 · 도입 또는 공동연구개발계약의 체결

ⓓ 해외건설 및 산업설비공사를 수주하는 계약의 체결

ⓒ 위의 '㉠' 또는 'ⓛ'에 따라 이미 투자한 외국법인의 주식 또는 출자지분을 추가로 취득 하는 것

㉣ 위의 '㉠'부터 'ⓒ'까지의 규정에 따라 외국법인에 투자한 거주자가 해당 외국법인에 대하여 상환기간을 1년 이상으로 하여 금전을 대여하는 것

2. 외국환거래법 제3조 제1항 제18호 나목에 따른 해외직접투자

외국에서 영업소를 설치 · 확장 · 운영하거나 해외사업 활동을 하기 위하여 자금을 지급하는 행위로서 대통령령으로 정하는 아래에 해당하는 것(외국환거래법 3 ① 18호 나목, 외국환거래법시행령 8 ②)

㉠ 지점 또는 사무소의 설치비 및 영업기금

㉡ 거주자가 외국에서 법인 형태가 아닌 기업을 설치 · 운영하기 위한 자금

㉢ 해외자원개발사업법 제2조에 따른 해외자원개발사업 또는 사회간접자본개발사업을 위한 자금. 다만, 해외자원개발을 위한 조사자금 및 해외자원의 구매자금은 제외한다.

(2) 해외부동산명세

「외국환거래법」 제3조 제1항 제19호에 따른 자본거래 중 외국에 있는 부동산 또는 이에 관한 권리(이하 "해외부동산등")를 취득하여 보유하고 있거나 처분한 내국법인이 다음 중 어느 하나에 해당하는 경우에는 「법인세법」에 따른 사업연도 종료일이 속하는 달의 말일부터 6개월 이내에 해외부동산등의 취득 · 보유 · 투자운용(임대) 및 처분명세서[국조법 별지 제51호 서식]를 따라 납세지 관할 세무서장에게 제출하여야 한다(국조법 58 ②).

① 해외부동산등의 취득가액이 2억원 이상인 경우 : 해외부동산등 취득 · 투자운용(임대 포함) · 처분명세 및 과세기간 또는 사업연도 종료일 현재 보유현황

② 해외부동산등의 취득가액이 2억원 미만으로서 처분가액이 2억원 이상인 경우 : 해외부동산등의 처분 명세

(3) 자료의 제출요구

과세당국은 내국법인이 해외현지법인명세서등(해외직접투자명세등 · 해외부동산명세)을 제출하지 아니하거나 거짓된 해외현지법인 명세서등을 제출한 경우에는 해외현지법인 명세서등의 제출이나 보완을 요구할 수 있다. 제출 또는 보완을 요구받은 자는 그 요구를 받은 날부터 60일 이내에 해당 자료를 제출하여야 한다(국조법 58 ⑤ · ⑥).

(4) 과태료 등

해외직접투자 명세서등의 자료제출 의무가 있는 법인(투자받은 법인의 발행주식총수 또는 출자총액의 10% 이상을 직접 또는 간접으로 소유한 경우만 해당한다)이 다음 중 어느 하나에 해당하는 경

우 그 법인에 대해서는 5천만원 이하의 과태료를 부과한다. 다만, 기한 내에 자료제출이 불가능하다고 인정되는 경우 등 대통령령으로 정하는 정당한 사유가 있는 경우에는 과태료를 부과하지 아니한다(국조법 91 ①).

① 법정제출기한까지 해외직접투자 명세서등을 제출하지 아니하거나 거짓된 해외직접투자명세서등을 제출하는 경우
② 자료제출 또는 보완을 요구받고 같은 조 제3항에 따른 기한까지 해당 자료를 제출하지 아니하거나 거짓된 자료를 제출하는 경우

또한, 해외부동산등명세를 제출할 의무가 있는 법인이 다음 중 어느 하나에 해당하는 경우 그 법인에 대해서는 해외부동산등의 취득가액, 처분가액 및 투자운용 소득의 10% 이하의 과태료(1억원 한도)를 부과한다. 다만, 기한까지 자료제출이 불가능하다고 인정되는 경우 등 대통령령으로 정하는 정당한 사유가 있는 경우에는 과태료를 부과하지 아니한다(국조법 91 ②).

① 법정제출기한까지 해외부동산등의 투자 명세등을 제출하지 아니하거나 거짓된 해외부동산등의 투자 명세등을 제출하는 경우
② 자료제출 또는 보완을 요구받고 같은 조 제3항에 따른 기한까지 해당 자료를 제출하지 아니하거나 거짓된 자료를 제출하는 경우

[국조령 별표] (2024.2.29. 개정)

▍과태료의 부과기준(국조법 제104조 제1항 관련)▍

위반행위		근거 법조문	과태료	
			거주자인 경우	내국법인인 경우
1. 해외직접투자명세등의 자료 제출의무가 있는 거주자 또는 내국법인인 경우	가. 국조법 제58조 제1항에 따른 기한까지 다음의 자료를 제출하지 않거나 거짓된 자료를 제출한 경우 1) 해외현지법인 명세서 2) 해외현지법인 재무상황표 3) 손실거래명세서 4) 해외영업소 설치 현황표	국조법 제91조 제1항 제1호	건별 500만원	건별 1천만원
	나. 국조법 제58조 제5항에 따라 자료 제출 또는 보완을 요구받은 날부터 60일 이내에 다음의 자료를 제출하지 않거나 거짓된 자료를 제출한 경우(2024.2.29. 개정) 1) 해외현지법인 명세서 2) 해외현지법인 재무상황표	국조법 제91조 제1항 제2호	건별 500만원	건별 1천만원

위반행위		근거 법조문	과태료	
			거주자인 경우	내국법인인 경우
	3) 손실거래명세서 4) 해외영업소 설치 현황표			
2. 해외부동산등 명세의 자료 제출의무가 있는 거주자 또는 내국법인인 경우	가. 국조법 제58조 제2항 각 호 외의 부분에 따른 기한까지 다음의 자료를 제출하지 않거나 거짓된 자료를 제출한 경우	국조법 제91조 제2항 제1호		
	1) 해외부동산등 취득명세 2) 해외부동산등 보유명세		해외부동산등 취득가액의 10퍼센트(1억원을 한도로 한다)	
	3) 해외부동산등 투자운용(임대)명세		해외부동산등 투자운용 소득의 10퍼센트(1억원을 한도로 한다)	
	4) 해외부동산등 처분명세		해외부동산등 처분가액의 10퍼센트(1억원을 한도로 한다)	
	나. 국조법 제58조 제5항에 따라 자료 제출 또는 보완을 요구받은 날부터 60일 이내에 다음의 자료를 제출하지 않거나 거짓된 자료를 제출한 경우 (2024.2.29. 개정)	국조법 제91조 제2항 제2호		
	1) 해외부동산등 취득명세 2) 해외부동산등 보유명세		해외부동산등 취득가액의 10퍼센트(1억원을 한도로 한다)	
	3) 해외부동산등 투자운용(임대)명세		해외부동산등 투자운용 소득의 10퍼센트(1억원을 한도로 한다)	
	4) 해외부동산등 처분명세		해외부동산등 처분가액의 10퍼센트(1억원을 한도로 한다)	
3. 해외신탁명세의 자료 제출의무가 있는 위탁자 (2024.2.29. 신설)	가. 국조법 제58조 제3항에 따른 기한까지 해외신탁명세를 제출하지 않거나 거짓된 해외신탁명세를 제출한 경우	국조법 제91조 제4항 제1호	해외신탁재산 가액의 10퍼센트 (1억원을 한도로 한다)	
	나. 국조법 제58조 제5항에 따라 자료 제출 또는 보완을 요구받은 날부터 60일 이내에 해외신탁명세를 제출하지 않거나 거짓된 해외신탁명세를 제출한 경우	국조법 제91조 제4항 제2호		

4 국제거래명세서 및 국제거래정보 통합 보고서

(1) 국제거래정보통합보고서에 대한 제출서식 및 기한

다음에 해당하는 납세의무자는 그 구분에 따라 사업활동 및 거래내용 등에 관한 국제거래정보통합보고서를 법인세법 제6조에 따른 사업연도 종료일이 속하는 달의 말일부터 12개월 이내에 납세지 관할 세무서장에게 제출하여야 한다(국조법 16 ①).

① 내국법인 또는 국내사업장이 있는 외국법인으로서 다음의 요건을 모두 갖춘 납세의무자(국조령 34 ①) : 통합기업보고서 및 개별기업보고서

㉠ 해당 과세연도 매출액이 1천억원을 초과할 것

㉡ 국외특수관계인과의 해당 과세연도 재화거래, 용역거래, 무형자산거래 및 대차거래 규모(이하 "거래규모")의 합계액이 500억원을 초과할 것. 이 경우 거래규모의 합계액을 계산할 때 외국법인의 국내사업장의 경우에는 그 외국법인의 본점 및 그 외국법인의 국외에 있는 지점과의 거래규모를 포함한다.

② 다음의 구분에 따른 납세의무자(국조령 35 ①) : 국가별보고서

㉠ 기획재정부령으로 정하는 최종 모회사(이하 "최종모회사")가 국내에 소재하는 경우로서 직전 과세연도 연결재무제표의 매출액이 1조원을 초과하는 경우 : 국내의 최종모회사

㉡ 최종모회사가 외국에 소재하는 경우로서 직전 과세연도 연결재무제표의 매출액이 다음의 구분에 따른 금액을 초과하는 경우 : 국내의 기획재정부령으로 정하는 관계회사(이하 "국내관계회사")

ⓐ 최종모회사가 소재하는 국가의 법령상 국가별보고서 제출의무가 있는 경우 : 해당 법령으로 정한 기준 금액

ⓑ 최종모회사가 소재하는 국가의 법령상 국가별보고서 제출의무가 없는 경우 : 7억 5천만유로

(2) 국제거래명세서 등에 대한 제출서식 및 기한

1) 제출서식 및 기한

국외특수관계인과 국제거래를 하는 납세의무자는 다음의 서류를 사업연도 종료일이 속하는 달의 말일부터 6개월 이내에 납세지 관할 세무서장에게 제출하여야 한다(국조법 16 ②).

① 국제거래명세서

② 국외특수관계인의 요약손익계산서(이하 "요약손익계산서")

③ 정상가격산출방법신고서

2) 정상가격의 산출방법

위 "1)"의 제출서식 중 정상가격산출방법신고서에 적용되는 정상가격은 국외특수관계인이 아닌 자와의 통상적인 거래에서 적용되거나 적용될 것으로 판단되는 재화 또는 용역의 특성 · 기능 및 경제환경 등 거래조건을 고려하여 다음의 산출방법 중 가장 합리적인 방법으로 계산한 가격으로 한다. 다만, ⑥의 방법은 ①부터 ⑤까지의 규정에 따른 방법으로 정상가격을 산출할 수 없는 경우에만 적용한다(국조법 8 ①).

① 비교가능 제3자 가격방법 : 거주자와 국외특수관계인 간의 국제거래와 유사한 거래 상황에서 특수관계가 없는 독립된 사업자 간의 거래가격을 정상가격으로 보는 방법

② 재판매가격방법 : 거주자와 국외특수관계인 간의 국제거래에서 거래 당사자 중 어느 한쪽인 구매자가 특수관계가 없는 자에 대한 판매자가 되는 경우 그 판매가격에서 그 구매자가 판매자로서 얻는 통상의 이윤으로 볼 수 있는 금액을 뺀 가격을 정상가격으로 보는 방법

③ 원가가산방법 : 거주자와 국외특수관계인 간의 국제거래에서 거래 당사자 중 어느 한쪽이 자산을 제조 · 판매하거나 용역을 제공하는 경우 자산의 제조 · 판매나 용역의 제공 과정에서 발생한 원가에 자산 판매자나 용역 제공자의 통상의 이윤으로 볼 수 있는 금액을 더한 가격을 정상가격으로 보는 방법

④ 거래순이익률방법 : 거주자와 국외특수관계인 간의 국제거래와 유사한 거래 중 거주자와 특수관계가 없는 자 간의 거래에서 실현된 통상의 거래순이익률을 기초로 산출한 거래가격을 정상가격으로 보는 방법

⑤ 이익분할방법 : 거주자와 국외특수관계인 간의 국제거래에서 거래 당사자 양쪽이 함께 실현한 거래순이익을 합리적인 배부기준에 따라 측정된 거래당사자들 간의 상대적 공헌도에 따라 배부하고, 이와 같이 배부된 이익을 기초로 산출한 거래가격을 정상가격으로 보는 방법

⑥ 그 밖에 대통령령으로 정하는 바에 따라 합리적이라고 인정되는 방법

3) 제출의무의 면제

다음의 요건에 해당하는 경우에는 제출이 요구되는 서식의 제출의무를 면제한다(국조법 16 ② 단서).

① 해당 사업연도의 국외특수관계인과의 국제거래 유형별 거래금액의 합계가 다음의 요건

을 모두 충족하는 경우 국제거래명세서의 제출의무를 면제한다(국조령 36 1호).

㉠ 재화거래 금액의 합계가 5억원 이하

㉡ 용역거래 금액의 합계가 1억원 이하

㉢ 무형자산거래 금액의 합계가 1억원 이하

② 다음의 어느 하나에 해당하는 경우 요약손익계산서의 제출의무를 면제한다(국조령 36 2호).

㉠ 해당 사업연도의 국외특수관계인과의 국제거래 유형별 거래금액의 합계가 다음의 요건을 모두 충족하는 경우

ⓐ 재화거래 금액의 합계가 10억원 이하

ⓑ 용역거래 금액의 합계가 2억원 이하

ⓒ 무형자산거래 금액의 합계가 2억원 이하

㉡ 해외현지법인명세서와 해외현지법인재무상황표를 제출할 것

③ 다음의 어느 하나에 해당하는 경우 정상가격산출방법신고서의 제출의무를 면제한다(국조령 36 3호).

㉠ 해당 사업연도의 국제거래 유형별 거래금액의 합계가 다음의 요건을 모두 충족하는 경우

ⓐ 재화거래 금액의 합계가 50억원 이하

ⓑ 용역거래 금액의 합계가 10억원 이하

ⓒ 무형자산거래 금액의 합계가 10억원 이하

㉡ 해당 사업연도의 국외특수관계인과의 국제거래 유형별 거래금액의 합계가 국외특수관계인별로 다음의 요건을 모두 충족하는 경우

ⓐ 재화거래 금액의 합계가 10억원 이하

ⓑ 용역거래 금액의 합계가 2억원 이하

ⓒ 무형자산거래 금액의 합계가 2억원 이하

(3) 자료 제출의무 불이행에 대한 과태료

국제거래에 대한 자료제출의무가 있는 자가 국제조세조정에관한법률시행령 제37조 제1항 각 호의 사유로 정하는 부득이한 사유 없이 자료를 기한까지 제출하지 아니하거나 거짓의 자료를 제출하는 경우에는 다음의 구분에 따라 1억원 이하의 과태료를 부과한다(국조법 87 ①, 국조령 144 ①·②).

한편, 과세당국은 부득이한 사유 없이 자료를 기한까지 제출하지 아니하거나 거짓의 자료

를 제출하여 과태료를 부과받은 자에게 30일의 이행기간을 정하여 자료의 제출 또는 거짓 자료의 시정을 요구할 수 있으며, 그 기간 내에 자료 제출이나 시정 요구를 이행하지 아니하는 경우에는 지연기간에 따라 2억원 이하의 과태료를 추가로 부과할 수 있다(국조법 87 ②).

① 국제조세조정에관한법률 제16조 제1항에 따른 통합기업보고서, 개별기업보고서 또는 국가별보고서 : 보고서별 3,000만원

② 국제조세조정에관한법률 제16조 제2항 제1호에 따른 국제거래명세서를 제출할 의무가 있는 자 : 국외특수관계인별 500만원

③ 국제조세조정에관한법률 제16조 제4항에 따라 자료 제출을 요구받은 자 : 다음의 구분에 따른 금액

㉮ 법인의 조직도 및 사무 분장표 : 3천만원

㉯ 해당 거래와 관련된 자의 사업활동 내용 : 3천만원

㉰ 특수관계가 있는 자와의 상호출자 현황 : 3천만원

㉱ 자산의 양도·매입 등에 관한 각종 관련 계약서 : 5천만원

㉲ 제품의 가격표 : 5천만원

㉳ 제조원가계산서 : 5천만원

㉴ 특수관계가 있는 자와 특수관계가 없는 자를 구별한 품목별 거래 명세표 : 5천만원

㉵ 용역의 제공이나 그 밖의 거래의 경우에는 위 '㉣'부터 '㉦'까지에서 규정한 자료에 준하는 서류 : 5천만원

㉶ 국제거래 가격 결정자료 : 5천만원

㉷ 특수관계가 있는 자 간의 가격 결정에 관한 내부 지침 : 5천만원

㉸ 해당 거래와 관련된 회계처리 기준 및 방법 : 5천만원

㉹ 국제조세조정에관한법률시행령 제12조에 따른 용역거래와 관련하여 그 거래 내용을 파악할 수 있는 자료로서 기획재정부령으로 정하는 자료 : 5천만원

㉺ 국제조세조정에관한법률 제9조에 따른 정상원가분담액 등에 의한 결정 및 경정과 관련하여 원가분담 약정서 등 기획재정부령으로 정하는 자료 : 5천만원

㉻ 법인세 신고 시 누락된 서식 또는 항목 : 7천만원

㉠ 국거래별 구분손익계산서 및 구분재무상태표 : 5천만원

5 전자신고 절차 및 요령

(1) 개 요

당해 법인과 당해 법인의 세무대리인이 전자신고서식에 대하여 전자신고를 할 수 있으며, 전자신고 대상서식 이외에 당해 법인에게 보관의무가 부여된 제출제외 서류에 대하여는 신고 시 별도로 제출하지 않아도 된다. 다만, 전자신고를 하는 경우에도 다음 법인은 기업회계기준을 준용하여 작성한 재무상태표, 손익계산서 및 이익잉여금처분계산서(또는 결손금처리계산서)의 부속서류(결산보고서 및 부속명세서를 말함) 신고기한 종료 후 10일 이내에 제출하여야 한다. 부속서류는 우편으로 제출하거나, 홈택스 내 "[신고/납부]－[세금신고]－[법인세]－[부속서류제출]" 메뉴를 통해 전송한다(국세청 고시 제2025－1호).

① 「주식회사 등의 외부감사에 관한 법률」에 따라 외부의 감사인에 의한 회계감사를 받아야 하는 법인
② 주식회사가 아닌 법인 중 직전 사업연도 말의 자산총액이 100억원 이상인 법인(비영리법인은 수익사업부문에 한정하여 판정한다)
③ 그 밖의 ① 및 ② 외의 법인으로서 해당 사업연도의 수입금액이 30억원 이상인 법인

(2) 전자신고 시 세액공제

전자신고 시에는 다음과 같이 전자신고세액공제를 받을 수 있다. 그러나 당해 법인과 세무대리인이 중복으로 공제받을 수 없다(조특법 104의 8).

① **일반법인** : 납세자 본인이 직접 전자신고하는 경우 2만원 세액공제
② **세무회계법인** : 세무회계법인 본인의 법인세 신고월이 속하는 과세연도의 직전 과세연도 동안 납세자를 대리하여 법인세 1회 및 부가가치세 확정신고 2회를 모두 전자신고한 경우에 납세자 1인당 2만원을 적용하여 법인세에서 세액공제

* 한도액

구 분	세액공제금액
세 무 사	300만원
세무법인, 회계법인	750만원

6 납 부

(1) 개 요

법인세 과세표준 및 세액신고서에 기재된 납부할 세액을 과세표준신고기한 내에 납부서를 작성하여 가까운 은행(국고수납대리점) 또는 우체국에 납부하여야 한다.

(2) 법인세의 분납

납부할 법인세액(가산세 및 감면분 추가납부세액을 제외한 금액)이 1천만원을 초과하는 경우에는 다음의 금액을 납부기한이 지난 날부터 1개월(중소기업의 경우 2개월) 이내에 분납할 수 있다(법법 64 ②).

① 납부할 세액 2천만원 이하 : 1천만원 초과 금액

② 납부할 세액 2천만원 초과 : 50% 이하의 금액

▮분납할 수 있는 세액 계산사례▮

① 납부할 세액이 1,500만원인 경우
- 납부기한 내 납부할 세액 : 1,000만원 이상
- 분납할 수 있는 세액 : 500만원 이하

② 납부할 세액이 3,000만원인 경우
- 납부기한 내 납부할 세액 : 1,500만원 이상
- 분납할 수 있는 세액 : 1,500만원 이하

7 외부감사

(1) 외부감사 대상

다음 중 하나에 해당하는 회사는 회사로부터 독립된 외부의 감사인에 의한 회계감사를 받아야 한다(외감법 4 ①, 외감령 5 ①·②).

① 주권상장법인 및 해당 또는 다음 사업연도에 주권상장법인이 되려는 주식회사

② 직전 사업연도 말의 자산총액이 500억원 이상인 회사

③ 직전 사업연도 말의 매출액이 500억원(12개월 미만인 경우 환산금액) 이상인 회사

④ 다음의 사항 중 2개 이상에 해당하는 회사

㉠ 직전 사업연도 말의 자산총액이 120억원 이상

㉡ 직전 사업연도 말의 부채총액이 70억원 이상

㉢ 직전 사업연도의 매출액이 100억원 이상

㉣ 직전 사업연도 말의 종업원이 100명 이상

⑤ 다음의 사항 중 3개 이상에 해당하는 유한회사

㉠ 직전 사업연도 말의 자산총액이 120억원 이상

㉡ 직전 사업연도 말의 부채총액이 70억원 이상

㉢ 직전 사업연도의 매출액이 100억원 이상

㉣ 직전 사업연도 말의 종업원이 100명 이상

㉤ 직전 사업연도 말의 사원이 50명 이상

(2) 외부감사인의 선임

회사는 다음의 구분에 따른 기간 이내에 해당 사업연도의 감사인을 선임하여야 하며(외감법 10 ①·②). 주권상장법인, 대형비상장주식회사 또는 금융회사의 경우 연속하는 3개 사업연도의 감사인을 동일한 감사인으로 선임하여야 한다(외감법 10 ③).

① 상법 또는 금융회사의지배구조에관한법률에 따라 감사위원회를 설치하여야 하는 회사(감사위원회 의무설치대상 회사) : 매 사업연도 개시일 이전

② 외부감사대상 첫해인 회사 : 사업연도 개시일로부터 4개월 이내

③ 이 외의 회사 : 사업연도 개시일부터 45일 이내

■ 법인세법 시행규칙 [별지 제1호 서식] 〈개정 2025.3.21.〉

홈택스(www.hometax.go.kr)에서도 신고할 수 있습니다.

법인세 과세표준 및 세액신고서

※ 뒤쪽의 신고안내 및 작성방법을 읽고 작성하여 주시기 바랍니다. (앞쪽)

①사업자등록번호			②법인등록번호		
③법인명			④전화번호		
⑤대표자성명			⑥전자우편주소		
⑦소재지					
⑧업태		⑨종목		⑩주업종코드	
⑪사업연도	. . . ~ . . .		⑫수시부과기간	. . . ~ . . .	

⑬법인구분		1. 내국 2.외국 3.외투(비율 %)					⑭조정구분	1. 외부 2. 자기
⑮종류별구분		중소기업	일반			당기순이익과세	⑯외부감사대상	1. 여 2. 부
			중견기업	상호출자제한기업	그외기업			
영리법인	상장법인	11	71	81	91		⑰신고구분	1. 정기신고
	코스닥상장법인	21	72	82	92			2. 수정신고(가.서면분석, 나.기타) 3. 기한후 신고
	기타법인	30	73	83	93			4. 중도폐업신고
비영리법인		60	74	84	94	50		5. 경정청구
⑱법인유형별구분				코드			⑲결산확정일	
⑳신고일							㉑납부일	
㉒신고기한 연장승인		1. 신청일					2. 연장기한	

구분	여	부	구분	여	부
㉓ 주식변동	1	2	㉔ 장부전산화	1	2
㉕ 사업연도의제	1	2	㉖ 결손금소급공제 법인세환급신청	1	2
㉗ 감가상각방법(내용연수)신고서 제출	1	2	㉘ 재고자산등평가방법신고서 제출	1	2
㉙ 기능통화 채택 재무제표 작성	1	2	㉚ 과세표준 환산시 적용환율		
㉛ 동업기업의 출자자(동업자)	1	2	㉜ 한국채택국제회계기준(K-IFRS)적용	1	2
㉝ 기능통화 도입기업의 과세표준 계산방법			㉞ 미환류소득에 대한 법인세 신고	1	2
㉟ 성실신고확인서 제출	1	2	㊱ 부동산임대업 주업법인	1	2

구분	법인세			
	법인세	토지 등 양도소득에 대한 법인세	미환류소득에 대한 법인세	계
㊲ 수입금액	(	)		
㊳ 과세표준				
㊴ 산출세액				
㊵ 총부담세액				
㊶ 기납부세액				
㊷ 차감납부할세액				
㊸ 분납할세액				
㊹ 차감납부세액				

㊺ 조정반번호		㊼ 조정자	성명	
			사업자등록번호	
㊻ 조정자관리번호			전화번호	

국세환급금 계좌신고	㊽ 예입처	은행 (본)지점
	㊾ 예금종류	예금
	㊿ 계좌번호	

신고인은 「법인세법」 제60조 및 「국세기본법」 제45조, 제45조의2, 제45조의3에 따라 위의 내용을 신고하며, 위 내용을 충분히 검토하였고 신고인이 알고 있는 사실 그대로를 정확하게 적었음을 확인합니다.

년 월 일

신고인(법 인) (인)

신고인(대표자) (서명 또는 인)

세무대리인은 조세전문자격자로서 위 신고서를 성실하고 공정하게 작성하였음을 확인합니다.

세무대리인 (서명 또는 인)

세무서장 귀하

첨부서류	1. 재무상태표 2. 포괄손익계산서 3. 이익잉여금처분계산서 또는 결손금처리계산서 4. 현금흐름표(「주식회사 등의 외부감사에 관한 법률」 제2조에 따른 외부감사의 대상이 되는 법인인 경우에만 첨부합니다), 5. 세무조정계산서	수수료 없 음

210mm×297mm[백상지 80g/㎡ 또는 중질지 80g/㎡]

CHAPTER

05 성실신고 확인

1 개 요

성실신고 확인대상 내국법인은 성실한 납세를 위하여 법인세의 과세표준과 세액을 신고할 때 신고서 및 첨부서류에 더하여 비치 · 기록된 장부와 증명서류에 의하여 계산한 과세표준금액의 적정성을 세무사 등(세무사, 공인회계사, 세무법인, 회계법인)이 확인하고 작성한 성실신고확인서[법칙 별지 제63호의 16 서식]를 납세지 관할 세무서장에게 제출하여야 한다(법법 60의 2 ①, 법령 97의 4 ①).

2 적용대상

(1) 적용대상

1) 부동산임대업을 주된 사업으로 하는 일정한 내국법인

부동산임대업을 주된 사업으로 하는 일정한 내국법인이란 다음의 요건을 모두 갖춘 내국법인(지급배당에 대하여 소득공제를 적용하는 유동화전문회사 등과 「조세특례제한법」에 따른 프로젝트금융회사에 대한 소득공제를 적용하는 투자회사 등은 제외)을 말한다(법법 60의 2 ①, 법령 97의 4 ②).

① 해당 사업연도 종료일 현재 내국법인의 지배주주등이 보유한 주식등의 합계가 해당 내국법인의 발행주식총수 또는 출자총액의 50%를 초과할 것
② 해당 사업연도에 부동산 임대업을 주된 사업으로 하거나 다음의 금액 합계가 기업회계기준에 따라 계산한 매출액(㉠부터 ㉢까지의 금액이 포함되지 아니한 경우에는 이를 포함하여 계산)의 50% 이상일 것

㉠ 부동산 또는 부동산상의 권리의 대여로 인하여 발생하는 소득의 금액(간주임대료 포함)
㉡ 이자소득의 금액
㉢ 배당소득의 금액
③ 해당 사업연도의 상시근로자 수가 5명 미만일 것

한편, 주된 사업을 판정할 때 내국법인이 둘 이상의 서로 다른 사업을 영위하는 경우에는 사업별 사업수입금액이 큰 사업을 주된 사업으로 본다(법령 42 ③). 또한, 상시근로자란 「근로기준법」에 따라 근로계약을 체결한 내국인 근로자로 한다. 다만, 다음 중 어느 하나에 해당하는 사람은 제외한다(법령 42 ④).

① 해당 법인의 최대주주 또는 최대출자자 및 그와 친족관계인 근로자
② 근로소득원천징수부에 의하여 근로소득세를 원천징수한 사실이 확인되지 아니하는 근로자
③ 근로계약기간이 1년 미만인 근로자(다만, 근로계약의 연속된 갱신으로 인하여 그 근로계약의 총 기간이 1년 이상인 근로자는 제외한다)
④ 「근로기준법」에 따른 단시간근로자

실무포인트 **부동산 임대업 주업법인등에 대한 세법상 규제**

구 분	내 용	적용시기
세율	과세표준 2억이하 19% 적용	2025.1.1 이후 개시하는 사업연도의 소득에 대한 법인세액을 계산하는 경우부터 적용
중소기업배제	세법상 중소기업의 범위에서 배제	2025.2.28. 이후 개시하는 사업연도부터 적용
기업업무추진비	기업업무추진비 한도 50% 적용	2019.1.1.부터 적용
업무용승용차	감가상각비 한도 및 처분손실한도 400만원 적용 운행기록부 미작성 시 연간 비용한도 500만원 적용	2017.1.1.부터 적용

2) 성실신고대상 개인사업자에서 내국법인으로 전환한 경우

성실신고대상 법인은 「소득세법」에 따른 성실신고확인대상사업자가 사업용 유형자산 및 무형자산의 현물출자 및 사업의 양도·양수 등의 방법에 따라 내국법인으로 전환한 경우 그 내국법인을 말하며, 사업연도 종료일 현재 법인으로 전환한 후 3년 이내의 내국법인으로 한정하여 본 규정을 적용한다(법법 60의 2 ①, 법령 97의 4 ③). 여기서 성실신고확인대상 개인사업자는 해당 내국법인의 설립일이 속하는 연도 또는 직전 연도에 「소득세법」에 따

른 성실신고확인대상사업자에 해당하는 경우로 한다(법령 97의 4 ④).

3) 성실신고대상 개인사업자에서 내국법인으로 전환하여 다른 내국법인을 인수하는 경우

성실신고대상 개인사업자에서 전환한 내국법인이 그 전환에 따라 경영하던 사업을 '2)'에서 정하는 방법으로 인수한 다른 내국법인을 말하며, 전환일부터 3년 이내인 경우로서 그 다른 내국법인의 사업연도 종료일 현재 인수한 사업을 계속 경영하고 있는 경우 성실신고확인대상 사업자에 해당한다(법법 60의 2 ①).

(2) 적용제외

「주식회사의 외부감사에 관한 법률」에 따라 감사인에 의한 감사를 받은 내국법인은 성실신고확인서를 제출하지 아니할 수 있다(법법 60의 2 ①).

3 납세절차

(1) 신고기한 연장

본 규정에 따라 내국법인이 성실신고확인서를 제출하는 경우에는 법인세의 과세표준과 세액을 각 사업연도의 종료일이 속하는 달의 말일부터 4개월 이내에 납세지 관할 세무서장에게 신고하여야 한다(법법 60 ①).

(2) 보정요구

납세지 관할 세무서장은 제출된 성실신고확인서에 미비한 사항 또는 오류가 있을 때에는 보정할 것을 요구할 수 있다(법법 60의 2 ②).

4 가산세 및 세액공제

(1) 성실신고확인서 미제출 가산세

성실신고 확인대상인 내국법인이 성실신고확인서 제출의무를 위반하여 각 사업연도의 종료일이 속하는 달의 말일부터 4개월 이내에 성실신고확인서를 납세지 관할 세무서장에게 제출하지 아니한 경우에는 다음의 금액 중 큰 금액을 가산세로 해당 사업연도의 법인세액에 더하여 납부하여야 한다. 이 경우 법인세 산출세액이 경정으로 0보다 크게 된 경우에는 경정된 산출세액을 기준으로 가산세를 계산하며, 산출세액이 없는 경우에도 적용한다(법법 75 ①~③).

> 가산세액 : Max[①, ②]
> ① 법인세법 산출세액×5%
> ② 수입금액×0.02%

(2) 성실신고 확인비용에 대한 세액공제

성실신고확인 대상 내국법인이 성실신고확인서를 제출하는 경우에는 다음에 해당하는 금액을 해당 과세연도의 법인세에서 공제한다(조특법 126의 6 ①).

> 세액공제액 : Min[①, ②]
> ① 성실신고확인에 직접 사용한 비용×60%
> ② 150만원

성실신고확인비용 세액공제를 적용받은 성실신고확인대상자가 해당 과세연도의 과세표준을 과소 신고한 경우로서 그 과소 신고한 과세표준이 경정 또는 수정신고한 과세표준의 10% 이상인 경우에는 공제받은 금액에 상당하는 세액을 전액 추징한다. 이렇게 과세표준이 경정된 성실신고확인대상자에 대해서는 경정일이 속하는 과세연도의 다음 과세연도부터 3개 과세연도 동안 성실신고확인비용에 대한 세액공제를 하지 아니한다(조특법 126의 6 ②·③).

실무포인트

1. 이자수익과 성실신고 대상 여부

① 내국법인이 상시근로자가 5인 미만이며 지배주주등이 보유한 주식등의 합계가 해당 내국법인의 발행주식총수의 100분의 50을 초과하는 경우로서 기업회계기준에 따라 계산한 매출액은 없는 경우에도 이자소득 등이 있는 경우에는 성실신고확인서 제출대상에 해당함(사전법령법인-166, 2019.4.24.).

② 「법인세법」 제60조의 2 제1항에 따른 성실신고확인서 제출대상 여부를 판단함에 있어 내국법인이 특수관계인에게 자금을 대여하고 익금에 산입한 가지급금 인정이자는 같은 법 시행령 제42조 제2항 제2호 나목의 「소득세법」 제16조 제1항에 따른 이자소득으로 보는 것임(서면법령법인 2019-4223, 2020.6.19.).

③ 성실신고확인서를 제출하여야 하는지를 판단하는 경우 내국법인이 결산을 확정할 때 이미 경과한 기간에 대응하는 이자(원천징수되는 이자)는 이자소득의 금액으로 보지 않음(사전-2021-법규법인-1884, 2022.1.21.).

④ 대부업을 영위하는 내국법인이 영업활동으로 인하여 발생한 이자수입만 있는 경우 「법인세법」 제60조의 2 제1항에 따른 성실신고확인서 제출대상에 해당하지 않는 것임(서면-2023-법규법인-0399, 2023.7.18.).

2. 지분율 요건과 성실신고 대상 여부

① 학교법인의 상시근로자 수가 5인 미만이고 부동산 또는 부동산상의 권리대여로 인하여 발생하는 소득과 이자·배당소득금액의 합계액이 매출액의 70% 이상인 경우라도 학교법인의 지배주주 등 지분합계가 50%를 초과하는지를 산정할 수 없으므로 성실신고확인서 제출대상에 해당하지 않음(사전법령법인-82, 2019.4.3.).

② 종중의 상시근로자 수가 5인 미만이고 부동산 또는 부동산상의 권리대여로 인하여 발생하는 소득과 이자·배당소득금액의 합계액이 매출액의 70% 이상인 경우라도 지배주주 및 특수관계자의 지분합계가 50%를 초과하는지를 산정할 수 없다면 성실신고확인서 제출대상에 해당하지 않음(사전법령법인-121, 2019.4.3.).

③ 주주 간에 서로 특수관계가 아닌 경우로서 2 이상의 지배주주 등이 각각 보유한 지분합계가 50%를 초과하지 않는 경우에는 성실신고확인서 제출대상에 해당하지 않는 것임(서면-2024-법령해석법인-1062, 2024.10.10.).

3. 사업양도 여부와 성실신고 대상 여부

① 외부감사를 받지 않는 내국법인이 지점을 설립하여 「소득세법」상 성실신고확인대상사업자로부터 사업을 포괄적으로 양수한 경우 해당 내국법인은 「법인세법」상 성실신고확인서 제출대상에 해당함(서면법령법인-771, 2018.8.13.).

② 「소득세법」 제70조의 2 제1항에 따른 성실신고확인대상 개인사업자가 사업과 관련된

일부 자산을 제외하고 사업을 양도 · 양수하는 방법으로 법인전환하는 경우, 그 전환된 내국법인은 「법인세법」 제60조의 2 제1항 제2호 및 같은 법 시행령 제97조의 4 제3항에 따라 성실신고확인서 제출대상에 해당하는 것임(서면법령법인-2179, 2019.4.3.).

③ 의료법인이 성실신고확인대상사업으로부터 사업을 포괄적으로 양수하여 지점으로 등기한 경우로서 해당 의료법인이 상속세및증여세법에 따라 주식회사등의 외부감사에 관한 법률에 따른 감사인의 감사를 받은 경우 성실신고확인서 제출대상에 해당하지 않음(사전법령법인-136, 2019.5.9.).

④ 내국법인이 도매업을 영위하는 「소득세법」 제70조의 2 제1항에 따른 성실신고확인서 제출 대상 개인사업자로부터 채권 · 채무를 제외한 그 사업에 관한 일체의 권리와 의무를 양수한 경우, 해당 내국법인은 「법인세법」 제60조의 2 제1항 제2호에 따른 성실신고확인서 제출 대상에 해당하는 것임(사전-2020-법령해석법인-0965, 2020.12.2.).

⑤ 휴업 중에 있던 기존 내국법인이 「소득세법」 제70조의 2 제1항에 따른 성실신고확인서 제출 대상 개인사업자의 사업을 포괄적으로 양수한 경우, 해당 내국법인은 「법인세법」 제60조의 2 제1항 제2호에 따른 성실신고확인서 제출 대상에 해당하는 것임(사전법령법인 2020-1147, 2020.12.24.).

4. 성실신고 가산세

(1) 성실신고확인서 제출대상 및 가산세 적용 여부

질의 ○ 질의법인은 지점 19개를 보유하고 있으며, 2018년도에 성실신고확인대상 개인사업자로부터 일부 사업장(사업자의 사업장 10개 중 1곳)을 포괄 양수하고 현재 질의법인의 지점으로 운영하고 있음

○ 성실신고확인대상 개인사업자의 사업장 10개 중 1곳을 포괄 양수한 경우 성실신고확인서 제출대상에 해당하는지 여부, 이 경우 성실신고확인서 제출불성실 가산세의 기준이 되는 산출세액이 법인 전체의 산출세액인지 해당 사업장(지점)의 산출세액인지 여부

회신

「주식회사 등의 외부감사에 관한 법률」 제4조에 따른 감사를 받지 않는 내국법인이 「소득세법」 제70조의 2 제1항에 따른 성실신고확인대상 개인사업자로부터 사업장을 포괄적으로 양수하여 지점을 설립하는 경우

해당 내국법인은 「법인세법」 제60조의 2 제1항 제2호에 따른 성실신고확인서 제출대상에 해당되며, 의무불이행 시 납부하여야 할 같은 법 제75조에 따른 성실신고확인서 제출 불성실 가산세에 적용되는 산출세액은 내국법인이 같은 법 제60조에 따라 신고한 산출세액(같은 법 제55조의 2에 따른 토지 등 양도소득에 대한 법인세액 및 「조세특례제한법」 제100조의 32에 따른 투자 · 상생협력 촉진을 위한 과세특례를 적용하여 계산한 법인세액은 제외)을 말하는 것입니다(서면-2020-법인-0171 [법인세과-784], 2020.3.13.).

(2) 성실신고확인서 제출 대상 및 미제출 시 가산세 적용 방법

질의 1 성실신고확인서 제출대상인지를 판단함에 있어, 주택신축판매업자의 주택 신축용 토지 처분수입이 매출액에 포함되는지

질의 2 성실신고확인서 제출 불성실 가산세 적용 시 산출세액의 의미

회신

「법인세법」 제60조의 2 제1항 제1호 및 같은 법 시행령 제97조의 4 제2항에 해당하는 내국법인인지를 판단함에 있어, 같은 법 시행령 제42조 제2항 제2호의 매출액은 기업회계기준에 따른 매출액을 의미하는 것이므로 귀 질의의 토지처분이익이 매출액에 포함되는지 여부는 기업회계기준에 따라 판단할 사항입니다.

「법인세법」 제75조의 성실신고확인서 제출 불성실 가산세를 적용함에 있어 산출세액은 해당 사업연도의 법인세 산출세액 중 같은 법 제55조의 2에 따른 토지 등 양도소득에 대한 법인세액 및 「조세특례제한법」 제100조의 32에 따른 투자 · 상생협력 촉진을 위한 과세특례를 적용하여 계산한 법인세액을 제외한 금액을 말하는 것입니다(서면-2020-법인-0078 [법인세과-3064], 2020.8.25.).

5. 의견거절 감사의견을 받은 법인의 성실신고확인서 제출의무

내국법인이 「주식회사 등의 외부감사에 관한 법률」 제4조에 따라 감사인에 의한 감사를 받은 경우 성실신고확인서를 제출하지 않을 수 있으나, 같은 법 제4조에 따른 외부 감사대상 내국법인을 감사하는 감사인이 회계감사 시 '의견거절'로 감사의견을 표명한 경우 해당 내국법인은 법인세법」 제60조의 2에 따라 성실신고확인서를 제출하여야 하는 것임(서면-2019-법인-3528 [법인세과-934], 2020.3.20.).

CHAPTER

06 중간예납

법인세법상 중간예납이란 각 사업연도의 기간이 6개월을 초과하는 내국법인이 해당 사업연도 개시일부터 6개월간을 중간예납기간으로 하여 그 기간에 대한 법인세를 미리 납부하는 것을 말한다(법집행 63-0-1).

1 중간예납의무자

내국법인으로서 각 사업연도의 기간이 6개월을 초과하는 법인은 해당 사업연도 개시일부터 6개월간을 중간예납기간으로 하여 중간예납세액을 납부하여야 한다. 단, 다음의 법인은 중간예납의무를 지지 않는다(법법 63 ①).

① 합병이나 분할에 의하지 아니하고 새로 설립된 법인의 최초 사업연도의 법인

② 다음 중 어느 하나에 해당하는 법인

㉠ 「고등교육법」 제3조에 따른 사립학교를 경영하는 학교법인

㉡ 국립대학법인 서울대학교

㉢ 국립대학법인 인천대학교

㉣ 산학협력단

㉤ 「초 · 중등교육법」 제3조 제3호에 따른 사립학교를 경영하는 학교법인

③ 직전 사업연도의 중소기업으로서 직전 사업연도의 산출세액을 기준으로 하는 방법에 따라 계산한 금액이 50만원 미만인 내국법인

2 중간예납세액의 계산

(1) 개 요

중간예납의무가 있는 법인은 직전 사업연도의 실적을 기준으로 계산하는 방법과 중간예납기간의 실적을 기준으로 계산하는 방법 중 하나를 선택하여 납부할 수 있다. 다만, 직전 사업연도 종료일 현재 「독점규제 및 공정거래에 관한 법률」에 따른 공시대상기업집단에 속하는 내국법인[매출액이 업종별로 중소기업기본법 시행령 별표 1에 따른 기준("평년매출액등"은 "매출액"으로 보며, 이하 "중소기업 기준"이라 한다) 이내의 법인은 제외]과 다음의 경우에는 반드시 중간예납기간 실적기준에 의해 중간예납세액을 계산하여야 한다. 또한, ①~④ 외의 경우로서 중간예납세액의 납부기한이 지난 때에는 중간예납 실적기준으로 선택할 수 없다(법법 63의 2 ①·②).

① 중간예납세액의 납부의무가 있는 내국법인으로서 직전 사업연도의 법인세로서 확정된 산출세액(가산세는 제외한다)이 없는 법인

② 중간예납기간 만료일까지 직전 사업연도의 법인세액이 확정되지 아니한 법인

③ 분할신설법인 및 분할합병의 상대방 법인의 분할 후 최초의 사업연도의 경우

④ 합병법인 또는 피합병법인이 합병 당시 공시대상기업 집단에 속하는 내국법인(중소기업 기준 이내의 법인은 제외)에 해당하는 경우로서 해당 합병법인의 합병 후 최초의 사업연도인 경우

(2) 직전사업연도 실적기준

직전사업연도의 법인세 납부실적을 기준으로 계산하는 중간예납세액은 다음과 같이 계산한다.

$$\text{중간예납세액} = (\text{직전 사업연도의 확정 산출세액}^{*} - \text{중간예납공제액}^{**}) \times \frac{6}{\text{직전 사업연도 월수}}$$

* 직전 사업연도의 확정 산출세액
① 가산세를 포함하며 토지 등 양도소득에 대한 법인세와 미환류소득에 대한 법인세 및 「조세특례제한법」에 따른 투자·상생협력 촉진을 위한 과세특례를 적용하여 계산한 법인세는 제외한다.
② 중간예납기간 종료일까지 신고·수정신고 또는 결정·경정에 의하여 확정된 법인세액을 말한다.

** 중간예납공제액 : 직전 사업연도의 공제·감면세액, 원천징수세액, 수시부과세액

(3) 중간예납기간 실적기준

중간예납기간 실적기준을 선택한 법인은 중간예납기간을 1사업연도로 보고 다음 산식에 따라 계산한 세액을 중간예납세액으로 하여 납세지 관할 세무서 등에 납부할 수 있다(법법 63의 2 ①).

$$\text{중간예납세액} = [(\text{중간예납기간의 소득금액} - \text{이월결손금등}) \times \frac{12}{6} \times \text{법인세율}] \times \frac{6}{12} - \text{중간예납기간의 공제감면세액} \cdot \text{원천징수세액} \cdot \text{수시부과세액}$$

3 절 차

(1) 신고와 납부

중간예납세액은 중간예납기간이 지난 날로부터 2개월 이내에 신고납부하여야 한다(법법 63 ①). 이때 납부할 중간예납세액이 1,000만원을 초과하는 경우에는 분납할 수 있다(법법 63 ④).

(2) 징수 및 결정

납세지 관할 세무서장은 중간예납세액의 납부의무가 있는 법인이 중간예납세액의 전부 또는 일부를 납부하지 아니한 경우 미납된 중간예납세액을 국세징수법에 따라 징수하여야 한다. 다만, 중간예납세액을 미납한 법인이 반드시 자기계산을 해야 하는 법인에 해당하는 경우에는 중간예납세액을 결정하여 국세징수법에 따라 징수하여야 하며(법법 71 ②) 중간예납기간 중 휴업 등의 사유로 수입금액이 없는 법인에 대하여 그 사실이 확인된 경우에는 해당 중간예납기간에 대한 법인세를 징수하지 아니한다(법법 63의 2 ⑤).

중간예납세액을 납부하지 않거나 납부하여야 할 세액에 미달하게 납부한 경우 그 미납세액에 대해서는 납부지연가산세가 부과되고(국기법 47의 4) 무신고 · 과소신고가산세는 적용되지 않는다. 가산세 계산 시 미납부기간은 납부기한의 다음날부터 납부일까지의 기간(납세고지일로부터 납세고지서에 따른 납부기한까지의 기간은 제외)으로 한다.

$$\text{납부지연가산세} = \text{미납부} \cdot \text{과소납부세액} \times \text{미납부기간} \times \frac{22}{100{,}000}$$

(3) 수정신고 및 경정청구

국세기본법 제45조의 규정에 의한 수정신고 또는 동법 제45조의 2 규정에 의한 경정 등의 청구는 과세표준신고서상의 누락·오류가 있는 때에 과세표준수정신고서 또는 경정청구서를 제출 또는 청구하는 것이므로 중간예납에는 이를 적용하지 아니한다(법통 63-0…7).

실무포인트

1. 직전 사업연도 결손 시 중간예납의무

내국법인이 직전 사업연도에 중소기업으로서 직전 사업연도에 결손 등이 발생한 경우를 포함하여 「법인세법」 제63조의 2 제1항 제1호의 계산식에 따라 계산된 법인세로서 확정된 산출세액(가산세를 포함하며 「법인세법」 제55조의 2에 따른 토지 등 양도소득에 대한 법인세액 및 「조세특례제한법」 제100조의 32에 따른 투자·상생협력 촉진을 위한 과세특례를 적용하여 계산한 법인세액은 제외)이 30만원(현행 50만원) 미만인 경우에는 「법인세법」 제63조 제1항 제2호에 따라 당해 사업연도의 법인세 중간예납세액을 납부할 의무가 없는 것임(사전법령법인-439, 2019.8.29.).

2. 중간예납의 분납 적용 여부

내국법인이 「법인세법」 제63조의 규정에 의한 법인세 중간예납신고계산서(별지 제58호 서식)를 제출함에 있어 그 분납내역을 기재하지 않은 경우에도 같은 법 제63조 제7항(현행 제4항 중간예납세액의 분납에 관한 사항)의 규정이 적용되는 것임(법인 46012-203, 2002.4.4.).

사례 **중간예납 신고**

수도권 내 제조업을 영위하는 중소기업 ㈜택스에듀의 2024년 [별지 제3호 서식]을 참고하여 2025년 법인세 중간예납 신고납부계산서를 작성하시오.

2025.1.1.~6.30.의 사업수입금액은 565,250,180원이다.

[별지 제3호 서식] (2024.3.22. 개정) (앞쪽)

사업연도	2024.1.1. ~ 2024.12.31.	법인세 과세표준 및 세액조정계산서	법인명	㈜택스에듀
			사업자등록번호	

구분	항목	코드	금액
① 각 사업연도 소득계산	⑩ 결산서상 당기순손익	01	51 568 450
	소득조정 금액 ⑩ 익금산입	02	1 210 335
	소득조정 금액 ⑩ 손금산입	03	3 439 785
	⑭ 차가감소득금액 (⑩+⑩−⑩)	04	49 339 000
	⑮ 기부금한도초과액	05	
	⑯ 기부금한도초과이월액 손금산입	54	
	⑰ 각 사업연도소득금액 (⑭+⑮−⑯)	06	49 339 000
② 과세표준 계산	⑱ 각 사업연도소득금액 (⑱=⑰)		49 339 000
	⑲ 이월결손금	07	
	⑳ 비과세소득	08	
	⑪ 소득공제	09	
	⑫ 과세표준 (⑱−⑲−⑳−⑪)	10	49 339 000
	⑲ 선박표준이익	55	
③ 산출세액 계산	⑬ 과세표준(⑫+⑲)	56	49 339 000
	⑭ 세율	11	9%
	⑮ 산출세액	12	4 440 510
	⑯ 지점유보소득 (「법인세법」 제96조)	13	
	⑰ 세율	14	
	⑱ 산출세액	15	
	⑲ 합계(⑮+⑱)	16	4 440 510
④ 납부할 세액 계산	⑳ 산출세액(⑳=⑲)		4 440 510
	㉑ 최저한세 적용대상 공제감면세액	17	420 000
	㉒ 차감세액	18	4 020 510
	㉓ 최저한세 적용제외 공제감면세액	19	
	㉔ 가산세액	20	
	㉕ 가감계(㉒−㉓+㉔)	21	4 020 510
	기납부세액 기한내납부세액 ㉖ 중간예납세액	22	
	기납부세액 기한내납부세액 ㉗ 수시부과세액	23	
	기납부세액 기한내납부세액 ㉘ 원천납부세액	24	20 510
	기납부세액 기한내납부세액 ㉙ 간접투자회사등의 외국납부세액	25	
	기납부세액 기한내납부세액 ㉚ 소계 (㉖+㉗+㉘+㉙)	26	20 510
	기납부세액 ㉛ 신고납부전가산세액	27	
	기납부세액 ㉜ 합계(㉚+㉛)	28	20 510

구분	항목	코드	금액
	㉝ 감면분추가납부세액	29	
	㉞ 차감납부할세액 (㉕−㉜+㉝)	30	4 000 000
⑤ 토지등 양도소득에 대한 법인세 계산	양도차익 ㉟ 등기자산	31	
	양도차익 ㊱ 미등기자산	32	
	㊲ 비과세소득	33	
	㊳ 과세표준 (㉟+㊱−㊲)	34	
	㊴ 세율	35	
	㊵ 산출세액	36	
	㊶ 감면세액	37	
	㊷ 차감세액 (㊵−㊶)	38	
	㊸ 공제세액	39	
	㊹ 동업기업 법인세 배분액 (가산세 제외)	58	
	㊺ 가산세액 (동업기업 배분액 포함)	40	
	㊻ 가감계(㊷−㊸+㊹+㊺)	41	
	기납부세액 ㊼ 수시부과세액	42	
	기납부세액 ㊽ (　　　)세액	43	
	기납부세액 ㊾ 계 (㊼+㊽)	44	
	㊿ 차감납부할세액(㊻−㊾)	45	
⑥ 미환류소득 법인세	⑯ 과세대상 미환류소득	59	
	⑯ 세율	60	
	⑯ 산출세액	61	
	⑯ 가산세액	62	
	⑯ 이자상당액	63	
	⑯ 납부할세액(⑯+⑯+⑯)	64	
⑦ 세액계	⑮ 차감납부할세액계 (㉞+⑮+⑯)	46	4 000 000
	⑮ 사실과 다른 회계처리 경정세액공제	57	
	⑮ 분납세액계산범위액 (⑮−㉔−㉝−㊺−⑮+㉛)	47	
	⑮ 분납할세액	48	
	⑮ 차감납부세액 (⑮−⑮−⑮)	49	4 000 000

210mm×297mm[백상지 80g/㎡ 또는 중질지 80g/㎡]

[별지 제58호 서식] (2022.3.18. 개정)　　　　　　　　홈택스(www.hometax.go.kr)에서도 신고할 수 있습니다.

법인세 중간예납 신고납부계산서

※ 뒤쪽의 작성방법을 읽고 작성하시기 바랍니다.　　　　　　　　　　　　　　　　(앞쪽)

① 사업자등록번호		② 법인등록번호	
③ 법 인 명	㈜택스에듀	④ 전화번호	
⑤ 대표자 성명			

<table>
<tr><td rowspan="4">⑥ 법 인 구 분</td><td rowspan="4">①내국 2.외국 3.외투</td><td rowspan="2">⑦ 종류별 구분</td><td rowspan="2">중소기업</td><td colspan="4">일반기업</td></tr>
<tr><td>중견기업</td><td>상호출자 제한기업</td><td>그 외 기업</td><td>당기순이익 과세</td></tr>
<tr><td>영리법인</td><td>㉚</td><td>73</td><td>83</td><td>93</td><td></td></tr>
<tr><td>비영리법인</td><td>60</td><td>74</td><td>84</td><td>94</td><td>50</td></tr>
</table>

⑧ 소재지	서울 서초구 xx로				
⑨ 업 태	제조업	⑩ 종 목		⑪ 주업종코드	
⑫ 사 업 연 도	2025.01.01.~2025.12.31	⑬ 직전 사업연도 월수	12개월	⑭ 예납기간	2025.1.1.~2025.6.30
⑮ 수 입 금 액	565,250,180	⑯ 신고일		2025.08.31.	
⑰ 신고납부 구분	① 정기 신고			2. 기한 후 신고	

신고 및 납부세액의 계산

<table>
<tr><td colspan="4">구　　　분</td><td></td><td>법 인 세</td></tr>
<tr><td rowspan="15">①
직전 사업연도 산출세액 기준 (「법인세법」 제63조의 2 제1항 제1호)</td><td rowspan="7">직전 사업연도</td><td rowspan="7">법인세</td><td>⑩① 산 출 세 액</td><td>01</td><td>4,440,510</td></tr>
<tr><td>⑩② 공 제 감 면 세 액</td><td>02</td><td>420,000</td></tr>
<tr><td>⑩③ 가 산 세 액</td><td>03</td><td></td></tr>
<tr><td>⑩④ 확정세액(⑩①-⑩②+⑩③)</td><td>04</td><td>4,020,510</td></tr>
<tr><td>⑩⑤ 수 시 부 과 세 액</td><td>05</td><td></td></tr>
<tr><td>⑩⑥ 원 천 납 부 세 액</td><td>06</td><td>20,510</td></tr>
<tr><td>⑩⑦ 차감 세액(⑩④-⑩⑤-⑩⑥)</td><td>07</td><td>4,000,000</td></tr>
<tr><td colspan="3">⑩⑧ 중 간 예 납 세 액 [⑩⑦ × $\frac{6}{\text{직전 사업연도 월수}}$]</td><td>09</td><td>2,000,000</td></tr>
<tr><td colspan="3">⑩⑨ 고용창출투자세액공제액</td><td>11</td><td></td></tr>
<tr><td colspan="3">⑪⓪ 차 감 중 간 예 납 세 액(⑩⑧-⑩⑨)</td><td>12</td><td>2,000,000</td></tr>
<tr><td colspan="3">(미납세액, 미납일수, 세율)
⑪① 가 산 세 액</td><td>13</td><td>(, , 2.2/10,000)</td></tr>
<tr><td colspan="3">⑪② 납 부 할 세 액 계(⑪⓪+⑪①)</td><td>14</td><td>2,000,000</td></tr>
<tr><td colspan="3">⑪③ 분 납 세 액</td><td>15</td><td></td></tr>
<tr><td colspan="3">⑪④ 납 부 세 액(⑪②-⑪③)</td><td>16</td><td>2,000,000</td></tr>
<tr><td colspan="3"></td><td></td><td></td></tr>
<tr><td rowspan="12">②
해당 중간예납기간 법인세액 기준 (「법인세법」 제63조의 2 제1항 제2호)</td><td colspan="3">⑪⑤ 과 세 표 준</td><td>31</td><td></td></tr>
<tr><td colspan="3">⑪⑥ 세 율</td><td>32</td><td></td></tr>
<tr><td colspan="3">⑪⑦ 산 출 세 액</td><td>33</td><td></td></tr>
<tr><td colspan="3">⑪⑧ 공 제 감 면 세 액</td><td>34</td><td></td></tr>
<tr><td colspan="3">⑪⑨ 가 산 세 액</td><td>42</td><td></td></tr>
<tr><td colspan="3">⑫⓪ 수 시 부 과 세 액</td><td>35</td><td></td></tr>
<tr><td colspan="3">⑫① 원 천 납 부 세 액</td><td>36</td><td></td></tr>
<tr><td colspan="3">⑫② 중 간 예 납 세 액(⑪⑦-⑪⑧+⑪⑨-⑫⓪-⑫①)</td><td>37</td><td></td></tr>
<tr><td colspan="3">⑫③ 납 부 할 세 액 계(⑫②)</td><td>39</td><td></td></tr>
<tr><td colspan="3">⑫④ 사실과 다른 회계처리 경정세액</td><td>43</td><td></td></tr>
<tr><td colspan="3">⑫⑤ 분 납 세 액</td><td>40</td><td></td></tr>
<tr><td colspan="3">⑫⑥ 납 부 세 액(⑫③-⑫④-⑫⑤)</td><td>41</td><td></td></tr>
</table>

대표자　　　　　　　　(서명 또는 인)

세무서장 귀하

붙임 서류	1. 재무상태표, 2. (포괄)손익계산서, 3. 세무조정계산서, 4. 「법인세법 시행령」 제97조 제5항에 따른 서류(전자신고의 경우에는 1. 표준재무상태표, 2. 표준손익계산서, 3. 세무조정계산서, 4. 「법인세법 시행령」 제97조 제5항에 따른 서류)

210mm×297mm[백상지 80g/㎡ 또는 중질지 80g/㎡]

Corporate tax
Account Code
Tax base

PART 02

법인세 개요

CHAPTER

01 세무조정

1 세무조정의 개념

(1) 세무조정의 정의

세무조정이란 기업이 일반적으로 공정 · 타당하다고 인정되는 회계기준에 의하여 작성한 재무제표상의 당기순이익을 기초로 하여 세법의 규정에 따라 익금과 손금을 조정함으로써 정확한 과세소득을 계산하기 위한 일련의 절차를 말한다.

(2) 세무조정의 방법

손익계산서상 당기순이익과 법인세 과세를 위한 소득금액은 같지 않으므로 이에 대한 차이를 조정하게 된다. 기업회계기준상 수익과 「법인세법」상 익금을 비교하여 차이가 발생하는 부분에 대하여서는 가산 또는 차감조정을 하게 되며, 마찬가지로 기업회계기준상 비용과 「법인세법」상 손금을 비교하여 차이가 발생하는 부분에 대한 가감조정을 하게 된다.

▌세무조정▐

기업회계		양자 간의 차이		세무회계
수 익	⇦	(+)익금산입 (−)익금불산입	⇨	익 금
(−)				(−)
비 용	⇦	(+)손금산입 (−)손금불산입	⇨	손 금
⇓				⇓
결산상당기 순 손 익				각사업연도 소 득

① **익금산입** : 기업회계상 수익이 아니나 세무회계상 익금으로 인정하는 것
② **익금불산입** : 기업회계상 수익이나 세무회계상 익금으로 보지 않는 것
③ **손금산입** : 기업회계상 비용이 아니나 세무회계상 손금으로 인정하는 것
④ **손금불산입** : 기업회계상 비용이나 세무회계상 손금으로 보지 않는 것

2 결산조정과 신고조정

(1) 개 념

세무조정이란 본래 결산서(손익계산서, 재무상태표 등)를 작성하는 것부터 과세소득의 산정과 세액계산까지 일련의 모든 절차를 포함하는 것이다. 이 중 회계기준에 의하여 결산서를 작성하고 당기순이익을 계산하는 절차까지를 결산조정, 그 이후 차이를 조정하고 세액을 계산하는 과정을 신고조정이라 한다. 즉, 넓은 의미의 세무조정은 결산절차와 법인세신고서 작성절차를 모두 포함한 의미이지만, 협의의 세무조정은 결산서상 당기순이익과 「법인세법」상 소득금액의 차이를 조정하고 세액을 계산하는 행위만을 의미한다.

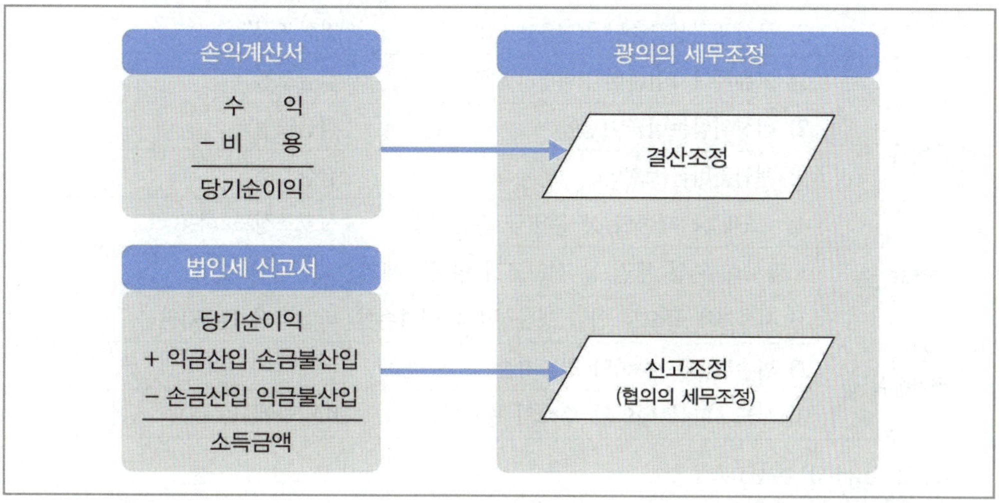

(2) 결산조정사항

결산조정이란 법인의 결산서(손익계산서)에 익금과 손금을 수익과 비용으로 계상하여 과세소득에 반영하는 것을 말한다. 따라서 다음에 열거된 결산조정사항들은 결산서(손익계산서)에

서 누락 · 과소 계상한 경우 신고조정을 통해 손금에 반영할 수 없으며, 수정신고나 경정청구에 의하여 손금에 산입할 수도 없다.

다음에 열거된 결산조정사항들은 모두 외부거래 없이 법인 내부에서만 발생하는 비용항목이다. 즉, 이들은 기업의 의사결정 및 회계처리방침에 따라 그 금액을 일부 조정할 수 있다. 기업에서는 당기순이익은 많게, 소득금액은 적게 보고하고자 하는 동기가 있으므로 다음의 사항들을 손익계산서에는 반영하지 않은 채로 재무제표를 작성한 뒤, 법인세 신고 시 세무조정을 통해 손금으로 처리하여 조세회피를 기도할 수 있다. 이러한 조세회피 행위를 방지하고자 외부거래 없이 발생하는 비용항목을 손금으로 인정받기 위해서는 반드시 결산서에 반영하여야 한다. 이러한 결산조정사항에 대하여는 「법인세법」에서 다음과 같이 열거하고 있다.

구 분	결산조정사항	비 고
(1) 감가상각자산의 감가상각비	1) 감가상각비의 손비계상	K-IFRS 적용기업의 감가상각비, 업무용승용차의 감가상각비는 신고조정
	2) 감가상각 자산의 즉시상각	
	3) 천재지변 등으로 인한 폐기손실	
(2) 충당금	1) 퇴직급여충당금 · 대손충당금의 손금산입	퇴직연금은 신고조정
	2) 일시상각충당금의 손금산입	신고조정도 허용
	3) 구상채권상각충당금(신용보증업)	결산조정*2
(3) 준비금	1) 고유목적사업준비금(비영리법인)	결산조정*3
	2) 비상위험준비금(보험업)	결산조정*2
	3) 책임준비금(보험업)	결산조정
	4) 「조세특례제한법」상 준비금 손금산입	신고조정도 허용
(4) 대손금	소멸시효 완성 채권 등 신고조정 항목*1 제외	
(5) 자산의 평가손실*4	1) 시설개채 등으로 인한 생산설비의 폐기손실	비망금액 1,000원
	2) 파손된 재고자산의 평가차손	
	3) 부도 · 파산 법인의 주식의 평가차손	비망금액 1,000원

*1. 대손금 손금산입 중 신고조정 항목
1) 소멸시효 완성 채권(상법, 어음법, 수표법, 민법)
2) 회사정리계획인가, 화의인가 결정에 따른 회수불능 채권
3) 경매취소 압류채권
4) 한국무역보험공사로부터 회수불능 확인된 수출채권

*2. K-IFRS 적용하는 경우 잉여금처분에 의한 신고조정 허용

*3. 회계감사를 받는 비영리법인의 경우 잉여금처분에 의한 신고조정 허용

*4. 해당 사유가 발생한 사업연도에 한하여 비용계상한 경우에만 인정

(3) 신고조정사항

신고조정이란 결산서를 기초로 하여 「법인세법」상 소득금액을 계산하는 절차로서, 결산서에 누락된 항목 또는 「법인세법」상 금액과 차이가 발생하는 부분에 대하여 법인세신고서를 통해 세무조정을 하는 것을 말한다. 이러한 신고조정사항으로는 모든 익금항목과 결산조정사항을 제외한 손금항목이며, 「조세특례제한법」상 준비금은 신고조정과 함께 잉여금처분을 하여야 한다.

구 분	결산조정	신고조정
개 념	결산서에 비용으로 계상하여야만 손금으로 인정	결산서에 비용으로 계상하였거나 세무조정 시 손금산입하는 경우 모두 인정
대 상	손금 항목 중 열거된 것	모든 익금, 결산조정을 제외한 모든 손금
귀속시기	손금으로 확정되고 결산서에 계상한 때	익금 또는 손금이 확정된 때
귀속시기의 선택	가능	불가
수정신고(경정청구)	불가	가능

실무포인트

1. 결산조정사항은 수정신고를 할 수 없으며, 신고조정항목은 수정신고가 가능함

과세표준신고서를 법정신고 기한 내에 제출한 자는 그 기재사항에 누락 · 오류가 있는 때에는 「국세기본법」 제45조의 규정에 의한 기한 내에 과세표준 수정신고서를 제출할 수 있는 것이나, 당초 신고 시 결산에 반영하지 아니한 결산조정항목인 감가상각비는 수정신고에 의하여 손금에 산입할 수 없으며, 「법인세법 시행령」 제84조의 규정에 의한 신고조정항목에 대하여는 같은 법 · 령 같은 조에서 규정한 요건을 갖추어 수정신고할 수 있는 것임(징세 46101-384, 1993.7.5.).

2. 결산확정된 재무제표는 수정신고할 수 없음

법인이 법인세 과세표준신고서에 첨부한 재무제표에 대하여 세법에서 별도로 기업회계기준을 준용하였는지의 여부 및 주주총회의 결의를 거쳤는지를 검증하는 규정은 없으며, 법인이 당초 적법하게 법인세 과세표준신고서에 첨부한 재무제표를 수정하고 이를 근거로 수정신고 또는 경정청구를 할 수 없는 것임(서면2팀-59, 2006.1.10.).

3. 결산 시 누락된 매출액과 관련비용은 수정신고 또는 경정청구에 의해 각각 익금과 손금에 산입할 수 있음

법인이 법인세 과세표준 및 세액을 정부에 신고함에 있어서, 매출액 중 일부금액과 원재료 구입액 및 광고선전비 지출액 또는 가지급금등을 결산에 반영하지 아니함으로써 당해

> 사업연도의 법인세 과세표준 계산에서 누락된 금액은 이를 세무조정계산서에 익금 또는 손금으로 계상하여 「국세기본법」 제45조 및 같은 법 제45조의 2의 규정에 의한 수정신고 또는 경정 등의 청구를 할 수 있는 것이며, 이 경우 익금에 산입하는 매출누락액은 그 대응원가 상당액 등이 부외처리되어 손금으로 계상하지 아니한 것이 확인되고 동 매출누락액의 사실상 귀속자가 별도로 부담하거나 동액이 사외로 유출되지 아니하였음이 명백히 입증되는 경우를 제외하고는 매출누락액 총액을 「법인세법 시행령」 제94조의 2의 규정에 따라 소득처분하는 것임(법인 46012-1657, 1998.6.23.).

3 외부조정

(1) 외부조정의 개념

세무조정은 그 수행주체에 따라 자기조정과 외부조정으로 구분할 수 있다. 자기조정이란 법인이 스스로 세무조정을 행하여 세무조정계산서 및 법인세 과세표준신고서를 작성하는 것을 말하며, 외부조정이란 세무사 등에게 세무조정을 의뢰하여 외부전문가인 세무사가 세무조정을 대신 수행하는 것을 말한다. 「법인세법」에서는 기업회계와 세무회계의 정확한 조정 또는 성실한 납세를 위하여 필요하다고 인정하여 법령으로 정하는 내국법인의 경우 세무조정계산서는 다음 중 어느 하나에 해당하는 자로서 조정반에 소속된 자가 작성하여야 한다(법법 60 ⑨). 법인이 이를 이행하지 아니하는 경우 무신고가산세가 부과된다(국기법 47의 2 ②).

> ① 「세무사법」에 따른 세무사등록부에 등록한 세무사
> ② 「세무사법」에 따른 세무사등록부 또는 공인회계사 세무대리업무등록부에 등록한 공인회계사
> ③ 「세무사법」에 따른 세무사등록부 또는 변호사 세무대리업무등록부에 등록한 변호사

(2) 외부조정대상법인

외부조정대상 내국법인이란 다음 중 어느 하나에 해당하는 법인을 말한다. 다만, 「조세특례제한법」에 따른 당기순이익 과세를 적용받는 법인은 제외한다. 한편, 다음 ①~③까지를 적용할 때에 해당 사업연도에 설립된 법인인 경우에는 해당 사업연도의 수입금액을 1년으로 환산한 금액을 직전 사업연도의 수입금액으로 본다(법령 97의 2).

① 직전 사업연도의 수입금액이 70억원 이상인 법인 및 「주식회사의 외부감사에 관한 법률」에 따라 외부의 감사인에 의한 회계감사를 받아야 하는 법인
② 직전 사업연도의 수입금액이 3억원 이상인 법인으로서 고유목적사업준비금, 책임준비금 등, 합병 시 이월결손금 승계 또는 「조세특례제한법」에 따른 조세특례(전자신고세액공제 제외)를 적용받는 법인
③ 직전 사업연도의 수입금액이 3억원 이상인 법인으로서 해당 사업연도 종료일 현재 법 및 「조세특례제한법」에 따른 준비금 잔액이 3억원 이상인 법인
④ 해당 사업연도 종료일부터 2년 이내에 설립된 법인으로서 해당 사업연도 수입금액이 3억원 이상인 법인
⑤ 직전사업연도 법인세 과세표준과 세액에 대하여 추계 결정 또는 경정받은 법인
⑥ 해당사업연도 종료일로부터 소급하여 3년 이내에 합병 또는 분할한 합병법인, 분할법인, 분할신설법인 및 분할합병의 상대방법인
⑦ 국외에 사업장을 가지고 있거나 외국자회사를 가지고 있는 법인

CHAPTER

02 소득처분

1 개 요

(1) 소득처분의 정의

소득처분이란 법인이 각 사업연도의 법인세 과세표준 및 세액신고를 위하여 기업회계와 세무회계와의 차이에 따른 세무조정을 하거나, 과세관청이 법인에 대하여 탈루소득을 적발하여 법인세 과세표준을 결정 · 경정함에 있어 익금 또는 손금에 산입한 금액에 대하여 그 사외유출 여부를 확인하고, 만약 사외유출되었다면 귀속자에 따라 소득의 종류를 결정, 확정하는 행위를 말한다. 또한 사외유출되지 않았다면 익금 또는 손금에 산입한 금액이 세무상 자산 · 부채에 차이를 유발하였는지를 확인하고 필요한 항목에 대하여는 사후관리를 수행하는 행위를 말한다.

(2) 소득처분의 유형

소득처분은 세무조정의 효과가 기업 내부의 재무제표에 영향을 주어 자산 · 부채의 변동이 있는 경우와 기업 외부의 자에게 소득으로 귀속되는 경우로 나누어볼 수 있는데 전자를 사내유보라 하며 후자를 사외유출이라 한다. 또한 세무조정의 효과가 사내에 남아 있으나 자산 · 부채에는 영향이 없는 경우를 기타라 한다.

① **사내유보** : 세무조정금액이 사외로 유출되지 않고 법인 내부에 남아 있는 것으로서 당해 법인의 세무상 자산 · 부채를 증가 · 감소시키는 것으로 인정하는 소득처분

② **사외유출** : 익금산입 · 손금불산입으로 생긴 세법상의 각 사업연도소득이 법인 내부에 남아 있지 아니하고 법인의 외부로 유출되어 법인 외부의 자에게 귀속된 것으로 인정하는 소득처분

③ **기타** : 세무조정으로 인해 세무상 자산 · 부채에 영향을 주지 않았고, 세무조정금액이 사외로 유출되지도 않은 것으로 인정하는 소득처분

(3) 소득처분 요약

<table>
<tr><th>세무조정</th><th colspan="2">소득처분</th><th>내 용</th></tr>
<tr><td rowspan="6">(1) 익금산입 · 손금불산입 〈가산조정〉</td><td colspan="2">1) 유보(400)*</td><td>자산의 증가 또는 부채의 감소</td></tr>
<tr><td rowspan="4">2) 사외유출</td><td>배당(200)*</td><td>귀속자가 주주, 법인은 귀속자에 대한 원천징수, 귀속자는 배당소득 과세</td></tr>
<tr><td>상여(100)*</td><td>귀속자가 임원 사용인, 법인은 귀속자에 대한 원천징수, 귀속자는 근로소득 과세</td></tr>
<tr><td>기타소득(300)*</td><td>귀속자가 그 외의 자, 법인은 귀속자에 대한 원천징수, 귀속자는 기타소득 과세</td></tr>
<tr><td>기타 사외유출(500)*</td><td>귀속자가 타 법인 또는 사업소득을 구성, 원천징수 하지 않음</td></tr>
<tr><td colspan="2">3) 기타(600)*</td><td>사외유출되지 않았으나, 자산 · 부채차이 없음</td></tr>
<tr><td rowspan="2">(2) 손금산입 · 익금불산입 〈차감조정〉</td><td colspan="2">1) △유보(100)*</td><td>자산의 감소 또는 부채의 증가</td></tr>
<tr><td colspan="2">2) 기타(200)*</td><td>사외유출되지 않았으나, 자산 · 부채차이 없음</td></tr>
</table>

* ( )의 수치는 소득금액 조정합계표에 기재하는 코드번호이다.

2 유 보

사내유보란 세무조정금액이 사외로 유출되지 않고 법인 내부에 남아 있는 것으로서 당해 법인의 세무상 자산 · 부채를 증가 또는 감소시키는 것을 말한다. 세무조정 시 유보나 △유보로 처분되는 경우 재무상태표상 자산 또는 부채의 금액에 영향을 준다. 모든 자산과 부채는 소멸시점이 있으므로 유보로 인하여 발생하는 회계상 재무제표와 세법상 재무제표의 차이는 추후 해당 자산 · 부채가 소멸되는 시점에 다시 법인의 소득금액에 영향을 주게 되어 있다. 즉, 유보(또는 △유보)로 소득처분된 항목은 추후 반드시 반대의 세무조정과 소득처분이 발생하여 당초 유보(또는 △유보) 처분 금액을 소멸시킨다. 따라서 사내유보로 처분된 소득처분 사항은 향후 반대 조정을 통해 소멸될 때까지 자본금과 적립금조정명세서(을)에서 관리해야 한다.

유보(△유보) 항목은 발생 시점에 기업회계와 세무회계의 자산 · 부채의 차이를 가져오고, 추후 해당 자산 · 부채가 소멸되는 시점에 반대 세무조정을 통해 그 자산 · 부채의 차이가 소멸되는데, 이는 동시에 세무조정을 통해 발생한 손익의 차이가 추후 반대 세무조정을 통해 상쇄되는 효과가 발생한다. 따라서 유보(△유보)로 소득처분된 항목을 기업회계와 세무회계의 일시적 차이라 하며, 이는 법인세 관련 회계처리 시 이연법인세자산과 이연법인세부채로 인식하게 된다.

세무조정 및 소득처분	효 과	
〈익금산입, 손금불산입〉 유보	세법상 소득금액 증가	자산의 증가 또는 부채의 감소
〈손금산입, 익금불산입〉 △유보	세법상 소득금액 감소	자산의 감소 또는 부채의 증가

사례 유보

㈜A는 2XX1.1.1. 업무용 승용차를 1억원에 취득하였다. 매년 업무사용비율을 100%인 경우 감가상각에 대한 세무조정을 하시오. 해당 승용차는 계속해서 사용하는 것으로 가정한다.

(단위 : 원)

연도	감가상각비	한도	세무조정
2XX1	20,000,000	8,000,000	〈손금불산입〉 12,000,000(유보)
2XX2	20,000,000	8,000,000	〈손금불산입〉 12,000,000(유보)
2XX3	20,000,000	8,000,000	〈손금불산입〉 12,000,000(유보)
2XX4	20,000,000	8,000,000	〈손금불산입〉 12,000,000(유보)
2XX5	20,000,000	8,000,000	〈손금불산입〉 12,000,000(유보)
2XX6	0	8,000,000	〈손금산입〉 8,000,000(△유보)
2XX7	0	8,000,000	〈손금산입〉 8,000,000(△유보)
2XX8	0	8,000,000	〈손금산입〉 8,000,000(△유보)
2XX9	0	8,000,000	〈손금산입〉 8,000,000(△유보)
2X10	0	8,000,000	〈손금산입〉 8,000,000(△유보)
2X11	0	8,000,000	〈손금산입〉 8,000,000(△유보)
2X12	0	8,000,000	〈손금산입〉 8,000,000(△유보)
2X13	0	8,000,000	〈손금산입〉 4,000,000(△유보)

3 사외유출

사외유출이란 익금산입 세무조정을 하는 경우로서 과세소득 증가에 상응하는 자산의 증가나 부채의 감소 없이 법인의 소득이 법인 이외의 자에게 유출된 것을 말한다.

(1) 귀속자에게 과세하는 경우

사외유출된 금액은 귀속자에 따라 다음과 같이 처분하며, 귀속자는 소득처분된 금액에 대하여 소득세의 납세의무가 발생한다(법령 106 ①).

귀속자	소득처분	귀속자에 대한 과세
① 주주*	배당	배당소득으로 과세
② 임원 또는 직원	상여	근로소득으로 과세
③ 그 외의 자	기타소득	기타소득으로 과세

* 임원 또는 직원인 주주 등을 제외한다.

(2) 귀속자에게 과세하지 않는 경우

귀속자가 법인이거나 사업을 영위하는 개인인 경우에는 기타사외유출로 처분하고 귀속자에게 대하여 소득처분으로 인한 추가적인 과세는 하지 않는다. 다만, 그 분여된 이익이 내국법인 또는 외국법인의 국내사업장의 각 사업연도의 소득이나 거주자 또는 비거주자의 국내사업장의 사업소득을 구성하는 경우에 한한다(법령 106 ①). 한편, 다음의 금액은 무조건 기타사외유출로 처분한다(법령 106 ①).

① 기부금의 손금산입 한도초과액
② 적격증빙 미수취 기업업무추진비 및 기업업무추진비 한도초과액
③ 업무용승용차별 임차료 중 감가상각비 상당액 한도초과액 및 업무용승용차의 처분손실 한도초과액
④ 채권자불분명 사채이자 및 비실명채권증권 이자에 대한 원천징수세액에 상당하는 금액
⑤ 업무무관자산 등에 대한 지급이자 손금불산입액
⑥ 임대보증금의 간주임대료
⑦ 익금에 산입한 금액으로서 사외유출된 것이 분명하나 귀속이 불분명하여 대표자에게 귀속된 것으로 보아 처분한 경우 당해 법인이 그 처분에 따른 소득세 등을 대납하고 이를 손비로 계상하거나 그 대표자와의 특수관계가 소멸될 때까지 회수하지 아니함에 따라 익금에 산입한 금액

⑧ 부당행위계산부인 규정에 따라 익금에 산입한 금액으로서 귀속자에게 증여세가 과세되는 금액
⑨ 외국법인의 국내 사업장의 각 사업연도의 소득에 대한 법인세의 과세표준을 신고하거나 결정 또는 경정함에 있어서 익금에 산입한 금액이 그 외국법인 등에 귀속되는 소득과 「국제조세조정에 관한 법률」에 따른 과세조정으로 익금에 산입한 금액이 국외특수관계인으로부터 반환되지 않은 소득

(3) 사외유출된 것이 분명하나 귀속이 불분명한 경우

1) 대표자 상여처분

익금에 산입한 금액이 사외에 유출된 것이 분명하나 귀속이 불분명한 경우에는 대표자에게 귀속된 것으로 보아 대표자에 대한 상여로 처분한다(법령 106 ① 1호). 법인이 그 매출액을 장부에 기재하지 아니하거나 가공의 비용을 장부에 계상한 경우 특별한 사정이 없는 한 그 매출누락액 또는 가공비용 전액 상당의 법인의 수익이 사외로 유출된 것으로 보아야 하고, 이 경우 그 매출누락액 또는 가공비용이 사외로 유출된 것이 아니라고 볼 특별한 사정은 이를 주장하는 법인이 증명하여야 한다(대법원 2019두43313, 2019.9.26.).

2) 대표자의 판정

사외로 유출된 금액의 귀속이 불분명하여 대표자에게 상여처분함에 있어서 대표자는 다음과 같이 판정한다(법집 67-106-3).

① 소액주주등이 아닌 주주등인 임원 및 그와 특수관계에 있는 자가 소유하는 주식 등을 합하여 해당 법인의 발행주식총수 또는 출자총액의 30% 이상을 소유하고 있는 경우의 그 임원이 법인의 경영을 사실상 지배하고 있는 경우에는 그 자를 대표자로 하고, 대표자가 2명 이상인 경우에는 사실상의 대표자로 한다(법령 106 ① 1호).
② 사실상의 대표자란 대외적으로 회사를 대표할 뿐만 아니라 업무집행에 있어서 이사회의 일원으로 의사결정에 참여하고 집행 및 대표권을 가지며 회사에 대하여 책임을 지는 자를 말한다.
③ 사업연도 중에 대표자가 변경된 경우 대표자 각인에게 귀속된 것이 분명한 금액은 이를 대표자 각인에게 구분하여 처분하고, 귀속이 분명하지 아니한 경우에는 재직기간의 일수에 따라 구분계산하여 이를 대표자 각인에게 상여로 처분한다.
④ 해당 법인의 대표자가 아니라는 사실이 객관적인 증빙이나 법원의 판결에 따라 입증되는 경우를 제외하고는 등기상의 대표자를 그 법인의 대표자로 본다.
⑤ 법원의 가처분결정에 따라 직무집행이 정지된 법인의 대표자는 그 정지된 기간 중에는 대표자로서의 직무집행에서 배제되는 것이므로 법인등기부상에 계속 대표자로 등재되어 있는

경우에도 법인의 영업에 관한 장부 또는 증빙서류를 성실히 비치 기장하지 아니하여 발생되는 그 귀속이 불분명한 소득 등은 이를 그 직무집행이 배제된 명목상의 대표자에게 처분할 수 없는 것으로 한다. 따라서 이 경우에는 사실상의 대표자로 직무를 행사한 자를 대표자로 한다.

4 기 타

기타 처분이란 세무조정금액이 사외로 유출되지 않고 법인 내부에 남아 있으나 회계상 자산 · 부채와 세법상 자산 · 부채와의 차이가 발생하지 않는다. 따라서 유보(△유보)와는 달리 차기 이후에 반대의 세무조정이 발생되지 아니하므로 별도의 사후관리가 필요하지 않다.

실무포인트

1. 매출누락액 등의 상여처분

각 사업연도의 소득금액 계산상 익금에 산입하는 매출누락액 등의 금액은 다음 각 호에 게기하는 경우를 제외하고는 그 총액(부가가치세 등 간접세를 포함)을 「법인세법 시행령」 제106조의 규정에 따라 처분한다(통칙 67－106…11).

① 외상매출금 계상누락

② 매출누락액의 사실상 귀속자가 별도로 부담한 동 매출누락액에 대응하는 원가상당액으로서 부외처리되어 법인의 손금으로 계상하지 아니하였음이 입증되는 금액

2. 사외유출금액의 수정신고 시 소득처분

내국법인이 수정신고기한 내에 매출누락, 가공경비 등 부당하게 사외유출된 금액을 회수하고 세무조정으로 익금에 산입하여 신고하는 경우의 소득처분은 사내유보로 한다. 다만, 다음 중 어느 하나에 해당되는 경우로서 경정이 있을 것을 미리 알고 사외유출된 금액을 익금산입하는 경우에는 그러하지 아니하다(법령 106 ④).

① 세무조사의 통지를 받은 경우

② 세무조사가 착수된 것을 알게 된 경우

③ 세무공무원이 과세자료의 수집 또는 민원 등을 처리하기 위하여 현지출장이나 확인업무에 착수한 경우

④ 납세지 관할 세무서장으로부터 과세자료 해명안내 통지를 받은 경우

⑤ 수사기관의 수사 또는 재판 과정에서 사외유출 사실이 확인된 경우

⑥ 그 밖에 위 ①~⑤의 규정에 따른 사항과 유사한 경우로서 경정이 있을 것을 미리 안 것으로 인정되는 경우

3. '결정통지 전까지의 수정신고가능'의 의미

국세기본법 제45조 제1항 본문에서 '당해 국세의 과세표준과 세액을 결정 또는 경정하여 통지를 하기 전까지 과세표준수정신고서를 제출할 수 있다' 함은 당해 국세의 납세고지서가 납세자에게 도달되기 전까지 과세표준수정신고서를 제출할 수 있다는 것을 말하는 것임(징세 46101-1651, 2000.11.28.).

4. 수정신고 시 소득처분 사례

① 청구법인은 쟁점거래처에 대한 조사청의 세무조사 종결(2016.8.22.) 이후인 2016.12.14.에서야 처분청에 쟁점세금계산서와 관련된 수정신고를 제출한 점, 청구법인은 쟁점세금계산서와 관련하여 처분청의 경정이 있을 것을 미리 안 것으로 인정되므로 처분청에서 쟁점금액을 상여로 소득처분하고, 중소기업특별세액 감면을 배제하여 법인세를 과세한 이 건 처분은 달리 잘못이 없음(조심 2019중4532, 2020.3.10.).

② 어떤 법인에 대하여 직접 세무조사에 착수한 것은 아니더라도 그 거래 상대방에 대한 세무조사 등을 이유로 해당 법인이 사외유출한 금액에 관하여 경정이 있을 것을 미리 안 것으로 인정되는 경우에는 해당 금액에 대하여 같은 조 제1항 제1호에 따른 소득처분을 하여야 함(서울고법 2019누557, 2019.11.27.).

③ 「법인세법 시행령」 제106조 제4항을 적용함에 있어 법인이 특정거래처와의 거래금액 중 일부에 대하여 과세관청으로부터 과세자료 소명안내를 받은 후 그 거래처와의 거래금액 중 과세자료 소명 안내를 받은 거래금액뿐만 아니라 다른 거래금액도 부당하게 사외유출된 것으로 확인되어 이를 회수하고 익금에 산입하여 수정신고하는 경우 익금에 산입한 거래금액 전액을 사내유보로 소득처분할 수 없는 것임(법인세과-955, 2009. 8.31.).

④ 당초 근로소득만 있어 확정신고하지 않았던 자가 소득처분에 따른 소득을 추가신고하지 않은 경우 과소신고가산세 대상에 해당하는 것임(기획재정부 조세법령운용과-324, 2022.3.30.).

5. 가수금으로 처리된 매출누락액은 상여처분됨

청구법인이 쟁점누락액을 임시계정인 가수금 계정에 계상함으로써 그 상대계정인 현금이 일단 법인계좌에 들어온 것으로 회계처리되었더라도, 대표자 가수금의 경우 법인의 부채계정으로 있는 한 대표이사 등이 당해 법인에 대하여 채권을 보유하고 있다는 내용을 기장한 것으로 대표이사가 언제라도 이를 인출할 수 있는 것이므로 쟁점누락액은 이미 사외로 유출되어 위 가수금 거래의 상대방인 대표이사에게 귀속된 것으로 보이므로 당초처분은 정당함(조심 2010서2803, 2010.12.27.; 대법원 2000두3726).

6. 가공자산의 익금산입 및 소득처분

가공자산을 계상하고 있는 경우에는 다음 각 호와 같이 처리한다. 이 경우 자산을 특정인이 유용하고 있는 것으로서 회수할 것임이 객관적으로 입증되는 경우에는 가공자산으로 보지 아니하고 이를 동인에 대한 가지급금으로 본다(법기통 67-106…12).

① 외상매출금 · 받을어음 · 대여금 등 가공채권은 익금에 산입하여 이를 영 제106조 제1항의 규정에 따라 처분하고 동 금액을 손금에 산입하여 사내유보로 처분하며 동 가공채권을 손비로 계상하는 때에는 익금에 산입하여 사내유보로 처분한다.

② 재고자산의 부족액은 시가에 의한 매출액 상당액(재고자산이 원재료인 경우 그 원재료 상태로는 유통이 불가능하거나 조업도 또는 생산수율 등으로 미루어 보아 제품화되어 유출된 것으로 판단되는 경우에는 제품으로 환산하여 시가를 계산한다)을 익금에 산입하여 대표자에 대한 상여로 처분하고 동 가공자산은 손금에 산입하여 사내유보로 처분하며 이를 손비로 계상하는 때에는 익금에 산입하여 사내유보로 처분한다.

③ 가공계상된 고정자산은 처분당시의 시가를 익금에 산입하여 이를 영 제106조 제1항의 규정에 따라 처분하고, 당해 고정자산의 장부가액을 손금에 산입하여 사내유보로 처분한다. 다만, 그 후 사업연도에 있어서 동 가공자산을 손비로 계상하는 때에는 이를 익금에 산입하여 사내유보로 처분한다.

④ 제1호 내지 제3호에 의하여 익금에 가산한 가공자산가액 또는 매출액 상당액을 그 후 사업연도에 법인이 수익으로 계상한 경우에는 기 익금에 산입한 금액의 범위 내에서 이를 이월익금으로 보아 익금에 산입하지 아니한다.

7. 횡령자금에 대한 소득처분

① 회사 내 횡령자금에 대한 손해배상채권이 있는 경우라도 횡령한 자와 회사와의 경제적 이해관계가 일치하는 경우에는 사외유출로 보고, 경제적 이해관계가 없는 경우에는 사내유보로 보아야 함(대법원-2016-두-62504, 2017.3.16.).

② 청구법인이 횡령금액에 대해 묵인하였다고 볼 수 없으며 횡령금액에 대해 손해배상채권을 가지고 있음이 사실관계상 상당하여 사외유출되었다고 보기 어려우므로 사내유보로 소득처분을 하는 것이 타당함(조심-2010-서-2012, 2011.6.1.).

사례 비용누락 경정청구

(주)A법인은 2024년 종이세금계산서로 매입한 비용 500만원이 누락되었음을 확인하고 부가가치세 및 법인세 경정청구를 진행하였다.

[회계처리]

2025.1.1.

(차) 전기오류수정손실(영업외비용)	5,000,000원	(대) 미지급금	5,500,000원
부가세 대급금	500,000원		
(차) 미수금 500,000원		(대) 부가세 대급금	500,000원

[세무조정]

2024년

〈손금산입〉 지급수수료 5,000,000원(△유보)

2025년

〈손금불산입〉 전기오류수정손실 5,000,000원(유보)

▌2024년 소득금액 조정합계표의 작성 ▌

(앞쪽)

익금산입 및 손금불산입				손금산입 및 익금불산입			
①과목	②금액	③소득처분		④과목	⑤금액	⑥소득처분	
		처분	코드			처분	코드
				지급수수료	5 000 000	유보	100

[별지 제50호 서식(을)] (앞쪽)

사업연도	2024. 1. 1. ~ 2024.12.31.	**자본금과 적립금조정명세서(을)**	법인명	(주)A법인

※ 관리번호 [ ][ ] - [ ][ ]　　사업자등록번호 [ ][ ][ ] - [ ][ ] - [ ][ ][ ][ ][ ]

※ 표시란은 기입하지 마십시오.

세무조정유보소득 계산

①과목 또는 사항	②기초잔액	당기중증감		⑤기말잔액 (익기초현재)	비고
		③감소	④증가		
지급수수료			-5,000,000	-5,000,000	
합계					

▌2025년 소득금액 조정합계표의 작성▐

(앞쪽)

익금산입 및 손금불산입				손금산입 및 익금불산입			
①과목	②금액	③소득처분		④과목	⑤금액	⑥소득처분	
		처분	코드			처분	코드
전기오류 수정손실	5 000 000	유보	400				

[별지 제50호 서식(을)]

(앞쪽)

사업연도	2025. 1. 1. ~ 2025.12.31.	**자본금과 적립금조정명세서(을)**	법인명	(주)A법인

※ 관리번호 [|] - [|]　　사업자등록번호 [| |] - [|] - [| | | |]

※ 표시란은 기입하지 마십시오.

세무조정유보소득 계산

①과목 또는 사항	②기초잔액	당기중증감		⑤기말잔액 (익기초현재)	비고
		③감소	④증가		
지급수수료	−5,000,000	−5,000,000		0	
합계					

[별지 제15호 서식] 〈2022.3.18. 개정〉 (앞쪽)

사 업 연 도	. . . ~ . . .	**소득금액조정합계표**	법 인 명	
			사업자등록번호	

익금산입 및 손금불산입				손금산입 및 익금불산입			
①과목	②금액	③소득처분		④과목	⑤금액	⑥소득처분	
		처분	코드			처분	코드
합계				합계			

210mm×297mm[백상지 80g/㎡ 또는 중질지 80g/㎡]

■ 법인세법 시행규칙 [별지 제50호 서식(갑)] 〈2025.3.21. 개정〉 (앞쪽)

사업연도	. . . ~ . . .	자본금과 적립금조정명세서(갑)	법인명	
			사업자등록번호	

Ⅰ. 자본금과 적립금 계산서

①과목 또는 사항		코드	②기초잔액	당기중증감		⑤기말잔액	비고
				③감소	④증가		
자본금 및 잉여금 등의 계산	1. 자본금	01					
	2. 자본잉여금	02					
	3. 자본조정	15					
	4. 기타포괄손익누계액	18					
	5. 이익잉여금	14					
		17					
	6. 계	20					
7. 자본금과 적립금명세서(을)+(병) 계		21					
손익미계상 법인세 등	8. 법인세	22					
	9. 지방소득세	23					
	10. 계(8+9)	30					
11. 차가감계(6+7−10)		31					

Ⅱ. 이월결손금 계산서

1. 이월결손금 발생 및 증감내역

⑥사업연도	이월결손금					감소내역				잔액		
	발생액			⑩소급공제	⑪차감계	⑫기공제액	⑬당기공제액	⑭보전	⑮계	⑯기한 내	⑰기한경과	⑱계
	⑦계	⑧일반결손금	⑨배분한도초과결손금(⑨=㉕)									
계												

2. 법인세 신고 사업연도의 결손금에 동업기업으로부터 배분한도를 초과하여 배분받은 결손금(배분한도 초과결손금)이 포함되어 있는 경우 사업연도별 이월결손금 구분내역

⑲법인세 신고 사업연도	⑳동업기업 과세연도 종료일	㉑손금산입한 배분한도 초과 결손금	㉒법인세 신고 사업연도 결손금	배분한도 초과결손금이 포함된 이월결손금 사업연도별 구분			
				㉓합계(㉓=㉕+㉖)	배분한도 초과결손금 해당액		㉖법인세 신고 사업연도 발생 이월결손금 해당액(⑧일반결손금으로 계상)(㉑≥㉒의 경우는 "0", ㉑＜㉒의 경우는 ㉒−㉑)
					㉔이월결손금 발생 사업연도	㉕이월결손금(㉕=⑨) ㉑과㉒ 중 작은 것에 상당하는 금액	

Ⅲ. 회계기준 변경에 따른 자본금과 적립금 기초잔액 수정

㉗과목 또는 사항	㉘코드	㉙전기말 잔액	기초잔액 수정		㉜수정후 기초잔액(㉙+㉚−㉛)	㉝비고
			㉚증가	㉛감소		

210mm×297mm[일반용지 70g/㎡(재활용품)]

[별지 제50호 서식(을)] (앞쪽)

사업연도	. . . ~ . . .	**자본금과 적립금조정명세서(을)**	법인명	

※ 관리번호 [|] - [|]　　사업자등록번호 [| |] - [|] - [| | | |]

※ 표시란은 기입하지 마십시오.

세무조정유보소득 계산

①과목 또는 사항	②기초잔액	당기중증감		⑤기말잔액 (익기초현재)	비고
		③감소	④증가		
합계					

22226-84011일
99.4.1 개정승인

210mm×297mm
(신문용지 54g/㎡(재활용품))

[별지 제55호 서식] (2011.2.28. 개정)

사업연도	. . . ~ . . .	소득자료 [인정상여] [인정배당] [기타소득] 명세서	법인명	
			사업자등록번호	

①소득구분	②소득귀속연도	③배당 · 상여 및 기타소득금액	④원천징수할 소득세액	⑤원천징수일	⑥신고여부	소득자		⑨비고
						⑦성명	⑧주민등록번호	
계								

작 성 방 법

1. "소득금액조정합계표(별지 제15호 서식)"의 ③소득처분란 중 배당 · 상여 및 기타소득을 소득자별로 구분하여 원천징수할 세액을 산출하여 적습니다.
2. ①소득구분란의 경우 인정상여는 1, 인정배당은 2, 기타소득은 3으로 적습니다.
3. ②소득귀속연도란은 인정상여 · 인정배당 · 기타소득의 귀속사업연도를 적습니다.
4. ⑤원천징수일란은 당해 소득에 대한 원천징수일을 적습니다.
5. ⑥신고여부란은 당해 소득에 대해 원천징수이행상황신고서를 통해 신고한 경우에는 "여", 신고하지 않은 경우에는 "부"를 적습니다. 다만, 연말정산을 통하여 원천징수한 경우에는 ④원천징수할 소득세액란에 세액을 "0", ⑥신고여부란은 "여", ⑨비고란에는 "연말정산 원천징수필"로 적습니다.

210mm×297mm[일반용지 70g/㎡(재활용품)]

5 사외유출 처분과 원천징수

(1) 결정 · 경정에 의한 소득처분

1) 소득금액변동통지서 수령

「법인세법」에 의하여 세무서장 또는 지방국세청장이 법인소득금액을 결정 또는 경정할 때에 처분되는 배당 · 상여 및 기타소득은 법인소득금액을 결정 또는 경정하는 세무서장 또는 지방국세청장이 그 결정일 또는 경정일부터 15일 내에 소득금액변동통지서[소칙 별지 제22호 서식]에 따라 해당 법인에 통지해야 한다(소령 192 ①).

2) 원천징수시기(지급시기 특례)

정부가 법인소득금액을 결정 또는 경정함에 있어서 처분되는 배당 · 상여 및 기타소득은 소득금액변동통지서를 받은 날에 지급한 것으로 본다(소법 131 ②). 원천징수시기는 지급일이 속하는 날의 다음 달 10일이므로 소득금액변동통지서를 받은 날의 다음 달 10일까지 원천징수를 하여야 한다. 예를 들어 2025년 6월 중에 2021년 귀속 법인세에 대한 세무조사를 받고 2025년 7월 20일에 소득금액변동통지서를 받은 경우 원천징수는 2025년 8월 10일까지 하여야 한다.

3) 귀속시기

소득처분으로 인한 배당 · 기타소득의 수입시기는 당해 법인의 당해 사업연도의 결산확정일이며, 소득처분으로 인한 상여의 수입시기는 신고하거나 결정 · 경정하는 사업연도 중의 근로를 제공한 날이다(소령 46 · 49 ① · 50 ①). 예를 들어 2025년 6월 중에 2021년 귀속 법인세에 대한 세무조사를 받고 2025년 7월 20일에 소득금액변동통지서를 받은 경우 귀속시기는 다음과 같다.

구 분	귀속시기	귀속시기 사례	원천징수 세율
인정상여	근로제공일	2021년 귀속 근로소득	기본세율
인정배당	결산확정일	2022년 귀속 배당소득	14%
인정기타	결산확정일	2022년 귀속 기타소득	20%

4) 지급명세서의 제출

소득세 납세의무가 있는 개인에게 원천징수대상 소득을 국내에서 지급하는 자는 지급명세서를 그 지급일 속하는 과세기간의 다음 연도 2월 말일(사업소득과 근로소득 또는 퇴직소득 및 봉사료의 경우에는 다음 연도 3월 10일)까지 원천징수 관할 세무서장, 지방국세청장 또는 국세청장에게 제출하여야 한다. 다만, 제131조, 제135조, 제144조의 5 또는 제147조를 적용받는 소득(지급시기 특례)에 대해서는 해당 소득에 대한 과세기간 종료일의 다음 연도 2월 말일 또는 3월 10일까지 제출하여야 한다(소법 164 ①).

따라서 소득금액변동통지서를 받은 인정상여 · 배당 · 기타소득에 대하여는 지급시기 특례일(소득금액변동통지서를 받은 날)의 다음 연도 2월 말일 또는 3월 10일까지 제출할 수 있을 것으로 판단된다. 그러나 과세관청의 전산자료에서 원천징수이행상황신고서와 지급명세서를 상호대사하는 점, 과세관청에서 원천징수이행상황신고 시 지급명세서도 함께 요구하는 실정 등을 감안할 때 원천징수이행상황신고서[소칙 별지 제21호 서식]와 함께 제출하는 것이 바람직할 것으로 보인다.

5) 종합소득 수정신고

종합소득 과세표준확정신고기한이 지난 후에 세무서장이 법인세 과세표준을 결정 또는 경정하여 익금에 산입한 금액이 배당 · 상여 또는 기타소득으로 처분됨으로써 소득금액에 변동이 발생함에 따라 종합소득 과세표준확정신고 의무가 없었던 자, 세법에 따라 과세표준확정신고를 하지 아니하여도 되는 자 및 과세표준확정신고를 한 자가 소득세를 추가 납부하여야 하는 경우 해당 법인이 소득금액변동통지서를 받은 날이 속하는 달의 다음다음 달 말일까지 추가신고한 때에는 법정신고기한까지 신고한 것으로 본다(소령 134 ①). 예를 들어 2025년 6월 중에 2021년 귀속 법인세에 대한 세무조사를 받고 2025년 7월 20일에 소득금액변동통지서를 받은 경우 2025년 8월 10일까지 법인이 원천징수를 수행하고, 소득처분의 귀속자는 9월 30일까지 원천징수된 소득을 종합소득에 합산하여 수정신고를 하여야 한다.

이때 소득금액변동통지에 따른 추가신고납부기한 내에 신고만 하면 세액이 납부되지 않은 경우라도 신고불성실가산세의 부과대상이 아니며(조심 2019서1547, 2019.8.8.), 납부불성실가산세는 그 법정 추가 납부기한인 소득금액변동통지서를 받은 날이 속하는 달의 다음 달 말일의 다음 날부터 기산한다(대법원 2004두9944, 2006.7.27.).

(2) 법인세신고 · 수정신고에 의한 소득처분

1) 법인세신고서 · 수정신고서의 제출

법인세신고서 및 수정신고서를 제출하면서 인정상여, 인정배당, 인정기타소득이 발생하는 경우에는 소득금액변동통지서의 수령 없이 법인에서 스스로 원천징수 절차를 수행하여야 한다.

2) 원천징수

법인이 법인세 과세표준을 신고하는 경우에 처분되는 배당 · 상여 및 기타소득은 그 신고일 또는 수정신고일에 지급한 것으로 본다(소법 131 ②). 원천징수시기는 지급일이 속하는 날의 다음 달 10일이므로 법인세를 신고 또는 수정신고한 날의 다음 달 10일까지 원천징수를 하면 된다. 예를 들어 2026년 3월 31일에 2025년 귀속 법인세 과세표준신고서를 제출한 경우 원천징수는 2026년 4월 10일까지 하여야 한다.

3) 귀속시기

소득처분으로 인한 배당 · 기타소득의 수입시기는 당해 법인의 당해 사업연도의 결산확정일이며, 소득처분으로 인한 상여의 수입시기는 신고하거나 결정 · 경정하는 사업연도 중의 근로를 제공한 날이다(소령 46 · 49 ① · 50 ①). 예를 들어 2026년 3월 31일에 2025년 귀속 법인세 과세표준신고를 하고 상여, 배당, 기타소득으로 소득처분한 경우 귀속시기는 다음과 같다.

구 분	귀속시기	귀속시기 사례	원천징수 세율
인정상여	근로제공일	2025년 귀속 근로소득	기본세율
인정배당	결산확정일	2026년 귀속 배당소득	14%
인정기타	결산확정일	2026년 귀속 기타소득	20%

4) 종합소득 수정신고

종합소득 과세표준확정신고기한이 지난 후에 「법인세법」에 따라 법인이 법인세 과세표준을 신고하여 익금에 산입한 금액이 배당 · 상여 또는 기타소득으로 처분됨으로써 소득금액에 변동이 발생함에 따라 종합소득 과세표준확정신고 의무가 없었던 자, 세법에 따라 과세표준확정신고를 하지 아니하여도 되는 자 및 과세표준확정신고를 한 자가 소득세를 추가 납부하여야 하는 경우 해당 법인의 법인세 신고기일이 속하는 달의 다음다음 달 말일까지 추가신고한 때에는 법정신고기한까지 신고한 것으로 본다(소령 134 ①).

(3) 원천징수 이행사항 신고서 및 지급명세서의 작성방법

법인세법에 의한 소득처분이 있는 경우 반기별납부자도 매월 납부자와 동일하게 소득처분의 원천징수시기(소득금액변동통지를 받은 날, 법인세 신고일, 수정신고일)가 속하는 달의 다음 날 10일까지 신고 · 납부 하여야 한다. 소득처분으로 인하여 증가되는 금액은 당초 신고서를 수정하는 것이 아니고 소득처분이 있는 때에 소득처분의 귀속연월의 소득을 지급한 것으로 보아 소득처분금액과 추가 정산세액만 원천징수이행상황신고서에 기재하여 신고 · 납부한다. 다만, 지급명세서(원천징수영수증)는 당초분의 지급명세서에 소득처분금액을 반영하여 재작성된 지급명세서를 제출한다.

구 분	소득금액변동 통지받은 경우	법인세 과세표준 신고(수정신고) 시
원천징수시기	소득금액변동통지서를 받은 날	법인세 과세표준 신고일(수정신고일)
귀속연월	당초 연말정산 등의 귀속연월	당초 연말정산 등의 귀속연월
지급연월	소득금액변동통지서를 받은 날 연월	법인세 과세표준 신고일(수정신고일) 연월
원천세 신고서상 기재대상	• 인정상여 : A04(연말정산) －인원 : 소득처분 인원 －지급액 : 소득처분 금액 －소득세 등 : 총급여액(해당 귀속분)에 소득처분 금액을 가산하여 재정산 시 추가 납부세액 • 인정배당 : A60(배당소득) 인원, 지급액, 소득세 등 • 인정기타소득 : A42(그 외) 인원, 지급액, 소득세 등	

사례 1 소득금액 변동통지와 수정신고

㈜미래는 2021년 귀속 법인세 세무조사를 받았으며, 2025년 7월 20일 다음과 같이 소득금액변동통지서를 받았다. 이와 관련된 신고서를 작성하시오.

1. 기존 소득내역

구 분	소득내역
김대표	2021년 총급여액 50,000,000원

2. 소득금액 변동통지

해당 통지로 인한 추가납부세액은 3,200,000원이다.

■ 소득세법 시행규칙 [별지 제22호 서식(1)]

소득금액변동통지서(1)
(법 인 통 지 용)

※ 아래의 유의사항을 읽고 작성하여 주시기 바라며, [ ]에는 해당되는 곳에 √표를 합니다. (앞쪽)

수령자	① 법 인 명 (주)미래	② 사업자등록번호 123－12－XXXXX
	③ 주 소 서울시 서초구 서초동 XXX번지	
	④ 대표자 성명 김대표	

소득자별 [ ]배 당 / [√]상 여 / [ ]기타소득 소득금액 변동내용

⑤ 소득종류 (배당·상여·기타)	⑥ 사업연도	⑦ 귀속연도	⑧ 소득금액	소득자		
				⑨ 성명	⑩ 주민등록번호	⑪ 주 소
상여	2021.1.1.~12.31.	2021	30,000,000	김대표	－	서울시 동작구 노량진동 XXX번지
					－	
					－	
					－	

「소득세법 시행령」 제192조 제1항에 따라 위와 같이 소득금액 변동사항을 통지합니다.

2025년 7월 20일

세 무 서 장 직인

유의사항

1. 소득금액변동통지서를 받은 법인은 통지받은 소득에 대한 소득세를 원천징수하여 통지서를 받은 달의 다음 달 10일까지 납부해야 합니다.
2. 「소득세법」 제155의 4 제1항에 따라 법인이 「채무자 회생 및 파산에 관한 법률」에 따른 회생절차에 따라 특수관계인이 아닌 다른 법인에 합병되는 등 지배주주가 변경된 이후 회생절차 개시 전에 발생한 사유로 인수된 법인의 대표자 등에 대하여 「법인세법」 제67조에 따라 상여로 처분되는 경우에는 해당 법인에 소득금액변동통지서를 통지하는 것이 아니라, 해당 소득자에게 직접 「소득세법 시행규칙」 별지 제22호 서식(2)의 소득금액변동통지서(2)(소득자통지용)를 통지합니다.
3. 소득금액변동통지서를 받은 법인은 종합소득과세표준확정신고 대상 소득자의 소득금액이 변동됨으로써 소득세를 추가로 납부해야 하는 경우에는 즉시 해당 소득자에게 이 통지서를 받은 날이 속하는 달의 다음 다음 달 말일까지 주소지 관할 세무서에 추가신고·자진납부해야 한다는 것을 알려주시기 바랍니다.

210mm×297mm[백상지 80g/㎡(재활용품)]

해 설

1. **원천징수이행상황신고서의 작성요령**

귀속연월은 해당 근로소득 수입시기 다음 연도 2월(당초 연말정산 귀속월), 지급일은 소득금액변동통지서 수령일로, A04란에 인정상여처분받은 인원과, (추가분)지급금액과 추가 납부할 세액을 기재하고, A01란은 작성하지 않는다. 이를 소득금액변동통지서를 받은 날의 다음 달 10일, 즉 2025년 8월 10일까지 제출한다. 이와는 별도로 기존의 급여 등에 대하여 2025년 7월 귀속 및 지급분 원천징수이행상황신고서를 작성 및 제출하면 된다.

[별지 제21호 서식] (2024.12.31. 개정)

(10쪽 중 제1쪽)

① 신고구분						[✓]원천징수이행상황신고서 [ ]원천징수세액환급신청서	② 귀속연월	2022년 2월
매월	반기	수정	연말	소득처분	환급신청		③ 지급연월	2025년 7월

원천징수 의무자	법인명(상호)	㈜미래	대표자(성명)	김 대 표	일괄납부 여부	여, 부
					사업자단위과세 여부	여, 부
	사업자(주민) 등록번호	123-12-XXXXX	사업장 소재지	서울 서초구 XX	전화번호	
					전자우편주소	@

❶ 원천징수 명세 및 납부세액

(단위: 원)

소득자 소득구분			코드	④ 인원	⑤ 총지급액	⑥ 소득세 등	⑦ 농어촌특별세	⑧ 가산세	⑨ 당월 조정 환급세액	⑩ 소득세 등(가산세 포함)	⑪ 농어촌특별세
				원천징수명세: 소득지급(과세 미달, 일부 비과세 포함)		징수세액				납부세액	
개인(거주자·비거주자)	근로소득	간이세액	A01								
		중도퇴사	A02								
		일용근로	A03								
		연말정산 합계	A04	1	30,000,000	3,200,000					
		연말정산 분납신청	A05								
		연말정산 납부금액	A06								
		가감계	A10	1	30,000,000	3,200,000					
	퇴직소득	연금계좌	A21								
		그 외	A22								
		가감계	A20								
	사업소득	매월징수	A25								
		연말정산	A26								
		가감계	A30								
	기타소득	연금계좌	A41								
		종교인소득 매월징수	A43								
		종교인소득 연말정산	A44								
		가상자산	A49								
		인적용역	A59								
		그 외	A42								
		가감계	A40								
	연금소득	연금계좌	A48								
		공적연금(매월)	A45								
		연말정산	A46								
		가감계	A47								
	이자소득		A50								
	배당소득		A60								
	금융투자소득		A71								
	저축 등 해지 추징세액 등		A69								
	비거주자 양도소득		A70								
법인	내·외국법인원천		A80								
수정신고(세액)			A90								
총 합 계			A99	1	30,000,000	3,200,000					

210mm×297mm[백상지80g/㎡ 또는 중질지80g/㎡]

2. 지급명세서의 제출

2021년 귀속 근로소득에 대한 지급명세서를 작성하여 위의 원천징수이행상황신고서와 함께 2025년 8월 10일까지 제출한다. 수정분 지급명세서상 각 항목란의 상단에 붉은색으로 당초 신고내용을 기재한다.

■ 소득세법 시행규칙[별지 제24호 서식(1)] (8쪽 중 제1쪽)

관리번호	

[ ]근로소득 원천징수영수증
[✓] 근로소득 지 급 명 세 서
([ ]소득자 보관용 [ ]발행자 보관용 [ ]발행자 보고용)

거주구분		거주자1/비거주자2	
거주지국		거주지국코드	
내 · 외국인		내국인1 /외국인9	
외국인단일세율적용			여 1 / 부 2
외국법인소속 파견근로자 여부			여 1 / 부 2
종교관련종사자 여부			여 1 / 부 2
국적		국적코드	
세대주 여부		세대주1, 세대원2	
연말정산 구분		계속근로1, 중도퇴사2	

구분			
징 수 의무자	① 법인명(상 호) ㈜미래		② 대 표 자(성 명) 김 대 표
	③ 사업자등록번호 123-12-XXXXX		④ 주 민 등 록 번 호
	③-1 사업자단위과세자 여부	여1 / 부2	③-2 종사업장 일련번호
	⑤ 소 재 지(주소) 서울 서초구 서초동 XXX번지		
소득자	⑥ 성 명 김 대 표		⑦ 주 민 등 록 번 호(외국인등록번호) 601022-XXXXXXX
	⑧ 주 소 서울 동작구 노량진동 XXX번지		

	구 분	주(현)	종(전)	종(전)	⑯-1 납세조합	합 계
I 근무처별소득명세	⑨ 근 무 처 명	㈜미래				
	⑩ 사업자등록번호	123-12-XXXXX				
	⑪ 근무기간	2021.1.1.~ 2021.12.31	~	~	~	~
	⑫ 감면기간	~	~	~	~	~
	⑬ 급 여	50,000,000 50,000,000				
	⑭ 상 여					
	⑮ 인 정 상 여	0 30,000,000				
	⑮-1 주식매수선택권 행사이익					
	⑮-2 우리사주조합인출금					
	⑮-3 임원 퇴직소득금액 한도초과액					
	⑮-4 직무발명보상금					
	⑯ 계	50,000,000 80,000,000				

	구 분	코드	주(현)	종(전)	종(전)	⑯-1 납세조합	합 계
II 비과세및감면소득명세	⑱ 국외근로	M0X					
	⑱-1 야간근로수당	O0X					
	⑱-2 보육수당	Q0X					
	⑱-3 출산지원금	Q0X					
	⑱-4 연구보조비	H0X					
	⑱-5						
	~						
	⑱-41 임원등 할인금액	W01					
	⑲ 수련보조수당	Y22					
	⑳ 비과세소득 계						
	⑳-1 감면소득 계						

	구 분				㉙소득세	㉚ 지방소득세	㉛ 농어촌특별세
III 세액명세	㉓ 결정세액				3,270,000 6,470,000		
	기납부 세액	㉔ 종(전)근무지 (결정세액란의 세액을 적습니다)	사업자 등록 번호				
		㉕ 주(현)근무지			2,780,000 2,780,000		
	㉖ 납부특례세액						
	㉗ 차감징수세액(㉓-㉔-㉕-㉖)				490,000 3,690,000		

사례 2 법인세 신고와 소득처분

갑주식회사는 2025년 귀속 법인세 신고 시 업무용승용차와 관련하여 다음과 같은 세무조정사항이 발생하였다.

1. **업무용승용차의 세무조정내역**
   - 차량번호 : 1111
   - 업무용승용차 관련비용 : 30,000,000원
   - 업무사용비율 : 70%
   - 차량운행자 : 김○○(대표이사)
   - 〈손금불산입〉 업무용승용차 사적사용액 9,000,000(상여)

2. **기존 소득내역**

구 분	소득내역
김○○(대표이사)	2025년 총급여액 70,000,000원

추가 원천징수세액 500,000원

해설

1. **소득금액조정합계표 및 소득자료명세서**

사 업 연 도	2025. 1. 1. ~ 2025. 12.31.	소득금액조정합계표	법 인 명	갑주식회사
			사업자등록번호	

익금산입 및 손금불산입				손금산입 및 익금불산입			
① 과목	② 금액	③ 소득처분		④ 과목	⑤ 금액	⑥ 소득처분	
		처분	코드			처분	코드
업무용승용차	9 000 000	상여	100				

사업연도	2025. 1. 1. ~ 2025.12.31.	소득자료 [인정상여] [인정배당] [기타소득] 명세서	법인명	갑주식회사
			사업자등록번호	

① 소득구분	② 소득귀속연도	③ 배당·상여 및 기타소득금액	④ 원천징수할 소득세액	⑤ 원천징수일	⑥ 신고여부	소득자		⑨ 비고
						⑦ 성명	⑧ 주민등록번호	
1.인정상여	2025년	9,000,000	500,000	2026.4.10	여	김○○	××××××－×××××××	

2. 원천징수이행상황신고서의 작성요령

귀속연월은 해당 근로소득 수입시기 다음 연도 2월(당초 연말정산 귀속월), 지급월은 법인세 신고월로, A04란에 인정상여처분 받은 인원과, (추가분)지급금액과 추가납부할 세액을 기재하고, A01란은 작성하지 않는다. 이를 법인세 신고일의 다음 달 10일, 즉 2026.4.10.까지 제출한다. 이와는 별도로 기존의 급여 등에 대하여 2026년 3월 귀속 및 지급분 원천징수이행상황신고서를 작성 및 제출하면 된다.

[별지 제21호 서식] (10쪽 중 제1쪽)

① 신고구분						[✓]원천징수이행상황신고서 [ ]원천징수세액환급신청서	② 귀속연월	2026년 2월
매월(○)	반기	수정	연말(○)	소득처분(○)	환급신청		③ 지급연월	2026년 3월

원천징수 의무자	법인명(상호)	갑주식회사	대표자(성명)	김 ○ ○	일괄납부 여부	여, 부
					사업자단위과세 여부	여, 부
	사업자(주민) 등록번호		사업장 소재지	서울 서초구 XX	전화번호	
					전자우편주소	@

❶ 원천징수 명세 및 납부세액 (단위 : 원)

소득자 소득구분			코드	④ 인원	⑤ 총지급액	⑥ 소득세 등	⑦ 농어촌 특별세	⑧ 가산세	⑨ 당월 조정 환급세액	⑩ 소득세 등 (가산세 포함)	⑪ 농어촌 특별세
				원천징수명세: 소득지급(과세 미달, 일부 비과세 포함)		징수세액				납부세액	
개인(거주자·비거주자)	근로소득	간이세액	A01								
		중도퇴사	A02								
		일용근로	A03								
		연말정산 합계	A04	1	9,000,000	500,000					
		연말정산 분납신청	A05								
		연말정산 납부금액	A06								
		가감계	A10	1	9,000,000	500,000					
	퇴직소득	연금계좌	A21								
		그 외	A22								
		가감계	A20								
	사업소득	매월징수	A25								
		연말정산	A26								
		가감계	A30								
	기타소득	연금계좌	A41								
		종교인소득 매월징수	A43								
		종교인소득 연말정산	A44								
		가상자산	A49								
		인적용역	A59								
		그 외	A42								
		가감계	A40								
	연금소득	연금계좌	A48								
		공적연금(매월)	A45								
		연말정산	A46								
		가감계	A47								
	이자소득		A50								
	배당소득		A60								
	금융투자소득		A71								
	저축 등 해지 추징세액 등		A69								
	비거주자 양도소득		A70								
법인	내·외국법인원천		A80								
수정신고(세액)			A90								
총 합 계			A99	1	9,000,000	500,000					

3. 지급명세서의 제출

2025년 귀속 근로소득에 대한 지급명세서를 작성하여 위의 원천징수이행상황신고서와 함께 2026.4.10.까지 제출한다. 수정분 지급명세서상 각 항목란의 상단에 붉은색으로 당초 신고내용을 기재한다.

[별지 제24호 서식(1)] (8쪽 중 제1쪽)

관리번호	[ ]근로소득 원천징수영수증 [✓] 근로소득 지 급 명 세 서 ([ ]소득자 보관용 [ ]발행자 보관용 [ ]발행자 보고용)

구분	내용	구분	내용
거주구분	거주자1/비거주자2		
거주지국		거주지국코드	
내·외국인	내국인1 /외국인9		
외국인단일세율적용	여 1 / 부 2		
외국법인소속 파견근로자 여부	여 1 / 부 2		
종교관련종사자 여부	여 1 / 부 2		
국적		국적코드	
세대주 여부	세대주1, 세대원2		
연말정산 구분	계속근로1, 중도퇴사2		

징수 의무자	① 법인명(상 호) 갑주식회사	② 대 표 자(성 명) 김OO	
	③ 사업자등록번호	④ 주 민 등 록 번 호	
	③-1 사업자단위과세자 여부 여1 / 부2	③-2 종사업장 일련번호	
	⑤ 소 재 지(주소) 서울 서초구 서초동 XXX번지		
소득자	⑥ 성 명 김OO	⑦ 주 민 등 록 번 호(외국인등록번호) XXXXXX-XXXXXXX	
	⑧ 주 소 서울 동작구 노량진동 XXX번지		

	구 분	주(현)	종(전)	종(전)	⑯-1 납세조합	합 계
I 근무처별소득명세	⑨ 근 무 처 명	갑주식회사				
	⑩ 사업자등록번호					
	⑪ 근무기간	2025.1.1.~ 2025.12.31.	~	~	~	~
	⑫ 감면기간	~	~	~	~	~
	⑬ 급 여	70,000,000 70,000,000				
	⑭ 상 여					
	⑮ 인 정 상 여	0 9,000,000				
	⑮-1 주식매수선택권 행사이익					
	⑮-2 우리사주조합인출금					
	⑮-3 임원 퇴직소득금액 한도초과액					
	⑮-4 직무발명보상금					
	⑯ 계	70,000,000 79,000,000				

	구 분	코드	주(현)	종(전)	종(전)	⑯-1 납세조합	합 계
II 비과세및감면소득명세	⑱ 국외근로	M0X					
	⑱-1 야간근로수당	O0X					
	⑱-2 보육수당	Q0X					
	⑱-3 출산지원금	Q0X					
	⑱-4 연구보조비	H0X					
	⑱-5						
	~						
	⑱-41 임원등 할인금액	W01					
	⑲ 수련보조수당	Y22					
	⑳ 비과세소득 계						
	⑳-1 감면소득 계						

	구 분			⑱ 소 득 세	⑲ 지방소득세	⑳ 농어촌특별세
Ⅲ 세액명세	⑬ 결정세액			4,010,000 4,510,000		
	기납부 세액	⑭ 종(전)근무지 (결정세액란의 세액을 적습니다)	사업자 등록 번호			
		⑮ 주(현)근무지		2,990,000 2,990,000		
	⑯ 납부특례세액					
	⑰ 차감징수세액(⑬-⑭-⑮-⑯)			1,020,000 1,520,000		

▌세무조정 항목별 소득처분 사례[2] ▌

조정항목	내 용	익금가산		손금가산	
		조정구분	처 분	조정구분	처 분
수입 금액	• 인도한 제품 등의 매출액 가산	익금산입	유보		
	• 동 매출원가			손금산입	유보
	• 전기매출가산분 당기결산상 매출계상			익금불산입	유보
	• 동 매출원가	손금불산입	유보		
	• 작업진행률에 의한 수입금액 가산	익금산입	유보		
	• 전기 수입금액가산분 당기 결산 수입계상			익금불산입	유보
기업업무 추진비	• 한도초과액 • 법인명의 신용카드 미사용액	손금불산입	기타사외유출		
특례 및 일반기부금	• 한도초과액	〃	기타사외유출		
	• 당기미지급기부금	〃	유보		
	• 전기미지급기부금당기지급액 (당기 한도액 계산 시 포함)			손금산입	유보
	• 당기가지급 계상분(한도액 계산 시 포함)			손금산입	유보
	• 전기 가지급 계상분 당기 비용처리	손금불산입	유보		
가지급금등의 인정이자	• 출자자(출자임원 제외)	익금산입	배당		
	• 사용인(임원 포함)	〃	상여		
	• 법인 또는 사업영위 개인	〃	기타사외유출		
	• 전 각 호 이외의 개인	〃	기타소득		
소득세대납액	• 귀속이 불분명하여 대표자에게 처분한 소득에 대한 소득세를 법인이 대납하고 손비로 계상하거나 특수관계 소멸 시까지 회수하지 아니하여 익금산입한 금액	〃	기타사외유출		
건설자금 이자	• 건설 중인 자산분	손금불산입	유보		
	• 건설완료 자산 중 비상각 자산분	〃	〃		
	• 전기부인 유보분 중 당기건설이 완료되어 회사 자산계상			익금불산입	유보
채권자가 불분명한 사채이자	• 원천세 제외 금액(대표자)	손금불산입	상여		
	• 원천세 해당금액	〃	기타사외유출		
수령자불분명 채권 · 증권의 이자 할인액	• 원천세 제외 금액(대표자)	손금불산입	상여		
	• 원천세 해당금액	〃	기타사외유출		
비업무용부동산 등 지급이자	• 비업무용부동산 및 업무무관 가지급금에 대한 지급이자	손금불산입	기타사외유출		

2) 국세청 2025 법인세 신고안내 372p.

조정항목	내 용	익금가산		손금가산	
		조정구분	처 분	조정구분	처 분
각종 준비금	• 범위초과액	손금불산입	유보		
	• 과소환입	익금산입	〃		
	• 과다환입			익금불산입	유보
	• 전기범위초과액 중 환입액			〃	〃
	• 세무조정에 의해 손금산입하는 준비금			손금산입	유보
	• 세무조정에 의해 환입하는 준비금	익금산입	유보		
퇴직급여 충당금	• 범위초과액	손금불산입	유보		
	• 전기부인액 중 당기 지급			손금산입	유보
	• 전기부인액 중 당기 환입액			익금불산입	〃
퇴직연금	• 범위초과액	손금불산입	유보		
	• 전기부인액 중 당기 환입액			익금불산입	유보
대손충당금	• 범위초과액	손금불산입	유보		
	• 전기범위초과액 중 당기 환입액			익금불산입	유보
재고자산	• 당기평가감	익금산입	유보		
	• 전기평가감 중 당기 사용분 해당액			손금산입	유보
	• 당기평가증			손금산입	유보
	• 전기평가증 중 당기 사용분 해당액	손금불산입	유보		
국고보조금등	• 잉여금으로 계상한 국고보조금등	익금산입	기타		
	• 손금산입한도 초과액	손금불산입	유보		
	• 세무조정에 의한 손금계상 시			손금산입	유보
감가 상각비	• 당기부인액	손금불산입	유보		
	• 기왕부인액 중 당기 용인액			손금산입	유보
업무용 승용차	• 업무미사용금액	손금불산입 〃 〃 〃	배당 상여 기타사외유출 기타소득		
	• 자사소유차량 감가상각비 한도초과액	손금불산입	유보		
	• 임차차량 감가상각비 상당액 한도초과액	손금불산입	기타사외유출		
	• 업무용승용차 처분손실	손금불산입	기타사외유출		
기 타	• 법인세 등	손금불산입	기타사외유출		
	• 벌과금, 과료	〃	〃		
	• 임원퇴직금 범위초과액	〃	상여		
	• 법인세 환급금 및 이자			익금불산입	기타
	• 법령 §88 ① 8호 · 8호의 2 · 9호 규정에 의해 익금에 산입한 금액으로서 귀속자에게 증여세가 과세되는 금액	익금산입	기타사외유출		
	• 잉여금 증감에 따른 익금 및 손금산입	익금산입	기타	손금산입	기타

CHAPTER 03 익 금

1 익금의 개념

익금은 자본 또는 출자의 납입 및 익금불산입으로 규정하는 것은 제외하고 해당 법인의 순자산을 증가시키는 거래로 인하여 발생하는 이익 또는 수익의 금액으로 한다(법법 15). 「법인세법」에서는 순자산 증가설에 따라 과세소득을 인식하므로 법령에 구체적으로 열거되지 않은 수익항목이라 하더라도 실질적으로 법인의 순자산을 증가시킨 거래라고 인정되면 익금으로 보아 법인세를 과세한다. 즉, 여기에 열거되지 않은 항목이라도 순자산을 증가시키는 거래라면 익금으로 보아 법인세가 과세되므로 다음의 항목들은 예시적으로 열거된 것이라 할 수 있다(법법 15 ②, 법령 11).

① 각 사업에서 생기는 사업수입금액
② 자산의 양도금액
③ 자기주식의 양도금액(주식매수선택권의 행사에 따라 주식을 양도하는 경우에는 주식매수선택권 행사 당시의 시가로 계산한 금액으로 한다.)
④ 자산의 임대료
⑤ 자산의 평가차익
⑥ 무상으로 받은 자산의 가액과 채무의 면제 또는 소멸로 인하여 생기는 부채의 감소액
⑦ 손금에 산입한 금액 중 환입된 금액
⑧ 부당행위계산 부인 규정에 따른 자본거래로 인하여 특수관계인으로부터 분여받은 이익
⑨ 특수관계 소멸 시까지 회수되지 않는 가지급금 및 그 이자
⑩ 특수관계인인 개인으로부터 유가증권을 시가보다 낮은 가액으로 매입하는 경우 시가와 그 매입가액의 차액에 상당하는 금액
⑪ 간접외국납부세액
⑫ 동업기업과세특례 규정에 따라 배분받은 소득금액
⑬ 보험회사가 적립한 책임준비금의 감소액으로서 회계처리기준에 따라 수익으로 계상된 금액
⑭ 주택도시보증공사가 적립한 책임준비금의 감소액으로서 보험감독회계기준에 따라 수익으로

계상된 금액
⑮ 그 밖의 수익으로서 그 법인에 귀속되었거나 귀속될 금액

2 익금항목

(1) 사업수입금액

「통계법」에 따라 통계청장이 작성 · 고시하는 한국표준산업분류에 따른 각 사업에서 생기는 사업수입금액(매출액)을 익금으로 한다. 수입금액에는 도급금액 · 판매금액과 보험료액을 포함하며, 기업회계기준에 따른 매출에누리금액 및 매출할인금액은 제외한다. 한편, 내국법인이 생산, 공급하는 재화 또는 용역을 해당 내국법인의 임원 또는 직원에게 시가보다 낮은 가액으로 판매 또는 제공하는 경우에는 그 판매 또는 제공가액과 시가와의 차액은 사업수입금액에 포함한다(법령 11).

사업수입금액＝총매출액－매출에누리－매출할인

(2) 자산의 양도금액

법인이 상품 · 제품 등 재고자산을 판매한 금액은 사업수입금액에 해당하나, 그 외 기계장치 · 비품 등의 자산을 양도한 경우의 그 양도금액은 익금으로 한다. 기업회계에서는 유형자산 등의 자산을 양도하는 경우 양도가액과 장부가액의 차액을 유형자산처분손익으로 인식하는 순액법을 사용하고 있다. 반면에 「법인세법」에서는 양도금액을 익금으로, 양도 당시 장부가액을 손금으로 하는 총액법을 사용한다. 그러나 양자의 회계처리방법은 소득금액이 동일하게 계산되므로 법인이 기업회계에 따라 순액법으로 회계처리하더라도 세무조정이 발생하지 않는다.

(3) 자기주식의 양도금액

자기주식의 양도금액 또한 익금이며, 자기주식이란 합병법인이 합병에 따라 피합병법인이 보유하던 합병법인의 주식을 취득하게 된 경우를 포함한다(법령 11 2호의 2). 기업회계기준에

서는 자기주식의 처분이익을 기타자본잉여금으로 보며 이를 당기손익에 포함하지 않는다. 자기주식처분손실의 경우는 기존에 있는 자기주식처분이익과 먼저 상계하고, 남은 금액은 자본조정항목인 자기주식처분손실로 기록하며, 이익잉여금의 처분으로 처리한다. 반면에 「법인세법」에서는 자기주식처분이익은 익금으로, 자기주식처분손실은 손금으로 처리한다.

(4) 자산의 임대료

부동산 임대를 주업으로 하는 경우의 임대료는 사업수입금액에 해당하나, 자산을 일시적으로 대여하고 받은 임대료는 자산의 임대료로, 익금에 해당한다.

(5) 자산의 평가차익

기업회계에서는 목적적합성을 중시하여 평가를 인정하는 자산이 많이 있으며, 최근 K-IFRS의 도입으로 재평가 모형을 선택하는 경우 유형자산의 재평가도 인정하고 있다. 반면에 「법인세법」에서는 소득금액 계산의 임의성을 배제하기 위하여 자산의 평가손익을 대부분 인정하지 않는다. 다만, 세법에서 열거하는 사항에 대하여만 제한적으로 평가차익을 인정하고 있다.

(6) 자산수증이익과 채무면제이익

무상으로 받은 자산의 가액과 채무의 면제 또는 소멸로 인하여 생기는 부채의 감소액은 익금이다.

(7) 손금에 산입한 금액 중 환입된 금액

손금에 산입한 금액 중 환입된 금액은 익금에 해당하나, 당초 손금불산입된 금액이 환입된 경우에는 익금에 해당하지 않는다.

지출 당시	환입 당시	사 례
손금항목	익금항목	재산세, 자동차세 등
손금불산입항목	익금불산입항목	법인세 등

(8) 자본거래로 인하여 특수관계인으로부터 분여받은 이익

부당행위계산 부인 규정에 의한 불균등 증자나 감자 등으로 인해 특수관계인으로부터 분여받은 이익은 익금에 해당한다.

(9) 가지급금 및 그 이자

특수관계인에 대한 업무무관 가지급금 및 그 이자로서 다음 중 어느 하나에 해당하는 금액은 익금에 해당한다. 다만, 채권 · 채무에 대한 쟁송으로 회수가 불가능한 경우 등 정당한 사유가 있는 경우는 제외한다.

> ① 특수관계가 소멸되는 날까지 회수하지 아니한 가지급금 및 그 이자
> ② 특수관계가 소멸되지 아니한 경우로서 가지급금의 이자를 이자발생일이 속하는 사업연도 종료일부터 1년이 되는 날까지 회수하지 아니한 경우 그 이자

(10) 특수관계인인 개인으로부터의 유가증권 저가매입액

일반적으로 법인이 타인으로부터 자산을 저가에 매입한 경우 이는 매입 시점의 익금으로 보지 않는다. 그러나 특수관계인인 개인으로부터 유가증권을 시가(時價)보다 낮은 가액으로 매입하는 경우 시가와 그 매입가액의 차액에 상당하는 금액은 익금에 해당한다(법법 15 ② 1호). 이때 그 시가와 매입가액의 차액은 해당 유가증권의 취득가액에 해당한다.

(11) 간접외국납부법인세액

간접외국납부세액 규정에 따라 외국납부세액공제를 적용받는 경우로서 그 외국자회사의 소득에 대하여 부과된 외국법인세액 중 그 수입배당금액에 대응하는 것은 익금에 해당한다.

(12) 동업기업으로부터 배분받은 소득금액

동업기업과세특례 규정에 따라 동업자인 법인이 배분받은 소득금액은 익금에 해당한다.

(13) 그 밖의 수익

그 밖의 수익으로서 그 법인에 귀속되었거나 귀속될 금액으로 법인의 순자산을 증가시키는 금액은 익금에 해당한다(법령 11 11호). 「법인세법」에서는 익금의 범위를 포괄적으로 규정하였으므로 위에서 열거된 항목 외에도 순자산을 증가시키는 거래에 해당하는 경우 익금으로 볼 수 있다.

3 익금불산입의 개념

「법인세법」에서는 익금을 자본 또는 출자의 납입 및 익금불산입으로 규정하는 것은 제외하고 해당 법인의 순자산을 증가시키는 거래라고 규정하여 익금항목을 규정한 것이 아니라 익금불산입을 규정하고 있다. 「법인세법」은 과세소득의 범위를 포괄적으로 규정하였으므로, 과세에서 제외되는 익금불산입을 규정한 것이다. 수익은 내국법인의 각 사업연도의 소득금액을 계산할 때 익금에 산입하지 아니한다(법법 17 · 18).

구 분	익금불산입항목
(1) 자본거래	① 주식발행액면초과액 ② 주식의 포괄적 교환차익 ③ 주식의 포괄적 이전차익 ④ 감자차익 ⑤ 합병차익 ⑥ 분할차익
(2) 이중과세방지	① 이월익금 ② 지주회사 및 일반법인의 수입배당금 중 익금불산입액
(3) 기 타	① 자산의 평가이익 ② 법인세 또는 법인지방소득세를 환급받았거나 환급받을 금액 ③ 국세 또는 지방세의 과오납금의 환급금에 대한 이자 ④ 부가가치세의 매출세액 ⑤ 무상으로 받은 자산의 가액(국고보조금 등은 제외한다)과 채무의 면제 또는 소멸로 인한 부채의 감소액 중 이월결손금을 보전하는 데에 충당한 금액 ⑥ 채무의 출자전환 시 발생한 채무면제이익 중 이월결손금 보전에 충당할 금액 ⑦ 연결자법인으로부터 지급받았거나 지급받을 연결법인별 산출세액

4 익금불산입항목

(1) 주식발행액면초과액

주식발행액면초과액이란 액면금액 이상으로 주식을 발행한 경우 그 액면금액을 초과한 금액을 말하며, 무액면주식의 경우에는 발행가액 중 자본금으로 계상한 금액을 초과하는 금액을 말한다(법법 17 ① 1호).

주식발행초과금＝발행가액－액면가액

기업회계에서는 이를 자본잉여금으로 보아 당기손익에 반영하고 있지 않다. 주식발행액면초과액은 사실상 주주가 납입한 자본금의 성격이므로 「법인세법」에서도 이를 익금으로 보지 않는다. 다만, 채무의 출자전환으로 주식 등을 발행하는 경우에는 그 주식 등의 시가를 초과하여 발행된 금액은 익금으로 본다.

(2) 주식의 포괄적 교환차익

주식의 포괄적 교환차익이란 「상법」에 따른 주식의 포괄적 교환을 한 경우로서 자본금 증가의 한도액이 완전모회사의 증가한 자본금을 초과한 경우의 그 초과액을 말한다(법법 17 ① 2호). 주식의 포괄적 교환차익은 사실상 완전자회사의 주주가 납입한 자본금의 성격이므로 익금에 해당하지 않는다.

주식의 포괄적 교환차익＝완전자회사의 순자산가액－주식교환교부금 －이전한 자기주식의 장부가액－완전모회사의 자본금

(3) 주식의 포괄적 이전차익

주식의 포괄적 이전차익이란 「상법」에 따른 주식의 포괄적 이전을 한 경우로서 자본금의 한도액이 설립된 완전모회사의 자본금을 초과한 경우의 그 초과액을 말한다(법법 17 ① 3호). 주식의 포괄적 이전차익은 사실상 완전자회사의 주주가 납입한 자본금의 성격이므로 익금에 해당하지 않는다.

주식의 포괄적 이전차익＝완전자회사의 순자산가액－주식교환교부금－완전모회사의 자본금

(4) 감자차익

감자차익이란 자본감소의 경우로서 그 감소액이 주식의 소각, 주금의 반환에 든 금액과 결손의 보전에 충당한 금액을 초과한 경우의 그 초과금액을 말한다(법법 17 ① 4호). 감자차익은 주주가 감자대가로 자본금보다도 적은 금액을 반환받음에 따라 발생한 것으로 사실상 주주가 법인에 납입한 자본금의 성격이므로 익금에 해당하지 않는다.

감자차익＝자본금감소액－주금반환에 소요된 금액－결손보전에 충당한 금액

(5) 합병차익

「상법」에 따른 합병의 경우로서 소멸된 회사로부터 승계한 재산의 가액이 그 회사로부터 승계한 채무액, 그 회사의 주주에게 지급한 금액과 합병 후 존속하는 회사의 자본금증가액 또는 합병에 따라 설립된 회사의 자본금을 초과한 경우의 그 초과금액을 말한다. 다만, 소멸된 회사로부터 승계한 재산가액이 그 회사로부터 승계한 채무액, 그 회사의 주주에게 지급한 금액과 주식가액을 초과하는 경우로서 「법인세법」에서 익금으로 규정한 금액은 제외한다(법법 17 ① 5호).

합병차익＝승계한 순자산가액－합병대가*

* 합병대가＝교부주식의 액면가액＋합병교부금

(6) 분할차익

「상법」에 따른 분할 또는 분할합병으로 설립된 회사 또는 존속하는 회사에 출자된 재산의 가액이 출자한 회사로부터 승계한 채무액, 출자한 회사의 주주에게 지급한 금액과 설립된 회사의 자본금 또는 존속하는 회사의 자본금증가액을 초과한 경우의 그 초과금액을 말한다. 다만, 분할 또는 분할합병으로 설립된 회사 또는 존속하는 회사에 출자된 재산의 가액이 출자한 회사로부터 승계한 채무액, 출자한 회사의 주주에게 지급한 금액과 주식가액을 초과하는 경우로서 「법인세법」에서 익금으로 규정한 금액은 제외한다(법법 17 ① 6호).

분할차익＝승계한 순자산가액－분할대가*

* 분할대가＝교부주식의 액면가액＋분할교부금

(7) 이월익금

이월익금이라 함은 각 사업연도의 소득으로 이미 과세된 소득(「법인세법」 및 다른 법률에 따라 비과세되거나 면제되는 소득을 포함)을 다시 당해 사업연도의 익금에 산입한 금액을 말한다(법법 18호의 2).

(8) 수입배당금 중 익금불산입액

법인의 소득금액에 대하여는 각 사업연도 소득에 대한 법인세가 과세되며, 법인은 세후소득 중 일부를 주주에게 배당하게 된다. 주주입장에서는 받은 배당소득이 다시 과세소득에 산입되어 법인세가 과세되므로 동일한 소득에 대하여 이중과세의 문제가 발생한다. 이러한 문제점을 해결하기 위하여 「법인세법」에서는 법인이 수령한 배당금 중 일정액을 익금불산입하여 과세소득에서 제외시키고 있다.

(9) 자산의 평가이익

자산의 평가이익은 대부분 익금불산입 항목이며 일부 항목에 대하여만 제한적으로 평가이익을 인정하고 있다.

(10) 법인세 등을 환급받았거나 환급받을 금액

법인세 및 법인지방소득세는 납부 시 손금에 해당하지 않으며, 이를 환급받는 경우에도 익금에 해당하지 않는다.

(11) 국세 또는 지방세의 과오납금의 환급금에 대한 이자

국세 또는 지방세의 과오납금을 환급받는 경우에는 이자 성격의 국세환급가산금을 지급받는다. 만약, 이를 익금항목으로 규정하면 지급되는 이자 중 일부가 다시 법인세로 과세되므로 보상의 효과가 감소하게 된다. 따라서 국세 또는 지방세의 과오납금의 환급금에 대한 이자는 익금불산입 항목에 해당한다.

(12) 부가가치세의 매출세액

사업자가 재화용역을 공급하고 공급받는 자로부터 거래징수한 부가가치세는 국가에 다시 납부하여야 하는 부채의 성격이므로 익금불산입 항목에 해당한다.

(13) 자산수증이익과 채무면제이익 중 이월결손금을 보전하는 데에 충당한 금액

자산수증이익과 채무면제이익은 원칙적으로 익금항목이지만 법인의 재무구조 개선을 지원하기 위하여 무상으로 받은 자산의 가액(국고보조금등은 제외)과 채무의 면제 또는 소멸로 인한 부채의 감소액 중 이월결손금을 보전하는 데에 충당한 금액은 익금불산입한다. 이월결손금의 보전에 충당된 금액에는 무상으로 받은 자산의 가액과 채무의 면제 또는 소멸로 인한 부채의 감소액을 영업외수익으로 계상한 법인이 자본금과 적립금조정명세서에 동 금액을 이월결손금의 보전에 충당한다는 뜻을 표시하고 세무조정으로 익금불산입한 경우 동 금액을 포함한다(법통 18－18…2).

한편, 익금불산입 대상 이월결손금은 다음과 같다(법령 16 ①).

① 그 사업연도에 속하는 손금의 총액이 익금의 총액을 초과하여 발생한 결손금으로서 각 사업연도의 과세표준을 계산할 때 공제되지 아니한 금액으로서 공제시한(15년, 10년)이 경과된 결손금도 포함(단, 합병 또는 분할합병 시 승계받은 결손금은 제외)

② 각 사업연도 법인세 신고 시 누락되어 그 사업연도의 과세표준에 포함되지 아니하였으나 다음 중 어느 하나에 해당하는 결손금

㉠ 「채무자 회생 및 파산에 관한 법률」에 따른 회생계획인가의 결정을 받은 법인의 결손금으로서 법원이 확인한 것

㉡ 「기업구조조정 촉진법」에 의한 기업개선계획의 이행을 위한 약정이 체결된 법인으로서 금융채권자협의회가 의결한 결손금

(14) 출자전환 시 채무면제이익 중 이월결손금 보전에 충당할 금액

다음에 해당하는 법인은 채무의 출자전환 시 발생한 채무면제이익 중 이월결손금 보전에 충당되지 않는 금액을 해당 사업연도의 익금에 산입하지 아니하고 그 이후의 각 사업연도에 발생할 결손금의 보전에 충당할 수 있다(법법 17 ②, 법령 15 ①).

① 「채무자 회생 및 파산에 관한 법률」에 따라 채무를 출자로 전환하는 내용이 포함된 회생계획인가의 결정을 받은 법인

② 「기업구조조정 촉진법」에 따라 채무를 출자로 전환하는 내용이 포함된 기업개선계획의 이행을 위한 약정을 체결한 부실징후기업이 채무를 출자전환하는 경우로서 해당 주식 등의 시가(시가가 액면가액에 미달하는 경우에는 액면가액)를 초과하는 금액

③ 해당 법인에 대하여 채권을 보유하고 있는 「금융실명거래 및 비밀보장에 관한 법률」에 따른 금융회사등과 채무를 출자로 전환하는 내용이 포함된 경영정상화계획의 이행을 위한 협약을 체결한 법인

④ 「기업 활력 제고를 위한 특별법」에 따라 주무부처의 장으로부터 사업재편계획을 승인받은 법인이 채무를 출자전환하는 경우로서 해당 주식등의 시가(시가가 액면가액에 미달하는 경우에는 액면가액)를 초과하는 금액

위의 법인들은 채권단이 일부 손실을 분담하며 출자전환하고 기업의 회생을 위하여 자구노력을 하고 있는 상황인데, 채무면제이익으로 이월결손금을 보전하고 남은 금액에 대하여

법인세를 과세하는 것이 적절하지 않으므로 차기 이후에 발생할 결손금을 대비하여 미리 익금불산입할 수 있도록 한 것이다.

본 규정에 따라 익금불산입한 채무면제이익은 차기 이후 결손금이 발생하는 경우 그 결손금의 보전에 충당하여야 한다. 만약, 내국법인이 익금에 산입하지 아니한 금액 전액을 결손금의 보전에 충당하기 전에 사업을 폐지하거나 해산하는 경우에는 그 사유가 발생한 날이 속하는 사업연도의 소득금액계산에 있어서 결손금의 보전에 충당하지 아니한 금액 전액을 익금에 산입한다(법령 15 ②).

(15) 연결자법인으로부터 지급받았거나 지급받을 연결법인별 산출세액

연결납세방식을 적용하는 경우 연결자법인은 연결법인별 산출세액을 가산하여 연결모법인에 지급하고 연결모법인은 해당금액을 납부한다. 이때 연결모법인이 연결자법인으로부터 지급받은 연결법인별 산출세액은 국가에 납부하여야 하는 부채성격이므로 익금불산입 항목에 해당한다.

(16) 자본준비금을 감액하여 받는 배당

법인은 적립된 자본준비금(자본잉여금) 및 이익준비금(이익잉여금)의 총액이 자본금의 1.5배를 초과하는 경우에 주주총회의 결의에 따라 그 초과한 금액 범위에서 자본준비금과 이익준비금을 감액할 수 있다(상법 461의 2). 이렇게 「상법」상 준비금의 감소 규정에 따라 자본준비금을 감액하여 받는 배당은 익금에 산입하지 않는다. 다만, 잉여금의 자본 전입 시 의제배당에 해당하는 자본잉여금 항목의 감액에 대하여는 익금으로 한다.

실무포인트

1. 게임구동 확인을 위한 직원카드 구매 및 보전액의 손익인식 여부
   게임물을 제작 · 판매하는 법인이 사용자 입장에서 게임이 원활하게 구동되는지를 확인하기 위하여 게임, 아이템 등을 직원 개인의 신용카드로 구매하도록 하고 이후 직원에게 신용카드 사용금액을 보전해주는 경우 그 신용카드 구매금액과 보전액에 대하여는 손익을 인식하지 않는 것임. 다만 귀 질의의 신용카드 구매와 보전이 게임 구동확인 목적인지 여부는 구매 · 보전 경위, 구매한 게임 · 아이템 등의 이용상황 등에 따라 사실판단할 사항임(서면법인 2019-2882, 2020.7.28.).

2. 자기주식 취득 시 세무처리 방법

(1) 소각목적의 자기주식 저가 취득

내국법인이 상법상의 적법한 자본감소 절차에 따라 주식소각 목적으로 특수관계인인 개인으로부터 자기주식을 무상으로 취득한 경우에는 「법인세법 시행령」 제11조 제5호가 적용되지 않는 것임(서면법령법인 2020-3696, 2020.12.29.).

(2) 보유 · 매각목적의 자기주식 저가 취득

내국법인이 특수관계자인 개인주주로부터 보유 · 매각목적으로 자기주식을 취득함에 있어 당해 자기주식의 매입가액이 「법인세법」 제52조 제2항의 규정에 의한 시가에 미달하는 경우 시가와 당해 매입가액의 차액에 상당하는 금액은 「법인세법」 제15조 제2항 제1호의 규정에 의하여 각 사업연도 소득금액을 계산할 때 익금에 산입하는 것임(서면-2023-법인-3871, 2024.7.4.).

3. 자원순환보증금의 익금여부

「자원의 절약과 재활용촉진에 관한 법률」에 따른 보증금대상사업자가 같은 법 제15조의2 제1항에 따라 자원순환보증금을 제품가격에 포함하여 함께 지급받는 경우 해당 자원순환보증금은 법인세법 제15조에서 규정하는 익금의 범위에 해당하지 아니하는 것임(서면-2022-법인-1607, 2022.10.28.).

4. 정부출연금의 익금 귀속시기

정부로부터 기술개발에 소요되는 경비를 출연금 명목으로 지원받은 경우, 동 출연금은 추후 기술개발의 성공 여부에 따른 반환의무 여부에 불구하고 출연금 교부통지를 받은 사업연도에 익금산입함(서면인터넷방문상담2팀-1510, 2005.9.21.).

5. 자본준비금 중 자본전입 시 과세되지 않는 자본준비금을 감액한 후 배당하는 경우

① 내국법인이 주주총회의 결의에 따라 특정 자본준비금(자본전입 시 의제배당으로 과세되지 않는 주식발행초과금)을 감액하여 배당하는 경우 감액된 자본준비금이 배당된 것으로 보아 해당 배당금에 대해 법인세법 제18조 제8호의 익금불산입 규정을 적용함(서면-2020-법령해석법인-3705, 2021.4.14.).

② 국내법인이 「상법」에 따라 자본준비금을 감액하여 배당하는 경우 익금으로 보지 아니하고, 외국법인이 외국법령에 따라 자본준비금을 감액하여 배당하는 경우 익금으로 보게 된다면 그 실질이 자본의 환급으로 동일함에도 달리 판단하는 것인바 해외자회사의 자본준비금을 감액하여 받은 분배금도 익금불산입 규정을 적용함(조심-2021-인-1896, 2022.3.7.).

CHAPTER

04 손 금

1 손금의 개념

손금은 자본 또는 출자의 환급, 잉여금의 처분 및 「법인세법」에서 규정하는 것은 제외하고 해당 법인의 순자산을 감소시키는 거래로 인하여 발생하는 손실 또는 비용(이하 "손비")의 금액으로 한다. 손비는 「법인세법」 및 다른 법률에서 달리 정하고 있는 것을 제외하고는 그 법인의 사업과 관련하여 발생하거나 지출된 손실 또는 비용으로서 일반적으로 인정되는 통상적인 것이거나 수익과 직접 관련된 것으로 한다(법법 19 ①·②).

여기에서 말하는 '일반적으로 용인되는 통상적인 비용'이라 함은 납세의무자와 같은 종류의 사업을 영위하는 다른 법인도 동일한 상황 아래에서는 지출하였을 것으로 인정되는 비용을 의미하고 그러한 비용에 해당하는지 여부는 지출의 경위와 목적, 형태, 액수, 효과 등을 종합적으로 고려하여 객관적으로 판단하여야 할 것인데 특별한 사정이 없는 한 사회질서에 위반하여 지출된 비용은 여기에서 제외된다고 할 것이다(대법원 2007두12422, 2009.11.12.). 한편, 위법소득을 얻기 위하여 지출한 비용이나 지출 자체에 위법성이 있는 비용에 대하여도 그 손금산입을 인정하는 것이 사회질서에 심히 반하는 등의 특별한 사정이 없는 한 손금으로 산입함이 타당하다(대법원 2008두7779, 2009.6.23.).

▌손비항목의 예시(법령 19)▐

① 판매한 상품 또는 제품에 대한 원료의 매입가액과 그 부대비용
② 판매부대비용
③ 양도한 자산의 양도당시의 장부가액
④ 인건비
⑤ 임원 또는 직원의 출산 또는 양육 지원을 위해 임원 또는 직원에게 공통적으로 적용되는 지급기준에 따라 지급하는 금액

⑥ 법인이 생산 · 공급하는 재화 또는 용역을 그 법인(계열회사 포함)의 사업장에 종사하는 임원 등에게 시가보다 낮은 가격으로 제공하거나 구입할 수 있도록 지원을 함으로써 해당 임원 또는 직원이 얻는 이익에 상당하는 금액
⑦ 유형자산의 수선비와 유형자산 및 무형자산 감가상각비
⑧ 자산의 임차료
⑨ 차입금이자
⑩ 회수할 수 없는 부가가치세 매출세액미수금
⑪ 자산의 평가차손
⑫ 제세공과금
⑬ 협회에 지급한 회비
⑭ 광업의 탐광비
⑮ 무료진료권
⑯ 기증한 잉여식품의 장부가액
⑰ 업무와 관련 있는 해외시찰 · 훈련비
⑱ 직업훈련학급 운영비 또는 직업훈련수당
⑲ 우리사주조합에 출연하는 자사주의 장부가액 또는 금품
⑳ 장식 · 환경미화 등의 목적 미술품
㉑ 광고선전 목적으로 기증한 물품의 구입비용
㉒ 주식매수선택권 행사로 보전하는 금액
㉓ 법인의 임원 또는 직원의 사망 이후 정관 · 주주총회 · 사원총회 또는 이사회의 결의에 의하여 결정된 기준에 따라 유족에게 일시적으로 지급하는 학자금 등 위로금
㉔ 「중소기업 인력지원 특별법」에 따른 중소기업 핵심인력 성과보상기금의 조성을 위하여 중소기업이 부담하는 기여금
㉕ 기금에 출연하는 금품
㉖ 보험회사가 보험업에 따라 적립한 책임준비금의 증가액으로서 보험감독회계기준에 따라 비용으로 계상된 금액
㉗ 「주택도시기금법」에 따른 주택도시보증공사가 적립한 책임준비금의 증가액으로서 보험감독회계기준에 따라 비용으로 계상된 금액
㉘ 그밖의 손비로서 그 법인에 귀속되었거나 귀속될 금액

2 손비항목

(1) 판매한 상품 또는 제품에 대한 원료의 매입가액과 그 부대비용

판매한 상품 또는 제품에 대한 원료의 매입가액과 그 부대비용은 손비항목이다. 매입가액은 기업회계기준에 따른 매입에누리금액 및 매입할인금액을 제외한다.

매입가액＝총매입액－매입에누리－매입할인

(2) 판매부대비용

판매한 상품 또는 제품의 보관료, 포장비, 운반비, 판매장려금 및 판매수당 등 판매와 관련된 부대비용은 손비항목이다. 판매장려금 및 판매수당의 경우 사전약정 없이 지급하는 경우도 손비로 본다.

(3) 양도한 자산의 양도당시의 장부가액

「법인세법」은 총액법에 따라 익금과 손금을 인식하므로 양도한 자산의 양도가액을 익금으로 보며, 양도 당시 장부가액은 손비로 본다.

(4) 인건비

인건비는 원칙적으로 손비항목이지만 임원상여금 및 임원퇴직금 등 일부 항목에 대하여는 손금불산입으로 규정하고 있다.

(5) 유형자산의 수선비와 유형자산 및 무형자산의 감가상각비

유형자산의 수선비와 유형자산 및 무형자산의 감가상각비는 원칙적으로 손비항목이지만 감가상각비는 일정한 한도를 두어 해당 한도를 초과하는 금액에 대하여는 해당 사업연도의 손비로 인정하지 않는다.

(6) 자산의 임차료 및 차입금이자

자산의 임차료 및 차입금이자는 원칙적으로 손비항목이지만 차입금이자 중 일정한 요건에 해당하는 것은 손비로 인정하지 않는다.

(7) 회수할 수 없는 부가가치세 매출세액미수금

부가가치세 매출세액은 거래상대방으로부터 거래징수하여 납부하는 것이므로 매출법인의 익금이나 손금이 아니다. 그런데 외상매출의 경우 부가가치세 매출세액을 아직 거래징수하지 못한 상태에서 먼저 정부에 매출세액을 납부하여야 하며, 이후 그 부가가치세 매출세액 미수금이 회수되지 못한다면 궁극적으로 매출법인이 그 세액을 부담하게 되는 것이므로 매출법인의 손비로 보는 것이다. 만약 「부가가치세법」 규정에 따라 대손세액공제를 받게 되면 매출법인이 대손된 매출세액을 정부로부터 다시 환급받으므로 손비로 보지 않는다.

(8) 자산의 평가차손

「법인세법」에서는 소득금액계산의 임의성을 배제하기 위하여 대부분 손금불산입 항목으로 규정하였으며 일부의 평가차손에 대해서만 손비로 인정한다.

(9) 제세공과금

제세공과금에는 외국납부세액공제를 적용하지 않는 경우의 외국법인세액을 포함한다. 제세공과금은 원칙적으로 손비항목이지만 법인세 및 벌과금 등에 대하여는 손비로 인정하지 않는다.

(10) 협회 회비

영업자가 조직한 단체로서 법인이거나 주무관청에 등록된 조합 또는 협회에 지급한 회비는 손비항목에 해당한다(예 : 상공회의소 회비, 공인회계사회 회비, 세무사회 회비 등). 또한 손금산입되는 협회 회비에는 조합 또는 협회에 월정액 이외에 사업실적에 따라 정기적으로 납부하는 조합비 또는 협회비를 포함한다(법기통 21-0…4).

(11) 광업의 탐광비

광업의 탐광비 및 탐광을 위한 개발비는 손비항목이다.

(12) 무료진료권

보건복지부장관이 정하는 무료진료권 또는 새마을진료권에 의하여 행한 무료진료의 가액은 손비항목이다. 의료기관에서 무료진료권을 나눠주고 이에 따라 무료진료를 행한 것은 기업업무추진비 또는 기부금에 해당하나 불우이웃을 위한 무료진료를 지원하기 위하여 전액 손비로 인정하는 것이다.

(13) 기증한 잉여식품의 장부가액

한국표준산업분류에 의한 음 · 식료품의 제조업 · 도매업 또는 소매업을 영위하는 내국법인이 해당 사업에서 발생한 잉여식품을 「식품기부활성화에 관한 법률」 규정에 따른 제공자 또는 제공자가 지정하는 자에게 무상으로 기증하는 경우 그 기증한 잉여식품의 장부가액은 손비항목이다. 이러한 금액은 원칙적으로 기부금에 해당하여 일정한도로 손금에 산입하여야 하지만 잉여식품 기증을 지원하기 위하여 기부금으로 보지 않고 손금으로 전액 인정하는 것이다.

(14) 업무와 관련 있는 해외시찰 · 훈련비

업무와 관련 있는 해외시찰 · 훈련비만 손금항목이므로 업무와 관련 없는 해외시찰비나 주주를 위한 여비 등은 손비로 인정하지 않는다. 임원 또는 사용인의 해외여행에 관련하여 지급하는 여비는 그 해외여행이 당해 법인의 업무수행상 통상 필요하다고 인정되는 부분의 금액에 한한다. 따라서 법인의 업무수행상 필요하다고 인정되지 아니하는 해외여행의 여비와 법인의 업무수행상 필요하다고 인정되는 금액을 초과하는 부분의 금액은 원칙적으로 당해 임원 또는 사용인에 대한 급여로 한다. 다만, 그 해외여행이 여행기간의 거의 전 기간을 통하여 분명히 법인의 업무수행상 필요하다고 인정되는 것인 경우에는 그 해외여행을 위해 지급하는 여비는 사회통념상 합리적인 기준에 의하여 계산하고 있는 등, 부당하게 다액이 아니라고 인정되는 한 전액을 당해 법인의 손금으로 한다(법기통 19-19…22).

(15) 직업훈련학급 운영비 또는 직업훈련수당

다음 중 어느 하나에 해당하는 운영비 또는 수당은 손비항목이다.

① 「초 · 중등교육법」에 설치된 근로청소년을 위한 특별학급 또는 산업체부설 중 · 고등학교의 운영비
② 「산업교육진흥 및 산학협력 촉진에 관한 법률」 규정에 따라 교육기관이 당해 법인과의 계약에 의하여 채용을 조건으로 설치 · 운영하는 직업교육훈련과정 · 학과 등의 운영비

③ 「직업교육훈련 촉진법」 규정에 따른 현장실습에 참여하는 학생들에게 지급하는 수당
④ 「고등교육법」 규정에 따른 현장실습수업에 참여하는 학생들에게 지급하는 수당

(16) 우리사주조합에 출연하는 자사주의 장부가액 또는 금품

「근로복지기본법」에 따른 우리사주조합에 출연하는 자사주의 장부가액 또는 금품은 손비항목에 해당한다. 우리사주조합이란 주식회사의 소속 근로자가 그 주식회사의 주식을 취득 · 관리하기 위하여 「법인세법」에서 정하는 요건을 갖추어 설립한 단체를 말한다. 우리사주조합제도는 근로자가 자기회사의 주식을 소유하도록 하여 근로자로 하여금 기업소유자의 일원이라는 자부심을 갖게 하고 근로의욕을 향상시키기 위한 제도로서 현행 세법상 많은 지원을 하고 있다.

(17) 장식 · 환경미화 등의 목적 미술품

본래 미술품 등은 업무무관자산에 해당하여 손비로 인정하지 않는다. 그러나 장식 · 환경미화 등의 목적으로 사무실 · 복도 등 여러 사람이 볼 수 있는 공간에 상시 비치하는 미술품으로서 그 취득가액이 거래단위별로 1천만원 이하인 것을 취득한 날이 속하는 사업연도의 손비로 계상한 경우에는 그 취득가액을 손비로 본다.

(18) 광고선전 목적으로 기증한 물품의 구입비용

광고선전 목적으로 물품을 기증하는 경우로서 특정인에게 기증한 것은 기업업무추진비에 해당한다. 그러나 소액의 판촉물 등을 특정 거래처에 기증하는 경우에도 이를 기업업무추진비로 보게 되면 기업업무추진비 한도로 인해 손비로 인정받지 못하는 문제점이 있다. 따라서 광고선전 목적으로 특정인에게 기증한 물품의 구입비용으로 1인당 연간 5만원 이내의 금액까지는 기업업무추진비로 보지 않고 전액 손비로 인정한다. 또한, 특정인에게 기증한 물품으로서 개당 3만원 이하의 물품은 연간 5만원을 초과하더라도 기업업무추진비로 보지 않고 손비로 인정한다.

(19) 주식매수선택권 행사로 보전하는 금액

임직원이 다음 중 어느 하나에 해당하는 주식매수선택권 또는 주식이나 주식가치에 상당하는 금전으로 지급받는 상여금으로서 법령에서 정한 주식기준보상을 행사하거나 지급받는 경

우 해당 주식매수선택권 또는 주식기준보상을 부여하거나 지급한 법인에 그 행사 또는 지급비용으로서 보전하는 금액은 손금항목이다.

> ① 「금융지주회사법」에 따른 금융지주회사로부터 부여받거나 지급받은 주식매수선택권 등
> ② 해외모법인으로부터 부여받거나 지급받은 주식매수선택권 등

(20) 특정 주식매수선택권

「상법」, 「벤처기업육성에 관한 특별법」, 「소재 · 부품 · 장비산업 경쟁력강화를 위한 특별조치법」에 따른 주식매수선택권, 「근로복지기본법」에 따른 우리사주매수선택권(해당 법인의 발행주식총수의 10%의 범위에서 부여하거나 지급한 경우만 해당)을 부여받거나 지급받은 자에 대한 다음의 금액은 손비항목이다.

> ① 주식매수선택권 또는 우리사주매수선택권을 부여받은 경우 약정된 주식매수시기에 약정된 주식의 매수가액과 시가의 차액을 금전 또는 해당 법인의 주식으로 지급하는 경우 해당 금액
> ② 약정된 주식매수시기에 주식매수선택권 또는 우리사주매수선택권 행사에 따라 주식을 시가보다 낮게 발행하는 경우 그 주식의 실제 매수가액과 시가의 차액
> ③ 주식기준보상으로 금전을 지급하는 경우 해당 금액

(21) 유족에게 지급하는 학자금 등 손금산입

임원 또는 직원(지배주주등인 자 제외)의 사망 이후 유족에게 학자금 등으로 일시적으로 지급하는 금액으로서 임원 또는 직원의 사망 전에 정관이나, 주주총회 · 사원총회 또는 이사회의 결의에 의하여 결정되어 임원 또는 직원에게 공통적으로 적용되는 지급기준에 따라 지급되는 것은 손금에 해당한다(법칙 10의 3).

(22) 성과보상 기여금

「중소기업기본법」에 따른 중소기업 및 「조세특례제한법」에 따른 중견기업이 「중소기업 인력지원 특별법」에 따른 핵심인력 성과보상기금의 조성을 위하여 부담하는 기여금은 손금에 산입한다.

(23) 기금에 출연하는 금품

다음의 기금에 출연하는 금품은 손금에 산입한다.

① 해당 내국법인이 설립한 「근로복지기본법」에 따른 사내근로복지기금

② 해당 내국법인과 다른 내국법인 간에 공동으로 설립한 「근로복지기본법」에 따른 공동근로복지기금

③ 해당 내국법인의 「조세특례제한법」에 따른 협력중소기업이 설립한 「근로복지기본법」에 따른 사내근로복지기금

④ 해당 내국법인의 「조세특례제한법」에 따른 협력중소기업 간에 공동으로 설립한 「근로복지기본법」에 따른 공동근로복지기금

(24) 그 밖의 손비로서 그 법인에 귀속되었거나 귀속될 금액

그 밖의 손비로서 그 법인에 귀속되었거나 귀속될 금액으로 법인의 순자산을 감소시키는 금액은 손금에 해당한다. 「법인세법」에서는 손금의 범위를 포괄적으로 규정하였으므로 위에서 열거된 항목 외에도 순자산을 감소시키는 거래에 해당하는 경우 손금으로 볼 수 있다.

3 손금불산입의 개념

법인의 순자산을 감소시킨 거래라 하더라도 자본거래이거나 업무와 관련 없는 비용에 대하여는 손금으로 인정하지 않는다. 또한, 정책적 목적을 달성하기 위하여 기업업무추진비 등 일부 손금에 대하여는 한도액을 두어 일정한도까지만 손금으로 인정하며 한도액을 초과하는 금액에 대하여는 손금불산입하고 있다.

구 분	내 용
(1) 일반적인 손금불산입	① 자본거래　② 과다경비 ③ 인건비　④ 제세공과금 ⑤ 업무무관비용
(2) 한도액이 있는 손금	① 기업업무추진비　② 기부금 ③ 지급이자　④ 감가상각비 ⑤ 대손금과 대손충당금　⑥ 퇴직급여충당금 ⑦ 퇴직연금충당금　⑧ 압축기장충당금과 일시상각충당금 ⑨ 각종 준비금

4 손금불산입항목

(1) 자본거래로 인한 손금불산입

다음 항목은 자본거래이므로 각 사업연도의 소득금액을 계산할 때 손금에 산입하지 아니한다(법법 20).

① 결산을 확정할 때 잉여금의 처분을 손비로 계상한 금액
② 주식할인발행차금(상법규정에 의하여 주식을 액면미달의 가액으로 발행하는 경우 그 미달하는 금액과 신주발행비의 합계액)

1) 잉여금의 처분항목을 결산상 손비로 계상한 금액

잉여금 처분절차에 따라 처분된 배당금 · 이익준비금 · 임의적립금 등은 기업회계에서 잉여금의 감소액이므로 비용에 해당하지 않으며, 「법인세법」에서도 이를 손금으로 보지 않는다. 다만, 일정요건을 갖춘 성과급은 손금항목에 해당한다.

2) 주식할인발행차금

주식할인발행차금은 「상법」 규정에 따라 주식을 액면미달의 가액으로 발행하는 경우 그 미달하는 금액과 신주발행비의 합계액을 말한다. 이는 기업회계상 자본조정항목이며, 「법인세법」에서도 이를 손금으로 보지 않는다.

(2) 과다경비

다음의 손비 중 과다하거나 부당하다고 인정하는 금액은 내국법인의 각 사업연도의 소득금액을 계산할 때 손금에 산입하지 아니한다(법법 26).

① 인건비 ② 복리후생비 ③ 여비 및 교육 · 훈련비 ④ 공동경비

1) 인건비

과다인건비의 손금불산입에 대하여는 "PART 03의 CHAPTER 03 급여, CHAPTER 04 퇴직급여"에서 자세히 살펴본다.

2) 복리후생비

법인이 그 임원 또는 직원을 위하여 지출한 복리후생비는 다음 중 하나에 해당하는 비용 외의 비용은 손금에 산입하지 아니한다. 이 경우 직원에는 파견근로자를 포함한다(법령 45).

① 직장체육비　② 직장문화비　③ 직장회식비　④ 우리사주조합의 운영비
⑤ 「국민건강보험법」 및 「노인장기요양보험법」에 따라 사용자로서 부담하는 보험료 및 부담금
⑥ 「영유아보육법」에 의하여 설치된 직장어린이집의 운영비
⑦ 「고용보험법」에 의하여 사용자로서 부담하는 보험료
⑧ 그 밖에 임원 또는 직원에게 사회통념상 타당하다고 인정되는 범위에서 지급하는 경조사비 등 위 ①~⑦까지의 비용과 유사한 비용

3) 여비 및 교육 · 훈련비

법인이 임원 또는 직원이 아닌 지배주주등(지배주주와 특수관계에 있는 자를 포함)에게 지급한 여비 또는 교육훈련비는 해당 사업연도의 소득금액을 계산할 때 손금에 산입하지 아니한다(법령 46).

4) 공동경비

법인이 해당 법인 외의 자와 동일한 조직 또는 사업 등을 공동으로 운영하거나 영위함에 따라 발생되거나 지출된 손비 중 다음의 기준에 의한 분담금액을 초과하는 금액은 당해 법인의 소득금액을 계산할 때 이를 손금에 산입하지 아니한다(법령 48 ①).

구 분		내 용
출자에 의하여 특정사업을 공동으로 영위하는 경우		출자한 금액의 비율
비출자 공동사업의 경우*1	① 비출자 공동사업자 사이에 특수관계가 있는 경우	직전 사업연도 또는 해당 사업연도의 매출액 비율과 자산가액 비율 중 법인이 선택*2
	② 비출자 공동사업자 사이에 특수관계가 없는 경우	비출자 공동사업자 사이의 약정에 따른 분담비율. 다만, 해당 비율이 없는 경우에는 ①의 비율에 따른다.

*1. 공동행사비 및 공동구매비 등은 다음 기준에 따를 수 있다(법칙 25).
① 공동행사비 등 참석인원의 수에 비례하여 지출되는 손비 : 참석인원비율
② 공동구매비 등 구매금액에 비례하여 지출되는 손비 : 구매금액비율
③ 공동광고선전비
㉠ 국외 공동광고선전비 : 수출금액
㉡ 국내 공동광고선전비 : 기업회계기준에 따른 매출액 중 국내의 매출액

*2. 선택하지 아니한 경우에는 직전 사업연도의 매출액 총액을 선택한 것으로 보며, 선택한 사업연도부터 연속하여 5개 사업연도 동안 적용하여야 한다.

CHAPTER

05 지출증명서류관리

1 개 요

(1) 증명서류의 보관의무

법인은 각 사업연도에 그 사업과 관련된 모든 거래에 관한 증명서류를 작성하거나 받아서 법인세 과세표준 신고기한이 지난 날부터 5년간 보관하여야 한다. 다만, 각 사업연도 개시일 전 5년이 되는 날 이전에 개시한 사업연도에서 발생한 결손금을 각 사업연도의 소득에서 공제하려는 법인은 해당 결손금이 발생한 사업연도의 증명서류를 공제되는 소득의 귀속사업연도의 법인세 과세표준 신고기한부터 1년이 되는 날까지 보관하여야 한다(법법 116 ①).

(2) 지출증명서류의 보관의무

법인이 사업자로부터 재화나 용역을 공급받고 그 대가를 지급하는 경우에는 다음 중 어느 하나에 해당하는 증명서류를 받아 보관하여야 한다(법법 116 ②).

① 신용카드 매출전표
② 현금영수증
③ 세금계산서
④ 계산서

다만, 법인이 세금계산서를 발급받지 못하여 부가가치세법에 따른 매입자발행세금계산서를 발행하여 보관하거나, 계산서를 발급받지 못하여 법인세법에 따른 매입자발행계산서를 보관한 경우에는 증명서류의 수취 보관의무를 이행한 것으로 본다(법법 116 ③). 한편, 다음의 경우에는 증명서류로 보지 아니한다(법집 116－18－1 ③).

① 실제거래처와 다른 사업자명의로 교부된 세금계산서 · 계산서 또는 신용카드매출전표
② 「부가가치세법」상 미등록사업자로부터 재화 또는 용역을 공급받고 교부받은 세금계산서 또는 계산서
③ 「부가가치세법」상 간이과세자로부터 재화 또는 용역을 공급받고 교부받은 세금계산서

02 법인세 개요

(3) 증명서류 수취 불성실 가산세

내국법인이 사업과 관련하여 사업자로부터 재화 또는 용역을 공급받고 증명서류를 받지 아니하거나 사실과 다른 증명서류를 받은 경우에는 그 받지 아니하거나 사실과 다르게 받은 금액으로 손금에 산입하는 것이 인정되는 금액(건별로 받아야 할 금액과의 차액)의 2%를 가산세로 해당 사업연도의 법인세액에 더하여 납부하여야 한다(법법 75의 5 ①). 다만, 다음 중 어느 하나에 해당하는 경우는 가산세를 적용하지 아니한다(법법 75의 5 ②).

① 법인카드 등 미수취 기업업무추진비로서 손금불산입된 경우
② 증명서류 수취 예외에 해당하는 경우
③ 다음 중 어느 하나에 해당하는 법인(법령 120 ③)
  ㉠ 국가 및 지방자치단체
  ㉡ 비영리법인(수익사업과 관련된 부분은 제외)

❙ 증명서류 수취 관련 정리 ❙

구 분		비용인정	제재사항
3만원 초과	증명서류 수취	인정	–
	기타증명서류 수취*	인정	가산세 2%
	증명서류 없음	불인정	대표자 상여처분
3만원 이하	증명서류 수취	인정	–
	기타증명서류 수취*	인정	–
	증명서류 없음	불인정	대표자 상여처분

* 기타증명서류 : 영수증, 이체확인증, 계약서, 입금표 등

(4) 증명서류 보관 특례

법인이 다음 중 어느 하나에 해당하는 지출증명서류를 받은 경우에는 지출증명서류를 보관한 것으로 보아 이를 별도로 보관하지 아니할 수 있다(법령 158 ⑤).

① 현금영수증
② 신용카드 매출전표
③ 국세청장에게 전송된 전자세금계산서
④ 국세청장에게 전송된 전자계산서

실무포인트

1. 정규증빙 미수취 거래의 손금여부

① 법인이 업무와 관련하여 지출한 비용에 대하여 정규지출증명서류를 수취하지 아니한 경우에도 다른 객관적인 자료에 의하여 그 지급사실이 확인되는 경우에는 당해 법인의 각 사업연도 소득금액 계산상 이를 손금에 산입하는 것임(법인 46012-1281, 1999.4.7.).

② 법인이 「법인세법 시행령」 제158조 제1항 각 호의 사업자로부터 재화 또는 용역을 공급받고 그 대가를 지급하는 경우에 같은 조 제2항에서 정하는 경우를 제외하고는 같은 법 제116조 제2항 각 호의 어느 하나에 해당하는 증명서류를 수취하여 보관하여야 하며, 이를 수취하지 아니한 경우에도 다른 객관적인 자료에 의하여 그 지급사실이 확인되는 경우에는 법인의 각 사업연도 소득금액 계산상 손금에 산입하되 증명서류불비가산세가 적용됨(법인-789, 2009.7.14.).

2. 정규증빙 미수취 가산세

① 법인세 과세표준과 관련이 없는 부가가치세 부분에 대하여도 가산세는 부과하는 것은 비례의 원칙에 반하므로 정규증빙미수취 가산세는 부가가치세를 포함하지 않은 공급가액을 기준으로 부과하여야 한다(대법원 2017두58717, 2017.12.7.).

② 비영리내국법인이 수익사업에 해당하지 않는 고유목적사업과 관련하여 재화 또는 용역을 공급받은 경우 가산세가 적용되지 아니하는 것임(법인세과-615, 2010.6.29.).

3. 스캔증빙의 원본 보관 여부

① 문서로 받은 증빙서류를 스캐너 등을 통하여 「국세기본법 시행령」 제65조의 7에서 정하는 기준에 적합하도록 정보보존장치에 보존하는 경우 「법인세법」 제116조 제1항에 따라 원본증빙서류를 반드시 같이 보존하여야 하며, 법인이 장부와 증빙서류의 전부 또는 일부를 「국세기본법 시행령」 제65조의 7 및 국세청장이 정하는 기준에 따라 전산조직을 이용하여 작성한 경우에는 그 자체가 원본이므로 이를 정보보존장치에 보존하는 경우 장부 등의 비치 및 보존의무를 이행한 것으로 본다(법인세과-1330, 2018.5.31.).

② 내국법인이 「법인세법」 제116조 제2항 제1호에 따른 신용카드 매출전표를 받은 경우에는 같은 법 시행령 제158조 제5항에 따라 「법인세법」 제116조 제1항에 따른 지출증명서류를 보관한 것으로 보아 이를 별도로 보관하지 아니할 수 있는 것이나 귀 서면질의의 사실관계와 같이 내국법인이 업무와 관련하여 지출한 비용을 임직원 명의의 개인 신용카드로 결제한 매출전표를 촬영하여 자체서버에 저장하는 한편, 스크래핑 기술을 이용하여 신용카드회사로부터 거래정보를 수집하여 해당 서버에 저장하는 경우에는 그 신용카드 매출전표 원본을 같이 보관하여야 함(서면-2019-법령해석법인-0951, 2020.4.23.).

③ 법인이 종이문서나 그 밖에 전자적 형태로 작성되지 아니한 증거서류를 「전자문서 및 전자거래 기본법」 제5조 제2항에 따른 전자화문서로 변환하여 공인전자문서센터에 보관한 경우에는 「국세기본법」 제85조의 3 제1항에 따라 장부 및 증거서류를 갖춘 것으로 보는 것이나, 종이문서로 받은 증빙서류를 스캐너를 통하여 전자파일로 정보보존장치에 보존하는 경우에는 원본증빙서류를 같이 보존하여야 하는 것임(서면-2023-징세-0879, 2023.8.7.).

2 증명서류의 범위

(1) 세금계산서

세금계산서는 「부가가치세법」 규정에 의하여 사업자가 재화 또는 용역의 공급 시에 부가가치세를 징수하고 그 세액을 표시하여 그 재화 또는 용역을 공급받는 자에게 교부하는 서류를 말한다. 세금계산서에 다음의 필요적 기재사항 중 전부 또는 일부가 기재되지 아니하거나 사실과 다르게 기재된 때에는 매입세액이 불공제되며, 이러한 불분명 세금계산서는 정규증명서류로 볼 수 없어 증명서류불비가산세가 적용된다(국심 2006중235, 2006.9.4.).

① 공급하는 사업자의 등록번호와 성명 또는 명칭
② 공급받는 자의 등록번호
③ 공급가액과 부가가치세액
④ 작성연월일

(2) 계산서

계산서는 「법인세법」에 의하여 부가가치세가 면제되는 사업자가 재화나 용역을 공급할 때에 교부하는 것으로 세금계산서와는 달리 부가가치세가 없고 순수한 공급가액만이 기재된다. 이러한 계산서는 부가가치세는 면제되지만 법인세의 납세의무가 있는 사업자만이 교부할 수 있다. 증명서류로서 효력을 갖는 계산서는 「법인세법」에 의하여 적법하게 교부된 계산서를 의미함으로 다음의 필요적 기재사항의 전부 또는 일부가 기재되지 아니하거나 사실과 다르게 기재된 경우에는 증명서류불비가산세가 적용된다.

① 공급하는 사업자의 등록번호와 성명 또는 명칭
② 공급받는 자의 등록번호와 성명 또는 명칭
③ 공급가액
④ 작성연월일

(3) 신용카드 매출전표

신용카드 매출전표란 「여신전문금융업법」에 따른 신용카드 매출전표를 말하며 신용카드와 유사한 다음의 것을 포함한다(법법 116 ②, 법령 158 ③).

① 「여신전문금융업법」에 따른 직불카드
② 외국에서 발행된 신용카드
③ 기명식선불카드, 직불전자지급수단, 기명식선불전자지급수단 또는 기명식전자화폐

한편, 다음의 경우에는 신용카드 매출전표를 수취하여 보관하고 있는 것으로 본다.

① 신용카드업자로부터 교부받은 신용카드월별이용대금명세서(법인세과-631, 2011.8.31.)
② 신용카드업자로부터 전송받아 전사적자원관리(ERP)시스템에 보관하고 있는 신용카드 또는 직불카드 거래정보(서면법인-2231, 2018.1.25.)

(4) 현금영수증

현금영수증이라 함은 현금영수증가맹점이 재화 또는 용역을 공급하고 그 대금을 현금으로 받는 경우 당해 재화 또는 용역을 공급받는 자에게 현금영수증 발급장치에 의해 발급하는 것으로서 거래일시 · 금액 등 결제내역이 기재된 영수증으로서 국세청장으로부터 현금영수증 사업의 승인을 얻은 현금영수증사업자가 발행하는 영수증을 말한다.

실무포인트

1. 종업원 명의 신용카드

신용카드를 사용한 법인업무관련 지출은 법인명의로 발급된 신용카드를 사용하여야 하는 것이 원칙이나, 종업원 개인명의의 신용카드를 사용하고 매출전표를 수취한 경우에도 손금불산입으로 달리 규정된 경우 외에는 당해 법인의 업무와 직접 관련하여 사용된 것으로 인정되는 경우에는 정규지출증빙으로 인정될 수 있는 것임.

다만, 이 경우 당해 종업원에 대하여 「조세특례제한법」 제126조의 2의 규정에 의한 "신용카드 등 사용금액에 대한 소득공제"를 적용함에 있어 당해 법인의 업무와 관련하여 사용한 금액은 당해 종업원의 신용카드 사용금액으로 보지 아니하는 것임(서면2팀-1928, 2005. 11.28.).

2. 임직원 명의 현금영수증도 지출증빙으로 인정됨

사업자(법인)의 임직원 명의로 수취한 현금영수증은 당해 사업자(법인)의 업무와 관련하여 지출한 것으로 입증되는 경우에 「소득세법」 제160조의 2 및 「법인세법」 제116조의 규정에 따른 지출증빙으로 인정될 수 있으며, 이 경우 당해 현금영수증 수취 금액은 「조세특례제한법」 제126조의 2의 규정에 의한 근로소득금액에서 공제할 수 있는 신용카드 등 사용금액으로 보지 아니하는 것임.

사업자(법인)의 업무와 관련 없는 제3자 명의의 현금영수증은 「소득세법」 제160조의 2 및 「법인세법」 제116조의 규정에 따른 지출증빙에 해당하지 아니하는 것임(전자세원-379 2009.6.16.).

3. 파견근로자 명의 신용카드

법인이 「파견근로자보호 등에 관한 법률」 제2조 제5호에 따른 파견근로자 명의의 신용카드를 사용하여 지출한 것이 당해 법인의 업무와 직접 관련된 비용으로 인정되는 경우 동 지출액은 법인의 손금에 산입되는 것이고 파견근로자가 수취한 신용카드 매출전표는 「법인세법」 제116조 제2항에 따른 정규지출증빙으로 인정되는 것임(서면법령법인-3525, 2017.5.22.).

3 증명서류 수취대상 거래

(1) 개 요

법인이 자기의 사업과 관련하여 재화 또는 용역을 공급받고 대가를 지출하는 경우로서 거래 건당 거래금액이 3만원 초과인 경우에는 지출증명서류를 수취 · 보관하여야 하며, 이를 수취하지 아니한 경우에는 지출증명서류미수취가산세가 부과된다. 가산세는 다음의 ①, ②, ③ 모두 해당하는 경우에 적용한다.

① 다른 사업자로부터 재화 또는 용역을 공급받고,
② 재화 또는 용역의 공급에 대한 대가를 지출하는 경우로서,
③ 거래 건당 거래금액이 3만원 초과인 경우

(2) 사업자와의 거래

지출증명서류 수취의무는 재화나 용역을 공급하는 거래상대방이 사업자인 경우에만 적용되는 것으로 거래상대방이 사업자가 아닌 경우에는 적용하지 않는다. 사업자가 아닌 개인과의 거래에 있어서는 지출증명서류를 수취할 수 없으므로 지출증명서류를 수취하지 않은 경우에도 지출증명서류미수취가산세를 적용하지 않는 것이며, 사업자의 여부는 사실상의 사업자를 말하므로 사업자등록이 되어 있지 않은 미등록사업자를 포함하며 「부가가치세법」상 면세사업자나 간이과세자도 원칙적으로 지출증명서류를 수취하여야 하는 거래상대방 사업자에 해당된다. 다만, 다음은 지출증명서류 수취대상에서 제외되는 거래상대방 사업자에 해당한다(법령 158 ①).

① 법인 중
(a) 비영리법인(비수익사업 부분에 한함), 국가 및 지방자치단체
(b) 금융보험업 법인(금융보험용역 부분에 한함)
(c) 국내사업장이 없는 외국법인
② 「부가가치세법」 제2조의 규정에 의한 사업자 중 읍·면지역에 소재하는 간이과세자로서 「여신전문금융업법」에 의한 신용카드가맹점이 아닌 사업자
③ 「소득세법」 제28조의 규정에 의한 사업자 중 「소득세법」 제120조의 규정에 의한 국내사업장이 없는 비거주자

실무포인트

1. 미등록 사업자와의 거래도 지출증명서류 수취 대상에서 제외되지 않음

① 이와 같은 이 사건 법률조항의 입법 취지와 관련 조항의 문언에 비추어 보면, 이 사건 법률조항에서 정한 증빙미수취 가산세가 '「부가가치세법」 또는 「소득세법」에 따른 사업자등록'을 한 사업자로부터 재화 또는 용역을 공급받을 것을 그 부과요건으로 한다고 해석할 수 없다. 따라서 이러한 원심의 판단에는 이 사건 법률조항에서 증빙미수취 가산세의 과세요건으로 정한 '대통령령이 정하는 사업자'의 해석에 관한 법리를 오해하여 판결에 영향을 미친 위법이 있다(대법원 2016두33049, 2016.6.10.).

② 청구인에게 부동산 임대용역을 공급한 자들은 부가가치세 등의 사업자등록 여부와 관계없이 사업상 독립적으로 용역을 공급한 사업자에 해당하는 것으로 볼 수 있으며, 처분청에 임차료 송금사실을 기재한 경비등의 송금명세서를 제출하지 아니한 이 건의 경우, 청구인에게 「법인세법」 제116조에 규정된 지출증빙서류 수취의무의 해태를 탓할 수 없는 정당한 사유가 있었다고 보기는 어려운 것으로 보이므로, 처분청이 청구인이 부동산임대사업자에게 임차료를 지급하고 거래에 관한 지출증빙서류를 제출하지 아니한 것에 대하여 이 건 지출증빙서류미수취가산세를 과세한 처분은 달리 잘못이 없는 것으로 판단된다(조심 2008서2594, 2009.4.27.).

2. 비영리법인으로부터 공급받는 경우

① 비영리법인이 시행령 제2조 제1항의 규정에 해당하는 수익사업과 관련하여 공급하는 재화 또는 용역은 정규지출증명서류의 수취대상거래이나 그 외의 경우에는 그러하지 아니함(법인 46012-269, 2001.2.1. 참조).

② 법인이 비영리내국법인인 'A대학'과 해당 대학이 개최하는 축제 관련 스폰서십 계약을 체결하고 광고 및 홍보대가로 A대학에 지급한 금액은 A대학의 수익사업에서 생기는 소득에 해당하는 것이므로, 해당 법인은 「법인세법」 제116조 제2항 및 같은 법 시행령 제158조 제1항 제1호 가목 괄호에 따라 같은 법 제116조 제2항 각 호의 어느 하나에 해당하는 증명서류를 받아 보관하여야 하는 것임(사전-2023-법규법인-0346, 2024.5.27.).

3. 국가 · 지방자치단체에 지급하는 비용의 경우

○○○○기술사 및 ○○○○기사 시험을 주관하는 법인이 국 · 공립학교의 교실을 시험장소로 대여하고 사용료를 지급하였으나, 계산서를 수취하지 못한 경우에는 지출증명서류미수취가산세가 적용되지 아니함. 법인이 국가 또는 지방자치단체로부터 사업과 관련하여 재화나 용역을 공급받고 정규증명서류를 수취하지 못한 경우 지출증명서류미수취가산세가 적용되지 않는 것임(법인-898, 2010.10.1.).

4. 외국 에이전시에 대한 지출증명서류 수취

내국법인이 「법인세법 시행령」 제158조 제1항 각 호의 어느 하나에 해당하는 사업자로부터 재화 또는 용역을 공급받고 그 대가를 지급하는 경우에는 같은 법 제116조 제2항 각 호 어느 하나에 해당하는 증명서류(이하 "정규영수증"이라 함)를 수취하여 이를 보관하여야 하는 것으로, 귀 질의의 경우 외국 에이전시가 국내 사업장이 없는 외국법인이거나 국내 사업장이 없는 비거주자인 경우에는 정규영수증 수취대상에서 제외되는 것임(법인-706, 2009.6.11.).

5. 읍 · 면 지역에서의 지출증명서류 수취

민박사업자가 읍 · 면지역에 소재하는 사업자 등록된 간이과세자로서 신용카드 또는 현금영수증 미가맹점인 경우 「법인세법」 제116조 제2항에 따른 지출증명서류 수취의무는 없지만 그 지급사실을 확인할 수 있는 객관적인 자료를 수취 및 보관하여야 함(사전법령법인-392, 2018.12.10.).

(3) 재화 또는 용역의 공급에 대한 대가

지출증명서류의 수취의무는 사업자와의 거래로서 재화 또는 용역을 공급받고 그 대가를 지출하는 경우에 적용되는 것으로 재화나 용역의 공급대가가 아닌 거래의 지출에 대하여는 지출증명서류의 수취의무가 없다. 따라서 재화 또는 용역의 공급대가가 아닌 경우에는 당해 거래와 관련된 제반서류(입금증, 계약서 등)를 갖추어 동 거래의 입증자료로서 이를 수취 · 보관하여야 한다(제도 46012-11469, 2001.6.13.).

즉, 다음에 해당하는 지출의 경우에는 사업자와의 거래라 하더라도 재화 용역의 공급과 관련이 없으므로 증명서류를 수취하지 아니하여도 가산세가 부과되지 않는다.

① 기부금
② 조합 또는 협회에 지출하는 경상회비(법인 46012-956, 2000.4.17.)
③ 판매장려금(법인 46012-3975, 1999.11.13.)
④ 회보발간 및 행사지원비(법인 46012-1338, 2000.6.9.)
⑤ 상품권(법인 46012-2071, 2000.10.9.)
⑥ 지체상금(법인 46012-2008, 2000.9.29.)
⑦ 종업원에게 지급하는 경조사비 등(법인 46012-296, 1999.1.23.)

실무포인트

1. 상품권을 구입하는 경우

유가증권의 성격을 가진 상품권은 재화의 범위에 포함되지 않으므로 이를 구입하고 대가를 지급하는 경우에도 정규지출증명서류의 수취의무가 없음. 이는 상품권 유통회사로부터 구입하는 경우를 포함하며, 이를 판매하는 법인은 세금계산서나 계산서를 교부할 수 없음. 따라서 법인이 상품권 발행회사의 상품권을 취득하여 일반소비자에게 판매하는 상품권 유통법인으로부터 상품권을 구입하는 경우에는 「법인세법」 제116조 "지출증명서류의 수취 및 보관"의 규정 및 같은 법 제76조 제5항에 규정하는 지출증명서류의 수취 관련 가산세가 적용되지 아니하는 것임(법인 46012-2071, 2000.10.9.).

2. 공동 구매한 재화를 분배하는 경우

법인이 당해 법인 외의 법인과 사업을 공동으로 영위함에 있어 공동사업의 대표법인으로부터 동 대표법인이 공동사업에 참여한 자를 대신하여 구입한 재화 또는 용역을 사전약정에 따라 분배받고 그 분배대가를 대표법인에게 지급하는 경우에는 「법인세법」 제116조 "지출증명서류의 수취 및 보관"의 규정을 적용하지 아니하는 것이나, 이 경우에도 공동사업의 대표법인은 사업자로부터 공동구매한 재화 또는 용역에 대하여 같은조 제2항 각 호에 규정된 증명서류를 수취하여 이를 보관하여야 하는 것임(법인 46012-2001, 2000.9.28.).

3. 판매장려금

법인이 사전약정에 의하여 판매실적에 따라 지급하는 판매장려금은 재화 또는 용역을 제공받고 지급하는 대가가 아니므로 지출증명서류수취대상이 아님(법인 46012-3975, 1999.11.13.; 서면2팀-1340, 2004.6.28.).

이 경우 판매장려금을 매출채권과 상계한 사실이 확인되는 서류만을 보관하면 되는바 반드시 입금표를 수취하여야 하는 것은 아님(서면2팀-585, 2005.4.22.).

4. 위약금에 대한 지출증명서류

재화 또는 용역을 공급하기로 한 사업자가 공급받을 자의 해약으로 인하여 재화 또는 용역의 공급 없이 받는 위약금 등은 「부가가치세법」 제1조 제1항의 규정에 의한 부가가치세과세대상에 해당되지 아니하는 것이며, 「법인세법」 제116조 제2항의 지출증명서류수취에 관한 규정은 동법 시행령 제158조 제1항에서 규정하는 사업자로부터 재화 또는 용역을 공급받고 그 대가를 지급하는 경우에 적용하는 것으로 법인이 재화 또는 용역의 공급대가가 아닌 위약금 등을 지급하는 경우에는 동 규정을 적용하지 아니함(부가 46012-882, 2000.4.20.).

5. 교통카드 충전비에 대한 지출증명서류 수취규정 적용 여부

내국법인이 선불교통카드의 충전을 위해 지출한 금액은 「법인세법」 제116조의 지출증명서류 수취 및 보관규정이 적용되지 않는 것임(법인-528 2009.5.4.).

(4) 거래 건당 거래금액이 3만원 초과

지출증명서류의 수취의무특례의 하나로서 공급받은 재화 또는 용역의 건당 거래금액(부가가치세를 포함)이 다음의 금액 초과인 경우에 지출증명서류의 수취의무가 있는 것이므로, 그 금액이 3만원 이하인 경우에는 가산세가 적용되지 않는다(법령 158 ②).

4 증명서류수취 특례

다음에 해당하는 거래에 대하여는 증명서류를 수취하지 않고 거래사실이 확인되는 객관적인 서류만을 수취하여도 가산세가 부과되지 않는다.

(1) 농 · 어민

농 · 어민(한국표준산업분류에 의한 농업 중 작물생산업 · 축산업 · 복합농업, 임업 또는 어업에 종사하는 자를 말하며, 법인을 제외한다)으로부터 재화 또는 용역을 직접 공급받은 경우에는 증명서류의 수취대상에서 제외한다(법령 158 ② 2호).

(2) 원천징수 대상 사업소득

개인이 물적 시설 없이 근로자를 고용하지 아니하고 독립적으로 일의 성과에 따라 수당 또는 이와 유사한 성질의 대가를 받는 용역을 법인에 공급함으로써 사업소득이 발생하고 법인이 그 개인의 사업소득에 대하여 소득세를 원천징수한 경우에는, 법인이 그 개인으로부터 지출증빙서류를 수취하여 보관할 의무를 부담하지 않는다(법령 158 ② 3호). 따라서 법인이 그 개인으로부터 지출증빙서류를 수취 · 보관하지 아니하였다 하더라도 그 법인에 대하여 증명서류 미수취 가산세(2%)를 부과할 수 없다(대법원 2010두3732, 2013.2.14.). 또한, 법인이 인적용역을 제공받고 그 대가를 지급하면서 「소득세법」 제127조의 규정에 의하여 소득세를 원천징수하고 「소득세법」 제164조의 규정에 의하여 지급명세서를 관할세무서장에 제출한 경우에는 추후 당해 거래가 세금계산서 교부대상 거래로 확인되는 경우에도 「법인세법」 제76조 제5항의 규정에 의한 가산세를 적용하지 않는다(법인 46012-944, 2001.9.25.).

한편, 개인에게 기타소득금액을 지급하는 경우에는 증명서류의 수취의무가 발생하지 아니한다. 기타소득자는 증명서류수취대상인 「소득세법」상 사업자가 아니기 때문이다.

(3) 사업양도

사업장별로 사업에 관한 권리 · 의무를 포괄적으로 승계한 경우로서 「부가가치세법」 규정에 의하여 재화의 공급으로 보지 아니하는 사업의 양도에 의하여 재화를 공급받은 경우에는 정규지출증명서류의 수취대상에서 제외한다(법칙 79 1호).

(4) 방송용역

「부가가치세법」 제26조 제1항 제8호에 따른 방송용역을 제공받은 경우에는 지출증명서류의 수취대상에서 제외한다(법칙 79 2호).

(5) 전기통신용역

「전기통신사업법」에 의한 전기통신사업자로부터 전기통신용역을 공급받은 경우는 증명서류의 수취의무가 없다. 단, 「전자상거래 등에서의 소비자보호에 관한 법률」에 따른 통신판매업자가 「전기통신사업법」에 따른 부가통신사업자로부터 동법 제4조 제4항에 따른 부가통신역무를 제공받는 경우에는 증명서류를 수취하여야 한다(법칙 79 3호).

(6) 국외거래

국외에서 재화 또는 용역을 공급받은 경우(세관장이 세금계산서 또는 계산서를 교부한 경우를 제외)에는 증명서류를 수취하지 않아도 가산세의 부과가 없다(법칙 79 4호). 따라서 사용인이 업무와 관련한 해외 출장 시 국외에서 재화 또는 용역을 공급받는 경우에는 위 세금계산서 등 지출증명서류수취대상에서 제외된다(법인 46012-1366, 2000.6.15.).

(7) 공매 · 경매 또는 수용에 의하여 재화를 공급받은 경우

공매 · 경매 또는 수용은 「부가가치세법」에 따라 재화의 공급으로 보지 않는다. 따라서 세금계산서를 발급할 수 없으므로 해당 거래는 증명서류의 수취대상에서 제외한다(법칙 79 5호).

(8) 토지 또는 주택을 구입하거나 주택의 임대업을 영위하는 자(법인을 제외함)로부터 주택임대용역을 공급받은 경우(법칙 79 6호)

(9) 택시운송용역을 제공받은 경우(법칙 79 7호)

(10) 부동산의 구입

건물(토지를 함께 공급받은 경우에는 당해 토지를 포함하며, 주택을 제외함)을 구입한 경우로서 거래내용이 확인되는 매매계약서 사본을 법인세 과세표준신고서에 첨부하여 납세지 관할세무서장에게 제출하는 경우는 증명서류의 수취대상에서 제외한다(법칙 79 8호).

(11) 「소득세법 시행령」 제208조의 2 제1항 제3호의 규정에 의한 금융 · 보험 용역을 제공받은 경우(법칙 79 9호)

실무포인트 **신용카드 가맹점 수수료의 증명서류 발급**

질의 「여신전문금융업법」에 의한 신용카드업을 영위하는 법인이 신용카드가맹 사업자로부터 수취하는 신용카드 가맹점수수료가 계산서 발급대상인지 여부 및 계산서 미발급 시 「법인세법」 제76조 제9항의 가산세 적용 여부

회신 금융 및 보험업을 영위하는 법인은 금융 및 보험업과 관련한 재화 또는 용역을 공급하는 때에 영수증을 발급할 수 있으며, 영수증을 발급하지 않은 경우에도 계산서 미발급에 관한 가산세를 적용하지 아니하나, 이를 공급받은 사업자가 사업자등록증을 제시하고 계산서 발급을 요구하는 때에는 계산서를 발급하여야 함(법규과-1014, 2014.9.19.).

(12) 항공기의 항행용역을 제공받은 경우(법칙 79 9호의 3)

(13) 간주임대료

부동산 임대용역을 제공받은 경우로서 「부가가치세법 시행령」 제49조의 2 제1항의 규정을 적용받는 전세금 또는 임대보증금에 대한 부가가치세액을 임차인이 부담하는 경우는 증명서류의 수취대상에서 제외한다(법칙 79 9호의 4).

(14) 연체이자

재화공급계약 · 용역제공계약 등에 의하여 확정된 대가의 지급지연으로 인하여 연체이자를 지급하는 경우 「부가가치세법」상 과세표준에서 제외하므로 세금계산서를 발급할 수 없다. 따라서 연체이자는 증명서류의 수취대상에서 제외한다(법칙 79 9호의 5).

(15) 철도여객운송용역

법인이 「한국철도공사법」에 의한 한국철도공사로부터 철도의 여객운송용역을 공급받는 경우에는 증명서류의 수취대상에서 제외한다(법칙 79 9호의 6).

(16) 통행료

「유료도로법」에 따른 유료도로를 이용하고 통행료를 지급하는 경우에는 증명서류의 수취

대상에서 제외한다(법칙 79 11호).

5 경비 등의 송금명세서 제출대상 거래

다음에 해당하는 경우로서 공급받은 재화 또는 용역의 거래금액을 「금융실명거래 및 비밀보장에 관한 법률」에 의한 금융기관을 통하여 지급한 경우로서 법인세과세표준신고서에 송금사실을 기재한 경비 등의 송금명세서[법칙 별지 제24호 서식]를 첨부하여 납세지 관할세무서장에게 제출하는 경우에는 증명서류 가산세를 부과하지 않는다(법칙 79 10호).

① 「부가가치세법」 제61조의 규정을 적용받는 사업자(간이과세자)로부터 부동산임대용역을 제공받은 경우
② 임가공용역을 제공받은 경우(법인과의 거래를 제외)
③ 운수업을 영위하는 자(간이과세자에 한함)가 제공하는 운송용역을 제공받는 경우(택시운송용역 제외)
④ 간이과세자로부터 재활용폐자원 등이나 재활용가능자원을 공급받는 경우
⑤ 「항공법」에 의한 상업서류 송달용역을 제공받는 경우
⑥ 「공인중개사의 업무 및 부동산 거래신고에 관한 법률」에 따른 중개업자에게 수수료를 지급하는 경우
⑦ 「복권 및 복권기금법」에 의한 복권사업자가 복권을 판매하는 자에게 수수료를 지급하는 경우
⑧ 통신판매에 따라 재화 또는 용역을 공급받은 경우
⑨ 그 밖에 국세청장이 정하여 고시하는 경우

경비등의송금명세서

1. 공급받는 자

① 법인명 (상호)		② 사 업 자 등 록 번 호				–		–						
③ 성 명		④ 주민등록번호					–							

2. 거래 및 송금내역, 공급자

⑤ 일련번호	⑥ 거래일자	⑦ 법인명(상호) ⑧ 성명	⑨ 사업자 등록번호	⑩ 거래내역	⑪ 거래금액	⑫ 송금일자	⑬ 은행명 ⑭ 계좌번호
계							

근거 : 국세청 고시 99－43, 1999.12.10.

6 기업업무추진비의 증명서류관리

법인이 한 차례의 접대에 지출한 기업업무추진비가 3만원(경조사비는 20만원)을 초과하는 경우 증명서류를 수취하여야 하며 이를 수취하지 아니한 경우에는 당해 기업업무추진비를 손금에 산입하지 않는다. 이는 원칙적으로 국외에서 지출한 기업업무추진비에도 적용되며, 상품권을 구매한 경우에도 반드시 법인카드를 수취하여야 한다.

법인이 기업업무추진비로 신용카드를 사용하여 지출하는 경우 반드시 당해 법인의 명의로 발급받은 신용카드 등을 사용하여야 한다. 이때 법인의 명의와 당해 법인의 사용인의 명의가 함께 기재되고 신용카드 이용에 따른 대금의 상환이 일차적으로 사용인 개인 계좌에서 결제되나, 최종적으로 해당 법인이 연대하여 책임지는 형태로 발급된 신용카드(법인개별카드)의 경우 당해 법인의 명의로 발급받은 신용카드로 본다(재경부 법인 46012-150, 2000.10.12.).

❙ 정규증명서류 관리 ❙

구분	일반 지출	기업업무추진비
기준금액	3만원	일반 3만원, 경조사비 20만원
신용카드의 범위	법인명의 신용카드 및 임직원 명의 신용카드 인정	법인카드만 인정
국외지출	정규증명서류 수취의무 제외	원칙적으로 정규증명서류 수취 의무 있음
상품권 구입	정규증명서류 수취의무 제외	원칙적으로 정규증명서류 수취 의무 있음
수취의무 위반시 제재	손금인정, 2%가산세 부과	손금불산입, 가산세 없음

실무포인트

1. 법인의 입증책임

법인세의 납세의무가 있는 법인은 모든 거래에 대하여 거래증빙과 지급규정, 사규 등의 객관적인 자료에 의하여 이를 당해 법인에게 귀속시키는 것이 정당함을 입증하여야 한다. 다만, 사회통념상 부득이하다고 인정되는 범위 내의 비용과 당해 법인의 내부통제기능을 감안하여 인정할 수 있는 범위 내의 지출은 그러하지 아니한다(법기통 4-0…2).

2. 임직원이 출장 시 지급된 증빙이 없는 일당의 손비 처리 가능 여부

질의 동 법인은 연간매출액 300억원, 종업원 100명, 국내 및 해외 건설 면허를 득한 건설회사로서 임직원이 건설현장출장, 영업활동 또는 계약 업무와 관련하여 지방 또는 해외 출장 시 당사의 출장비 지급기준에 따라 지급된 지출 증빙이 없는 출장일당이 손비 처리가 가능한지 여부(사회통념상 합리적인 기준에 적합한지)

회신 귀 질의의 경우 법인이 임직원에게 지급하는 여비는 당해 법인의 업무수행상 통상 필요하다고 인정되는 부분의 금액에 한하여 사용처별로 거래증빙과 객관적인 자료를 첨부하여야만 손금산입 가능하며, 증빙서류의 첨부가 불가능한 경우는 사회통념상 부득이하다고 인정되는 범위 내의 금액과 내부통제기능을 감안하여 인정할 수 있는 범위 내의 지급은 손비로 인정되는 것이나, 이에 해당되는지의 여부는 합리적인 기준에 의거 회사의 규모, 출장목적, 업무수행 여부 및 정도에 따라 사실판단할 사항임(법인 46012-3088, 1996.11.6.).

3. 국내외 출장 여비

근로자가 업무와 관련하여 국내 및 해외에 출장할 때 지급받는 여비로서 업무수행상 필요하다고 인정되는 부분의 금액은 실비변상적인 성질의 급여로 비과세되는 것이나, 업무상 필요하다고 인정되지 아니하는 여비와 업무수행상 필요하다고 인정되는 금액을 초과하는 부분의 금액은 근로소득에 해당하는 것으로 질의 내용이 이에 해당하는지는 실질내용에 따라 사실판단할 사항이며, 「법인세법」 제116조에서 규정하는 지출증빙서류는 신용카드매출전표, 현금영수증, 세금계산서 및 계산서로 유사 기질의 회신문(법인 46013-452, 1996.2.8. 및 서면1팀-360, 2007.3.15. 및 법인 46013-1270, 1997.5.7.)을 참고하기 바람(원천세과-696, 2009.8.24.).

4. 출장비 계좌이체 확인증의 증명서류 해당 여부

내국법인이 거래처에 출장용역을 제공하고 그 대가를 거래처의 출장여비지급규정에 따라 받아 출장직원에게 계좌이체하는 경우 해당 계좌이체 확인증은 「법인세법」 제116조 제2항에 따른 증명서류에 해당하지 않는 것이며, 거래처의 출장여비지급규정은 해당 내국법인의 출장여비지급규정으로 볼 수 없는 것임(서면법령해석법인 2019-4278, 2020.3.31.).

7 지출증명서류 합계표

(1) 지출증명서류 합계표의 작성 및 보관의무

직전 사업연도의 수입금액이 30억원(사업연도가 1년 미만인 법인의 경우 30억원에 해당 사업연도의 월수를 곱하고 12로 나누어 산출한 금액) 이상으로서 「법인세법」 제116조에 따라 지출증명서류를 수취하여 보관한 법인은 지출증명서류 합계표[법칙 별지 제77호 서식]를 작성하여 보관해야 한다(법령 158 ⑥). 해당 서식은 법인세 신고 시 제출하는 것은 아니며, 자체적으로 보관하면 되는 것이나 과세관청의 해명요구가 있을 때나 세무조사 시 제시하여야 할 것으로 예상된다.

국세청에서는 2017.2.23. 보도자료를 통해 법인세 신고를 위해 다양한 도움자료를 제공하겠다고 설명하였고, 홈택스의 "법인세 신고도움 서비스" 페이지를 통해 25개 항목에 대한 맞춤형 도움자료를 각 법인 및 수임 세무대리인이 열람할 수 있도록 제공하였다. 신고도움 서비스를 통해 국세청에서 제공한 주요 내용은 다음과 같다.

▍성실신고 지원을 위한 맞춤형 도움자료 항목▐

① 지출증빙 없는 경비 분석자료(가공경비 계상)
② 법인의 신용카드 사용액 중 사적 사용(업무무관 사용)
③ 상품권 과다 구입 후 부적절한 사용(업무무관 사용)
④ 특수관계인 허위 인건비 계상(가족 인건비 계상)
⑤ 고가의 서화 · 골동품 등 업무무관자산 보유(비업무용 자산 보유)
⑥ 연구 · 인력개발비 세액 부당 공제 자료(전담부서 취소 등)

위 항목 중 "① 지출증빙 없는 경비 분석자료(가공경비 계상)" 항목은 각 법인별 안내 페이지에서 다음과 같이 구체적으로 제시되었는데, 홈택스 신고도움 안내페이지에서 제공되었던 내용을 소개하면 다음과 같다.

▍홈택스 조회 페이지 예시▐

› 6. 지출증빙 수취현황 (단위 : 백만원)

①수취대상금액	②증빙수취금액	③차이금액	증빙수취비율(②/①) (%)
102,481	94,693	7,788	92.4

위 표는 직전연도 신고내용을 기준으로 지출증빙 수취내용을 분석 및 집계하여 제공한 것으로 여기서 "① 수취대상금액"은 손익계산서, 원가명세서 등 수취대상 계정과목의 합계액을 집계한 것인데 수취대상 계정과목을 예시하면 다음과 같다.

구 분	계정과목
손익계산서	당기매입원가, 임차료, 광고선전비, 차량유지비, 수주비, 지급수수료, 판매수수료, 소모품비, 통신비, 운반비, 보관료, 건물 시설관리비, 수선비, 수도광열비, 전기료, 인쇄비, 외주용역비, 기타판관비 등

구 분	계정과목
원가명세서 등	당기재료매입액, 외주비, 전력비, 가스수도유류비, 운임, 수선비, 소모품비, 임차료, 통신비, 차량유지비, 외주가공비, 특허권 사용료, 포장비, 중장비유지비, 하자보수비, 지급수수료, 용역비, 인쇄비, 보관료 등

한편, "② 증빙수취금액"은 법인이 수취한 세금계산서, 계산서, 신용카드, 현금영수증, 사업소득 및 기타소득에 대한 지급명세서 등 증명서류 수취금액을 합계액을 말한다. 위 표에 따르면, 국세청에서는 "① 수취대상금액"과 "② 증빙수취금액"을 분석하여 증빙수취 비율을 산출하는데, 이때에 증빙수취 비율이 저조한 법인에 대하여 지출증명서류 합계표의 제출을 요구하거나, 세무조사 대상자에 선정하게 될 가능성이 있다고 판단된다. 지출증명서류 합계표에서는 증명서류의 수취비율이 각 계정과목별로 분석되므로, 과세관청에서는 수취비율이 낮은 계정과목을 특정하여 증명서류를 요구하고, 계정별 원장을 분석하여 가공경비를 적출하거나 지출증명서류관련 가산세를 부과할 것으로 예상된다.

(2) 지출증명서류 합계표의 이해

지출증명서류 합계표는 각 사업연도에 재무상태표 및 손익계산서 등에 계상한 자산 · 비용 중 지출증명서류 수취대상 거래가 있는 계정의 금액에서 「법인세법」 제116조 제2항에 따른 지출증명서류 수취금액을 공제한 차이금액을 작성해야 하며 지출증명서류는 신용카드매출전표, 현금영수증, 세금계산서, 계산서를 말한다. "수취제외대상금액"에는 지출증명서류 수취대상 거래가 아닌 유가증권, 대여금, 이자비용 등 관련 거래금액을 적는다.

▌재무상태표 관련▐

계정과목			지출증명서류 수취금액						⑩ 수취제외대상금액	⑪ 차이(③-④-⑩)
①코드	② 과목명	③ 금액	④ 계(⑤+⑥+⑦+⑧+⑨)	신용카드 등 ⑤ 법인	신용카드 등 ⑥ 개인	⑦ 현금영수증	⑧ 세금계산서	⑨ 계산서		
122	기계장치	50억	45억	5억			40억			5억

위 항목은 해당 사업연도에 계상한 자산에 대하여 작성하므로, 전기와 비교하여 새로 계상한 내역이 없는 자산계정에 대하여는 작성하지 않아도 된다. 또한 지출증명서류의 수취대상 거래가 아닌 현금, 예금, 유가증권, 매출채권, 단기대여금, 미수금, 미수수익, 이연법인세자

산, 선급법인세, 부가가치세대급금, 보증금 등에 대하여는 작성하지 않아도 된다. '① 코드'와 '② 과목명'은 표준재무상태표상의 코드와 계정과목을 기입한다. 이때 '③ 금액'은 기말 표준재무상태표상 금액을 기입하는 것이 아니라 해당사업연도의 취득금액을 기입하는 것이므로 금액 기입 시 유의하여야 한다.

▌손익계산서 및 부속명세서 관련▐

계정과목			지출증명서류 수취금액						㉒ 수취제외대상금액	㉓ 차 이 (⑮－⑯－㉒)
⑬ 코드	⑭ 과목명	⑮ 금액	⑯ 계 (⑰+⑱+⑲+⑳+㉑)	신용카드 등		⑲ 현금영수증	⑳ 세금계산서	㉑ 계산서		
				⑰ 법인	⑱ 개인					
80	여비교통비	20억	10억	2억	3억	1억	4억		9억	1억

3. 표준손익계산서부속명세서(제조 · 공사원가 등) 계정과목별 지출증명서류 수취금액

계정과목				지출증명서류 수취금액						㉟ 수취제외대상금액	㊱ 차이 (㉘－㉙－㉟)
㉕ 구분	㉖ 코드	㉗ 과목명	㉘ 금액	㉙ 계 (㉚+㉛+㉜+㉝+㉞)	신용카드 등		㉜ 현금영수증	㉝ 세금계산서	㉞ 계산서		
					㉚ 법인	㉛ 개인					
	18	운임	8억	6억	2억			4억		2억	0

위 항목은 해당 사업연도에 계상한 비용에 대하여 작성하므로, 표준손익계산서 및 부속명세서에 잔액이 있는 계정은 원칙적으로 전부 작성하여야 한다. 다만, 지출증명서류의 수취대상 거래가 아닌 급여, 퇴직급여, 대손상각비, 감가상각비, 이자비용, 자산의 처분손실, 외환차손, 외화환산손실, 기부금 등에 대하여는 작성하지 않아도 된다. '⑬ 및 ㉖ 코드'와 '⑭ 및 ㉗ 과목명'은 표준손익계산서 및 부속명세서상의 코드와 계정과목을 기입한다. 이때 '⑮ 및 ㉘ 금액'은 표준손익계산서 및 부속명세서상의 금액을 전액 기입한다.

지출증명서류 합계표의 작성 목적은 적격증명서류를 수취하지 않은 금액, 즉 '⑪, ㉓, ㊱ 차이' 금액을 각 계정과목별로 분류한다는 데 있다고 볼 수 있다. '차이'에 기입된 금액은 원칙적으로 적격증명서류불비 가산세 2%가 부과되어야 하나, 적격증명서류의 수취의무가 없는 "수취제외대상" 거래는 가산세 대상이 아니다. 한편, 국세청에서는 본 서식을 활용하여 '차이' 금액이 많은 계정을 위주로 해당 내역의 세부원장을 요청하여 가산세 대상 여부 및 가공경비 여부를 검증하고 있는 추세다. 따라서 실무자들은 '차이' 금액과 "수취제외대상" 금액이 발생된 계정과목에 대하여 세부내용을 관리하여야 국세청의 사후검증이나 세무조사 시 효율적으

로 대응할 수 있다.

(3) 지출증명서류 합계표 작성 시 유의사항

1) 각 증명서류별 합계액의 기입

지출증명서류 합계표의 서식 하단에는 위와 같이 각 적격증명서류별로 총 합계를 기입하도록 구성되어 있다. 국세청에서는 법인이 수취한 법인신용카드, 현금영수증, 세금계산서, 계산서 등 적격증명서류의 연간 총합계액을 집계할 수 있다. 만약, 위 서식의 각 적격증명서류별 총 합계가 국세청 집계 금액과 일치하지 않는다면 해당 서식의 작성내용의 신뢰성을 의심받을 수 있다. 따라서 해당 사업연도에 적격증명서류를 수취한 비용 및 자산취득의 모든 계정을 꼼꼼하게 검토하여 서식에 반영하여야 한다.

2) 개인명의 신용카드와 연말정산

근로소득 연말정산 소득공제 시 사업소득과 관련된 비용 또는 법인의 비용에 해당하는 경우에는 소득공제 대상 신용카드등사용금액에 포함하지 아니한다(조특법 126의 2 ④). 따라서 종업원 개인명의 신용카드를 사용하여 법인의 업무를 위하여 사용하고 경비청구서 등을 통하여 법인으로부터 지급받은 금액은 신용카드 소득공제를 적용하여서는 안 된다. 예규에서도 당해 종업원에 대하여 「조세특례제한법」 제126조의 2의 규정에 의한 "신용카드등사용금액에 대한 소득공제"를 적용함에 있어 법인의 업무와 관련하여 사용한 금액은 당해 종업원의 신용카드사용금액으로 보지 않는다고 여러 차례 회신한 바 있다(서면인터넷방문상담2팀-1090, 2005.7.14.).

그러나 실무에서는 구분의 번거로움 등을 이유로 법인의 비용으로 처리된 부분을 제외하지 않고, 국세청 연말정산간소화서비스에서 집계되는 신용카드사용금액 전액을 소득공제에 반영하는 경우가 종종 있었다. 위의 서식을 보면 개인명의 신용카드사용금액의 총액이 집계되므로 해당 합계란에 상당부분 금액이 기입되는 경우, 국세청에서는 신용카드 소득공제의 적정성 여부에 대한 검증을 요구할 것이 예상된다. 따라서 국세청 연말정산 간소화에서 집계되는 신용카드사용금액 전액을 소득공제로 하여서는 안 되며, 법인에 비용으로 처리된 사용금액에 대하여는 소득공제 시 제외시켜야 함에 유의하여야 한다.

[별지 제77호 서식] (2021.10.28. 개정) (앞쪽)

사업연도	. . . ~ . . .	**지출증명서류 합계표** **[ ]일반법인, [ ]금융 · 보험 · 증권업 법인**	법인명	
			사업자등록번호	

1. 표준재무상태표 계정과목별 지출증명서류 수취금액

계정과목			지출증명서류 수취금액						⑩ 수취 제외 대상 금액	⑪ 차이 (③-④-⑩)
①코드	② 과목명	③ 금액	④ 계 (⑤+⑥+⑦+⑧+⑨)	신용카드 등 ⑤ 법인	신용카드 등 ⑥ 개인	⑦ 현금영수증	⑧ 세금계산서	⑨ 계산서		
⑫ 소 계										

2. 표준손익계산서 계정과목별 지출증명서류 수취금액

계정과목			지출증명서류 수취금액						㉒ 수취 제외 대상 금액	㉓ 차 이 (⑮-⑯-㉒)
⑬코드	⑭ 과목명	⑮ 금액	⑯ 계 (⑰+⑱+⑲+⑳+㉑)	신용카드 등 ⑰ 법인	신용카드 등 ⑱ 개인	⑲ 현금영수증	⑳ 세금계산서	㉑ 계산서		
㉔ 소 계										

3. 표준손익계산서부속명세서(제조 · 공사원가 등) 계정과목별 지출증명서류 수취금액

계정과목				지출증명서류 수취금액						㉟ 수취 제외 대상 금액	㊱ 차이 (㉘-㉙-㉟)
㉕ 구분	㉖ 코드	㉗ 과목명	㉘ 금액	㉙ 계 (㉚+㉛+㉜+㉝+㉞)	신용카드 등 ㉚ 법인	신용카드 등 ㉛ 개인	㉜ 현금영수증	㉝ 세금계산서	㉞ 계산서		
㊲ 소 계											

4. 합계금액

㊳ 합 계(1+2+3)									

210mm×297mm[백상지 80g/㎡ 또는 중질지 80g/㎡]

CHAPTER

06 중소기업

1 개 요

「법인세법」 및 「조세특례제한법」에서는 중소기업에게 일정한 혜택을 주고 있는데, 세법에서는 다음의 요건을 모두 갖춘 경우에 중소기업으로 보고 있다(조특령 2).

① 매출액이 업종별로 「중소기업기본법 시행령」 [별표 1]에 따른 규모 기준 이내일 것
② 실질적인 독립성이 「중소기업기본법 시행령」 제3조 제1항 제2호에 적합할 것. 이 경우 「중소기업기본법 시행령」 제3조 제1항 제2호 나목의 주식등의 간접소유 비율을 계산할 때 집합투자기구를 통하여 간접소유한 경우는 제외하며, 「중소기업기본법 시행령」 제3조 제1항 제2호 다목을 적용할 때 "평균매출액등이 [별표 1]의 기준에 맞지 아니하는 기업"은 "매출액이 「조세특례제한법 시행령」 제2조 제1항 제1호에 따른 중소기업기준에 맞지 아니하는 기업"으로 본다.
③ 부동산임대업 또는 「조세특례제한법 시행령」 제29조 제3항에 따른 소비성서비스업을 주된 사업으로 영위하지 아니할 것
④ 「법인세법 시행령」 제42조 제2항 각 호의 요건을 모두 갖춘 내국법인(성실신고 대상 부동산임대업 주업법인 등)이 아닐 것

2 사업요건

(1) 해당업종

「조세특례제한법」상 중소기업은 부동산임대업 또는 「조세특례제한법 시행령」 제29조 제3항에 따른 소비성서비스업을 주된 사업으로 영위하지 않아야 한다(조특령 2 ① 4호). 이때에 소비성서비스업이란 다음 중 어느 하나에 해당하는 사업을 말한다(조특령 29 ③).

① 호텔업 및 여관업(「관광진흥법」에 따른 관광숙박업은 제외)
② 주점업(일반유흥주점업, 무도유흥주점업 및 「식품위생법 시행령」 제21조에 따른 단란주점 영업만 해당하되, 「관광진흥법」에 따른 외국인전용유흥음식점업 및 관광유흥음식점업은 제외)
③ 그 밖에 오락·유흥 등을 목적으로 하는 사업으로서 다음 각 호의 사업
  ㉠ 무도장 운영업
  ㉡ 기타 사행시설 관리 및 운영업(「관광진흥법」 제5조 또는 「폐광지역 개발 지원에 관한 특별법」 제11조에 따라 허가를 받은 카지노업은 제외한다)
  ㉢ 유사 의료업 중 안마를 시술하는 업
  ㉣ 마사지업

(2) 업종의 판단기준

1) 세법상 업종의 분류

세법상 업종의 분류는 「조세특례제한법」에 특별한 규정이 있는 경우를 제외하고는 「통계법」 제22조에 따라 통계청장이 고시하는 한국표준산업분류에 따르되 한국표준산업분류가 변경되어 이 법에 따른 조세특례를 적용받지 못하게 되는 업종은 한국표준산업분류가 변경된 사업연도와 그 다음 사업연도까지는 변경 전의 분류에 따른 업종에 따라 조세특례를 적용한다(조특법 2 ③).

2) 중소기업 해당사업 중 둘 이상의 다른 사업을 하는 경우

중소기업 해당사업 중 제조업과 건설업을 경영하는 경우 등과 같이 둘 이상의 서로 다른 사업을 하는 경우에는 사업별 사업수입금액이 큰 사업을 주된 사업으로 보고 중소기업 해당 여부를 판정한다(조특령 2 ③).

3 배제요건

「법인세법 시행령」 제42조 제2항 각 호의 요건을 모두 갖춘 성실신고 확인서 제출 대상인 부동산 임대업 주업법인 등은 중소기업의 범위에서 배제된다(조특령 2 ① 5호). 여기서 성실신고 확인서 제출 대상인 부동산임대업 주업법인이란 다음의 요건을 모두 갖춘 내국법인을 말한다(법령 42 ②).

① 해당 사업연도 종료일 현재 내국법인의 지배주주등이 보유한 주식등의 합계가 해당 내국법인의 발행주식총수 또는 출자총액의 50%를 초과할 것

② 해당 사업연도에 부동산 임대업을 주된 사업으로 하거나 다음의 금액 합계가 기업회계기준에 따라 계산한 매출액(㉠부터 ㉢까지의 금액이 포함되지 아니한 경우에는 이를 포함하여 계산)의 50% 이상일 것

㉠ 부동산 또는 부동산상의 권리의 대여로 인하여 발생하는 소득의 금액(간주임대료 포함)

㉡ 이자소득의 금액

㉢ 배당소득의 금액

③ 해당 사업연도의 상시근로자 수가 5명 미만일 것

실무포인트 중소기업 배제대상 관련 주요 개정내역

내 용	적용시기
소비성 서비스업에 포함되는 그 밖에 오락·유흥 등을 목적으로 하는 사업으로서 다음 각 호의 사업을 중소기업에서 배제 ㉠ 무도장 운영업 ㉡ 기타 사행시설 관리 및 운영업(「관광진흥법」 제5조 또는 「폐광지역 개발 지원에 관한 특별법」 제11조에 따라 허가를 받은 카지노업은 제외한다) ㉢ 유사 의료업 중 안마를 시술하는 업 ㉣ 마사지업	2024.3.22. 이후 개시하는 과세연도부터 적용
부동산임대업을 중소기업에서 배제	2025.2.28. 이후 개시하는 과세연도부터 적용*
성실신고 확인서 제출 대상인 부동산 임대업 주업법인을 중소기업에서 배제	

* 본 개정 규정에 불구하고 2025.2.28. 이후 개시하는 과세연도 직전 과세연도의 종료일 이전에 다음 중 어느 하나에 해당하는 규정에 따른 세액공제를 적용받고, 다음 규정에 따른 세액공제 대상 과세연도에 2025.2.28. 이후 개시하는 과세연도가 포함되는 경우의 중소기업 및 중견기업의 범위에 관하여는 조세특례제한법 시행령 제2조 제1항의 개정규정에도 불구하고 종전의 규정에 따른다(조특령 부칙 2, 2025.2.28. 대통령령 제35347호).

① 고용을 증대시킨 기업에 대한 세액공제(조특법 29의 7 ①)

② 통합고용세액공제(조특법 29의 8 ①)

③ 사회보험료 세액공제(조특법 30의 4 ①)

4 규모요건

(1) 개 요

중소기업은 회사의 매출액이 업종별로 「중소기업기본법 시행령」 [별표 1]의 규모기준 이내이어야 한다. 여기서, [별표 1]의 규모기준을 적용함에 있어 "평균매출액등"은 "매출액"으로 보며, 이하 "중소기업기준"이라 한다(조특령 2 ① 1호).

또한, 자산총액이 5천억원 이상인 경우에는 중소기업으로 보지 아니한다(조특령 2 ①). 이때에 '자산총액'이란 사업연도 종료일 현재 기업회계기준에 따라 작성한 재무상태표상의 자산총액으로 한다(조특칙 2 ⑤).

(2) 매출액의 범위

매출액은 과세연도 종료일 현재 기업회계기준에 따라 작성한 해당 과세연도 손익계산서상의 매출액으로 한다. 다만, 창업 · 분할 · 합병의 경우 그 등기일의 다음 날(창업의 경우에는 창업일)이 속하는 과세연도의 매출액을 연간 매출액으로 환산한 금액을 말한다(조특칙 2 ④). 한편, 법인이 둘 이상의 서로 다른 사업을 영위하고 있어 주된 사업을 기준으로 중소기업 해당 여부를 판정하는 경우 규모기준은 해당 법인 또는 거주자가 영위하는 사업 전체의 매출액을 기준으로 하여 판정한다(법집 5-2-2).

중소기업기본법 시행령 [별표 1] (2025.9. 개정 예정)

▎중소기업 범위 기준 개편안▎

<table>
<tr><th>해당 기업의 주된 업종</th><th>분류기호</th><th>개정(안)</th><th>현 행</th></tr>
<tr><td>1 펄프, 종이 및 종이제품 제조업</td><td>C17</td><td rowspan="3">평균매출액등
1,800억원 이하</td><td rowspan="6">평균매출액등
1,500억원 이하</td></tr>
<tr><td>2 1차 금속 제조업</td><td>C24</td></tr>
<tr><td>3 전기장비 제조업</td><td>C28</td></tr>
<tr><td>4 의복, 의복액세서리 및 모피제품 제조업</td><td>C14</td><td rowspan="3">평균매출액등
1,500억원 이하</td></tr>
<tr><td>5 가죽, 가방 및 신발 제조업</td><td>C15</td></tr>
<tr><td>6. 가구 제조업</td><td>C32</td></tr>
<tr><td>7. 식료품 제조업</td><td>C10</td><td rowspan="3">평균매출액등
1,200억원 이하</td><td rowspan="3">평균매출액등
1,000억원 이하</td></tr>
<tr><td>8. 화학물질 및 화학제품 제조업(의약품 제조업 제외)</td><td>C20</td></tr>
<tr><td>9. 고무제품 및 플라스틱제품 제조업</td><td>C22</td></tr>
</table>

<table>
<tr><th>해당 기업의 주된 업종</th><th>분류기호</th><th>개정(안)</th><th>현 행</th></tr>
<tr><td>10. 금속가공제품 제조업(기계 및 가구 제조업 제외)</td><td>C25</td><td rowspan="6"></td><td rowspan="15"></td></tr>
<tr><td>11. 그 밖의 기계 및 장비 제조업</td><td>C29</td></tr>
<tr><td>12. 자동차 및 트레일러 제조업</td><td>C30</td></tr>
<tr><td>13. 그 밖의 운송장비 제조업</td><td>C31</td></tr>
<tr><td>14. 건설업</td><td>F</td></tr>
<tr><td>15. 도매 및 소매업</td><td>G</td></tr>
<tr><td>16. 농업, 임업 및 어업</td><td>A</td><td rowspan="12">평균매출액등
1,000억원 이하</td></tr>
<tr><td>17. 광업</td><td>B</td></tr>
<tr><td>18. 담배 제조업</td><td>C12</td></tr>
<tr><td>19. 섬유제품 제조업(의복 제조업 제외)</td><td>C13</td></tr>
<tr><td>20. 목재 및 나무제품 제조업(가구 제조업 제외)</td><td>C16</td></tr>
<tr><td>21. 코크스, 연탄 및 석유정제품 제조업</td><td>C19</td></tr>
<tr><td>22. 전자부품, 컴퓨터, 영상, 음향 및 통신장비 제조업</td><td>C26</td></tr>
<tr><td>23. 전기, 가스, 증기 및 공기조절 공급업</td><td>D</td></tr>
<tr><td>24. 수도업</td><td>E36</td></tr>
<tr><td>25. 그 밖의 제품 제조업</td><td>C33</td><td rowspan="9">평균매출액등
800억원 이하</td></tr>
<tr><td>26. 운수 및 창고업</td><td>H</td></tr>
<tr><td>27. 정보통신업</td><td>J</td></tr>
<tr><td>28. 음료 제조업</td><td>C11</td><td rowspan="7">평균매출액등
800억원 이하</td></tr>
<tr><td>29. 인쇄 및 기록매체 복제업</td><td>C18</td></tr>
<tr><td>30. 의료용 물질 및 의약품 제조업</td><td>C21</td></tr>
<tr><td>31. 비금속 광물제품 제조업</td><td>C23</td></tr>
<tr><td>32. 의료, 정밀, 광학기기 및 시계 제조업</td><td>C27</td></tr>
<tr><td>33. 수도, 하수 및 폐기물 처리, 원료재생업(수도업 제외)</td><td>E(E36 제외)</td></tr>
<tr><td>34. 사업시설관리, 사업지원 및 임대 서비스업(임대업 제외)</td><td>N(N76 제외)</td><td rowspan="6">평균매출액등
600억원 이하</td></tr>
<tr><td>35. 산업용 기계 및 장비 수리업</td><td>C34</td><td rowspan="5">평균매출액등
600억원 이하</td></tr>
<tr><td>36. 전문, 과학 및 기술 서비스업</td><td>M</td></tr>
<tr><td>37. 보건업 및 사회복지 서비스업</td><td>Q</td></tr>
<tr><td>38. 예술, 스포츠 및 여가 관련 서비스업</td><td>R</td></tr>
<tr><td>39. 수리(修理) 및 기타 개인 서비스업</td><td>S</td></tr>
<tr><td>40. 금융 및 보험업</td><td>K</td><td rowspan="2">평균매출액등
400억원 이하</td><td rowspan="2">평균매출액등
400억원 이하</td></tr>
<tr><td>41. 숙박 및 음식점업</td><td>I</td></tr>
</table>

02 법인세 개요

해당 기업의 주된 업종	분류기호	개정(안)	현 행
42. 부동산업	L	평균매출액등 400억원 이하	평균매출액등 400억원 이하
43. 임대업	N76		
44. 교육 서비스업	P		

5 독립성 요건

(1) 개 요

다음의 요건을 모두 갖춘 경우 독립성 요건을 충족한 것으로 한다(조특령 2 ① 3호).

① 「독점규제 및 공정거래에 관한 법률」 제31조 제1항에 따른 공시대상기업집단에 속하는 회사 또는 같은 법 제33조에 따라 공시대상기업집단의 국내 계열회사로 편입·통지된 것으로 보는 회사에 해당하지 않으며

② 실질적인 독립성이 「중소기업기본법 시행령」 제3조 제1항 제2호에 적합할 것

이 경우 「중소기업기본법 시행령」 제3조 제1항 제2호 나목의 주식등의 간접소유 비율을 계산할 때 집합투자기구를 통하여 간접소유한 경우는 제외하며, 「중소기업기본법 시행령」 제3조 제1항 제2호 다목을 적용할 때 "평균매출액등이 별표 1의 기준에 맞지 아니하는 기업"은 "매출액이 「조세특례제한법 시행령」 제2조 제1항 제1호에 따른 중소기업기준에 맞지 않는 기업"으로 본다(조특령 2 ① 3호).

(2) 「중소기업기본법 시행령」 제3조 제1항 제2호

중소기업이란 소유와 경영의 실질적인 독립성이 다음 중 어느 하나에 해당하지 아니하는 기업을 말한다(중기령 3 ① 2호).

① 자산총액이 5,000억원 이상인 법인(외국법인 포함, 비영리법인 및 중소기업창업투자회사 등 제외)이 주식 등의 30% 이상을 직접적 또는 간접적으로 소유한 경우로서 최다출자자인 기업. 이 경우 최다출자자는 해당 기업의 주식 등을 소유한 법인 또는 개인으로서 단독으로 또는 다음의 어느 하나에 해당하는 자와 합산하여 해당 기업의 주식 등을 가장 많이 소유한 자를 말하며, 주식 등의 간접소유 비율에 관하여는 「국제조세조정에 관한 법률 시행령」 제2조 제2항을 준용한다.

㉠ 주식 등을 소유한 자가 법인인 경우 : 그 법인의 임원
㉡ 주식 등을 소유한 자가 ㉠에 해당하지 아니하는 개인인 경우 : 그 개인의 친족

② 관계기업에 속하는 기업의 경우에는 평균매출액 등이 [별표 1]의 규모기준에 맞지 아니하는 기업

실무포인트

1. 자산총액이 5천억원 이상인 법인

자산총액이 5천억원 이상인 법인에는 외국법인을 포함하되, 다음에 해당하는 자는 제외한다(중기령 3 ② 2호 나목, 중기령 3의 2 ③).

① 비영리법인
② 「중소기업창업 지원법」에 따른 중소기업창업투자회사
③ 「여신전문금융업법」에 따른 신기술사업금융업자
④ 「벤처기업육성에 관한 특별조치법」에 따른 신기술창업전문회사

여기서, 외국법인의 자산총액은 해당 과세연도 종료일 현재 기업회계기준에 따라 작성한 재무상태표상 외화로 표시된 자산총액을 해당 과세연도 종료일 현재의 매매기준율(기획재정부장관이 정하여 고시하는 외국환 거래에 관한 규정에 따른 매매기준율을 말한다)로 환산한 금액으로 한다(조특칙 2 ⑨).

2. 관계기업 관련

① 관계기업에 속하는 기업인지의 판단은 과세연도 종료일 현재를 기준으로 한다.
② 「조세특례제한법 시행령」(2017.2.7. 대통령령 제27848호로 개정되기 전의 것) 제2조 제3항의 주된 사업은 관계기업의 해당 여부에 관계없이 당해 기업의 사업을 기준으로 판단하는 것임(서면법인-1894, 2019.11.5).
③ 「조세특례제한법」 제6조 제5항에 따른 소기업의 판정 시에 매출액은 당해 기업의 매출액만으로 판정하는 것이며, 관계기업의 매출액은 합산하지 아니하는 것임(서면법인-5783, 2016.12.9.).

6 유예기간

(1) 개 요

중소기업이 그 규모의 확대 등으로 다음 중 어느 하나에 해당되어 중소기업에 해당하지 아니하게 된 때에는 최초로 그 사유가 발생한 날이 속하는 과세연도와 그 다음 5개 과세연도(최초로 그 사유가 발생한 날이 속하는 과세연도의 종료일부터 5년이 되는 날이 속하는 과세연도의 종료일 현재 해당 기업이 유가증권시장 또는 코스닥시장에 상장되어 있는 경우에는 7개 과세연도)*까지는 중소기업으로 보며, 이를 유예기간이라 한다. 유예기간이 경과한 후에는 과세연도별로 중소기업 해당 여부를 판정한다(조특령 2 ②).

① 「조세특례제한법 시행령」 제2조 제1항 본문 단서의 자산총액이 5천억원 이상인 경우
② 「조세특례제한법 시행령」 제2조 제1항 제1호의 평균매출액등이 [별표 1]의 규모기준을 초과하는 경우
③ 「중소기업기본법 시행령」 제3조 제1항 제2호 다목의 관계기업에 속하는 기업의 경우로서 평균매출액등이 [별표 1]의 규모기준을 초과하는 경우

* 중소기업의 규모 초과 시 유예기간이 4년에서 6년(상장중소기업은 8년)으로 연장되었다. 본 개정규정은 2024.11.12.이 속하는 사업연도에 최초로 중소기업에 해당하지 않게 된 사유가 발생하는 경우부터 적용한다(조특령 부칙 2, 대통령령 제34992호, 2024.11.12.).

(2) 유예기간 적용 제외

중소기업이 다음 중 어느 하나의 사유로 중소기업에 해당하지 아니하게 된 경우에는 유예기간을 적용하지 아니하고, 유예기간 중에 있는 기업에 대해서는 해당 사유가 발생한 날(②에 따른 유예기간 중에 있는 기업이 중소기업과 합병하는 경우에는 합병일)이 속하는 과세연도부터 유예기간을 적용하지 아니한다(조특령 2 ②).

① 「중소기업기본법」의 규정에 의한 중소기업 외의 기업과 합병하는 경우
② 유예기간 중에 있는 기업과 합병하는 경우
③ 실질적 독립성의 요건을 갖추지 못하게 되는 경우. 단, 「중소기업기본법 시행령」 제3조 제1항 제2호 다목의 규정(관계기업)은 제외
④ 창업일이 속하는 과세연도 종료일부터 2년 이내의 과세연도 종료일 현재 중소기업기준을 초과하는 경우

(3) 중소기업기준이 개정되는 경우

중소기업기준을 적용할 때 기업이 「중소기업기본법 시행령」 제3조 제1항 제2호(독립성 요건) [별표 1](주된 업종별 평균매출액등의 중소기업 규모 기준) 및 [별표 2](관계기업의 평균매출액등의 산정기준)의 개정으로 새로이 중소기업에 해당하게 되는 때에는 그 사유가 발생한 날이 속하는 과세연도부터 중소기업으로 보고, 중소기업에 해당하지 아니하게 되는 때에는 그 사유가 발생한 날이 속하는 과세연도와 그 다음 3개 과세연도까지 중소기업으로 본다(조특령 2 ⑤).

7 중견기업

중견기업이란 다음의 요건을 모두 갖춘 기업을 말한다(조특령 6의 4 ①).

(1) 중소기업이 아닐 것

(2) 업종요건

다음 중 어느 하나에 해당하는 업종을 주된 사업으로 영위하지 아니하여야 한다. 이 경우 둘 이상의 서로 다른 사업을 영위하는 경우에는 사업별 사업수입금액이 큰 사업을 주된 사업으로 본다.

① 「조세특례제한법 시행령」 제29조 제3항에 따른 소비성서비스업
② 「중견기업 성장촉진 및 경쟁력 강화에 관한 특별법 시행령」 제2조 제2항 제2호 각 목의 업종
③ 부동산 임대업

1) 「조세특례제한법 시행령」 제29조 제3항에 따른 소비성서비스업

① 호텔업 및 여관업(관광진흥법에 따른 관광숙박업은 제외)
② 주점업(일반유흥주점업, 무도유흥주점업 및 「식품위생법 시행령」 제21조에 따른 단란주점 영업만 해당하되, 「관광진흥법」에 따른 외국인전용유흥음식점업 및 관광유흥음식점업은 제외)
③ 그 밖에 오락 · 유흥 등을 목적으로 하는 사업으로서 기획재정부령으로 정하는 사업

2)「중견기업 성장촉진 및 경쟁력 강화에 관한 특별법 시행령」 제2조 제2항 제2호 각 목의 업종(중견령 2 ② 2호)

① 금융업	② 보험 및 연금업
③ 금융 및 보험 관련 서비스업	

3) 부동산 임대업*

* 부동산 임대업의 제외규정은 2025.2.28. 이후 개시하는 과세연도분부터 적용한다(조특령 부칙 2 ①, 대통령령 제35347호, 2025.2.28.).

(3) 독립성 요건

소유와 경영의 실질적인 독립성이「중견기업 성장촉진 및 경쟁력 강화에 관한 특별법 시행령」 제2조 제2항 제1호에 적합하여야 하며, 이는 다음의 요건을 모두 갖춘 기업을 말한다(중견령 2 ② 1호).

① 소유와 경영의 실질적인 독립성이 다음 중 어느 하나에 해당하지 아니하는 기업일 것
   ㉠「독점규제 및 공정거래에 관한 법률」 제14조 제1항에 따른 상호출자제한 기업집단에 속하는 기업
   ㉡「독점규제 및 공정거래에 관한 법률 시행령」 제21조 제2항에 따른 상호출자제한 기업집단 지정기준인 자산총액 이상인 기업 또는 법인(외국법인 포함)이 해당 기업의 주식(「상법」 제344조의 3에 따른 의결권 없는 주식은 제외한다) 또는 출자지분의 30% 이상을 직접적 또는 간접적으로 소유하면서 최다출자자인 기업. 이 경우 최다출자자는 해당 기업의 주식등을 소유한 법인 또는 개인으로서 단독으로 또는 다음의 어느 하나에 해당하는 자와 합산하여 해당 기업의 주식등을 가장 많이 소유한 자로 하며, 주식등의 간접소유비율에 관하여는「국제조세조정에 관한 법률 시행령」 제2조 제2항을 준용한다.
      ⓐ 주식등을 소유한 자가 법인인 경우 : 그 법인의 임원
      ⓑ 주식등을 소유한 자가 개인인 경우 : 그 개인의 친족

(4) 매출액 요건

직전 3개 과세연도의 매출액(매출액은「조세특례제한법 시행령」 제2조 제4항에 따른 계산방법으로 산출하며, 과세연도가 1년 미만인 과세연도의 매출액은 1년으로 환산한 매출액을 말한다)의 평균금액이 3천억원(연구인력개발비 세액공제의 경우 5천억원) 미만인 기업이어야 한다.

실무포인트

1. 관계기업의 정의

관계기업이란 외부감사대상기업이 「중소기업기본법 시행령」 제3조의 2에 따라 다른 국내기업을 지배함으로써 지배 또는 종속의 관계에 있는 기업의 집단을 말한다(중기령 2 3호).

2. 지배 또는 종속의 관계(중기령 3의 2)

① 관계기업에서 지배 또는 종속의 관계란 기업이 직전 사업연도 말일 현재 다른 국내기업을 다음 각 호의 어느 하나와 같이 지배하는 경우 그 기업(이하 "지배기업")과 그 다른 국내기업(이하 "종속기업")의 관계를 말한다. 다만, 「자본시장과 금융투자업에 관한 법률」 제9조 제15항에 따른 주권상장법인으로서 「주식회사 등의 외부감사에 관한 법률」 제2조 제3호 및 같은 법 시행령 제3조 제1항에 따라 연결재무제표를 작성하여야 하는 기업과 그 연결재무제표에 포함되는 국내기업은 지배기업과 종속기업의 관계로 본다.

1. 지배기업이 단독으로 또는 그 지배기업과의 관계가 다음 각 목의 어느 하나에 해당하는 자와 합산하여 종속기업의 주식등을 100분의 30 이상 소유하면서 최다출자자인 경우
   가. 단독으로 또는 친족과 합산하여 지배기업의 주식등을 100분의 30 이상 소유하면서 최다출자자인 개인
   나. 가목에 해당하는 개인의 친족
2. 지배기업이 그 지배기업과의 관계가 제1호에 해당하는 종속기업(이하 이 조에서 "자회사"라 한다)과 합산하거나 그 지배기업과의 관계가 제1호 각 목의 어느 하나에 해당하는 자와 공동으로 합산하여 종속기업의 주식등을 100분의 30 이상 소유하면서 최다출자자인 경우
3. 자회사가 단독으로 또는 다른 자회사와 합산하여 종속기업의 주식등을 100분의 30 이상 소유하면서 최다출자자인 경우
4. 지배기업과의 관계가 제1호 각 목의 어느 하나에 해당하는 자가 자회사와 합산하여 종속기업의 주식등을 100분의 30 이상 소유하면서 최다출자자인 경우

② 제1항 각 호 외의 부분 본문에도 불구하고 다음 각 호의 어느 하나에 해당하는 경우에는 각 호의 구분에 따른 날을 기준으로 제1항 각 호에 따른 지배 또는 종속의 관계를 판단할 수 있다.

1. 기업이 직전 사업연도 말일이 지난 후 창업, 합병, 분할 또는 폐업한 경우 : 창업일, 합병일, 분할일 또는 「부가가치세법 시행령」 제7조에 따른 폐업일
2. 제3조 제1항 제2호 다목에 해당하여 중소기업에서 제외된 기업이 직전 사업연도 말일이 지난 후 주식등의 소유현황이 변경된 경우 : 주식등의 소유현황 변경일

③ 다음 각 호의 어느 하나에 해당하는 자가 다른 국내기업의 주식등을 소유하고 있는 경우에는 그 기업과 그 다른 국내기업은 제1항에 따른 지배기업과 종속기업의 관계로 보지 아니한다.

1. 「중소기업창업 지원법」에 따른 중소기업창업투자회사
2. 「여신전문금융업법」에 따른 신기술사업금융업자
3. 「벤처기업육성에 관한 특별조치법」에 따른 신기술창업전문회사
4. 「산업교육진흥 및 산학연협력촉진에 관한 법률」에 따른 산학협력기술지주회사
5. 그 밖에 제1호부터 제4호까지의 규정에 준하는 경우로서 중소기업 육성을 위하여 중소벤처기업부장관이 정하여 고시하는 자

3. 관계기업의 매출액 산정

관계기업의 매출액 등은 「중소기업기본법 시행령」 [별표 2]에 의해 산정한다(중기령 7의 4 ①, 서면법인-21910, 2016.5.3.).

■ 중소기업기본법 시행령 [별표 2]

관계기업의 평균매출액등의 산정기준(제7조의 4 ① 관련)

1. 이 표에서 사용하는 용어의 뜻은 다음과 같다.
   가. "형식적 지배"란 지배기업이 종속기업의 주식등을 100분의 50 미만으로 소유하고 있는 것을 말한다.
   나. "실질적 지배"란 지배기업이 종속기업의 주식등을 100분의 50 이상으로 소유하고 있는 것을 말한다.
   다. "직접 지배"란 지배기업이 자회사(지배기업의 종속기업을 말한다. 이하 이 표에서 같다) 또는 손자기업(자회사의 종속기업을 말하며, 지배기업의 종속기업으로 되는 경우를 포함한다. 이하 이 표에서 같다)의 주식등을 직접 소유하고 있는 것을 말한다.
   라. "간접 지배"란 지배기업이 손자기업의 주주인 자회사의 주식등을 직접 소유하고 있는 것을 말한다.
2. 지배기업이 종속기업에 대하여 직접 지배하되 형식적 지배를 하는 경우에는 지배기업 또는 종속기업의 평균매출액등으로 보아야 할 평균매출액등(이하 "전체 평균매출액등"이라 한다)은 다음 각 목에 따라 계산한다.
   가. 지배기업의 전체 평균매출액등은 그 지배기업의 평균매출액등에 지배기업의 종속기업에 대한 주식등의 소유비율과 종속기업의 평균매출액등을 곱하여 산출한 평균매출액등을 합산한다.
   나. 종속기업의 전체 평균매출액등은 그 종속기업의 평균매출액등에 지배기업의 종속기업에 대한 주식등의 소유비율과 지배기업의 평균매출액등을 곱하여 산출한 평균매출액등을 합산한다.
3. 지배기업이 종속기업에 대하여 직접 지배하되 실질적 지배를 하는 경우에는 지배기업 또는 종속기업의 전체 평균매출액등은 다음 각 목에 따라 계산한다.
   가. 지배기업의 전체 평균매출액등은 그 지배기업의 평균매출액등에 종속기업의 평균매출액등을 합산한다.
   나. 종속기업의 전체 평균매출액등은 그 종속기업의 평균매출액등에 지배기업의 평균매출액등을 합산한다.

4. 지배기업이 손자기업에 대하여 간접 지배를 하는 경우에는 지배기업 또는 손자기업의 전체 평균매출액등은 다음 각 목에 따라 계산한다.
   가. 지배기업의 전체 평균매출액등은 그 지배기업의 평균매출액등에 지배기업의 손자기업에 대한 주식등의 간접 소유비율과 손자기업의 평균매출액등을 곱하여 산출한 평균매출액등을 합산한다.
   나. 손자기업의 전체 평균매출액등은 그 손자기업의 평균매출액등에 지배기업의 손자기업에 대한 주식등의 간접 소유비율과 지배기업의 평균매출액등을 곱하여 산출한 평균매출액등을 합산한다.
5. 제4호에서 지배기업의 손자기업에 대한 주식등의 간접 소유비율은 다음과 같다. 다만, 자회사가 둘 이상인 경우에는 각 자회사별로 계산한 소유비율을 합한 비율로 한다.
   가. 지배기업이 자회사에 대하여 실질적 지배를 하는 경우에는 그 자회사가 소유하고 있는 손자기업의 주식등의 소유비율
   나. 지배기업이 자회사에 대하여 형식적 지배를 하는 경우에는 그 소유비율과 그 자회사의 손자기업에 대한 주식등의 소유비율을 곱한 비율

실무포인트 관계회사 평균매출액 계산방법 예시

유형 1. 모회사가 자회사를 실질적 지배(50% 이상)로서 직접 지배하는 경우

외감대상 모회사 500억원	50% →	자회사 200억원

■ 모회사 : 700억원(500억원+200억원)
□ 자회사 : 700억원(500억원+200억원)

유형 2. 모회사가 자회사를 형식적 지배(50% 미만)로서 직접 지배하는 경우

외감대상 모회사 500억원	30% →	자회사 200억원

■ 모회사 : 560억원(500억원+200억원×30%)
□ 자회사 : 350억원(200억원+500억원×30%)

유형 3. 모회사가 자회사를 실질적 지배, 손자기업을 간접 지배하는 경우

외감대상 모회사 500억원	50% →	외감대상 자회사 200억원	40% →	손자회사 100억원

■ 모회사 : 500억원+200억원(자회사)+100억원×40%(손자회사)=740억원
□ 자회사 : 200억원+500억원(모회사)+100억원×40%(손자회사)=740억원
□ 손자회사 : 100억원+200억원×40%(자회사)+500억원×40%(모회사)=380억원

유형 4. 모회사가 자회사를 형식적 지배, 손자회사를 간접 지배하는 경우

외감대상 모회사	40%	외감대상 아닌 자회사	60%	손자회사
500억원	→	200억원	→	100억원

- ■ 모회사 : 500억원 + 200억원 × 40%(자회사) + 100억원 × 24%(손자회사) = 604억원
- □ 자회사 : 200억원 + 500억원 × 40%(모회사) = 400억원
- □ 손자회사 : 100억원 + 500억원 × 24%(모회사) = 220억원

[별지 제51호 서식] (2025.3.21. 개정)

※ 제3쪽의 작성방법을 읽고 작성해 주시기 바랍니다. (4쪽 중 제1쪽)

<table>
<tr><td rowspan="2">사 업
연 도</td><td rowspan="2">2025. 1. 1.
~
2025. 12. 31.</td><td rowspan="2">중소기업 등 기준검토표</td><td>법 인 명</td><td>㈜택스에듀</td></tr>
<tr><td>사업자등록번호</td><td></td></tr>
</table>

<table>
<tr><th>구분</th><th colspan="2">① 요 건</th><th>② 검 토 내 용</th><th>③
적합 여부</th><th>④
적정 여부</th></tr>
<tr><td rowspan="4">중
기
업</td><td>⑩ 사업요건</td><td>① 부동산임대업을 주된 사업으로 영위하지 않을 것
② 「조세특례제한법 시행령」 제29조제3항에 따른 소비성 서비스업을 주된 사업으로 영위하지 않을 것
③ 「법인세법 시행령」 제42조제2항 각 호의 요건을 모두 갖춘 내국법인이 아닐 것
※ ①·③은 2025. 2. 28. 이후 개시하는 사업연도분부터 적용</td><td><table><tr><th>업태별 \ 구분</th><th>기준경비율 코드</th><th>사업 수입금액</th></tr><tr><td>(01)
(제 조)업</td><td>(04)
300101</td><td>(07)
16,000,000,000</td></tr><tr><td>(02)
(부동산임대)업</td><td>(05)
701201</td><td>(08)
4,000,000,000</td></tr><tr><td>(03)
그밖의 사업</td><td>(06)</td><td>(09)</td></tr><tr><td>계</td><td></td><td>20,000,000,000</td></tr></table></td><td>(17)
적 합
(Y)
부적합
(N)</td><td rowspan="4">(26)
적합
(Y)

부
적
합
(N)</td></tr>
<tr><td>⑩ 규모요건</td><td>o 아래 요건 ①, ②를 동시에 충족할 것
① 매출액이 업종별로 「중소기업기본법 시행령」 별표 1에 따른 규모기준("평균매출액등"은 "매출액"으로 봄) 이내일 것
② 자산총액이 5천억원 미만일 것</td><td>가. 매 출 액
- 당 회사(10) (200 억원)
- 「중소기업기본법 시행령」 별표 1의 규모기준(11) (1,000 억원) 이하
나. 자산총액(12) (400 억원)</td><td>(18)
적합
(Y)
부적합
(N)</td></tr>
<tr><td>⑩ 독립성요건</td><td>o 「조세특례제한법 시행령」 제2조제1항제3호에 해당하는 기업일 것</td><td>• 「독점규제 및 공정거래에 관한 법률」 제31조제1항에 따른 공시대상기업집단에 속하는 회사 또는 같은 법 제33조에 따라 공시대상기업집단의 국내 계열회사로 편입·통지된 것으로 보는 회사에 해당하지 않으며, 실질적인 독립성이 「중소기업기본법 시행령」 제3조제1항제2호에 적합할 것
• 자산총액 5천억원 이상인 법인이 주식등의 30퍼센트 이상을 직접적 또는 간접적으로 소유한 경우로서 최다출자자인 기업이 아닐 것
• 「중소기업기본법 시행령」 제2조제3호에 따른 관계기업에 속하는 기업으로서 같은 영 제7조의4에 따라 산정한 매출액이 「조세특례제한법 시행령」 제2조제1항제1호에 따른 중소기업기준(⑩의① 기준) 이내일 것</td><td>(19)
적합
(Y)
부적합
(N)</td></tr>
<tr><td>⑩ 유예기간</td><td>o 「조세특례제한법 시행령」 제2조제2항 및 제5항에 따른 유예기간에 있는 기업일 것</td><td>① 중소기업이 그 규모의 확대 등으로 ⑩의 기준을 초과하는 경우 최초로 그 사유가 발생한 사업연도와 그 다음 3개 사업연도[2024년 11월 12일이 속하는 사업연도에 최초로 사유가 발생한 경우부터는 5개 사업연도(「자본시장과 금융투자업에 관한 법률」에 따른 유가증권시장 또는 코스닥시장에 상장되어 있는 경우에는 7개 사업연도)]까지 중소기업으로 보고 그 후에는 매년마다 판단
② 「중소기업기본법 시행령」 제3조제1항제2호, 별표 1 및 별표 2의 개정으로 중소기업 에 해당하지 않게 되는 때에는 그 사유가 발생한 날이 속하는 사업연도와 그 다음 3개 사업연도까지 중소기업으로 봄
o 사유발생 연도(13) (년)</td><td>(20)
적합
(Y)
부적합
(N)</td></tr>
<tr><td rowspan="2">소
기
업</td><td colspan="2">⑩ 사업요건 및 독립성요건을 충족할 것</td><td>중소기업 업종(⑩)을 주된 사업으로 영위하고, 독립성요건(⑩)을 충족하는지 여부</td><td>(21)
적합(Y),
부적합(N)</td><td rowspan="2">(27)
적합
(Y)
부적합
(N)</td></tr>
<tr><td colspan="2">⑩ 자산총액이 5천억원 미만으로서 매출액이 업종별로 「중소기업기본법 시행령」 별표 3의 규모기준("평균매출액등"은 "매출액"으로 봅니다) 이내일 것</td><td>o 매 출 액
- 당 회사(14) (200 억원)
- 「중소기업기본법 시행령」 별표 3의 규모기준(15) (120 억원) 이하</td><td>(22)
적합(Y),
부적합(N)</td></tr>
</table>

210mm×297mm[백상지 80g/㎡ 또는 중질지 80g/㎡]

<table>
<tr><th>구분</th><th>① 요건</th><th colspan="4">② 검토 내용</th><th>③
적합
여부</th><th>④
적정
여부</th></tr>
<tr><td rowspan="5">중견기업</td><td>⑰ 「조세특례제한법」상 중소기업 업종을 주된 사업으로 영위할 것</td><td colspan="4">중소기업이 아니고,
중소기업 업종(⑩)을 주된 사업으로 영위하는지 여부</td><td>(23)
적합(Y),
부적합(N)</td><td rowspan="5">(28)
적합
(Y)
부적합
(N)</td></tr>
<tr><td>⑱ 소유와 경영의 실질적인 독립성이 「중견기업 성장촉진 및 경쟁력 강화에 관한 특별법 시행령」 제2조제2항제1호에 적합할 것</td><td colspan="4">• 「독점규제 및 공정거래에 관한 법률」 제31조제1항에 따른 상호출자제한기업집단에 속하는 회사에 해당하지 않을 것
• 「독점규제 및 공정거래에 관한 법률 시행령」 제38조제2항에 따른 상호출자제한기업집단 지정 기준인 자산총액 이상인 법인이 주식등의 30% 이상을 직·간접적으로 소유한 경우로서 최다출자자인 기업이 아닐 것(「중견기업 성장촉진 및 경쟁력 강화에 관한 특별법 시행령」 제2조제3항에 해당하는 기업은 제외합니다)</td><td>(24)
적합(Y),
부적합(N)</td></tr>
<tr><td rowspan="3">⑲ 직전 3년 평균 매출액이 다음의 중견기업 대상 세액공제 요건을 충족할 것
① 중소기업 등 투자세액공제[구 「조세특례제한법」 제5조제1항(2020. 12. 29. 법률 제17759호로 개정되기 전의 것)]: 1천5백억원 미만(신규상장 중견기업으로 한정합니다)
② 연구·인력개발비에 대한 세액공제[「조세특례제한법」 제10조제1항제1호가목2)]: 5천억원 미만
③ 기타 중견기업 대상 세액공제: 3천억원 미만</td><td colspan="4">직전 3년 과세연도 매출액의 평균금액</td><td rowspan="3">(25)
적합(Y),
부적합(N)</td></tr>
<tr><td>직전 3년</td><td>직전 2년</td><td>직전 1년</td><td>평균</td></tr>
<tr><td>(억원)</td><td>(억원)</td><td>(억원)</td><td>(억원)</td></tr>
</table>

210mm×297mm[백상지 80g/㎡ 또는 중질지 80g/㎡]

CHAPTER

07 부당행위계산부인

1 개 요

납세지 관할 세무서장 또는 관할지방국세청장은 내국법인의 행위 또는 소득금액의 계산이 특수관계인과의 거래로 인하여 그 법인의 소득에 대한 조세의 부담을 부당하게 감소시킨 것으로 인정되는 경우에는 그 법인의 행위 또는 소득금액의 계산과 관계없이 그 법인의 각 사업연도의 소득금액을 계산한다(법법 52 ①).

2 요 건

(1) 특수관계인

"특수관계인"이란 법인과 경제적 연관관계 또는 경영지배관계 등 다음 중 어느 하나에 해당하는 관계에 있는 자를 말한다. 이 경우 본인도 그 특수관계인의 특수관계인으로 본다(법법 2 12호, 법령 2 ⑧). 즉, 어느 한쪽을 기준으로 하여 특수관계인에 해당하면 다른 쪽을 기준으로 하여도 특수관계인에 해당하므로, 특수관계인 여부는 쌍방관계를 기준으로 판단한다(법집행 2-2-1).

① 임원의 임면권의 행사, 사업방침의 결정 등 당해 법인의 경영에 대하여 사실상 영향력을 행사하고 있다고 인정되는 자(상법에 따른 업무집행지시자 등 포함)와 그 친족
② 소액주주등이 아닌 주주 또는 출자자와 그 친족
③ 다음의 어느 하나에 해당하는 자 및 이들과 생계를 함께하는 친족
  ㉠ 법인의 임원 · 직원 또는 비소액주주등의 직원(비소액주주등이 영리법인인 경우에는 그 임원을, 비영리법인인 경우에는 그 이사 및 설립자를 말한다)

02 법인세 개요

㉡ 법인 또는 비소액주주등의 금전이나 그 밖의 자산에 의해 생계를 유지하는 자

④ 해당 법인이 직접 또는 그와 ①부터 ③까지의 관계에 있는 자를 통하여 어느 법인의 경영에 대하여 지배적인 영향력을 행사하고 있는 경우 그 법인

⑤ 해당 법인이 직접 또는 그와 ①부터 ④까지의 관계에 있는 자를 통하여 어느 법인의 경영에 대하여 지배적인 영향력을 행사하고 있는 경우 그 법인

⑥ 해당 법인에 30% 이상을 출자하고 있는 법인에 30% 이상을 출자하고 있는 법인이나 개인

⑦ 해당 법인이 기업집단에 속하는 법인인 경우 그 기업집단에 소속된 다른 계열회사 및 그 계열회사의 임원

실무포인트

1. 친족의 범위

친족관계란 다음 중 어느 하나에 해당하는 관계를 말한다(국기령 1의 2 ①).

① 4촌 이내의 혈족

② 3촌 이내의 인척

③ 배우자(사실상의 혼인관계에 있는 자를 포함한다)

④ 친생자로서 다른 사람에게 친양자 입양된 자 및 그 배우자 · 직계비속

⑤ 본인이 「민법」에 따라 인지한 혼인 외 출생자의 생부나 생모(본인의 금전이나 그 밖의 재산으로 생계를 유지하는 사람 또는 생계를 함께하는 사람으로 한정한다)

2. 생계를 유지하는 자 등의 범위

「법인세법 시행령」 제87조 제1항 제3호에 규정하는 "법인 또는 주주 등의 금전 기타 자산에 의하여 생계를 유지하는 자와 이들과 생계를 함께하는 친족"의 범위는 다음에 의한다(법기통 52-87…2).

① 생계를 유지하는 자라 함은 당해 주주 등으로부터 급부를 받는 금전 · 기타의 재산수입과 급부를 받는 금전 · 기타의 재산운용에 의하여 생기는 수입을 일상생활비의 주된 원천으로 하고 있는 자를 말한다.

② 생계를 함께하는 친족이라 함은 주주 등 또는 생계를 유지하는 자와 일상생활을 공동으로 영위하는 친족을 말한다.

4. 지배적 영향력

다음의 구분에 따른 요건에 해당하는 경우 해당 법인의 경영에 대하여 지배적인 영향력을 행사하고 있는 것으로 본다(국기령 1의 2 ④).

(1) 영리법인인 경우

① 법인의 발행주식총수 또는 출자총액의 30% 이상을 출자한 경우

② 임원의 임면권의 행사, 사업방침의 결정 등 법인의 경영에 대하여 사실상 영향력을 행사하고 있다고 인정되는 경우

(2) 비영리법인인 경우

① 법인의 이사의 과반수를 차지하는 경우

② 법인의 출연재산(설립을 위한 출연재산만 해당)의 30% 이상을 출연하고 그중 1인이 설립자인 경우

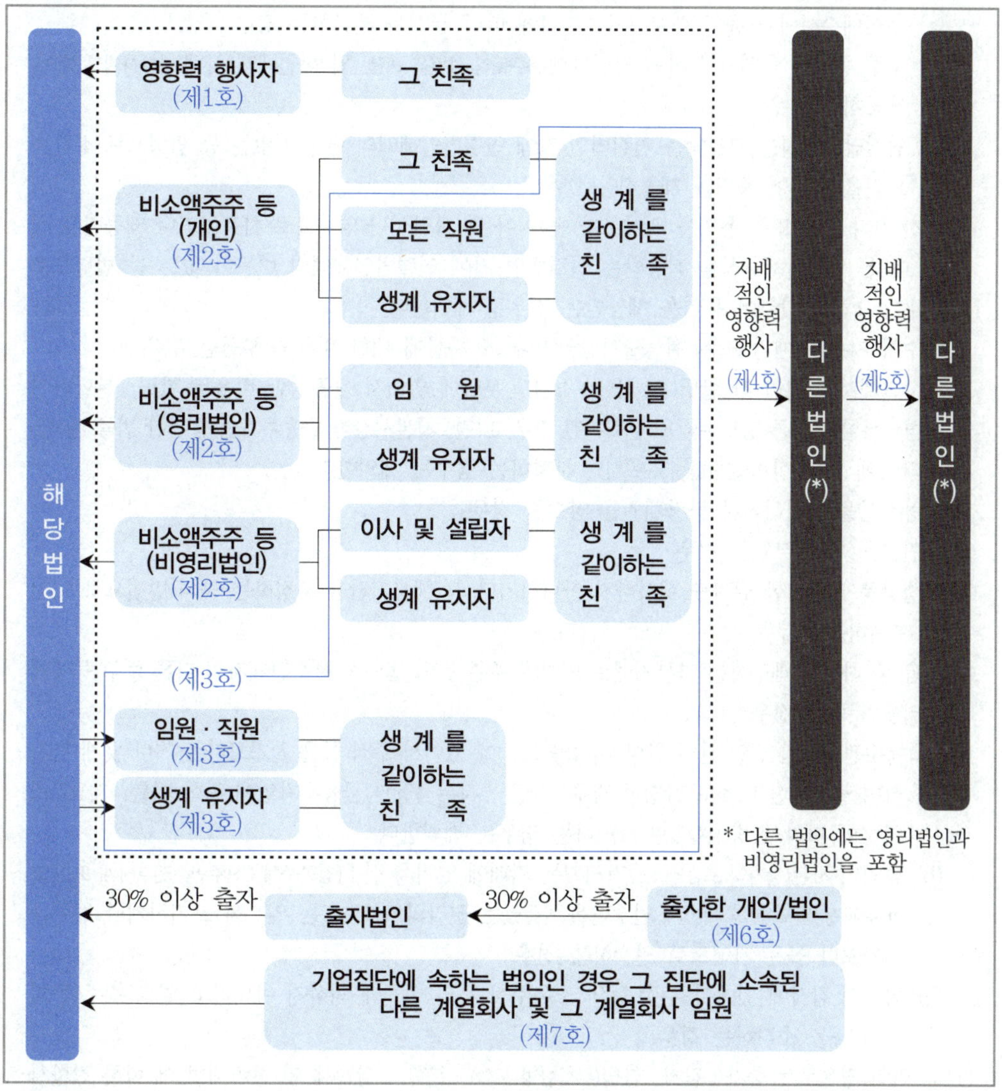

(2) 조세부담의 부당한 감소

조세의 부담을 부당하게 감소시킨 것으로 인정되는 경우란 다음 중 어느 하나에 해당하는 경우를 말한다(법령 88 ①).

① 자산을 시가보다 높은 가액으로 매입 또는 현물출자받았거나 그 자산을 과대상각한 경우
② 자산을 무상 또는 시가보다 낮은 가액으로 양도 또는 현물출자한 경우
③ 금전, 그 밖의 자산 또는 용역을 무상 또는 시가보다 낮은 이율 · 요율이나 임대료로 대부하거나 제공한 경우. 다만, 다음 중 어느 하나에 해당하는 경우는 제외한다.
  (a) 주식매수선택권 등의 행사 또는 지급에 따라 금전을 제공하는 경우
  (b) 주주 등이나 출연자가 아닌 임원(소액주주등인 임원을 포함) 및 직원에게 사택(임차사택 포함)을 제공하는 경우
  (c) 연결납세방식을 적용받는 연결법인 간에 연결법인세액의 변동이 없는 등 법령으로 정하는 요건을 갖추어 용역을 제공하는 경우
④ 금전 기타 자산 또는 용역을 시가보다 높은 이율 · 요율이나 임차료로 차용하거나 제공받은 경우. 다만, 연결납세방식을 적용받는 연결법인 간에 연결법인세액의 변동이 없는 등 법령으로 정하는 요건을 갖추어 용역을 제공받는 경우는 제외한다.
⑤ 무수익 자산을 매입 또는 현물출자받았거나 그 자산에 대한 비용을 부담한 경우
⑥ 특수관계자인 법인 간 합병(분할합병을 포함) · 분할에 있어서 불공정한 비율로 합병 · 분할하여 합병 · 분할에 따른 양도손익을 감소시킨 경우. 다만, 자본시장과 금융투자업에 관한 법률 제165조의 4에 따라 합병(분할합병을 포함) · 분할하는 경우는 제외한다.
⑦ 불량자산을 차환하거나 불량채권을 양수한 경우
⑧ 출연금을 대신 부담한 경우
⑨ 파생상품에 근거한 권리를 행사하지 아니하거나 그 행사기간을 조정하는 등의 방법으로 이익을 분여하는 경우
⑩ 다음 중 하나에 해당하는 자본거래로 인하여 주주 등인 법인이 특수관계자인 다른 주주 등에게 이익을 분여한 경우
  (a) 특수관계자인 법인 간의 합병(분할합병 포함)에 있어서 주식 등을 시가보다 높거나 낮게 평가하여 불공정한 비율로 합병한 경우. 다만, 「자본시장과 금융투자업에 관한 법률」 제165조의 4에 따라 합병(분할합병 포함)하는 경우는 제외한다.
  (b) 법인의 자본(출자액 포함)을 증가시키는 거래에 있어서 신주(전환사채 · 신주인수권부사채 또는 교환사채 등을 포함)를 배정 · 인수받을 수 있는 권리의 전부 또는 일부를 포기하거나 신주를 시가보다 높은 가액으로 인수하는 경우
  (c) 법인의 감자에 있어서 주주 등의 소유주식 등의 비율에 의하지 아니하고 일부 주주 등의 주식 등을 소각하는 경우
⑪ ⑩ 외의 경우로서 증자 · 감자, 합병(분할합병 포함) · 분할, 「상속세 및 증여세법」에 따른 전환사채등에 의한 주식의 전환 · 인수 · 교환 등 자본거래를 통해 법인의 이익을 분여하였다고 인정

되는 경우. 다만, 창업자 등이 부여한 주식매수선택권의 행사에 따라 주식을 발행하는 경우는 제외한다.

⑫ 위에 준하는 행위 또는 계산 및 그 외에 법인의 이익을 분여하였다고 인정되는 경우

(3) 현저한 이익

부당행위의 유형 중 ①~④(이에 준하는 행위 포함)는 시가와 거래가액의 차액이 3억원 이상이거나 시가의 5%에 상당하는 금액 이상인 경우에 한하여 적용한다(법령 88 ③). 다만, 주권상장법인이 발행한 주식을 거래한 경우에는 현저한 이익 규정을 적용하지 않는다(법령 88 ④).

(4) 부당행위의 판단 시점

부당행위계산부인 규정은 그 행위 당시를 기준으로 하여 당해 법인과 특수관계인 간의 거래에 대하여 이를 적용한다. 다만, 특수관계자인 법인 간 불공정합병 규정을 적용함에 있어서 특수관계인인 법인의 판정은 합병등기일이 속하는 사업연도의 직전 사업연도의 개시일부터 합병등기일까지의 기간에 의한다(법령 87 ②).

부당행위계산 판단의 기준시점인 '그 행위 당시'란 주요 거래조건을 확정하고, 이에 대해 거래당사자 간 구속력 있는 합의가 있는 시점을 말한다. 다만, 거래당사자 간 합의가 구속력이 있는지 여부는 해당 합의의 목적 및 내용, 그러한 내용이 기재된 경위와 당사자의 진정한 의사 등을 종합적으로 고려하여 판단한다(기획재정부 법인세제과-350, 2022.8.31.).

3 시 가

(1) 일반적인 원칙 : 시가

부당행위계산부인 규정을 적용할 때에는 건전한 사회통념 및 상거래 관행과 특수관계자가 아닌 자 간의 정상적인 거래에서 적용되거나 적용될 것으로 판단되는 가격(시가)을 기준으로 한다(법법 52 ②). 부당행위계산의 부인규정을 적용함에 있어서 그 판단기준이 되는 '시가'란 해당 거래와 유사한 상황에서 해당 법인이 특수관계인 외의 불특정다수인과 계속적으로 거래한 가격 또는 특수관계인이 아닌 제3자 간에 일반적으로 거래된 가격이 있는 경우에는 그

거래 당시의 가격에 따른다. 다만, 주권상장법인이 발행한 주식을 다음의 어느 하나에 해당하는 방법으로 거래한 경우 해당 주식의 시가는 그 거래일의 「자본시장과 금융투자업에 관한 법률」에 따른 거래소 최종시세가액(거래소 휴장 중에 거래한 경우에는 그 거래일의 직전 최종시세가액)으로 하며, 기획재정부령으로 정하는 바에 따라 사실상 경영권의 이전이 수반되는 경우에는 「상속세 및 증여세법」을 준용하여 그 가액의 20%를 가산한다. 다만 회생계획, 기업개선계획, 경영정상화계획 또는 사업재편계획을 이행하기 위하여 주식을 거래하는 경우는 제외한다(법령 89 ①).

① 「자본시장과 금융투자업에 관한 법률」에 따른 증권시장 외에서 거래하는 방법
② 대량매매 등 기획재정부령으로 정하는 방법

한편, 부당행위계산부인의 적용기준이 되는 시가에 대한 주장 · 증명책임은 부당행위계산부인을 주장하는 과세관청에 있다(대법원 2014두40517, 2014.12.11.).

(2) 시가가 불분명한 경우

시가가 불분명한 경우에는 다음을 차례로 적용하여 계산한 금액에 의한다(법령 89 ②).

① 「감정평가 및 감정평가사에 관한 법률」에 의한 감정평가법인등이 감정한 가액이 있는 경우 그 가액(감정한 가액이 둘 이상인 경우에는 그 감정한 가액의 평균액). 다만, 주식 등은 제외한다.
② 「상속세 및 증여세법」을 준용하여 평가한 가액. 이 경우 「상속세 및 증여세법」에 따라 비상장주식을 평가할 때 해당 비상장주식을 발행한 법인이 보유한 주식(주권상장법인이 발행한 주식으로 한정)의 평가금액은 평가기준일의 거래소 최종시세가액으로 한다.

(3) 자산 또는 용역의 제공

자산(금전 제외) 또는 용역을 제공할 때 위의 (1)과 (2)의 원칙을 적용할 수 없는 경우에는 다음 산식에 따라 계산한 금액을 시가로 한다(법령 89 ④).

1) 유형 또는 무형의 자산을 제공하거나 제공받는 경우

당해 자산 시가의 50%에 상당하는 금액에서 그 자산의 제공과 관련하여 받은 전세금 또는 보증금을 차감한 금액에 정기예금이자율을 곱하여 산출한 금액

(당해 자산의 시가×50%－전세금 또는 보증금)×정기예금이자율

2) 건설 기타 용역을 제공하거나 제공받는 경우

당해 용역의 원가(용역 제공에 소요된 직접비 및 간접비)와 원가에 해당 사업연도 중 특수관계자 외의 자에게 제공한 유사한 용역제공거래 또는 특수관계인이 아닌 제3자 간의 일반적인 용역제공거래를 할 때의 수익률을 곱하여 계산한 금액을 합한 금액

원가×(1+특수관계자 외의 자에게 제공한 유사거래 수익률*)

* 수익률=(기업회계기준에 따라 계산한 매출액－원가)/원가

(4) 금전의 대여 또는 차용의 경우

금전의 대여 또는 차용의 경우에는 원칙적으로 가중평균차입이자율을 시가로 하며, 예외적으로 당좌대출이자율을 시가로 할 수 있다(법령 89 ③).

실무포인트

1. 특수관계자에게 임대한 자산의 시가판정은 임대차계약일이 기준임

「법인세법 시행령」 제88조 제1항 각 호의 1의 규정에 의한 부당행위계산의 유형에 해당하는지 여부는 임대차 계약일을 기준으로 판단하는 것으로 임대차계약 체결 시점에서 동법 시행령 제89조 제4항 제1호의 규정(2000.12.29. 대통령령 제17033호로 개정되기 전의 것)에 의하여 산출한 시가를 임대차계약기간에 속하는 사업연도에 계속하여 적용하는 것임(재경부 법인－72, 2005.1.28.).

2. 주식의 시가

(1) 감정평가법인이 감정한 상장주식 가액을 시가로 적용할 수 없음

「법인세법 시행령」 제89조(시가의 범위 등)를 적용함에 있어 증권거래소에 상장된 주식에 대하여는 같은 영 같은 조 제2항 제1호의 가액(감정평가법인이 감정한 가액)을 시가로 적용할 수 없음(재경부 법인 46012－63, 2003.4.15.).

(2) 경영권 이전대가가 포함된 주식의 거래가격을 시가로 볼 수 있는지 여부

내국법인의 주주들이 해당 내국법인의 주식을 경영권과 함께 양도하고, 양도의 대가로 다른 법인의 주식 또는 현금을 지급받는 계약을 체결한 경우로서 해당 주식의 거래가격에 경영권 이전대가가 포함되었다면 그 거래가격은 해당 법인의 소속 임직원이 주식매수선택권을 행사할 때의 시가로 볼 수 없는 것이며, 주식의 거래가격에 경영권 이전대가가 포함되었는지 여부는 사실판단할 사항임(사전법령법인－147, 2021.5.25.).

(3) 세무법인의 출자지분을 액면가액으로 양도한 경우

세무법인 출자지분의 양도 거래가 「상속세 및 증여세법」 제35조에 따른 증여세 과세 대상인지는 해당 출자지분의 시가를 감안하여 사실판단할 사항이며, 이때 해당 출자지분의 시가를 산정하기 어려운 경우에는 같은 법 제63조 제1항 제1호 나목 및 이익배당 또는 잔여재산 분배 등에 관한 출자지분의 권리 내용 등을 감안하여 적정한 가액으로 평가하는 것임(사전-2021-법규재산-1496, 2022.7.15.).

3. 비상장주식의 경우 거래금액이 시가로 인정되는지 여부

비상장주식의 경우 일반적으로 「상속세 및 증여세법」상 평가액을 시가로 적용하지만, 「상속세 및 증여세법」상 평가액이 아닌 당사자 간의 합의된 가격을 시가로 인정할 수 있는지 여부에 대하여는 과세현장에서 종종 논란이 되는데, 이에 대한 대법원 판례는 다음과 같다. 시가라 함은 정상적인 거래에 의하여 형성된 객관적 교환가격을 말하는 것으로 증권거래소에 상장되지 아니한 비상장주식이라 하더라도 그와 같은 교환가치가 적정하게 반영된 정상적인 거래의 실례가 있으면 그 가격을 시가로 보아 주식의 가액을 평가하여야 하는 것이며 어떠한 거래가 일반적이고 정상적인 것인지 여부는 ① 당사자들이 각각 경제적 이익의 극대화를 추구하는 대등한 관계에 있는지, ② 당사자들이 거래와 관련된 사실에 관하여 합리적인 지식이 있으며 강요에 의하지 아니하고 자유로운 상태에서 거래를 하였는지 등의 제반 사정을 종합적으로 검토하여 결정하여야 하므로 특수관계에 있는 자와의 거래라 하더라도 위와 같은 전반적 사정을 고려하여 객관적 교환가치가 적정하게 반영된 정상적인 거래라고 판단되면 그 거래가격을 시가로 보아 평가하여야 할 것이다(대법원 2006두17055, 2007.1.11.).

4 효 과

부당행위계산에 해당하는 경우에는 시가와의 차액 등을 익금에 산입하여 당해 법인의 각 사업연도의 소득금액을 계산하며, 해당 금액은 귀속자에 대한 사외유출로 보아 배당, 상여, 기타, 기타사외유출로 처분한다(법령 89 ⑤).

5 부당행위계산부인의 사례

「법인세법」 기본통칙에서는 조세의 부담을 부당하게 감소시킨 것으로 인정되는 경우의 예시(법기통 52-88…2)와 조세의 부담을 부당하게 감소시킨 것으로 인정되지 아니하는 경우의 예시(법기통 55-88…3)를 제시하고 있다.

(1) 조세의 부담을 부당하게 감소시킨 것으로 인정되는 경우의 예시

조세의 부담을 부당하게 감소시킨 것으로 인정되는 경우에는 법에서 규정하는 것을 제외하고, 다음에 해당되는 경우를 포함하는 것으로 한다.

① 특수관계인으로부터 영업권을 적정대가를 초과하여 취득한 때
② 주주 등이 부담하여야 할 성질의 것을 법인이 부담한 때
③ 주주 또는 출자자인 비영리법인에게 주식비율에 따라 기부금을 지급한 때
④ 사업연도기간 중에 가결산에 의하여 중간배당금 등의 명목으로 주주 등에게 금전을 지급한 때 (「상법」 제462조의 3의 규정에 의한 중간배당의 경우를 제외)
⑤ 대표자의 친족에게 무상으로 금전을 대여한 때(이 경우에는 대표자에게 대여한 것으로 본다)
⑥ 연임된 임원에게 퇴직금을 지급한 때

(2) 조세의 부담을 부당하게 감소시킨 것으로 인정되지 아니하는 경우의 예시

다음에 해당하는 것은 "조세의 부담을 부당하게 감소시킨 것으로 인정되는 경우"에 포함되지 아니하는 것으로 한다.

① 법인의 업무를 수행하기 위하여 초청된 외국인에게 사택 등을 무상으로 제공한 때
② 「채무자 회생 및 파산에 관한 법률」에 따른 범위 내에서 법정관리인에게 보수를 지급한 때
③ 「채무자회생 및 파산에 관한 법률」에 따른 법정관리인이 법원의 허가를 받아 통상의 이율이나 요율보다 낮게 이자나 임대료를 받은 때
④ 건설공제조합이 조합원에게 대출하는 경우의 이자율이 금융기관의 일반대출 금리보다 낮은 경우로서 정부의 승인을 받아 이자율을 정한 때
⑤ 정부의 지시에 의하여 통상판매가격보다 낮은 가격으로 판매한 때
⑥ 특수관계인 간에 보증금 또는 선수금 등을 수수한 경우에 그 수수행위가 통상의 상관례의 범위를 벗어나지 아니한 때

⑦ 사용인(주주 등이 아닌 임원과 영 제50조 제2항에 따른 소액주주 등인 임원을 포함)에게 포상으로 지급하는 금품의 가액이 당해 사용인의 근속기간, 공적내용, 월급여액 등에 비추어 적당하다고 인정되는 때

⑧ 사용인에게 자기의 제품이나 상품 등을 할인판매하는 경우로서 다음에 해당하는 때

(a) 할인판매가격이 법인의 취득가액 이상이며 통상 일반 소비자에게 판매하는 가액에 비하여 현저하게 낮은 가액이 아닌 것

(b) 할인판매를 하는 제품 등의 수량은 사용인이 통상 자기의 가사를 위하여 소비하는 것이라고 인정되는 정도의 것

⑨ 대리점으로부터 판매대리와 관련하여 보증금을 받고 당해 보증금에 대한 이자를 적정이자율을 초과하지 아니하는 범위 내에서 지급하는 때

⑩ 특수관계자 간의 거래에서 발생된 외상매출금 등의 회수가 지연된 경우에도 사회통념 및 상관습에 비추어 부당함이 없다고 인정되는 때

⑪ 사용인이 부당유용한 공금을 보증인 등으로부터 회수하는 때

⑫ 사용인이 공금을 부당유용한 경우로서 해당 사용인과 그 보증인에 대하여 횡령액의 회수를 위하여 법에 의한 제반절차를 취하였음에도 무재산 등으로 회수할 수 없는 때

⑬ 특수관계자에 대한 가지급금등의 채권액이 「채무자회생 및 파산에 관한 법률」에 따라 정리채권으로 동결된 때

⑭ 법인이 합병으로 인하여 취득하는 자기주식에 대하여 배당을 하지 아니하는 때

⑮ 법인이 「국세기본법」 제39조에 따른 제2차 납세의무자로서 특수관계자의 국세를 대신 납부하고 가지급금등으로 처리한 경우

⑯ 법인이 「근로자복지기본법」에 의한 우리사주조합의 조합원에게 자사주를 영 제89조에서 규정하는 시가에 미달하는 가액으로 양도하는 경우. 다만, 금융지주회사의 자회사인 비상장법인이 당해 금융지주회사의 우리사주조합원에게 양도하는 경우에는 당해 법인의 종업원이 취득하는 경우에 한한다.

실무포인트

1. 부당행위 계산 부인 대상 여부

(1) 주택임차자금의 무상대여는 부당행위계산부인이 적용됨

내국법인이 「법인세법 시행령」 제88조 제1항 제6호 나목 및 같은 법 시행규칙 제42조의 3에 규정한 사택을 당해 법인이 직접 임차하여 주주 등이나 출연자가 아닌 임원(소액주주 등인 임원 포함) 및 사용인에게 무상으로 제공하는 경우에는 같은 법 제52조에 따른 부당행위계산의 부인 규정이 적용되지 아니하는 것이나, 사용인 등에게 주택을 임차하는 데 소요되는 자금을 무상으로 지원하는 경우에는 부당행위계산의 부인규정이 적용되는 것임(법인세과-1411, 2009.12.21.).

(2) 불균등 감자 시 부당행위계산부인 적용 여부

내국법인이 주주의 소유주식의 비율에 의하지 아니하고 특수관계에 있는 특정 주주로부터 소각목적으로 자기주식을 취득한 후 해당 주식을 소각하는 경우에는 「법인세법 시행령」 제88조 제1항 제8호의 2 규정에 따른 부당행위계산의 유형에 해당하지 않는 것임(서면-2022-법인-4052, 2023.5.24.).

(3) 특허권 양도대금의 부당행위계산부인 적용 여부

특허권 양도대금은 이 사건 특허권에 대한 정상적인 대가라기보다는 주로 대표이사에 대한 가지급금 채무를 정산(면제)하기 위하여 대외적으로 대가의 형식을 취한 것에 불과하다고 판단된다. 따라서 이 사건 특허권 양도계약은 부당행위계산의 부인대상에 해당하고, 원고가 대표이사에게 지급한 양도대금은 이익처분으로서 손금불산입 대상이 되는 상여금과 실질이 동일한 것으로 보이며, 나아가 원고가 제출한 증거들만으로는 이 사건 특허권의 정당한 가액을 인정하기 어려우므로, 이 사건 특허권의 양도대금의 전부를 손금불산입의 대상으로 보아야 하는 것임(대법원-2024-두-51646, 2024.7.12.).

(4) 특수관계법인 간 상표권 사용의 부당행위계산부인 적용 여부

원고의 상표를 자회사가 무상으로 사용하게 한 것은 경제적 합리성이 없어 부당행위계산부인대상에 해당하고, 그 적정 사용료를 감정평가액으로 산정한 것은 적법함(국승)(대법원-2018-두- 33005, 2023.5.18.).

2. 업무무관 가지급금 해당 여부(무수익자산 여부)

법인의 자금을 유용하는 행위는 애당초 회수를 전제로 하여 이루어진 것이 아니어서 그 금액에 대한 지출 자체로서 이미 사외유출에 해당하며, 그 사외유출금 중 대표이사 또는 실질적 경영자 등에게 귀속된 부분에 관하여 일단 소득세 납세의무가 성립하면 사후에 그 귀속자가 소득금액을 법인에게 환원시켰다고 하더라도 이미 발생한 납세의무에 영향을 미칠 수 없음(대법원-2023-두-50288, 2023.11.30.).

6 특수관계인 간 거래명세서의 제출

(1) 제 출

각 사업연도에 특수관계인과 거래가 있는 법인은 법인세 신고와 함께 특수관계인 간 거래명세서[법칙 별지 제52호 서식]를 납세지 관할 세무서장에게 제출해야 한다. 다만, 「국제조세조정에 관한 법률」 제16조에 따른 납세지 관할 세무서장에게 그 내역을 제출한 국제거래의 내역은 제외할 수 있다. 납세지 관할 세무서장 또는 관할 지방국세청장은 제출받은 명세서의 내역을 확인하기 위하여 필요한 때에는 법인에 대하여 그 거래에 적용한 시가의 산정 및 그 계산근거 기타 필요한 자료의 제출을 요구할 수 있다(법령 90).

(2) 작성요령

❶ 매출거래 및 매입거래 등에 있어서 거래상대방(① · ② · ⑩ · ⑪)란에는 제출법인과 특수관계에 있는 거래상대방의 법인명 · 상호(또는 성명)와 사업자등록번호(또는 주민등록번호)를 기입합니다.

❷ 매출거래 등의 ③~⑨란과 매입거래 등의 ⑫~⑱란에는 제출법인이 특수관계인과 거래한 금액의 총액을 유형별 해당란에 각각 기입합니다.

❸ 금전대부거래에 있어서는 해당사업연도 종료일 현재 금전채권 · 채무의 잔액을 기입합니다. 이 경우 작성법인이 채권자인 경우에는 매출거래 등의 금전대부(⑧)란에 기입하고, 채무자인 경우에는 매입거래 등의 금전대부(⑰)란에 기입합니다.

[별지 제52호 서식(갑)] (2019.3.20. 개정) (앞쪽)

사업연도	2025.1.1. ~ 2025.12.31.	**특수관계인간 거래명세서(갑)** **(매출 및 매입거래 등)**	법 인 명	㈜택스에듀
			사업자등록번호	123-81-12345

1. 매출거래 등 (단위 : 원)

거래상대방		③계	유형자산		⑥무형자산	⑦용역	⑧금전대부	⑨기타
①법인명(상호 또는 성명)	②사업자등록번호(또는 주민등록번호)		④재고자산	⑤기타				
㈜강변	132-81-52341	500,000,000	350,000,000	0		150,000,000		
합계		500,000,000	350,000,000	0		150,000,000		

2. 매입거래 등 (단위 : 원)

거래상대방		⑫계	유형자산		⑮무형자산	⑯용역	⑰금전대부	⑱기타
⑩법인명(상호 또는 성명)	⑪사업자등록번호(또는 주민등록번호)		⑬재고자산	⑭기타				
합계								

「법인세법 시행령」 제90조 제1항에 따라 위와 같이 특수관계인간 거래명세서를 제출합니다.

2026년 3월 31일

제출자 (서명 또는 인)

세무서장 귀하

210㎜×297㎜(신문용지 54g/㎡(재활용품))

7 차등배당(초과배당)의 과세문제

(1) 부당행위계산부인의 적용 여부

배당을 함에 있어서 지배주주 등인 법인에게는 배당을 하지 아니하고 기타 주주 등에게만 배당을 하는 경우에 지배주주 등인 법인과 배당을 하는 법인 간에는 부당행위계산부인규정이 적용되지 아니한다(법기통 52-88…4). 또한, 주주가 특수관계 있는 개인들로 구성된 내국법인이 차등배당을 실시하는 경우, 배당을 하는 법인과 주주들 간에는 「법인세법」 제52조에 따른 부당행위계산부인규정이 적용되지 않는다(법인세과-2874, 2015.12.28.).

(2) 초과배당금의 「상속세 및 증여세법」 상 증여세 납세의무

법인이 이익이나 잉여금을 배당 또는 분배(배당등)하는 경우로서 그 법인의 최대주주 또는 최대출자자가 본인이 지급받을 배당등의 금액의 전부 또는 일부를 포기하거나 본인이 보유한 주식등에 비례하여 균등하지 아니한 조건으로 배당등을 받음에 따라 그 최대주주등의 특수관계인이 본인이 보유한 주식등에 비하여 높은 금액의 배당등을 받은 경우에는 법인이 배당 또는 분배한 금액을 지급한 날을 증여일로 하여 그 최대주주등의 특수관계인이 본인이 보유한 주식등에 비례하여 균등하지 아니한 조건으로 배당등을 받은 금액에서 소득세상당액을 공제한 금액을 그 최대주주등의 특수관계인의 증여재산가액으로 한다(상증법 41의 2 ①).

(3) 증여재산가액

최대주주 등의 특수관계인이 본인이 보유한 주식에 비하여 높은 금액의 배당을 받은 경우에는 다음의 금액을 그 최대주주 등의 특수관계인의 증여재산가액으로 한다(상증령 31의 2).

증여재산가액=초과배당금액-초과배당금액에 대한 소득세 상당액

(4) 초과배당금액

초과배당금액은 법인이 배당 등을 한 날을 증여일로 하여 그 최대주주 등의 특수관계인이 본인이 보유한 주식 등에 비례하여 균등하지 아니한 조건으로 배당 등을 받은 금액을 말한다. 이러한 초과배당금액은 다음과 같이 계산한 금액으로 한다(상증령 31의 2 ②).

$$\text{초과배당금액} = (\text{실제 배당금액} - \text{주식 등 비례 균등 배당금액}) \times \frac{\text{최대주주 등의 과소배당금액}}{\text{과소배당 받은 주주 등의 총과소배당금액}}$$

(5) 소득세 상당액의 계산

초과배당금액에 대한 소득세 상당액은 다음의 구분에 따른 금액으로 한다(상증령 31의 2 ③).

1) 초과배당금액에 대한 증여세 과세표준 신고기한이 해당 초과배당금액이 발생한 연도의 다음 연도 6월 1일 이후인 경우

① 「소득세법 시행령」에 따라 배당소득에 포함되지 않는 경우 등 소득세 과세대상에서 제외되거나 비과세 대상인 초과배당금액의 경우 : 0

② 「소득세법」에 따른 분리과세 배당소득에 해당하는 경우 등 초과배당금액이 분리과세된 경우 : 해당 분리과세된 세액

③ 「소득세법」에 따라 종합과세되는 경우 : Max(㉠, ㉡)

㉠ 초과배당금액이 발생한 연도의 종합소득과세표준에 종합소득세율을 적용하여 계산한 금액 − 해당 연도의 종합소득과세표준에서 초과배당금액을 뺀 금액에 종합소득세율을 적용하여 계산한 금액(0보다 작은 경우 0으로 한다)

㉡ 초과배당금액 × 14%

이 경우 확정된 소득세 상당액을 기준으로 증여세를 계산하므로 증여세 정산규정을 적용하지 않는다(상증령 31의 2 ⑥).

2) 그 밖의 경우

이 경우 초과배당금액에 대한 소득세 상당액이 확정되지 않은 상황에서 증여세를 신고납부하므로 증여세 정산규정을 적용한다. 이때의 소득세 상당액은 초과배당금액에 다음 율을 곱한 금액으로 한다.

초과배당금액	세 율
5천760만원 이하	초과배당금액 × 14%
5천760만원 초과 8천800만원 이하	806만원 + (5천760만원을 초과하는 초과배당금액 × 24%)
8천800만원 초과 1억5천만원 이하	1천536만원 + (8천800만원을 초과하는 초과배당금액 × 35%)

초과배당금액	세 율
1억5천만원 초과 3억원 이하	3천706만원+(1억5천만원을 초과하는 초과배당금액×38%)
3억원 초과 5억원 이하	9천406만원+(3억원을 초과하는 초과배당금액×40%)
5억원 초과 10억원 이하	1억7천406만원+(5억원을 초과하는 초과배당금액×42%)
10억원 초과	3억8천406만원+(10억원을 초과하는 초과배당금액×45%)

(6) 증여세 정산

초과배당금액에 대하여 증여세를 부과받은 자는 해당 초과배당금액에 대한 소득세를 납부할 때(납부할 세액이 없는 경우를 포함한다) 다음의 금액(=② 증여세액－① 증여세액)을 관할 세무서장에게 납부하여야 한다. 다만, ① 증여세액이 ② 증여세액을 초과하는 경우에는 그 초과되는 금액을 환급받을 수 있다(상증법 41의 2 ②).

① 증여재산가액을 기준으로 계산한 증여세액

② 초과배당금액에 대한 실제 소득세액을 반영한 정산증여재산가액을 기준으로 계산한 증여세액

정산증여재산가액의 증여세 과세표준의 신고기한은 초과배당금액이 발생한 연도의 다음 연도 5월 1일부터 5월 31일(성실신고확인서를 제출한 성실신고확인대상사업자의 경우에는 6월 30일로 한다)까지로 한다(상증법 41의 2 ③).

8 차등배당(초과배당) 시 증여세 계산사례

A법인은 2025년 3월 주주총회를 개최하여 3억을 배당하기로 하였다. 윤증평과 최승준은 본인의 균등배당액 중 일정액을 포기하여 윤세리에게 추가배당하려고 한다. 다음의 경우에 따른 윤세리의 초과배당금액에 대한 소득세와 증여세액을 계산하고자 한다.

사례1) 기증여분이 없는 경우

사례2) 기증여분이 있는 경우(기증여액 : 1억 5천만원, 증여세액 : 1천만원)

• 주주현황

주주명	지분율	비 고
윤증평	40%	최대주주
최승준	30%	특수관계 없음
윤세형	20%	자녀
윤세리	10%	자녀

• 주주별 배당액

주주명	지분율	균등배당액	변동액	초과배당 반영
윤증평	40%	120,000,000	−60,000,000	60,000,000
최승준	30%	90,000,000	−40,000,000	50,000,000
윤세형	20%	60,000,000	0	60,000,000
윤세리	10%	30,000,000	+100,000,000	130,000,000
합 계	100%	300,000,000		300,000,000

• 초과배당금액

$$\text{특정주주의 (배당금액} - \text{균등배당액)} \times \frac{\text{특정주주와 특수관계가 있는 최대주주 등의 (균등배당액} - \text{배당금액)}}{\text{과소배당받은 주주 전체의 (균등배당액} - \text{배당금액)}}$$

$$= (130{,}000{,}000 - 30{,}000{,}000) \times \frac{(120{,}000{,}000 - 60{,}000{,}000)}{(210{,}000{,}000 - 110{,}000{,}00)} = 60{,}000{,}000$$

• 소득세 상당액의 계산

(60,000,000 − 57,600,000) × 24% + 8,060,000 = 8,636,000

(1) 사례1 : 기증여분이 없는 경우

1) 증여재산가액

60,000,000 − 8,636,000 = 51,364,000

2) 증여세액

[51,364,000 − 50,000,000(증여공제)] × 10% = 136,400

❙ 증여세율표 ❙

과세표준	세 율	누진공제
1억원 이하	10%	–
1억원 초과 5억원 이하	20%	1천만원
5억원 초과 10억원 이하	30%	6천만원
10억원 초과 30억원 이하	40%	1억 6천만원
30억원 초과	50%	4억 6천만원

(2) 사례2 : 기증여분이 있는 경우(기증여액 : 1억 5천만원, 증여세액 : 1천만원)

1) 증여재산가액

(60,000,000+150,000,000) − 8,634,000 = 201,366,000

2) 증여세액

[201,366,000 − 50,000,000(증여공제)] × 20% − 10,000,000(기납부세액) = 10,273,200

PART 03

계정과목별 세무조정

CHAPTER

01 수입금액

1 개 요

법인세 세무조정의 첫 단계는 수입금액을 확정하는 것이다. 「법인세법」상 수입금액을 확정할 때에는 회사가 계상한 매출액이 「법인세법」상 귀속시기와 일치하는지 여부를 검토하여야 하며, 아울러 부가가치세 신고서의 과세표준과의 차이 여부를 확인하여야 한다. 이러한 검토내역은 수입금액조정명세서[법칙 별지 제16호 서식]와 조정후수입금액명세서[법칙 별지 제17호 서식]를 작성하여 확인하게 된다.

2 손익의 귀속사업연도

내국법인의 각 사업연도의 익금과 손금의 귀속사업연도는 그 익금과 손금이 확정된 날이 속하는 사업연도로 한다(법법 40 ①). 내국법인의 각 사업연도의 소득금액을 계산할 때 그 법인이 익금과 손금의 귀속사업연도와 자산 · 부채의 취득 및 평가에 관하여 일반적으로 공정 · 타당하다고 인정되는 기업회계기준을 적용하거나 관행을 계속 적용하여 온 경우에는 이 법 및 「조세특례제한법」에서 달리 규정하고 있는 경우를 제외하고는 그 기업회계기준 또는 관행에 따른다(법법 43).

3 자산의 판매손익의 귀속시기

(1) 기본원칙

자산의 양도 등으로 인한 익금 및 손금의 귀속사업연도는 다음의 날이 속하는 사업연도로 한다(법령 68 ①).

구 분	내 용
① 상품 등	상품(부동산 제외) · 제품 또는 기타의 생산품의 판매의 경우에는 그 상품 등을 인도한 날
② 상품 등의 시용판매	상대방이 그 상품 등에 대한 구입의 의사를 표시한 날. 다만, 일정기간 내에 반송하거나 거절의 의사를 표시하지 아니하면 특약 등에 의하여 그 판매가 확정되는 경우에는 그 기간의 만료일로 한다.
③ 상품 등 외의 자산의 양도	그 대금을 청산한 날. 다만, 대금을 청산하기 전에 소유권 등의 이전등기 · 등록을 하거나 당해 자산을 인도하거나 상대방이 당해 자산을 사용수익하는 경우에는 그 이전등기등록일 · 인도일 또는 사용수익일 중 빠른 날로 한다.
④ 자산의 위탁매매	수탁자가 그 위탁자산을 매매한 날
⑤ 「자본시장과 금융투자에 관한 법률」에 따른 증권시장에서 증권시장업무규정에 따라 보통거래방식으로 한 유가증권의 매매	매매계약을 체결한 날

(2) 상품 등을 인도한 날(법칙 33)

구 분	내 용
① 국내판매	납품계약 또는 수탁가공계약에 의하여 물품을 납품하거나 가공하는 경우에는 당해 물품을 계약상 인도하여야 할 장소에 보관한 날. 다만, 계약에 따라 검사를 거쳐 인수 및 인도가 확정되는 물품은 검사가 완료된 날
② 수 출	수출물품을 계약상 인도하여야 할 장소에 보관한 날

실무포인트

1. 수출 시 인도일의 판단기준

계약상 별단의 명시가 없는 한 선적을 완료한 날을 말하며, 선적완료일이 분명하지 아니한 때에는 수출할 물품을 「관세법」 제155조 제1항 단서의 규정에 의하여 보세구역이 아닌 다른 장소에 장치하고 통관절차를 완료하여 수출면장을 발급받은 때임(통칙40－68…2).

2. 물품판매에 의한 손익 귀속시기는 인도일임

물품판매에 의한 손익 귀속시기는 세금계산서 발행일자에 불구하고 인도일이 속하는 사업연도임(대법원 82누114, 1982.10.12., 통칙 40－68…1).

3. 수출하는 상품의 손익귀속시기

내국법인이 물품을 수출하는 경우 수출물품을 계약상 인도하여야 할 장소에 보관한 날이 속한 사업연도의 손익으로 인식하는 것임(서면법인 2020－0072, 2020.9.28.).

(3) 매출할인 · 에누리 · 장려금

구 분	내 용
① 매출할인	상대방과의 약정에 의한 지급기일이 속하는 사업연도 매출액에서 차감하며, 지급기일이 정하여 있지 아니한 경우에는 지급한 날이 속하는 사업연도 매출액에서 차감한다(법령 68 ⑤).
② 매출에누리	매출에누리 금액이 확정된 날이 속하는 사업연도 매출액에서 차감한다(법인 46012－3117, 1997.12.3.).
③ 판매장려금	판매장려금은 약정에 따라 지급하기로 한 날이 속하는 사업연도의 손금으로 한다(서면2팀－526, 2005.4.11.). 다만, 거래수량, 금액에 따라 확정되는 장려금은 판매한 날이 속하는 사업연도의 손금으로 한다(법인 22601－215, 1987.1.27.).

(4) 장기할부판매

장기할부판매란 다음의 요건을 갖춘 것을 말한다(법령 68 ④).

① 판매금액 또는 수입금액을 월부 · 연부 기타의 지불방법에 따라 2회 이상 분할하여 수입
② 목적물 인도기일의 다음 날부터 최종할부금 지급기일까지의 기간이 1년 이상인 것

「법인세법」에서는 장기할부로 판매한 자산에 대하여도 인도기준 등을 적용하며, 이때 채권은 명목가치로 평가하는 것이 원칙이다. 여기에는 다음과 같은 특례가 있다.

1) 현재가치평가의 수용

법인이 장기할부조건 등에 의하여 자산을 판매하거나 양도함으로써 발생한 채권에 대하여 기업회계기준이 정하는 바에 따라 현재가치로 평가하여 현재가치할인차금을 계상한 경우 해당 현재가치할인차금 상당액은 해당 채권의 회수기간 동안 기업회계기준이 정하는 바에 따라 환입하였거나 환입할 금액을 각 사업연도의 익금에 산입한다(법령 68 ⑥).

2) 회수기일도래기준의 수용-비중소기업(결산조정)

법인이 장기할부조건으로 자산을 판매하거나 양도한 경우로서 판매 또는 양도한 자산의 인도일 등이 속하는 사업연도의 결산을 확정함에 있어서 해당 사업연도에 회수하였거나 회수할 금액과 이에 대응하는 비용을 각각 수익과 비용으로 계상한 경우에는 그 장기할부조건에 따라 각 사업연도에 회수하였거나 회수할 금액과 이에 대응하는 비용을 각각 해당 사업연도의 익금과 손금에 산입한다(법령 68 ②).

3) 회수기일도래기준의 수용-중소기업(신고조정 가능)

중소기업인 법인이 장기할부조건으로 자산을 판매하거나 양도한 경우에는 그 장기할부조건에 따라 각 사업연도에 회수하였거나 회수할 금액과 이에 대응하는 비용을 각각 해당 사업연도의 익금과 손금에 산입할 수 있다(법령 68 ②).

4) 장기할부 기간 중에 폐업한 경우

장기할부 기간 중에 폐업한 경우에는 그 폐업일 현재 익금에 산입하지 아니한 금액과 이에 대응하는 비용을 폐업일이 속하는 사업연도의 익금과 손금에 각각 산입한다(법령 68 ③).

실무포인트

1. 회수기일도래기준 적용 시 미회수분은 포함하며, 선회수분은 제외함

회수기일도래기준을 적용할 때 해당 사업연도에 회수한 금액이 장기할부조건에 의하여 회수할 금액을 초과하거나 미달한 경우에도 장기할부조건에 의하여 회수할 금액과 이에 대응하는 비용을 각각 익금과 손금에 산입함(재법인 46012-64, 1999.5.4.).

2. 온라인 몰에서 재화를 판매하는 경우 손익귀속시기

의류제조업을 영위하는 내국법인(이하 '갑법인')이 자사의 온라인몰 또는 통신판매중개자가 운영하는 온라인 몰에서 상품을 판매하는 경우로서 갑법인으로부터 상품을 구입한 소비자가 「전자상거래 등에서의 소비자보호에 관한 법률」 제17조에 따른 청약철회가능기간 및 통신판매중개자의 약관에 규정된 구매결정기간 내에 반품, 교환 등을 할 수 있는 경우 해당 상품의 손익귀속시기는 「법인세법」 제40조 및 같은 법 시행령 제68조 제1항 제1호에 따라 그 상품 등을 인도한 날이 속하는 사업연도임(서면법령해석법인 2019-1879, 2019.11.25.).

3. 쿠폰판매업의 수입시기

특정 사업체의 상품을 구매할 수 있는 쿠폰을 소비자에게 판매하고 수수한 쿠폰 판매대금이 해당 사업체의 판매대금으로 귀속되고, 쿠폰 판매법인은 해당 사업체 상품 홍보 및 쿠폰 판매대금 결제대행에 따라 수수료를 수수할 경우 쿠폰 판매법인은 수수료 지급이 확정된 날이 속하는 사업연도에 판매대금 결제대행 등에 따른 수수료를 익금산입함(법인-237, 2013.3.29.).

4. 환불충당부채 및 환불예상자산의 세무조정 방법

내국법인이 제품을 판매하고 반품이 예상되는 금액에 대하여 환불충당부채와 환불예상자산을 계상하여 해당 사업연도의 매출액 및 매출원가를 차감하는 경우에 동 환불충당부채와 환불예상자산은 해당 법인의 각 사업연도 소득금액 계산 시 각각 익금 또는 손금에 산입하는 것임(서면법인 2019-0762, 2020.8.24.).

사례 반품충당부채

㈜택스에듀는 상품을 판매하는 법인으로서 기말 결산 시 반품예상액을 추정하여 반품충당부채를 계상하고 있다. ㈜택스에듀의 매출액과 반품예상률이 다음과 같을 경우 회계처리와 세무조정을 하시오.

(단위 : 원)

매출액	매출원가	환불예상비율
800억	400억	10%

1. 연도 중 회계처리

(차) 외상매출금	800억	(대) 매출액	800억

2. 결산회계처리

(차) 상품매출원가	400억	(대) 상품	400억
(차) 매출액	8억	(대) 반품충당부채	8억
(차) 반품예상자산	4억	(대) 상품매출원가	4억

3. 세무조정

〈익금산입〉 반품충당부채 8억 (유보)

〈손금산입〉 반품예상자산 4억 (-유보)

사 업 연 도	2025. 1. 1. ~ 2025. 12. 31.	수입금액조정명세서	법인명	㈜택스에듀
			사업자등록번호	

1. 수입금액 조정계산

계 정 과 목		③결산서상 수입금액	조 정		⑥조정 후 수입금액 (③+④-⑤)	비 고
①항 목	②과 목		④가 산	⑤차 감		
매 출	상품매출	792억	8억		800억	
~~	~~~	~~~	~~~	~~~	~~~	
계		~~~	~~~	~~~	~~~	

2. 수입금액 조정명세

다. 기타 수입금액

㉓구 분	㉔근 거 법 령	㉕수 입 금 액	㉖대 응 원 가	비 고
환불(반품)충당부채		8억	4억	
계		8억	4억	

[별지 제15호 서식] (2013.2.23. 개정)

(앞 쪽)

사 업 연 도	2025. 1. 1. ~ 2025. 12. 31.	소득금액조정합계표	법 인 명	㈜택스에듀
			사업자등록번호	

익금산입 및 손금불산입				손금산입 및 익금불산입			
①과목	②금액	③소득처분		④과목	⑤금액	⑥소득처분	
		처분	코드			처분	코드
반품충당부채	800 000 000	유보		반품예상자산	400 000 000	유보	

4 용역의 귀속시기

(1) 원칙－진행기준

건설 · 제조 기타 용역(도급공사 및 예약매출을 포함)의 제공으로 인한 익금과 손금은 그 목적물의 건설등의 착수일이 속하는 사업연도부터 그 목적물의 인도일이 속하는 사업연도까지 작업진행률(그 목적물의 건설등을 완료한 정도)을 기준으로 하여 계산한 수익과 비용을 각각 해당 사업연도의 익금과 손금에 산입한다(법령 69 ①). 또한 「조세특례제한법」에 따른 프로젝트금융투자회사가 「택지개발촉진법」에 다른 택지개발사업 등 다음 중 어느 하나에 해당하는 사업을 하는 경우로서 해당 사업을 완료하기 전에 그 사업의 대상이 되는 토지의 일부를 양도하는 경우에는 그 양도 대금을 해당 사업의 작업진행률에 따른 각 사업연도의 익금에 산입할 수 있다(법령 68 ⑦, 법칙 33 ②).

① 「도시개발법」에 다른 도시개발사업
② 「산업입지 및 개발에 관한 법률」에 따른 산업단지개발사업
③ 「택지개발촉진법」에 따른 택지개발사업
④ 「혁신도시 조성 및 발전에 관한 특별법」에 따른 혁신도시개발사업

(2) 특례－인도기준

1) 중소기업 단기건설(신고조정)

중소기업인 법인이 수행하는 계약기간이 1년 미만인 건설등의 제공으로 인한 익금과 손금의 귀속사업연도는 그 목적물의 인도일이 속하는 사업연도로 할 수 있다(법령 69 ①).

2) 특수한 경우

작업진행률을 계산할 수 없다고 인정되는 경우로서 법인이 비치 · 기장한 장부가 없거나 비치 · 기장한 장부의 내용이 충분하지 아니하여 당해 사업연도 종료일까지 실제로 소요된 총공사비누적액 또는 작업시간 등을 확인할 수 없는 경우에는 그 목적물의 인도일(용역제공의 경우에는 그 제공을 완료한 날)이 속하는 사업연도의 익금과 손금에 각각 산입한다(법령 69 ②).

(3) 작업진행률

1) 원 칙

작업진행률은 다음 산식을 적용하여 계산한다(법칙 34 ① · ②).

$$작업진행률 = \frac{해당\ 사업연도말까지\ 발생한\ 총공사비누적액}{총공사예정비}$$

총공사예정비는 기업회계기준을 적용하여 계약 당시에 추정한 공사원가에 해당 사업연도 말까지의 변동상황을 반영하여 합리적으로 추정한 공사원가로 한다.

2) 예 외

건설의 수익실현이 건설의 작업시간 · 작업일수 또는 기성공사의 면적이나 물량 등과 비례관계가 있고, 전체 작업시간 등에서 이미 투입되었거나 완성된 부분이 차지하는 비율을 객관적으로 산정할 수 있는 건설의 경우에는 그 비율로 할 수 있다.

실무포인트

1. 작업진행률 계산 시 총공사예정비 포함 여부

(1) 작업진행률 계산 시 보존등기비용은 총공사예정비에 포함됨

작업진행률 계산 시 '총공사예정비'는 「법인세법 시행규칙」 제34조 제2항에 따라 기업회계기준을 준용하여 계약 당시에 추정한 공사원가에 해당 사업연도말까지의 변동상황을 반영하여 합리적으로 추정한 공사원가로 하는 것으로, 해당 법인이 아파트 준공 시 지출하는 보존등기비용(취득세, 등록세)은 총공사예정비에 포함되는 것임(법인세과-1018, 2012.10.29. ⋯➝ 법규과-1597, 2012.10.22.).

(2) 건설업법인의 하자보수비는 총공사예정비 및 누적액에 포함

「법인세법 시행규칙」 제14조의 3(현행 제34조) 제1항 규정의 작업진행률을 계산함에 있어 건설업회계처리기준에 따라 예상되는 하자보수비는 총공사예정비에 포함하고 공사가 완료되는 사업연도의 총공사비누적액에도 포함하는 것임(법인 46012-312, 1998.2.6.).

2. 계약기간이 상이한 경우 아파트 동별로 장 · 단기 여부를 적용함

건설용역의 손익귀속시기 적용 시 각 동별로 건설 등의 계약기간이 상이한 경우 각 동별로 장 · 단기도급공사인지의 여부를 판단함(서이 46012-10169, 2003.1.23.).

3. 건설공사 관련 귀속시기

(1) 아파트 분양계약이 취소된 경우 손익의 인식

아파트를 신축 분양하는 내국법인이 「법인세법 시행령」 제69조의 규정에 따라 작업진행률에 의해 계산한 수익과 비용을 각 사업연도의 익금과 손금으로 산입한 이후 계약 상대방으로부터 분양계약 취소 및 분양대금 반환청구의 소가 제기된 경우에는 당해 소송이 확정되어 그 계약이 해제된 경우 당해 아파트의 분양수입과 분양원가 상당액을 계약의 해제일이 속하는 사업연도의 손익에 반영하는 것임(법인세과-1280, 2009.11.16.).

(2) 수용에 따른 손실보상금 및 철거이전보상금의 귀속시기

토지 등의 수용에 따른 손실보상금은 보상금의 지급이 확정되거나 기업자가 대금을 공탁한 날이 속하는 사업연도에 귀속되며 철거이전보상금 및 철거이전비용은 철거이전이 확정되는 사업연도에 귀속됨(법인세과-3964, 2008.12.12.).

(3) 토지거래계약에 관한 허가를 받지 못한 경우

잔금 청산 후 토지거래계약에 관한 허가를 받지 아니한 경우에는 계약의 효력이 발생하지 아니하여 자산의 양도 또는 취득으로 보지 아니하는 것이므로 잔금청산일이 속하는 사업연도 법인세 신고분을 수정신고 또는 경정청구하는 것임(서면2팀-1457, 2006.7.31.).

5 이자수익 및 이자비용

(1) 원 칙

법인이 수입하는 이자 및 할인액과 법인이 지급하는 이자 및 할인액은 「소득세법」상 이자소득 수입시기에 해당하는 날이 속하는 사업연도의 익금과 손금으로 한다(법령 70 ①). 「소득세법」상 이자소득의 수입시기는 다음과 같다.

구 분	소득의 종류	수입시기
수입시기가 약정기준	① 공사채의 이자와 할인액	약정에 의한 이자지급 개시일(기명공사채에 한함)
	② 채권 어음 기타 증권의 이자와 할인액	약정에 의한 상환일

구 분	소득의 종류	수입시기
수입시기가 약정기준	③ 환매 조건부 채권증권의 매매차익	약정에 의한 환매수일 환매도일
	④ 직장공제회 초과 반환금	약정에 의한 공제회 반환금의 지급일
	⑤ 비영업대금이익	약정에 의한 이자 지급일. 단, 약정이 없는 경우에는 지급일
수입시기가 지급기준	⑥ 무기명 공사채 이자와 할인액	그 지급을 받은 날
	⑦ 보통예금, 정기예금, 적금, 부금의 이자	① 실제 지급받은 날 ② 원본전입특약이 있는 경우는 원본 전입일
	⑧ 통지예금	인출일
	⑨ 투자신탁의 수익	지급받는 날
	⑩ 저축성 보험차익	보험금 환급금의 지급일

한편, 한국표준산업분류상 금융 및 보험업을 영위하는 법인의 이자수익은 실제로 수입된 날로 하되, 선수입이자 및 할인액은 제외한다.

(2) 예외－발생주의

1) 이자수익

결산을 확정할 때 이미 경과한 기간에 대응하는 이자 및 할인액을 해당 사업연도의 수익으로 계상한 경우에는 그 계상한 사업연도의 익금으로 한다. 다만, 원천징수되는 이자 및 할인액은 제외한다.

2) 이자비용

결산을 확정할 때 이미 경과한 기간에 대응하는 이자 및 할인액을 당해 사업연도의 손비로 계상한 경우에는 그 계상한 사업연도의 손금으로 한다. 단, 차입일부터 이자지급일이 1년을 초과하는 특수관계인과의 거래에 또는 이자 및 할인액을 제외한다.

실무포인트 **이자비용의 귀속시기**

차입일부터 이자지급일이 1년을 초과하나 매년 이자를 지급하는 경우, 특수관계인 간 거래라 하더라도 해당 미지급이자는 손금산입됨(기획재정부 법인세제과-330, 2022.8.24.).

6 임대료 손익

(1) 일반적인 임대료

1) 원 칙

자산의 임대로 인한 익금과 손금의 귀속사업연도는 다음의 날이 속하는 사업연도로 한다(법령 71 ①).

① 계약 등에 의하여 임대료의 지급일이 정하여진 경우 : 그 지급일
② 계약 등에 의하여 임대료의 지급일이 정하여지지 아니한 경우 : 그 지급을 받은 날

기업회계에서는 임대료 및 임차료의 경우 기간경과분을 미수수익과 미지급비용으로 계상하여야 한다. 기업회계와 「법인세법」의 이러한 차이를 그대로 두면 과도한 세무조정으로 인하여 많은 납세협력비용이 발생하므로 「법인세법」에서는 기업회계에 따라 발생주의로 회계처리한 것을 인정하는 특례를 두고 있다.

2) 특 례

결산을 확정함에 있어서 이미 경과한 기간에 대응하는 임대료 상당액과 이에 대응하는 비용을 당해 사업연도의 수익과 손비로 계상한 경우 이미 경과한 기간에 대응하는 임대료 상당액과 비용은 이를 각각 당해 사업연도의 익금과 손금으로 한다.

(2) 지급기간이 1년을 초과하는 임대료

임대료 지급기간이 1년을 초과하는 경우 이미 경과한 기간에 대응하는 임대료 상당액과 비용은 이를 각각 당해 사업연도의 익금과 손금으로 한다(법령 71 ①). 따라서 임대료 지급기간이 1년을 초과하는 경우에는 「법인세법」에서도 원칙적으로 기간경과분을 익금과 손금으로 인식하여야 한다.

여기서 지급기간이 1년을 초과한다는 것은 선불 또는 후불로 지급한 임대료의 임대기간이 1년을 초과한다는 의미이다. 예를 들어 임대계약기간이 2년이라 할 때 임대료를 2년마다 지급하기로 한 경우 그 2년(임대료 지급대상기간)을 임대료의 지급기간이라 하는 것이다(서이 46012-10818, 2002.4.18.).

7 기타의 손익 귀속시기

(1) 배당금 수익

법인이 수입하는 배당금은 「소득세법」에 따른 배당소득 수입시기에 해당하는 날이 속하는 사업연도의 익금에 산입한다(법령 70 ②). 「소득세법」에 따른 배당소득 수입시기는 다음과 같다.

구 분		총수입금액의 수입시기
1) 일반배당	① 무기명 주식	그 지급을 받은 날
	② 잉여금 처분	잉여금 처분 결의일
2) 의제배당	① 감자, 퇴사, 탈퇴	감자결의일, 퇴사 탈퇴일
	② 해산	잔여재산가액 확정일
	③ 합병분할	합병분할 등기일
	④ 잉여금의 자본 전입	자본 전입 결정일
3) 「법인세법」에 의해 처분된 배당(인정배당)		당해 법인의 당해 사업연도 결산 확정일
4) 집합투자기구로부터의 이익		지급받은 날

(2) 금전등록기 설치 법인

소매업 등 영수증 발행대상 업종을 영위하는 법인이 금전등록기를 설치 · 사용하는 경우 그 수입하는 물품대금과 용역대가의 귀속사업연도는 그 금액이 실제로 수입된 사업연도로 할 수 있다(법령 71 ②).

(3) 사채(社債)할인발행차금

법인이 사채를 발행하는 경우에 상환할 사채금액의 합계액에서 사채발행가액의 합계액을 공제한 금액(사채할인발행차금)은 기업회계기준에 의한 사채할인발행차금의 상각방법에 따라 이를 손금에 산입한다. 사채발행가액이란 사채발행수수료와 사채발행을 위하여 직접 필수적으로 지출된 비용을 차감한 후의 가액을 말한다(법령 71 ③).

(4) 리스료

리스이용자가 리스로 인하여 수입하거나 지급하는 리스료(리스개설직접원가를 제외)의 익금과 손금의 귀속사업연도는 기업회계기준으로 정하는 바에 따른다. 다만, 한국채택국제회계기준을 적용하는 법인의 금융리스 외의 리스자산에 대한 리스료의 경우에는 리스기간에 걸쳐 정액기준으로 손금에 산입한다(법칙 35 ①, 2020.3.13. 이후 과세표준을 신고하는 분부터 적용).

실무포인트

1. 전환사채 또는 신주인수권부사채

전환사채 또는 신주인수권부사채(전환사채 등)를 발행한 법인이 기업회계기준에 따라 전환권 또는 신주인수권(전환권 등) 가치를 별도로 인식하고, 상환할증금을 전환사채 등에 부가하는 형식으로 계상한 경우 상환할증금 등에 대한 처리는 다음에 따른다(법집 40-71-21).

① 발행 시 전환사채 등의 차감계정으로 계상한 전환권 등 조정금액은 손금산입 유보처분하고 기타자본잉여금으로 계상한 전환권 등 대가는 익금산입 기타처분하며, 상환할증금은 손금불산입 유보처분한다.

② 만기일 전에 전환권 등 조정금액을 이자비용으로 계상한 경우 동 이자비용은 이를 손금불산입하고 유보처분한다.

③ 전환권 등을 행사한 경우 ①에 따라 손금불산입한 상환할증금 중 전환권 등을 행사한 전환사채 등에 해당하는 금액은 손금으로 추인하고, 주식발행초과금으로 대체된 금액에 대해서는 익금산입 기타처분하며, 전환권 등 조정과 대체되는 금액은 익금산입 유보처분한다.

④ 만기일까지 전환권 등을 행사하지 아니함으로써 지급하는 상환할증금은 그 만기일이 속하는 사업연도에 손금으로 추인한다.

2. 손익의 귀속시기 사례

(1) 추가납부한 산재보험료의 귀속시기

산재보험의 개산보험료를 납부한 후 확정보험료와의 차액을 추가로 납부하는 경우에 추가납부하는 보험료의 손금 귀속시기는 이를 추가로 납부할 금액이 확정된 날이 속하는 사업연도로 한다(법집 40-71-13).

(2) 소송비용의 손금귀속시기

변호사에게 지급한 사건착수금과 보수(「민사소송법」 제109조에 따른 보수는 제외) 또는 사례금 등은 「민사소송법」 제98조 및 「민사소송비용법」에 규정하는 소송비용에 해당하지 아니하는 것이므로 사건의 종결 여부에 관계없이 지급한 사업연도의 손금으로 하는 것이며, 「민사소송법」 제98조에 규정한 소송비용의 손금귀속시기는 사건이 종결되는 날이 속하는 사업연도로 한다. 이 경우 소송비용 등이 소송의 내용에 따라 자산의 취득이나 상표권, 영업권, 광업권 등 고정자산가액을 형성하는 성질의 것인 경우에는 취득원가에 산입한다(법집 40-71-15).

(3) 법원판결에 따라 지급되는 손해배상금등의 손금귀속시기

법원의 판결에 따라 지급하거나 지급받는 손해배상금 등은 법원의 판결이 확정된 날이 속하는 사업연도의 익금 또는 손금에 산입한다. 이 경우 "법원의 판결이 확정된 날"이란 대법원 판결일자 또는 그 판결에 대하여 상소를 제기하지 아니한 때에는 상소 제기의 기한이 종료한 날의 다음 날로 한다(법집 40-71-17).

(4) 성과배분 상여금의 손금 귀속시기

성과산정지표 등을 기준으로 하여 사용인에게 성과배분상여금을 지급하기로 하는 노사협약을 체결하고 그에 따라 지급하는 성과배분상여금에 대하여 법인이 사업연도 종료일을 기준으로 성과배분상여금을 산정한 경우 해당 성과배분상여금은 그 성과배분의 기준일이 속하는 사업연도의 손금에 산입한다(법집 40-71-20).

(5) 만기환급되는 보험료의 손익귀속시기

① 피보험자인 임원(대표이사 포함)의 퇴직시점(정년)을 예상할 수 없고 해지환급금을 산정할 수 없는 경우 보험료를 기간의 경과에 따라 손금산입하고, 대표이사가 퇴직하는 등 보험회사로부터 해지환급금을 수령하는 시점에 이를 익금 산입하는 것임(법인세과-1222, 2021.6.17.).

② 내국법인이 대표이사를 피보험자로 하고 계약자와 수익자를 법인으로 하는 보장성보험에 가입한 경우 법인이 납입한 보험료 중 만기환급금에 상당하는 보험료 상당액은 자산으로 계상하고 기타의 부분은 이를 보험기간의 경과에 따라 손금에 산입하는 것으로 피보험자인 대표이사의 퇴직기한이 정해지지 않아 사전에 해지환급금을 산정할 수 없어 만기환급금에 상당하는 보험료 상당액이 없는 경우에는 내국법인이 납입한 해당 보험료를 보험기간의 경과에 따라 손금에 산입하는 것이며 상기 보장성보험의 해약으로 지급받는 해약환급금은 해약일이 속하는 사업연도의 소득금액 계산 시 익금에 산입하는 것임(서면-2018-법인-1779, 2018.7.18.).

③ 법인이 계약자 및 수익자를 법인으로, 임원을 피보험자로 하는 종신보험에 가입하고, 임원 퇴직 시 종신보험의 계약자 및 수익자를 법인에서 임원으로 변경하여 해당 임원이 얻는 이익은 소득세법 제22조 제1항 제2호에 따른 퇴직소득에 해당하는 것이며, 그 퇴직소득금액은 종신보험의 평가액으로 하는 것임. 다만, 해당 이익을 포함한 임원의 퇴직소득금액이 소득세법 제22조 제3항 단서에 따른 퇴직소득금액 한도를 초과하는 경우에는 같은 조 제1항에도 불구하고 그 초과하는 금액은 근로소득으로 보는 것임(서면-2022-원천-3587, 2023.2.24.).

(6) 내일채움공제 선납 시 귀속시기

중소기업이 내일채움공제의 기업 기여금 5년분을 일괄 선납하는 경우, 해당 선납 기여금은 당초 공제부금의 계약에 따른 공제 가입기간의 납입기일이 속하는 사업연도의 손금에 산입하는 것임(서면법령법인-979, 2020.6.25.).

(7) 미니멈 개런티의 경우

1) 미니멈 개런티를 지급받은 경우

미니멈 개런티란 러닝로열티의 최소보장액 성격으로 러닝로열티에 대한 선수금으로 상용화 후 게임 매출이 발생하여 수익이 발생하는 시점에 러닝로열티에서 정산하는 경우를 말함. 게임개발회사가 선지급받은 미니멈 개런티는 게임유통회사 매출액에 따라 지급받게 될 러닝로열티와 우선 상계하되 러닝로열티가 미니멈 개런티에 미달하더라도 미달액을 별도로 반환하지 않을 경우 게임개발회사가 선지급받은 미니멈 개런티는 게임유통회사 매출액에 대한 러닝로열티의 정산기준일이 속한 사업연도에 손익을 인식함(법인-360, 2013.5.23.).

2) 미니멈 개런티를 지급한 경우

음원 유통회사가 음원 제작회사에게 계약 시 선지급한 미니멈 개런티가 매월 지급할 사용료와 순차적으로 상계하되 사용료 총액이 미니멈 개런티에 미달하더라도 미달한 차액을 반환받지 않기로 약정한 경우, 미니멈 개런티는 매월 말일이 속한 사업연도에 손금산입하되, 미니멈 개런티에서 사용료 총액을 공제한 잔액은 계약종료일이 속한 사업연도에 손금산입하는 것임(법인-242, 2013.3.30.).

* 저자주 : 미니멈 개런티의 경우 지급받은 시점에는 선수금으로 처리하며, 이후 매출이 발생하여 러닝개런티 정산 시 선수금과 상계하여 익금으로 인식한다. 추후 러닝개런티가 미니멈 개런티를 초과하게 되면 지급받는 금액을 정산시점의 익금으로 인식하게 되므로 아무런 문제가 발생하지 않으나, 계약기간(또는 보장기간) 만료 시까지 수익으로 인식한 러닝개런티가 선지급받는 미니멈 개런티에 미달하는 경우에는 그 선수금 잔액은 만료시점의 익금으로 인식한다.

(8) 저작권 사용료의 수입시기

음원 관련 저작권, 저작인접권 등을 보유한 법인이 음원 유통사 및 신탁관리단체(이하 "음원 유통사 등")에 일정기간 동안 독점적으로 음원을 유통할 수 있는 복제 · 배포권을 부여하고, 음원 유통사 등으로부터 음원 유통실적에 따라 월별 · 분기별 · 반기별로 음원 수익을 정산하여 지급 받을 권리가 확정되는 경우에는 해당 음원 수익은 음원 유통사 등으로부터 지급 받을 권리가 확정된 날이 속하는 사업연도의 익금에 해당하는 것임(서면-2022-법인-5234, 2023.11.29.).

(9) 특허권 로열티 수익의 귀속시기

중국법인이 판매한 특정 제품의 매출액 중 사전약정된 비율에 해당하는 금액을 귀 법인이 보유한 특허권에 대한 로열티로 지급받기로 한 경우로서, 로열티를 받을 권리가 "로열티 산정기준이 되는 매출액 발생기간의 종료일"에 확정되는 경우에는 그 확정일이 속하는 사업연도에 로열티를 익금으로 인식하는 것임(사전-2023-법규법인-0076,

2023.6.22.).

(10) 일정기간 근로계약조건으로 지급하는 이직료의 손금산입 시기

법인이 일정기간 근로계약조건으로 지급하는 이직료는 당해 근로계약기간에 안분하여 근로제공 된 각사업연도의 손금으로 산입하고, 의무근속기간을 불이행함에 따라 환수하는 경우에는 그 환수조건이 확정된 사업연도의 익금으로 하는 것임(법인46012-147, 2001.1.16.).

8 [서식사례] 수입금액조정명세서

(1) 개 요

수입금액조정명세서는 손익계산서상 매출액과 「법인세법」상 수입금액의 차이를 조정하는 것이다. 결산 시 「법인세법」상 수입시기를 고려하였다면 원칙적으로 조정사항이 발생하지 않으나, 건설업의 경우 사업연도 중에 세금계산서를 발행한 금액과 작업진행률에 따른 매출액이 일치하지 않는 경우가 발생할 수 있으므로 검토가 필요하다.

(2) 작성사례

1) 손익계산서상 매출액 내역

① 제품매출 : 800,000,000원(수출액 200,000,000원 포함)

② 공사매출 : 500,000,000원

③ 부동산임대매출 : 100,000,000원

2) 공사현장별 공사현황

공사명	공사계약 체결일	도급계약기간	도급금액	당해연도 총공사비 (총공사예정비)	손익계산서상 수익계상액
A	2024.11.10.	2024.11.10.~2026.5.17.	700,000,000	405,000,000 (600,000,000)	300,000,000
B	2025.7.20.	2025.8.10.~2027.6.30.	400,000,000	165,000,000 (300,000,000)	200,000,000
계	–	–	1,100,000,000	570,000,000	500,000,000

* A공사와 관련하여 2024년 매출액 100,000,000원을 인식하였다.

▌소득금액 조정합계표 작성▐

익금산입 및 손금불산입				손금산입 및 익금불산입			
① 과 목	② 금 액	③ 소득처분		④ 과 목	⑤ 금 액	⑥ 소득처분	
		처분	코드			처분	코드
공사수입금	92 500 000	유보	400				

(3) 작성요령

❶ 수입금액 조정계산

가. '③ 결산서상 수입금액'란에는 계정과목별로 총매출액 및 영업외수익 등으로 구분하여 수입금액에 해당하는 금액을 적는다. 이 경우 총매출액은 매출에누리와 환입액 및 매출할인액을 빼서 적고, 영업외수익에 계상된 금액 중 영업수익에 해당하는 금액을 구분하여 적는다.

나. '④ 조정가산'란은 '2. 수입금액 조정명세' "가", "나"에 따라 계산된 '⑯ 조정액' 계 및 '㉑ 조정액' 계와 '㉕ 수입금액'란의 금액이 양수(+)인 경우에 그 금액을 적는다. '⑤ 조정차감'란은 '2. 수입금액 조정명세' "가", "나"에 따라 계산된 '⑯ 조정액' 계 및 '㉑ 조정액' 계와 '㉕ 수입금액'란의 금액이 음수(-)인 경우에 그 금액을 적는다.

❷ 수입금액 조정명세

가. '⑨ 도급금액'란은 총 도급금액을 적고, '⑫'란의 진행률은 해당 사업연도말까지 발생한 총공사비누적액이 총공사예정비에서 차지하는 비율로 계산하되, 건설의 경우 수익실현이 작업시간 · 작업일수 또는 기성공사의 면적이나 물량 등(작업시간 등)과 비례관계가 있고, 전체 작업시간 등에서 이미 투입되었거나 완성된 부분이 차지하는 비율을 객관적으로 산정할 수 있는 경우에는 그 비율로 계산할 수 있다.

나. '⑫ 진행률'에 의한 '⑬'란의 누적익금산입액에서 '⑭'란의 전기말 누적수입계상액과 '⑮'란의 당기회사수입계상액을 뺀 금액인 '⑯ 조정액' 계의 금액이 양수(+)인 경우에는 '④ 조정가산'란에 적고, 음수(-)인 경우에는 '⑤ 조정차감'란에 적는다.

다. '나. 중소기업 등 수입금액 인식기준 적용특례에 의한 수입금액'은 「법인세법 시행령」 제68조 제2항 단서, 및 제69조 제1항 단서 및 제2항의 경우, 회사 결산상 수입금액과 세법상 수입금액이 다른 경우 그 차이를 조정한다.

라. '다. 기타 수입금액'란은 상기 "가", "나" 외의 수익으로서 조정계산이 필요한 경우와

그 밖에 수입금액이 누락된 경우에 작성하는 것으로 '㉓ 구분'란에는 총매출액, 위탁 판매 및 임대료수입 등으로 적고 '㉕ 수입금액'란의 금액이 양수(+)인 경우에는 '④ 조정가산'란에 적으며, 음수(−)인 경우에는 '⑤ 조정차감'란에 적는다. '㉖ 대응원가'란은 결산상 비용으로 반영하지 않은 대응원가를 적고 "소득금액조정합계표(별지 제15호 서식)"의 해당란에 옮겨 적는다.

❸ '④ 조정가산'란의 계와 '⑤ 조정차감'란의 계를 각각 익금산입 및 손금산입하여야 하며, '⑯ 조정액' 계, '㉑ 조정액' 계와 '㉕ 수입금액'란의 계를 합계한 금액이 '④ 조정가산'란의 계에서 '⑤ 조정차감'란의 계를 뺀 금액과 일치하여야 한다.

❹ '⑥ 조정후수입금액'은 "조정후수입금액명세서(별지 제17호 서식)"의 '⑫ 합계'의 '④ 계'란의 금액과 일치하여야 한다.

[별지 제16호 서식] (2011.2.28. 개정) (앞 쪽)

사 업 연 도	2025. 1. 1. ~ 2025.12.31.	**수입금액조정명세서**	법인명	㈜ 택스에듀
			사업자등록번호	123-12-XXXXX

1. 수입금액 조정계산

계정과목		③결산서상 수입금액	조정		⑥조정 후 수입금액 (③+④-⑤)	비 고
①항 목	②과 목		④가 산	⑤차 감		
매 출	제품매출	800,000,000			800,000,000	
	공사매출	500,000,000	92,500,000		592,500,000	
	부동산임대	100,000,000			100,000,000	
계		1,400,000,000	92,500,000		1,492,500,000	

2. 수입금액 조정명세

가. 작업진행률에 의한 수입금액

⑦ 공사명	⑧ 도급자	⑨ 도급 금액	작업진행률계산			⑬누적익금 산입액 (⑨×⑫)	⑭전기말 누적수입 계상액	⑮당기회 사수입 계상액	⑯조정액 (⑬-⑭-⑮)
			⑩해당사업 연도말 총공사비 누적액 (작업시간 등)	⑪ 총공사 예정비 (작업시간 등)	⑫ 진행률 (⑩/⑪)				
A	㈜강변	700,000,000	405,000,000	600,000,000	67.5%	472,500,000	100,000,000	300,000,000	72,500,000
B	㈜강동	400,000,000	165,000,000	300,000,000	55%	220,000,000		200,000,000	20,000,000
계		1,100,000,000	570,000,000	900,000,000		692,500,000	100,000,000	500,000,000	92,500,000

나. 중소기업 등 수입금액 인식기준 적용특례에 의한 수입금액

계정과목		⑲세법상 당기 수입금액	⑳당기 회사수입금액 계상액	㉑조정액 (⑲-⑳)	㉒근거법령
⑰항 목	⑱과 목				
계					

다. 기타 수입금액

㉓구 분	㉔근 거 법 령	㉕수 입 금 액	㉖대 응 원 가	비 고
계				

210mm×297mm[일반용지 70g/㎡(재활용품)]

9 [서식사례] 조정후수입금액명세서

(1) 개 요

수입금액조정명세서를 작성한 후에는 조정후수입금액명세서를 작성하여야 한다. 조정후수입금액명세서 작성 시에는 부가가치세 과세표준과의 차이내역을 확인하여야 한다. 이때 사업연도 중 부가세 수정신고(또는 경정청구)를 한 경우에는 수정신고(또는 경정청구)한 후의 과세표준을 기준으로 작성하여야 하므로 주의를 요한다.

(2) 작성사례

1) 손익계산서상 매출액 내역

① 제품매출 : 1,600,000,000원(수출액 200,000,000원 포함)

② 부동산임대매출 : 400,000,000원

2) 부가가치세 신고내역

구 분	1기예정	1기확정	2기예정	2기확정	계
과 세	350,000,000	560,000,000	390,000,000	600,000,000	1,900,000,000
영세율	40,000,000	20,000,000	90,000,000	50,000,000	200,000,000
계	390,000,000	580,000,000	480,000,000	650,000,000	2,100,000,000

* 부가가치세 과세표준에는 다음과 같은 사항이 포함되어 있다.

① 사업상증여 : 19,000,000

② 유형자산매각액 : 54,000,000

③ 간주임대료 : 27,000,000

[별지 제16호 서식] (2011.2.28. 개정) (앞 쪽)

사 업 연 도	2025. 1. 1. ~ 2025.12.31.	**수입금액조정명세서**	법인명	㈜ 택스에듀
			사업자등록번호	123-12-XXXXX

1. 수입금액 조정계산

계 정 과 목		③결산서상 수입금액	조 정		⑥조정 후 수입금액 (③+④-⑤)	비 고
①항 목	②과 목		④가 산	⑤차 감		
매 출	제품매출	16,000,000,000			16,000,000,000	
	부동산임대	4,000,000,000			4,000,000,000	
계		20,000,000,000			20,000,000,000	

2. 수입금액 조정명세

가. 작업진행률에 의한 수입금액

⑦ 공사명	⑧ 도급자	⑨ 도급 금액	작업진행률계산			⑬누적익금 산입액 (⑨×⑫)	⑭전기말 누적수입 계상액	⑮당기회 사수입 계상액	⑯조정액 (⑬-⑭-⑮)
			⑩해당사업 연도말 총공사비 누적액 (작업시간 등)	⑪ 총공사 예정비 (작업시간 등)	⑫ 진행률 (⑩/⑪)				
계									

나. 중소기업 등 수입금액 인식기준 적용특례에 의한 수입금액

계 정 과 목		⑲세법상 당기 수입금액	⑳당기 회사수입금액 계상액	㉑조정액 (⑲-⑳)	㉒근거법령
⑰항 목	⑱과 목				
계					

다. 기타 수입금액

㉓구 분	㉔근 거 법 령	㉕수 입 금 액	㉖대 응 원 가	비 고
계				

210mm×297mm[일반용지 70g/㎡(재활용품)]

[별지 제17호 서식] (2021.10.28. 개정) (앞쪽)

사 업 연 도	2025.1.1. ~ 2025.12.31.	조정후수입금액명세서	법인명	㈜택스에듀
			사업자등록번호	123-12-XXXXX

1. 업종별 수입금액명세서

①업태	②종목	코드	③기준(단순)경비율번호	수입금액			
				④계(⑤+⑥+⑦)	내수		⑦수출
					⑤국내생산품	⑥수입상품	
〈101〉 제조업	컴퓨터 주변기기	01	300101	1,600,000,000	1,400,000,000		200,000,000
〈102〉 부동산업	부동산 임대업	02	701201	400,000,000	400,000,000		
〈103〉		03					
〈104〉		04					
〈105〉		05					
〈106〉		06					
〈107〉		07					
〈108〉		08					
〈109〉		09					
〈110〉		10					
〈111〉기타		11					
〈112〉합계		99		2,000,000,000	1,800,000,000		200,000,000

2. 부가가치세 과세표준과 수입금액 차액 검토

(1) 부가가치세 과세표준과 수입금액 차액

⑧과세(일반)	⑨과세(영세율)	⑩면세수입금액	⑪합계(⑧+⑨+⑩)	⑫수입금액	⑬차액(⑪-⑫)
1,900,000,000	200,000,000		2,100,000,000	2,000,000,000	100,000,000

(2) 수입금액과의 차액내역

⑭구분		⑮코드	⑯금액	비고	⑭구분	⑮코드	⑯금액	비고
자가공급		21			거래시기차이감액	30		
사업상증여		22	19,000,000		주세·특별소비세	31		
개인적공급		23			매출누락	32		
간주임대료		24	27,000,000			33		
자산매각	유형자산 및 무형자산 매각액	25	54,000,000			34		
	그밖의 자산매각액	26				35		
잔존재고재화		27				36		
작업진행률차이		28				37		
거래시기차이가산		29			⑰차액계	50	100,000,000	

210mm×297mm[백상지 80g/㎡ 또는 중질지 80g/㎡]

(3) 작성요령

❶ 업종별 수입금액명세서

가. '① 업태', '② 종목', '③ 기준(단순)경비율번호'란에는 법인세 과세표준신고일 현재 최근에 제정된 기준(단순)경비율의 업태 · 종목 및 코드번호를 기입하되, 수입금액이 큰 종목부터 순차적으로 기입하며, 수입금액의 점유비가 5% 미만이거나 종목수가 11개 이상이 되는 경우는 '111'란에 "기타"로 표시하여 합계로 기입하고 '기준(단순)경비율번호'란은 공란으로 한다.

나. 수입금액 '④ 계'란은 "수입금액조정명세서(별지 제16호 서식)"상의 '⑥ 조정 후 수입금액'란의 금액과 일치되어야 한다.

다. '⑥ 수입상품'란에는 국내 및 국외무역업자 등 타인으로부터 수입상품을 매입하여 판매하는 수입금액이 포함된다.

라. '⑦ 수출'란에는 「부가가치세법」 제21조부터 제23조까지의 규정에 따른 수출, 국외제공용역, 외국항행용역 기타 외화획득재화 또는 용역의 공급으로 생긴 수입금액을 기입한다.

❷ 부가가치세 과세표준과 수입금액 차액 검토

가. 부가가치세 과세표준과 수입금액 차액

1) '⑧ 과세(일반)', '⑨ 과세(영세율)'란에는 해당 사업연도에 해당하는 과세기간분의 과세표준(수정신고 및 경정을 포함한다)을 기입하되, 사업연도기간과 부가가치세 과세기간이 일치하지 아니하는 경우에는 사업연도기간이 속하는 부가가치세 과세기간의 과세표준합계액을 기입하고 그 차액은 '(2) 수입금액과의 차액내역'란에 기입한다.

2) '⑩ 면세수입금액'란에는 「부가가치세법」 제12조에 따른 부가가치세가 면제되는 재화 또는 용역의 공급에서 발생한 수입금액을 기입한다.

나. 수입금액과의 차액내역

1) '⑬ 차액'에 대하여 '⑭ 구분'란에 자가공급, 유형자산 및 무형자산 매각액, 주세 · 특별소비세, 거래시기 차이 등 해당란에 분류하여 기입하되, 해당하는 항목이 없는 경우에는 공란에 차액항목을 기입하고 관련금액을 기입한다.

2) '⑦ 수출'란과 '⑨ 영세율'란과의 차액이 있는 경우에는 구체적으로 기입한다.

(4) 사례별 작성요령

수입금액과의 차액내역은 「법인세법」상 수입금액과 부가가치세 과세표준과의 차액을 나타내는 것인데, 이에 대한 작성요령을 각 사례별로 나타내면 다음과 같다.

구 분	법인세법상 수입금액	수입금액 조정명세서상 부호	부가가치세 과세표준
자가공급	제외	+	포함
사업상증여	제외	+	포함
개인적공급	제외	+	포함
간주임대료	제외	+	포함
자산매각액	제외	+	포함
잔존재고재화	제외	+	포함
작업진행률차이	제외	+	포함
	포함	−	제외
거래시기차이가산	포함	−	제외
거래시기차이감액	제외	+	포함
주세 · 개별소비세	제외	+	포함
매출누락	포함	−	제외

CHAPTER

02 재고자산과 매출원가

1 개 요

재고자산의 평가는 매출원가와 관련이 있으므로 법인의 손익구조에 큰 영향을 준다. 따라서 재고자산과 관련된 결산 및 세무조정 시에는 반드시 현업부서로부터 재고리스트나 재고수불장을 수령하여서 재고금액을 확정하여야 한다.

2 재고자산의 평가방법

평가대상 자산	평 가 방 법		
	신고 시 : 신고한 방법	법정기한 내 무신고 시	신고방법 외의 방법으로 평가 시, 변경신고 없이 신고방법 변경 시
① 제품 및 상품 ② 반제품 ③ 재공품 ④ 원재료 ⑤ 저장품	원가법과 저가법 중 선택하여 신고 ① 원가법 개별법, 선입선출법, 후입선출법, 총평균법, 이동평균법, 매출가격 환원법 ② 저가법 원가법과 기업회계기준에 따라 시가로 평가한 가액 중 낮은 가액	① 부동산 : 개별법 ② 기타자산 : 선입선출법	선입선출법(매매용부동산은 개별법)과 신고한 평가방법 중 큰 금액의 평가방법

3 평가방법의 신고

(1) 신고 및 변경기한

법인이 재고자산의 평가방법을 신고하고자 하는 때에는 다음의 기한 내에 재고자산 등 평가방법신고(변경신고)서[법칙 별지 제64호 서식]를 납세지 관할세무서장에게 제출(국세정보통신망에 의한 제출을 포함)하여야 한다. 이 경우 저가법을 신고하는 경우에는 시가와 비교되는 원가법을 함께 신고하여야 한다(법령 74 ③ · ⑥).

① 신설법인과 새로 수익사업을 개시한 비영리내국법인은 당해 법인의 설립일 또는 수익사업개시일이 속하는 사업연도의 법인세 과세표준의 신고기한
② 위의 신고를 한 법인으로서 그 평가방법을 변경하고자 하는 법인은 변경할 평가방법을 적용하고자 하는 사업연도의 종료일 이전 3월이 되는 날
③ 법인이 재고자산의 평가방법을 신고하지 아니하여 무신고 시 평가방법을 적용받는 경우로서 그 평가방법을 변경하려면 변경할 평가방법을 적용하려는 사업연도의 종료일 전 3개월이 되는 날

(2) 무신고 시

법인이 법정기한 내에 재고자산의 평가방법을 신고하지 아니한 경우에는 선입선출법(매매를 목적으로 소유하는 부동산의 경우에는 개별법)에 의하여 재고자산을 평가한다(법령 74 ④).

(3) 임의 변경 시

법인이 신고한 평가방법 외의 방법으로 재고자산을 평가하거나 법정 기한 내에 재고자산의 평가방법변경신고를 하지 아니하고 그 방법을 변경한 경우에는 신고한 평가방법에 의하여 평가한 가액이 선입선출법에 의하여 평가한 가액보다 큰 경우에는 신고한 평가방법에 의한다.

(4) 평가방법의 적용방법

법인은 재고자산을 평가할 때 해당 자산을 각 자산별로 구분하여 종류별 · 영업장별로 각각 다른 방법에 의하여 평가할 수 있다. 이 경우 수익과 비용을 영업의 종목별 또는 영업장별로 각각 구분하여 기장하고, 종목별 · 영업장별로 제조원가보고서와 포괄손익계산서를 작성하여야 한다(법령 74 ②).

실무포인트

1. 재고자산 폐기처분 시 폐기사실 입증방법

법인이 재고자산을 폐기처분하고자 하는 경우 폐기물관리법의 적용을 받는 폐기물은 당해 법률의 절차에 따라 폐기하는 등 그 폐기사실이 객관적으로 입증될 수 있는 증거를 갖추어 처리하여야 함(제도46012-10682, 2001.4.19.).

2. 재고자산 폐기손실의 손금 해당 여부

법인이 시장가치가 상실되어 판매가 불가능한 재고자산을 폐기처분하는 경우에는 그 사실이 객관적으로 입증될 수 있는 증빙을 갖추어 당해 재고자산의 장부가액을 소득금액 계산상 손금에 산입할 수 있는 것이나 귀 질의가 이에 해당하는지는 상품가치, 시장교환성 유무 및 폐기처분규정 등의 객관적인 증빙 여부에 따라 사실 판단할 사항임(서면-2019-법인-0238, 2019.10.31.).

3. 화재로 소실된 상품의 손익 귀속시기

보험 미가입 상품이 화재로 소실된 경우 화재발생일이 속하는 사업연도에 손금산입 가능하며 화재로 소실된 상품원가를 손금에 산입한 경우에도 재해손실 세액공제 적용가능함(사전-2022-법규법인-0192, 2022.2.16.).

[별지 제39호 서식] (99.5.24. 개정) (앞 쪽)

사업연도	2025. 01. 01. 2025. 12. 31.	☑ 재고자산 □ 유가증권 평가조정명세서	법인명	㈜택스에듀

※관리번호 [ ][ ] - [ ][ ]　　사업자등록번호 123-81-12345

※표시란은 기입하지 마십시오.

1. 재고자산평가방법검토

①자 산 별		②평 가 방 법 신고연월일	③신고방법	④평가방법	⑤적 부	⑥비 고
제 품 및 상 품		2025.09.20.	총평균법	총평균법	O	
반 제 품 및 재 공 품		무신고	선입선출법	선입선출법	O	
원 재 료		무신고	선입선출법	선입선출법	O	
저 장 품						
유가증권	채 권					
	기 타					

2. 평가조정계산

⑦ 과목	⑧ 품명	⑨ 규격	⑩ 단위	⑪ 수량	회사계산		조정계산금액				⑱조정액 (⑮또는 ⑮와 ⑰중큰 금액－⑬)
					⑫ 단가	⑬ 금액	신고방법		선입선출법		
							⑭단가	⑮금액	⑯단가	⑰금액	
제 품						9,000,000		9,000,000			
재공품						2,000,000		2,000,000			
원재료						3,000,000		3,000,000			
계						14,000,000		14,000,000			

22226－70311일　　210㎜×297㎜

99.4.1. 개정승인　　(신문용지 54g/㎡(재활용품))

[별지 제64호 서식] 〈개정 2013.2.23.〉

[✓] 재고자산 등 평가방법신고(변경신고)서
[ ] 채권등의 보유기간계산방법신고서

(앞쪽)

접수번호	접수일자	처리기간 즉시

1. 신고인 기본사항

①법 인 명	㈜택스에듀	②사업자등록번호	123-81-12345
③대 표 자 성 명	김대표	④전 화 번 호	
⑤본 점 소 재 지	서울 서초구 xx로		

2. 신고내용

❶ 평가(계산)방법 기본사항

⑥사업개시일(연월일)	2020.01.01	⑦변경방법적용 개시사업연도 (연월일)	2025.1.1
⑧변경사유	상품 및 제품의 합리적인 평가방법 선택		
⑨변경사업장소재지	서울 서초구 xx로		
⑩동일종목채권등의 보유기간계산방법			

❷ 평가방법 신고(변경) 내역

재고자산의 종류		평 가 방 법(변 경 전)	평 가 방 법(변 경 후)
⑪상 품 및 제 품		선입선출법	총평균법
⑫반 제 품 및 재 공 품			
⑬원 재 료			
⑭저 장 품			
⑮위 에 준 하 는 자 산			
⑯유 가 증 권	⑭채권		
	⑮기타		

「법인세법 시행령」 제74조제3항 · 제6항, 제75조제2항 및 제113조제7항에 따라 재고자산 등의 평가방법신고(변경신고)서, 채권등의 보유기간 계산방법신고서를 제출합니다.

2025년 9월 20일

신고인 (서명 또는 인)

세무서장 귀하

210mm×297mm[백상지 80g/㎡ 또는 중질지 80g/㎡]

CHAPTER

03 급 여

급여는 원칙적으로 손금에 해당하지만 과다지급한 인건비에 대하여는 손금불산입으로 규정하고 있다. 또한, 임원상여금에 대하여는 일정한 한도를 두고 있어 한도 초과분에 대해서는 손금으로 인정하지 않으며 이익처분에 의한 상여금은 일정요건을 갖춘 부분에 대해서만 손금으로 인정한다.

1 출산지원금

(1) 출산지원금의 손금산입 요건

임원 또는 직원의 출산 또는 양육 지원을 위해 해당 임원 또는 직원에게 공통적으로 적용되는 지급기준에 따라 지급하는 금액은 손비에 포함한다(법령 19 3의 2).

(2) 출산지원금을 지급받은 임직원 과세방법

1) 근로소득 비과세 적용

근로자(사용자와 특수관계에 있는 자는 제외) 또는 그 배우자의 출산과 관련하여 자녀의 출생일 이후 2년 이내에 사용자로부터 최대 두 차례에 걸쳐 지급받는 급여는 전액을 비과세한다. 비과세 대상에는 2021.1.1. 이후 출생한 자녀에 대하여 2024.1.1.부터 2024.12.31. 사이에 지급받은 급여를 포함한다(소법 12 3호 머목).

2) 적용배제

사용자와 다음에 해당하는 특수관계에 있는 근로자가 지급받은 기업출산지원금은 비과세 대상에서 제외한다(소령 17의 2 ①).

① 사용자 등이 개인인 경우 : 친족관계

② 사용자 등이 법인인 경우 : 지배주주 등(해당 지배주주 등과 친족관계 또는 경영지배관계에 있는 자 포함)인 관계

3) 비과세 적용방법

사용자로부터 "최대 두 차례에 걸쳐 지급받는 급여"란 사용자로부터 세 차례 이상 해당 급여를 지급받는 경우 출생일 이후 최초로 지급받는 급여와 그 다음 지급받는 급여를 말한다. 이 경우 급여의 지급횟수는 사용자별로 계산한다(소령 17의 2 ②).

2 임직원 할인액

(1) 임직원 할인액의 손금산입

내국법인이 생산 · 공급하는 재화 또는 용역을 해당 내국법인의 임원 또는 직원에게 시가보다 낮은 가액으로 판매 또는 제공하는 경우에는 그 판매 또는 제공가액과 시가와의 차액은 사업수입금액에 포함한다(법령 11 1호).

법인이 생산 · 공급하는 재화 또는 용역을 그 법인(계열회사 포함)의 사업장에 종사하는 임원 등에게 시가보다 낮은 가격으로 제공하거나 구입할 수 있도록 지원을 함으로써 해당 임원 또는 직원이 얻는 이익에 상당하는 금액은 손비에 포함한다(법령 19 3호의 3). 여기서, 임원등에게 시가보다 낮은 가격으로 제공하거나 구입할 수 있도록 지원하는 방식은 다음 중 어느 하나에 해당하는 방식으로 한다(소령 38 ③).

① 사업자나 법인이 생산 · 공급하는 재화 또는 용역(이하 "자사제품등")을 임원등에게 시가보다 낮은 가격으로 판매 또는 제공하는 방식

② 사업자나 법인이 임원등에게 자사제품등을 구입하거나 제공받는 데 사용하도록 지원금을 지급하는 방식

③ 사업자나 법인이 임원등에게 사업자나 법인의 계열회사가 생산 · 공급하는 재화 또는 용역(이하 "계열회사제품등")을 구입하거나 제공받는 데 사용하도록 지원금을 지급하는 방식

④ 사업자나 법인의 계열회사가 사업자나 법인의 임원등에게 계열회사제품등을 시가보다 낮은 가격으로 판매 또는 제공하고, 사업자나 법인이 그 계열회사에 그 판매 또는 제공가액과 시가와의 차액을 지급하는 방식

(2) 할인액을 지원받은 임직원 과세방법

임직원 할인액을 지원받은 임직원에 대하여는 해당 지원금액을 근로소득에 포함하여 소득세를 과세한다(소법 20 ① 6호). 그러나, 법정 요건을 충족한 것은 한도내에서 비과세한다(소법 12 3호 처목).

1) 비과세 요건

① 임원 또는 종업원 본인이 소비하는 것을 목적으로 제공받거나 지원을 받아 구입한 재화 또는 용역으로서 다음의 기간 동안 재판매가 허용되지 아니할 것(소령 17의 5 ②).

㉠ 「소비자기본법 시행령」에 따른 품목별 소비자분쟁해결기준에 따른 품목별 내용연수가 5년을 초과하는 재화 : 2년

㉡ 개별소비세가 과세되는 다음의 재화 : 2년

- 보석제품 등, 귀금속 제품, 고급시계, 고급 융단, 고급 가방, 고급모피제품, 고급가구

㉢ ① 및 ②에 해당하지 않는 재화 : 1년

② 해당 재화 또는 용역의 제공과 관련하여 모든 임원등에게 공통으로 적용되는 기준이 있을 것

2) 비과세 한도

비과세 한도는 다음의 금액 중 큰 금액으로 한다(소령 17의 5 ①).

① 임원등이 해당 과세기간 동안 시가보다 낮은 가격으로 구입한 재화 또는 용역의 시가를 합한 금액에 20%을 곱한 금액

② 연간 240만원

3 과다지급인건비

(1) 지배주주와 특수관계 임직원

법인이 지배주주등(특수관계에 있는 자를 포함)인 임원 또는 직원에게 정당한 사유 없이 동일직위에 있는 지배주주등 외의 임원 또는 직원에게 지급하는 금액을 초과하여 보수를 지급한

경우 그 초과금액은 이를 손금에 산입하지 아니한다(법령 43 ③). "지배주주등"이란 법인의 발행주식총수 또는 출자총액의 1% 이상의 주식 또는 출자지분을 소유한 주주등으로서 그와 특수관계에 있는 자와의 소유 주식 또는 출자지분의 합계가 해당 법인의 주주등 중 가장 많은 경우의 해당 주주등을 말한다(법령 43 ⑦).

(2) 비상근 임원

상근이 아닌 법인의 임원에게 지급하는 보수로서 부당행위계산부인에 해당하는 경우에는 손금에 산입하지 않는다(법령 43 ④).

(3) 특수관계인에 대한 인건비

「법인세법」에서는 실제 근무하고 있는 특수관계인에 대한 인건비를 원칙적으로 비용으로 인정하나, 과다지급에 대한 부당행위를 적용할 수 있도록 규정하고 있다. 그러나 실제 세무조사 현장에서는 특수관계인에 대한 인건비를 보다 면밀하게 분석하여 경비 인정 여부를 확인하여 실제 근무한 증빙을 제시하지 못하는 경우 해당 인건비가 부인되는 경우가 있다.

(4) 해외파견직원의 인건비

내국법인이 발행주식총수 또는 출자지분의 100%를 직접 또는 간접 출자한 해외현지법인에 파견된 임원 또는 직원의 인건비로서 근로소득세가 원천징수된 인건비는 해당 내국법인이 지급한 인건비가 해당 내국법인 및 해외출자법인이 지급한 인건비 합계의 50% 미만인 경우로 한정하여 손금으로 인정한다(법령 19 3호).

「조세특례제한법 시행령」 제2조에 따른 중소기업 및 중견기업에 해당하는 내국법인이 100%를 직접 또는 간접 출자한 해외현지법인에 임직원을 파견하고 지급한 사업연도별 인건비가 내국법인과 해외현지법인이 지급한 인건비 합계의 50% 이상인 경우 해당 임직원이 사실상 내국법인의 업무에 종사하지 않을 시에는 해당 인건비 전액을 손금에 산입하지 않는다. 다만, 내국법인이 100%를 직접 또는 간접 출자한 해외현지법인에 파견한 임직원이 사실상 내국법인의 업무에 종사하는 경우에는 손금에 산입할 수 있는 것이며, 내국법인의 업무에 종사하는지의 여부는 수행하는 업무의 성격과 범위 등에 따라 사실판단할 사항이다(서면법인 2020-2823, 2020.8.25.).

실무포인트

1. 비상근 임원의 급여를 인정하지 않은 사례

① aaa의 날인이 있는 원고의 서류는 정기주주총회 회의록과 이사회 회의록뿐인데, 원고의 재무담당이사는 이 사건 조사 과정에서 정기주주총회 당시에는 aaa의 위임을 받아 자신이 날인을 하였고, 이사회 회의는 실제로 개최되지 아니하여 형식적으로 자신이 aaa 명의의 날인을 하였다고 진술하였다(일부 이사회 회의 개최 당시에 원고는 국외 출국 중이었다). 위 정기주주총회 당시에 재무담당이사가 aaa에 대하여 결의사항 등에 대하여 보고를 하거나 지시를 받았음을 인정할 만한 객관적인 자료도 없다. 따라서 아무런 근로를 제공하지 아니한 사주 자녀를 등기이사로 선임하고 지급한 급여는 손금불산입함이 타당하다(서울행정법원 2019구합75952, 2020.7.31.).

② 출퇴근 현황, 결재내역, 경영관여 등으로 보아 비상근 임원으로서 실제로 노무를 제공하였다고 보기는 어렵다(제주지방법원 2009구합670, 2010.2.3.).

2. 특수관계인 인건비 부인 사례

① 근로계약서가 없고 근무사실 입증 결재나 출 · 퇴근 기록, 비상연락망 등이 확인되지 않는 점, 대표이사 지시로 비정기적으로 출근하며 별도 근무공간이 없는 등 통상적인 근로용역 제공으로 보기 어려운 점, 증빙으로 제출한 특허는 법인의 사업과 상이하며 관련 사업내역이 확인되지 않는 점 등에 비추어 처분청이 대표이사의 배우자와 딸에게 지급한 인건비를 가공인건비로 보아 과세한 처분은 정당하다(조심 2019구0048, 2019.10.16.).

② 청구인 아들의 급여가 쟁점사업장 소재지 내 135개 동종업계의 평균급여액을 상회하는 정도가 아니라, 최고 급여를 받는 자의 급여액의 3배 이상에 달하는 점 등에 비추어 동 급여는 사회통념과 상관행 등에 비추어 특수관계인이 아니었더라면 지급하기로 결정할 만한 적정한 금액에 해당하지 아니하는 것으로 판단된다(조심 2016서2594, 2016.10.24.).

3. 불법체류자 고용 인건비

① 법인이 외국인불법체류자를 고용하여 근로를 제공받고 그 대가로 지급한 금액은 법인세법시행령 제12조 제2항 제3호의 규정에 의한 인건비로서 소득금액 계산상 손금에 산입하는 것이며, 이때 법인이 지급한 인건비에 대한 증빙으로서 그 비용이 당해 법인에 귀속되고 실질적으로 결제되었음이 객관적으로 확인 가능한 서류(여권사본, 지급받는 자의 수령증 등)를 보관하여야 함(법인46012-1896, 1995.7.11.).

② 청구인은 이 건 심판청구 시 제시한 ㈜BBB의 현금 출금 내역 및 파견근로자들의 수령증만으로는 당해 금액이 쟁점법인의 인건비로 지출되었음이 객관적으로 입증되지 아니하는 점, 조사청은 이 건 이의신청을 진행하면서 쟁점법인이 추가로 제시한 근로자

명단 및 인적사항, 근로소득 지급명세서, 금융증빙 등을 검토하여 2차례에 걸쳐 청구인이 주장하는 총인건비 OOO원의 약 94.23%에 해당하는 OOO원을 인건비로 추인하여 법인세 및 관련 상여처분액을 직권으로 감액한 것으로 확인되는 점, 그 밖에 쟁점 세금계산서가 실물거래 없이 수취한 사실과 다른 세금계산서에 해당한다는 사실에 대하여는 다툼이 없는 점 등에 비추어 청구주장을 받아들이기는 어려운 것으로 판단됨(조심-2023-중-7826, 2024.6.12.).

4 이익처분상여금

법인이 그 임원 또는 직원에게 이익처분에 의하여 지급하는 상여금은 이를 손금에 산입하지 아니한다. 이 경우 합명회사 또는 합자회사의 노무출자사원에게 지급하는 보수는 이익처분에 의한 상여로 보아 손금에 산입하지 않는다(법령 43 ①).

실무포인트 **이익처분 상여로 보아 부인한 사례**

① 청구법인 대표이사가 작성한 확인서, 청구법인의 정관 등에 따르면, 청구법인이 상여금과 관련하여 정관 · 주주총회 · 사원총회 또는 이사회의 결의에 의하여 결정된 급여지급기준을 갖추고 있다고 보기 어려운 점, 청구법인이 상여금 지급근거로 제출한 임직원 상여금 지급안만으로는 구체적인 성과평가지표 · 평가방법 등을 확인할 수 없고, 그 결정기준에 대한 합리적 설명이 부족한 점 등에 비추어, 쟁점임원상여금 등을 손금불산입하여 과세한 처분은 달리 잘못이 없는 것으로 판단됨(조심-2022-인-2363, 2022.6.9.).

② 다른 사업연도에도 이익이 발생하였으나 특별성과급을 지급한 사실이 없으며 200ㅁ사업연도에 일시적으로 외형이 급증하여 당기순이익이 과다하게 발생함에 따라 법인세 부담을 줄이기 위하여 이익처분을 상여금 형식으로 지급한 것으로 보이는 점 등을 종합하여 볼 때, 쟁점상여금이 손금산입대상에 해당한다는 청구주장을 받아들이기 어려움(조심2011부4878, 2012.7.17.).

5 임원상여금

(1) 임원 상여금의 손금불산입

법인이 임원에게 지급하는 상여금 중 정관 · 주주총회 · 사원총회 또는 이사회의 결의에 의하여 결정된 급여지급기준에 의하여 지급하는 금액을 초과하여 지급한 경우 그 초과금액은 이를 손금에 산입하지 아니한다(법령 43 ②).

상법에서는 이사의 보수는 정관에 그 액을 정하지 아니한 때에는 주주총회의 결의로 이를 정하도록 규정하고 있다(상법 388). 그러나, 세법에서는 임원의 기본급에 대하여는 특별한 규정을 두고 있지 않으며, 임원상여금에 대하여는 정관 등의 규정이 없는 경우에는 전액 손금으로 인정하지 않는다.

(2) 세법상 임원의 범위

임원이란 다음 중 어느 하나의 직무에 종사하는 자를 말한다(법령 40 ①). 임원에 해당하는지 여부는 그 직책에 관계없이 종사하는 직무의 실질내용에 따라 판단한다(법집 26-43-2 ②).

① 법인의 회장, 사장, 부사장, 이사장, 대표이사, 전무이사 및 상무이사 등 이사회의 구성원 전원과 청산인
② 합명회사, 합자회사 및 유한회사의 업무집행사원 또는 이사
③ 유한책임회사의 업무집행자
④ 감사
⑤ 그 밖에 위 ①~④의 규정에 준하는 직무에 종사하는 자

(3) 임원의 직무

회사와 이사의 관계는 「민법」의 위임에 관한 규정을 준용한다(상법 382 ②). 위임은 당사자 일방이 상대방에 대하여 사무의 처리를 위탁하고 상대방이 이를 승낙함으로써 그 효력이 생긴다. 수임인은 위임의 본지에 따라 선량한 관리자의 주의로써 위임사무를 처리하여야 한다(민법 680 · 681).

상법 및 민법에 따르면 임원의 직무는 법인의 경영을 위임받아 위임사무를 처리하는 것이라 볼 수 있다. 따라서, 이사로 호칭된다 하더라도 사무처리를 위임받음이 없이 고용계약에

의하여 근무하고 있거나 그 직위 또는 호칭에 부합하는 회사대표권 및 업무집행권을 부여받지 아니함에 따라 이를 행사하지도 않는 경우라면 임원이라 볼 수 없다 할 것이다(국심 2003서2443, 2003.12.31.).

실무포인트

1. 법인세법상 임원인지 여부

① 「법인세법」상 임원은 등기 여부에 관계없이 직무를 기준으로 판단함(국심 2003서2443, 2003.12.29.).

② '임원'인지 여부는 법인의 경영에 참여하여 경영전반의 의사결정과 집행에 적극적으로 참여하거나 회계와 업무에 관한 감독권을 행사하는지 등에 따라 실질적으로 파악하여야 함(서울행정법원 2021구합50574, 2021.10.12., 진행 중).

③ 세법해석 사전답변 신청의 사실관계와 같이, 내국법인의 비등기 업무집행임원으로서 해당 법인의 직제규정에 따라 '상무'의 명칭을 사용하여 재무결산 · 경영기획 및 손익관리 · 법무 · 인사 및 총무업무를 총괄하여 집행할 권한과 책임이 있는 경영지원본부장은 「법인세법 시행령」 제20조 제1항 제4호 라목에 따른 임원에 해당하는 것임(법규법인 2009-228, 2009.6.23.).

④ 주식회사의 임원인지 여부는 등기 또는 직책 여부에 관련 없이 그 직원이 이사회 구성원, 감사, 청산인인지 또는 이에 준하는 직무에 종사하는지를 확인하여 판단하여야 할 것인 바, 이사 등으로 불린다 하더라도 정관이나 주주총회에서 선임됨이 없이 일반직원과 동일한 방법으로 공개 채용되거나 또는 일반직원 채용방법에 따라 채용되어 승진 · 보임 · 발령되고, 청구법인으로부터 사무처리를 위임받음이 없이 고용계약에 의하여 근무하고 있거나 그 직위 또는 호칭에 부합하는 회사대표권 및 업무집행권을 부여받지 아니함에 따라 이를 행사하지도 않는 경우라면 단순히 이사로 호칭된다 하여 임원이라 볼 수 없다 할 것이다(국심 2003서2443, 2003.12.31.).

2. 임원상여금의 인정 여부

(1) 인정한 사례

① 대표이사에게 주주총회를 통한 보수지급 한도 내에서 지급된 금액에 대하여 사회통념상 과다한 비용으로 보아 손금부인한 처분은 부당함(대법원 2014두12758, 2015.1.15.).

② 법인이 임원에 대한 급여(상여금 포함) 지급기준을 주주총회의 결의에 의하여 정하면서 전체임원에 대한 총급여한도액만을 정하고, 실제로 임원에게 상여금을 지급할 때에는 사용인에 대한 급여지급규정상의 상여금지급비율을 준용하여 지급한 경우에도 당해 상여금은 「법인세법 시행령」 제35조 제6항에 규정하는 손금산입대상 상여금으

로 볼 수 있는 것임(법인 46012-206, 1998.1.26.).

③ 청구법인이 임원 상여금을 자의적으로 결정한 것이 아니라 일반 직원과 동일하게 기본급의 ***%를 지급한 것이므로 이는 묵시적인 지급기준이 있다고 볼 수 있는 점, 쟁점임원상여금이 과다한 수준이라고 볼 수 없어 통상적인 인건비의 범위로 볼 수 있는 점 등에 비추어 쟁점 임원상여금을 손금산입 대상으로 봄이 타당함(조심-2015-서-4678, 2016.2.23.).

(2) 부인한 사례

① 정관 · 주주총회 · 사원총회 또는 이사회의 결의에 의하여 결정된 급여지급기준에 의하여 임원에게 지급하는 상여금은 퇴직금 한도액 계산 시 총급여액의 범위에 포함되어 법인의 각 사업연도의 소득금액계산상 이를 손금에 산입하는 것이나, 급여지급기준과 임원의 실적에 따라 차등지급하지 않고 대표이사 개인만 업무성과에 따라 특별상여를 지급하고 비용을 계상한 경우에는, 법인이 임원에게 임의로 이익처분한 상여로 보아 손금에 산입하지 않는 것임(서면2팀-1257, 2005.8.3.).

② 임원들에게 지급한 실적상여금은 기본 보수라고 볼 수 없으므로 임원보수 지급규정에서 정한 지급률을 초과하여 지급한 실적상여금 부분은 손금에 산입할 수 없음(대법원 2019두50786, 2019.11.28.).

③ 「법인세법 시행령」 제43조의 규정에 의하여 법인이 임원에게 지급하는 상여금 중 정관 · 주주총회 · 사원총회 또는 이사회의 결의에 의하여 결정된 급여지급기준에 의하여 지급하는 금액을 초과하여 지급하거나, 정당한 사유 없이 동일 직위에 있는 지배주주 등 외의 임원에게 지급하는 금액을 초과하여 보수를 지급한 경우 그 초과금액은 손금에 산입하지 아니하는 것이며, 임원에게 지급한 특별상여금이 사실상 이익처분에 해당하는 경우에는 이를 손금에 산입하지 아니하는 것으로, 이에 해당하는지 여부는 사실판단 할 사항임(법인세과-4200, 2008.12.29.).

3. 자기주식을 상여로 지급하는 경우 손금산입 방법

자기주식을 당해 법인의 임직원에게 상여로 지급하는 경우 자기주식의 시가(임직원으로부터 일부 수령하는 대가는 차감)를 당해 법인의 각 사업연도 소득금액 계산 시 손금에 산입(임원의 경우 법인세법 시행령 제43조 제2항의 규정에 의한 급여지급기준 내의 것에 한함)하는 것이며, 상여금으로 지급한 자기주식의 장부가액과 시가와의 차이를 당해 법인의 각 사업연도 소득금액 계산상 익금 또는 손금에 산입하는 것임(서면-2023-법인-2600, 2023.9.22.).

CHAPTER

04 퇴직급여

1 개 요

퇴직금이란 임원 또는 직원의 퇴직을 지급사유로 하는 급여이다. 그럼에도 불구하고, 현실적으로 퇴직하지 않은 임원 또는 직원에 대하여 임의로 퇴직금을 지급하는 경우에는 이를 손금에 산입하지 않는다(법령 44 ①). 또한, 임원 상여금과 마찬가지로 임원의 퇴직금에 대하여는 일정한도를 두어 한도 초과 시 손금으로 인정하지 않고 있다.

2 현실적인 퇴직

현실적으로 퇴직하지 아니한 임원 또는 직원에게 지급한 퇴직급여는 해당 임원 또는 직원이 현실적으로 퇴직할 때까지 업무무관 가지급금으로 보아 지급이자 손금불산입 및 인정이자 규정을 적용한다(법칙 22 ②).

(1) 현실적인 퇴직에 해당하는 경우

현실적인 퇴직은 법인이 퇴직급여를 실제로 지급한 경우로서 다음 중 어느 하나에 해당하는 경우를 포함하는 것으로 한다(법령 44 ②, 법집 26-44-3 ①).

① 법인의 직원이 해당 법인의 임원으로 취임한 때
② 법인의 임원 또는 직원이 그 법인의 조직변경 · 합병 · 분할 또는 사업양도에 의하여 퇴직한 때
③ 「근로자퇴직급여 보장법」에 따라 퇴직급여를 중간정산(종전에 퇴직급여를 중간정산하여 지급한 적이 있는 경우에는 직전 중간정산 대상기간이 종료한 다음 날부터 기산하여 퇴직급여를 중간정산한 것을 말한다)

하여 지급한 때

④ 정관 또는 정관에서 위임된 퇴직급여지급규정에 따라 장기 요양 등 다음의 사유로 그때까지의 퇴직급여를 중간정산하여 임원에게 지급한 때

(a) 중간정산일 현재 1년 이상 주택을 소유하지 아니한 세대의 세대주인 임원이 주택을 구입하려는 경우(중간정산일부터 3개월 내에 해당 주택을 취득하는 경우만 해당)

(b) 임원(임원의 배우자 및 「소득세법」 제50조 제1항 제3호에 따른 생계를 같이하는 부양가족을 포함)이 3개월 이상의 질병 치료 또는 요양을 필요로 하는 경우

(c) 천재 · 지변, 그 밖에 이에 준하는 재해를 입은 경우

⑤ 법인의 직영차량 운전기사가 법인소속 지입차량의 운전기사로 전직하는 경우

⑥ 법인의 임원 또는 사용인이 사규에 의하여 정년퇴직을 한 후 다음 날 동 법인의 별정직 사원(촉탁)으로 채용된 경우

⑦ 합병으로 소멸하는 피합병법인의 임원이 퇴직급여지급규정에 따라 퇴직급여를 실제로 지급받고 합병법인의 임원이 된 경우

⑧ 법인의 상근임원이 비상근임원으로 된 경우

(2) 현실적인 퇴직에 해당하지 않는 경우

다음 중 어느 하나에 해당하는 경우에는 현실적인 퇴직으로 보지 아니한다(법집 26-44-3 ②).

① 임원이 연임된 경우

② 법인의 대주주 변동으로 인하여 계산의 편의, 기타 사유로 전사용인에게 퇴직급여를 지급한 경우

③ 외국법인의 국내지점 종업원이 본점(본국)으로 전출하는 경우

④ 정부투자기관 등이 민영화됨에 따라 전종업원의 사표를 일단 수리한 후 재채용한 경우

⑤ 「근로자퇴직급여 보장법」 제8조 제2항에 따라 퇴직급여를 중간정산하기로 하였으나 이를 실제로 지급하지 아니한 경우. 다만, 확정된 중간정산 퇴직급여를 회사의 자금사정 등을 이유로 퇴직급여 전액을 일시에 지급하지 못하고 노사합의에 따라 일정기간 분할하여 지급하기로 한 경우에는 그 최초 지급일이 속하는 사업연도의 손금에 산입한다.

⑥ 법인분할에 있어서 분할법인이 분할신설법인으로 고용을 승계한 임직원에게 퇴직금을 실제로 지급하지 아니하고 퇴직급여충당금을 승계한 경우

⑦ 법인의 임원 또는 사용인이 특수관계 있는 법인으로 전출하는 경우에 전입법인이 퇴직급여상당액을 인수하여 퇴직급여충당금으로 계상한 때

(3) 「근로자퇴직급여 보장법」에 따른 퇴직금 중간정산

사용자는 주택구입 등 대통령령으로 정하는 사유로 근로자가 요구하는 경우에는 근로자가 퇴직하기 전에 해당 근로자의 계속근로기간에 대한 퇴직금을 미리 정산하여 지급할 수 있다. 이 경우 미리 정산하여 지급한 후의 퇴직금 산정을 위한 계속근로기간은 정산시점부터 새로 계산한다(근퇴법 8 ②). 중간정산을 할 수 있는 "주택구입 등 대통령령으로 정하는 사유"란 다음의 경우를 말한다(근퇴령 3 ①). 사용자는 중간정산 사유에 따라 퇴직금을 미리 정산하여 지급한 경우 근로자가 퇴직한 후 5년이 되는 날까지 관련 증명 서류를 보존하여야 한다(근퇴령 3 ②).

① 무주택자인 근로자가 본인 명의로 주택을 구입하는 경우
② 무주택자인 근로자가 주거를 목적으로 「민법」 제303조에 따른 전세금 또는 「주택임대차보호법」 제3조의 2에 따른 보증금을 부담하는 경우. 이 경우 근로자가 하나의 사업 또는 사업장(이하 "사업"이라 한다)에 근로하는 동안 1회로 한정한다.
③ 근로자가 6개월 이상 요양을 필요로 하는 근로자 본인, 근로자의 배우자, 근로자 또는 그 배우자의 부양가족의 질병이나 부상에 대한 의료비를 해당 근로자가 본인 연간 임금총액의 12.5%를 초과하여 부담하는 경우
④ 퇴직금 중간정산을 신청하는 날부터 역산하여 5년 이내에 근로자가 「채무자 회생 및 파산에 관한 법률」에 따라 파산선고를 받은 경우
⑤ 퇴직금 중간정산을 신청하는 날부터 역산하여 5년 이내에 근로자가 「채무자 회생 및 파산에 관한 법률」에 따라 개인회생절차개시 결정을 받은 경우
⑥ 사용자가 기존의 정년을 연장하거나 보장하는 조건으로 단체협약 및 취업규칙 등을 통하여 일정 나이, 근속시점 또는 임금액을 기준으로 임금을 줄이는 제도를 시행하는 경우
⑦ 사용자가 근로자와의 합의에 따라 소정근로시간을 1일 1시간 또는 1주 5시간 이상 단축함으로써 단축된 소정근로시간에 따라 근로자가 3개월 이상 계속 근로하기로 한 경우
⑧ 법률 제15513호 「근로기준법」 일부 개정법률의 시행에 따른 근로시간의 단축으로 근로자의 퇴직금이 감소되는 경우
⑨ 재난으로 피해를 입은 경우로서 고용노동부장관이 정하여 고시하는 사유에 해당하는 경우
  ㉠ 「재난 및 안전관리기본법」 제66조 제1항의 자연재난 및 사회재난 중 특별재난지역으로 선포된 지역의 재난이 발생한 지역의 주거시설이 유실 · 전파 또는 반파된 피해. 이 경우 주거시설은 가입자, 배우자, 「소득세법」에 따른 근로자(배우자 포함)와 생계를 같이하는 부양가족이 거주하는 시설로 한정한다.
  ㉡ 「재난 및 안전관리기본법」 제66조 제1항의 자연재난 및 사회재난 중 특별재난지역으로 선포된 지역의 재난으로 인해 가입자의 배우자, 「소득세법」에 따른 근로자(배우자 포함)와 생계를 같이하는 부양가족이 실종된 경우
  ㉢ 「재난 및 안전관리기본법」 제66조 제1항의 자연재난 및 사회재난 중 특별재난지역으로 선포한 지역의 재난으로 인해 가입자가 15일 이상의 입원 치료가 필요한 피해를 입은 경우

실무포인트

1. 중간정산 퇴직금의 지급여부와 현실적 퇴직

(1) 중간정산 퇴직금의 미지급 시 현실적인 퇴직인정 여부

「법인세법 시행령」에 따르면 현실적 퇴직은 퇴직급여를 실제 지급한 경우로 규정하여, 중간정산과 같이 실제 퇴직이 아닐 경우 손금으로 인정되는 것은 현금주의에 따르며, 세법상 인정하는 예외적인 규정이므로 일반적인 퇴직금의 손금 귀속시기에 따라야 한다고 보기는 어려워 실제로 지급한 퇴직급여만 손금으로 인정함이 타당함(조심 2017부0573, 2017.9.26.).

(2) 퇴직급여과 가지급금을 상계한 경우 퇴직인정 여부

① 퇴직급여와 가지급금을 상계한 것에 대하여 현실적 퇴직이 아닌 것으로 보아 퇴직급여를 손금불산입하고 상계된 가지급금에 대하여 인정이자 및 지급이자 손금불산입하여 과세한 처분은 부당함(조심 2011중3362, 2011.12.28.).

② 법인이 임원에 대하여 가지고 있는 가지급금 채권과 임원이 법인에 대하여 가지고 있는 퇴직금 채권을 상계한 것을 청구법인과 AA의 상계에 의하여 실제 지급된 쟁점퇴직금을 청구법인이 지급하지 않은 것으로 보아 청구법인의 2015사업연도에 손금불산입하여 청구법인에게 법인세를 과세하고 대표이사 상여로 소득금액변동통지를 한 이 건 처분은 잘못이 있다고 판단됨(조심-2021-부-0891, 2021.6.23.).

(3) 일부기간만 중간정산하는 경우 현실적인 퇴직에 해당되지 아니함

법인이 「근로자퇴직급여 보장법」 제8조 제2항에 따라 퇴직금중간정산을 함에 있어 근로자가 퇴직하기 전에 계속 근로한 기간 중 중간의 일부기간에 대하여만 중간정산을 실시하여 지급하는 때에는 「법인세법 시행령」 제44조 제2항의 현실적인 퇴직에 해당하지 아니하는 것임(법인세과-1181, 2012.12.27. ⋯▸ 법규과-1885, 2012.12.21.).

2. 임원이 주택구입 시 중간정산 사유에 해당하는지 여부

(1) 배우자 명의로 주택을 구입하는 경우 중간정산 사유에 해당 안 됨

중간정산일 현재 1년 이상 주택을 소유하지 아니한 세대의 세대주인 대표이사의 배우자 명의로 주택을 구입하기 위하여 해당 대표이사에게 퇴직급여를 중간정산하여 지급하는 것은 중간정산 사유에 해당하지 않는 것임(서면법인-2925, 2020.4.20.).

(2) 부부 공동 명의로 주택을 구입하는 경우 중간정산 사유에 해당됨

내국법인이 퇴직급여 중간정산일 현재 1년 이상 주택을 소유하지 아니한 세대의 세대주로서 중간정산일부터 3개월 내에 부부공동명의로 주택을 취득하고자 하는 임원에게 정관 또는 정관에서 위임된 퇴직급여지급규정에 따라 퇴직급여를 중간정산하여 지급하는 경우 해당 퇴직급여에 대하여 「법인세법 시행령」 제44조 제2항 제5호 및 「법인세법 시행규칙」 제22조 제3항 제1호를 적용하여 손금에 산입할 수 있는 것임(서면법령법인 2021-1320, 2021.5.20.).

(3) 1년 이상 무주택 세대주의 의미
퇴직급여 중간정산일 현재 내국법인의 임원이 속한 세대가 1년 이상 주택을 소유하지 아니하고, 해당 임원이 세대주로서 기간이 1년 미만인 경우 해당 내국법인이 해당 임원에게 주택취득자금으로 지급하는 퇴직급여는 손금에 산입할 수 있음(서면법령법인-5117, 2021.9.17.).

(4) 퇴직금 중 일부 금액으로 주택을 취득하는 경우도 중간정산 사유에 해당됨
퇴직급여 중간정산일을 기준으로 1년 이상 무주택 세대주인 기업의 임원이 주택취득 목적으로 퇴직급여를 중간 정산한 후 중간정산금 중 일부 금액으로 주택을 취득한 경우에는 법인세법 시행령 제44조 제1항 · 제2항 및 같은 법 시행규칙 제22조 제3항 제1호에 따라 퇴직금 중간정산액 전액을 손금에 산입하는 것임(기획재정부 법인세제과-80, 2024.2.14.).

3. 임원 퇴직 후 직원으로 근무시 현실적인 퇴직으로 볼 수 있는지 여부

법인의 등기이사로 재직하던 자가 사임하여 해당 법인으로부터 임원 퇴직급여를 실제 지급받고 다시 직원으로 근무하는 경우에는 「법인세법 시행령」 제44조 제1항에 따른 현실적인 퇴직으로 보는 것임. 다만, 해당 법인이 그 등기이사에게 퇴직급여를 지급한 것이 자금을 대여하기 위한 목적이라고 인정되는 경우에는 업무무관 가지급금으로 보는 것으로, 귀 질의가 이에 해당되는지 실제 내용에 따라 사실판단할 사항임(사전법령해석법인 20196-562, 2019.11.5.).

3 임원퇴직금

법인이 임원에게 지급한 퇴직급여 중 다음 중 하나에 해당하는 금액을 초과하는 금액은 손금에 산입하지 아니한다(법령 44 ④ · ⑤). 임원에게 지급한 퇴직금 중 법인세법 시행령 제44조 제4항에 규정하는 한도를 초과함으로써 익금에 산입한 금액은 이를 그 임원에 대한 상여로 처분한다(법기통 67-106…4).

(1) 규정이 없는 경우

다음 산식에 의하여 계산된 임원퇴직금 한도액을 적용한다.

$$\text{한도액} = \text{퇴직 직전 1년간 총급여} \times \frac{1}{10} \times \text{근속기간}$$

① 퇴직 직전 1년간 총급여

그 임원이 퇴직하는 날부터 소급하여 1년 동안 해당 임원에게 지급한 총급여액은 「소득세법」 규정에 따라 근로의 제공으로 받는 봉급 · 급료 · 보수 · 세비 · 임금 · 상여 · 수당과 이와 유사한 성질의 급여 및 잉여금 처분에 의한 상여를 포함한다. 다만, 「소득세법」상 비과세소득과 손금불산입된 금액은 제외한다.

② 근속연수

역년에 의하여 계산한 근속연수를 말하며, 이 경우 1년 미만의 기간은 월수로 계산하되, 1개월 미만의 기간은 이를 산입하지 아니한다(법칙 22 ⑤). 근속연수는 역년에 따라 계산하며, 1년 미만의 기간은 월수로 계산하되 1개월 미만의 기간은 없는 것으로 한다. 이 경우 사용인에서 임원으로 된 때에 퇴직금을 지급하지 아니한 임원에 대한 근속연수는 사용인으로 근무한 기간을 포함한다(법집 26-44-2).

(2) 규정이 있는 경우

정관 또는 정관에서 위임된 퇴직급여지급규정에서 퇴직급여 및 퇴직위로금 등으로 지급할 금액이 정하여진 경우에는 정관 등에 정하여진 금액을 한도로 한다.

'정관에서 위임된 퇴직급여지급규정'이란 당해 위임에 의한 임원퇴직급여지급규정의 의결내용 등이 정당하고 특정임원의 퇴직 시마다 퇴직급여를 임의로 지급할 수 없는 일반적이고 구체적인 기준을 말하는 것으로 당해 지급규정의 내용에 따라 임원퇴직 시마다 계속 · 반복적으로 적용하여 온 규정이어야 한다(국심 95부3119, 1996.5.27.; 서면2팀-1499, 2004.7.16.; 서면1팀-1059, 2004.7.30.). 따라서 정관에 정하여진 임원의 퇴직급여지급기준은 원칙적으로 임원별로 퇴직급여지급액이 정하여져 있거나 퇴직급여를 계산할 수 있는 정도의 기준을 정하고 구체적이고 세부적인 사항을 퇴직급여지급기준 등에 위임한 경우에도 적법한 규정으로 보며(서면2팀-747, 2005.5.31.), 당해 임원의 퇴직일 현재의 규정을 말한다(법인 22601-1497, 1989.4.21.). 임원이 퇴직함에 따라 퇴직급여를 지급함에 있어서 정관에 퇴직급여를 계산할 수 있는 기준을 정한 후 동 기준과 함께 정관의 위임규정에 따라 정한 퇴직급여지급규정에 의하여 지급한 퇴직급여는 손금에 산입한다(재법인 46012-130, 1996.9.25.).

실무포인트 **임원 퇴직금 규정 예시**

정 관

제xx조 【이사의 보수와 퇴직급여】

① 이사의 보수는 주주총회의 결의로 이를 정한다.

② 이사의 퇴직급여의 지급은 주주총회결의를 거친 임원퇴직급여 지급규정에 의한다.

제xx조 【감사의 보수와 퇴직급여】

① 감사의 보수와 퇴직급여에 관하여는 제xx조의 규정을 준용한다.

② 감사의 보수를 결정하기 위한 의안은 이사의 보수결정을 위한 의안과 구분하여 상정·의결하여야 한다.

임원퇴직급여 지급규정

제1조 【목적】 이 규정은 회사임원의 퇴직급여지급에 관한 사항을 정함을 목적으로 한다.

제2조 【적용범위】 ① 이 규정은 이사 이상의 임원에 대하여 적용한다.

② 임원에 준하는 대우를 받더라도 별도의 계약에 의하여 근무하는 자는 그 별도의 계약에 의한다.

제3조 【주관부서】 임원퇴직급여지급에 관한 업무의 주관부서는 본사 인사부로 한다.

제4조 【퇴직금의 산정】 ① 임원의 퇴직급여 산정은 [평균임금(기본금+상여금)×재임연수×지급률]로 한다.

② 지급률은 다음과 같다.

직 위	지급기준	지 급 률
사 장	재임연수 1년	5개월분
전무이사	재임연수 1년	4개월분
상무이사	재임연수 1년	3.5개월분
상근이사	재임연수 1년	2개월분
상임감사	재임연수 1년	상응하는 직위에 준함

제5조 【재임연수의 계산】 ① 재임기간은 선임일자로부터 실근무 종료일까지로 한다.

② 1년 미만의 기간은 월할계산하고 1개월 미만의 기간은 1개월로 계산한다.

③ 재임기간은 1년 미만이라도 월할계산한다.

제6조 【연임임원에 대한 계산】 임원이 각 직위를 연임하였을 경우에는 퇴직 당시 평균임금(기본급+상여금)을 기준으로 각 직위별 지급률에 해당 직위의 재임기간을 곱한 금액을 합산하여 지급한다.

제7조 【임원퇴직금의 중간정산】 임원의 퇴직급여는 다음 사유가 있는 경우에 퇴직급여를 중간정산하여 지급할 수 있다. 퇴직급여를 중간정산한 이후에는 중간정산시점부터 새로 근무연수를 기산하여 퇴직급여를 계산한다.

① 중간정산일 현재 1년 이상 주택을 소유하지 아니한 세대의 세대주인 임원이 주택을 구입하려는 경우(중간정산일부터 3개월 내에 해당 주택을 취득하는 경우에 한함)
② 임원 또는 임원의 부양가족이 3개월 이상의 질병 치료 또는 요양을 필요로 하는 경우
③ 천재 · 지변, 그 밖에 이에 준하는 재해를 입은 경우
④ 기타 위에 준하는 사유가 있는 경우

부 칙

제1조 【시행일】 이 규정은 주총결의를 거친 날부터 시행한다.

실무포인트

1. 임원퇴직금 규정의 인정 여부

(1) 임원 퇴직급여규정을 인정하는 경우

① 정관에서 임원퇴직금의 지급을 주주총회의 결의를 거친 임원퇴직급여지급규정에 의하도록 하고 주주총회에서 결의한 퇴직급여지급규정에 의하여 지급하는 퇴직급여는 정관에 퇴직금으로 지급할 금액이 정하여진 것으로 봄(법인 46012-1733, 1997.6.27.).

② 퇴직금지급규정은 일반적이고 구체적으로 적용되어야 하고, 퇴직 시마다 계속적 · 반복적으로 적용되는 것이어야 하며, '일반적이고 구체적'이라 함은 누구라도 적용할 수 있어야 하고, 누가 적용하더라도 같은 결론이 도출될 수 있어야 하는 것을 의미하는 것이라고 보아야 할 것인바, 청구법인의 경우 특정임원에 대하여는 지급배율이 기타임원에 비하여 높은 경향이 있는 것은 사실이나, 청구법인이 정한 정관에 따라 주주총회에서 의결한 임원퇴직금지급규정에서 특정임원뿐만 아니라 기타임원에 대하여도 근속연수별로 일률적인 지급기준을 정한 것으로서 실제 기타임원에 대하여도 같은 지급규정에 의하여 퇴직금을 지급한 사실이 인정되는 점에 비추어, 단지 특정임원에게 높은 배율의 퇴직금을 지급하였다 하여 이러한 사실로 청구법인의 퇴직급여 지급에 대하여 모두 부당행위계산부인 적용대상으로 보기에는 어려움이 있는 것으로 판단된다(조심 2008부0420, 2008.9.16.).

(2) 임원 퇴직급여규정을 인정하지 않는 경우

① 임원에게 지급할 퇴직금을 정관 등에 정하지 아니하고 주주총회의 결의에 의하여 지급하는 경우에는 정관에 퇴직급여로서 지급할 금액이 정하여진 것으로 보지 아니함(법인 46012-1043, 1997.4.14.).

② 정관에 의한 퇴직금 위임규정이 없는 경우로서 희망 퇴직하는 임원에게 이사회 결의에 의하여 지급하는 퇴직위로금은 정관에 의한 퇴직금 지급금액으로 보지 않음(서면인터넷방문상담1팀-1499, 2004.7.20.).

③ 임원의 퇴직급여지급규정이 불특정다수를 대상으로 지급배율을 정하지 아니하고 개인별(대표이사 : 9배수, 김××이사 : 5배수, 박××이사 : 3배수 등)로 지급배율을 정하는 경우에는 법인세법시행령 제44조 제4항에서 규정하는 정관에서 위임된 퇴직급여 지급규정으로 볼 수 없으며 특수관계자인 특정임원에게만 정당한 사유 없이 지급배율을 차별적으로 높게 정한 경우에는 부당행위계산부인의 대상이 된다(서면2팀-747, 2005.5.31.; 서면2팀-594, 2007.4.5.).

(3) 퇴직급여규정의 소급적용 여부

법인의 퇴직급여지급규정이 불특정다수를 대상으로 지급배율을 정하지 아니하고 개인별로 지급배율을 정하는 경우에는 「법인세법 시행령」 제44조 제4항에서 규정하는 정관에서 위임된 퇴직급여지급규정으로 볼 수 없는 것이며, 특수관계자인 특정임원에게만 정당한 사유 없이 지급배율을 차별적으로 높게 정하는 경우에는 「법인세법」 제52조의 부당행위계산 부인규정이 적용되는 것이고, 임원이 퇴직하기 전에 규정을 개정한 경우에는 당해 규정의 개정 전까지의 근속기간에 대하여도 개정된 규정을 적용할 수 있는 것임(서이 46012-11540, 2003.8.25.).

2. 정관에 의한 임원퇴직금 규정을 인정하지 않은 판례

① 임원에게 임의로 퇴직금을 지급하기 위한 방편으로 지배주주 등의 지배력에 의해 정관이 급조되었다거나, 정관에서 특정 임원에게만 정당한 이유 없이 퇴직금액을 고액으로 정하거나 지급배율을 차별적으로 높게 정하였다는 등의 특별한 사정이 있다면 계속적이고 반복적으로 적용하여 온 일반적이고 구체적인 지급규정으로 볼 수 없음(서울고법 2017누52872, 2017.8.31.).

* 저자주 : 쟁점이 되는 임원이 퇴직하기 1년여 전에 임시주주총회에서 임원퇴직금 규정이 결의되었고, 쟁점 임원 외에는 퇴직 시 임원퇴직금 규정을 적용하지 않아 정당한 임원퇴직금 규정으로 인정되지 않았던 판례임.

② 임원 퇴직급여 규정이 근로 등의 대가로서 퇴직급여를 지급하려는 것이 아니라 퇴직급여의 형식을 빌려 특정 임원에게 법인의 자금을 분여하기 위한 일시적인 방편으로 마련된 것이라면, 이는 구 「법인세법 시행령」 제44조 제4항 제1호 또는 제5항에서 정한 임원 퇴직급여 규정에 해당하지 아니한다고 볼 것이다. 따라서 임원 퇴직급여 규정이 종전보다 퇴직급여를 급격하게 인상하여 지급하는 내용으로 제정 또는 개정되고, 그 제정 또는 개정에 영향을 미칠 수 있는 지위에 있거나 그와 밀접한 관계에 있는 사람이 퇴직임원으로서 급격하게 인상된 퇴직급여를 지급받게 되며, 그에 따라 지급되는 퇴직급여액이 해당 퇴직임원의 근속기간이나 근무내용 또는 다른 비슷한 규모의 법인에서 지급되는 퇴직급여액 등에 비추어 볼 때 도저히 재직기간 중의 근로나 공헌에 대한 대가라고 보기 어려운 과다한 금액이고, 그 규정 자체나 해당 법인의 재무상황 또는 사업전망 등에

비추어 그 이후에는 더 이상 그러한 퇴직급여가 지급될 수 없을 것으로 인정되는 등 특별한 사정이 있는 경우에는, 그 퇴직급여 규정은 실질적으로 근로의 대가로서 퇴직급여를 지급하기 위한 것이 아니라 퇴직급여의 형식을 빌려 그 임원에게 법인의 자금을 분여하기 위한 일시적 방편에 불과하다고 볼 것이므로, 이 경우에는 구 「법인세법 시행령」 제44조 제4항 제2호의 규정에 따라 산정되는 금액을 넘는 부분은 퇴직급여로 손금에 산입될 수 없다고 할 것이다. 그리고 그와 같은 일시적인 방편에 불과한 임원 퇴직급여 규정을 만든 법인이 특정 임원에게 퇴직급여의 형식으로 법인의 자금을 분여하기 위하여 그 임원의 퇴직 직전에 퇴직급여의 산정 기초가 되는 월 급여를 아무런 합리적인 이유 없이 인상한 경우에는 인상되기 전의 월 급여를 기초로 하여 산정되는 금액만이 퇴직급여로 손금산입 대상이 된다고 보아야 한다(대법원 2015두50153, 2016.2.18.).

4 소득세법상 임원 퇴직소득

(1) 소득세법상 임원퇴직금 한도 규정

소득세법에서는 임원에게 지급하는 퇴직소득금액이 다음의 한도를 초과하는 경우 그 초과하는 금액은 근로소득으로 본다(소법 22 ③).

(1) 2020.1.1. 이후

퇴직한 날부터 소급하여 3년 (근무기간이 3년 미만인 경우 해당 근무기간) 동안 지급받은 총급여의 연평균 환산액 $\times \frac{1}{10} \times \frac{\text{2020년 1월 1일 이후의 근무기간(月)}}{12} \times 2$

(2) 2019.12.31. 이전

2019.12.31.부터 소급하여 3년 (근무기간이 3년 미만인 경우 해당 근무기간) 동안 지급받은 총급여의 연평균 환산액 $\times \frac{1}{10} \times \frac{\text{2012년 1월 1일부터 2019년 12월 31일까지의 근무기간}}{12} \times 3$

※ 근무기간 : 개월 수로 계산(1개월 미만의 기간이 있는 경우 1개월로 봄)
총 급 여 : 소득세법 제20조에 따른 근로소득(비과세 소득은 제외)을 합산

위 소득세법상 임원퇴직금한도 규정은 2012.1.1. 신설되어 적용되는 것이므로, 임원의 퇴직소득금액 한도 계산 '2011년 12월 31일에 퇴직하였다고 가정할 때 지급받을 퇴직소득금액'이 있는 경우에는 그 금액을 빼고 한도초과 금액을 계산한다. 여기서 '2011년 12월 31일

에 퇴직하였다고 가정할 때 지급받을 퇴직소득금액'이란 퇴직소득금액에 2011년 12월 31일 이전 근무기간을 전체 근무기간으로 나눈 비율을 곱한 금액으로 한다. 다만, 2011년 12월 31일에 정관 또는 정관의 위임에 따른 임원 퇴직급여지급규정이 있는 법인의 임원이 2011년 12월 31일에 퇴직한다고 가정할 때 해당 규정에 따라 지급받을 퇴직소득금액을 적용하기로 규정하는 경우에는 이를 선택할 수 있다.

(2) 법인세법상 임원퇴직금 한도규정과의 관계

임원이 퇴직하는 경우 임원에 대한 퇴직금 한도초과 규정의 적용방법은 먼저 법인세법상 임원퇴직금한도를 적용하여, 한도초과금액은 손금불산입하고 근로소득으로 과세하며, 한도 이내 금액은 손금으로 인정한다. 이때 법인세법상 손금으로 인정된 금액에 대하여 다시 소득세법상 임원퇴직금한도 규정을 적용하여, 한도 이내 금액은 퇴직소득으로 과세하고, 한도초과금액은 근로소득으로 과세한다.

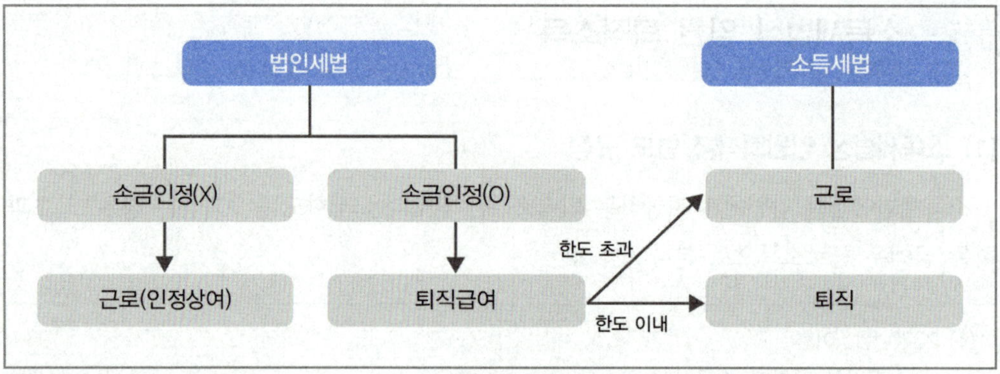

사 례

㈜택스에듀에서 근무하는 이사 김윤호는 2025.12.31.에 퇴사(입사일 : 2014.1.1.)하기로 했다. 당사는 김윤호에게 3억원을 퇴직급여로 지급하였다. 아래의 추가자료를 참고하여 김윤호의 2025년 근로소득과 퇴직소득을 구하시오.

> 정 관
>
> ⋮
>
> 제4조【퇴직금의 계산】

(1) 퇴직금은 아래의 금액으로 한다.

퇴직한 날부터 소급하여 3년(근무기간이 3년 미만인 경우 해당 근무기간) 동안 지급받은 총급여의 연평균 환산액	$\times \frac{1}{10} \times \frac{\text{전체근무기간개월수}}{12} \times$ 지급률

(2) 지급률은 근속기간에 따라 다음과 같으며, 퇴직 시 직위에 따른 지급률을 근무기간 전체에 적용한다.

직 위	지급률
대표이사, 이사, 감사	3배수

[연도별 급여 총액]

2017	2018	2019	2022	2023	2024	2025	총 액
62,400,000	60,000,000	61,200,000	62,400,000	63,600,000	66,000,000	68,400,000	444,000,000

[근속월수]

2014.01.01.~2019.12.31. : 72월

2020.01.01.~2025.12.31. : 72월

풀이

1. 법인세법상 임원퇴직금 세무조정
   (1) 회사계상액 : 300,000,000원
   (2) 법인세법상 한도
   66,000,000×1/10×144/12×3=237,600,000
   (3) 세무조정
   300,000,000원−237,600,000원=62,400,000원(손금불산입, 상여)

2. 소득세법상 임원퇴직금 한도초과 검토
   (1) 법인세법상 손금인정액 : 237,600,000원
   (2) 소득세법상 한도=189,360,000원
   ① 퇴직일(2025.12.31.) 기준
   직전 3년간 급여 총액 : 198,000,000원

직전 3년간 급여 총액	3년간 급여 연평균환산액*	기준 급여**	배수	퇴직금
198,000,000	66,000,000	39,600,000	2	79,200,000

* 198,000,000/3

** 66,000,000×1/10×72/12

② 2019.12.31. 기준(2019년 직전 3년간 급여 총액은 183,600,000원이다.)

직전 3년간 급여 총액	3년간 급여 연평균환산액*	기준 급여**	배수	퇴직금
183,600,000	61,200,000	36,720,000	3	110,160,000

* 183,600,000/3

** 61,200,000×1/10×72/12

(3) 소득세법상 한도 초과액(근로소득)

237,600,000원(법인세법상 한도)－189,360,000원(소득세법상 한도)＝48,240,000원

3. 퇴직소득 및 근로소득

(1) 퇴직소득 : 189,360,000원

(2) 근로소득

＝62,400,000원(법인세법상 한도 초과액)＋48,240,000원(소득세법상 한도 초과액)＝110,640,000원

5 퇴직급여충당부채

(1) 개 요

퇴직급여충당부채의 설정액으로 회계처리된 금액과 「법인세법」상 한도액을 비교하여 한도 초과분에 대하여는 손금불산입으로 세무조정하고 유보로 소득처분한다.

회계처리	(차) 퇴 직 급 여 (대) 퇴직급여충당부채	한도초과액 〈손금불산입〉 (유보)
법인세법	퇴직급여충당부채 한도액	

(2) 회계처리

퇴직급여충당부채는 보고기간 말 현재 전종업원이 일시에 퇴직할 경우 지급하여야 할 퇴직금에 상당하는 금액으로 한다(일반회계기준 21.8). 따라서 보고기간 말 퇴직급여충당부채에서 설정 전 장부가액을 차감한 잔액을 기말 결산 시 퇴직급여충당부채로 인식한다. 이때 인식하는 퇴직급여충당부채는 다른 일반기업회계기준에 따라 해당 급여를 자산의 원가에 포함하는 경우를 제외하고는 비용으로 인식한다(일반회계기준 21.5).

(차) 퇴 직 급 여	×××	(대) 퇴직급여충당부채	×××

퇴직금 제도를 설정하려는 사용자는 계속근로기간 1년에 대하여 30일분 이상의 평균임금을 퇴직금으로 퇴직 근로자에게 지급할 수 있는 제도를 설정하여야 한다(근퇴법 8 ①). 다만, 계속근로기간이 1년 미만인 근로자, 4주간을 평균하여 1주간의 소정근로시간이 15시간 미만인 근로자에 대하여는 그러하지 아니하다(근퇴법 4 ①).

(최근 3개월 급여/3+연간상여/12)×1/365×근속일수

평균임금이란 이를 산정하여야 할 사유가 발생한 날 이전 3개월 동안에 그 근로자에게 지급된 임금의 총액을 그 기간의 총일수로 나눈 금액을 말한다(근기법 2 ①). 다만, 평균임금으로 산출된 금액이 그 근로자의 통상임금보다 적으면 그 통상임금액을 평균임금으로 한다(근기법 2 ②).

(3) 퇴직급여충당금 한도액

내국법인이 각 사업연도의 결산을 확정할 때 임원이나 직원의 퇴직급여에 충당하기 위하여 퇴직급여충당금을 손비로 계상한 경우에는 다음 산식에 따라 계산한 금액의 범위에서 그 계상한 퇴직급여충당금을 해당 사업연도의 소득금액을 계산할 때 손금에 산입한다(법법 33 ①).

손금산입한도=MIN[① 추계액기준 한도, ② 총급여액기준 한도]

① 퇴직금추계액×0%−세무상 퇴직급여충당금 잔액+퇴직금전환금
② 퇴직급여의 지급대상이 되는 임원 또는 사용인의 총급여액×5%

1) 퇴직금추계액 기준 한도

추계액 기준 한도=퇴직금추계액×0%−세무상 퇴직급여충당금 잔액+퇴직금전환금

① **퇴직금추계액**(법령 60 ②)

퇴직금추계액=Max[일시퇴직기준 금액, 보험수리적 기준 금액]

(a) 일시퇴직기준이란 해당 사업연도 종료일 현재 재직하는 임원 또는 직원의 전원이 퇴직할 경우에 퇴직급여로 지급되어야 할 금액의 추계액을 말한다(법령 60 ②).

퇴직급여로 지급되어야 할 금액의 추계액이라 함은 정관 기타 퇴직급여지급에 관한 규정에 의하여 계산한 금액을 말한다. 다만, 퇴직급여지급에 관한 규정 등이 없는 법인의 경우에는 「근로자퇴직급여 보장법」이 정하는 바에 따라 계산한 금액으로 한다(법칙 31 ①).

(b) 보험수리적 기준금액이란 매 사업연도 말일 현재를 기준으로 산정한 가입자의 예상 퇴직시점까지의 가입기간에 대한 급여에 드는 비용 예상액의 현재가치에서 장래 근무기간분에 대하여 발생하는 부담금 수입 예상액의 현재가치를 뺀 금액으로서 고용노동부령으로 정하는 방법에 따라 산정한 금액을 말한다(근퇴법 16 ①).

② 설정률

개시하는 사업연도	한도액
2010.1.1.~2010.12.31.	퇴직금추계액×30%
2011.1.1.~2011.12.31.	퇴직금추계액×25%
2012.1.1.~2012.12.31.	퇴직금추계액×20%
2013.1.1.~2013.12.31.	퇴직금추계액×15%
2014.1.1.~2014.12.31.	퇴직금추계액×10%
2015.1.1.~2015.12.31.	퇴직금추계액×5%
2016.1.1. 이후	퇴직금추계액×0%

③ 세무상 퇴직급여충당금 잔액

세무상 퇴직급여충당금 잔액은 다음과 같이 계산한다.

세무상 퇴직급여충당금 잔액＝재무상태표상 전기이월액－당기 감소액±유보

④ 퇴직금전환금

퇴직금전환금이란 「근로기준법」에 의한 퇴직금 준비금에서 일정액을 연금보험료로 전환하여 납부하는 제도로서 1993년 1월부터 시행하다가 1999년 4월부터 폐지되었다. 납부한 퇴직금전환금은 「근로기준법」에 의한 퇴직금을 미리 지급한 것으로 보며, 가입자가 퇴직할 때 지급하는 퇴직금에서 퇴직금전환금으로 납부된 금액을 공제하고 지급한다. 현재는 본 제도가 폐지되었으나 회사에는 기존에 납입한 전환금이 남아 있는 경우가 있으므로 내국법인이 「국민연금법」에 의한 퇴직금전환금으로 계상한 금액은 이를 손금에 산입하는 퇴직급여충당금의 누적액의 한도액에 가산한다(법령 60 ④).

2) 총급여 기준한도

총급여액 기준한도＝퇴직급여의 지급대상이 되는 임원 또는 사용인의 총급여액×5%

① 퇴직급여의 지급대상이 되는 임원 또는 사용인

퇴직급여의 지급대상이 되는 임원 또는 직원에는 확정기여형 퇴직연금등이 설정된 자는 제외한다. 또한, 회사가 임원 또는 직원과 약정한 퇴직급여규정에서 1년 미만 근속자에게도 퇴직급여를 지급하기로 약정한 경우에는 1년 미만 근속자도 포함되는 것으로 한다(법령 60 ①).

② 총급여액

총급여액이란 「소득세법」 제20조 제1항의 근로소득을 말하나, 다음 중 (a)와 (b)만을 포함하며, (c)와 (d) 및 (e)는 포함하지 않는다. 또한, 「소득세법」상 비과세 근로소득과 「법인세법」에서 손금불산입된 금액은 제외한다.

소득세법 제20조 제1항 근로소득의 범위	총급여 포함 여부
(a) 근로를 제공함으로써 받는 봉급 · 급료 · 보수 · 세비 · 임금 · 상여 · 수당과 이와 유사한 성질의 급여	○
(b) 법인의 주주총회 · 사원총회 또는 이에 준하는 의결기관의 결의에 따라 상여로 받는 소득	○
(c) 「법인세법」에 따라 상여로 처분된 금액	×
(d) 퇴직함으로써 받는 소득으로서 퇴직소득에 속하지 아니하는 소득	×
(e) 종업원등 또는 대학의 교직원이 지급받는 직무발명보상금	×

(4) 충당금과 상계

퇴직급여충당금을 손금에 산입한 법인이 임원 또는 사용인에게 퇴직금을 지급하는 경우에는 당해 퇴직급여충당금에서 먼저 지급하여야 한다. 퇴직급여충당금을 계상한 법인이 퇴직하는 임원 또는 사용인에게 퇴직급여를 지급하는 때에는 개인별 퇴직급여충당금과는 관계없이 이를 동 퇴직급여충당금에서 지급하여야 한다(통칙 33－60…4). 또한, 법인이 임원 또는 직원에 대하여 확정기여형 퇴직연금 등을 설정하면서 설정 전의 근무기간분에 대한 부담금을 지출한 경우 그 지출금액은 퇴직급여충당금의 누적액에서 차감된 퇴직급여충당금에서 먼저 지출한 것으로 본다(법칙 24 ①).

한편, 퇴직급여충당금 설정액 중 손금불산입된 금액이 있는 법인이 퇴직급여를 지급하는 경우 손금산입한 퇴직급여충당금과 상계하고 남은 금액에 대하여는 기 손금불산입된 금액을 손금으로 추인한다(통칙 33-60…5).

(5) 특수관계 법인 간 전출입

법인이 임원(지배주주등 및 지배주주등과 특수관계에 있는 자 제외) 또는 직원에게 해당 법인과 특수관계인인 법인에 근무한 기간을 합산하여 퇴직급여를 지급하는 경우에는 퇴직급여상당액을 각 법인별로 안분하여 손금에 산입한다. 이 경우 해당 임원 또는 직원이 마지막으로 근무한 법인은 해당 퇴직급여에 대한 「소득세법」에 따른 원천징수 및 지급명세서의 제출을 일괄하여 이행할 수 있다(법령 44 ③).

1) 전입법인에게 퇴직급여 전액을 인계하는 경우

법인이 다음의 사유로 다른 법인 또는 사업자로부터 종업원(임원 또는 사용인)을 인수하면서 인수 시점에 전사업자가 지급하여야 할 퇴직급여상당액 전액을 인수(퇴직보험 등에 관한 계약의 인수 포함)하고 해당 종업원에 대한 퇴직급여 지급 시 전사업자에 근무한 기간을 통산하여 해당 법인의 퇴직급여지급규정에 따라 지급하기로 약정한 경우에는 해당 종업원에 대한 퇴직급여와 퇴직급여추계액은 전사업자에 근무한 기간을 통산하여 계산할 수 있다(법기통 33-60…2 ①).

① 다른 법인 또는 개인사업자로부터 사업을 인수(수 개의 사업장 또는 사업 중 하나의 사업장 또는 사업을 인수하는 경우 포함)한 때

② 법인의 합병 및 분할

③ 특수관계 법인 간의 전출입

2) 전입법인에게 퇴직급여를 인계하지 않거나 부족하게 인계하는 경우

인수당시에 퇴직급여상당액을 전사업자로부터 인수하지 아니하거나 부족하게 인수하고 전사업자에 근무한 기간을 통산하여 퇴직급여를 지급하기로 한 경우에는 인수하지 아니하였거나 부족하게 인수한 금액은 해당 법인에 지급의무가 없는 부채의 인수액으로 보아 종업원별 퇴직급여상당액명세서를 작성하고 인수일이 속하는 사업연도의 각 사업연도 소득금액 계산상 그 금액을 손금산입 유보처분함과 동시에 동액을 손금불산입하고 「법인세법 시행령」 제106조에 따라 전사업자에게 소득처분한 후, 인수한 종업원에 대한 퇴직급여지급일이 속하는 사업연도에 해당 종업원에 귀속되는 금액을 손금불산입 유보처분한다. 다

만, 특수관계인 간 전출입의 경우에는 「법인세법 시행령」 제44조 제3항에 따른다(법기통 33－60…2 ①).

실무포인트

1. 퇴직연금 미가입자에 대한 퇴직급여충당금 손금산입한도 산정방법

「법인세법 시행령」 제60조 제2항에 따른 퇴직급여충당금의 손금산입한도는 「근로자퇴직급여 보장법」에 따른 확정급여형퇴직연금제도 가입자에 대하여 같은 법 제16조 제1항 제1호에 따라 산정한 금액과 퇴직연금제도 미가입자의 전원이 퇴직할 경우에 퇴직급여로 지급되어야 할 금액의 추계액을 합한 금액을 임원 또는 사용인의 전원이 퇴직할 경우에 퇴직급여로 지급되어야 할 금액의 추계액과 비교하여 계산하는 것임(기획재정부 법인세제과－1039, 2013.10.21.).

2. 특수관계법인 간 대표이사 겸직 시 퇴직급여추계액 계산방법

내국법인의 대표이사에 재직 중인 자가 다른 특수관계법인의 대표이사를 겸직하는 경우 내국법인 또는 특수관계법인의 퇴직급여추계액 계산은 내국법인과 특수관계법인의 대표이사 근무기간을 통산하여 계산할 수 없고, 각 법인별 퇴직금지급규정에 따라 계산한 퇴직급여추계액으로 하는 것임(법인세과－633, 2012.10.19.).

3. 퇴직금 제도 변경 시 추계액 계산

내국법인이 퇴직급여충당금을 설정함에 있어 확정기여형 퇴직연금 등이 설정된 자가 퇴직급여제도를 퇴직금 제도로 변경한 경우 퇴직금 제도로 변경한 자의 퇴직급여추계액에는 확정기여형 퇴직연금이 설정된 기간의 퇴직급여추계액을 포함하지 아니함(법인세과－63, 2012.1.16.).

4. 사업의 양수도 시 퇴직급여충당금의 승계여부

① 법인이 개인사업자로부터 사업을 포괄적으로 인수하면서 종업원을 인수할 경우 인수시점에 전사업자가 지급하여야 할 퇴직급여상당액 전액을 인수하고 당해 종업원에 대한 퇴직금 지급 시 전사업자에 근무한 기간을 통산하여 당해 법인의 퇴직금지급규정에 따라 지급하기로 약정한 경우에는 당해 종업원에 대한 퇴직금과 「법인세법 시행령」 제60조 제2항의 퇴직급여추계액은 전사업자에 근무한 기간을 통산하여 계산할 수 있는 것임(서면인터넷방문상담2팀－807, 2008.4.29.).

② 내국법인이 다른 내국법인에게 사업을 포괄양도한 경우 사업양도일 현재 퇴직급여충당금 중 인계한 금액은 양수법인이 양수일에 가지고 있는 충당금으로 보나 사업의 포괄양도에 해당하지 않는 경우는 그러하지 아니함(서면인터넷방문상담2팀－1119, 2006.6.15.).

6 [서식사례] 퇴직급여충당금 조정명세서

(1) 퇴직금추계액

① 기말현재 임직원 일시퇴직기준 : 1,000,000,000원

② 근로자퇴직급여보장법상의 보험수리적기준 : 980,000,000원

(2) 퇴직급여충당부채 계정내역

기 초	증 가	감 소	기 말
900,000,000	150,000,000	50,000,000	1,000,000,000

① 당기 퇴직금지급액은 모두 현실적인 퇴직에 해당하며 다음과 같이 회계처리되었다.

(차) 퇴직급여충당부채	50,000,000	(대) 보 통 예 금	50,000,000

② 회사는 결산 시 퇴직급여충당부채를 설정하고 다음과 같이 회계처리하였다.

(차) 퇴 직 급 여	150,000,000	(대) 퇴직급여충당부채	150,000,000

③ 자본금과 적립금 조정명세서(을)에는 퇴직급여충당금 관련 기초 유보액이 900,000,000원이다.

(3) 총급여내역

계정과목	구 분	총 급여액		퇴직급여지급대상이 아닌 자		퇴직급여지급 대상자	
		인원	지 급 액	인원	지 급 액	인원	지 급 액
판매관리비	임원급여	1	60,000,000	–	–	1	60,000,000
	급여수당	8	230,000,000	2	50,000,000	6	180,000,000
제조원가	임 금	17	400,000,000	5	110,000,000	12	290,000,000
계		26	690,000,000	7	160,000,000	19	530,000,000

[별지 제32호 서식] (2019.3.20. 개정) (앞쪽)

사업연도	2025. 01. 01. ~ 2025. 12. 31.	**퇴직급여충당금 조정명세서**	법 인 명	
			사업자등록번호	

1. 퇴직급여충당금 조정

「법인세법 시행령」 제60조 제1항에 따른 한도액	① 퇴직급여 지급대상이 되는 임원 또는 직원에게 지급한 총급여액(⑲의 계)	② 설정률	③ 한도액 (①×②)	비 고
	530,000,000	5/100	26,500,000	

「법인세법 시행령」 제60조 제2항 및 제3항에 따른 한도액	④ 장부상 충당금 기초잔액	⑤ 확정기여형 퇴직연금자의 퇴직연금 설정 전 기계상된 퇴직급여충당금	⑥ 기중 충당금 환입액	⑦ 기초충당금 부인누계액	⑧ 기중 퇴직금 지급액	⑨ 차감액 (④-⑤-⑥-⑦-⑧)
	900,000,000			900,000,000	50,000,000	(△50,000,000)
	⑩ 추계액 대비 설정액 (㉒ × 설정률)	⑪ 퇴직금전환금	⑫ 설정률 감소에 따른 환입을 제외하는 금액 MAX(⑨-⑩-⑪, 0)	⑬ 누적한도액 (⑩-⑨+⑪+⑫)		
	0		0	0		

한도초과액 계산	⑭ 한도액 MIN(③, ⑬)	⑮ 회사계상액	⑯ 한도초과액 (⑮-⑭)
	0	150,000,000	150,000,000

2. 총급여액 및 퇴직급여추계액 명세

계정명 \ 구 분	⑰ 총급여액		⑱ 퇴직급여 지급대상이 아닌 임원 또는 직원에 대한 급여액		⑲ 퇴직급여 지급대상이 되는 임원 또는 직원에 대한 급여액		⑳ 기말 현재 임원 또는 직원 전원의 퇴직 시 퇴직급여 추계액	
	인원	금 액	인원	금 액	인원	금 액	인원	금 액
임원급여	1	60,000,000			1	60,000,000	1	1,000,000,000
급여수당	8	230,000,000	2	50,000,000	6	180,000,000	㉑「근로자퇴직급여 보장법」에 따른 추계액[퇴직연금미가입자의 경우 일시퇴직기준(⑳)을 적용하여 계산한 금액]	
임 금	17	400,000,000	5	110,000,000	12	290,000,000		
							인원	금 액
							19	980,000,000
							㉒ 세법상 추계액 MAX(⑳, ㉑)	
계	26	690,000,000	7	160,000,000	19	530,000,000		1,000,000,000

210mm×297mm[백상지 80g/㎡ 또는 중질지 80g/㎡]

| 소득금액 조정합계표의 작성 |

익금산입 및 손금불산입				손금산입 및 익금불산입			
① 과 목	② 금 액	③ 소득처분		④ 과 목	⑤ 금 액	⑥ 소득처분	
		처분	코드			처분	코드
퇴직급여충당금 한도초과	150 000 000	유보	400	퇴직급여충당금 한도초과 추인	50 000 000	유보	100

| 자본금과 적립금 조정명세서(을) |

① 과목 또는 사항	② 기초잔액	당기중증감		⑤ 기말잔액 (익기초현재)	비 고
		③ 감소	④ 증가		
퇴직급여충당금	900,000,000	50,000,000	150,000,000	1,000,000,000	

(4) 작성요령

❶ '① 퇴직급여 지급대상이 되는 임원 또는 직원에게 지급한 총급여액'란에는 '⑲ 퇴직급여 지급대상이 되는 임원 또는 직원에 대한 급여액'란 중 '계'란의 금액을 적는다.

❷ '⑤ 확정기여형 퇴직연금자의 퇴직연금 설정 전 기계상된 퇴직급여충당금'란에는 「법인세법 시행규칙」 제31조 제2항에 따라 계산한 "확정기여형 퇴직연금 등 설정자의 설정 전 기 계상된 퇴직급여충당금"을 적는다.

❸ '⑦ 기초충당금 부인누계액'란에는 '④ 장부상 충당금 기초잔액' 중에 세무상 부인액이 포함되어 있는 경우에 해당 부인액(확정기여형 퇴직연금 등 설정자의 설정 전 기 계상된 퇴직급여충당금과 관련된 부인액은 제외한다)을 적는다.

❹ '⑧ 기중퇴직금지급액'란에는 당기 중 퇴직금 지급액 중 퇴직급여충당금과 상계한 금액을 적는다.

❺ '⑨ 차감액'란에는 '④'란의 장부상 충당금 기초잔액에서 '⑤'란의 확정기여형 퇴직연금자의 퇴직급여충당금, '⑥'란의 기중 충당금환입액, '⑦ 기초충당금부인누계액(기중환입분을 제외)' 및 '⑧'란의 기중퇴직금지급액을 뺀 잔액으로 하되, 그 잔액이 음수(–)인 경우는 "0"으로 적고 ( ) 안에 그 잔액을 적는다.

❻ '⑩ 추계액 대비 설정액'란에는 '⑳ 기말 현재 임원 또는 직원 전원이 퇴직 시 퇴직급여 추계액'과 '㉑ 「근로자퇴직급여 보장법」에 따른 추계액' 중 큰 금액을 '㉒ 세법상 추계

액'란에 적은 후 그 금액에 아래의 설정률*을 곱한 금액을 적는다.

* 설정률

2010년	2011년	2012년	2013년	2014년	2015년	2016년
30%	25%	20%	15%	10%	5%	0%(폐지)

❼ '⑪ 퇴직금전환금'은 해당 사업연도 종료일 현재 「국민연금법」에 따라 국민연금공단에 납부하고 재무상태표상 자산으로 계상한 금액을 적는다.

❽ '⑯ 한도초과액'은 손금불산입하고, '⑨ 차감액'란의 미달액(△)은 손금산입한다.

❾ '⑰ 총급여액'란에는 계정별로 적되 「법인세법 시행령」 제43조에 따라 손금불산입되는 금액과 「근로자퇴직급여 보장법」에 따른 확정기여형 퇴직연금제도가 설정된 자는 제외하며, '⑱ 퇴직급여 지급대상이 아닌 임원 또는 사용인에 대한 급여액'과 '⑲ 퇴직급여 지급대상이 되는 임원 또는 사용인에 대한 급여액'으로 구분하여 적는다.

❿ '⑳ 기말 현재 임원 또는 사용인 전원의 퇴직 시 퇴직급여추계액'란은 「법인세법 시행령」 제44조에 따라 손금에 산입하지 않는 금액을 제외하며, 「법인세법 시행령」 제44조의 2 제3항 본문에 따라 손금에 산입한 금액을 제외하여 적는다. 다만, '⑩ 추계액 대비 설정액'란을 계산하는 경우에는 「근로자퇴직급여 보장법」에 따른 확정기여형 퇴직연금제도가 설정된 자를 제외한다.

⓫ '㉑ 「근로자퇴직급여 보장법」에 따른 추계액'란은 「근로자퇴직급여 보장법」 제16조 제1항 제1호에 따라 산정된 금액으로 매 사업연도 말일 현재를 기준으로 산정한 가입자의 예상 퇴직시점까지의 가입기간에 대한 급여에 드는 비용 예상액의 현재가치에서 장래 근무기간분에 대하여 발생하는 부담금 수입 예상액의 현재가치를 뺀 금액을 적되, 「법인세법 시행령」 제44조에 따라 손금에 산입하지 않는 금액을 제외하며, 「법인세법 시행령」 제44조의 2 제3항 본문에 따라 손금에 산입한 금액을 제외하여 적는다. 다만, 확정급여형 퇴직연금제도에 가입하지 않은 근로자의 경우에는 일시퇴직기준에 의해 계산한 금액으로 한다.

CHAPTER

05 퇴직연금

1 개 요

퇴직연금제도는 사용자의 부담금이 사전에 확정되는 확정기여형(DC ; Defined Contributions)과 근로자의 연금급여가 사전에 확정되는 확정급여형(DB ; Defined Benefits)으로 구분되어 운용된다.

(1) 확정급여형(DB ; Defined Benefits)

확정급여형(DB)은 사용자가 책임과 권한을 갖고 적립금을 운용하는 제도이다. 따라서 적립금 운용 실적이 나쁜 경우에는 추가 부담이 필요하며 운용 실적이 좋은 경우는 부담이 적어질 수 있다. 근로자 측면에서는 사용자 책임 아래 현행 퇴직금과 동일한 급여를 지급받을 수 있어 적립금 운용과 관련된 별도의 수고를 더는 효과가 있다.

(2) 확정기여형(DC ; Defined Contributions)

확정기여형(DC)은 근로자가 책임과 권한을 갖고 적립금을 운용하는 제도이다. 따라서 적립금 운용실적이 좋은 경우, 보다 많은 급여를 지급받을 수 있으나 운용실적이 나쁜 경우에는 그 결과도 근로자의 몫이 된다. 다만, 매년 발생하는 퇴직금의 100%를 근로자 몫으로 별도 관리하므로 사업장이 도산하더라도 떼일 염려가 없다. 또한 세제혜택을 받으며 근로자가 추가로 불입할 수 있어 이를 토대로 다양한 투자를 통해 충분한 노후자금을 마련할 수 있다.

▌퇴직금 DB형 및 DC형의 비교[3]▐

구 분		퇴직금	확정급여형	확정기여형
비용부담주체		사용자	사용자	사용자 (근로자 추가부담 가능)
퇴직급여 형태와 수준		일시금	연금 또는 일시금 (퇴직금과 같음)	연금 또는 일시금 (퇴직금보다 많거나 적을 수 있음)
비용부담수준		연간 임금총액의 30일분(1/12)	퇴직금보다 많거나 적을 수 있음	퇴직금과 같음 (매년 중간정산 기준)
적립방식과 수급권보장		사내적립, 불안정	부분사외적립, 부분보장	전액사외적립, 완전보장
적립금 운용		–	사용자	근로자
사용자의 관리부담		인사노무관리 경직적	퇴직 시까지 관리	적립 후 부담적음
세제 혜택	근로자	일시금 퇴직소득과세	연금 수급 시까지 과세이연	연금 수급 시까지 과세이연
	사용자		사외적립 추계액 한도 내에서 손비인정	사외적립 전액 손비인정
이직 시 퇴직급여합산		불가능	어려움 (단, IRA를 활용한 통산 가능)	쉬움
직장 이동 시 통산 적합기업 및 근로자		도산위험이 없고, 임금상승률이 높은 근로자	도산위험이 없고, 퇴직연금수급자 관리능력이 있는 기업	연봉제, 체불위험이 있는 기업, 직장이동이 빈번한 근로자

「법인세법」은 퇴직급여의 보장을 위하여 사내적립방식인 퇴직급여충당부채의 한도액을 점차 감소시키게 되며 퇴직연금을 납부하는 경우 이를 손금으로 인정하여 퇴직연금의 가입을 유도하고 있다.

3) 고용노동부, 퇴직연금도입운영매뉴얼, 2007.12, 52p.

2 확정기여형 퇴직연금

(1) 회계처리

확정기여제도를 설정한 경우에는 당해 회계기간에 대하여 기업이 납부하여야 할 부담금(기여금)을 퇴직급여(비용)로 인식하고, 퇴직연금운용자산, 퇴직급여충당부채 및 퇴직연금미지급금은 인식하지 아니한다(일반기준 21.6). 이는 일반기업회계기준과 K-IFRS의 내용이 동일하다.

(차) 퇴직급여	×××	(대) 보통예금	×××

(2) 법인세법

1) 일반적인 경우

내국법인이 임원 또는 직원의 퇴직연금의 부담금으로서 지출하는 금액 중 확정기여형 퇴직연금 등의 부담금은 전액 손금에 산입한다(법령 44의 2 ③). '확정기여형 퇴직연금 등'이란 「근로자퇴직급여 보장법」 제19조에 따른 확정기여형퇴직연금, 같은 법 제23조의 6에 따른 중소기업퇴직연금기금제도, 같은 법 제24조에 따른 개인형퇴직연금제도 및 「과학기술인공제회법」에 따른 퇴직연금 중 확정기여형 퇴직연금에 해당하는 것을 말한다.

2) 임원의 경우

임원에 대한 부담금은 법인이 퇴직 시까지 부담한 부담금의 합계액을 퇴직급여로 보아 임원퇴직금 한도초과 규정을 적용하되, 손금산입한도 초과금액이 있는 경우에는 퇴직일이 속하는 사업연도의 부담금 중 손금산입 한도 초과금액 상당액을 손금에 산입하지 아니하고, 손금산입 한도 초과금액이 퇴직일이 속하는 사업연도의 부담금을 초과하는 경우 그 초과금액은 퇴직일이 속하는 사업연도의 익금에 산입한다(법령 44의 2 ③).

실무포인트

1. 확정기여형 퇴직연금의 세무처리 방법

내국법인이 임원 또는 사용인의 퇴직을 연금의 지급사유로 하고 임원 또는 사용인을 수급자로 하는 「근로자퇴직급여 보장법」 제13조에 따른 확정기여형 퇴직연금을 설정하면서 퇴직연금 설정 전의 근무기간분에 대한 부담금을 지출한 경우 그 지출금액은 「법인세법 시행규칙」 제31조 제2항에 따라 퇴직급여충당금의 누적액에서 차감된 퇴직급여충당금에서 먼저 지출된 것으로 보는 것이고, 차감된 퇴직급여충당금을 초과하여 지출한 금액은 이를 손금에 산입하는 것이며, 내국법인이 「근로기준법」상 근로자에 대하여 근무기간 중 일정기간은 「근로자퇴직급여 보장법」 제8조 제2항에 따라 퇴직급여를 중간정산하여 지급하고 일정기간은 확정기여형 퇴직연금을 설정하여 당해 기간에 대한 부담금을 지출한 경우 퇴직급여 중간정산에 따른 지급은 현실적인 퇴직으로 보는 것이며, 확정기여형 퇴직연금을 설정하면서 퇴직연금 설정 전 근무기간분에 대한 부담금으로 지출한 금액은 「법인세법 시행규칙」 제31조 제2항에 따라 퇴직급여충당금의 누적액에서 차감된 퇴직급여충당금에서 먼저 지출된 것으로 보는 것이며, 차감된 퇴직급여충당금을 초과하여 지출한 금액은 이를 손금에 산입하는 것임(법인세과-1032, 2009.9.21.).

2. 임원 퇴직금 중간정산 후 퇴직연금을 가입하는 경우

내국법인이 임원에 대한 급여를 연봉제로 전환하면서 향후 퇴직금을 지급하지 아니하는 조건으로 그때까지의 퇴직금을 정산하여 지급하고 추후 주주총회에서 임원의 급여를 연봉제 이전의 방식으로 전환하되 그 전환일로부터 기산하여 퇴직금을 지급하기로 결의한 경우 퇴직연금 손금산입 가능함(법인세과-1626, 2017.6.22.).

3. 확정급여형퇴직연금과 확정기여형 퇴직연금을 함께 설정한 경우

내국법인이 확정기여형 퇴직연금이 설정된 임원 또는 사용인에 대해 확정급여형 퇴직연금 부담금으로서 지출하는 금액은 「법인세법 시행령」 제44조의 2에 따라 손금에 산입하지 아니하는 것임(서면-2014-법령해석법인-20651, 2015.7.16.).

4. 임원에 대한 확정기여형 퇴직연금 소급불입분의 손금 여부

내국법인이 확정기여형 퇴직연금 제도를 설정하면서 임원이 퇴직하기 전에 정관상의 퇴직급여 지급기준을 개정한 경우에는 조세의 부담을 부당히 감소시킨 것으로 인정되는 경우를 제외하고는 당해 정관이 정하는 바에 따라 적용하는 것으로 규정의 개정 전까지 근속기간에 대하여도 개정된 규정을 적용할 수 있는 것임. 다만, 임원에 대한 부담금은 법인이 퇴직 시까지 부담한 부담금의 합계액을 퇴직급여로 보아 「법인세법 시행령」 제44조 제4항을 적용하되, 손금산입한도 초과금액이 있는 경우에는 퇴직일이 속하는 사업연도의 부담금 중 손금산입한도 초과금액 상당액을 손금에 산입하지 아니하고, 손금산입한도 초과금액이 퇴직일이 속하는 사업연도의 부담금을 초과하는 경우 그 초과금액은 퇴직일이 속하는 사업연도의 익금에 산입하는 것임(서면법인 2019-139, 2019.8.1.).

5. 임원 확정기여형퇴직연금은 납입일이 속하는 사업연도에 전액 손금산입함

① 임원에 대한 확정기여형퇴직연금은 임원퇴직급여지급기준이 정당하지 않더라도 납입일이 속하는 사업연도에 손금산입 후 임원이 실제 퇴직하는 사업연도에 한도초과액 손

금불산입하며, 납입일이 속하는 사업연도에 납입한 퇴직연금부담금만으로 조세부담을 부당히 감소시킨 경우에 해당하는지 단정하기 어려우므로 부당행위계산부인을 적용할 수 없음(대법원2016두48256, 2019.10.18.).

② 내국법인이 「근로자퇴직급여보장법」에 따른 확정기여형퇴직연금 제도를 설정하여 임원에 대한 퇴직연금부담금을 납입함에 있어 정관에 따른 해당 임원의 퇴직급여 추계액보다 많은 부담금을 지출하는 경우 해당 부담금은 「법인세법 시행령」 제44조의 2 제3항 본문에 따라 지출하는 각 사업연도의 소득금액 계산 시 전액 손금에 산입한 후 같은 항 단서 규정(퇴직일이 속하는 사업연도에 손금불산입)을 적용하는 것임(서면법인 2020-5074, 2020.12.18.).

6. 임원이 확정기여형 퇴직연금을 중도인출한 경우의 세무조정

① 퇴직연금부담금의 중도인출이 이루어졌다는 사유만으로 법인세법 시행령 제44조의 2에서 정한 퇴직연금부담금 한도초과액에 관한 손금불산입의 요건인 '퇴직'이 있었다고 볼 수 없음. 따라서, 임원이 확정기여형 퇴직연금을 중도인출한 시점을 퇴직으로 볼 수 없으므로 중도인출 시 임원 퇴직금 한도초과 세무조정을 할 수 없음(대법원2021두49147, 2021.12.16.).

② 임원이 근로자퇴직급여보장법에 따라 확정기여형퇴직연금제도에서 중도인출하는 경우 업무무관 가지급금으로 보지 않는 것임(서면법인-3001, 2021.11.16.).

[근로자퇴직급여보장법 시행령]

제14조(확정기여형퇴직연금제도의 중도인출 사유) ① 법 제22조에서 "주택구입 등 대통령령으로 정하는 사유"란 다음 각 호의 어느 하나에 해당하는 경우를 말한다.

1. 제2조 제1항 제1호 · 제1호의 2 또는 제5호(재난으로 피해를 입은 경우로 한정한다)에 해당하는 경우

1의 2. 제2조 제1항 제2호에 해당하는 경우로서 가입자가 본인 연간 임금총액의 1천분의 125를 초과하여 의료비를 부담하는 경우

2. 중도인출을 신청한 날부터 거꾸로 계산하여 5년 이내에 가입자가 「채무자 회생 및 파산에 관한 법률」에 따라 파산선고를 받은 경우
3. 중도인출을 신청한 날부터 거꾸로 계산하여 5년 이내에 가입자가 「채무자 회생 및 파산에 관한 법률」에 따라 개인회생절차개시 결정을 받은 경우
4. 법 제7조 제2항 후단에 따라 퇴직연금제도의 급여를 받을 권리를 담보로 제공하고 대출을 받은 가입자가 그 대출 원리금을 상환하기 위한 경우로서 고용노동부장관이 정하여 고시하는 사유에 해당하는 경우

② 제1항 제4호에 해당하는 사유로 적립금을 중도인출하는 경우 그 중도인출 금액은 대출 원리금의 상환에 필요한 금액 이하로 한다.

7. 확정기여형 퇴직연금에 포함하여 임원에게 지급하는 경영성과금의 근로소득 해당 여부

회사가 경영성과에 따른 경영성과금의 일부 또는 전부를 임직원에게 지급하지 아니하고 임직원과 합의한 퇴직연금규약에 따라 확정기여형퇴직연금의 사용자부담금으로 추가 납입하는 경우 해당 경영성과금은 근로소득에 해당하지 않는 것임(서면법규과-663, 2014.6. 26.).

3 확정급여형 퇴직연금

(1) 회계처리

확정급여형 퇴직연금제도에서 운용되는 자산은 기업이 직접 보유하고 있는 것으로 보아 회계처리한다. 재무상태표에는 운용되는 자산을 하나로 통합하여 '퇴직연금운용자산'으로 표시하고, 그 구성내역을 주석으로 공시한다(일반기준 21.11). 확정급여형 퇴직연금제도에서 퇴직급여와 관련된 자산과 부채를 재무상태표에 표시할 때에는 퇴직급여와 관련된 부채(퇴직급여충당부채와 퇴직연금미지급금)에서 퇴직급여와 관련된 자산(퇴직연금운용자산)을 차감하는 형식으로 표시한다. 퇴직연금운용자산이 퇴직급여충당부채와 퇴직연금미지급금의 합계액을 초과하는 경우에는 그 초과액을 투자자산의 과목으로 표시한다(일반기준 21.12).

K-IFRS에서는 퇴직급여충당부채 대신 확정급여채무라는 계정과목을 사용하며, 매 사업연도 말일 현재 급여에 소요되는 비용예상액의 현재가치와 부담금 수입예상액의 현재가치를 추정하여(보험수리기준 퇴직급여 추계액) 고용노동부령이 정하는 방식에 의하여 산정된 금액으로 계산한다. 또한, 퇴직연금자산 대신 사외적립자산이라는 계정과목으로 표시한다.

(2) 일반기업회계기준에 따른 회계처리(일반기준 21.13)

1) 퇴직연금 적립 시

(차) 퇴직연금운용자산	×××	(대) 보 통 예 금	×××

2) 운용수익 발생 시

(차) 퇴직연금운용자산	×××	(대) 퇴직연금운용수익	×××

3) 퇴직자 발생 시

(차) 퇴직급여충당부채	×××	(대) 퇴직연금운용자산	×××
(차) 퇴직급여충당부채	×××	(대) 보 통 예 금	×××(추가지급 시)

4) 퇴직급여충당부채의 설정

(차) 퇴 직 급 여	×××	(대) 퇴직급여충당부채	×××

(3) 법인세법

1) 퇴직연금부담금의 한도액

확정급여형 퇴직연금부담금은 다음 산식에 따른 한도 범위 내에서 손금에 산입한다(법령 44의 2 ④, 법집 26-44의 2-1).

> 한도액=Min[① 퇴직급여추계액 기준, ② 퇴직연금적립액 기준]
>
> ① 퇴직급여추계액 기준
> (㉠ 당기말 퇴직급여추계액-㉡ 당기말 퇴직급여충당금 손금산입누계액)-㉢ 이미 손금에 산입한 연금보험료 등
>
> ② 퇴직연금적립액 기준
> ㉣ 기말퇴직연금적립액 잔액-㉢ 이미 손금에 산입한 연금보험료 등

* ㉠ Max[일시퇴직기준의 추계액, (퇴직연금 가입자) 보험수리적기준 추계액+(퇴직연금 미가입자, 미가입기간) 일시퇴직기준 추계액]
㉡ 당기말 B/S상 퇴직급여충당금-세법상 퇴직급여충당금 손금부인누계액
㉢ 기초퇴직연금부담금 잔액 및 전기말 신고조정으로 손금산입한 부담금 등-퇴직연금충당금 손금부인 누계액-기중 퇴직금 수령 및 해약액-확정기여형 퇴직연금 등으로 전환된 금액
㉣ 기초 퇴직연금적립액 등-기중퇴직연금 수령 및 해약액+당기 퇴직연금적립액 등 납입액

2) 세무조정 방법

확정급여형 퇴직연금부담금은 회사계상액이 세법상 한도액을 초과하는 금액에 대하여는 손금에 산입하지 않고 회사계상액이 세법상 한도액에 미달하는 경우에는 손금에 산입한

다(신고조정). 즉, 확정급여형 퇴직연금부담금의 납부액을 결산에 비용으로 계상하며 '퇴직연금충당금 등'으로 회계처리해도 되고, 이러한 결산회계처리를 생략하고 손금산입 세무조정하고 △유보로 처분하는 것도 인정된다.

실무포인트 **K-IFRS에 따른 회계처리와 세무조정[4)]**

1. K-IFRS에 의한 퇴직급여의 회계처리

1) 확정급여형 퇴직연금의 기여금 납부 시

(차) 사외적립자산 ×××　(대) 보 통 예 금 ×××

2) 퇴직급여 지급 시

① 퇴직연금 지급 부분

(차) 확정급여채무 ×××　(대) 사외적립자산 ×××

[세무조정]

〈손금불산입〉 전기사외적립자산 ×××　〈손금산입〉 전기확정급여채무 ×××(△유보)

② 회사자금 지급 부분

(차) 확정급여채무 ×××　(대) 보 통 예 금 ×××

3) 사외적립자산의 이자수익(기대수익)

(차) 사외적립자산 ×××　(대) 퇴 직 급 여 ×××

4) 당기근무원가의 인식

(차) 퇴 직 급 여 ×××　(대) 확정급여채무 ×××

5) 이자원가의 인식

(차) 퇴 직 급 여 ×××　(대) 확 정 급 여 채 무 ×××

6) 확정급여채무의 재측정요소(보험수리적 손익)의 인식

(차) 보험수리적 손실* ×××　(대) 확 정 급 여 채 무 ×××

4) 이영우, 2018, 『법인결산과 세무조정실무』, 211p.

또는

(차) 확정급여채무	×××	(대) 보험수리적이익*	×××

7) 사외적립자산의 재측정요소의 인식

(차) 사외적립자산	×××	(대) 보험수리적이익*	×××

또는

(차) 보험수리적손실*	×××	(대) 사외적립자산	×××

* 기업회계상 기타 포괄손익누계액으로 처리함

재무상태표

12.31.

	확정급여채무	×××
	사외적립자산	(×××)
	확정급여부채	×××

2. 기말 세무조정

1) 보험수리적 이익(재측정요소)의 세무조정

〈익금(손금)산입〉 보험수리적 손익	×××(기타)

* 잉여금으로 처리한 것으로 하여 세무조정함.

2) 확정급여채무 한도초과액의 세무조정

〈손금불산입〉 확정급여채무	×××(유보)

3) 사외적립자산불입액과 운용수익의 신고조정

〈손금산입〉 사외적립자산	×××(△유보)

4 [서식사례] 퇴직연금부담금 조정명세서(1)

㈜택스에듀는 확정급여형 퇴직연금에 가입하였으며, 신고조정에 따라 퇴직연금납부액의 비용처리를 수행해오고 있다.

(1) 당기 퇴직연금관련 자료

구 분	금 액
1) 퇴직급여추계액	① 일시퇴직기준 : 1,000,000,000원 ② 보험수리적기준 : 980,000,000원
2) 기말 재무상태표상 퇴직급여충당부채	1,000,000,000원
3) 퇴직급여충당금 부인액	1,000,000,000원
4) 퇴직연금운용자산 기초잔액	500,000,000원

(2) 퇴직연금운용자산의 회계처리

㈜택스에듀의 확정급여형 퇴직연금관련 회계처리는 다음과 같다.

1) 운용수익 발생

(차) 퇴직연금운용자산 12,000,000 (대) 퇴직연금운용자산 수익 12,000,000

2) 운용수수료 납부

(차) 지 급 수 수 료 8,000,000 (대) 퇴직연금운용자산 8,000,000

3) 퇴직연금 납입

(차) 퇴직연금운용자산 196,000,000 (대) 보 통 예 금 196,000,000

(3) 전기유보액

자본금과 적립금 조정명세서(을)에는 퇴직연금부담금 관련 유보액이 −500,000,000원이다.

[별지 제33호 서식] (2014.3.14. 개정)

사 업 연 도	2025. 1. 1. ~ 2025. 12. 31.	퇴직연금부담금 조정명세서	법인명	㈜택스에듀
			사업자등록번호	123-81-12346

1. 퇴직연금 등의 부담금 조정

① 퇴직급여추계액	당기말 현재 퇴직급여충당금				⑥ 퇴직부담금 등 손금산입 누적 한도액 (①-⑤)
	② 장부상 기말잔액	③ 확정기여형 퇴직연금자의 퇴직연금 설정 전 기계상된 퇴직급여충당금	④ 당기말 부인 누계액	⑤ 차감액 (②-③-④)	
1,000,000,000	1,000,000,000		1,000,000,000	0	1,000,000,000

⑦ 이미 손금 산입한 부담금 등(⑰)	⑧ 손금산입한도액 (⑥-⑦)	⑨ 손금산입대상 부담금 등(⑱)	⑩ 손금산입범위액 (⑧과 ⑨ 중 작은 금액)	⑪ 회사손금 계상액	⑫ 조정금액 (⑩-⑪)
500,000,000	500,000,000	200,000,000	200,000,000		200,000,000

2. 이미 손금산입한 부담금 등의 계산

가. 손금산입대상 부담금 등 계산

⑬ 퇴직연금 예치금 등 계(㉒)	⑭ 기초퇴직연금 충당금 등 및 전기말 신고조정에 의한 손금산입액	⑮퇴직연금충당금 등 손금부인 누계액	⑯기중 퇴직연금등 수령 및 해약액	⑰ 이미 손금산입한 부담금 등 (⑭-⑮-⑯)	⑱ 손금산입대상 부담금 등 (⑬-⑰)
700,000,000	500,000,000			500,000,000	200,000,000

나. 기말 퇴직연금 예치금 등의 계산

⑲ 기초퇴직연금예치금 등	⑳ 기중 퇴직연금예치금 등 수령 및 해약액	㉑ 당기 퇴직연금예치금 등의 납입액	㉒ 퇴직연금예치금 등 계 (⑲-⑳+㉑)
500,000,000		200,000,000	700,000,000

작 성 방 법

1. ① 퇴직급여추계액란은「법인세법 시행령」제44조의2제4항 제1호와 제1호의2의 금액 중 큰 금액인 "퇴직급여충당금조정명세서(별지 제32호 서식)"의 ㉒ 세법상 추계액란의 금액을 적습니다.
   ※ 2011.1.1. 전에 납부한 퇴직보험 · 신탁의 금액과 2011.1.1. 전에 납부한 퇴직보험 · 신탁으로 인해 2011.1.1. 이후 발생한 운용수익으로 퇴직보험 · 신탁을 납부한 금액이 있는 경우에는 퇴직연금예치금에 포함하여 이 서식을 작성합니다.
2. ③ 확정기여형 퇴직연금자의 퇴직연금 설정 전 기계상된 퇴직급여충당금란에는「법인세법 시행규칙」제31조 제2항에 따라 계산한 "확정기여형 퇴직연금등 설정자의 설정 전 기 계상된 퇴직급여충당금"을 적습니다.
3. ④ 당기말 부인 누계액란에는 ② 장부상 기말잔액 중에 세무상 부인액이 포함되어 있는 경우에 그 부인액(확정기여형 퇴직연금등 설정자의 설정 전 기 계상된 퇴직급여충당금과 관련된 부인액은 제외합니다)을 적습니다.
4. ⑧ 손금산입한도액란에는 ⑥란의 퇴직부담금 등 손금산입 누적한도액에서 ⑦란의 이미 손금산입한 부담금 등을 뺀 금액을 적되,「조세특례제한법 시행규칙」제29조 제1항을 적용받는 법인의 경우 그 금액이 음수(-)이면 "0"을 적습니다.
5. ⑪ 회사손금계상액란에는 당기의 퇴직연금충당금 등 전입액을 적습니다.
6. ⑫ 조정금액란이 양수(+)인 경우에는 손금에 더하고, 음수(-)인 경우에는 익금에 더합니다.
7. ⑭ 기초퇴직연금충당금등 및 전기말 신고조정에 의한 손금산입액란에는 재무상태표상 기초퇴직연금충당금 등 잔액과 직전 사업연도 세무조정계산서상 퇴직연금부담금 등의 손금산입누계액을 적습니다.
8. ⑯ 기중퇴직부담금 등 수령 및 해약액란에는 확정기여형 퇴직연금등으로 전환된 금액과 퇴직보험·신탁의 해약금액을 포함하여 적습니다.
9. ⑳ 기중 퇴직연금예치금 등 수령 및 해약액란에는 확정기여형 퇴직연금등으로 전환된 금액과 퇴직보험·신탁의 해약금액을 포함하여 적습니다.

210mm×297mm[백상지 80g/㎡ 또는 중질지 80g/㎡]

▌소득금액 조정합계표의 작성▐

익금산입 및 손금불산입				손금산입 및 익금불산입			
① 과 목	② 금 액	③ 소득처분		④ 과 목	⑤ 금 액	⑥ 소득처분	
		처분	코드			처분	코드
				퇴직연금	200 000 000	유보	100

▌자본금과 적립금 조정명세서(을)▐

① 과목 또는 사항	② 기초잔액	당기중증감		⑤ 기말잔액 (익기초현재)	비 고
		③ 감소	④ 증가		
퇴직연금	−500,000,000		−200,000,000	−700,000,000	
퇴직급여충당금	900,000,000	50,000,000	150,000,000	1,000,000,000	주어진 자료

5 기업회계기준 비적용 시 회계처리와 세무조정

퇴직급여충당부채는 현행 「법인세법」상 추가 설정이 불가하므로, 기업회계기준을 적용받지 않는 법인의 경우 결산 시 퇴직급여충당부채를 설정하지 않고, 퇴직연금 납입액에 대하여 신고조정으로 세무조정하는 방법을 사용하면 회계처리 및 세무조정이 간편해진다. 퇴직연금을 손금에 산입한 법인의 임원 또는 사용인이 실제로 퇴직하는 경우로서 신고조정으로 퇴직연금 등을 손금에 산입한 경우에는 해당 퇴직연금 상당액을 퇴직급여로 계상한 후 동 금액을 익금에 산입하여야 한다(법집 26−44의 2−2).

(1) 퇴직연금 적립 시

(차) 퇴직연금운용자산	×××	(대) 보 통 예 금	×××

* 신고조정 : 〈손금산입〉 퇴직연금충당금 ×××(△유보)

(2) 직원 퇴직 시

(차) 퇴 직 급 여	×××	(대) 퇴직연금운용자산	×××

* 신고조정 : 〈손금불산입〉 퇴직연금충당금 ×××(유보)

(3) 운용수익 발생 시

(차) 퇴직연금운용자산	×××	(대) 퇴직연금운용자산수익 (또는 이자수익)	×××

6 [서식사례] 기업회계기준 적용치 않는 법인의 퇴직연금부담금 조정명세서(2)

(1) 연도별 퇴직연금 관련 자료

연 도	구 분	금 액
2023년	1) 퇴직급여추계액	일시퇴직기준 : 500,000,000원
	2) 퇴직연금운용자산 납입액	① 납입액 : 500,000,000원
2024년	1) 퇴직급여추계액	일시퇴직기준 : 1,000,000,000원
	2) 퇴직연금운용자산 납입액	① 납입액 : 196,000,000원 ② 운용수익 : 12,000,000원 ③ 수수료 : 8,000,000원
2025년	1) 퇴직급여추계액	일시퇴직기준 : 1,200,000,000원
	2) 퇴직연금운용자산 납입액	① 납입액 : 850,000,000원 ② 운용수익 : 70,000,000원 ③ 수수료 : 20,000,000원
	3) 퇴직연금수령액	① 퇴직자 발생 : 100,000,000원

(2) 퇴직연금운용자산의 회계처리

[2023년]

1) 퇴직연금 납입

(차) 퇴직연금운용자산	500,000,000	(대) 보통예금	500,000,000

[2024년]

1) 운용수익 발생

(차) 퇴직연금운용자산	12,000,000	(대) 퇴직연금운용자산 수익	12,000,000

2) 운용수수료 납부

(차) 지급수수료	8,000,000	(대) 퇴직연금운용자산	8,000,000

3) 퇴직연금 납입

(차) 퇴직연금운용자산	196,000,000	(대) 보통예금	196,000,000

[2025년]

1) 운용수익 발생

(차) 퇴직연금운용자산	70,000,000	(대) 퇴직연금운용자산 수익	70,000,000

2) 운용수수료 납부

(차) 지급수수료	20,000,000	(대) 퇴직연금운용자산	20,000,000

3) 퇴직연금 납입

(차) 퇴직연금운용자산	850,000,000	(대) 보통예금	850,000,000

4) 퇴직자 발생으로 퇴직연금 지급

(차) 퇴직급여	100,000,000	(대) 퇴직연금운용자산	100,000,000

[별지 제33호 서식] (2014.3.14. 개정)

사 업 연 도	2023. 01. 01. ~ 2023. 12. 31.	퇴직연금부담금 조정명세서	법인명	㈜택스에듀
			사업자등록번호	123-81-12346

1. 퇴직연금 등의 부담금 조정

① 퇴직급여추계액	당기말 현재 퇴직급여충당금				⑥ 퇴직부담금 등 손금산입 누적 한도액 (①-⑤)
	② 장부상 기말잔액	③ 확정기여형 퇴직연금자의 퇴직연금 설정 전 기계상된 퇴직급여충당금	④ 당기말 부인 누계액	⑤ 차감액 (②-③-④)	
500,000,000					500,000,000

⑦ 이미 손금산입한 부담금 등(⑰)	⑧ 손금산입한도액 (⑥-⑦)	⑨ 손금산입대상 부담금 등(⑱)	⑩ 손금산입범위액 (⑧과 ⑨ 중 작은 금액)	⑪ 회사손금 계상액	⑫ 조정금액 (⑩-⑪)
	500,000,000	500,000,000	500,000,000		500,000,000

2. 이미 손금산입한 부담금 등의 계산

가. 손금산입대상 부담금 등 계산

⑬ 퇴직연금 예치금 등 계(㉒)	⑭ 기초퇴직연금 충당금 등 및 전기말 신고조정에 의한 손금산입액	⑮퇴직연금충당금 등 손금부인 누계액	⑯기중 퇴직연금등 수령 및 해약액	⑰ 이미 손금산입한 부담금 등 (⑭-⑮-⑯)	⑱ 손금산입대상 부담금 등 (⑬-⑰)
500,000,000					500,000,000

나. 기말 퇴직연금 예치금 등의 계산

⑲ 기초퇴직연금예치금 등	⑳ 기중 퇴직연금예치금 등 수령 및 해약액	㉑ 당기 퇴직연금예치금 등의 납입액	㉒ 퇴직연금예치금 등 계 (⑲-⑳+㉑)
		500,000,000	500,000,000

작 성 방 법

1. ① 퇴직급여추계액란은 「법인세법 시행령」 제44조의2제4항 제1호와 제1호의2의 금액 중 큰 금액인 "퇴직급여충당금조정명세서(별지 제32호 서식)"의 ㉒ 세법상 추계액란의 금액을 적습니다.
   ※ 2011.1.1. 전에 납부한 퇴직보험 · 신탁의 금액과 2011.1.1. 전에 납부한 퇴직보험 · 신탁으로 인해 2011.1.1. 이후 발생한 운용수익으로 퇴직보험 · 신탁을 납부한 금액이 있는 경우에는 퇴직연금예치금에 포함하여 이 서식을 작성합니다.
2. ③ 확정기여형 퇴직연금자의 퇴직연금 설정 전 기계상된 퇴직급여충당금란에는 「법인세법 시행규칙」 제31조 제2항에 따라 계산한 "확정기여형 퇴직연금등 설정자의 설정 전 기 계상된 퇴직급여충당금"을 적습니다.
3. ④ 당기말 부인 누계액란에는 ② 장부상 기말잔액 중에 세무상 부인액이 포함되어 있는 경우에 그 부인액(확정기여형 퇴직연금 등 설정자의 설정 전 기 계상된 퇴직급여충당금과 관련된 부인액은 제외합니다)을 적습니다.
4. ⑧ 손금산입한도액란에는 ⑥란의 퇴직부담금 등 손금산입 누적한도액에서 ⑦란의 이미 손금산입한 부담금 등을 뺀 금액을 적되, 「조세특례제한법 시행규칙」 제29조 제1항을 적용받는 법인의 경우 그 금액이 음수(−)이면 "0"을 적습니다.
5. ⑪ 회사손금계상액란에는 당기의 퇴직연금충당금 등 전입액을 적습니다.
6. ⑫ 조정금액란이 양수(+)인 경우에는 손금에 더하고, 음수(−)인 경우에는 익금에 더합니다.
7. ⑭ 기초퇴직연금충당금등 및 전기말 신고조정에 의한 손금산입액란에는 재무상태표상 기초퇴직연금충당금 등 잔액과 직전 사업연도 세무조정계산서상 퇴직연금부담금 등의 손금산입누계액을 적습니다.
8. ⑯ 기중퇴직부담금 등 수령 및 해약액란에는 확정기여형 퇴직연금등으로 전환된 금액과 퇴직보험·신탁의 해약금액을 포함하여 적습니다.
9. ⑳ 기중 퇴직연금예치금 등 수령 및 해약액란에는 확정기여형 퇴직연금등으로 전환된 금액과 퇴직보험·신탁의 해약금액을 포함하여 적습니다.

210mm×297mm[백상지 80g/㎡ 또는 중질지 80g/㎡]

▌소득금액 조정합계표의 작성▐

익금산입 및 손금불산입				손금산입 및 익금불산입			
① 과 목	② 금 액	③ 소득처분		④ 과 목	⑤ 금 액	⑥ 소득처분	
		처분	코드			처분	코드
				퇴직연금	500 000 000	유보	100

▌자본금과 적립금 조정명세서(을)▐

① 과목 또는 사항	② 기초잔액	당기중증감		⑤ 기말잔액 (익기초현재)	비 고
		③ 감소	④ 증가		
퇴직연금			−500,000,000	−500,000,000	

[별지 제33호 서식] (2014.3.14. 개정)

<table>
<tr><td>사 업
연 도</td><td>2024. 1. 1.
~
2024. 12. 31.</td><td rowspan="2">퇴직연금부담금 조정명세서</td><td>법인명</td><td>㈜택스에듀</td></tr>
<tr><td></td><td></td><td>사업자등록번호</td><td>123-81-12346</td></tr>
</table>

1. 퇴직연금 등의 부담금 조정

① 퇴직급여추계액	당기말 현재 퇴직급여충당금				⑥ 퇴직부담금 등 손금산입 누적 한도액 (①-⑤)
	② 장부상 기말잔액	③ 확정기여형 퇴직연금자의 퇴직연금 설정 전 기계상된 퇴직급여충당금	④ 당기말 부인 누계액	⑤ 차감액 (②-③-④)	
1,000,000,000				0	1,000,000,000

⑦ 이미 손금 산입한 부담금 등(⑰)	⑧ 손금산입한도액 (⑥-⑦)	⑨ 손금산입대상 부담금 등(⑱)	⑩ 손금산입범위액 (⑧과 ⑨ 중 작은 금액)	⑪ 회사손금 계상액	⑫ 조정금액 (⑩-⑪)
500,000,000	500,000,000	200,000,000	200,000,000		200,000,000

2. 이미 손금산입한 부담금 등의 계산

가. 손금산입대상 부담금 등 계산

⑬ 퇴직연금 예치금 등 계(㉒)	⑭ 기초퇴직연금 충당금 등 및 전기말 신고조정에 의한 손금산입액	⑮퇴직연금충당금 등 손금부인 누계액	⑯기중 퇴직연금등 수령 및 해약액	⑰ 이미 손금산입한 부담금 등 (⑭-⑮-⑯)	⑱ 손금산입대상 부담금 등 (⑬-⑰)
700,000,000	500,000,000			500,000,000	200,000,000

나. 기말 퇴직연금 예치금 등의 계산

⑲ 기초퇴직연금예치금 등	⑳ 기중 퇴직연금예치금 등 수령 및 해약액	㉑ 당기 퇴직연금예치금 등의 납입액	㉒ 퇴직연금예치금 등 계 (⑲-⑳+㉑)
500,000,000		200,000,000	700,000,000

작 성 방 법

1. ① 퇴직급여추계액란은 「법인세법 시행령」 제44조의2제4항 제1호와 제1호의2의 금액 중 큰 금액인 "퇴직급여충당금조정명세서(별지 제32호 서식)"의 ㉒ 세법상 추계액란의 금액을 적습니다.
   ※ 2011.1.1. 전에 납부한 퇴직보험 · 신탁의 금액과 2011.1.1. 전에 납부한 퇴직보험 · 신탁으로 인해 2011.1.1. 이후 발생한 운용수익으로 퇴직보험 · 신탁을 납부한 금액이 있는 경우에는 퇴직연금예치금에 포함하여 이 서식을 작성합니다.
2. ③ 확정기여형 퇴직연금자의 퇴직연금 설정 전 기계상된 퇴직급여충당금란에는 「법인세법 시행규칙」 제31조 제2항에 따라 계산한 "확정기여형 퇴직연금등 설정자의 설정 전 기 계상된 퇴직급여충당금"을 적습니다.
3. ④ 당기말 부인 누계액란에는 ② 장부상 기말잔액 중에 세무상 부인액이 포함되어 있는 경우에 그 부인액(확정기여형 퇴직연금등 설정자의 설정 전 기 계상된 퇴직급여충당금과 관련된 부인액은 제외합니다)을 적습니다.
4. ⑧ 손금산입한도액란에는 ⑥란의 퇴직부담금 등 손금산입 누적한도액에서 ⑦란의 이미 손금산입한 부담금 등을 뺀 금액을 적되, 「조세특례제한법 시행규칙」 제29조 제1항을 적용받는 법인의 경우 그 금액이 음수(-)이면 "0"을 적습니다.
5. ⑪ 회사손금계상액란에는 당기의 퇴직연금충당금 등 전입액을 적습니다.
6. ⑫ 조정금액란이 양수(+)인 경우에는 손금에 더하고, 음수(-)인 경우에는 익금에 더합니다.
7. ⑭ 기초퇴직연금충당금등 및 전기말 신고조정에 의한 손금산입액란에는 재무상태표상 기초퇴직연금충당금 등 잔액과 직전 사업연도 세무조정계산서상 퇴직연금부담금 등의 손금산입누계액을 적습니다.
8. ⑯ 기중퇴직부담금 등 수령 및 해약액란에는 확정기여형 퇴직연금등으로 전환된 금액과 퇴직보험·신탁의 해약금액을 포함하여 적습니다.
9. ⑳ 기중 퇴직연금예치금 등 수령 및 해약액란에는 확정기여형 퇴직연금등으로 전환된 금액과 퇴직보험·신탁의 해약금액을 포함하여 적습니다.

210mm×297mm[백상지 80g/㎡ 또는 중질지 80g/㎡]

| 소득금액 조정합계표 |

익금산입 및 손금불산입				손금산입 및 익금불산입			
① 과 목	② 금 액	③ 소득처분		④ 과 목	⑤ 금 액	⑥ 소득처분	
		처분	코드			처분	코드
				퇴직연금	200 000 000	유보	100

| 자본금과 적립금 조정명세서(을) |

① 과목 또는 사항	② 기초잔액	당기중증감		⑤ 기말잔액 (익기초현재)	비 고
		③ 감소	④ 증가		
퇴직연금	−500,000,000		−200,000,000	−700,000,000	

[별지 제33호 서식] (2014.3.14. 개정)

사 업 연 도	2025. 1. 1. ~ 2025. 12. 31.	퇴직연금부담금 조정명세서	법인명	㈜택스에듀
			사업자등록번호	123-81-12346

1. 퇴직연금 등의 부담금 조정

① 퇴직급여추계액	당기말 현재 퇴직급여충당금				⑥ 퇴직부담금 등 손금산입 누적 한도액 (①-⑤)
	② 장부상 기말잔액	③ 확정기여형 퇴직연금자의 퇴직연금 설정 전 기계상된 퇴직급여충당금	④ 당기말 부인 누계액	⑤ 차감액 (②-③-④)	
1,200,000,000				0	1,200,000,000

⑦ 이미 손금 산입한 부담금 등(⑰)	⑧ 손금산입한도액 (⑥-⑦)	⑨ 손금산입대상 부담금 등(⑱)	⑩ 손금산입범위액 (⑧과 ⑨ 중 작은 금액)	⑪ 회사손금 계상액	⑫ 조정금액 (⑩-⑪)
600,000,000	600,000,000	900,000,000	600,000,000		600,000,000

2. 이미 손금산입한 부담금 등의 계산

가. 손금산입대상 부담금 등 계산

⑬ 퇴직연금 예치금 등 계(㉒)	⑭ 기초퇴직연금 충당금 등 및 전기말 신고조정에 의한 손금산입액	⑮퇴직연금충당금 등 손금부인 누계액	⑯기중 퇴직연금등 수령 및 해약액	⑰ 이미 손금산입한 부담금 등 (⑭-⑮-⑯)	⑱ 손금산입대상 부담금 등 (⑬-⑰)
1,500,000,000	700,000,000		100,000,000	600,000,000	900,000,000

나. 기말 퇴직연금 예치금 등의 계산

⑲ 기초퇴직연금예치금 등	⑳ 기중 퇴직연금예치금 등 수령 및 해약액	㉑ 당기 퇴직연금예치금 등의 납입액	㉒ 퇴직연금예치금 등 계 (⑲-⑳+㉑)
700,000,000	100,000,000	900,000,000	1,500,000,000

작 성 방 법

1. ① 퇴직급여추계액란은 「법인세법 시행령」 제44조의2제4항 제1호와 제1호의2의 금액 중 큰 금액인 "퇴직급여충당금조정명세서(별지 제32호 서식)"의 ㉒ 세법상 추계액란의 금액을 적습니다.
   ※ 2011.1.1. 전에 납부한 퇴직보험 · 신탁의 금액과 2011.1.1. 전에 납부한 퇴직보험 · 신탁으로 인해 2011.1.1. 이후 발생한 운용수익으로 퇴직보험 · 신탁을 납부한 금액이 있는 경우에는 퇴직연금예치금에 포함하여 이 서식을 작성합니다.
2. ③ 확정기여형 퇴직연금자의 퇴직연금 설정 전 기계상된 퇴직급여충당금란에는 「법인세법 시행규칙」 제31조 제2항에 따라 계산한 "확정기여형 퇴직연금등 설정자의 설정 전 기 계상된 퇴직급여충당금"을 적습니다.
3. ④ 당기말 부인 누계액란에는 ② 장부상 기말잔액 중에 세무상 부인액이 포함되어 있는 경우에 그 부인액(확정기여형 퇴직연금등 설정자의 설정 전 기 계상된 퇴직급여충당금과 관련된 부인액은 제외합니다)을 적습니다.
4. ⑧ 손금산입한도액란에는 ⑥란의 퇴직부담금 등 손금산입 누적한도액에서 ⑦란의 이미 손금산입한 부담금 등을 뺀 금액을 적되, 「조세특례제한법 시행규칙」 제29조 제1항을 적용받는 법인의 경우 그 금액이 음수(-)이면 "0"을 적습니다.
5. ⑪ 회사손금계상액란에는 당기의 퇴직연금충당금 등 전입액을 적습니다.
6. ⑫ 조정금액란이 양수(+)인 경우에는 손금에 더하고, 음수(-)인 경우에는 익금에 더합니다.
7. ⑭ 기초퇴직연금충당금등 및 전기말 신고조정에 의한 손금산입액란에는 재무상태표상 기초퇴직연금충당금 등 잔액과 직전 사업연도 세무조정계산서상 퇴직연금부담금 등의 손금산입누계액을 적습니다.
8. ⑯ 기중퇴직부담금 등 수령 및 해약액란에는 확정기여형 퇴직연금등으로 전환된 금액과 퇴직보험·신탁의 해약금액을 포함하여 적습니다.
9. ⑳ 기중 퇴직연금예치금 등 수령 및 해약액란에는 확정기여형 퇴직연금등으로 전환된 금액과 퇴직보험·신탁의 해약금액을 포함하여 적습니다.

210mm×297mm[백상지 80g/㎡ 또는 중질지 80g/㎡]

▌소득금액 조정합계표▐

익금산입 및 손금불산입					손금산입 및 익금불산입				
① 과 목	② 금 액		③ 소득처분		④ 과 목	⑤ 금 액		⑥ 소득처분	
			처분	코드				처분	코드
퇴직연금	100 000 000		유보	400	퇴직연금	600 000 000		유보	100

▌자본금과 적립금 조정명세서(을)▐

① 과목 또는 사항	② 기초잔액	당기중증감		⑤ 기말잔액 (익기초현재)	비 고
		③ 감소	④ 증가		
퇴직연금	−700,000,000	−100,000,000	−600,000,000	−1,200,000,000	

CHAPTER

06 복리후생비와 여비교통비

1 복리후생비

법인이 그 임원 또는 직원을 위하여 지출한 복리후생비는 다음 중 하나에 해당하는 비용 외의 비용은 손금에 산입하지 아니한다. 이 경우 직원은 파견근로자를 포함한다(법령 45).

① 직장체육비
② 직장문화비
③ 직장회식비
④ 우리사주조합의 운영비
⑤ 「국민건강보험법」 및 「노인장기요양보험법」에 따라 사용자로서 부담하는 보험료 및 부담금
⑥ 「영유아보육법」에 의하여 설치된 직장어린이집의 운영비
⑦ 「고용보험법」에 의하여 사용자로서 부담하는 보험료
⑧ 그 밖에 임원 또는 직원에게 사회통념상 타당하다고 인정되는 범위에서 지급하는 경조사비 등 위 ①~⑦까지의 비용과 유사한 비용

복리후생비는 기업업무추진비와 발생형태가 상당히 유사하여 구분이 모호한 경우가 많다. 기업업무추진비는 업무와 관련 있는 자로서 법인이 경영하는 사업과 직 · 간접적 이해관계에 있는 특정인을 상대로 지출하는 것으로서 당해 법인의 임직원은 기업업무추진비 지출의 상대방에 포함되지 않는다. 임직원을 대상으로 하는 회식비나 선물비는 복리후생비로 분류한다. 또한, 과세당국에서는 법인세 신고내역을 전산분석하여 접대성 경비를 분산처리한 혐의가 있는 경우 세무조사 대상으로 선정할 수 있으므로 주의를 요한다.

실무포인트

1. 사회통념상 타당한 경조금의 범위

법인이 임원 또는 사용인에게 사회통념상 타당하다고 인정되는 범위 안에서 지급하는 경조사비는 각 사업연도 소득금액 계산상 손금에 산입하는 것이나, 동 범위를 초과하는 금액은 손금에 산입하지 아니하는 것이고, 이 경우 "사회통념상 타당하다고 인정되는 범위"는 경조사비 지급규정, 경조사 내용, 법인의 지급능력, 종업원의 직위 · 연봉 등을 종합적으로 감안하여 사실판단할 사항임(서이 46012-11058, 2003.5.27.).

2. 임원이 사용한 골프장 이용료는 손금불산입함

법인이 임원 또는 사용인의 복리후생을 위하여 지출하는 비용은 손금으로 인정되는 것이나, 특정 임원들 간의 경영관리 회의와 단합 및 사기증진을 위해 골프장 이용료로 지출한 비용은 건전한 사회통념과 상관행에 비추어 정상적인 법인의 지출로 인정할 수 없으므로 법인의 손금에 산입할 수 없는 것이며 관련 지출비용은 해당 임원의 상여로 처분하는 것임(서면2팀-1259, 2005.8.3.).

3. 상조회사 가입상품은 손금으로 인정됨

내국법인이 직원의 장례행사에 제공하기 위하여 상조회사의 상조상품에 가입함에 있어 사회통념상 타당하다고 인정되는 범위 안에서 법인이 부담한 대금은 해당 상품이 직원의 장례행사에 제공된 날이 속하는 사업연도의 손금에 산입하는 것임(법인-509, 2013.7.25.).

4. 종업원의 복리후생용으로 취득 또는 임차한 부동산의 관리비는 손금으로 인정됨

질의 당사는 서울에 사업소를 둔 법인체 중소기업으로 현대 제주도에 86년도 신축 완공된 국민주택 규모 이하의 아파트를 구입하여 전 직원들의 휴양지로 사용함에 있어 의문점을 질의함.

회신 귀 질의의 경우 종업원의 복리후생용으로 취득 또는 임차하여 당해 목적에 사용하는 부동산은 「법인세법 시행규칙」 제18조 제3항의 규정에 의한 비업무용 부동산에 해당하지 아니하며 취득 및 관리에 소요되는 비용 중 자본적 지출에 해당되지 아니하는 제 비용은 손금에 산입하는 것이나, 종업원의 복리후생용으로의 사용 여부는 실질내용에 따라 판단하는 것임(법인 22601-1411, 1986.4.30.).

5. 직원에 대한 컨설팅 비용의 손금 여부

질의 -질의법인은 제조 및 도소매업 영위법인으로 직원의 상당수가 미래에 대한 불확실성으로 고민하고 자산관리 및 경제적 위기관리가 부족하여 업무시간에 집중하지 못하고 있음.

-회사차원에서 생산성이 떨어진다는 상관관계를 파악하고 근로자들에게 금융권에 위탁하여 교육 및 세미나, 개인상담을 받을 수 있는 계약을 체결하고자 함.

– 근로자 1인당 20만원씩 총 2천만원을 외부금융권에 현금으로 지급하고 수탁받은 금융센터로부터 세금계산서를 수취할 예정임. 이로 인하여 근무시간에 업무집중도를 높여 생산능률을 향상시키고자 함.

– 직원에 대한 컨설팅비용이 손금산입되는지 여부

회신 법인사업과 관련하여 발생하거나 지출된 손실 또는 비용으로서 일반적으로 용인되는 통상적인 것이거나 수익과 직접 관련된 손비의 금액은 내국법인의 각 사업연도소득금액을 산정함에 있어 손금산입되는 것으로, 귀 질의의 직원에 대한 컨설팅비용 손금여부는 당해 비용이 임원 또는 사용인에게 사회통념상 타당하다고 인정되는 범위 안에서 지급하는 경조사비 등 「법인세법 시행령」 제45조 제1항 제1호 내지 제7호의 비용과 유사한 비용인 경우에는 복리후생비로 손금산입되는 것임(법인세과–410, 2009.2.2.).

2 여비교통비

(1) 국내여비의 손금산입기준

임원 또는 사용인의 국내여행과 관련하여 지급하는 여비는 해당 법인의 업무수행상 통상 필요하다고 인정되는 부분의 금액에 한하여 손금에 산입하며 초과되는 부분은 해당 임원 또는 사용인의 급여로 한다. 따라서 법인의 업무수행상 필요하다고 인정되는 범위 안에서 지급규정, 사규 등의 합리적인 기준에 따라 계산하고 거래증빙과 객관적인 자료에 의하여 지급사실을 입증하여야 한다. 다만, 사회통념상 부득이하다고 인정되는 범위 내의 비용과 해당 법인의 내부통제기능을 감안하여 인정할 수 있는 범위 내의 지급은 그러하지 아니한다(법집 19–19–14).

(2) 해외여비의 손금산입기준

1) 개 요

임원 또는 사용인의 해외여행에 관련하여 지급하는 여비는 그 해외여행이 해당 법인의 업무수행상 통상 필요하다고 인정되는 부분의 금액에 한한다. 따라서 법인의 업무수행상 필요하다고 인정되지 아니하는 해외여행의 여비와 법인의 업무수행상 필요하다고 인정되는 금액을 초과하는 부분의 금액은 원칙적으로 해당 임원 또는 사용인에 대한 급여로 한다. 다만, 그 해외여행이 여행기간의 거의 전 기간을 통하여 분명히 법인의 업무수행상 필요하다고 인정되는 것인 경우에는 그 해외여행을 위해 지급하는 여비는 사회통념상 합리적인 기준에 따라 계산하고 있는 등 부당하게 과다한 금액이 아니라고 인정되는 한 전액을 해당 법인의 손금으로 한다(법집 19-19-11 ①). 임원 또는 사용인의 해외여행에 있어서 그 해외여행기간에 걸쳐 법인의 업무수행상 필요하다고 인정할 수 없는 여행을 겸한 때에는 그 해외여행에 관련하여 지급되는 여비를 법인의 업무수행상 필요하다고 인정되는 여행의 기간과 인정할 수 없는 여행의 기간과의 비율에 따라 안분하여 업무수행과 관련이 없는 여비는 이를 해당 임원 또는 사용인에 대한 급여로 한다. 이 경우 해외여행의 직접 동기가 특정의 거래처와의 상담, 계약의 체결 등 업무수행을 위한 것인 때에는 그 해외여행을 기회로 관광을 병행한 경우에도 그 왕복교통비(해당 거래처의 주소지 등 그 업무를 수행하는 장소까지의 것에 한함)는 업무수행에 관련된 것으로 본다(법집 19-19-11 ②).

2) 업무수행상 필요한 해외여행의 판정

임원 또는 사용인의 해외여행이 법인의 업무수행상 필요한 것인가는 그 여행의 목적, 여행지, 여행기간 등을 참작하여 판정한다. 다만, 다음에 해당하는 여행은 원칙적으로 법인의 업무수행상 필요한 해외여행으로 보지 아니한다(법집 19-19-12 ①).

① 관광여행의 허가를 얻어 행하는 여행
② 여행알선업자 등이 행하는 단체여행에 응모하여 행하는 여행
③ 동업자단체, 기타 이에 준하는 단체가 주최하여 행하는 단체여행으로서 주로 관광목적이라고 인정되는 것

위 ①~③에 해당하는 경우에도 그 해외여행기간 중에 있어서의 여행지, 수행한 일의 내용 등으로 보아 법인의 업무와 직접 관련이 있는 것이 있다고 인정될 때에는 법인이 지급하는 그 해외여행에 소요되는 여비 가운데 법인의 업무에 관련이 있는 부분에 직접 소요된 비용(왕복 교통비는 제외한다)은 여비로서 손금에 산입한다(법집 19-19-12 ②).

3) 해외여행 동반자의 여비처리

임원이 법인의 업무수행상 필요하다고 인정되는 해외여행에 그 친족 또는 그 업무에 상시 종사하고 있지 아니하는 자를 동반한 경우에 있어서 그 동반자와 관련된 여비를 법인이 부담하는 때의 그 여비는 그 임원에 대한 급여로 한다. 다만, 그 동반이 다음의 경우와

같이 분명히 그 해외여행의 목적을 달성하기 위하여 필요한 동반이라고 인정되는 때에는 그러하지 아니하다(법집 19-19-13).

① 그 임원이 항상 보좌를 필요로 하는 신체장애자이므로 동반하는 경우
② 국제회의의 참석 등에 배우자를 필수적으로 동반하도록 하는 경우
③ 그 여행의 목적을 수행하기 위하여 외국어에 능숙한 자 또는 고도의 전문적 지식을 지니는 자를 필요로 하는 경우에 그러한 적임자가 법인의 임원이나 사용인 가운데 없기 때문에 임시로 위촉한 자를 동반하는 경우

CHAPTER

07 기업업무추진비

1 개 요

기업업무추진비는 세법상 한도를 두어 그 한도를 초과하는 금액에 대하여는 손금으로 인정하지 않고 있다. 또한, 증명서류관리도 일반적인 경비보다 엄격하여 정규증빙을 수취하지 않는 경우 이도 손금으로 인정하지 않는 등 많은 규제가 있다. 한편, 기업업무추진비는 계정과목과 관련 없이 그 실질에 따라 판단하도록 규정하고 있으므로 법인의 지출내역이 사실상 기업업무추진비에 해당하는지 여부를 신중히 검토하여야 한다.

회계처리	(차) 기업업무추진비	(대) 미지급금 등	한도초과액 〈손금불산입〉(기타사외유출)
법인세법	기업업무추진비 한도액		

2 기업업무추진비의 개념

(1) 기업업무추진비의 정의

기업업무추진비란 접대, 교제, 사례 또는 그 밖에 어떠한 명목이든 상관없이 이와 유사한 목적으로 지출한 비용으로서 내국법인이 직접 또는 간접적으로 업무와 관련이 있는 자와 업무를 원활하게 진행하기 위하여 지출한 금액을 말한다(법법 25 ①). 즉, 기업업무추진비 여부는 계정과목 명칭이나 회계처리 방식에 관계없이 그 실질내용에 따라 판단하여야 한다. 실제로 세무조사 현장에서는 다른 계정과목으로 회계처리된 항목 중 실질이 기업업무추진비에 해당한다면 이를 기업업무추진비로 재분류하여 한도초과액을 계산하고 손금불산입으로 처리하는 경우가 많이 발생한다.

한편, 최근 국세청에서는 법인의 기업업무추진비 분산처리 혐의에 대하여 사후검증이나 세무조사를 통해 적발하고자 많은 노력을 기울이고 있어, 기업업무추진비와 관련된 법인세 및 부가가치세의 추징사례가 많이 발생하고 있다. 이하에서는 심판례 및 판례를 통해 유사한 계정과목에 대하여 기업업무추진비로 구분하는 경우와 그렇지 않은 경우에 대하여 알아보고자 한다.

(2) 일반적 구분기준

1) 기업업무추진비, 광고선전비, 기부금

기업업무추진비는 업무와 관련된 비용으로서 특정인을 대상으로 지출한 비용을 말하며, 광고선전비 역시 업무와 관련된 비용인 것은 동일하나 불특정 다수인을 대상으로 지출한 비용이라는 점에서 차이가 있다. 또한, 기부금은 특정인을 지출대상으로 한다는 점에서기업업무추진비와 유사하나 기업업무추진비는 업무와 관련된 자에게 지급한 것인 반면 기부금은 업무와 관련 없이 지출한 비용을 말한다.

구 분	업무관련성	지출대상
기업업무추진비	업무관련	특정인
광고선전비	업무관련	불특정 다수인
기부금	업무무관	특정인

한편, 광고선전 목적으로 견본품 · 달력 · 수첩 · 부채 · 컵 등 물품을 특정인에게 기증하기 위하여 지출한 비용의 경우에도 1인당 연간 5만원 한도 내 금액은 광고선전비로 보며, 1회 지출한 금액이 3만원 이하인 경우에는 연간 5만원을 초과하여도 광고선전비로 인정한다.

2) 사적경비와 구분

주주 또는 출자자나 임원 또는 직원이 부담하여야 할 성질의 기업업무추진비를 법인이 지출한 것은 이를 기업업무추진비로 보지 아니한다(법령 40 ①). 따라서 주주나 임직원의 사적경비를 법인의 손금으로 계상한 경우에는 이를 손금불산입하고 귀속자에 따라 상여 또는 배당 등으로 소득처분한다.

3) 사용인이 조직한 단체

법인이 그 직원이 조직한 조합 또는 단체에 복리시설비를 지출한 경우 해당 조합이나 단체가 법인인 때에는 이를 기업업무추진비로 보며, 해당 조합이나 단체가 법인이 아닌 때에는 그 법인의 경리의 일부로 본다(법령 40 ②). 예를 들어 법인의 종업원으로 구성된 노동조합 지부에 지출한 보조금 등이 여기에 해당된다(법기통 19-19-41). 한편, 법인의 경리의 일부로 본다는 것은 지출한 법인의 자산이나 비용으로 처리한다는 의미이다.

4) 기업업무추진비 관련 부가가치세

기업업무추진비 관련 매입세액은 「부가가치세법」상 공제되지 않으므로 이를 기업업무추진비에 포함한다. 한편, 현물기업업무추진비의 경우 「부가가치세법」상 사업상 증여에 해당하여 매출세액이 발생하게 되는 것 또한 기업업무추진비에 포함한다.

5) 채권포기액

약정에 의하여 채권의 전부 또는 일부를 포기하는 경우에도 이를 대손금으로 보지 아니하며 기부금 또는 기업업무추진비로 본다. 다만, 특수관계자 외의 자와의 거래에서 발생한 채권으로서 채무자의 부도발생 등으로 장래에 회수가 불확실한 어음 · 수표상의 채권 등을 조기에 회수하기 위하여 당해 채권의 일부를 불가피하게 포기한 경우 동 채권의 일부를 포기하거나 면제한 행위에 객관적으로 정당한 사유가 있는 때에는 동 채권포기액을 손금에 산입한다(법기통 19의 2-19의 2…5).

(3) 기업업무추진비와 복리후생비

법인이 사업을 위하여 지출한 비용 가운데 상대방이 사업에 관련 있는 자들이고 지출의 목적이 접대 등의 행위에 의하여 상업관계자들과의 사이에 친목을 두텁게 하여 거래관계의 원활한 진행을 도모하는 데 있다면 기업업무추진비라고 할 것이다(대법원 88누933, 1988.12.6.). 따라서 법인의 임직원은 거래관계자들에 해당하지 않으므로 임직원을 위한 지출액은 복리후생비로 봄이 타당하다.

1) 골프관련 비용

대법원 판례에서는 법인이 골프회원권을 자산의 취득으로 분류하여 장부에 계상하였다고 하더라도 그것이 오로지 접대를 목적으로 취득한 것이 분명하다면 그 취득비용은 매입세액 불공제대상인 기업업무추진비에 해당한다고 판결하였다(대법원 2013두14887, 2013.11.28.). 그러나 다른 판례에서는 골프회원권이 접대뿐 아니라 사내 행사, 임직원 복리후생 등의 용도로 광범위하게 이용되었고 원고가 오로지 또는 주로 접대에 이용할 목적으로 이 사건 골프회원권을 취득하였다고 볼 만한 자료가 없다면 골프회원권 매입이 기업업무추진비 및 이와 유사한 비용의 지출에 해당한다고 볼 수 없다고 판결하기도 한다(인천지법 2013구합1045, 2013.8.27.). 즉, 골프회원권에 대하여 기업업무추진비로 보는 경우와 그렇지 않은 경우 이를 판단하는 기준은 골프회원권을 사용한 사용자에 임직원이 포함되는지 여부라 할 수 있다.

▌골프회원권▐

기업업무추진비로 보는 경우	기업업무추진비로 보지 않는 경우
오로지 접대를 목적으로만 사용(대법원 2013두14887, 2013.11.28.)	사내 행사, 임직원 복리후생 등의 용도로 광범위하게 이용(인천지법 2013구합1045,2013.10.10.)

2) 임직원 외 자에게 지출한 비용

지출의 상대방이 임직원인지 거래관계가 있는 자인지 여부에 따라 기업업무추진비와 복리후생비를 구분하는 것은 과세관청이나 납세자간에 대체적으로 이견이 없다. 그런데 대법원 판례 "대법원 2007두26650"을 살펴보면 해당법인이 협력업체 직원을 위하여 지출한 금액을 기업업무추진비가 아닌 복리후생비 등으로 인정한 바 있다. 해당 판례는 납세자가 복리후생비 등 경비로 처리한 부분을 과세관청에서 기업업무추진비로 보아 과세처분한 것인데 1심과 2심에서는 과세관청의 입장을 인용하여 기업업무추진비로 판단하였으나 최종 대법원에서는 기존의 판례와 달리 납세자의 주장을 인용하여 기업업무추진비가 아닌 것으로 판결하였다. 판결 요지를 살펴보면 단지 지출된 금액에 협력업체 직원들에 대한 비용이 포함되어 있다는 이유만으로 기업업무추진비로 보아서는 안 되며, 거래관계자들과 친목을 두텁게 하여 거래관계의 원활한 진행을 도모하기 위한 비용이어야 기업업무추진비로 볼 수 있다고 하였다.

▌협력업체 직원에 대한 지출액▐

기업업무추진비로 보는 경우	기업업무추진비로 보지 않는 경우
협력업체 직원들과의 사이에 친목을 두텁게 하여 거래관계의 원활한 진행을 도모하기 위한 경우(대법원 2007두26650, 2008.7.10.)	사업과 관련하여 지출된 것으로서 일반적으로 용인되는 통상적인 비용으로 볼 수 있는 경우(대법원 2007두26650, 2008.7.10.)

(4) 기업업무추진비와 판매부대비용

1) 판매부대비용의 범위

법인이 사업을 위하여 지출한 비용 가운데 상대방이 사업에 관련 있는 자들이고 지출의 목적이 접대 등의 행위에 의하여 사업관계자들과의 사이에 친목을 두텁게 하여 거래관계의 원활한 진행을 도모하는 데 있는 것이라면 그 비용은 기업업무추진비라고 할 것이나, 그 지출경위나 성질, 액수 등을 건전한 사회통념이나 상관행에 비추어 볼 때 상품 또는 제품의 판매에 직접 관련하여 정상적으로 소요되는 비용으로 인정되는 것이라면 손비로 인정하는 판매부대비용에 해당한다(대법원 2007두10389, 2009.7.9.). 「법인세법」 집행기준에서는 다음의 경우에 있어 건전한 사회통념과 상관행에 비추어 정상적인 거래라고 인정될 수 있는 범위 안의 금액은 판매부대비용으로 본다(법집 19-19-2 ②)고 규정하고 있어 판매부대비용의 요건을 설명한 것으로 해석된다.

① 모든 거래처에 동일한 조건에 의하여 차별 없이 관행적으로 계속하여 지급하는 식대로서 기업회계기준에 따라 판매부대비용으로 계산된 경우 해당금액
② 제조업 영위 법인이 제품을 판매하면서 사전 약정에 따라 자사의 제품을 판매하는 모든 거래처에 동일한 조건으로 할인판매가액 상당액을 부담하는 경우 해당금액

판례나 심판례를 살펴보면 과세관청은 위의 집행기준에 따라 사전약정이 없거나 모든 거래처에 동일한 조건이 아닌 경우에는 기업업무추진비로 보아 과세하는 경우가 있는 것으로 나타난다. 실제로 약정을 초과하여 임의로 지급한 판매수수료는 상품판매와 직접 관련된 정상적인 소요비용이 아니므로 기업업무추진비에 해당된다(대법원 2008두12320)는 판례도 있다. 그러나 많은 부분에서는 납세자의 적극적인 주장을 인용하여 기업업무추진비가 아닌 판매부대비용으로 인정하는 경우가 있으므로 몇 가지 사례를 살펴보고자 한다.

2) 사전약정 여부

과거의 예규를 살펴보면 판매장려금 등 판매부대비에 관련된 내용에서 거래상대방과 사전약정이 있으면 판매부대비이지만 사전약정이 없는 경우에는 기업업무추진비로 본다는 내용이 상당수 나타난다. 그러나 「법인세법 시행령」 제19조 1호의 2에 따르면 "판매한 상품 또는 제품의 보관료, 포장비, 운반비, 판매장려금 및 판매수당 등 판매와 관련된 부대비용(판매장려금 및 판매수당의 경우 사전약정 없이 지급하는 경우를 포함한다)"이라고 규정하고 있으므로 사전약정이 없다고 하여 기업업무추진비가 되어서는 안 될 것이다. 이 규정은 2009년 2월 4일에 신설된 것인데 다음의 심판례를 살펴보면 2013년에 지방국세청에서 조사한 내용임에도 불구하고 최근까지 판매장려금을 기업업무추진비로 구분함에 있어서 그 근거를 사전약정이 없다는 점으로 들고 있다는 것을 알 수 있다. 그러나 조세심판원에서는 위에서 살펴본 바와 같이 「법인세법 시행령」을 근거로 하여 사전약정 없음이 기업업무추진

비로 보는 기준이 될 수 없다는 점을 분명히 하고 있다.

▌사전약정 없는 판매장려금▐

과세관청의 입장	조세심판원의 판단
판매장려금 지급에 대한 사전약정 및 계약을 체결한 사실이 없어 쟁점비용을 지급해야 하는 의무가 없으므로 기업업무추진비에 해당함(조심 2014중1668).	「법인세법 시행령」 제19조에서 손비의 범위에 판매장려금 및 판매수당의 경우 사전약정 없이 지급하는 경우에도 포함되도록 규정하고 있어 사전약정 없이 지급하였다는 사실만으로 기업업무추진비에 해당되는 것으로 볼 수 없음(조심 2014중1668).

3) 일부 거래처에 지급한 장려금

기존의 예규들은 특정거래처에 제공하는 물품, 판매부대비용 등은 기업업무추진비로 보았으며, 모든 거래처에게 동일한 조건으로 제공되는 것만을 판매부대비 등으로 인정하였다. 그러나 최근 심판례 등에서는 특정거래처에만 지급하거나 각 거래처별로 달리 지급할 만한 정당한 사유가 있다고 판단되는 경우에는 그 지급되는 물품이나 금품을 판매부대비 등으로 인정하고 있다. 다음의 심판례를 살펴보면 과세관청에서는 모든 거래처에 동일하지 않은 조건으로 제공하거나 특정 거래처에만 지급한 경우에는 기업업무추진비로 보아 과세하고 있음을 알 수 있다. 이에 대하여 조세심판원의 판단은 각 상황별로 달리 나타나므로 실무자들의 주의가 요구된다.

▌일부 거래처에만 지급한 판매장려금▐

기업업무추진비로 보는 경우	기업업무추진비로 보지 않는 경우
① 모든 고객에게 적용되는 것이 아니고, 특정 고객에 대하여만 적용되는 중도상환수수료 면제액은 기업업무추진비에 해당함(조심 2013서1684). ② 인테리어 공사가 특정거래처에만 한정적으로 지원되었으므로 그 성격상 기업업무추진비로 보는 것이 타당함(조심 2010서2821).	① 일부 거래처에게만 판매장려금을 지급한 것이 영업정책의 일환에 의한 것이므로 비록 통일된 지급기준이 없이 지급되었다고 하더라도 판매부대비용으로 보는 것이 타당함(조심 2010서1000). ② 조합원을 일반인에 우대하여 거래량 등의 사전약정에 따라 장려금을 차등하여 합리적인 기준으로 지급한 점 등을 고려할 때, 접대성 경비라기보다는 청구법인의 영업정책의 일환으로 지급한 판매부대비용으로 보는 것이 타당함(조심 2013서4437).

(5) 기업업무추진비와 광고선전비

지출의 목적이 접대 등의 행위에 의하여 사업관계자들과의 사이에 친목을 두텁게 하여 거래관계의 원활한 진행을 도모하는 데 있다면 기업업무추진비라고 할 것이나, 지출의 상대방이 불특정다수인이고 지출의 목적이 구매의욕을 자극하는 데 있다면 광고선전비로 분류하여야 한다(대법원 2000두2990, 2002.4.12.). 광고선전비와 기업업무추진비를 구분하는 주요 기준은 지출의 상대방이 불특정다수인지 여부이다. 구매고객에 대한 광고선전 목적의 사은품은 결과적으로 특정인에게 지급하게 되는데, 이 경우에는 사은품의 지급 여부를 사전에 불특정다수에게 홍보하였는지에 따라 기업업무추진비 또는 광고선전비로 구분된다.

▌사은품 지급▐

기업업무추진비로 보는 경우	기업업무추진비로 보지 않는 경우
인터넷 가입 업무를 대행하면서 불특정다수인에게 현금·상품권·상품 등을 지급한다고 사전공시하지 않고, 지급하는 현금 등은 기업업무추진비에 해당하는 것임(법인-3550, 2008.11.24.).	백화점 경영자가 판촉활동의 일환으로 거래실적이 우수한 불특정고객에게 선물을 증정한다고 사전에 홍보하고 사은품을 지급하여 왔다면 그 구입에 소요된 비용은 광고선전비에 해당함(대법원 2000두2990, 2002.4.12.).

(6) 기업업무추진비와 기부금

사업과 직접 관계있는 자에게 금전 또는 물품을 기증한 경우에 그 금품의 가액은 기업업무추진비로 구분하며, 사업과 직접 관계가 없는 자에게 금전 또는 물품 등을 기증한 경우에 그 물품의 가액은 거래실태별로 다음의 기준에 따라 기업업무추진비 또는 기부금으로 구분한다(법집 24-0-2).

① 업무와 관련하여 지출한 금품 : 기업업무추진비

② ①에 해당되지 아니하는 금품 : 기부금

위의 기준에 따르면 지출의 상대방이 기부금 단체라 하더라도 그 지출의 목적이 업무와 관련된 것이라면 기부금이 아니라 기업업무추진비가 되어야 한다. 예규도 이와 유사한 내용이 확인되며, 세무조사 시에도 이러한 기준에 따라 기부금을 기업업무추진비로 분류하는 사례가 있는 것으로 보인다. 그러나 판례를 살펴보면 대법원에서는 단지 거래관계가 있다는 이유만으로 기부금을 기업업무추진비로 보아서는 안 된다는 취지의 판결을 한 바 있다.

▍거래관계가 있는 자에 대한 기부금▍

기업업무추진비로 보는 경우	기업업무추진비로 보지 않는 경우
의약품을 도매하는 법인이 계속적인 납품거래관계를 유지하기 위하여 대학부속병원에 지출하는 금전의 가액은 기업업무추진비로 보는 것임(법인 46012-4019, 1999.11.18.).	단지 그 기부금의 지급대상인 병원 등과 사이에 거래관계가 있었다는 사정만으로 해당 기부금을 기업업무추진비에 해당한다고 보기는 어려움(법인, 대법원2006두9436, 2008.7.10.).

(7) 기업업무추진비와 회의비

정상적인 업무를 수행하기 위해 지출하는 회의비로서 사내 또는 통상 회의가 개최되는 장소에서 제공하는 다과 및 음식물 등의 가액 중 사회통념상 인정될 수 있는 범위 내의 금액인 통상회의비는 이를 각 사업연도의 소득금액 계산상 손금에 산입하나, 통상회의비를 초과하는 금액과 유흥을 위하여 지출하는 금액은 이를 기업업무추진비로 본다(법집 25-0-4 ④).

▍회의참석자에 대한 식사 등▍

기업업무추진비로 보는 경우	기업업무추진비로 보지 않는 경우
룸살롱 등 유흥비에 가까운 비용은 회의비가 아닌 기업업무추진비로 판단됨(국심 1999경1550).	음식점에서 식사를 하면서 추가 설명이나 질의응답을 하는 형식으로 제품설명회를 한 것은 기업업무추진비에 해당하지 않음(조심 2015서929).

이상에서 살펴본 바와 같이 과세관청에서는 세무조사 시 법인이 기업업무추진비로 회계처리 하지 않은 계정들에 대하여 기업업무추진비로 보아 손금불산입하는 사례가 많이 있는 것으로 확인된다. 그러나 조세심판원이나 법원에서는 이러한 과세관청의 결정에 대하여 위법하다고 보아 납세자의 주장을 인용하는 경우 또한 많이 나타나므로 회계처리 시 또는 세무조사 시 관련 심판례나 판례를 이용하여 회계처리의 근거나 세무조사 시 주장의 근거로 활용하는 것이 필요할 것이다.

실무포인트

1. **일부 가맹점에게만 부여한 인테리어 비용 등의 할인이 기업업무추진비인지 여부**

   청구법인은 보다 많은 가맹점 유치를 위해 '수도권특약', '다점포특약', '임직원특약' 등의 정책을 마련하여 이를 충족하는 가맹점에 대하여 가맹비 · 교육비 · 인테리어 감리비 등을 할인하여 준 것으로 확인되는 점, 일부 가맹점에 대하여 가맹비 등을 다르게 지급받은 것은 가맹점 유치의 특성이 반영된 것으로, 가맹비 등 할인금액은 본사가 가맹점주와의 친목도모를 위해 지출한 비용이라기보다는 원활한 사업활동을 위해 가맹점 간 합리적 수준의 차별을 둔 것으로 보이는 점 등에 비추어 볼 때, 일부 가맹점에게만 부여한 인테리어 감리비 등의 할인 또는 면제금액을 기업업무추진비로 보아 한도초과액을 손금불산입한 처분은 잘못이 있음(조심 2018중2383, 2019.1.17.).

2. 판매부대비용과 기업업무추진비

① 청구법인은 의료기기의 경우 약품과 달리 「의료기기법」 등에서 광고를 엄격히 제한하고 있어 그 사용자들에게 제품설명회를 통해 대면 설명하는 것이 필수적이며 유일한 판매방법이고, 병원에 근무하는 의사들에게 진료시간 중 제품설명을 하는 것은 사실상 불가능하여 식사시간을 이용하여 병원 내 식당 또는 주변 음식점에서 제품설명을 하고 있다는 청구주장이 신빙성이 있는 것으로 보이고, 이에 따라 제품설명을 위하여 지출된 쟁점비용도 사업과 관련하여 발생한 비용으로 볼 수 있는 점 등에 비추어 쟁점비용은 사업과 관련하여 발생한 통상적인 비용으로서 판매부대비용에 해당한다 할 것이므로 처분청이 이를 기업업무추진비로 보아 경정청구를 거부한 이 건 처분은 잘못이 있음(조심 2016서3407, 2018.9.4.).

② 발효유를 제조·판매하는 법인이 제품 판매금액의 일정액을 수수료로 지급하기로 계약한 판매원들에게 사전에 공시한 기준에 의한 영업성과에 따라 차등 지급하는 금품 중 사회통념상 타당한 범위 내의 금액으로 기업회계기준에 따라 계상한 금액은 판매부대비용으로 손금에 산입하는 것임(서이46012-10138, 2001.9.10).

③ 보험사업을 영위하는 법인이 판매실적이 높은 특정 보험설계사를 대상으로 객관적인 기준이나 사전약정 없이 지출하는 회식비, 경조사비, 명절선물비 등의 비용은 기업업무추진비에 해당하는 것임(서면-2022-법인-4053, 2023.5.10.).

④ 아파트 신축분양업을 영위하는 법인이 분양대금의 조기회수를 위하여 피분양자에게 금융기관 대출을 알선하고 대출이자의 일부를 대신 부담하는 경우의 당해 부담액은 법인세법 제18조의 2(법법 25) 규정에 의한 접대비로 보아 시부인계산하는 것이나 아파트분양 당시 모든 피분양자에게 금융기관의 대출알선 및 대출이자의 일정액을 법인이 부담해 주는 조건임을 사전에 공시한 경우에는 이를 판매부대비용으로 보는 것이고 이 경우 법인이 대신 지급하는 이자상당액은 법인세법 제18조의 3(법법 28) 규정에 의한 차입금의 이자에 해당하지 아니함(법인46012-3780, 1998.12.05.).

⑤ 판매 영업 관련 위탁계약자에게 식대, 사전 약정된 성과보상금의 지급 및 교육 비용, 회의비 등을 지출하는 경우 손금에 산입할 수 있는 것이나, 명절선물 제공 등으로 지출한 금액은 접대비에 해당하는 것임(서면-2020-법인-1478, 2020.7.21.).

⑥ 내국법인이 소비자의 구매의욕 증대 및 판매촉진 등 광고선전 목적으로 사전 약정에 따라 일정 기준에 해당하는 거래처에 해당 법인의 로고·상표 등 홍보물을 부착하는

상품 진열용 쇼케이스 구입비용의 일부를 지원하는 경우에 해당 법인이 부담하는 상품 진열용 쇼케이스 구입비용은 접대비에 해당하지 아니하는 것으로 귀 서면질의의 경우가 이에 해당하는지는 해당 비용의 지출목적 등을 종합적으로 고려하여 사실판단하시기 바람(법규과-49, 2014.1.20.).

3. 광고선전비와 기업업무추진비

청구법인의 홈페이지에 불특정다수인에게 공급하는 쟁점시설의 정상이용요금이 공시되어 있고, 할인 후 가격은 할인 전 가액에 지역주민 및 국가유공자 등 특정조건에 따라 할인율을 부여받은 특정인들에게 제공되는 가격으로 공시된 점, 불특정 일반인들의 경우 여전히 홈페이지에 공시된 정상이용요금(할인 전 가격)으로 쟁점시설을 이용하는 점 등에 비추어 할인 후 가액을 시가로 인정하기는 어려우므로 처분청이 청구법인의 경정청구를 거부한 처분은 잘못이 없음(조심 2017중3944, 2017.12.5.).

4. 상품권 구입과 기업업무추진비

① 쟁점상품권비용은 거래관계를 원활하게 하기 위하여 유통사 및 대리점 판매사원들에게 약정 없이 지급되었고, 동 비용과 관련된 아무런 증빙이 제출되지 않아 쟁점상품권비용이 판매와 직접 관련되었다는 점이 확인되지도 아니하는 점 등에 비추어 쟁점상품권비용을 기업업무추진비로 보아 그 한도초과액을 손금불산입하여 이 건 법인세를 과세한 처분은 잘못이 없음(조심 2015중4996, 2016.2.15.).

② 청구인은 쟁점 금액상당의 상품권을 직원들의 사기진작 및 업무능률 향상 등을 위해 복리후생비로 지급하였다는 주장이나, 지급에 대한 내역 등을 구비함이 타당함에도 그 지급기준 등을 제시하지 못하고 있고, 직원들에게 실제 지급한 사실에 대한 구체적인 증빙을 과세 당시 제시하지 못하였다가 이 건 심판청구 시 제출한 점, 2007년도 추석은 2007.9.25.인데 동 상품권을 지급했다는 날은 2007.10.31.로서 서로 일치하지 않는 점, 종업원에게 상여금으로 지급하였다고 주장하는 동 상품권상당금액을 급여로 처리하지 않은 사실이 원천징수 지급조서에 의하여 확인되는 점 등에 비추어 볼 때 처분청이 쟁점 금액을 접대비로 보아 과세한 이 건 처분은 잘못이 없는 것으로 판단됨(조심 2008중3703, 2008.12.30.).

③ 「법인세법」은 기업업무추진비가 건전한 사회통념과 상관행에 비추어 적정한 수준의 지출이 될 수 있도록 손금으로 인정되는 한도를 두면서 이를 초과하는 금액을 손금불산입하고 기타사외유출로 소득처분하고 있는바, 이에 따라 이 건 상품권 구입액의 지급규모가 그 한도를 초과하는 경우 그 초과액만큼 손금불산입하고 기타사외유출로 소득처분하면 될 뿐, 동 상품권 구입액이 청구법인의 업무와 관련되었다고 보이는 이상, 그 지급규모가 크다고 하여 이를 전부 손금불산입한 후 대표이사의 상여로 소득처분하는 것은 기업업무추진비의 취지에도 부합하지 아니한다고 봄이 상당하다. 청구법인이

기업업무추진비로 계상한 이 건 상품권 구입액을 업무무관비용으로 보아 손금불산입 하면서, 같은 금액을 대표이사 상여로 소득처분한 이 건 소득금액변동통지는 잘못이 있는 것으로 판단된다(조심2016서3351, 2017.5.2.).

5. 일반적으로 인정되는 통상적인 범위 내의 금액은 기업업무추진비가 아님

화물운송사업을 영위하는 내국법인이 지입차주 또는 다른 운송사업자에 소속된 지입차주와 화물운송위탁계약을 체결하고 운송품질 향상을 통한 수익성 제고를 위해 사전약정에 의해 노후 타이어 교체지원 · 외부위탁 안전교육 · 건강검진 등(이하 "쟁점 지원사업")을 지원하거나 해당 내국법인이 외부 운송업체(이하 "협력사"라 한다)와 화물운송위탁계약을 체결하고 해당 화물을 운송하는 지입차주에게 쟁점지원사업(노후 타이어 교체지원은 제외)을 추진하는 데 지출하는 비용으로서 일반적으로 인정되는 통상적인 범위 내의 금액은 「법인세법」 제25조 제1항에 따른 기업업무추진비로 보지 않는 것이나, 귀 사전답변의 신청내용이 이에 해당하는지는 그 비용의 지출목적 · 경위, 통상적인 범위 내의 금액 여부 등을 종합적으로 사실판단할 사항임(사전법령법인-16, 2019.4.29.).

6. 판매부대비용에 해당하는지 여부

① 스마트폰 애플리케이션을 통하여 가맹점의 매장, 제품을 소비자에게 광고하고 가맹점으로부터 광고용역에 대한 대가를 지급받는 사업을 영위하는 내국법인이 코로나19 장기화로 인한 가맹점들의 부담을 감소시키기 위해 모든 가맹점을 대상으로 사전 공지내용에 따라 광고비 및 정책자금 대출이자를 지원하는 경우 그 지출경위나 성질, 액수 등을 건전한 사회통념과 상관행에 비추어 볼 때 정상적으로 소요되는 비용이라고 인정될 수 있는 범위 안의 금액은 「법인세법 시행규칙」 제10조에 따른 판매부대비용에 해당하는 것이나, 건전한 사회통념이나 상관행에 비추어 정상적으로 소요되는 비용인지 여부는 사실판단할 사항임(사전법령법인 2020-0778, 2020.10.26.).

② 내국법인이 일정금액 이상의 제품을 구매하는 거래처를 대상으로 사전약정에 따라 동일한 조건 또는 거래처별로 상이하게 차등적인 조건에 의하여 일정비율의 제품을 무상으로 추가 제공하는 경우 건전한 사회통념상 상관행에 비추어 정상적인 거래로 인정될 수 있는 범위 안의 금액은 「법인세법 시행규칙」 제10조에 따른 판매부대비용에 해당하는 것임(서면-2022-법인-4409, 2023.5.4.).

7. 특정 회원에게 지급한 포인트 사용액의 손금 여부

골프장을 운영하는 내국법인이 일정 기준금액 이상으로 회원권을 취득한 회원만을 대상으로 회원권을 높은 가액으로 취득한 것에 대한 보상차원에서 골프장 내 음식점에서 사용할 수 있는 포인트를 무상으로 지급한 경우로서, 향후 골프장 내 음식점 이용 시 해당 포인트를 사용하여 결제한 음식 및 음료 대금 상당액은 「법인세법」 제25조의 기업업무추진비에 해당하는 것임(서면법인 2019-2380, 2020.9.4.).

3 증명서류관리

(1) 원 칙

법인이 한 차례의 접대에 지출한 기업업무추진비 중 3만원(경조금은 20만원)을 초과하는 기업업무추진비로서 다음 중 어느 하나에 해당하지 아니한 것은 각 사업연도의 소득금액을 계산할 때 손금에 산입하지 아니한다(법법 25 ②, 법령 41 ①).

① 신용카드 등을 사용하여 지출하는 기업업무추진비
② 계산서 또는 세금계산서를 발급받거나 매입자 발행세금계산서를 발행하여 지출하는 기업업무추진비
③ 원천징수영수증을 발행하여 지출하는 경비

여기서 신용카드 등이라 함은 직불카드, 외국에서 발행된 신용카드 및 기명식선불카드, 직불전자지급수단, 기명식선불전자지급수단 또는 기명식전자화폐를 말하며, 해당 법인의 명의로 발급받은 것을 말한다(법령 41 ③ · ⑥). 원천징수영수증이란 사업자등록을 하지 아니한 자로부터 용역을 제공받고 발급하는 사업소득 · 기타소득 원천징수영수증을 말한다(법령 41 ④).

(2) 예 외

다음에 해당하는 경우에는 증명서류를 받지 않더라도 즉시 손금불산입하지 않고 한도 내에서 손금으로 인정한다(법법 25 ②, 법령 41 ②).

① 국외 지역에서 지출한 기업업무추진비로서 기업업무추진비가 지출된 장소(당해 장소가 소재한 인근 지역 안의 유사한 장소를 포함)에서 현금 외에 다른 지출수단이 없어 증명서류를 구비하기 어려운 경우로서 지출사실이 객관적으로 명백한 경우
② 법인이 아닌 농 · 어민으로부터 직접 재화를 공급받는 경우의 지출로서 그 대가를 금융회사등을 통하여 지급한 지출(과세표준신고서에 송금사실을 적은 송금명세서를 첨부하여 납세지 관할 세무서장에게 제출한 경우에 한정한다)
③ 법인이 직접 생산한 제품 등으로 제공한 기업업무추진비(법칙 20 ②)
④ 거래처에 대한 매출채권을 임의포기함에 따라 기업업무추진비로 보는 경우(서면법인-1241, 2015.7.21.)

4 기업업무추진비 한도액

법인이 각 사업연도에 지출한 기업업무추진비로서 다음의 금액을 합한 금액(부동산임대업 주업법인 등의 경우에는 그 금액에 50%를 곱한 금액)을 초과하는 금액은 해당 사업연도의 소득금액을 계산할 때 손금에 산입하지 아니한다(법법 25 ④ · ⑤).

> 기업업무추진비 한도액[①+②]
>
> ① 기본한도 : 1,200만원(중소기업의 경우 : 3,600만원) × $\frac{\text{당해 사업연도 월수}}{12}$
>
> ② 수입금액기준 한도 : [일반수입금액 × 적용률] + [특정수입금액 × 적용률 × 10%]

(1) 당해 사업연도 월수

월수는 역에 따라 계산하되, 1월 미만의 일수는 1월로 한다.

(2) 적용률

구 분		수입금액 적용률
수입금액	100억 이하분	3/1,000
	100억 초과 500억 이하	2/1,000
	500억 초과분	3/10,000

(3) 수입금액

수입금액이란 기업회계기준에 따라 계산한 매출액을 말하며, 사업연도 중에 중단된 사업부문의 매출액을 포함한다(법령 42 ①). 특정수입금액이란 특수관계자와의 거래에서 발생한 수입금액을 말하며, 일반수입금액은 그 외의 수입금액을 말한다.

5 문화기업업무추진비

(1) 개 요

내국법인이 2025년 12월 31일 이전에 문화비로 지출한 기업업무추진비가 있는 경우 다음 산식에 따라 계산한 문화기업업무추진비 한도액을 일반기업업무추진비 한도액에 추가한다(조특법 136 ③).

문화기업업무추진비의 손금산입 한도액＝Min[①, ②] ① 문화기업업무추진비 지출액 ② 당해 사업연도 일반기업업무추진비 한도액×20%

(2) 문화기업업무추진비의 개념

문화비로 지출한 기업업무추진비란 다음의 것을 말한다(조특령 130 ⑤).

① 「문화예술진흥법」에 따른 문화예술의 공연이나 전시회 또는 「박물관 및 미술관 진흥법」에 따른 박물관의 입장권 구입
② 「국민체육진흥법」에 따른 체육활동의 관람을 위한 입장권의 구입
③ 「영화 및 비디오물의 진흥에 관한 법률」에 따른 비디오물의 구입
④ 「음악산업진흥에 관한 법률」에 따른 음반 및 음악영상물의 구입
⑤ 「출판문화산업진흥법」에 따른 간행물의 구입
⑥ 「관광진흥법」에 따라 문화체육관광부장관이 지정한 문화관광축제의 관람 또는 체험을 위한 입장권 · 이용권의 구입
⑦ 「관광진흥법 시행령」에 따른 관광공연장 입장권의 구입
⑧ 기획재정부령으로 정하는 박람회의 입장권 구입
⑨ 다음 중 어느 하나에 해당하는 국가유산의 관람을 위한 입장권의 구입[5)]
 ㉠ 「문화유산의 보존 및 활용에 관한 법률」에 따른 지정문화유산
 ㉡ 「근현대문화유산의 보존 및 활용에 관한 법률」에 따른 국가등록문화유산
 ㉢ 「자연유산의 보존 및 활용에 관한 법률」에 따른 천연기념물등
 ㉣ 「무형유산의 보전 및 진흥에 관한 법률」에 따른 국가무형유산
 ㉤ 「무형유산의 보전 및 진흥에 관한 법률」에 따른 시 · 도무형유산
⑩ 「문화예술진흥법」에 따른 문화예술 관련 강연의 입장권 구입 또는 초빙강사에 대한 강연료 등

5) 2024.5.17.부터 시행한다.

⑪ 자체시설 또는 외부임대시설을 활용하여 해당 내국인이 직접 개최하는 공연 등 문화예술행사비
⑫ 문화체육관광부의 후원을 받아 진행하는 문화예술, 체육행사에 지출하는 경비
⑬ 미술품의 구입(취득가액이 거래단위별로 100만원 이하인 것으로 한정)

6 전통시장 기업업무추진비

2025년 12월 31일 이전에 「전통시장 및 상점가 육성을 위한 특별법」 제2조 제1호에 따른 전통시장에서 지출한 기업업무추진비로서 다음 각 호의 요건을 모두 갖춘 기업업무추진비는 기업업무추진비 한도액에도 불구하고 해당 과세연도의 소득금액을 계산할 때 기업업무추진비 한도액의 10%에 상당하는 금액의 범위에서 손금에 산입한다(조특법 136 ⑥).

① 조세특례제한법 제126조의 2 제1항에 따른 신용카드등사용금액에 해당할 것
② 소비성서비스업 등 대통령령으로 정하는 업종을 경영하는 법인 또는 사업자에게 지출한 것이 아닐 것

전통시장 기업업무추진비 개정규정은 2024.1.1. 이후 과세표준을 신고하는 경우부터 적용한다.

전통시장기업업무추진비 한도액 = Min[㉠, ㉡]
㉠ 전통시장 기업업무추진비 지출액
㉡ 일반기업업무추진비 한도액(①+②)×10%

* 부동산임대업을 주된 사업으로 하는 등의 내국법인의 경우에는 일반기업업무추진비 한도액(①+②)의 50%로 한다.

03 계정과목별 세무조정

7 기업업무추진비 기타사항

(1) 기업업무추진비의 귀속시기

기업업무추진비는 지급할 의무가 확정되는 사업연도에 귀속되는 것으로 하므로 발생주의에 따라 인식하고 세무조정을 수행하여야 한다. 만약, 법인이 기업업무추진비를 지출한 사업연도의 손비로 처리하지 아니하고 선급비용 등으로 이연처리한 경우에는 이를 지출한 사업연도의 기업업무추진비로서 시부인 계산하고 그 후 사업연도에 있어서는 이를 기업업무추진비로 보지 아니한다(법기통 25-0…1).

(2) 현물기업업무추진비의 평가

법인이 기업업무추진비를 금전 외의 자산으로 제공한 경우 해당 자산의 가액은 이를 제공한 때의 시가(시가가 장부가액보다 낮은 경우에는 장부가액)에 의한다.

현물기업업무추진비 = Max[시가, 장부가액]

8 기업업무추진비의 세무조정 방법

(1) 기업업무추진비의 요건을 갖추지 아니한 지출금액

법인이 기업업무추진비로 계상한 금액 중 허위 또는 업무와 관련 없는 지출임이 확인되는 금액에 대하여는 당해 지출금액을 손금불산입(기업업무추진비 시부인 대상금액에서 제외)하고 다음과 같이 처리한다.

① 당해 지출금액에 대한 소득의 귀속자가 분명한 때 : 귀속자에 대한 상여 · 배당 또는 기타소득

② 당해 지출금액에 대한 소득의 귀속자가 불분명한 때 : 대표이사에 대한 상여

(2) 증명서류 수취 불성실

1회 지출금액이 3만원을 초과하는 기업업무추진비로서 신용카드 등을 사용하지 아니한 금액은 전액 손금불산입하고 기타사외유출로 처분한다. 다만, 국외지역 지출 기업업무추진비, 현물기업업무추진비, 매출할인, 채권포기액 등 신용카드 등을 사용할 수 없는 경우에는 적격증빙 수취의무가 면제되므로 한도 내에서 손금으로 인정된다.

(3) 비용으로 계상한 기업업무추진비 한도초과액의 처리

판매관리비 등 비용으로 계상한 기업업무추진비의 한도초과액은 각 사업연도의 소득금액 계산에 있어 손금불산입하고 기타사외유출로 처분한다.

(4) 자산으로 계상한 기업업무추진비 한도초과액의 처리

법인이 지출한 기업업무추진비 중 건설가계정 · 유형자산 및 무형자산 등으로 처리한 금액(자산처리 대상이 아닌 금액은 제외)은 동 금액을 지출한 사업연도에 기업업무추진비와 합산하여 시부인 계산하고 그 한도초과액은 다음과 같이 처리한다.

① **한도초과액이 당기에 손비로 계상한 기업업무추진비보다 많은 때**

당기에 손비로 계상한 기업업무추진비는 전액 손금불산입하고, 그 차액을 손금산입 유보로 처리하여 당해 자산가액을 감액한다. 이때 한도초과액은 당기 손비 계상액, 자산계상액 순으로 구성된 것으로 본다. 이 경우 기업업무추진비 한도초과액이 수 개의 자산계정에 계상된 경우에는 자산별 감액순위를 건설 중인 자산 · 유형자산 순으로 한다.

② **기업업무추진비 한도초과액이 당기에 손비로 계상한 기업업무추진비보다 적은 때**

초과액만큼을 손금불산입하고 자산가액을 감액하지 않는다.

9 [서식사례] 기업업무추진비 조정명세서

(1) 작성사례

중소기업인 ㈜택스에듀(1.1.~12.31.)의 기업업무추진비관련 자료이다.

1) 수입금액

2,000,000,000원(특수관계자 매출액 500,000,000원 포함)

2) 기업업무추진비 지출액

① 판매관리비상 기업업무추진비 총액은 70,000,000원이며, 이 중 5,000,000원은 경조사 기업업무추진비이다.

② 일반적인 기업업무추진비 65,000,000원은 모두 3만원 초과 거래 건으로 이 중 임직원 명의 카드 사용액은 12,000,000원이며 그 외는 모두 법인카드를 사용하였다.

③ 거래처 경조사 기업업무추진비는 모두 청첩장 등의 증명서류를 수취하였으며, 1회에 1,000,000원을 지출한 건 외 모두 1회에 20만원 이하 지출 건이다.

[별지 제23호 서식(갑)] (2024.3.22. 개정) (앞쪽)

<table>
<tr><td rowspan="2">사 업
연 도</td><td rowspan="2">2025. 01. 01.
~
2025. 12. 31.</td><td rowspan="2">기업업무추진비 조정명세서(갑)</td><td>법인명</td><td>㈜택스에듀</td></tr>
<tr><td>사업자등록번호</td><td>123-81-XXXXX</td></tr>
</table>

<table>
<tr><th colspan="3">구 분</th><th>금 액</th></tr>
<tr><td colspan="3">① 기업업무추진비 해당 금액</td><td>70,000,000</td></tr>
<tr><td colspan="3">② 기준금액 초과 기업업무추진비 중 신용카드 등 미사용으로 인한 손금불산입액</td><td>13,000,000</td></tr>
<tr><td colspan="3">③ 차감 기업업무추진비 해당 금액(①-②)</td><td>57,000,000</td></tr>
<tr><td rowspan="11">일반
기업업무
추진비
한도</td><td colspan="2">④ 1,200만원 (중소기업 3,600만원) × $\frac{\text{해당 사업연도 월수(12)}}{12}$</td><td>36,000,000</td></tr>
<tr><td rowspan="4">총수입금액
기준</td><td>100억원 이하의 금액 × 30/10,000</td><td>6,000,000</td></tr>
<tr><td>100억원 초과 500억원 이하의 금액 × 20/10,000</td><td></td></tr>
<tr><td>500억원 초과 금액 × 3/10,000</td><td></td></tr>
<tr><td>⑤ 소계</td><td>6,000,000</td></tr>
<tr><td rowspan="4">일반수입금액
기준</td><td>100억원 이하의 금액 × 30/10,000</td><td>4,500,000</td></tr>
<tr><td>100억원 초과 500억원 이하의 금액 × 20/10,000</td><td></td></tr>
<tr><td>500억원 초과 금액 × 3/10,000</td><td></td></tr>
<tr><td>⑥ 소계</td><td>4,500,000</td></tr>
<tr><td>⑦ 수입금액 기준</td><td>(⑤-⑥) × 20(10)/100</td><td>150,000</td></tr>
<tr><td colspan="2">⑧ 일반 기업업무추진비 한도액(④+⑥+⑦)</td><td>40,650,000</td></tr>
<tr><td rowspan="2">문화
기업업무
추진비
한도
(「조세특례제한법」
제136조 제3항)</td><td colspan="2">⑨ 문화 기업업무추진비 지출액</td><td></td></tr>
<tr><td colspan="2">⑩ 문화 기업업무추진비 한도액
[⑨와 (⑧×20/100)에 해당하는 금액 중 적은 금액]</td><td></td></tr>
<tr><td rowspan="2">전통시장
기업업무
추진비
한도
(「조세특례제한법」
제136조 제6항)</td><td colspan="2">⑪ 전통시장 기업업무추진비 지출액</td><td></td></tr>
<tr><td colspan="2">⑫ 전통시장 기업업무추진비 한도액
[⑪과 (⑧×10/100)에 해당하는 금액 중 적은 금액]</td><td></td></tr>
<tr><td colspan="3">⑬ 기업업무추진비 한도액 합계(⑧+⑩+⑫)</td><td>40,650,000</td></tr>
<tr><td colspan="3">⑭ 한도초과액(③-⑬)</td><td>16,350,000</td></tr>
<tr><td colspan="3">⑮ 손금산입 한도 내 기업업무추진비 지출액(③과 ⑬에 해당하는 금액 중 적은 금액)</td><td>40,650,000</td></tr>
</table>

210mm×297mm[백상지 80g/㎡ 또는 중질지 80g/㎡]

(뒤쪽)

작성방법

1. ① 기업업무추진비 해당 금액란: "기업업무추진비 조정명세서(을)[별지 제23호 서식(을)]"의 ⑦ 기업업무추진비 해당 금액의 합계란 금액을 적습니다.

2. ② 기준금액 초과 기업업무추진비 중 신용카드 등 미사용으로 인한 손금불산입액란: "기업업무추진비 조정명세서(을)[별지 제23호 서식(을)]"의 ⑰ 신용카드 등 미사용 부인액의 합계란 금액을 적습니다.
 * 기준금액(「법인세법 시행령」 제41조 제1항)
 - 경조사비: 20만원
 - 경조사비 외의 기업업무추진비: 3만원

3. 일반 기업업무추진비 한도(④~⑧)
 가. ④란에서 중소기업 외의 법인은 1,200만원, 중소기업은 3,600만원을 적용합니다.
 나. 총수입금액 기준의 금액란: "기업업무추진비 조정명세서(을)[별지 제23호 서식(을)]"의 ③란의 금액을 금액별 적용률에 따라 계산한 금액을 적습니다.
 다. 일반수입금액 기준의 금액란: "기업업무추진비 조정명세서(을)[별지 제23호 서식(을)]"의 ①란의 금액을 금액별 적용률에 따라 계산한 금액을 적습니다.
 라. 정부가 100분의 20 이상 출자한 정부출자기관 및 정부출자기관이 출자한 법인으로서 그 정부출자기관 등이 최대주주인 법인의 경우에는 ⑧ 일반 기업업무추진비 한도액의 금액란에 「법인세법」 제25조 제4항 각 호 외의 부분에 따른 금액을 합한 금액(④+⑥+⑦)의 100분의 70에 상당하는 금액을 적습니다.
 마. ⑦ 수입금액 기준란의 적용률은 2013년 1월 1일 이후 개시하는 사업연도분부터는 10%를 적용합니다.
 바. ⑧ 일반 기업업무추진비 한도액 계산 시 법인이 「법인세법 시행령」 제42조 제2항에 해당하는 경우에는 ⑧ 일반 기업업무추진비 한도액의 50%에 해당하는 금액을 적습니다.

4. 문화 기업업무추진비 한도(⑨~⑩)는 「조세특례제한법」 제136조 제3항에 따른 문화 기업업무추진비 지출금액이 있는 경우 작성합니다. ⑨ 문화 기업업무추진비 지출액은 ③ 차감 기업업무추진비 해당 금액 중 「조세특례제한법 시행령」 제130조 제5항에 따른 지출액을 적습니다.

5. 전통시장 기업업무추진비 한도(⑪~⑫)는 「조세특례제한법」 제136조 제6항에 따른 전통시장 기업업무추진비 지출금액이 있는 경우 작성합니다. ⑪ 전통시장 기업업무추진비 지출액은 ③ 차감 기업업무추진비 해당 금액 중 「조세특례제한법」 제136조 제6항에 따른 지출액을 적습니다.

6. ⑭ 한도초과액은 음수인 경우 "0"으로 적습니다.

210mm×297mm[백상지 80g/㎡ 또는 중질지 80g/㎡]

(2) 작성요령(갑)

❶ '① 기업업무추진비 해당 금액'란에는 "기업업무추진비조정명세서(을)[별지 제23호 서식(을)]"의 '⑦ 기업업무추진비 해당 금액의 합계'란 금액을 적는다.

❷ '② 기준금액 초과 기업업무추진비 중 신용카드 등 미사용으로 인한 손금불산입액'란에는 "기업업무추진비조정명세서(을)[별지 제23호 서식(을)]"의 '⑮ 신용카드 등 미사용 부인액의 합계란' 금액을 적는다.

* **기준금액**(「법인세법 시행령」 제41조 제1항) : – 경조사비 : 20만원
– 경조사비 외의 기업업무추진비 : 3만원

❸ 일반기업업무추진비 한도(④~⑧)

가. '④'란에서 중소기업 외의 법인은 1,200만원, 중소기업은 3,600만원을 적용한다.

나. 총수입금액 기준란의 금액란은 "기업업무추진비조정명세서(을)[별지 제23호 서식(을)]"의 '③'란의 금액을 금액별 적용률에 따라 계산된 금액을 적는다.

다. 일반수입금액 기준란의 금액란은 "기업업무추진비조정명세서(을)[별지 제23호 서식(을)]"의 '①'란의 금액을 금액별 적용률에 따라 계산된 금액을 적는다.

라. 정부가 100분의 20 이상 출자한 정부출자기관 및 정부출자기관이 출자한 법인으로서 그 정부출자기관 등이 최대주주인 법인의 경우에는 '⑧ 일반기업업무추진비 한도액의 금액'란에 「법인세법」 제25조 제4항 각 호 외의 부분에 따른 금액을 합한 금액(④+⑥+⑦)의 100분의 70에 상당하는 금액을 적는다.

마. '⑦ 수입금액 기준'란의 적용률은 2013년 1월 1일 이후 개시하는 사업연도분부터는 10퍼센트를 적용한다.

바. '⑧ 일반기업업무추진비 한도액' 계산 시 법인이 「법인세법 시행령」 제39조 제3항에 해당하는 경우에는 '⑧ 일반기업업무추진비 한도액'의 100분의 50에 해당하는 금액을 적는다.

❹ 문화기업업무추진비 한도(⑨~⑩)는 「조세특례제한법」 제136조 제3항에 따른 문화기업업무추진비 지출금액이 있는 경우에 작성한다. '⑨ 문화기업업무추진비 지출액'은 '③ 차감 기업업무추진비 해당 금액' 중 「조세특례제한법 시행령」 제130조 제5항에 따른 지출액을 적는다.

❺ 전통시장 기업업무추진비 한도(⑪~⑫)는 「조세특례제한법」 제136조 제6항에 따른 전통시장 기업업무추진비 지출금액이 있는 경우 작성한다. ⑪ 전통시장 기업업무추진비 지출액은 ③ 차감 기업업무추진비 해당 금액 중 「조세특례제한법」 제136조 제6항에 따른 지출액을 적는다.

❻ '⑫ 한도초과액'은 음수인 경우에 "0"으로 적는다.

[별지 제23호 서식(을)] (2023.3.20. 개정) (앞쪽)

<table>
<tr><td rowspan="2">사 업
연 도</td><td rowspan="2">2025. 1. 1.
~
2025. 12. 31.</td><td rowspan="2">기업업무추진비조정명세서(을)</td><td>법 인 명</td><td>㈜택스에듀</td></tr>
<tr><td>사업자등록번호</td><td>123-81-12345</td></tr>
</table>

1. 수입금액명세

구 분	①일반수입금액	②특수관계인간 거래금액	③합 계 (①+②)
금 액	1,500,000,000	500,000,000	2,000,000,000

2. 기업업무추진비 해당 금액

<table>
<tr><td colspan="3">④계 정 과 목</td><td>기업업무추진비</td><td></td><td></td><td>합 계</td></tr>
<tr><td colspan="3">⑤계 정 금 액</td><td>70,000,000</td><td></td><td></td><td>70,000,000</td></tr>
<tr><td colspan="3">⑥기업업무추진비계상액 중 사적사용경비</td><td></td><td></td><td></td><td></td></tr>
<tr><td colspan="3">⑦기업업무추진비 해당 금액(⑤ - ⑥)</td><td>70,000,000</td><td></td><td></td><td>70,000,000</td></tr>
<tr><td rowspan="9">⑧
신용 카드
등 미사용
금액</td><td rowspan="2">경조사비 중 기준
금액 초과액</td><td>⑨신용카드 등
미사용금액</td><td>1,000,000</td><td></td><td></td><td>1,000,000</td></tr>
<tr><td>⑩총 초과금액</td><td>1,000,000</td><td></td><td></td><td>1,000,000</td></tr>
<tr><td rowspan="2">국외지역 지출액
(「법인세법 시행령」
제41조 제2항 제1호)</td><td>⑪신용카드 등
미사용금액</td><td></td><td></td><td></td><td></td></tr>
<tr><td>⑫총 지출액</td><td></td><td></td><td></td><td></td></tr>
<tr><td rowspan="2">농어민 지출액
(「법인세법 시행령」
제41조 제2항 제2호)</td><td>⑬송금명세서
미제출금액</td><td></td><td></td><td></td><td></td></tr>
<tr><td>⑭총 지출액</td><td></td><td></td><td></td><td></td></tr>
<tr><td rowspan="2">기업업무추진비 중
기준금액
초과액</td><td>⑮신용카드 등
미사용금액</td><td>12,000,000</td><td></td><td></td><td>12,000,000</td></tr>
<tr><td>⑯총 초과금액</td><td>65,000,000</td><td></td><td></td><td>65,000,000</td></tr>
<tr><td colspan="2">⑰신용카드 등 미사용 부인액
(⑨ + ⑪ + ⑬ + ⑮)</td><td>13,000,000</td><td></td><td></td><td>13,000,000</td></tr>
<tr><td colspan="3">⑱접 대 비 부 인 액
(⑥ + ⑰)</td><td>13,000,000</td><td></td><td></td><td>13,000,000</td></tr>
</table>

210mm×297mm[백상지 80g/㎡ 또는 중질지 80g/㎡]

(3) 작성요령(을)

❶ '① 일반수입금액'란과 '② 특수관계인 간 거래금액'란은 해당 업종별로 기업회계기준에 따라 계산한 매출액에 상당하는 금액을 적는다. 다만, 「자본시장과 금융투자업에 관한 법률」에 따른 투자매매업자 또는 투자중개업자, 집합투자업자 등의 법인은 「법인세법 시행령」 제42조 제1항 각 호에 따라 계산한 금액을 적는다.

❷ '④ 계정과목'란은 기업업무추진비로 사용된 비용, 건설 중인 자산 또는 유형자산 및 무형자산 등의 계정과목을 각각 적는다.

❸ '⑦ 기업업무추진비 해당 금액'란은 기업업무추진비 지출금액 중 사적비용 성격의 기업업무추진비를 제외한 금액을 적는다(「법인세법」 제25조 제2항에 따른 신용카드 등 증빙미수취에 따라 손금에 산입하지 아니한 금액을 포함하여 적는다).

❹ '⑧ 신용카드 등 미사용금액'란은 해당 사업연도에 지출한 '⑦ 기업업무추진비 해당 금액' 중 신용카드(직불카드와 해외발행 신용카드를 포함한다), 현금영수증, 계산서 · 세금계산서 및 비사업자에 대한 원천징수영수증을 발급 · 발행하지 아니한 금액을 경조사비, 국외지역 지출액, 농어민 지출액 및 기준금액 초과액으로 구분하여 다음과 같이 적는다.

가. **경조사비 중 기준금액 초과액란** : '⑨'에는 경조사비 중 1회 20만원 초과 지출금액 중 신용카드 등 미사용금액, '⑩'에는 총 초과금액을 적는다.

나. **국외지역 지출액란** : '⑪'에는 국외지역에서 지출한 금액 중 「법인세법 시행령」 제41조 제2항 제1호에 해당하는 지역 외의 지역에서 신용카드 등 미사용금액, '⑫'에는 총 지출액을 적는다.

다. **농 · 어민 지출액란** : '⑬'에는 「법인세법 시행령」 제41조 제2항 제2호에 따른 농 · 어민으로부터 직접 접대 목적에 사용하기 위한 재화를 공급받는 경우의 지출로서 「금융실명거래 및 비밀보장에 관한 법률」 제2조 제1호에 따른 금융회사등을 통하여 대가를 지급하지 않거나 「법인세법」 제60조에 따른 과세표준 신고 시 송금명세서를 제출하지 아니한 금액, '⑭'에는 총 지출액을 적는다.

라. **기업업무추진비 중 기준금액 초과액란** : '⑮'에는 '⑩', '⑫' 및 '⑭'란의 지출금액을 제외한 3만원 초과 기업업무추진비 지출액 중 신용카드 등 미사용금액, '⑯'에는 총 초과액을 적는다.

마. **'⑰ 신용카드 등 미사용 부인액'란** : '⑨', '⑪', '⑬' 및 '⑮'란의 합계액을 적는다.

❺ **⑱ 기업업무추진비부인액란** : 사적사용경비 성격의 기업업무추진비와 신용카드 등 증빙미수취에 따른 손금불산입 기업업무추진비 금액을 더하여(⑥+⑰) 적는다.

▌소득금액 조정합계표의 작성▐

익금산입 및 손금불산입				손금산입 및 익금불산입			
① 과 목	② 금 액	③ 소득처분		④ 과 목	⑤ 금 액	⑥ 소득처분	
		처분	코드			처분	코드
증명서류 미수취기업업무 추진비	13 000 000	기타 사외 유출	500				
기업업무추진비 한도초과액	16 350 000	기타 사외 유출	500				

CHAPTER

08 대손금

1 개 요

「법인세법」에서는 대손금으로 처리할 수 있는 요건을 법정화하여 법정 사유에 해당한 경우에만 대손으로 인정하고 있다. 「법인세법」 대손사유는 결산조정사유와 신고조정사유로 구분되므로 귀속시기 선택에 주의가 필요하다.

회계처리	(차) 대손상각비 (대) 외상매출금 대손충당금	요건 불충족 채권 〈손금불산입〉 (유보)
법인세법	「법인세법」상 대손요건	

2 대손처리 대상 채권

(1) 개 요

「법인세법」에서는 대손처리 대상 채권에 대하여 별다른 제한을 두고 있지 않으므로 외상매출금과 같은 상거래상 채권뿐 아니라 미수금 등 모든 채권에 대하여 대손처리를 할 수 있는 것이 원칙이다.

▎대손처리채권의 예시▕

구 분	내 용
영업거래에서 발생한 채권	① 상품 또는 제품 판매금액의 미수금(부가가치세 포함) ② 서비스, 용역제공대가의 미수금(부가가치세 포함) ③ 상품, 원재료 등의 매입을 위한 선급금, 전도금 등

구 분	내 용
영업거래에서 발생한 채권	④ 기타 영업거래를 위한 예치보증금 등 ⑤ 회수책임과 대손금을 부담하는 경우의 수탁판매업자 등의 미수금
영업외거래에서 발생한 채권	① 영업거래에 해당하지 아니하는 자산매각 대금의 미수금 ② 금전대차계약 등에 의한 대여금 및 미수이자 ③ 사용인의 공금횡령 및 업무상 과실로 발생한 구상채권 ④ 법원 판결에 의한 확정된 손해배상청구권

(2) 대손처리할 수 없는 채권

「법인세법」상 대손요건을 충족하는 매출채권, 미수금, 대여금 등 모든 채권에 대하여 대손처리가 가능하나, 다음 중 어느 하나에 해당하는 채권에는 대손처리를 인정하지 않는다(법법 19의 2 ②).

① 채무보증으로 인하여 발생한 구상채권
② 특수관계자에게 해당 법인의 업무와 관련 없이 지급한 가지급금(이 경우 특수관계인에 대한 판단은 대여시점을 기준으로 한다)

(3) 채무보증으로 인한 구상채권

채무보증으로 발생한 구상채권에 대한 대손금과 당해 채권의 처분손실에 대하여는 원칙적으로 손금불산입하되 다음 중 어느 하나에 해당하는 채무보증으로 인하여 발생한 구상채권에 대하여는 예외로 한다(법법 19의 2 ② 1호, 법령 19의 2 ⑥).

① 「독점규제 및 공정거래에 관한 법률」 제24조 각 호의 어느 하나에 해당하는 채무보증. 이때 「독점규제 및 공정거래에 관한 법률」의 채무보증제한 기업집단에 속하지 아니하는 내국법인이 동법 제10조의 2 제1항 중 어느 하나에 해당하는 채무보증 등 「법인세법 시행령」 제19조의 2 제6항 각 호의 채무보증에 포함되지 아니하는 보증으로 인하여 발생한 구상채권은 손금에 산입할 수 없다(서면2팀-1291, 2004.6.22.).
② 「법인세법 시행령」 제61조 제2항 각 호의 어느 하나에 해당하는 금융회사등이 행한 채무보증
③ 법률에 따라 신용보증사업을 영위하는 법인이 행한 채무보증
④ 「대 · 중소기업 상생협력 촉진에 관한 법률」에 따른 위탁기업이 수탁기업협의회의 구성원인 수탁기업에 대하여 행한 채무보증
⑤ 건설업 및 전기통신업을 영위하는 내국법인이 건설사업(미분양주택을 기초로 하는 유동화거래를 포함)과 직접 관련하여 특수관계인에 해당하지 아니하는 자에 대한 채무보증. 다만, 「사회기반시

설에 대한 민간투자법」 제2조 제7호의 사업시행자 등 다음 중 어느 하나에 해당하는 자에 대한 채무보증은 특수관계인에 대한 채무보증을 포함한다(법칙 10의 5).

㉠ 「사회기반시설에 대한 민간투자법」 제2조 제7호에 따른 사업시행자

㉡ 「국유재산법」 제13조 제2항 제1호 또는 「공유재산 및 물품관리법」 제7조 제2항 제1호에 따라 기부한 행정재산을 운영하는 내국법인

㉢ 「법인세법」 제51조의 2 제1항 제1호 · 제2호 · 제4호 · 제6호에 해당하는 내국법인 또는 이와 유사한 투자회사로서 「조세특례제한법」 제104조의 31 제1항 각 호에 해당하는 내국법인

⑥ 해외자원개발사업자가 해외자원개발사업과 직접 관련하여 해외에서 설립된 법인에 대하여 행한 채무보증

⑦ 「해외건설 촉진법」에 따른 해외건설사업자가 해외자원개발을 위한 해외건설업과 직접 관련하여 해외에서 설립된 법인에 대해 행한 채무보증

한편, ⑤ 규정은 건설업의 경우 2017.2.4. 이후 대손금으로 손금산입하는 분부터(법령 부칙 8 대통령령 제27828호), 전기 통신업의 경우 2018.2.13. 이후 대손금으로 손금에 산입하는 분부터(법령 부칙 5 대통령령 제28640호) 적용하며, ⑥ 및 ⑦의 규정은 2023.2.28. 이전의 채무보증으로 발생한 구상채권으로서 2023.2.28. 이후 해당 채권을 회수할 수 없게 되는 경우에도 적용한다(법령 부칙 5 대통령령 제33265호).

3 대손사유

(1) 결산조정사유

다음의 대손금은 해당 사유가 발생하여 손비로 계상한 날이 속하는 사업연도의 손금으로 한다(법령 19의 2 ① · ③).

1) 파산, 강제집행, 형의 집행, 사업의 폐지, 사망, 실종, 행방불명

채무자의 파산, 강제집행, 형의 집행, 사업의 폐지, 사망, 실종, 행방불명으로 인하여 회수할 수 없는 채권은 대손사유에 해당한다(법령 19의 2 ① 8호). 아래의 대손사유는 해당 사유가 발생한 사실 자체가 대손사유가 아니며, 회수할 수 없음을 별도로 입증하여야 한다.

① 파산한 자에 대한 채권

일반적으로 파산절차는 "파산선고 ⇨ 파산관재인 선임 ⇨ 채권자 집회 ⇨ 채권조사

⇨ 환가 · 배당 ⇨ 파산종결(파산폐지) 결정"으로 진행된다. 따라서, 채무자의 파산이란 「채무자 회생 및 파산에 관한 법률」에 따라 법원이 파산폐지 결정하거나 파산종결 결정하여 공고한 경우를 말한다.

만약, 파산폐지 또는 파산종결 공고일 이전에 파산절차 진행과정에서 관계서류 등에 의해 해당 채권자가 배당받을 금액이 채권금액에 미달하는 사실이 객관적으로 확인되는 경우, 그 미달하는 금액은 회수할 수 없는 채권으로 보아 대손금으로 손금에 산입할 수 있다(법집 19의 2-19의 2-2).

또한, 법원은 파산선고 후에 파산재단으로써 파산절차의 비용을 충당하기에 부족하다고 인정되는 때에는 파산관재인의 신청에 의하거나 직권으로 파산폐지결정을 하여야 한다(채무자회생 및 파산에 관한 법률 545). 따라서, 내국법인이 「채무자회생 및 파산에 관한 법률」 제545조에 따른 법원의 파산폐지 결정으로 회수할 수 없는 채권의 금액은 파산폐지 결정일이 속하는 사업연도에 결산서상 손비로 계상하여 대손금으로 손금산입할 수 있다(사전-2023-법규법인-0873, 2024.3.20.).

② 사망 · 실종 · 행방불명된 자에 대한 채권

사망의 경우에는 사망으로 상속이 개시되며 상속인은 상속이 개시된 때로부터 피상속인의 재산에 관한 권리의무를 포괄적으로 승계하기 때문에(민법 1005) 피상속인에 대한 채권도 상속인에게 승계되어 존속한다. 따라서 채무자가 사망한 것만으로는 대손사유가 되지 아니하며, 채무자의 사망으로 상속인이 없는 경우와 상속인이 상속의 한정승인 또는 포기로 인하여 채권액을 회수할 수 없는 경우에는 대손사유에 해당된다.

③ 해산한 법인 등에 대한 채권

상법의 절차에 의하여 해산(합병에 의한 해산을 제외)하고 청산을 종결한 법인으로서 잔여재산을 분배받은 자 또는 무한책임사원이 없는 법인에 대한 채권은 대손처리 대상에 해당한다.

④ 강제집행불능조서가 작성된 채무자에 대한 채권

법인이 외상매출금 등의 채권 회수를 위하여 법원의 강제집행결과 무재산, 행방불명 등의 원인으로 "강제집행불능조서"가 작성된 경우에는 대손금으로 처리할 수 있으나 부동산 등 회수가능한 재산이 있는 것이 확인되는 경우에는 그러하지 아니한다(법집 19의 2-19의 2-4).

⑤ 형의 집행 중에 있는 채무자에 대한 채권

채무자가 형의 집행 중에 있고, 회수가능한 재산이 없는 경우를 말한다.

⑥ 사업을 폐지한 채무자에 대한 채권

사업의 폐지 여부는 국세청 홈페이지에서 제공하는 '사업자 과세유형 · 휴폐업'의 조회화면의 내용으로 확인할 수 있으나 이 경우에도 객관적인 자료에 의하여 회수할 수 없음을 입증하여야 한다(서이 46012-11705, 2002.9.12.).

2) 금융회사가 금융감독원장으로부터 대손금으로 승인받은 것 등

금융회사의 채권 중 금융감독원장이 기획재정부장관과 협의하여 정한 대손처리기준에 따라 금융회사가 금융감독원장으로부터 대손금으로 승인받은 것이나 이에 해당한다고 인정하여 대손처리를 요구한 채권으로 금융회사가 대손금으로 계상한 것은 대손처리 대상에 해당한다.

3) 부도수표 · 어음상의 채권 등

부도발생일로부터 6월 이상 경과한 수표 또는 어음상의 채권 및 부도발생일 이전에 발생한 중소기업의 외상매출금을 말한다. 다만, 당해 법인이 채무자의 재산에 대해 저당권을 설정하고 있는 경우를 제외한다. 여기서 부도발생일이란 소지하고 있는 부도수표나 부도어음의 지급기일을 말하며, 지급기일 전에 당해 수표나 어음을 제시하여 금융회사로부터 부도확인을 받은 경우에는 그 부도확인일을 말한다. 이때는 부도수표 또는 어음 금액 중 1,000원을 공제한 잔액을 결산상 대손금으로 회계처리하여야 한다.

4) 중소기업의 외상매출금 등

중소기업의 외상매출금 및 미수금으로서 회수기일이 2년 이상 지난 외상매출금 등. 다만, 특수관계인과의 거래로 인하여 발생한 외상매출금 등은 제외한다.

① 대상 채권

외상매출금 및 미수금만을 대상으로 하므로 대여금이나 선급금 등 기타 채권에 대하여는 본 규정이 적용되지 않는다.

② 회수기일

㉠ 회수기일에 대한 약정이 있는 채권 : 대금을 회수하기로 약정한 날(서면-2022-법인-5631, 2023.8.18.)

㉡ 회수기일에 대한 약정이 없는 채권 : 매출거래의 발생사실이 관련증빙서류등에 의하여 객관적으로 확인되는 날

③ 2년 이상 경과

대손상각시기는 2년의 기간이 만료한 날의 다음 날을 대손확정일로 한다. 예를 들어 회수기일이 2022년 12월 31일인 채권의 경우 2년이 되는 날인 2024년 12월 31일의 다음 날인 2025년 1월 1일이 2년 이상 경과한 날, 즉 대손확정일이 된다.

실무포인트

1. 회수불능 사실 등에 대한 입증 여부와 대손처리

① 중소기업인 내국법인의 외상매출금(특수관계인과의 거래로 인하여 발생한 것은 제외)으로서 회수기일이 2년 이상 지난 외상매출금은 채무자의 무재산 등 회수불능 사실에 대한 입증이 없더라도 「법인세법 시행령」 제19조의 2 제1항 제9호의 2에 따라 대손요건을 충족하는 것으로 보는 것임(기준법령해석법인 2020-209, 2020.10.21.).

② 중소기업인 내국법인의 외상매출금(특수관계인과의 거래로 인하여 발생한 것은 제외)으로서 회수기일이 2년 이상 지난 외상매출금은 채무자가 사업을 계속 영위하는지 여부에 상관없이 「법인세법 시행령」 제19조의 2 제3항에 따라 대손금으로 비용 계상한 날이 속하는 사업연도에 손금으로 산입할 수 있는 것임(서면법인 2021-0073, 2021.2.8.).

③ 질의 회수기일이 2년 이상 경과한 외상매출금을 매출처의 재산 여부와 상관없이 「법인세법 시행령」 제19조의 2 제1항 제9호의 2에 따라 대손금으로 손금산입할 수 있는지 여부

회신 중소기업인 내국법인의 외상매출금(특수관계인과의 거래로 인하여 발생한 것은 제외)으로서 회수기일이 2년 이상 지난 외상매출금은 「법인세법 시행령」 제19조의 2 제3항에 따라 대손금으로 비용계상한 날이 속하는 사업연도에 손금으로 산입할 수 있는 것임(법인세과-3215, 2020.9.7.).

2. 외상매출금등에 대한 대손금의 적용시기

중소기업이 「법인세법 시행령」(2020.2.11. 대통령령 제30396호로 개정된 것) 제19조의 2 제1항 제9호의 2(이하 "개정규정")를 적용함에 있어 해당 개정규정 시행 전에 외상매출금등(특수관계인과의 거래로 인하여 발생한 외상매출금등은 제외)의 회수기일이 2년을 경과하였다고 하더라도 2020년 1월 1월 이후 개시하는 사업연도에 손비로 계상한 경우 그 계상한 날이 속하는 사업연도의 소득금액 계산 시 손금에 산입하는 것임(서면법령법인 2020-2501, 2020.10.26.).

* **저자주** : 부가가치세법상 대손세액공제는 그 회수기일이 2020.1.1. 이후 2년을 경과하는 경우 그 확정된 날이 속하는 과세기간에 공제받도록 해석하므로 적용에 유의하여야 한다(사전2021법령해석부가0749, 2021.5.31.).

3. 회수기일이 의미

「법인세법 시행령」(2020.2.11. 대통령령 제30396호로 개정된 것) 제19조의 2 제1항 제9호의 「법인세법 시행령」 제19조의 2 제1항 제9호의 2의 규정을 적용함에 있어 "중소기업의 외상매출금 및 미수금(이하에서 "외상매출금등"이라 한다)으로서 회수기일이 2년 이상 지난 외상매출금등"에서 '회수기일'이란 중소기업이 보유하고 있는 외상매출금등에 대한 대금을 회수하기로 약정한 날짜를 의미하는 것임(서면-2022-법인-5631, 2023.8.18.).

4. 회수기일이 2년 이상 지난 외상매출금과 소멸시효 완성

이 건에 있어 쟁점대손금이 포함된 쟁점매출채권은 2003년 3월부터 2013년 4월까지 발생한 외상매출금이나 미수금으로 2020사업연도 전에 이미 「상법」상 소멸시효(5년)가 완성(「민법」상 상행위 단기소멸시효인 3년 포함)된 것으로 보이는 반면, 청구법인이 쟁점대손금 관련 매출채권에 대하여 청구, 압류, 승인 등 소멸시효의 중단사유가 있었는지 여부나 소멸시효가 완성되지 아니한 매출채권으로서 회수기일이 2년 이상 지난 채권인지 여부에 대하여 입증을 하지 못하고 있으므로, 결국 쟁점대손금 관련 매출채권은 소멸시효가 완성된 것으로서 2020.2.11. 개정된 「법인세법 시행령」 제19조의 2 제1항 제9호의 2 규정에 따라 대손금으로 손금산입이 가능한 외상매출금 등 채권이라고 보기 어렵다 할 것이고, 따라서 처분청이 쟁점대손금을 손금부인하고 이 건 법인세를 부과한 처분은 잘못이 없다고 판단됨(조심-2024-서-0368, 2024.4.25.).

5) 회수기일 6개월 경과 소액채권

회수기일을 6월 이상 경과한 채권 중 회수비용이 당해 채권가액을 초과하여 회수실익이 없다고 인정되는 30만원 이하의 채권은 부도 · 사업폐지 등의 사유가 없어도 대손처리할 수 있다. 이때 30만원 이하 여부는 채무자별 채권가액의 합계액을 기준으로 한다.

6) 약정에 따른 채권 포기액

약정에 의하여 채권의 전부 또는 일부를 포기하는 경우에도 이를 대손금으로 보지 아니하며 기부금 또는 기업업무추진비로 본다. 다만, 특수관계자 외의 자와의 거래에서 발생한 채권으로서 채무자의 부도발생 등으로 장래에 회수가 불확실한 어음 · 수표상의 채권 등을 조기에 회수하기 위하여 당해 채권의 일부를 불가피하게 포기한 경우 동 채권의 일부를 포기하거나 면제한 행위에 객관적으로 정당한 사유가 있는 때에는 동 채권포기액을 손금에 산입한다(법기통 19의 2-19의 2…5).

7) 재판상 화해 등

재판상 화해 등 확정판결과 같은 효력을 가지는 것으로서 다음 중 어느 하나에 해당하는 것에 따라 회수불능으로 확정된 채권은 대손처리할 수 있다(법칙 10의 4 ②).

① 「민사소송법」에 따른 화해
② 「민사소송법」에 따른 화해권고결정
③ 「민사조정법」 제30조에 따른 결정(조정을 갈음하는 결정)
④ 「민사조정법」에 따른 조정

실무포인트

1. 채권 회수불능의 입증

① 채권을 대손금으로 손금에 산입하기 위하여는 객관적인 자료에 의하여 그 채권이 회수불능임을 입증하여야 하는 것으로, 공부상 확인이나 증명이 곤란한 무재산 등에 관한 사항은 채권관리부서의 조사보고서 등에 의하여 확인할 수 있는 것이며, 당해 조사보고서의 작성요령과 첨부하여야 할 서류는 무재산으로 당해 채권액을 회수할 수 없는 경우에 해당되는 것임을 객관적으로 입증할 수 있는 구체적인 내용과 자료를 갖추면 되는 것임(서이 46012-11866, 2003.10.27.).

② 의료업을 영위하는 법인이 의료미수금을 회수하기 위하여 채무자인 환자 또는 그 보증인에 대하여 채권자로서 제반조치를 취하였으나 채무자 등이 무재산, 행방불명 등 「법인세법 시행령」 제62조 제1항 제8호의 사유로 회수할 수 없는 경우에는 당해 채권의 소멸시효가 완성되지 아니하는 경우에도 대손금으로 계상하여 손금산입할 수 있는 것이며, 이 경우 채권을 대손금으로 확정하기 위하여 객관적인 자료에 의하여 그 채권이 회수불능임을 입증하여야 하는 것이며, 공부상 확인이나 증명이 곤란한 무재산 등에 관한 사항은 채권관리부서의 조사보고서 등에 의하여 확인할 수 있음(법인 46012-1068, 2000.5.1.).

2. 대손금 입증서류 예시[6)]

(1) 공통입증서류

① (세금)계산서, 거래내용 기재 회계장부

② 공급일자, 거래상대방의 인적사항, 거래품목, 거래금액, 거래대금 청구내역, 거래사실을 확인할 수 있는 서류

- 공급(매매) · 도급계약서, 약정서, 거래명세표, 송장, 물품 인수 확인서
- 이동이 필요한 재화인 경우, 운송 관련 자료(택배 또는 물류회사 운송장 등)

③ 용역의 제공완료 또는 기성고를 확인할 수 있는 서류

④ 내용증명(필수 서류 아님)

(2) 사업의 폐지, 무재산등 입증자료 예시

① 기업 내부의 채무자 조사 보고서(대표자 또는 관련 부서 책임자 결재)

㉠ 공부상 확인 가능한 부동산 · 동산 조사

㉡ 다른 장소에서의 사업영위 여부, 계속 수입 발생 여부

㉢ 그 밖의 채무자의 거래처, 거래은행 등에 대한 탐문조사내용

㉣ 그 외 무재산 등으로 해당 채권액을 회수할 수 없는 경우에 해당되는 것임을 객관적으로 입증할 수 있는 구체적인 내용과 자료

② 신용정보회사의 조사보고서(필요한 경우)

③ 기타 대손 사유별 입증자료

(3) 대손 사유별 입증자료 예시

대손사유	입증 자료
① 소멸시효 완성 ② 회수기일 경과채권 – 2년, 6개월	▪ 인도일, 용역 제공 완료일 확인가능 서류 ▪ 대금 청구내역 확인 서류 ▪ 소멸시효 중단 관련 입증자료
③ 회생사건	▪ 회생계획인가 결정문
④ 파산, 강제집행 (경매 등)	▪ 채권배분계산서 ▪ 강제집행불능조서
⑤ 해외 용역(수출) 채권	▪ 한국무역보험공사 발급 해외채권 회수불능 확인서
⑥ 사망 · 실종	▪ (한정승인, 상속포기, 실종선고) 가정법원 판결문 ▪ 가족관계증명서, 제적등본, 필요시 가계도
⑦ 부도어음 · 수표	▪ 부도어음 원본, 거절증서 등 ▪ 부도사실의 확인 –전자어음 : 금융결제원–어음교환업무–전자어음(www.unote.kr) –일반어음 : 금융결제원–어음교환업무–어음정보센터(www.knote.kr)
⑧ 화해, 화해권고 등	▪ 민사조정 · 화해 조서 또는 결정서

3. 부도발생일로부터 6개월 이상 경과한 어음 등

① 「법인세법 시행령」 제62조 제1항 제9호의 '부도발생일부터 6개월 이상 경과한 수표 또는 어음상의 채권'을 대손함에 있어 대손상각 시기는 6개월의 기간이 만료한 날의 다음 날을 대손확정일로 봄(법인 46012–2435, 2000.12.21.). 따라서 부도 발생일이 6월 30일인 경우에 초일은 산입하지 아니하므로 7월 1일부터 기산하여 6개월이 되는 날인 12월 31일의 다음 날, 즉 1월 1일에 대손사유가 발생한 것으로 봄.

6) 국세상담센터, 대손금 Q&A 책자

② 부도발생일부터 6개월 이상 경과한 어음상의 채권은 채무자의 재산에 대하여 저당권을 설정한 경우를 제외(저당권에 의하여 담보된 채권최고액에 한함)하고는 당해 채무자가 정리계획인가 또는 화의인가결정을 받았는지 여부 및 당해 어음에 대하여 소구권을 행사할 수 있는지 여부에 불구하고 어음법에 의한 소멸시효가 완성되기 전까지 「법인세법 시행령」 제62조 제1항 제9호의 규정에 의하여 손금에 산입할 수 있음(법인 46012-3796, 1999.10.23.).

③ '중소기업의 외상매출금으로서 부도발생일 이전의 것'이란 수표 또는 어음의 발행자가 최초로 부도가 발생한 날 이전에 확정된 외상매출금을 말함(법인 46012-2408, 1997.9.12.).

④ 거래처로부터 받은 어음이 부도발생일부터 6개월이 경과하고 동 부도어음의 금액이 저당권에 의하여 담보된 채권최고액을 초과하는 경우의 그 초과액은 대손금으로 처리할 수 있음(법인 46012-3796, 1999.10.23.).

4. 종업원의 횡령액

사용인이 법인의 공금을 횡령한 경우로서 동 사용인과 그 보증인에 대하여 횡령액의 회수를 위하여 법에 의한 제반절차를 취하였음에도 무재산 등으로 회수할 수 없는 경우에는 동 횡령액을 대손처리할 수 있다. 이 경우 대손처리한 금액에 대하여는 사용인에 대한 근로소득으로 보지 아니한다(법집 19의 2-19의 2-5).

5. 대손사유 해당 여부

① 부동산 임대업을 영위하는 내국법인이 임차인의 임차료 미지급 및 임대차계약 내용 위반에 따라 임대차계약을 해지하고 법원으로부터 임차인에 대한 지급명령을 받아 해당 채권을 회수하기 위하여 임차인에 대하여 법원에 재산명시 신청 및 재산조회하였으나 확인된 재산에 선순위 채권이 과다하게 설정되어 강제집행을 통하여 회수할 채권금액이 없다고 판단한 경우로서 신용정보회사에 신용정보조회를 의뢰하여 임차인의 사업폐지 및 채권의 회수불능이 객관적으로 확인되는 때에는 「법인세법 시행령」 제19조의 2 제1항 제8호에 따라 회수할 수 없는 채권금액을 대손금으로 손금산입할 수 있는 것임(사전법령해석법인 2019-600, 2019.11.8.).

② 내국법인이 채권을 회수하기 위해 법원의 지급명령결정을 받은 경우로서 채무자의 명의로 된 부동산이 조회됨에 따라 해당 부동산에 대한 강제경매개시결정이 있는 경우에는 법원의 강제집행이 완결되고 회수가능한 재산이 없는 것으로 확인되는 때에 회수할 수 없는 채권 전액을 대손금으로 손금에 산입할 수 있는 것임(사전법규법인-1068, 2023.1.9.).

(2) 신고조정사유

다음의 대손금은 해당 사유가 발생한 날이 속하는 사업연도의 손금으로 한다(법령 19의 2 ①).

1) 소멸시효가 완성된 다음의 채권

① 외상매출금 및 미수금으로서 「상법」상의 소멸시효가 완성된 것

② 「어음법」에 의한 소멸시효가 완성된 어음

③ 「수표법」에 의한 소멸시효가 완성된 수표

④ 대여금 및 선급금으로서 「민법」상의 소멸시효가 완성된 것

2) 「채무자 회생 및 파산에 관한 법률」에 의한 회생계획인가의 결정 또는 법원의 면책결정에 따라 회수불능으로 확정된 채권

3) 「서민의 금융생활 지원에 관한 법률」에 따른 채무조정을 받아 같은 법 제75조의 신용회복지원협약에 따라 면책으로 확정된 채권

4) 「민사집행법」 제102조의 규정에 의하여 채무자의 재산에 대한 경매가 취소된 압류채권

5) 물품의 수출 또는 외국에서의 용역제공으로 발생한 채권으로서 다음 중 어느 하나의 사유에 해당하여 무역에 관한 법령에 따라 「무역보험법」 제37조에 따른 한국무역보험공사로부터 회수불능으로 확인된 채권(법칙 10의 4 ①)

① 채무자의 파산 · 행방불명 또는 이에 준하는 불가항력으로 채권회수가 불가능함을 현지의 거래은행 · 상공회의소 · 공공기관 또는 해외채권추심기관(「무역보험법」에 따른 한국무역보험공사와 대외채권 추심 업무 수행에 관한 협약을 체결한 외국의 기관)이 확인하는 경우

② 거래당사자 간에 분쟁이 발생하여 중재기관 · 법원 또는 보험기관 등이 채권금액을 감면하기로 결정하거나 채권금액을 그 소요경비로 하기로 확정한 경우(채권금액의 일부를 감액하거나 일부를 소요경비로 하는 경우에는 그 감액되거나 소요경비로 하는 부분으로 한정한다)

③ 채무자의 인수거절 · 지급거절에 따라 채권금액의 회수가 불가능하거나 불가피하게 거래당사자 간의 합의에 따라 채권금액을 감면하기로 한 경우로서 이를 현지의 거래은행 · 검사기관 · 공증기관 · 공공기관 또는 해외채권추심기관이 확인하는 경우(채권금액의 일부를 감액한 경우에는 그 감액된 부분으로 한정한다)

수출채권 또는 외국 용역 매출채권에 대하여 대손을 처리하려는 법인은 한국무역공사에 해외채권 회수불능 확인신청서와 증빙자료를 제출하여야 한다. 한국무역공사에서는 증빙자료 및 요건을 확인하고 '해외채권 회수불능 확인서'를 발급하며, 법인은 해당 확인서를 발급받고, 대손금으로 손금에 산입할 수 있다. 한편, 한국무역보험공사로부터 "해외채권 회수불능 확인서"를 받지 못하더라도 법인세법 시행령 제19조의 2 제1항의 다른 대손 요건을 충족한다면 대손금으로 손금산입 가능하다(사전-2017-법령해석법인-0853, 2018.6.29.).

4 소멸시효

(1) 상법상 소멸시효

상행위로 인한 채권은 본법에 다른 규정이 없는 때에는 5년간 행사하지 아니하면 소멸시효가 완성한다. 그러나 다른 법령에 이보다 단기인 시효의 규정이 있는 때에는 그 규정에 의한다(상법 64).

(2) 민법상 소멸시효

1) 채권의 소멸시효 : 10년(민법 162)

2) 3년의 단기소멸시효(민법 163)

① 이자, 부양료, 급료, 사용료 기타 1년 이내의 기간으로 정한 금전 또는 물건의 지급을 목적으로 한 채권
② 의사, 조산사, 간호사 및 약사의 치료, 근로 및 조제에 관한 채권
③ 도급받은 자, 기사 기타 공사의 설계 또는 감독에 종사하는 자의 공사에 관한 채권
④ 변호사, 변리사, 공증인, 공인회계사 및 법무사에 대한 직무상 보관한 서류의 반환을 청구하는 채권
⑤ 변호사, 변리사, 공증인, 공인회계사 및 법무사의 직무에 관한 채권
⑥ 생산자 및 상인이 판매한 생산물 및 상품의 대가
⑦ 수공업자 및 제조자의 업무에 관한 채권

3) 1년의 단기소멸시효(민법 164)

① 여관, 음식점, 대석, 오락장의 숙박료, 음식료, 대석료, 입장료, 소비물의 대가 및 체당금의 채권

② 의복, 침구, 장구 기타 동산의 사용료의 채권

③ 노역인, 연예인의 임금 및 그에 공급한 물건의 대금채권

④ 학생 및 수업자의 교육, 의식 및 유숙에 관한 교주, 숙주, 교사의 채권

4) 판결 등에 의하여 확정된 채권의 소멸시효 : 10년(민법 165)

지급명령에서 확정된 채권은 단기의 소멸시효에 해당하는 것이라도 그 소멸시효기간이 10년으로 연장된다(대법원 2009다39530, 2009.9.24.).

(3) 소멸시효의 기산일

소멸시효를 계산함에 있어서 기간의 계산은 세법에서 특별한 규정이 있는 것을 제외하고는 민법에 따르도록 하고 있는데(국기법 4), 민법상 소멸시효는 권리를 행사할 수 있는 때로부터 진행하고(민법 166 ①) 기간의 초일은 산입하지 아니한다(민법 157). 여기서 '권리를 행사할 수 있는 때'라 함은 계속적인 거래로 인하여 발생한 채권의 경우에는 변제기일에 관한 특약이 없는 한 각 채권이 발생한 때부터 개별적으로 진행한다(대법원 77다2463, 1978.3.28.).

외상매출금의 경우 '권리를 행사할 수 있는 때'를 판매시점으로 할 것인가 아니면 대금을 회수하기로 한 때로 할 것인가 하는 점에 대하여 세법상 외상매출금의 소멸시효의 기산일은 당해 매출거래의 발생사실이 관련증빙서류 등에 의하여 객관적으로 확인되는 날로 하도록 하고 있으며(법인 46012-523, 1999.2.8.), 계속적인 거래관계로 인하여 발생한 외상매출금 등은 변제기일에 관한 특약이 없는 한 각 외상대금채권이 발생한 때로부터 개별적으로 진행하고(대법원 77다2463, 1978.3.28.), 할부판매의 경우에는 계약에 의하여 각 부분의 대가를 받기로 한 날부터 기산하도록 하고 있다(법인 1264.21-4255, 1983.12.17.).

(4) 소멸시효의 중단

소멸시효가 중단된 때에는 중단까지에 경과한 시효기간은 이를 산입하지 아니하고 중단사유가 종료한 때로부터 새로이 진행한다(민법 178 ①). 소멸시효는 다음의 사유로 인하여 중단된다(민법 168).

① 청구　　　　　　② 압류 또는 가압류, 가처분　　　　　　③ 승인

1) 내용증명

"최고"란 채무자에 대하여 이행을 청구하는 행위로서, 특별한 형식이 요구되지 않는 소송 외적인 의사의 통지에 해당하며, 내용증명은 "최고"의 방법 중 하나로 볼 수 있다.

"내용증명"이란 개인이나 기업 간의 채권, 채무에 관련된 이행 사항 등의 득실 변경에 관한 부분을 문서화하는 것으로서, 발송인이 수취인에게 본인의 요구사항을 기재한 내용의 문서를 발송하였다는 사실을 우체국에서 공적으로 증명할 수 있는 것인데, 내용증명만으로는 법적 구속력이 없어 원칙적으로 소멸시효 중단 효력이 없다. 왜냐하면, 최고는 6개월 내에 재판상의 청구, 파산절차참가, 화해를 위한 소환, 임의출석, 압류 또는 가압류, 가처분을 하지 아니하면 시효중단의 효력이 없기 때문이다(민법 174).

따라서, 내용증명이 민법상 "최고"에 해당하면 소멸시효 중단 효력이 발생하게 되는데, 내용증명이 상대방에게 도달한 후 6개월 이내에 압류, 가압류, 민사소송제기, 지급명령신청 등이 있으면, 민법 제174조에 따라 "최고"의 시효중단 효력이 나타난다고 볼 수 있다.

2) 채무의 일부변제

"승인"이란 채무자가 채권자에게 그 권리가 존재함을 인식하고 있다는 뜻을 표시하는 것을 말한다. 승인은 시효완성 전에 하는 것이며, 특별한 형식을 요하지 않고 묵시적인 방법으로도 가능하다. 예를 들어 채무자가 이자를 지급하거나, 일부 변제를 하거나, 담보를 제공하는 것을 묵시적 승인을 한 것으로 본다.

① 사업자가 세금계산서를 발행한 후 매출채권 중 일부를 받았을 때 「민법」 제168조 제3호의 "승인"에 해당되어 소멸시효가 중단되는 것임(부가가치세과-2749, 2008.8.27.).

② 내국법인이 동일 거래처 간 계속적인 거래로 다수의 채권 · 채무관계가 발생하였고, 채무자인 해당 거래처가 거래 종료 이후에도 채무의 일부를 변제한 경우에는 기존의 모든 채무에 대하여 승인한 것으로서 변제 후 남은 채무 전부에 대하여 소멸시효 중단의 효력이 생기는 것임(법령해석과-1558, 2017.6.7.).

3) 공 증

매출채권을 금전소비대차계약으로 전환하여 공정증서를 작성하는 경우가 있는데, 이를 "준소비대차계약"이라고 한다. 준소비대차란 원래 소비대차가 아닌 것을 소비대차로 전환

하는 것을 말한다. 일반 대여금 채권의 소멸시효는 민법상 10년이나, 매출채권을 준소비대차계약으로 전환했다 하여도 상거래 외 민사상 채권이 되는 것이 아니며, 동 매출채권이 여전히 상사채권임에는 변함이 없다. 따라서, 공증을 받은 매출채권의 소멸시효도 10년이 적용되는 것이 아니라, 일반적인 상사채권 소멸시효인 5년(또는 민법상 단기 소멸시효 3년)이 적용된다.

다만, 금전소비대차 공정증서나 약속어음 발행은 채무승인의 효력이 있으므로 시효는 중단된다(대법원 2010.4.29. 선고 2009다99105 판결 등 참조). 따라서, 매출채권에 대하여 준소비대차계약서로 공정증서를 작성하면 소멸시효는 중단된다.

(5) 소멸시효 중단의 효력

① 시효의 중단은 당사자 및 그 승계인 간에만 효력이 있다(민법 169).

② 재판상의 청구는 소송의 각하, 기각 또는 취하의 경우에는 시효중단의 효력이 없다. 이 경우에 6월 내에 재판상의 청구, 파산절차참가, 압류 또는 가압류, 가처분을 한 때에는 시효는 최초의 재판상 청구로 인하여 중단된 것으로 본다(민법 170).

③ 파산절차참가는 채권자가 이를 취소하거나 그 청구가 각하된 때에는 시효중단의 효력이 없다(민법 171).

④ 지급명령은 채권자가 법정기간 내에 가집행신청을 하지 아니함으로 인하여 그 효력을 잃은 때에는 시효중단의 효력이 없다(민법 172).

⑤ 화해를 위한 소환은 상대방이 출석하지 아니하거나 화해가 성립되지 아니한 때에는 1월 내에 소를 제기하지 아니하면 시효중단의 효력이 없다. 임의출석의 경우에 화해가 성립되지 아니한 때에도 그러하다(민법 173).

⑥ 최고는 6월 내에 재판상의 청구, 파산절차참가, 화해를 위한 소환, 임의출석, 압류 또는 가압류, 가처분을 하지 아니하면 시효중단의 효력이 없다(민법 174).

⑦ 압류, 가압류 및 가처분은 권리자의 청구에 의하여 또는 법률의 규정에 따르지 아니함으로 인하여 취소된 때에는 시효중단의 효력이 없다(민법 175).

⑧ 압류, 가압류 및 가처분은 시효의 이익을 받은 자에 대하여 하지 아니한 때에는 이를 그에게 통지한 후가 아니면 시효중단의 효력이 없다(민법 176).

⑨ 시효중단의 효력 있는 승인에는 상대방의 권리에 관한 처분의 능력이나 권한 있음을 요하지 아니한다(민법 177).

실무포인트

1. 소멸시효의 완성 여부는 소멸시효 중단 여부를 고려하여야 함

법인이 건설용역을 제공한 대가로 교부받은 어음으로서 부도발생일로부터 6월 이상 경과한 어음상의 채권(채무자의 재산에 대해 저당권을 설정하고 있는 경우를 제외)은 「어음법」상 소멸시효가 완성되기 전까지 기업회계기준 제57조의 규정에 의하여 회수할 수 없다고 판단하여 대손금으로 계상한 사업연도에 손금산입할 수 있는 것이며, 이 경우 소멸시효가 중단된 경우에는 중단사유가 소멸된 때로부터 새로이 소멸시효가 진행됨(법인 46012-650, 2000.3.9.).

2. 채무의 일부 변제는 소멸시효 중단사유에 해당함

① 사업자가 세금계산서를 발행한 후 매출채권 중 일부를 받았을 때 「민법」 제168조 제3호의 "승인"에 해당되어 소멸시효가 중단되는 것임(부가가치세과-2749, 2008.8.27).

② 위 세법해석 사전답변 신청의 사실관계와 같이 내국법인이 동일 거래처 간 계속적인 거래로 다수의 채권 · 채무관계가 발생하였고, 채무자인 해당 거래처가 거래 종료 이후에도 채무의 일부를 변제한 경우에는 기존의 모든 채무에 대하여 승인한 것으로서 변제 후 남은 채무 전부에 대하여 소멸시효 중단의 효력이 생기는 것임(법령해석과-1558, 2017.6.7.).

3. 소멸시효 적용 사례

① 생산물 및 상품의 대가인 외상매출채권은 3년간 행사하지 않으면 「상법」 제64조 및 「민법」 제163조 제6호의 규정에 의하여 소멸시효가 완성되는 것임(법인 46012-889, 1995.3.31.).

② 「상법」상 소멸시효가 완성된 외상매출금 또는 미수금의 해당 여부를 판정함에 있어 부동산임대료 미수금의 소멸시효는 「민법」 제163조에서 규정하는 3년을 적용하는 것임(서면2팀-1275, 2004.6.18.).

③ 감정평가업을 영위하는 법인이 감정수수료 미수금에 대한 소멸시효는 「상법」 제64조에 규정하는 5년을 적용함(법인46012-2378,1997.9.9.).

④ 세무사의 직무에 관한 채권에 대하여 '변호사, 변리사, 공증인, 공인회계사 및 법무사의 직무에 관한 채권'의 소멸시효를 3년으로 정하고 있는 민법 제163조 제5호를 유추적용할 수 없고, 세무사를 상법 제4조 또는 제5조 제1항이 규정하는 상인이라고 볼 수 없으므로, 세무사의 직무에 관한 채권의 소멸시효는 민법 제162조 제1항에 따라 10년이 적용됨(대법2021다311111, 2022.8.25.).

⑤ 내국법인이 특수관계 없는 자에게 대여한 대여금을 회수하기 위해 대여금 반환청구소송을 제기하여 승소한 경우에는 재판이 확정된 때로부터 소멸시효가 새로이 진행되는 것임(서면-2018-법인-1893, 2018.9.14.).

4. 채권회수 조치를 취하지 않은 채권

법인이 정당한 사유 없이 채권회수를 위한 제반 법적조치를 취하지 아니함에 따라 채권의 소멸시효가 완성된 경우에는 동 채권의 금액은 「법인세법」 제25조의 규정에 의한 기업업무추진비 또는 「법인세법 시행령」 제35조의 규정에 의한 기부금으로 보는 것임(서면2팀-1393, 2006.7.25.).

5 대손금의 손금산입 방법

① **결산조정사유** : 해당 사유가 발생하여 손비로 계상한 날이 속하는 사업연도

② **신고조정사유** : 해당 사유가 발생한 날이 속하는 사업연도

실무포인트

1. 대손금의 귀속시기

① 「상법」에 의한 소멸시효가 완성된 외상매출금 및 미수금은 당해 사유가 발생한 날이 속하는 사업연도의 손금으로 하는 것으로 그 후의 사업연도의 손금에 산입할 수 없는 것임(서이 46012-11123, 2003.6.10.).

② 법인의 거래처에 대한 매출채권은 「법인세법 시행령」 제62조 제1항 각 호의 사유가 발생한 날이 속하는 사업연도의 대손금으로 손금산입하는 것으로 소멸시효가 완성되어 회수할 수 없는 금액은 그 소멸시효가 완성된 날이 속하는 사업연도에 신고조정으로 손금에 산입할 수 있는 것으로서, 소멸시효가 완성된 대손금을 당해 사업연도의 소득금액 계산에 있어서 손금에 산입하지 못한 경우에는 「국세기본법」 제45조의 2의 규정에 의하여 경정청구가 가능한 것임(서면2팀-1393, 2006.7.25.).

③ 「법인세법 시행령」 제19조의 2 제1항 제8호에서 규정하는 채권은 같은 조 제3항 제2호에 따라 해당 사유가 발생하여 손금으로 계상한 날이 속하는 사업연도의 손금으로 인정하는 것이므로 해당 사유가 발생한 사업연도에 손금에 계상하지 아니하고 「법인세법」 제60조에 따라 법인세 과세표준 및 세액을 신고한 이후에는 동 채권을 해당 사유가 발생한 사업연도의 손금으로 계상하여 「국세기본법」 제45조의 2에 따라 경정청구하더라도 이를 인정할 수 없는 것임(기획재정부법인-400, 2009.5.7.).

④ 결산조정사항에 해당하는 대손금의 경우에는 채권자인 법인이 「손비로 계상한 날이 속하는 사업연도」의 손금에 산입하는 것임(사전법규법인-949, 2022.11.30.).

⑤ 내국법인이 국외 특수관계법인(이하 "채무법인")과의 거래에서 발생한 외상매출금에 대해 2016 사업연도에 기업회계기준에 따라 손금으로 계상하였으나, 법인세법상 대손요건 미비로 손금불산입한 경우로서 해당 사업연도 이후에 채권회수를 위한 제반절차를 취하였음에도 불구하고 2024 사업연도에 채무법인의 청산이 종결됨에 따라 해당 외상매출금을 회수할 수 없게 된 경우 해당 사유가 발생하는 사업연도('2024사업연도')에 세무조정으로 손금에 산입할 수 있는 것임(사전-2024-법규법인-0838, 2024.11.21.).

2. 대손사유 미충족 채권을 대손처리한 경우

① 법인이 결산서에 비용계상한 대손금이 「법인세법 시행령」 제19조의 2 제1항에 의한 대손사유에 해당되지 않는 경우 세무조정으로 손금불산입하여야 하는 것이며, 이후 대손사유를 충족한 경우 같은 조 제3항에 따라 손금산입하는 것임(법인-1155, 2012.12.15.).

② 내국법인이 대손금을 대손요건 미비로 손금불산입한 경우 대손사유 발생 시 신고조정으로 손금산입할 수 있는 것임(사전-2019-법령해석법인-0135, 2019.3.28.).

3. 대손금은 각기 다른 사업연도에 분할하여 손금산입할 수 없음

질의 해외매수채권을 대손금으로 손금산입하는 경우 당해 대손금을 5년간 분할하여 손금산입할 수 있는지 여부

회신 「법인세법 시행령」 제19조의 2 제1항 각 호의 사유로 회수할 수 없는 채권은 같은 조 제3항 각 호의 어느 하나의 날이 속하는 사업연도의 손금에 산입하는 것으로, 이 경우의 대손금은 5년간 분할하여 손금에 산입할 수 없는 것임(법인-796, 2009.7.14.).

4. 특수관계자 간 업무무관 대여금을 대손처리 시 세무조정방법

① 법인이 특수관계자인 다른 법인에게 업무와 관련 없이 지급한 대여금은 「법인세법」 제19조의 2 제2항 제2호의 규정에 따라 대손금으로 손금에 산입할 수 없는 것이므로 법인이 대여금의 회수를 포기하고 대손금으로 결산서에 계상한 경우에는 이를 손금불산입하고 같은 법 시행령 제106조의 규정에 따라 기타사외유출로 처분하는 것이며, 채무자는 채무면제이익으로 익금에 산입하여야 하는 것임. 이 경우 법인이 대여금의 회수를 포기한 시점 이후부터는 인정이자 익금산입 및 지급이자 손금불산입 규정을 적용하지 않는 것임(법인세과-1103, 2009.10.9.).

② 내국법인이 특수관계법인에게 업무와 관련 없이 대여한 자금(이하 "업무무관 가지급금")은 「법인세법」 제19조의 2 제2항 제2호에 따라 대손금으로 손금에 산입할 수 없는 것이므로, 특수관계법인의 「채무자 회생 및 파산에 관한 법률」에 따른 법원의 파산종결 결정으로 내국법인이 해당 업무무관 가지급금을 대손금으로 결산서에 계상한 경우에는 이를 손금불산입하고 같은 법 시행령 제106조 제1항에 따라 기타사외유출로 소득처분하는 것임. 이 경우 내국법인이 해당 업무무관 가지급금을 대손금으로 결산서에 계상

한 이후부터는 업무무관 가지급금에 대한 인정이자 익금산입 및 지급이자 손금불산입 규정을 적용하지 않는 것임(서면-2022-법인-1074, 2023.6.14.).

5. P2대출상품에 투자하여 발생한 원금손실에 대한 세무처리 방법

내국법인이 「온라인투자연계금융업 및 이용자 보호에 관한 법률」에 따른 온라인투자연계금융업자에게 투자 자금을 제공하고 원리금수취권을 취득한 경우로서 온라인투자연계금융업자로부터 회수하는 연계대출 상환금이 원금에 미달하여 원금회수액과 투자금액과의 차액에 대하여 유가증권 처분손실을 계상한 경우, 해당 내국법인이 계상한 유가증권 처분손실은 「법인세법 시행령」 제19조의 2 제1항 각 호의 어느 하나에 해당하는 대손사유가 발생하는 시점에 손금에 산입하는 것임(사전법인 2020-1236, 2021.4.1.).

CHAPTER

09 대손충당금

1 개 요

대손충당금이란 회수불능채권의 추산액으로서 당기말 현재의 외상매출금 · 대여금 기타 이에 준하는 채권 중 차기 이후의 대손 가능성에 대비하기 위해 설정한 평가성충당금을 말하며, 이를 손금에 산입하기 위해서는 결산상 비용으로 반영하여야 한다(법집 34-0-1). 대손충당금은 「법인세법」상 한도를 두어 그 한도를 초과하는 금액에 대하여는 손금으로 인정하지 않고 있다. 대손충당금의 한도초과액은 손금불산입으로 세무조정하고 유보로 소득처분한다.

회계처리	대손충당금의 기말잔액	한도초과액 〈손금불산입〉 (유보)
법인세법	대손충당금 한도액	

2 대손충당금 한도액

내국법인이 각 사업연도의 결산을 확정할 때 외상매출금, 대여금 및 그 밖에 이에 준하는 채권의 대손에 충당하기 위하여 대손충당금을 손비로 계상한 경우에는 다음 산식에 따라 계산한 금액의 범위에서 그 계산한 대손충당금을 해당 사업연도의 소득금액을 계산할 때 손금에 산입한다(법법 34 ①).

대손충당금 한도액＝채권의 장부가액×설정률

한편, 내국법인이 각 사업연도에 채권의 대손에 충당하기 위하여 대손충당금을 결산을 확정할 때 손비로 계상한 경우에 한하여 「법인세법」 제34조 제1항에 따라 손금에 산입하는 것이므로 사업연도말 대손충당금 과소계상액을 해당 사업연도에 대한 납세자의 경정청구 또는

직권경정을 통하여 추가로 손금산입할 수 없다(법인세과-961, 2010.10.21.).

(1) 채권의 장부가액

채권의 장부가액은 세무상 채권가액을 말하므로, 장부상 채권가액에 유보잔액을 가감하여야 하며, 설정대상채권에서 제외되는 것을 차감한다.

대손채권의 장부가액＝기말 재무상태표상 채권－설정제외대상 채권±유보

1) 설정대상 채권

「법인세법」상 대손충당금 설정대상 채권은 외상매출금 · 대여금 및 그 밖에 이에 준하는 채권으로서 다음의 구분에 따른 것을 말한다(법령 61 ①).

① **외상매출금** : 상품 · 제품의 판매가액의 미수액과 가공료 · 용역 등의 제공에 의한 사업수입금액의 미수액

② **대여금** : 금전소비대차계약 등에 의하여 타인에게 대여한 금액

③ **그 밖에 이에 준하는 채권** : 어음상의 채권 · 미수금, 기타 기업회계기준에 의한 대손충당금 설정대상이 되는 채권

2) 설정대상채권에서 제외되는 것

다음의 채권에 대해서는 대손충당금을 설정할 수 없다(법법 34 ②, 법령 19의 2 ②).

① 채무보증으로 인하여 발생한 구상채권
② 특수관계자에게 해당 법인의 업무와 관련 없이 지급한 가지급금
③ 부당행위계산부인 규정을 적용받는 고가매입거래 시 시가초과액에 상당하는 채권
④ 할인어음 및 배서양도어음

3) 유　보

법인이 대손사유를 충족하지 못한 채권을 대손처리한 경우 손금불산입으로 세무조정하여 유보로 소득처분한다. 이 유보는 세무상채권가액을 증가시키므로 재무상태표상 채권가액에 가산한다. 한편, 법인이 신고조정 사유에 해당하는 채권을 대손처리하지 않은 경우 손금산입으로 세무조정하여 △유보로 소득처분한다. 이 △유보는 세무상채권가액을 감소시키므로 재무상태표상 채권가액에서 차감한다.

(2) 설정률

설정률은 1%(금융회사 1%)와 대손실적률 중 큰 비율로 한다.

> 대손율 = Max[①, ②]
>
> ① 1%(금융회사 등 1%)
>
> ② 대손실적률 = $\dfrac{\text{당해 사업연도의 대손금}}{\text{직전 사업연도 말 채권잔액}}$

「법인세법」에서는 손비계상 시 최대한 추정을 배제하고 공평과세를 실현하기 위하여 1%의 범위 내에서 대손충당금을 설정하도록 한 것이다. 다만, 업종별 특성이나 경제상황에 따라 많은 대손금이 발생하게 될 수 있으므로 해당사업연도에 실제 대손발생률이 1%를 초과할 경우 이를 대손충당금 설정률로 인정한 것이다.

3 대손충당금의 회계처리와 세무조정

(1) 전기이월잔액 환입의 세무조정

대손충당금을 설정한 법인이 대손금과 상계하고 남은 대손충당금의 금액은 다음 사업연도의 소득금액을 계산할 때 익금에 산입한다(법법 34 ③). 그러나 법인이 당해 사업연도의 대손충당금손금산입 범위액에서 익금에 산입하여야 할 대손충당금을 차감한 잔액만을 대손충당금으로 계상한 경우 차감한 금액은 이를 각각 익금 또는 손금에 산입한 것으로 본다(법칙 32 ①). 즉, 「법인세법」은 대손충당금의 회계처리를 총액법에 따르는 것인데, 회사가 보충법으로 회계처리한 경우에도 별도의 세무조정은 없으나 「법인세법」에서는 이를 총액법으로 회계처리한 것으로 보아 세무조정을 수행한다. 따라서 전기 대손충당금 한도초과액을 전액 익금불산입으로 세무조정하고 △유보로 소득처분한다.

(2) 당기 설정액의 세무조정

당기 회사의 대손충당금 기말잔액이 「법인세법」상 한도액을 초과하는 경우에는 손금불산입으로 세무조정하여 유보로 소득처분한다.

(3) 대손처리한 채권의 회수

손금에 산입한 대손금 중 회수한 금액은 그 회수한 날이 속하는 사업연도에서 익금에 산입한다(법법 19의 2 ③).

4 해외건설 자회사 대여금에 대한 대손충당금 손금산입

해외건설촉진법에 따른 해외건설사업자인 내국법인이 조세특례제한법에서 정하는 해외건설자회사에 대한 채권으로서 요건을 모두 갖춘 대여금, 그 이자 및 그 밖에 이와 유사한 것으로서 법령에서 정하는 채권의 대손에 충당하기 위하여 대손충당금을 손비로 계상한 경우에는 법령에 따라 계산한 금액을 한도로 그 대손충당금을 해당 사업연도의 소득금액을 계산할 때 손금에 산입할 수 있다(조특법 104의 33 ①).

(1) 해외건설자회사

해외건설자회사란 다음의 요건을 모두 갖춘 법인을 말한다(조특령 104의 30 ①).

① 해외건설촉진법에 따른 현지법인일 것

② 해외건설촉진법에 따른 해외건설사업자가 출자총액의 90% 이상을 출자하거나 발행주식총수의 90% 이상을 보유한 법인일 것(해외건설사업자가 물적분할로 신설되는 경우에는 분할존속법인이 지주회사로서 해외건설자회사의 출자총액의 90% 이상을 출자하거나 발행주식총수의 90% 이상을 보유하고 있는 경우를 포함)

(2) 대손요건

대손대상이 되는 채권은 다음의 요건을 모두 갖추어야 한다(조특법 104의 33 ①).

① 해외건설자회사의 공사 또는 운영자금으로 사용되었을 것

② 특수관계인에 대한 업무무관가지급금이 아닐 것

③ 2022.12.31. 이전에 지급한 대여금으로서 최초 회수기일부터 5년이 경과한 후에도 회수하지 못하였을 것

④ 해외건설사업자인 내국법인이 대손충당금을 손금에 산입한 사업연도 종료일 직전 10년 동안에 해외건설자회사가 계속하여 자본잠식(사업연도 말 자산총액에서 부채총액을 뺀 금액이

0이거나 0보다 작은 경우를 말함)인 경우 등 회수가 현저히 곤란하다고 인정되는 경우로서 다음의 어느 하나에 해당하는 경우(조특령 104의 30 ③)

㉠ 대손충당금을 손금에 산입한 사업연도 종료일 직전 10년 동안 해외건설자회사가 계속하여 자본잠식인 경우

㉡ 위 "㉠"과 유사한 경우로서 기획재정부령으로 정하는 해외채권추심기관(한국무역보험공사와 같은 대외채권 추심 업무수행에 관한 협약을 체결한 외국의 기관)으로부터 해외건설자회사의 대여금등의 회수가 불가능하다는 확인을 받은 경우

(3) 대손대상 채권

대여금, 그 이자 및 그 밖에 이와 유사한 것으로서 법령으로 정하는 채권(이하 대여금 등)의 대손에 충당하기 위하여 대손충당금을 손비로 계상한 경우로 한다(조특법 104의 33 ①). 그 밖에 이와 유사한 것으로서 볍령으로 정하는 채권이란 해외건설사업자가 해외건설자회사에 파견한 임직원에게 해외건설자회사를 대신하여 지급한 인건비로 인하여 발생한 채권을 말한다(조특령 104의 30 ②).

(4) 손금산입 한도

대손충당금의 손금산입 한도는 해당 사업연도 종료일 현재 대여금 등의 채권잔액에서 해외건설자회사의 순자산 장부가액(차입금 등을 제외한 순자산 장부가액을 말하며, 0보다 작은 경우에는 0으로 함)을 뺀 금액에 손금산입률을 곱한 금액으로 한다(조특법 104의 33 ②). 손금산입률은 2024.1.1.이 속하는 사업연도의 경우 10%로 하고, 이후 사업연도의 손금산입률은 100%를 한도로 매년 직전 사업연도의 손금산입률에서 10%만큼 가산한 율로 한다(조특법 104의 33 ③).

5 [서식사례] 대손충당금 및 대손금조정명세서

(1) 작성사례

중소기업인 ㈜택스에듀의 대손금 및 대손충당금 관련 내역이다.

1) 외상매출금 및 대손충당금 계정내역

계정과목	기 초	증 가	감 소	기 말
외상매출금	900,000,000	2,100,000,000	2,200,000,000	800,000,000
대손충당금	30,000,000	15,000,000	20,000,000	25,000,000

2) 전기 세무조정

전기 대손충당금 한도초과액 3,000,000원이 발생하였다.

3) 당기 대손내역

당기 대손금은 모두 대손충당금과 상계하였으며 대손사유는 다음과 같다.

구 분	금 액	대손사유
외상매출금	18,000,000	소멸시효 완성(소멸시효 완성일 2025.10.1.)
외상매출금	2,000,000	거래처 부도(부도일 2025.8.1.)

(2) 작성요령

❶ 대손충당금 조정

가. '① 채권잔액'란에는 '㉑ 채권잔액'란 중 '계'란의 금액을 적되 그 금액은 대손금부인액을 포함한 기말 현재 외상매출금 등 「법인세법 시행령」 제61조 제1항에 의한 설정대상 채권(「법인세법」 제34조 제2항 제외)으로 한다.

나. '② 설정률'란에는 일반법인은 1/100과 실적률($\frac{\text{해당 사업연도의 ㉘과 ㉛의 합계금액}}{\text{직전 사업연도 ①의 금액}}$) 중 큰 비율을, 「법인세법 시행령」 제61조 제2항에 따른 금융회사 등은 2/100(2013.1.1. 이후 개시하는 사업연도분부터는 1/100)와 실적률 중 큰 비율의 해당란에 "○"표 한다. 다만, 영 제61조 제2항 단서를 적용받는 금융회사 등의 경우에는 금융위원회가 기획

재정부장관과 협의하여 정하는 대손충당금적립기준, 채권잔액의 2/100(2013.1.1. 이후 개시하는 사업연도분부터는 1/100) 또는 실적률 중 큰 비율의 해당란에 "○"표 한다.

다. '⑤ 보충액'란 및 '⑫ 당기설정 충당금보충액'란에는 회사가 대손충당금잔액 중 당기에 계상할 대손충당금에 보충한 금액을 적는다(보충액＝대손충당금 기초잔액－당기감소액).

라. '⑪ 당기 대손금 상계액'란에는 '㉗ 대손충당금'과 상계한 대손금의 '계'란의 금액을 적는다.

마. '⑱ 기말 현재 대손금부인누계'란에는 전기말 현재 대손금부인누계액에서 당기손금산입액을 빼고 당기 부인액을 더한 금액으로 한다.

❷ 대손금 조정

가. '㉖ 금액'란에는 당기 대손발생 총액을 적고, 대손충당금상계액의 '㉙ 부인액'란에는 부당상계액을 적으며, 당기손금계상액 중 '㉜ 부인액'란에는 부당대손처리분을 적고 '비고'란에 부인사유를 간략하게 적는다.

나. '⑦ 한도초과액'은 손금불산입하고 '⑮ 과소환입액'은 익금산입하며, '⑮'의 과다환입액(△)인 경우에는 '⑩ 충당금 부인누계액' 범위 안에서 손금산입한다.

다. 대손충당금상계액 중 '㉙ 부인액'은 익금산입하고, 당기손금계상액 중 '㉜ 부인액'은 손금불산입한다.

❸ 국제회계기준 등 적용 내국법인에 대한 대손충당금 환입액의 익금불산입액의 조정

㉝~㊲ 금액란은 「조세특례제한법」 제104조의 23에 따라 대손충당금 익금불산입 신청을 한 법인만 작성한다.

❹ 해외건설자회사 대여금에 대한 대손충당금 손금산입 특례

가. ㊳ 채권 잔액란 : 59 채권 잔액란 중 '계'란에 적힌 금액을 적되, 그 금액은 「조세특례제한법」 제104조의 33 제1항에 따른 대손충당금 설정대상 채권의 잔액을 적는다.

나. ㊵ 손금산입률란 : 2024.1.1.이 속하는 사업연도의 손금산입률은 100분의 10으로 적고, 이후 사업연도의 손금산입률은 100분의 100을 한도로 매년 직전 사업연도의 손금산입률에서 100분의 10만큼 가산한 율을 적는다.

다. ㊶ 한도액란 : 해당 사업연도 종료일 현재 ㊳ 채권 잔액에서 ㊴ 순자산 장부가액(차입금 등을 제외한 순자산 장부가액을 말하며, 0보다 작은 경우에는 0으로 합니다)을 뺀 금액에 ㊵ 손금산입률을 곱한 금액을 적는다.

실무포인트 **보충법과 총액법 회계처리**

회사가 보충법으로 회계처리한 경우에도 이를 총액법에 의한 회계처리를 한 것으로 간주하고 세무조정을 수행한다.

<table>
<tr><th>구 분</th><th>회계처리방법</th><th colspan="4">회계처리</th></tr>
<tr><td rowspan="3">회사의 회계처리</td><td>결산서상 회계처리
(보충법)</td><td>(차) 대손상각비</td><td>15,000,000</td><td>(대) 대손충당금</td><td>15,000,000</td></tr>
<tr><td rowspan="2">총액법 회계처리 간주</td><td>(차) 대손충당금</td><td>10,000,000</td><td>(대) 대손충당금환입
(영업외 수익)</td><td>10,000,000</td></tr>
<tr><td>(차) 대손상각비</td><td>25,000,000</td><td>(대) 대손충당금</td><td>25,0000,000</td></tr>
<tr><td rowspan="2">세법상 회계처리</td><td rowspan="2">총액법 회계처리</td><td>(차) 대손충당금</td><td>7,000,000</td><td>(대) 대손충당금환입
(영업외 수익)</td><td>7,000,000</td></tr>
<tr><td>(차) 대손상각비</td><td>16,040,000</td><td>(대) 대손충당금</td><td>16,040,000</td></tr>
</table>

(1) 회사계상 대손충당금 : 25,000,000

(2) 세법상 한도 : 802,000,000×2%* =16,040,000

* 설정률 = Max[1%, 2% = 18,000,000/900,000,000]

(3) 세무조정 : 〈손금불산입〉 대손충당금 한도초과 8,960,000(유보)

① 환입액 세무조정 : 〈익금불산입〉 전기대손충당금 한도초과 3,000,000(△유보)

② 당기설정액 세무조정 : 〈손금불산입〉 대손충당금 한도초과 8,960,000(유보)

[별지 제34호 서식] (2024.3.22. 개정) (앞쪽)

사업연도	2025. 01. 01. ~ 2025. 12. 31.	대손충당금 및 대손금조정명세서	법 인 명	㈜택스에듀
			사업자등록번호	123-81-12346

1. 대손충당금조정

손금 산입액 조정	① 채권잔액 (㉑의 금액)	② 설정률			③ 한도액 (①×②)	회사계상액			⑦ 한도초과액 (⑥-③)
		(ㄱ) 1(2)/100 ( )	(ㄴ) 실적률 (2)	(ㄷ) 적립기준 ( )		④ 당기계상액	⑤ 보충액	⑥ 계	
	802,000,000				16,040,000	15,000,000	10,000,000	25,000,000	8,960,000

익금 산입액 조정	⑧ 장부상 충당금 기초잔액	⑨ 기중 충당금 환입액	⑩ 충당금 부인 누계액	⑪ 당기 대손금 상계액 (㉗의 금액)	⑫ 당기 설정충당금 보충액	⑬ 환입할 금액 (⑧-⑨-⑩-⑪-⑫)	⑭ 회사 환입액	⑮ 과소환입·과다환입(△) (⑬-⑭)
	30,000,000		3,000,000	20,000,000	10,000,000	-3,000,000		-3,000,000

채권 잔액	⑯ 계정과목	⑰ 채권잔액의 장부가액	⑱ 기말 현재 대손금부인누계	⑲ 합계 (⑰+⑱)	⑳ 충당금 설정제외 채권	㉑ 채권잔액 (⑲-⑳)	비 고
	외상매출금	800,000,000	2,000,000	802,000,000		802,000,000	
	계						

2. 대손금조정

㉒ 일자	㉓ 계정과목	㉔ 채권명세	㉕ 대손사유	㉖ 금액	대손충당금 상계액			당기 손비계상액			비 고
					㉗ 계	㉘ 시인액	㉙ 부인액	㉚ 계	㉛ 시인액	㉜ 부인액	
2025.10.1.	외상매출금		소멸시효	18,000,000	18,000,0000	18,000,000					
2025. 8.1.	외상매출금		부도	2,000,000	2,000,000		2,000,000				
계											

3. 한국채택국제회계기준 등 적용 내국법인에 대한 대손충당금 환입액의 익금불산입액 조정

㉝ 대손충당금 환입액의 익금불산입 금액	익금에 산입할 금액			㊲ 상계 후 대손충당금 환입액의 익금불산입 금액(㉝-㊱)	비 고
	㉞「법인세법」제34조 제1항에 따라 손금에 산입해야 할 금액 Min(③,⑥)	㉟「법인세법」제34조 제3항에 따라 익금에 산입해야 할 금액 Max[0, (⑧-⑩-⑪)]	㊱ 차액 Min[㉝, Max(0,㉞-㉟)]		

210mm×297mm[백상지 80g/㎡ 또는 중질지 80g/㎡]

4. 해외건설자회사 대여금에 대한 대손충당금 조정

손금산입액 조정	㊳ 채권 잔액 (⑲란의 금액)	㊴ 순자산 장부가액	㊵ 손금 산입률	㊶ 한도액 [(㊳-㊴)×㊵]	회사계상액 ㊷ 당기 계상액	㊸ 보충액	㊹ 계	㊺ 한도초과액 (㊹-㊶)

익금산입액 조정	㊻ 장부상 충당금 기초잔액	㊼ 기중 충당금 환입액	㊽ 충당금 부인 누계액	㊾ 당기 대손금상계액 (⑥⑤란의 금액)	㊿ 당기 설정충당금 보충액	⑤① 환입할 금액 (㊻-㊼-㊽-㊾-㊿)	⑤② 회사 환입액	⑤③ 과소환입 · 과다환입(△) (⑤①-⑤②)

관련 채권 잔액	⑤④ 계정과목	⑤⑤ 채권잔액의 장부가액	⑤⑥ 기말 현재 대손금부인누계	⑤⑦ 합계 (⑤⑤+⑤⑥)	⑤⑧ 충당금 설정제외 채권	⑤⑨ 채권잔액 (⑤⑦-⑤⑧)	비고
	계						

5. 해외건설자회사 대여금에 대한 대손금 조정

⑥⓪ 일자	⑥① 계정과목	⑥② 채권명세	⑥③ 대손사유	⑥④ 금액	대손충당금상계액 ⑥⑤ 계	⑥⑥ 시인액	⑥⑦ 부인액	당기 손비계상액 ⑥⑧ 계	⑥⑨ 시인액	⑦⓪ 부인액	비고
계											

| 소득금액 조정합계표의 작성 |

익금산입 및 손금불산입				손금산입 및 익금불산입			
① 과 목	② 금 액	③ 소득처분 처분	코드	④ 과 목	⑤ 금 액	⑥ 소득처분 처분	코드
대손충당금 한도초과	8 960 000	유보	400	전기대손충당금 한도초과	3 000 000	유보	100
대손금 부인	2 000 000	유보	400				

| 자본금과 적립금 조정명세서(을) |

① 과목 또는 사항	② 기초잔액	당기중증감 ③ 감소	④ 증가	⑤ 기말잔액 (익기초현재)	비 고
대손충당금	3,000,000	3,000,000	8,960,000	8,960,000	
대손금			2,000,000	2,000,000	

〈대손실적률〉 18,000,000(당기대손발생액)/900,000,000(전기말채권가액)=2%

CHAPTER

10 세금과 공과금

1 개 요

세금과 공과금은 원칙적으로 손금에 해당하지만 벌금 등 「법인세법」에서 열거하는 일정한 부분에 대해서는 손금불산입으로 열거하고 있다.

2 소득에 부과되는 조세

각 사업연도에 납부하였거나 납부할 법인세와 법인지방소득세, 그리고 법인세에 대한 농어촌 특별세는 손금에 산입하지 않는다. 법인세는 과세표준에 세율을 곱하여 계산하는데 법인세를 손금으로 보게 되면 과세표준이 확정되지 않아 법인세의 산출이 어려워지게 된다. 따라서 법인세와 이에 부가되는 세액(Sur tax)인 지방소득세 소득분, 그리고 법인세에 대한 농어촌 특별세를 손금으로 보지 않는 것이다. 한편, 손금에 산입되지 않는 법인세에는 다음의 것이 포함된다.

① 외국납부세액공제를 적용받는 외국 법인세액
② 연결자법인이 연결모법인에게 지급한 법인세액
③ 익금불산입 대상이 되는 외국자회사 수입배당금액에 대하여 외국에 납부한 세액

3 부가가치세 매입세액

부가가치세 매입세액은 매출세액에서 공제되는 것으로서 향후 납부하여야 할 세액을 미리 선납한 세금, 즉 자산의 성격이므로 이를 손금으로 보지 않는다. 한편, 매입세액이 불공제되는 경우의 매입세액은 매입자가 그 세액을 부담하는 것이므로 손금에 해당하나, 의무불이행 등 매입자의 귀책사유로 매입세액이 불공제되는 경우에는 손금으로 보지 않는다(법령 22).

▌부가가치세 매입세액▐

사업자 \ 내용	매입세액의 내용	회계처리
면세사업자	• 자본적 지출에 따른 매입세액 • 수익적 지출에 따른 매입세액	부대비용 손금산입
과세사업자	• 세금계산서 교부받은 분(공제분)	손 · 익무관
	• 의제매입세액(공제분) • 의제매입세액(불공제분)	취득가액 차감 부대비용
	• 비영업용 소형승용자동차의 취득에 따른 매입세액	부대비용
	• 기업업무추진비 등에 대한 매입세액	기업업무추진비 등
	• 세금계산서의 미교부 또는 미제출한 매입세액	손금불산입

4 개별소비세 등

반출하였으나 판매하지 아니한 제품에 대한 개별소비세 · 주세 · 교통 에너지 환경세의 미납액은 손금에 산입하지 않는다. 개별소비세 등은 최종소비자에게 전가되는 간접세이기에 이를 제품가격에 포함하여 받게 되는 것이므로 법인이 납부하더라도 손금이 아닌 것이다. 그런데 이들 개별소비세 등은 반출과세제도를 채택하고 있으므로 제조장에서 반출되었으나 아직 판매되지 않은 제품에 대하여 개별소비세의 미납액이 발생하는데 「법인세법」에서는 이 또한 손금으로 보지 않는다고 한 것이다. 다만, 제품가격에 그 세액에 상당하는 금액을 가산한 경우에는 예외로 한다.

5 의무위반

(1) 개 요

의무의 위반이나 제재목적으로 부과되는 세금 및 공과금을 손금으로 인정하게 되면 그 만큼 법인세가 감소하여 징벌의 효과가 일부 상쇄되므로 이를 손금에 산입하지 않는다. 손금에 산입되지 않는 세금과 공과금은 다음과 같다(법법 21).

① 각 세법에 규정된 의무 불이행으로 인하여 납부하였거나 납부할 세액(가산세를 포함)
② 벌금, 과료(통고처분에 따른 벌금 또는 과료에 상당하는 금액을 포함), 과태료(과료와 과태금을 포함한다), 가산금 및 강제징수비
③ 법령에 따라 의무적으로 납부하는 것이 아닌 공과금
④ 법령에 따른 의무의 불이행 또는 금지 · 제한 등의 위반을 이유로 부과되는 공과금

(2) 징벌적 손해배상금

내국법인이 지급한 손해배상금 중 실제 발생한 손해를 초과하여 지급하는 금액으로서 다음의 금액 중 어느 하나에 해당하는 금액은 내국법인의 각 사업연도의 소득금액을 계산할 때 손금에 산입하지 아니한다(법법 21의 2).

① 다음 중 어느 하나에 해당하는 법률의 규정에 따라 지급한 손해배상액 중 실제 발생한 손해액을 초과하는 금액
㉠ 「가맹사업거래의 공정화에 관한 법률」 제37조의 2 제2항
㉡ 「개인정보 보호법」 제39조 제3항
㉢ 「공익신고자 보호법」 제29조의 2 제1항
㉣ 「기간제 및 단시간근로자 보호 등에 관한 법률」 제13조 제2항
㉤ 「대리점거래의 공정화에 관한 법률」 제34조 제2항
㉥ 「신용정보의 이용 및 보호에 관한 법률」 제43조 제2항
㉦ 「제조물 책임법」 제3조 제2항
㉧ 「파견근로자보호 등에 관한 법률」 제21조 제3항 「제조물 책임법」 제3조 제2항
㉨ 「하도급거래 공정화에 관한 법률」 제35조 제2항
㉩ 「남녀고용평등과 일 · 가정 양립 지원에 관한 법률」 제29조의 2 제2항
㉪ 「농수산물 품질관리법」 제37조 제2항
㉫ 「대규모유통업에서의 거래 공정화에 관한 법률」 제35조의 2 제2항

㉴ 「대 · 중소기업 상생협력 촉진에 관한 법률」 제40조의 2 제2항
㉵ 「독점규제 및 공정거래에 관한 법률」 제109조 제2항
㉮ 「디자인보호법」 제115조 제7항
㉯ 「부정경쟁방지 및 영업비밀보호에 관한 법률」 제14조의 2 제6항
㉰ 「산업기술의 유출방지 및 보호에 관한 법률」 제22조의 2 제2항
㉱ 「상표법」 제110조 제7항
㉲ 「식물신품종 보호법」 제85조 제2항
㉳ 「실용신안법」 제30조
㉴ 「자동차관리법」 제74조의 2 제2항
㉵ 「중대재해 처벌 등에 관한 법률」 제15조 제1항
㉶ 「축산계열화사업에 관한 법률」 제34조의 2 제2항
㉷ 「특허법」 제128조 제8항
㉸ 「환경보건법」 제19조 제2항

② 외국의 법령에 따라 실제 발생한 손해액을 초과하여 손해배상금을 지급하는 경우 실제손해액을 초과하는 금액

다만, 실제 발생한 손해액이 분명하지 않은 경우에는 다음 계산식에 따라 계산한 금액을 손금불산입 대상 손해배상금으로 한다(법령 23).

$$\text{손금불산입 대상 손해배상금} = A \times \frac{B-1}{B}$$

A: ① 또는 ②의 외국 법령에 따라 지급한 손해배상액
B: ① 또는 ②의 외국 법령에서 정한 손해배상액의 상한이 되는 배수

(3) 세금과 공과금의 손금불산입 사례

1) 벌금 등의 사례

다음의 벌과금 등은 각 사업연도 소득금액 계산상 이를 손금에 산입하지 아니한다(법집 21-0-2).

① 법인의 임원 또는 사용인이 관세법을 위반하고 지급한 벌과금
② 업무와 관련하여 발생한 교통사고 벌과금
③ 「고용보험 및 산업재해보상보험의 보험료 징수 등에 관한 법률」 제24조에 따라 징수하는 산업재해보상보험료의 가산금

④ 금융기관의 최저예금지급준비금 부족에 대하여 「한국은행법」 제60조에 따라 금융기관이 한국은행에 납부하는 과태금

⑤ 「국민건강보험법」 제80조에 따라 징수하는 연체금

⑥ 외국의 법률에 따라 국외에서 납부한 벌금

2) 벌금 등에 해당하지 않는 것

다음의 손비는 손금불산입하는 벌금 등에 해당되지 아니하므로, 손금에 산입한다(법집 21-0-3).

① 사계약상의 의무불이행으로 인하여 부담하는 지체상금(정부와 납품계약으로 인한 지체상금을 포함하며 구상권 행사가 가능한 지체상금을 제외한다)

② 보세구역에 보관되어 있는 수출용 원자재가 관세법상의 보관기간 경과로 국고에 귀속이 확정된 자산의 가액

③ 철도화차 사용료의 미납액에 대하여 가산되는 연체이자

④ 「고용보험 및 산업재해보상보험의 보험료 징수 등에 관한 법률」 제25조에 따른 산업재해보상 보험료의 연체금

⑤ 국유지 사용료의 납부지연에 따른 연체료

⑥ 전기요금의 납부지연으로 인한 연체가산금

3) 손금산입되는 공과금의 범위

다음의 손비는 손금불산입하는 공과금에 포함되지 아니한다(법집 21-0-4).

① 영업자가 조직한 단체로서 법인이거나 주무관청에 등록된 조합 또는 협회에 월정액 이외에 사업실적에 따라 정기적으로 납부하는 조합비 또는 협회비

② 항만하역업체가 정부의 지시에 따라 통상적인 하역요금 외에 부두근로자(일용노무자)의 퇴직금의 재원을 목적으로 하역협회에 납부하는 금액

③ 성실보고회원 조합원이 동 조합에 납부하는 조합비

④ 수출입업을 영위하는 법인이 수출대금 네고(Nego) 시 한국무역협회에 납부하는 수출부담금

⑤ 「대기환경보전법」 제35조 제1항 제2호에 따라 배출허용기준 이하의 대기오염물질 배출량에 대하여 부과되는 기본배출부과금

⑥ 법인이 타법인의 주식을 취득함으로써 과점주주가 됨에 따라 납부하는 취득세는 동 주식의 취득원가에 산입한다.

(4) 장애인 고용부담금

「장애인고용촉진 및 직업재활법」에 따르면, 상시 50명 이상의 근로자를 고용하는 사업주는 그 근로자의 총수의 의무고용률 이상에 해당하는 장애인을 고용하여야 하며(동법 제28조 제1항), 의무고용률에 못 미치는 장애인을 고용하는 사업주(상시 50명 이상 100명 미만의 근로자를 고용하는 사업주는 제외한다)는 매년 고용노동부장관에게 장애인 고용부담금을 납부하여야 한다(제36조).

과거 예규와 집행기준에서는 장애인 고용부담금에 대하여 손금으로 인정해 왔으나, 2018년 2월 21일 이를 변경하는 예규를 회신하면서 이를 손금에 산입한다는 집행기준을 삭제하였다. 장애인 고용부담금은 2018년 2월 20일 이전에 신고 · 납부한 경우에는 손금이나, 그 후에 신고 · 납부한 경우에는 손금불산입되는 점에 유의하여야 한다.

최근 2023년 5월 2일 서울행정법원에서는 장애인 고용부담금이 '법령에 따른 의무 불이행'에 대하여 부과된 공과금이라고 하더라도 그 의무 불이행에 대한 '제재'로서 부과된 것이라고 보기 어려우므로, 이와 다른 전제에 선 이 사건 처분은 위법하다면서, 장애인 고용부담금을 손금에 해당한다고 판결하였다.

그러나 서울행정법원의 판결에도 불구하고 장애인 고용부담금을 손금으로 인정하여 달라는 경정청구에 대하여 국세청에서는 거부처분하고 있으며, 이에 불복한 조세심판원 심판례에서도 동 사건은 기각되고 있어 실무상 혼선이 예상되므로 각별한 주의가 요구된다.

1) 예규 : 손금불산입 대상임

「장애인고용촉진 및 직업재활법」 제33조 제1항에 따라 장애인 고용부담금(이하 "부담금")을 납부하여야 하는 내국법인이 실제로 납부하여야 할 금액에 미치지 못하게 부담금을 과소신고함에 따라 새로운 유권해석(기획재정부 법인세제과-145, 2018.2.21.) 시행일 이후 같은 조 제7항 제1호에 따라 고지된 부담금을 납부하는 경우 해당 부담금은 「법인세법」 제21조 제5호(손금불산입 대상 공과금)에 따른 공과금에 해당하는 것임(사전법령법인 2021-0411, 2021. 4.9.).

2) 판례 : 손금산입 대상임

구 장애인고용법 제28조 제1항은 상시 50명 이상의 근로자를 고용하는 사업자에게 장애인 고용의무를 지우고 있는 반면 같은 법 제33조 제1항은 상시 100명 이상의 근로자를 고용하는 사업자에게 장애인 고용부담금을 부과하도록 하고 있어, 장애인 고용부담금은 '장애인 고용의무' 위반이 전제되어 있기는 하지만 사업주의 규모를 고려하여 위 부담금을 부담시키지 않기도 하므로 위 의무위반만이 일률적인 요건으로 부과되는 부담금으로 볼 수 없고, 장애인 고용의무는 형사적 제재 등이 예정된 다른 법령상의 의무과 비교하여 규범력이 강하다고 보기도 어려우며, 장애인 고용부담금은 기본적으로 장애인고용이라는 정책적 목표를 달성하기 위하여 사업주가 부담하는 공과금의 성격이 있으므로, 구 장애인고용법 제28조와 구 장애인고용법 제33조 사이의 관계를 '의무규정과 그 의무위반에 따른 부담금부과규정'을 넘어서 '의무규정과 그 의무위반에 대한 제재규정'에까지 이른다고 단정하기 어렵다. 따라서, 이 사건 장애인 고용부담금이 '법령에 따른 의무 불이행'에 대하여 부과된 공과금이라고 하더라도 그 의무 불이행에 대한 '제재'로서 부과된 것이라고 보기 어려우므로, 이와 다른 전제에 선 이 사건 처분은 위법하다(서울행법2022구합65757, 2023. 5.2. 및 서울고등법원 2023누45325, 2023.12.5.).

3) 심판례 : 손금불산입 대상임

① 기재부는 쟁점고용부담금을 법인세법상 손금불산입 대상 공과금에 해당한다고 해석하고 있는 점, 쟁점고용부담금은 장애인고용법 제33조 등에 따라 의무고용률에 못 미치는 장애인을 고용하는 사업주를 대상으로 고용노동부장관이 징수하는 부담금으로, 이는 의무불이행에 대한 제재, 즉 소득세법 제33조 제1항 제12호의 필요경비 불산입대상 공과금에 해당한다고 보는 것이 타당해 보이는 점 등에 비추어 청구주장을 받아들이기는 어렵다고 판단됨(조심-2024-서-0747, 2024.4.3.).

② 쟁점장애인고용부담금은 장애인고용법 제33조에 따라 의무고용률에 못 미치는 장애인을 고용하는 사업주를 대상으로 고용노동부장관이 징수하는 부담금으로 이는 법인세법 제21조 제5호의 "법령에 따른 의무의 불이행 또는 금지 · 제한 등의 위반에 대한 제재로서 부과되는 공과금"에 해당하는 것으로 보이는 점, 기획재정부도 해석을 통하여 장애인 고용부담금을 손금불산입 대상 공과금으로 보고 있는 점 등에 비추어 볼 때, 처분청들이 쟁점장애인 고용부담금을 법인세법 제21조 제5호의 손금불산입 대상 공과금으로 보아 청구법인들에게 이 건 법인세를 부과한 것은 달리 잘못이 없는 것으로 판단됨(조심-2023-구-7711, 2023.6.26.).

실무포인트

1. 간이과세자로부터 영수증 수취분 부가가치세 매입세액 손금에 해당함

간이과세자로부터 재화를 공급받고 영수증을 수취한 경우로서 당해 법인의 업무와 관련하여 지출한 비용인 경우에는 각 사업연도 소득금액 계산 시 그 공급대가를 손금산입함(법인-3828, 2008.12.5.).

2. 폐업자로부터 수취한 매입세금계산서에 대한 부가가치세 매입세액 불공제분

폐업한 사업자로부터 수취한 매입세금계산서를 수취하여 사실과 다른 세금계산서로 매입세액이 불공제된 금액은 손금산입되지 아니함(법인-2818, 2008.10.9.).

3. 손금불산입되는 공과금

법인이 「대기환경보전법」 제19조 및 같은 법 시행령 제15조의 규정에 의하여 부과되는 기본배출부과금과 초과배출부과금을 납부하는 경우 배출허용기준까지의 대기오염물질 배출량에 대하여 부과되는 기본배출부과금은 공과금으로 보아 손금에 산입할 수 있는 것이나, 배출허용기준을 초과한 배출량에 대하여 부과되는 초과배출부담금은 공과금에 해당되지 아니하므로 손금에 산입할 수 없는 것임(법인 46012-2369, 1999.6.23.).

4. 경품을 지급하면서 부담한 원천징수세액의 비용구분 여부

당해 법인이 판매 촉진을 목적으로 불특정 다수의 고객을 상대로 경품행사를 실시하고, 경품을 지급함에 있어 그 가액이 소액인 경우 이에 대한 원천징수를 하지 아니하고 원천징수세액 상당액을 당해 법인이 대신 부담하는 경우, 원천징수의무자가 원천징수세액을 징수하지 아니하고 대신 납부한 원천징수세액은 당해 법인의 각 사업연도의 소득금액계산상 이를 손금에 산입하지 아니하는 것임(서이 46012-10262, 2003.2.5.).

5. 임원 등의 손해배상금의 손금산입

법인이 임원 또는 사용인의 행위 등으로 인하여 타인에게 손해를 끼침으로써 법인이 손해배상금을 지출한 경우에는 그 손해배상의 대상이 된 행위 등이 법인의 업무수행과 관련된 것이고 또한 고의나 중과실로 인한 것이 아닌 경우에는 그 지출한 손해배상금은 각 사업연도의 소득금액 계산상 손금에 산입한다(법집 19-19-18).

6. 영업자가 조직한 단체에 해당하여 회원이 납부하는 회비가 손금산입 대상인지 여부

새로운 영농지식과 기술의 보급, 정보의 제공, 기타 농민의 사회 · 경제적 지위 향상 등을 목적으로 *****법에 의한 조합 등의 사업자들을 회원사로 하여 설립된 사단법인은 「법인세법 시행령」 제19조 제11호에 따른 '영업자가 조직한 단체'에 해당하는 것이며, 영업자가 조직한 단체에 해당하는 법인이 정관이 정하는 바에 따라 정상적인 회비징수 방식에 의하여 경상경비 충당 등을 목적으로 회원에게 차등적으로 회비를 부과하는 경우, 해당 회비는 법인세법 시행령」 제19조 제11호 및 같은 법 시행규칙 제10조 제2항에 따라 이를 납부하는 법인의 손금에 해당하는 것임(서면법령법인 2020-332, 2020.4.28.).

7. 담합행위관련 민사합의금의 손금산입 여부

내국법인이 용역을 입찰받는 과정에서의 공정거래 문제로 해당 용역의 발주자로부터 민사소송을 제기당하여 합의금 지급으로 민사소송을 종결한 경우, 당해 지급한 민사합의금은 「법인세법」 제19조에 따른 손금에 해당하는 것임(사전-2024-법규법인-0242, 2024.4.30.).

CHAPTER

11 감가상각비

1 개 요

사업용 유형자산 · 무형자산에 대한 감가상각비는 법인이 결산을 확정함에 있어서 이를 손금으로 계상한 경우에 한하여 상각범위액의 한도 내에서 손금에 산입하고 상각범위액을 초과하여 상각한 경우 그 초과액은 상각부인액으로 손금불산입한다(법집 23-0-1 ①).

회계처리	(차) 감 가 상 각 비　　(대) 감가상각누계액	한도초과액 〈손금불산입〉 (유보)
법인세법	「법인세법」상 상각한도액	

(1) 원칙 – 결산조정

「법인세법」에서는 상각범위액을 초과하여 상각한 경우 상각부인액은 손금불산입하나 상각범위액에 미달하여 상각한 경우에는 신고조정으로 손금산입할 수 없으며 잔존가액이 남아 있는 경우에는 내용연수가 경과되어도 상각이 가능하다. 즉 감가상각을 강제하지 않고 법인이 감가상각비를 손비로 계상한 경우에 한하여 손금으로 인정하는 임의상각제도를 택하고 있다.

(2) 예외 – 신고조정

① K-IFRS를 적용하는 내국법인이 사업용 유형자산과 비한정 내용연수 무형자산 및 K-IFRS 최초 도입 이전에 취득한 영업권에 대하여는 결산상 인식한 감가상각비에 추가하여 신고조정 한도까지 손금에 산입할 수 있다(법집 23-26-9 ①).

② 각 사업연도의 소득에 대한 법인세가 면제되거나 감면되는 사업을 영위하는 법인이 법인세를 면제 또는 감면받은 경우 상각범위액에 해당하는 감가상각비를 손금으로 계상하도록 하고, 만일 감가상각비를 손금으로 계상하지 아니하거나 상각범위액에 미달하

게 계상한 경우에는 상각범위액이 되도록 손금에 산입하여야 한다(법집 23-30-1).

③ 업무용승용차에 대한 감가상각비의 경우 해당 사업연도의 소득금액을 계산할 때 정액법을 상각방법으로 하고 내용연수를 5년으로 하여 계산한 금액을 감가상각비로 하여 손금에 산입하여야 한다(법집 27의 2-50의 2-2 ①).

2 감가상각대상 자산

(1) 감가상각대상 자산

「법인세법」상 감가상각대상 자산은 다음과 같다(법령 24 ①).

구 분	내 용
1) 유형자산	① 건물(부속설비를 포함) 및 구축물 ② 차량 및 운반구, 공구, 기구 및 비품 ③ 선박 및 항공기 ④ 기계 및 장치 ⑤ 동물 및 식물 ⑥ 그 밖에 ①~⑤까지의 자산과 유사한 유형자산
2) 무형자산	① 영업권(합병 또는 분할로 인하여 합병법인등이 계상한 영업권은 제외), 디자인권, 실용신안권, 상표권 ② 특허권, 어업권, 양식업권, 「해저광물자원 개발법」에 의한 채취권, 유료도로관리권, 철도시설관리권, 수리권, 전기가스공급시설이용권, 공업용수도시설이용권, 수도시설이용권, 열공급시설이용권 ③ 광업권, 전신전화전용시설이용권, 전용측선이용권, 하수종말처리장시설관리권,수도시설관리권 ④ 댐사용권 ⑤ 개발비*1 ⑥ 사용수익기부자산가액*2 ⑦ 전파법 규정에 의한 주파수이용권 및 항공법 규정에 의한 공항시설관리권 ⑧ 항만법에 따른 항만시설관리권 ⑨ 그밖에 ①~⑧까지의 자산과 유사한 무형자산

*1. 개발비 : 상업적인 생산 또는 사용 전에 재료 · 장치 · 제품 · 공정 · 시스템 또는 용역을 창출하거나 현저히 개선하기 위한 계획 또는 설계를 위하여 연구결과 또는 관련지식을 적용하는 데 발생하는 비용으로서 기업회계기준에 따른 개발비 요건을 갖춘 것(「산업기술연구조합 육성법」에 따른 산업기술연구조합의 조합원이 해당 조합에 연구개발 및 연구시설 취득 등을 위하여 지출하는 금액을 포함한다)

*2. 사용수익기부자산가액 : 금전 외의 자산을 국가 또는 지방자치단체, 법정 · 지정기부금 단체에 기부한 후 그 자산을 사용하거나 그 자산으로부터 수익을 얻는 경우 해당 자산의 장부가액을 말한다.

(2) 감가상각자산 포함 여부

구 분	내 용
1) 감가상각자산에 포함하는 것(법령 24 ④)	장기할부조건 등으로 매입한 감가상각자산의 경우 법인이 해당 자산의 가액 전액을 자산으로 계상하고 사업에 사용하는 경우에는 그 대금의 청산 또는 소유권의 이전 여부에 관계없이 이를 감가상각자산에 포함한다.
2) 감가상각자산에 포함하지 않는 것(법령 24 ③)	① 사업에 사용하지 아니하는 것(유휴설비 제외) ② 건설 중인 것 ③ 시간의 경과에 따라 그 가치가 감소되지 아니하는 것

(3) 리스자산

리스회사가 대여하는 리스자산 중 기업회계기준에 따른 금융리스의 자산은 리스이용자의 감가상각자산으로, 금융리스 외의 리스자산은 리스회사의 감가상각자산으로 한다(법령 24 ⑤).

실무포인트

1. 법인명의로 등기되지 아니한 자산의 취급

공부상 등기 · 등록 등이 타인의 명의로 되어 있더라도 사실상 당해 사업자가 취득하여 사업에 공하였음이 확인되는 경우에는 이를 그 사실상 사업자의 사업용 자산으로 봄(법인-1114, 2012.11.30.).

2. 사업에 사용하지 아니하는 자산의 상각부인액의 추인 여부

「법인세법 시행령」 제32조 제1항에 따라 법인이 각 사업연도에 손금으로 계상한 감가상각비 중 상각범위액을 초과하는 금액(이하 "상각부인액"이라 함)은 그 후의 사업연도에 시인부족액을 한도로 하여 이를 손금으로 추인하는 것이며, 감가상각비를 손금으로 계상하지 아니한 경우에도 상각범위액을 한도로 하여 그 상각부인액을 손금으로 추인하는 것이나, 사업에 사용하지 아니하는 자산은 같은 법 시행령 제24조 제2항에 따라 감가상각자산이 아니므로 당해 자산에 대한 이전 사업연도의 상각부인액은 추인하지 않는 것임(법인-951, 2012.10.18.).

3. 타인이 사용하는 자산이 감가상각대상 자산에 해당하는지 여부

화공약품 판매업을 영위하고 있는 법인이 특수관계 없는 거래처에 화공약품을 독점적으로 판매하기 위하여 화공약품 저장탱크를 무상대여 하는 경우 시설대여계약내용, 제품판매단가 등 거래조건, 매출액 등에 비추어 판매증진을 목적으로 대여하였음이 객관적으로 입증되는 때에는 동 대여 시설은 당해 법인의 감각상각 자산에 해당하는 것임(법인세과-1138, 2009.10.15.).

4. 반환의무 없는 판권의 손금귀속시기

내국법인이 저작자에게 지급하는 판권의 취득대가가 반환의무가 없는 것으로서 「법인세법 시행령」 제24조에 따른 무형고정자산의 취득에 해당되지 않는 경우 해당 판권의 취득대가는 「법인세법」 제40조에 따라 지급의무가 확정되는 계약일이 속하는 사업연도에 손금산입하는 것임(서면법령법인 2020-4247, 2021.1.22.).

5. 기업회계기준의 개발비 계상 요건

개발단계에서 발생한 지출은 다음의 조건을 모두 충족하는 경우에만 무형자산으로 인식하고, 그 외의 경우에는 발생한 기간의 비용으로 인식한다(일반기업회계기준 11.20).

① 무형자산을 사용 또는 판매하기 위해 그 자산을 완성시킬 수 있는 기술적 실현가능성을 제시할 수 있다.

② 무형자산을 완성해 그것을 사용하거나 판매하려는 기업의 의도가 있다.

③ 완성된 무형자산을 사용하거나 판매할 수 있는 기업의 능력을 제시할 수 있다.

④ 무형자산이 어떻게 미래경제적효익을 창출할 것인가를 보여줄 수 있다. 예를 들면, 무형자산의 산출물, 그 무형자산에 대한 시장의 존재 또는 무형자산이 내부적으로 사용될 것이라면 그 유용성을 제시하여야 한다.

⑤ 무형자산의 개발을 완료하고 그것을 판매 또는 사용하는 데 필요한 기술적, 금전적 자원을 충분히 확보하고 있다는 사실을 제시할 수 있다.

⑥ 개발단계에서 발생한 무형자산 관련 지출을 신뢰성 있게 구분하여 측정할 수 있다.

6. 개발비를 감가상각자산으로 계상 후 개발완료 전에 관련제품의 개발이 취소된 경우

개발비는 개발이 완료되어 관련제품의 판매 또는 사용이 가능하게 된 시점부터 감가상각이 가능하므로 제품개발 진행 중 관련제품의 개발사업이 취소되고 개발실적이 향후 활용이 불가능한 경우에는 개발사업이 취소된 날이 속하는 사업연도의 손금에 산입하는 것임(법인-87, 2013.1.31.).

3 취득가액

(1) 기본원칙(법령 72)

취득형태	취득가액
1) 매입한 자산	매입가액에 취득세, 등록면허세 기타 부대비용*을 가산한 금액
2) 내국법인이 외국 자회사를 인수하여 취득한 주식등	외국자회사 수입배당금 익금불산입 규정에 따라 익금불산입된 수입배당금액, 인수 시점의 외국자회사의 이익잉여금 등을 고려하여 대통령령으로 정하는 금액(법법 41 ①) 수입배당금액이 다음 요건을 모두 갖춘 경우 해당 주식 등의 매입가액에서 해당 수입배당금액을 뺀 금액(법령 72 ②) ① 내국법인이 외국자회사의 의결권 있는 발행주식 총수 또는 출자총액의 100분의 10 이상을 최초로 보유하게 된 날의 직전일 기준 이익잉여금을 재원으로 한 수입배당금액일 것 ② 외국자회사 수입배당금액의 익금불산입 규정에 따라 익금에 산입되지 않았을 것
3) 자가 제조(건설)한 고정 자산	원재료비, 노무비, 운임, 하역비, 보험료, 수수료, 공과금(취득세 · 등록세 포함), 설치비 기타 부대비용의 합계액
4) 현물출자 · 합병 · 분할로 취득하는 자산	장부에 계상한 출자가액 또는 승계가액(시가초과액은 제외)
5) 기타의 경우	취득 당시의 시가

* 유형자산의 취득과 함께 국 · 공채를 매입하는 경우 기업회계기준에 따라 그 국 · 공채의 매입가액과 현재가치의 차액을 유형자산의 취득가액으로 계상한 경우 인정된다.

(2) 취득가액에서 제외하는 금액

① 자산을 장기할부조건으로 취득하는 경우 발생한 채무를 기업회계기준이 정하는 바에 따라 현재가치로 평가하여 현재가치할인차금으로 계상한 경우 당해 현재가치할인차금

② 연지급수입에 있어서 취득가액과 구분하여 지급이자로 계상한 금액

③ 특수관계자로부터 매입한 자산의 시가초과액

(3) 자본적 지출액

1) 자본적 지출액의 범위

자본적 지출이란 법인이 소유하는 감가상각자산의 내용연수를 연장시키거나 해당 자산

의 가치를 현실적으로 증가시키기 위하여 지출한 수선비를 말하며, 이는 취득가액으로 처리하여 감가상각대상 금액에 포함시킨다(법령 31 ②). 자본적 지출과 수익적 지출을 예시하면 다음과 같다(법령 31 ②, 법칙 17).

자본적 지출의 사례	수익적 지출의 사례
① 본래의 용도를 변경하기 위한 개조 ② 엘리베이터 또는 냉난방장치의 설치 ③ 빌딩 등에 있어서 피난시설 등의 설치 ④ 재해 등으로 인하여 멸실 또는 훼손되어 본래의 용도에 이용할 가치가 없는 건축물 · 기계 · 설비 등의 복구 ⑤ 기타 개량 · 확장 · 증설 등 ①~④와 유사한 성질의 것	① 건물 또는 벽의 도장 ② 파손된 유리나 기와의 대체 ③ 기계의 소모된 부속품 또는 벨트의 대체 ④ 자동차 타이어의 대체 ⑤ 재해를 입은 자산에 대한 외장의 복구 · 도장 및 유리의 삽입 ⑥ 기타 조업가능한 상태의 유지 등 ①~⑤와 유사한 것

2) 자본적 지출의 사례

법인세법 시행령 제31조 제2항 제5호에 규정하는 자본적 지출에는 다음 각 호의 예에 따라 처리하는것을 포함한다(법기통 23-31…1).

① 토지만을 사용할 목적으로 건축물이 있는 토지를 취득하여 그 건축물을 철거하거나, 자기소유의 토지상에 있는 임차인의 건축물을 취득하여 철거한 경우 철거한 건축물의 취득가액과 철거비용은 당해 토지에 대한 자본적 지출로 한다.

② 토지구획정리사업의 결과 무상 할양하게 된 체비지를 대신하여 지급하는 금액은 토지에 대한 자본적 지출로 한다.

③ 도시계획에 의한 도로공사로 인하여 공사비로 지출된 수익자부담금은 토지에 대한 자본적 지출로 한다.

④ 공장 등의 시설을 신축 또는 증축함에 있어서 배수시설을 하게 됨으로써 공공하수도의 개축이 불가피하게 되어 그 공사비를 부담할 경우 그 공사비는 배수시설에 대한 자본적 지출로 한다.

⑤ 설치 중인 기계장치의 시운전을 위하여 지출된 비용에서 시운전 기간 중 생산된 시제품을 처분하여 회수된 금액을 공제한 잔액은 기계장치의 자본적 지출로 한다.

⑥ 수입기계장치를 설치하기 위하여 지출한 외국인 기술자에 대한 식비 등 체재비는 기계장치에 대한 자본적 지출로 한다.

⑦ 영 제68조 제3항의 규정에 의한 장기할부조건으로 자산을 취득함에 있어서 이자상당액을 가산하여 매입가액을 확정하고 그 지불을 연불방법으로 한 경우의 이자상당액은

당해 자산에 대한 자본적 지출로 한다. 이 경우 당초 계약 시 이자상당액을 당해 자산의 가액과 구분하여 지급하기로 한 때에도 또한 같다. 다만, 영 제72조 제3항 제1호의 규정에 의하여 계상한 현재가치할인차금과 매입가액 확정 후 연불대금 지급 시에 이자상당액을 변동이자율로 재계산함에 따라 증가된 이자상당액은 그러하지 아니한다.

⑧ 부가가치세 면세사업자의 고정자산 취득에 따른 매입세액은 당해 자산에 대한 자본적 지출로 한다.

⑨ 사역용, 종축용, 착유용, 농업용 등에 사용하기 위하여 소, 말, 돼지, 면양 등을 사육하는 경우 그 목적에 사용될 때까지 사육을 위하여 지출한 사료비, 인건비, 경비 등은 이를 자본적 지출로 한다.

⑩ 목야지(초지)의 조성비 중 최초의 조성비는 토지에 대한 자본적 지출로 한다.

⑪ 토지, 건물만을 사용할 목적으로 첨가 취득한 기계장치 등을 처분함에 따라 발생한 손실은 토지, 건물의 취득가액에 의하여 안분계산한 금액을 각각 당해 자산에 대한 자본적 지출로 한다.

⑫ 부동산 매매업자(주택신축판매업자를 포함한다)가 토지개발 또는 주택신축 등 당해 사업의 수행과 관련하여 그 토지의 일부를 도로용 등으로 국가 등에 무상으로 기증한 경우 그 토지가액은 잔존토지에 대한 자본적 지출로 한다.

⑬ 기계장치를 설치함에 있어서 동 기계장치의 하중에 의한 지반침하와 진동을 방지하기 위하여 당해 기계장치 설치장소에만 특별히 실시한 기초공사로서 동 기계장치에 직접적으로 연결된 기초공사에 소요된 금액은 이를 동 기계장치에 대한 자본적 지출로 한다.

3) 수익적 지출의 예시

법인세법 시행규칙 제17조 제6호에 규정하는 수익적 지출에는 다음 각 호의 예에 따라 처리하는 것을 포함한다(법기통 23-31…2).

① 제조업을 영위하던 자가 새로운 공장을 취득하여 전에 사용하던 기계시설 · 집기비품 · 재고자산 등을 이전하기 위하여 지출한 운반비와 기계의 해체, 조립 및 상하차에 소요되는 인건비는 수익적 지출로 한다.

② 임대차계약을 해지한 경우 임차자산에 대하여 지출한 자본적 지출 해당액의 미상각잔액은 수익적 지출로 한다.

③ 분쇄기에 투입되는 강구(Steel Ball)비는 수익적 지출로 한다.

④ 유리제조업체의 병형(틀)비는 수익적 지출로 한다.

⑤ 23-31…1 제1호 이외의 사유로서 기존 건축물을 철거하는 경우 기존 건축물의 장부가액과 철거비용은 수익적 지출로 한다.

실무포인트

1. 토지의 지목변경

내국법인이 보유하고 있는 토지의 지목변경에 따라 「지방세법」에 따라 추가 부담하는 취득세는 토지에 대한 자본적 지출로 처리한다(법인-12, 2013.1.5.).

2. 도로의 기부채납

(1) 진입도로 건설 후 기부

골프장을 주업으로 하는 법인이 지방자치단체의 체육시설(골프장)사업실시 계획인가 조건에 따라 당해 골프장의 진입도로를 건설한 후 지방자치단체에 무상으로 기부하는 경우 당해 진입도로 건설 및 도로포장 공사 비용은 골프장 토지의 자본적 지출에 해당하는 것임(서면2팀-413, 2004.3.10.).

(2) 건물신축 시 허가조건으로 도로를 개설해 지방자치단체에 기부하는 경우

법인이 건물을 신축하면서 허가조건으로 당해 법인의 토지에 도로를 개설하여 이를 관할 지방자치단체에 기부채납하기로 한 경우 그 도로용 토지의 장부가액은 건물신축용 토지의 자본적 지출로 하는 것임(서이46012-12008, 2002.11.5.).

4 잔존가액

(1) 원 칙

상각범위액을 계산함에 있어서 감가상각자산의 잔존가액은 "0"으로 한다. 다만, 정률법에 의하여 상각범위액을 계산하는 경우에는 취득가액의 5%에 상당하는 금액으로 하되, 그 금액은 당해 감가상각자산에 대한 미상각잔액이 최초로 취득가액의 5% 이하가 되는 사업연도의 상각범위액에 가산한다(법령 26 ⑥).

(2) 비망가액

법인은 감가상각이 종료되는 감가상각자산에 대하여는 (1)의 내용에도 불구하고 취득가액

의 5%와 1,000원 중 적은 금액을 당해 감가상각자산의 장부가액으로 하고, 동 금액에 대하여는 이를 손금에 산입하지 아니한다(법령 26 ⑦). 이러한 비망가액은 해당 감가상각자산의 처분시점에 손금에 산입한다.

5 상각방법

(1) 상각방법의 신고와 적용

법인은 개별 감가상각자산별로 다음 구분에 따른 상각방법 중 하나를 선택하여 다음에 따른 날이 속하는 사업연도의 법인세 과세표준의 신고기한까지 납세지 관할세무서장에게 신고하여야 한다(법령 26 ①·③).

① 신설법인과 새로 수익사업을 개시한 비영리법인은 그 영업을 개시한 날
② ① 외의 법인이 다음의 구분에 따른 감가상각자산을 새로 취득한 경우에는 그 취득한 날

구 분		선택가능한 상각방법	무신고의 경우
1) 유형자산	① 일반	정률법 또는 정액법	정률법
	② 건축물	정액법	정액법
	③ 광업용 유형자산	생산량비례법, 정률법 또는 정액법	생산량비례법
2) 무형자산	① 일반	정액법	정액법
	② 광업권(해저광물자원개발법에 의한 채취권 포함)	생산량비례법 또는 정액법	생산량비례법
	③ 개발비	20년 이내의 정액법*1	5년간 균등상각법*2
	④ 사용수익기부자산	사용수익기간에 따라 균등상각*3	좌동
	⑤ 주파수이용권, 공항시설관리권 및 항만시설관리권	사용기간에 따른 정액법	좌동
	⑥ 그밖의 유사한 무형자산	정액법	5년간 균등상각법*2

*1. 관련제품의 판매 또는 사용이 가능한 시점부터 20년 이내의 기간 내에서 연단위로 신고한 내용연수에 따라 매 사업연도별 경과월수에 비례하여 상각하는 방법
*2. 관련제품의 판매 또는 사용이 가능한 시점부터 5년 동안 매년 균등액을 상각하는 방법
*3. 당해 자산의 사용수익기간(그 기간에 관한 특약이 없는 경우 신고내용연수를 말한다)에 따라 균등하게 안분한 금액(그 기간 중에 당해 기부자산이 멸실되거나 계약이 해지된 경우 그 잔액을 말한다)을 상각하는 방법

(2) 상각방법의 계속적용원칙

1) 원 칙

법인이 기한 내에 신고한 상각방법 또는 상각방법을 신고하지 아니한 경우에는 무신고시 적용되는 상각방법은 그 후의 사업연도에도 계속하여 그 상각방법을 적용하여야 한다(법령 26 ⑤).

2) 예 외

법인이 다음 중 하나에 해당하는 경우에는 납세지 관할세무서장의 승인을 얻어 그 상각방법을 변경할 수 있다(법령 27 ①).

① 상각방법이 서로 다른 법인이 합병(분할합병을 포함)한 경우
② 상각방법이 서로 다른 사업자의 사업을 인수 또는 승계한 경우
③ 「외국인투자촉진법」에 의하여 외국투자자가 내국법인의 주식 등을 20% 이상 인수 또는 보유하게 된 경우
④ 해외시장의 경기변동 또는 경제적 여건의 변동으로 인하여 종전의 상각방법을 변경할 필요가 있는 경우
⑤ 회계정책의 변경에 따라 결산상각방법이 변경된 경우로서 변경한 결산상각방법과 같은 방법으로 변경하는 경우. 여기서 회계정책의 변경이란 다음 중 하나에 해당하는 경우를 말한다(법칙 14).
(a) 한국채택국제회계기준을 최초로 적용한 사업연도에 결산상각방법을 변경하는 경우
(b) 한국채택국제회계기준을 최초로 적용한 사업연도에 지배기업의 연결재무제표 작성 대상에 포함되는 종속기업이 지배기업과 회계정책을 일치시키기 위하여 결산상각방법을 지배기업과 동일하게 변경하는 경우

6 내용연수

(1) 기본원칙

「법인세법」에서는 내용연수를 자산의 구조, 업종, 종류별로 내용연수 또는 기준내용연수와 내용연수범위를 다음과 같이 규정하고 있다(부록 참조).

① 시험연구용자산 : 「법인세법 시행규칙」 [별표 2]

② **무형자산** :「법인세법 시행규칙」[별표 3]

③ **건축물 등** :「법인세법 시행규칙」[별표 5]

④ **업종별자산** :「법인세법 시행규칙」[별표 6]

건축물 부속설비(냉난방 · 급배수 설비 등)를 건축물과 구분하여 업종별 자산으로 회계처리하는 경우에는 [별표 6] 업종별자산(기계장치)의 내용연수(업종별 4~25년)를 적용할 수 있다. 한편, 법인이 적용할 내용연수를 선택하여 납세지 관할 세무서장에게 신고하는 경우에 규칙 [별표 5]의 자산은 동표상 각 호의 구조 또는 자산명 단위로 같은 내용연수를 적용하여야 한다. 예를 들면, [별표 5]의 차량 및 운반구와 공구는 내용연수범위 안에서 각각 다른 내용연수를 선택할 수 있으나, 차량 및 운반구에 속하는 모든 차량은 같은 내용연수를 적용하여야 한다(통칙 23-28…4).

(2) 내용연수의 신고

내용연수 범위 안에서 법인이 적용할 내용연수는 다음의 날이 속하는 사업연도의 과세표준 신고기한까지 납세지 관할 세무서장에게 내용연수신고서[법칙 별지 제63호 서식]를 제출(국세정보통신망에 의한 제출 포함)하여야 한다(법령 28 ① · ③). 만약, 신고하지 않는 경우에는 기준내용연수를 적용한다.

① 신설법인과 새로 수익사업을 개시한 비영리내국법인의 경우 그 영업을 개시한 날
② 자산별 · 업종별 구분에 의한 기준내용연수가 다른 감가상각자산을 새로이 취득하거나, 새로운 업종의 사업을 개시한 경우에는 그 취득한 날 또는 개시한 날

신고내용연수 = 기준내용연수 ± 25%

(3) 내용연수의 변경

법인은 다음 사유 해당 시 납세지관할지방국세청장의 승인을 받아 기준내용연수의 50%를 가감한 범위 내에서 내용연수를 변경할 수 있다. 내용연수의 승인 또는 변경승인을 받고자 할 때에는 영업개시일로부터 3월 또는 그 변경할 내용연수를 적용하고자 하는 사업연도 종료일 이전 3월이 되는 날까지 내용연수승인(변경승인)신청서를 납세지 관할세무서장을 거쳐 관할지방국세청장에게 제출하여야 한다(법령 29).

① 사업장의 특성으로 자산의 부식, 마모 및 훼손의 정도가 현저한 경우

② 영업개시 후 3년이 경과한 법인으로서 생산설비(건축물 제외)의 가동률이 직전 3개 사업연도의 평균 가동률보다 현저히 증가한 경우

• 생산량가동률 : $\frac{\text{당해 사업연도 실제생산량}}{\text{연간 생산가능량}} \times 100$

• 작업시간가동률 : $\frac{\text{연간 작업시간}}{\text{연간 작업가능시간}} \times 100$

③ 새로운 생산기술 및 신제품의 개발·보급 등으로 기존 생산설비의 가속상각이 필요한 경우

④ 경제적 여건의 변동으로 조업을 중단하거나 생산설비의 가동률이 감소한 경우

⑤ K-IFRS를 최초로 적용하는 사업연도에 결산내용연수를 변경한 경우(결산내용연수가 연장된 경우 내용연수를 연장하고 결산내용연수가 단축된 경우 내용연수를 단축하는 경우만 해당하되 내용연수를 단축하는 경우에는 결산내용연수보다 짧은 내용연수로 변경할 수 없음)

⑥ 감가상각자산에 대한 기준내용연수가 변경된 경우. 다만, 내용연수를 단축하는 경우로서 결산내용연수가 변경된 기준내용연수의 25%를 가감한 범위 내에 포함되는 경우에는 결산내용연수보다 짧은 내용연수로 변경할 수 없음

(4) 수정내용연수

내국법인이 기준내용연수의 50% 이상이 경과된 중고자산을 다른 법인 또는 개인사업자로부터 취득(합병·분할에 의하여 자산을 승계한 경우를 포함)한 경우에는 그 자산의 기준내용연수의 50%에 상당하는 연수와 기준내용연수의 범위에서 선택하여 납세지 관할세무서장에게 신고한 연수를 내용연수로 할 수 있다. 이 경우 수정내용연수를 계산할 때 1년 미만은 없는 것으로 한다(법령 29의 2 ①).

수정내용연수＝기준내용연수×50%~기준내용연수

실무포인트

1. 감가상각의 적용 방법

(1) 증설기계장치의 시운전 시 감가상각비 계산 방법 등

대규모의 생산시설과 여러 공정을 거쳐 화학제품을 제조하는 법인이 생산능력을 배가시키기 위하여 기존 기계장치와 유사한 성능의 기계장치를 관련 생산라인에 별도로 증설하는 경우, 당해 증설되는 기계장치는 새로운 자산의 취득으로 보아 정상 제품 등의 생산에 사용하는 날부터 감가상각할 수 있는 것이며 증설하는 기계장치의 시운

전을 위하여 지출된 비용은 증설 기계장치의 자본적 지출로 보는 것임(서면2팀-1436, 2006.7.27.).

(2) 홈페이지 작성 비용에 대한 자산처리 및 감가상각

법인이 대회홍보를 목적으로 인터넷 홈페이지를 구축하면서 소요되는 비용은 자산(기구 및 비품)으로 계상하여 동 홈페이지가 정상적으로 가동되기 시작한 날로부터 감가상각하는 것임(법인 46012-306, 2001.2.6.).

(3) 소프트웨어의 감가상각 방법

소프트웨어는 당해 자산에 대한 감가상각비가 판매비와 일반관리비를 구성하는 경우에는 기구 및 비품으로 보아 내용연수를 적용하는 것이며(법인46012-557, 1996.2.16.), 법인이 지출한 소프트웨어 자체개발비용의 개발비 해당 여부는 법인세법 시행령 제24조 제1항 제2호 바목의 규정에 의하여 개발비로 처리할 수 있는 것임(서이46012-11017, 2003.5.21.).

(4) 사업장별 · 업종별 감가상각의 적용방법

「법인세법 시행령」 제26조 제1항 각 호의 자산에 대한 감가상각 방법은 같은 항 같은 호에 규정된 상각방법 중 법인이 납세지 관할세무서장에게 신고한 방법을 적용하는 것으로서 사업장별 또는 업종별로 감가상각방법을 달리 적용할 수 없는 것임(서면2팀-1961, 2004.9.22.).

2. 내용연수

(1) 금형의 내용연수

2024.3.22. 기획재정부령 제1041호로 법인세법시행규칙이 개정됨에 따라 각 업계의 금형 교체 주기를 고려하여 금형에 대하여 [별표 5]를 적용하도록 하였으므로, 금형의 감가상각 기준내용연수를 업종과 상관없이 5년을 적용하는 것으로 개정하였다.

한편, 2020.2.11. 대통령령 제30396호로 법인세법 시행령 제31조 제6항 제2호가 개정(이하 "개정 시행령"이라 한다)됨에 따라 공구의 범위에서 금형이 제외되었으며, 금형의 내용연수를 적용함에 있어 개정 시행령이 적용되는 2020.1.1. 이후 개시하는 사업연도부터는 같은 법 시행규칙 제15조 제3항에서 규정하고 있는 [별표 6]의 내용연수 범위를 적용한다.

다만, 개정 시행령 시행 전(2019.12.31. 이전에 개시하는 사업연도)에 종전의 규정에 따라 금형의 내용연수를 신고하여 적용하고 있는 경우에는 개정 시행령 시행 이후에도 당초 적용하고 있는 신고내용연수를 적용한다(서면-2023-법인-0154[법인세과-1068], 2023.7.6.).

(2) 구축물의 부속설비에 적용되는 감가상각 내용연수

내국법인이 구축물의 부속설비(급 · 배수시설 중 스프링클러 등, 폭포시설 중 수중펌프 등)를 구축물과 구분하여 업종별 자산으로 회계처리하는 경우에는 「법인세법 시행규칙」 [별표 6] "업종별 자산의 기준내용연수 및 내용연수범위표"를 적용할 수 있는 것임(법인세과-992, 2009.9.14.).

(3) 태양광발전설비의 감가상각 시 내용연수

태양광으로 전기를 생산하는 데 사용되는 태양광 발전설비는 「법인세법 시행규칙」 [별표 6]의 자산으로 보아 「법인세법 시행령」 제26조 및 제28조에 의한 감가상각방법과 내용연수에 따른 상각률을 적용하는 것임(기준-2022-법무법인-0194[법무과-1559], 2023.3.6.).

(4) 내용연수범위가 서로 다른 둘 이상의 업종에 공통으로 사용되는 자산

내용연수범위가 서로 다른 둘 이상의 업종에 공통으로 사용되는 자산이 있는 경우에는 그 사용기간 또는 사용 정도의 비율에 따라 사용비율이 큰 업종의 기준내용연수 및 내용연수범위를 적용하여야 함(서면2팀-2007, 2006.10.4.).

(5) 동물에 대한 기준 내용연수

사역용 · 종축용 또는 착유용 등으로 사용되는 소 · 말 · 돼지 · 면양 및 양에 대한 감가상각은 법인세법 시행규칙 [별표 6]의 "업종별 자산의 기준내용연수 및 내용연수 범위표"를 적용하여 계산하는 것이며, 동물에 대한 감가상각비는 당해 동물이 성숙하여 당해 사업에 사용가능한 때부터 계상한다(서일46011-10862, 2003.6.30.).

3. 임의의 내용연수에 따라 상각한 경우의 조정방법

「법인세법 시행령」 제28조에 따른 기준내용연수 또는 신고내용연수가 아닌 임의의 내용연수에 따라 계상한 감가상각비는 「법인세법 시행령」 제28조에 따른 기준내용연수에 따라 산정한 감가상각비로 조정하여 계산하는 것임(서면법규재산-792, 2023.3.16.).

7 감가상각 시부인

(1) 개 요

내국법인이 각 사업연도의 결산을 확정할 때 토지를 제외한 건물, 기계 및 장치, 특허권 등 유형자산 및 무형자산(감가상각자산)에 대한 감가상각비를 손비로 계상한 경우에는 상각범위액의 범위에서 그 계상한 감가상각비를 해당 사업연도의 소득금액을 계산할 때 손금에 산입하고, 그 계상한 금액 중 상각범위액을 초과하는 금액은 손금에 산입하지 아니한다(법법 23 ①).

<table>
<tr><th colspan="3">시부인 계산구조</th></tr>
<tr><td rowspan="3">회사계상액
－상각범위액</td><td>(＋) : 상각부인액
(한도초과액)</td><td>〈손금불산입〉 (유보)</td></tr>
<tr><td rowspan="2">(－) : 시인부족액
(한도미달액)</td><td>1) 원칙 : 세무조정 없음</td></tr>
<tr><td>2) 예외 : 전기 부인액이 있는 경우 당기 시인 부족액의 범위 내에서 〈손금산입〉 (△유보)</td></tr>
</table>

결산 시 손금에 계상하지 아니한 금액은 이를 세무조정에 따라 손금산입하거나 「국세기본법」 제45조의 2에 따라 경정청구할 수 없다. 다만, 감가상각의제와 국제회계기준 도입기업의 감가상각비 신고조정 특례가 적용되거나 업무용승용차에 대한 감가상각비의 경우는 제외한다(법집 23－0－1 ②).

예 제 감가상각 시부인

㈜택스에듀는 제11기(2025.1.1.~2025.12.31.) 사업연도에 다음과 같이 기계장치를 매입하고 감가상각을 수행하였다. 이와 관련된 각 기수별 세무조정을 나타내시오.

▌기계장치 취득내역▐

취득가액 : 1,000	잔존가액 : 0	「법인세법」상 내용연수 : 5년

▌각 기수별 감가상각비▐

기 수	11기	12기	13기	14기	15기	16기
감가상각비	200	100	0	300	300	100

풀이

기 수	회사계상 상각비	세법상 한도	세무조정
11기	200	200	세무조정 없음
12기	100	200	세무조정 없음
13기	0	200	세무조정 없음
14기	300	200	〈손금불산입〉 한도초과 100 (유보)
15기	300	200	〈손금불산입〉 한도초과 100 (유보)
16기	100	200	〈손금산입〉 전기부인액 100 (△유보)
17기	0	200	〈손금산입〉 전기부인액 100 (△유보)

(2) 상각방법별 상각범위액

「법인세법」상 감가상각비 한도액 계산 시 상각범위액은 다음과 같다(법령 26 ②).

구 분	상각범위액
1) 정액법	취득가액×상각률*1
2) 정률법	미상각잔액*2×상각률*3
3) 생산량비례법	취득가액×채굴량/총 채굴예정량

*1. 정액법의 상각률은 1/내용연수로 계산한다.
*2. 정률법의 미상각잔액은 다음과 같이 계산한다.
미상각잔액=취득가액－전기말 감가상각누계액+상각부인액
*3. 정률법의 상각률은 다음과 같이 계산한다.
$1-\sqrt[n]{0.05}$

(3) 사업연도 중 취득한 자산의 감가상각 범위액

사업연도 중 새로이 취득한 자산은 사용월수에 따라 월할 상각하며, 월수는 역에 따라 계산하되, 1월 미만의 일수는 1월로 한다(법령 26 ⑨).

> 상각범위액=일반적인 상각범위액×사업에 사용한 날부터 당해 사업연도 종료일까지의 월수/12

(4) 일시적으로 사업연도가 1년 미만인 경우

상각범위액을 계산함에 있어서 사업연도 변경 또는 사업연도 의제 규정에 따라 사업연도가 일시적으로 1년 미만이 된 경우에는 상각범위액에 당해 사업연도의 월수를 곱한 금액을 12로 나누어 계산한 금액을 그 상각범위액으로 한다. 이 경우 월수는 역에 따라 계산하되 1월 미만의 일수는 1월로 한다(법령 26 ⑧).

상각범위액＝일반적인 상각범위액×해당 사업연도 월수/12

(5) 본래의 사업연도가 1년 미만인 경우

상각범위액을 계산함에 있어서 본래의 사업연도가 1년 미만이면 다음 계산식에 따라 계산한 내용연수와 그에 따른 상각률을 적용한다. 이 경우 개월 수는 태양력에 따라 계산하되 1개월 미만의 일수는 1개월로 한다(법령 28 ②).

환산내용연수＝기준내용연수 · 신고내용연수×12/해당 사업연도 월수

(6) 상각방법을 변경한 경우의 상각범위액 계산

납세지 관할 세무서장의 승인을 얻어 상각방법을 변경하는 경우 상각범위액의 계산은 다음 산식에 의한다(법령 27 ⑥).

구 분	상각범위액
① 정액법으로 변경	(감가상각누계액을 공제한 장부가액＋전기이월상각한도초과액) ×신고내용연수 또는 기준내용연수의 정액법에 의한 상각률
② 정률법으로 변경	(감가상각누계액을 공제한 장부가액＋전기이월상각한도초과액) ×신고내용연수 또는 기준내용연수의 정률법에 의한 상각률
③ 생산량비례법으로 변경	(감가상각누계액을 공제한 장부가액＋전기이월상각한도초과액) ×해당사업연도의 채굴량/총 채굴예정량－변경 전 사업연도까지의 총 채굴량

(7) 양도자산에 대한 상각 시부인액 등의 처리

사업연도 중 양도한 자산은 감가상각비 계상액이 처분손익에 영향을 미치므로 감가상각비를 계상하지 않아도 된다. 다만, 감가상각자산을 양도한 경우 당해 자산의 상각부인액은 양도일이 속하는 사업연도의 손금에 산입한다(법령 32 ⑤ · ⑥).

(8) 손상차손

감가상각자산이 진부화, 물리적 손상 등에 따라 시장가치가 급격히 하락하여 법인이 기업회계기준에 따라 손상차손을 계상한 경우에는 해당 금액을 감가상각비로서 손비로 계상한 것으로 보아 감가상각 시부인을 수행한다(법령 31 ⑧). 다만, 천재지변 또는 화재, 수용, 폐광 등의 사유가 있는 경우에는 자산의 장부가액을 당해 감액사유가 발생한 사업연도에 시가평가액으로 감액하고, 그 감액한 금액을 당해 사업연도의 손비로 계상하면 이를 감가상각 시부인하지 않고 전액 평가손실로 인정한다(법법 42 ③, 법령 78 ①·③).

실무포인트

1. 전기오류수정손으로 계상한 감가상각비의 처리(통칙 23-0…4)

① 법인이 전기에 과소 계상한 고정자산의 감가상각비를 다음 예시의 경우와 같이 기업회계기준에 따라 이월이익잉여금을 감소시키는 전기오류수정손으로 계상한 경우 동 상각비는 법 제23조의 규정에 의하여 법인이 손금에 계상한 것으로 보아 감가상각비 시부인 계산한다.

《예시》

감가상각비	1,000	감가상각누계액	1,500
전기오류수정손	500		

② 전기오류수정손으로 계상한 감가상각비 중 각 사업연도 소득금액 계산상 손금에 산입한 금액은 세무계산상 당기의 일반관리비 및 제조원가에 적정 배부하여야 한다.

2. 건설가설재의 감가상각 방법

「법인세법」 제23조에 의한 감가상각 시부인 계산은 개별 자산별로 하는 것이므로 귀 질의의 경우, 건설가설재의 계정과목에 속한 개별자산별로 감가상각 시부인을 계산하는 것임(법인세과-1326, 2009.11.27.).

3. 감가상각 부인액의 처리방법

감가상각 부인누계액이 있는 법인은 그 후 사업연도에 발생한 시인부족액을 한도로 손금에 추인하여야 하는 것으로 이를 시인부족액이 발생한 각 사업연도에 손금추인하지 아니하고 이월하여 손금추인할 수 없는 것임(법인 46012-924, 2000.4.10.).

4. 유형자산 재평가 시 시부인 방법

법인이 보유하고 있는 자산의 장부가액을 개정된 기업회계기준에 따라 재평가하여 증액한 경우 그 평가일이 속하는 사업연도 및 그 후의 각 사업연도의 소득금액계산에 있어서 해당 자산의 장부가액은 「법인세법」 제42조 제1항에 따라 그 평가하기 전의 가액으로 하는 것이므로, 해당 자산에 대한 재평가증가액은 그 평가일이 속하는 사업연도에 손금산입 유보처분하여 자산의 장부가액을 감액하는 것임.

이 경우 해당 자산에 대한 감가상각은 기업회계기준에 따른 감가상각비 중 재평가증가액에 대한 감가상각비를 손금불산입 유보처분한 후 잔여 감가상각비에 대하여 같은 법 제23조(감가상각 시부인 규정)를 적용하는 것이며, 위 재평가증가액에 대한 감가상각비 손금불산입액은 「법인세법」 기본통칙 67-106…9 제3항을 준용하여 계산하는 것임(법인-1111, 2012.11.30.).

*「법인세법」 기본통칙 67-106…9 **【부당행위계산으로 부인한 시가초과액의 처분특례】**

③ 제1항의 규정에 의하여 익금산입할 감가상각비의 계산은 다음 산식에 의한다. 이 경우, 시가초과 부인액에 대한 감가상각비를 손금으로 계상하지 아니한 것이 명백한 경우에는 익금산입할 감가상각비로 보지 아니한다(1988.3.1. 신설).

$$\text{회사계상 감가상각비} \times \frac{\text{시가초과 부인액 잔액}}{\text{당해연도 감가상각 전의 장부가액}}$$

5. 무형자산의 개발비의 감액

(1) 무형자산감액손실로 계상한 경우

내국법인이 풍력발전설비에 대한 개발비를 자산으로 계상하였으나 관련 산업이 급속히 발전하고, 기술이 고도화 및 평준화됨에 따라 해당 개발비의 자산가치가 급격히 하락하여 기업회계기준에 따라 무형자산감액손실로 계상한 경우에는 「법인세법 시행령」 제31조 제8항에 따라 감가상각비로서 손금 계상한 것으로 보아 「법인세법」 제23조 제1항을 적용하는 것이나, 관련 산업의 급속한 발전과 시장 변화 등의 사유로 해당 자산의 활용이 불가하거나, 관련 제품 생산에 사용할 수 없고, 해당 자산을 양도할 수 없는 등 자산성이 완전히 상실된 것으로 인정되는 경우에는 해당 자산의 폐기일이 속하는 사업연도의 손금에 산입할 수 있는 것임(법규법인2013-4, 2013.3.20.).

(2) 전기오류수정손실로 계상한 경우

법인이 기업회계기준에 따른 개발비 요건을 모두 충족한 지출액을 재무제표에 개발비로 계상하였으나 이후 개발비를 감액하고 전기오류수정손실로 계상한 경우, 감액한 개발비는 법인세법 시행령 제31조 제8항에 따라 감가상각비로서 손비로 계상한 것으로 보아 법인세법 제23조 제1항을 적용하는 것임. 다만, 해당 개발비가 최초 인식시점의 기업회계기준에 따른 개발비의 요건을 충족하였는지 여부는 사실 판단할 사안임(기획재정부 법인세제과-461, 2024.8.14.).

8 감가상각의제

(1) 개 요

「법인세법」에서는 원칙적으로 감가상각비에 대하여 임의상각제도의 입장을 취하므로 상각범위액의 한도 내에서 손금산입 범위 및 시기를 선택할 수 있다. 그런데 임의상각제도는 「조세특례제한법」에 따라 법인세의 감면을 적용받는 법인이 감면기간에 감가상각비를 손비로 계상하지 않다가 이를 법인세가 감면되지 않는 사업연도에 손비로 계상하는 방법으로 조세회피의 수단이 될 수 있다. 따라서 「법인세법」에서는 감가상각제도를 활용한 조세회피행위를 방지하기 위해 법인세가 면제되는 기간에는 상각범위액까지 반드시 감가상각을 하도록 규정하는 감가상각의제 규정을 두고 있다.

(2) 감가상각의제 적용방법

각 사업연도의 소득에 대하여 「법인세법」과 다른 법률에 따라 법인세를 면제받거나 감면받은 경우에는 개별 자산에 대한 감가상각비가 상각범위액이 되도록 감가상각비를 손금에 산입하여야 한다. 다만, 한국채택국제회계기준을 적용하는 법인은 개별 자산에 대한 감가상각비를 추가로 손금에 산입할 수 있다(법령 30 ①). 만약, 감가상각의제가 적용되는 법인이 감가상각비를 감가상각 범위액에 미달하도록 계상하였다면 손금산입으로 세무조정하여야 한다.

(3) 감가상각의제대상법인의 범위

법인세가 면제되거나 감면되는 사업을 영위하는 법인이라 함은 특정사업에서 생긴 소득에 대하여 법인세(토지등 양도소득에 대한 법인세를 제외)를 면제 또는 감면(소득공제를 포함)받은 법인을 말하며, 감가상각의 의제규정 적용대상 여부를 예시하면 다음과 같다(법기통 23-30…1).

1) 감가상각 의제 대상법인

① 농업회사법인에 대한 법인세의 면제 등(조특법 68) 규정에 따라 법인세를 면제받는 법인

② 다음 규정에 따라 법인세를 감면받은 법인

㉠ 창업중소기업 등에 대한 세액감면(조특법 6)

㉡ 중소기업에 대한 특별세액감면(조특법 7)

㉢ 수도권 밖으로 공장을 이전하는 기업에 대한 세액감면 등(조특법 63)

㉣ 산림개발소득에 대한 세액감면(조특법 102)

㉤ 외국인투자에 대한 조세 감면(조특법 121의 2 ②)

2) 감가상각 의제규정 적용 제외법인

① 감가상각의 의제규정은 법인세를 면제받거나 감면받은 경우에 적용하므로 법인이 손실이 발생하거나 감면요건의 불비 등으로 사실상 감면을 받지 아니한 경우에는 적용되지 아니한다(법통 23-30…1 ③, 법인 46012-635, 1998.3.14.).

② 다음 각 호의 법인에 대하여는 감가상각의 의제규정이 적용되지 아니한다(법통 23-30…1 ① 2호).

> ㉠ 「조세특례제한법」 제12조의 규정에 의하여 특허권 등 취득에 대한 세액공제를 받은 법인
>
> ㉡ 동법 제22조의 규정에 의하여 해외자원개발투자배당소득에 대한 세액면제를 받은 법인

③ 임시투자세액공제, 근로자복지증진을 위한 시설투자에 대한 세액공제, 어음제도개선을 위한 세액공제 등 세액공제를 받은 경우에는 감가상각의 의제규정이 적용되지 아니한다(법인 46012-1390, 1994.5.13.; 서이 46012-10067, 2003.1.10.; 서면1팀-650, 2005.6.10.).

④ 「조세특례제한법」 제72조의 규정에 의하여 당기순이익과세를 받는 법인은 감가상각의 의제규정이 적용되지 아니한다(법인 46012-3211, 1997.12.10.).

실무포인트

1. 결손금 또는 감면대상 소득이 발생하지 않는 경우 감가상각의제 적용 여부

「법인세법 시행령」 제30조의 감가상각의 의제규정은 법인세가 면제되거나 감면되는 사업을 영위하는 법인이 법인세를 면제받거나 감면받은 경우에 적용하는 것으로, 감면사업을 영위하는 사업연도에 결손금이 발생하거나 감면대상 소득이 발생하지 않는 등의 사유로 법인세를 면제 또는 감면받지 아니한 경우에는 동 감가상각의 의제 규정을 적용하지 않는 것임(법인세과-625, 2009.5.28.).

2. 겸업하는 경우 감가상각의제

법인세가 감면되는 사업과 기타의 사업에 공통으로 사용하는 영업권에 대하여 「법인세법」 제23조의 규정에 의하여 손금으로 계상한 감가상각비가 「법인세법 시행령」 제26조에서

규정하는 상각범위액에 미달하여 시인부족액이 발생되는 경우에는 동 시인부족액을 「법인세법 시행규칙」 제76조 제6항 제2호 또는 제3호의 규정에 따라 감면사업과 기타의 사업으로 안분계산하여 감면사업 부분에 상당하는 시인부족액은 「법인세법 시행령」 제30조에서 규정하는 감가상각의 의제로 보는 것이며, 감가상각의 의제로 인하여 손금불산입되는 감가상각비는 동 영업권을 양도하거나 영업권의 자산가치가 사실상 소멸되어 「법인세법 시행령」 제31조 제7항의 규정에 따라 이를 폐기한 날이 속하는 사업연도의 손금에 산입하는 것임(서이 46012-10705, 2003.4.4.).

3. 감가상각의 의제규정 적용으로 결손금이 발생하는 경우 적용방법

각 사업연도의 소득에 대하여 법인세가 면제되거나 감면되는 사업을 경영하는 법인으로서 법인세를 면제받거나 감면받은 경우에는 「법인세법」 제23조 제1항 단서 및 같은 법 시행령 제30조 제1항에 따라 개별 자산에 대한 감가상각비를 상각범위액이 되도록 손금에 산입하여야 하는 것이며, 동 손금산입에 따라 결손금이 발생하는 경우라 하더라도 동일하게 적용하는 것임(서면법인 2017-3211, 2018.4.9.).

4. 감가상각의 의제규정 적용하여 경정청구 가능한지 여부

2017 사업연도에 법인세를 면제받거나 감면받은 내국법인이 해당 사업연도의 소득금액을 계산할 때 「법인세법」(2018.12.24. 법률 제16008호로 개정되기 전의 것) 제23조 제1항 단서에 따라 감가상각비를 손금에 산입하지 않은 경우 경정청구 가능한 것임(서면법인 2018-3520, 2020.8.21.).

5. 감가상각의제액이 처분손익에 미치는 영향

법인세를 면제받거나 감면받은 법인은 해당 사업연도의 소득금액을 계산할 때 「법인세법」 제23조 제1항 단서 및 같은 법 시행령 제30조 제1항에 따라 개별 자산에 대한 감가상각비를 상각범위액이 되도록 손금에 산입하여야 하는 것이며, 감가상각비를 상각범위액에 미달하게 손금에 산입함에 따라 발생하는 차액은 해당 자산의 처분일이 속하는 사업연도에 손금에 산입할 수 없는 것임(기획재정부 법인세제과-84, 2014.2.18.).

9 즉시상각의제

(1) 원 칙

법인이 감가상각자산을 취득하기 위하여 지출한 금액과 감가상각자산에 대한 자본적 지출에 해당하는 금액을 손비로 계상한 경우에는 이를 감가상각한 것으로 보아 상각범위액을 계산한다(법법 23 ④). 따라서 취득가액이 증가함으로 세법상 상각범위액이 증가되는 한편, 회사계상상각비도 함께 증가된 것으로 보아 계산하여야 한다.

(2) 예 외

위와 같이 자산의 취득가액 또는 자본적 지출액을 손금으로 처리한 경우에 즉시상각의제규정을 적용하면 감가상각 시부인 및 사후관리가 매우 복잡해질 수 있다. 따라서 다음에 해당하는 경우에는 자산의 취득가액 또는 자본적 지출액을 손금으로 처리한 경우에도 이를 시부인 계산절차 없이 전액 당기손금으로 인정하고 있다.

1) 소액자산의 취득

그 취득가액이 거래단위별로 100만원 이하인 감가상각자산에 대하여는 이를 그 사업에 사용한 날이 속하는 사업연도의 손비로 계상한 것에 한정하여 이를 손금에 산입한다. 다만, 다음의 경우에는 그렇지 않다(법령 31 ④).

① 그 고유업무의 성질상 대량으로 보유하는 자산
② 그 사업의 개시 또는 확장을 위하여 취득한 자산

2) 어구등의 취득

다음의 자산에 대해서는 취득가액(100만원)에 불구하고 이를 그 사업에 사용한 날이 속하는 사업연도의 손비로 계상한 것에 한정하여 손금에 산입한다(법령 31 ⑥).

① 어업에 사용되는 어구(어선용구 포함)
② 영화필름, 공구, 가구, 전기기구, 가스기기, 가정용 기구 · 비품, 시계, 시험기기, 측정기기 및 간판
③ 대여사업용 비디오테이프 및 음악용 콤팩트디스크로서 개별자산의 취득가액이 30만원 미만인 것

④ 전화기(휴대용 전화기 포함) 및 개인용 컴퓨터(그 주변기기 포함)

3) 소액수선비

법인이 각 사업연도에 지출한 수선비가 다음 중 어느 하나에 해당하는 경우로서 그 수선비를 해당 사업연도의 손비로 계상한 경우에는 즉시상각의제 규정에도 불구하고 자본적 지출에 포함하지 않는다(법령 31 ③).

① 개별자산별로 수선비로 지출한 금액이 600만원 미만인 경우
② 개별자산별로 수선비로 지출한 금액이 직전 사업연도 종료일 현재 재무상태표상의 자산가액(취득가액에서 감가상각누계액 상당액을 차감한 금액)의 5%에 미달하는 경우
③ 3년 미만의 기간마다 주기적인 수선을 위하여 지출하는 경우

4) 생산설비 폐기손실

다음 중 어느 하나에 해당하는 경우에는 해당 자산의 장부가액에서 1,000원을 공제한 금액을 폐기일이 속하는 사업연도의 손금에 산입할 수 있다(법령 31 ⑦).

① 시설의 개체 또는 기술의 낙후로 인하여 생산설비의 일부를 폐기한 경우
② 사업의 폐지 또는 사업장의 이전으로 임대차계약에 따라 임차한 사업장의 원상회복을 위하여 시설물을 철거하는 경우

실무포인트

1. 수선비의 즉시상각의제

(1) 수선비지출액의 300만원(현행 600만원) 미만 판단기준

수선비지출액이 300만원 미만이거나 자산가액의 100분의 5에 미달하는 경우에는 수익적 지출로 처리하도록 규정하고 있는바 이때 "300만원"의 기준은 당해 사업연도 단위별 지출총액을 기준으로 하며 건물의 수선비로 400만원(수익적 지출과 자본적 지출 해당액이 각각 200만원)을 지출한 경우에 자본적 지출로 처리할 금액은 자본적 지출 해당액 200만원만을 자본적 지출로 함(재경원 법인 46012-121, 1996.9.11.).

(2) 수익적 지출은 금액적 크기와 상관없이 비용처리하여야 함

내국법인이 개별 자산별로 지출한 수익적 지출에 해당하는 경우 해당 금액은 「법인세법 시행령」 제31조 제3항 제1호의 300만원 이상 여부에 관계없이 지출한 사업연도의

손비로 처리하여야 하는 것으로, 건물 옥상의 누수 발생에 따른 방수공사비는 수익적 지출에 해당하는 것임(법인-106, 2013.2.15.).

2. 임차인이 부담한 건물개수비의 손익귀속시기

임차인이 개수(자본적 지출에 한한다)하는 조건으로 무상 또는 저렴한 요율로 건물을 임대한 경우 임차인이 임대차계약에 의하여 부담한 건물 개수비는 임대인의 임대수익에 해당하므로 임대인은 동 자본적 지출 상당액을 당해 임대자산의 원본에 가산하여 감가상각함과 동시에 선수임대료로 계상한 개수비상당액은 임대기간에 안분하여 수익으로 처리한다. 이때 임차인은 동 개수비를 선급비용으로 계상하고 임차기간에 안분하여 손금에 산입한다. 다만, 개수비가 임대기간의 통상임대료 총액을 초과하여 영 제88조 제1항 제7호에 해당하는 경우에는 개수비에서 통상임대료 총액을 차감한 금액을 손금불산입하고 개수완료일에 영 제106조의 규정에 따라 임대인에게 소득처분한다(법기통 40-71…3).

3. 개축하는 건축물 등에 대한 감가상각

기존 건축물에 대한 개량, 확장, 증설 등에 해당하는 자본적 지출액은 기존 건축물의 내용연수를 적용하여 감가상각한다. 다만, 기존 건축물의 수선이 「건축법 시행령」 제2조에서 규정하는 신축, 개축, 재축에 해당하는 경우에는 기존 건축물의 장부가액과 철거비용은 당기비용으로 처리하고 그 외 새로이 지출한 금액은 신규 취득자산의 장부가액으로 보아 새로이 내용연수를 적용하여 감가상각한다(법기통 23-26…7).

4. 즉시상각의제 규정 적용 여부

(1) 태블릿 PC의 즉시상각 여부

태블릿 PC는 개인용 컴퓨터로 볼 수 있으므로 그 사업에 사용한 날이 속하는 사업연도의 손비로 계상한 경우에는 「법인세법 시행령」 제31조 제6항 제4호에 따라 손금에 산입할 수 있는 것임(서면법인 2021-5907, 2021.4.7.).

(2) 기존 인테리어설비의 폐기처분

의류소매업을 영위하는 법인이 새로운 인테리어설비를 설치하기 위해 행거, 카운터, 신발진열대 등 기존 인테리어설비를 폐기처분함으로써 발생한 손실금액은 폐기처분일이 속하는 사업연도의 손금에 산입하는 것으로 귀 질의가 이에 해당하는지 여부는 사실판단할 사항임(사전-2023-법규법인-0558, 2023.11.16.).

10 [서식사례] 감가상각비조정명세서

(1) 작성사례

○ 일반자산(내용연수 4년 선택)
- PC등(2025.1.1. 취득) : 6,000,000
- 화물차(2025.8.1. 취득) : 4,500,000
- 상각률(내용연수 4년) : 0.528

○ 업종별 자산
- 업종(22 : 인쇄업) : 내용연수 5년 선택
  - 기계장치(2025.1.27. 취득) : 17,200,000
  - 기계장치(2025.7.2. 취득) : 10,000,000
  - 상각률(내용연수 5년) : 0.451

○ 건축물
- 일반건축물(내용연수 40년 선택, 2025.2.25. 취득) : 31,000,000
- 공장건축물(내용연수 20년 선택)
  - 공장 등(2025.1.27. 취득) : 17,200,000
  - 창고 등(2025.7.25. 취득) : 8,000,000

(2) 작성요령

❶ 자산구분란

가. 종류별, 업종별, 개별자산별로 적는다.

나. '취득일(③)'란은 해당 사업연도 중에 취득한 자산의 경우 사업에 사용한 날을 적는다.

❷ 상각범위액 계산란

가. '일반상각액(⑭)'란은 상각계산의 기초가액 '가감계(⑫)'에 '일반상각률(⑬)'을 곱한 금액을 적는다.

나. '특별상각액(⑮)'란은 '일반상각액(⑭)'에 '특별상각률(⑬)'을 곱한 금액을 적는다.

다. '당기상각시인범위액(㉒)'란은 상각계산의 기초가액 '가감계(⑫)'에서 '잔존가액(㉑)'을 차감한 잔액을 한도로 한 '당기산출상각액(⑯)'을 적는다. 다만, 상각계산의 기초가액 '가감계(⑫)'에서 '당기산출상각액(⑯)'을 차감한 금액이 '잔존가액(㉑)' 이하인 경우에는 상각계산의 기초가액 '가감계(⑫)'를 적는다.

❸ '회사계산상각액(㉓)'란은 '회사계산상각비(⑧)'와 세무계산 '자본적 지출액(⑨)'의 합계액을 적는다.

❹ '차감액(㉔)'란은 '회사계산상각액(㉓)'에서 '당기상각시인범위액(㉒)'을 차감한 잔액을 기입하고, 미달액이 있는 경우에는 Δ표시를 적는다.

❺ 최저한세 적용에 따른 '특별상각부인액(㉕)'란은 "특별비용조정명세서(별지 제5호 서식)"의 '⑪⑦ 특별 감가상각비 계'란의 '⑤ 최저한세 적용 손금부인액'을 적는다.

❻ 조정액란 중 '상각부인액(㉖)'란에는 '차감액(㉔)'과 '최저한세 적용에 따른 특별상각부인액(㉕)'을 합하여 적고 손금불산입한다. 다만, '차감액(㉔)'란에 시인부족액(Δ표시분)이 있고 '전기말부인누계(⑪)'이 있는 경우에는 '기왕부인액 중 당기손금추인액(㉗)'란은 전기말부인누계를 한도로 한 시인부족액을 적고 손금산입한다.

❼ '당기말부인액누계(㉘)'란은 '전기말부인누계(⑪)'에 '당기상각부인액(㉖)' 또는 기왕부인액 중 '당기손금추인액(㉗)'을 가감하여 적고, "자본금과 적립금조정명세서[별지 제50호(갑)서식]"의 '⑤ 기말현재액'과 일치시킨다.

❽ '당기의제상각액(㉙)'란은 감가상각의제에 해당하는 법인으로서 '차감액(㉔)'란의 시인부족액(Δ표시분)을 적는다. 단, '기왕부인액 중 당기손금추인액(㉗)'을 차감한 금액으로 한다.

※ ㉛~㊳은 국제회계기준을 도입한 법인만 해당된다.

[별지 제20호 서식(1)] (2012.2.28. 개정) (앞 쪽)

사 업 연 도	2025. 01. 01. ~ 2025. 12. 31.	**유형자산감가상각비 조정명세서(정률법)**	법인명	㈜택스에듀
			사업자등록번호	123-81-12346

구분		항목	총계	비 품	차 량	제조업	제조업
자산구분		①종류또는업종명	총계	비 품	차 량	제조업	제조업
		②구조(용도)또는자산명		P.C	화물차	인쇄업	인쇄업
		③취득일		2025.1.1.	2025.8.1.	2025.1.27.	2025.7.2.
④내용연수(기준·신고)				4	4	5	5
상각계산의 기초가액	재무상태표 자산가액	⑤기말현재액	37,700,000	6,000,000	4,500,000	17,200,000	10,000,000
		⑥감가상각누계액	14,506,000	3,000,000	1,356,000	7,700,000	2,450,000
		⑦미상각잔액(⑤-⑥)	23,194,000	3,000,000	3,144,000	9,500,000	7,550,000
	⑧회사계산감가상각비		14,506,000	3,000,000	1,356,000	7,700,000	2,450,000
	⑨자본적지출액						
	⑩전기말의제상각누계액						
	⑪전기말부인누계						
	⑫가감계(⑦+⑧+⑨-⑩+⑪)		37,700,000	6,000,000	4,500,000	17,200,000	10,000,000
⑬일반상각률·특별상각률				0.528	0.528	0.451	0.451
상각범위액계산	당기산출 상각액	⑭일반상각액	14,170,200	3,168,000	990,000	7,757,200	2,255,000
		⑮특별상각액					
		⑯계(⑭+⑮)	14,170,200	3,168,000	990,000	7,757,200	2,255,000
	취득가액	⑰전기말현재취득가액					
		⑱당기회사계산증가액	37,700,000	6,000,000	4,500,000	17,200,000	10,000,000
		⑲당기자본적지출액					
		⑳ 계(⑰+⑱+⑲)	37,700,000	6,000,000	4,500,000	17,200,000	10,000,000
	㉑잔존가액(⑳×5/100)		1,885,000	300,000	225,000	860,000	500,000
	㉒당기상각시인범위액 {⑯, 단 (⑫-⑯)≦㉑인 경우 ⑫}		14,170,200	3,168,000	990,000	7,757,200	2,255,000
㉓회사계상상각액(⑧+⑨)			14,506,000	3,000,000	1,356,000	7,700,000	2,450,000
㉔차감액(㉓-㉒)			△255,200 561,000	△168,000	366,000	△57,200	195,000
㉕최저한세적용에 따른 특별상각부인액							
조정액	㉖상각부인액(㉔+㉕)		△255,200 561,000	△168,000	366,000	△57,200	195,000
	㉗기왕부인액중 당기 손금추인액 (⑪, 단 ⑪≦ㅣΔ㉔ㅣ)						
㉘당기말부인액누계(⑪+㉖-ㅣ㉗ㅣ)			561,000		366,000		195,000
당기말의 제상각액	㉙당기의제상각액(ㅣΔ㉔ㅣ-ㅣ㉗ㅣ)						
	㉚의제상각누계(⑩+㉙)						
신고조정감가상각비계산 (2013.12.31 이전 취득분)	㉛기준상각률						
	㉜종전상각비						
	㉝종전감가상각비 한도[㉜-{㉓-(㉘-⑪)}]						
	㉞추가손금산입대상액						
	㉟동종자산 한도계산 후 추가손금산입액						
신고조정감가상각비계산 (2014.1.1 이후 취득분)	㊱기획재정부령으로 정하는 기준내용연수						
	㊲기준감가상각비 한도						
	㊳추가손금산입액						
㊴추가 손금산입 후 당기말부인액 누계 (㉘-㉟-㊳)							

210mm×297mm[백상지 80g/㎡ 또는 중질지 80g/㎡]

[별지 제20호 서식(2)] (2019.3.20. 개정) (앞 쪽)

사업연도	2025. 01. 01. ~ 2025. 12. 31.	**유형 · 무형자산감가상각비 조정명세서(정액법)**	법인명	㈜택스에듀
			사업자등록번호	123-81-12346

구분		항목	총계	일반건물	공 장	창 고
자산구분		①종류또는업종명	총계	일반건물	공 장	창 고
		②구조(용도)또는자산명		콘크리트	콘크리트	콘크리트
		③취득일		2025.2.25.	2025.1.27.	2025.7.25.
④내용연수(기준 · 신고)				40	20	20
상각계산의 기초가액	재무상태표 자산가액	⑤기말현재액	56,200,000	31,000,000	17,200,000	8,000,000
		⑥감가상각누계액	1,810,000	800,000	960,000	50,000
		⑦미상각잔액(⑤-⑥)	54,390,000	30,200,000	16,240,000	7,950,000
	회사계산 상각비	⑧전기말누계				
		⑨당기상각비	1,810,000	800,000	960,000	50,000
		⑩당기말누계(⑧+⑨)	1,810,000	800,000	960,000	50,000
	자본적 지출액	⑪전기말부인누계				
		⑫당기지출액				
		⑬합계(⑪+⑫)				
⑭취득가액(⑦+⑩+⑬)			56,200,000	31,000,000	17,200,000	8,000,000
⑮일반상각률 · 특별상각률				0.025	0.050	0.050
상각범위액계산	당기산출 상각액	⑯일반상각액	1,770,416	710,416	860,000	200,000
		⑰특별상각액				
		⑱ 계(⑯+⑰)	1,770,416	710,416	860,000	200,000
	⑲당기상각시인범위액 {⑱, 단 ⑱≦⑭-⑧-⑪+㉕-전기㉘}		1,770,416	710,416	860,000	200,000
⑳회사계상상각액(⑨+⑫)			1,810,000	800,000	960,000	50,000
㉑차감액(⑳-⑲)			△150,000 189,584	89,584	100,000	△150,000
㉒최저한세적용에따른특별상각부인액						
조정액	㉓상각부인액(㉑+㉒)		△150,000 189,584	89,584	100,000	△150,000
	㉔기왕부인액중 당기 손금 추인액 (㉕, 단 ㉕≦｜△㉑｜)					
부인액누계	㉕전기말부인액누계(전기㉖)					
	㉖당기말부인액누계(㉕+㉓-｜㉔｜)		189,584	89,584	100,000	
당기말의 제상각액	㉗당기의제상각액(｜△㉑｜-｜㉔｜)					
	㉘의제상각의누계(전기㉘+㉗)					
신고조정감가상각비계산 (2013.12.31 이전 취득분)	㉙기준상각률					
	㉚종전상각비					
	㉛종전감가상각비 한도[㉚-{⑳-(㉖-㉕)}]					
	㉜추가손금산입대상액					
	㉝동종자산 한도계산 후 추가손금산입액					
신고조정감가상각비계산 (2014.1.1 이후 취득분)	㉞기획재정부령으로 정하는 기준내용연수					
	㉟기준감가상각비 한도					
	㊱추가손금산입액					
㊲추가 손금산입 후 당기말부인액 누계 (㉖-㉝-㊱)						

210mm×297mm[백상지 80g/㎡ 또는 중질지 80g/㎡]

[별지 제20호 서식(4)] (2019.3.20. 개정)

사 업 연 도	2025. 01. 01. ~ 2025. 12. 31.	**감가상각비조정명세서합계표**	법 인 명	㈜택스에듀
			사업자등록번호	123-81-12346

①자산구분		코드	② 합계액	유형자산			⑥ 무형자산
				③ 건축물	④ 기계장치	⑤ 기타자산	
재무 상태표 상가액	⑩기말현재액	01	93,900,000	56,200,000	27,200,000	10,500,000	
	⑫감가상각누계액	02	16,316,000	1,810,000	10,150,000	4,356,000	
	⑬미상각잔액	03	77,584,000	54,390,000	17,050,000	6,144,000	
⑭상각범위액		04	15,940,616	1,770,416	10,012,200	4,158,000	
⑮회사손금계상액		05	16,316,000	1,810,000	10,150,000	4,356,000	
조정 금액	⑯상각부인액 (⑮-⑭)	06	375,384	39,584	137,800	198,000	
	⑰시인부족액 (⑭-⑮)	07					
	⑱기왕부인액 중 당기손금추인액	08					
⑲신고조정손금계상액		09					

작 성 방 법

1. ⑮회사손금계상액란 : 「법인세법」제23조 제1항에 따라 결산서상 손금으로 계상한 금액을 적습니다.
2. ⑱기왕부인액 중 당기손금추인액란 : 당기에 시인부족액이 발생한 경우 당기 이전까지 한도초과로 부인했던 금액과 당기 시인부족액 중 작은 금액[별지 제20호 서식(1) 유형자산감가상각비명세서의 ㉗금액, 별지 제20호 서식(2) 유·무형자산감가상각비명세서의 ㉔금액의 합]을 적습니다.
3. ⑲신고조정손금계상액란 : 「법인세법」제23조 제2항에 따라 추가로 손금산입한 금액 {"유형자산감가상각비조정명세서[별지20호 서식(1),(2)]"의 추가손금산입액 합계[(1)의 ㉟,㊳,(2)의 ㉝,㊱]} 를 적습니다.

210mm×297mm[백상지 80g/㎡ 또는 중질지 80g/㎡]

CHAPTER

12 업무용승용차 관련비용

법인 명의로 등록된 승용차는 업무용으로 사용되기도 하지만 현실적으로는 사적 용도로도 사용된다. 「법인세법」에서는 이러한 업무용승용차로 인한 비용이 과다하게 손금에 산입되지 않도록 하기 위하여 감가상각비 및 처분손실에 연간 한도를 두었고, 관련비용을 업무사용비율에 따라 손금으로 인정하도록 규정하고 있다.

1 업무용승용차의 범위

(1) 업무용승용차의 정의

업무용승용차란 개별소비세 과세대상이 되는 승용자동차로서 운수업, 자동차판매업 등에서 사업에 직접 사용하는 것과 연구개발의 목적으로 사용하는 다음의 것을 제외한 것을 말한다(법법 27의 2 ①, 법령 50의 2 ①).

① 운수업, 자동차 판매업, 자동차 임대업, 운전학원업, 기계경비업무를 하는 경비업, 이와 유사한 업종에서 사업상 수익 창출을 위해 직접적으로 사용하는 승용자동차
② 「여신전문금융업법」에 따른 시설대여업에서 사업상 수익 창출을 위해 직접적으로 사용하는 승용자동차
③ 장례식장 및 장의관련 서비스업을 영위하는 법인이 소유하거나 임차한 운구용 승용차(법칙 27의 2 ①)
④ 국토교통부장관의 임시운행허가를 받은 자율주행자동차

(2) 개별소비세 과세대상 승용차

개별소비세 과세대상 승용차는 다음과 같다(개소법 1 ② 3호).

① 배기량이 2천시시를 초과하는 승용자동차와 캠핑용자동차
② 배기량이 2천시시 이하인 승용자동차(배기량이 1천시시 이하인 것으로서 대통령령으로 정하는 규격의 것은 제외)와 이륜자동차
③ 전기승용자동차(자동차관리법 제3조 제2항에 따른 세부기준을 고려하여 대통령령으로 정하는 규격의 것은 제외)

▌개별소비세법 시행령 [별표 1]▐

구 분	내 용
(1) 승용자동차	「자동차관리법」 제3조에 따른 구분기준에 따라 승용자동차로 구분되는 자동차(정원 8명 이하의 자동차로 한정하되, 배기량이 1,000시시 이하의 것으로서 길이가 3.6미터 이하이고 폭이 1.6미터 이하인 것은 제외한다)
(2) 이륜차	「자동차관리법」 제3조에 따른 구분기준에 따라 이륜자동차로 구분되는 자동차(내연기관을 원동기로 하는 것은 그 총배기량이 125시시를 초과하는 것으로 한정하며, 내연기관 외의 것을 원동기로 하는 것은 그 정격출력이 12킬로와트를 초과하는 것으로 한정한다). 다만, 국방용 또는 경찰용으로서 해당 기관의 장이 증명하는 것은 제외한다.
(3) 캠핑용자동차	「자동차관리법」 제3조에 따른 구분기준에 따라 캠핑용자동차로 구분되는 자동차(캠핑용 트레일러를 포함한다)
(4) 전기자동차	「환경친화적 자동차의 개발 및 보급 촉진에 관한 법률」 제2조 제3호, 제5호 또는 제6호에 따른 전기자동차, 하이브리드자동차(배기량 1,000시시를 초과하는 것으로 한정) 또는 수소전기자동차로서 「자동차관리법」 제3조에 따른 구분기준에 따라 승용자동차로 구분되는 자동차(정원 8명 이하의 자동차로 한정하되, 길이가 3.6미터 이하이고 폭이 1.6미터 이하인 것은 제외한다)

실무포인트

1. 업무용승용차 해당 여부

① 완성차에 탑재되는 내비게이션 소프트웨어 등을 개발 · 납품하는 내국법인이 기업부설 연구소에서 사용하는 내비게이션 소프트웨어 테스트용 승용자동차는 「법인세법」 제27조의 2 규정이 적용된다(사전법령법인-356, 2017.4.6.).
② 내국법인이 국외 사업장에서 보유 · 운영하고 있는 승용차는 「법인세법」 제27조의 2 규정이 적용되지 않는다(법인세제과-320, 2017.3.6.).
③ 자동차박물관에서 전시용으로 사용하는 승용자동차는 「법인세법」 제27조의 2 규정이 적용되지 않는다(서면법령법인-5036, 2017.4.17.).

2. 차량정비업의 대차용 승용차

(1) 업무용승용차 해당 여부

차량정비업을 영위하는 내국법인이 차량수리 고객에게 수리기간 동안 빌려주는 임차차량은 「법인세법」 제27조의 2 규정이 적용된다(법인세제과-320, 2017.3.6.).

(2) 업무전용보험 미가입 시 소득처분

차량정비업을 영위하는 내국법인이 차량수리 고객에게 수리기간 동안 무상으로 빌려주는 대차용승용차에 대해 업무전용자동차보험에 가입하지 않아 손금에 산입하지 아니한 금액은 '기타'로 처분하는 것이며, 대차용승용차가 차량수리 고객에게 대차서비스용으로 사용되었는지 여부는 사실판단할 사항임(서면-2022-법규법인-3401, 2023.6.14.).

2 업무용승용차의 감가상각비

(1) 개 요

업무용승용차의 감가상각비는 해당 사업연도의 소득금액을 계산할 때 정액법을 상각방법으로 하고, 내용연수를 5년으로 하여 계산한 금액을 손금에 산입하여야 한다(법법 27의 2 ①, 법령 50의 2 ③).

(2) 감가상각 시부인

업무사용금액 중 다음의 구분에 해당하는 비용이 해당 사업연도에 감가상각한도를 초과하는 경우 그 초과하는 금액은 해당 사업연도의 손금에 산입하지 아니하고 이월하여 손금에 산입한다(법법 27의 2 ③, 법령 106 ① 3호 다목).

① 업무용승용차별 감가상각비(소득처분 : 유보, 법령 106 ① 3호 다목)
② 업무용승용차별 임차료 중 감가상각비 상당액(소득처분 : 기타사외유출, 법령 106 ① 3호 다목)

1) 감가상각비 한도액

감가상각비 한도액은 해당 사업연도에 800만원으로 하며, 해당 사업연도가 1년 미만인

03 계정과목별 세무조정

경우 800만원에 해당 사업연도의 월수를 곱하고 이를 12로 나누어 산출한 금액을 말한다. 또한 사업연도 중 일부기간 동안 보유하거나 임차한 경우에는 800만원에 해당 보유기간 또는 임차기간 월수를 곱하고 이를 사업연도 월수로 나누어 산출한 금액을 한도로 한다(법법 27의 2 ②). 한편, 부동산임대업 주업법인 등에 대하여는 감가상각비 한도 800만원을 400만원으로 한다(법령 50의 2 ⑮).

2) 업무용승용차별 임차료 중 감가상각비 상당액

'업무용승용차별 임차료 중 감가상각비 상당액'이란 보험료와 자동차세 등을 제외한 금액으로서 다음의 금액을 말한다(법령 50의 2 ⑫, 법칙 27의 2 ⑥).

① 「여신전문금융업법」 제3조 제2항에 따라 등록한 시설대여업자로부터 임차한 승용차 : 임차료에서 해당 임차료에 포함되어 있는 보험료, 자동차세 및 수선유지비를 차감한 금액. 다만, 수선유지비를 별도로 구분하기 어려운 경우에는 임차료(보험료와 자동차세를 차감한 금액을 말함)의 7%를 수선유지비로 할 수 있다.

② 위에 따른 시설대여업자 외의 자동차대여사업자로부터 임차한 승용차 : 임차료의 70%에 해당하는 금액

(3) 한도초과액의 이월손금산입

한도초과액의 이월손금산입 방법은 다음의 방법에 따른다(법령 50의 2 ⑪).

1) 감가상각비 이월액

해당 사업연도의 다음 사업연도부터 해당 업무용승용차의 업무사용금액 중 감가상각비가 800만원(부동산임대업 주업법인 등 : 400만원)에 미달하는 경우 그 미달하는 금액을 한도로 하여 손금으로 추인한다.

2) 임차료 중 감가상각비상당액 이월액

해당 사업연도의 다음 사업연도부터 해당 업무용승용차의 업무사용금액 중 감가상각비 상당액이 800만원(부동산임대업 주업법인 등 : 400만원)에 미달하는 경우 그 미달하는 금액을 한도로 손금에 산입한다.

3 업무용승용차 관련비용

(1) 개 요

내국법인이 업무용승용차를 취득하거나 임차함에 따라 해당 사업연도에 발생하는 감가상각비, 임차료, 유류비 등 업무용승용차 관련비용 중 업무용 사용금액에 해당하지 아니하는 금액은 해당 사업연도의 소득금액을 계산할 때 손금에 산입하지 아니한다(법법 27의 2 ②).

업무사용금액＝업무용승용차 관련비용×업무사용비율

▌업무사용비율▐

구 분		업무사용비율
운행기록을 작성 · 비치한 경우		업무용 사용거리 / 총주행거리
운행기록을 작성 · 비치하지 않은 경우	업무용승용차 관련비용이 1,500만원 이하인 경우	100%
	업무용승용차 관련비용이 1,500만원을 초과하는 경우	1,500만원 / 업무용승용차 관련비용

(2) 업무용승용차 관련비용

업무용승용차 관련비용이란 업무용승용차에 대한 감가상각비, 임차료, 유류비, 수선비, 자동차세, 통행료, 금융리스부채에 대한 이자비용 등 업무용승용차의 취득 · 유지 관련 비용을 말한다(법령 50의 2 ②).

(3) 업무용 사용금액

업무용 사용금액이란 다음에 따른 금액을 말한다(법령 50의 2 ④).

① 해당 사업연도 전체 기간(임차한 승용차의 경우 해당 사업연도 중에 임차한 기간) 동안 다음의 어느 하나에 해당하는 사람이 운전하는 경우만 보상하는 자동차보험에 가입한 경우 : 업무용승용차 관련비용에 업무사용비율을 곱한 금액

㉠ 해당 법인의 임원 또는 직원
㉡ 계약에 따라 해당 법인의 업무를 위하여 운전하는 사람
㉢ 해당 법인의 업무를 위하여 필요하다고 인정되는 경우로서 기획재정부령으로 정하는 사람

② ①에 따른 자동차보험에 가입하지 아니한 경우 : 영(0)원

③ 일부기간만 업무전용자동차보험에 가입한 경우 :

$$\text{해당 사업연도의 업무용승용차 관련비용} \times \text{업무사용비율} \times \frac{\text{업무전용보험 가입일수}}{\text{사업연도 중 업무전용 보험의무 가입일수}}$$

(4) 업무사용비율

1) 운행기록을 작성한 경우

업무사용비율이란 기획재정부령이 정하는 운행기록 등의 방법에 따라 확인되는 총 주행거리 중 확인되는 업무용 사용거리가 차지하는 비율을 말한다(법령 50의 2 ⑤). 업무사용비율을 적용받으려는 내국법인은 업무용승용차별로 운행기록 등을 작성하여 비치하여야 하며, 납세지 관할 세무서장이 요구할 경우 이를 즉시 제출하여야 한다(법령 50의 2 ⑥). 이때 '업무용 사용거리'란 제조 · 판매시설 등 해당 법인의 사업장 방문, 거래처 · 대리점 방문, 회의 참석, 판촉 활동, 출 · 퇴근 등 직무와 관련된 업무수행을 위하여 주행한 거리를 말한다(법칙 27의 2 ⑦).

2) 운행기록을 작성하지 않은 경우

운행기록 등을 작성 · 비치하지 않은 경우 해당 업무용승용차의 업무사용비율은 다음에 따른 비율로 한다(법령 50의 2 ⑦).

① 해당 사업연도의 업무용승용차 관련비용이 1,500만원(부동산임대업 주업법인등 : 500만원, 해당 사업연도가 1년 미만인 경우 또는 일부기간 보유하거나 임차한 경우 월할계산) 이하인 경우 : 100%

② 해당 사업연도의 업무용승용차 관련비용이 1,500만원을 초과하는 경우 : 1,500만원(부동산임대업 주업법인등 : 500만원)을 업무용승용차 관련비용으로 나눈 비율

(5) 법인업무용 자동차 등록번호판 부착의무

법인 및 공공이 사용하는 업무용자동차의 사적사용 및 세금탈루 등을 방지하기 위하여 타 번호판과 구분되고 시인성이 높은 연두색 번호판을 법인업무용 자동차 등록번호판으로 부착하도록 의무화하고 있다. 만약, 적용대상 업무용승용차에 연두색 번호판을 부착하지 않은 경우에는 업무사용금액을 영(0)원으로 하므로, 관련비용 전액이 손금 부인된다(법령 50의 2 ④). 법인업무용 자동차 등록번호판과 관련된 "국토교통부고시 제2023-954호"의 주요내용을 요약하면 다음과 같다.

1) 법인업무용 자동차번호판

법인업무용 자동차에 부착하는 번호판을 말하며, 연녹색바탕에 검은색 문자로 표기한다.

2) 법인업무용 자동차의 범위

① 「정부조직법」에 따른 중앙행정기관과 그 소속기관, 「법원조직법」에 따른 법원과 그 소속기관, 「국회법」에 따른 국회와 그 소속기관, 「지방자치법」에 따른 지방자치단체와 그 소속기관, 「헌법재판소법」에 따른 헌법재판소, 「선거관리위원회법」에 따른 선거관리위원회에서 관리 · 운행하는 공용 승용자동차로서 취득가액 8,000만원 이상의 차량

② 비사업용 승용자동차로서 「자동차관리법」 제7조에 따라 자동차등록원부에 기재된 자동차 소유자가 법인인 취득가액 8,000만원 이상의 승용자동차[다만, 「여신전문금융업법」 제2조 제9호의 시설대여업을 운영하는 자가 대여한 시설대여업용 승용자동차(「여신전문금융업법」 제3조 제2항에 따른 등록을 하지 않은 자가 대여한 승용자동차를 포함한다)는 계약자가 법인인 경우로 한정한다]

③ 「여객자동차 운수사업법」 제28조에 따라 등록한 자동차대여사업자가 법인에게 대여한 승용자동차로서 취득가액 8,000만원 이상의 승용자동차(다만, 대여기간이 1년 이상인 경우 또는 동일 법인이 동일 자동차 대여사업용 승용자동차에 대하여 대여계약을 한 기간의 합산이 1년 이상인 경우로 한정한다)

3) 시행시기

이 고시는 2024년 1월 1일부터 시행하며, 시행일 이후 등록하거나 대여한 자동차부터 적용한다. 다만, 이 고시 시행 이전의 법인업무용 자동차 등록번호판 부착 대상 자동차는 법인업무용 자동차 등록번호판으로 교체할 수 있다.

4 처분손실

업무용승용차를 처분하여 발생하는 손실로서 업무용승용차별로 800만원(해당 사업연도가 1년 미만인 경우 800만원에 해당 사업연도의 월수를 곱하고 이를 12로 나누어 산출한 금액을 말한다)(부동산임대업 주업법인 : 400만원)을 초과하는 금액은 이월 등의 방법에 따라 손금에 산입한다(법법 27의 2 ④). 이월 등의 방법이란 해당 사업연도의 다음 사업연도부터 800만원(부동산임대업 주업법인 : 400만원)을 균등하게 손금에 산입하되, 이월된 금액의 누적 잔액이 800만원(부동산임대업 주업법인 : 400만원) 미만인 사업연도에 해당 잔액을 모두 손금에 산입하는 방법을 말한다(법령 50의 2 ⑬).

5 업무용승용차 관련비용 명세서 제출 불성실 가산세

업무용승용차 관련비용 등을 손금에 산입한 내국법인이 업무용승용차 관련비용 등에 관한 명세서를 제출하지 아니하거나 사실과 다르게 제출한 경우에는 다음의 구분에 따른 금액을 가산세로 해당 사업연도의 법인세액에 더하여 납부하여야 한다. 가산세는 산출세액이 없는 경우에도 적용한다(법법 74의 2 ①·②).

① **명세서를 제출하지 아니한 경우** : 해당 내국법인이 과세표준 신고를 할 때 업무용승용차 관련비용 등으로 손금에 산입한 금액의 1%

② **명세서를 사실과 다르게 제출한 경우** : 해당 내국법인이 과세표준 신고를 할 때 업무용승용차 관련비용 등으로 손금에 산입한 금액 중 해당 명세서에 사실과 다르게 적은 금액의 1%

실무포인트

1. 업무용승용차의 접대관련 운행이 업무용 사용거리에 해당하는지 여부

사실관계 질의법인의 업무용승용차는 사업장 방문 등 일반 업무용으로 사용하고 있으나, 거래처 접대와 관련된 운행도 하고 있음.

질 의 업무용승용차의 접대관련 운행이 업무용 사용거리에 해당하는지 여부

회 신 「법인세법」 제27조의 2(업무용승용차 관련비용의 손금불산입 등 특례)를 적용함에 있어 내국법인이 취득 · 임차한 업무용승용차를 직무와 관련된 업무수행에 사용한 경우 동 주행거리는 같은 법 시행규칙 제27조의 2 제4항에 따른 업무용 사용거리에 해당하는 것임(서면법령법인-3468, 2016.7.18.).

2. 내국법인이 외부업체로부터 업무용승용차의 운전기사를 제공받고 지급하는 용역대가가 업무용승용차 관련비용인지 여부

내국법인이 외부업체로부터 업무용승용차의 운전기사를 제공받고 지급하는 용역대가는 「법인세법 시행령」 제50조의 2 제2항에 따른 "업무용승용차 관련비용"에 포함되지 않는 것임(사전법령법인-539, 2016.11.21.).

3. 지점에서 업무용승용차를 리스하면서 본점 명의로 업무전용자동차보험에 가입한 경우(서면법령법인-6118, 2018.2.13.)

질의

(1) 내국법인이 본점에서만 업무전용자동차보험을 가입하고 지점에서는 별도로 가입하지 않은 경우 지점에서 지출한 리스료와 차량유지비가 손금산입 대상인지 여부

(2) 본점에서 업무전용자동차보험에 가입하고, 대표지점에서 리스계약을 한 차량을 대표지점이 아닌 다른 지점에서 업무용으로 사용하였을 경우 각 지점의 차량유지비가 손금산입 대상인지 여부

회신

(1) 내국법인이 지점에서 업무용승용차를 리스하면서 본점 명의로 「법인세법 시행령」 제50조의 2 제4항 제1호에서 규정하는 업무전용자동차보험에 가입한 경우, 지점에서 지출한 리스료, 차량유지비 등의 업무용승용차 관련비용에 업무사용비율을 곱한 금액을 손금에 산입할 수 있는 것임.

(2) 내국법인이 대표지점에서 리스계약을 체결한 업무용승용차를 본점 명의로 「법인세법 시행령」 제50조의 2 제4항 제1호에서 규정하는 업무전용자동차보험에 가입한 후 대표지점 외의 다른 지점에서 업무용으로 사용하는 경우, 해당 지점에서 지출한 차량유지비 등의 업무용승용차 관련비용에 업무사용비율을 곱한 금액을 손금에 산입할 수 있는 것임.

4. 업무용승용차를 임차하여 사용하다가 임차기간의 만료로 사업연도 중에 취득하여 계속 사용하는 경우 업무용승용차 관련비용의 손금산입 한도액

내국법인이 업무전용자동차보험에 가입하였으나, 운행기록 등을 작성 · 비치하지 아니한 업무용승용차를 임차하여 사용하다가 임차기간의 만료로 사업연도 중에 취득하여 계속 사용하는 경우 업무용승용차 관련비용의 손금산입 한도액은 임차 또는 취득 구분 없이 하나의 업무용승용차로 계산하는 것임(서면법령법인-554, 2017.12.26.).

5. 리스계약 해지 시 지급하는 보전금

운용리스를 통해 업무용승용차를 임차하여 사용하는 내국법인이 해당 운용리스계약을 제3자에게 승계하고, 잔여리스기간에 대한 미지급리스료와 해당 업무용승용차의 중고시세의 차이를 보전하는 명목으로 제3자에게 지급하는 보상금은 업무용승용차 관련비용 및 같은 조 제4항에 따른 처분손실에 해당하지 아니함(서면법령법인-6019, 2017.6.19.).

6. 임차하여 사용하던 업무용승용차를 취득하는 경우 감가상각비 상당액 이월액의 세무처리 방법

임차하여 사용하던 업무용승용차를 사업연도 중에 취득하여 사용하는 경우 해당 업무용승용차의 임차기간에 대한 감가상각비 상당액 한도초과 이월액은 다음 사업연도부터 연간 800만원을 한도로 하여 손금에 산입하는 것임(서면법령법인 2020-295, 2020.10.19.).

7. 국고보조금을 수령한 경우 업무용승용차 관련 감가상각비 세무조정 방법

내국법인이 업무용승용차를 취득하면서 지급받은 국고보조금에 대하여 「법인세법」 제36조 제1항 및 같은 법 시행령 제64조 제3항에 따라 일시상각충당금을 설정한 경우에는 일시상각충당금과 상계하기 전 같은 법 시행령 제50조의 2 제3항에 따른 상각범위액을 기준으로 해당 업무용승용차 감가상각비 손금불산입 금액을 먼저 계산한 후 법인세법상 손금으로 인정되는 감가상각비를 기준으로 일시상각충당금 환입에 대한 세무조정을 하는 것임(사전법령법인 2019-1435, 2020.6.12.).

8. 파견직원에게 제공한 업무용 승용차의 관련비용

내국법인(이하 'A법인')이 미국소재 법인(이하 'B법인')과 컨설팅 용역 계약을 체결하고 B법인의 직원(이하 '파견직원')이 A법인에 파견되어 해당용역을 제공하는 경우로서 A법인이 제공의무 없이 원활한 업무수행을 목적으로 파견직원에게 업무전용자동차보험에 가입한 업무용승용차(이하 '쟁점차량')를 제공하고 운행기록 등을 작성 · 비치하는 경우 쟁점차량과 관련하여 발생한 비용 중 사적사용 등으로 '업무사용금액'에 해당하지 아니하는 금액은 「법인세법」 제27조의 2【업무용승용차 관련비용의 손금불산입 등 특례】에 따라 손금불산입하는 것이며, 해당규정에 따라 손금으로 인정되는 금액은 기업업무추진비로서 시부인 계산대상에 해당하는 것이나, 업무와 관련하여 사용하였는지 여부는 사실판단 할 사항임(사전2021법령해석법인-1213, 2021.9.29.).

6 [서식사례] 업무용승용차 관련비용 명세서(1)－2025년

갑주식회사의 2025.1.1.~12.31. 사업연도의 업무용승용차 자료는 다음과 같다. 업무용승용차 관련 세무조정을 하고 업무용승용차 관련비용 명세서를 작성하라. 다음 차량은 모두 당해 법인의 임직원이 운행하였다.

(1) 자 료

구 분 \ 차량번호	1111	2222	3333	3333	4444*2
소유구분	자사소유	자사소유	리스	자사소유	자사소유
업무전용 보험	가입	가입	가입	가입	가입
운행기록부	작성 총주행거리 50,000km 업무사용거리 35,000km	작성 총주행거리 10,000km 업무사용거리 6,000km	작성 총주행거리 16,000km 업무사용거리 16,000km	작성 총주행거리 10,000km 업무사용거리 10,000km	작성 총주행거리 12,000km 업무사용거리 12,000km
취득(임차)일자	2025.1.1.	2025.7.14.	2022.5.8.	2025.9.11.*3	2023.1.1.
처분(해지)일자			2025.9.10.		2025.6.15.
업무용승용차 관련비용	감가상각비 20,000,000원 유류비 6,000,000원 보험료 3,000,000원 자동차세 1,000,000원	감가상각비 15,000,000원 유류비 8,500,000원 보험료 1,000,000원 자동차세 500,000원	임차료 17,000,000원*1 유류비 3,000,000원	취득가액 30,000,000원 감가상각비 1,500,000원 유류비 800,000원	감가상각비 10,000,000원 유류비 3,000,000원 보험료 1,500,000원 자동차세 500,000원
감가상각비(상당액)한도초과 전기이월액	–	–	20,000,000원		24,000,000원

*1. 임차료 17,000,000원에는 보험료 3,000,000원과 자동차세 500,000원이 포함되어 있다.

*2. 4444소유차량은 2023.1.1. 1억원에 취득한 차량이며, 처분 시 회계처리는 다음과 같다.

(차) 보통예금	44,000,000	(대) 차량운반구	100,000,000
감가상각누계액	50,000,000	부가세예수금	4,000,000
유형자산 처분손실	10,000,000		

*3. 리스 종료 후, 2025.9.11. 자사 차량으로 인수하였다.

(2) 해 답

1) 1111차량

① 업무용 사용비율

35,000km/50,000km=70%

② 비업무용 사용금액 손금불산입

㉠ 업무용 사용금액

- 감가상각비 : 20,000,000원×70%=14,000,000원
- 관련비용 : 10,000,000원×70%=7,000,000원

㉡ 비업무용 사용금액

30,000,000원−21,000,000원=9,000,000원

〈손금불산입〉 9,000,000원(상여)

③ 감가상각비 한도 초과액 손금불산입

- 감가상각비 업무용 사용금액 : 20,000,000원×70%=14,000,000원
- 한도액 : 8,000,000원

〈손금불산입〉 6,000,000원(유보)

2) 2222차량

① 업무용 사용비율

6,000km/10,000km=60%

② 비업무용 사용금액 손금불산입

㉠ 업무용 사용금액

- 감가상각비 : 15,000,000원×60%=9,000,000원
- 관련비용 : 10,000,000원×60%=6,000,000원

㉡ 비업무용 사용금액

25,000,000원−15,000,000원=10,000,000원

〈손금불산입〉 10,000,000원(상여)

③ 감가상각비 한도초과액 손금불산입

- 감가상각비 업무용 사용금액 : 15,000,000원×60%=9,000,000원
- 한도액 : 8,000,000원×6/12=4,000,000원

〈손금불산입〉 5,000,000원(유보)

3) 3333차량

〈리스〉

① 업무용 사용비율

16,000km/16,000km=100%

② 비업무용 사용금액 손금불산입

㉠ 업무용 사용금액

• 감가상각비상당액

[17,000,000원−3,000,000원(보험료)−500,000원(자동차세)]−

[(17,000,000원−3,000,000원−500,000원)×7%(수선유지비 간주액)]

=12,555,000원

• 감가상각비상당액 업무용 사용금액 : 12,555,000원×100%=12,555,000원

• 관련비용 : 7,445,000원×100%=7,445,000원

㉡ 비업무용 사용금액

20,000,000원−20,000,000원=0원

세무조정 없음.

③ 감가상각비 한도 초과액 손금불산입

• 감가상각비상당액 업무용 사용금액 : 12,555,000원×100%=12,555,000원

• 한도액 : 8,000,000원×9/12=6,000,000원

〈손금불산입〉 6,555,000원(기타사외유출)

〈자사소유〉

① 업무용 사용비율

10,000km/10,000km=100%

② 비업무용 사용금액 손금불산입

㉠ 업무용 사용금액

• 감가상각비 : 1,500,000원×100%=1,500,000원

• 관련비용 : 800,000원×100%=800,000원

㉡ 비업무용 사용금액

세무조정 없음.

③ 감가상각비 한도 초과액 손금불산입

• 감가상각비 업무용 사용금액 : 1,500,000원×100%=1,500,000원

• 한도액 : 8,000,000원×3*/12=2,000,000원

세무조정 없음.

* 리스차량을 자기차량으로 승계한 경우 9.11.을 취득일로 하여 회계처리 및 세무조정을 하게 되면 리스기간 9개월(1.1.~9.10.)과 자가소유기간 4개월(9.11.~12.31.)을 합하여 13개월의 감가상각한도가 적용되는 문제가 발생할 수 있다. 이 경우 업무용승용차를 임차하여 사용하다 사업연도 중에 취득하여 계속하여 사용하는 경우, 손금산입 한도액은 임차 또는 취득의 구분 없이 하나의 업무용승용차로 계산하여야 한다(서면법령법인-554, 2017.12.26.). 따라서, 자가 취득일은 9.11.이나 10.1.에 취득한 것으로 간주하여 감가상각한도를 3개월 부분에 대하여만 적용하는 것이 타당할 것으로 판단된다.

4) 4444차량

① 업무용 사용비율

12,000km/12,000km=100%

② 비업무용 사용금액 손금불산입

㉠ 업무용 사용금액

• 감가상각비 : 10,000,000원×100%=10,000,000원

• 관련비용 : 5,000,000원×100%=5,000,000원

㉡ 비업무용 사용금액

15,000,000원−15,000,000원=0원

세무조정 없음.

③ 감가상각비 한도 초과액 손금불산입

• 감가상각비 업무용 사용금액 : 10,000,000원×100%=10,000,000원

• 한도액 : 8,000,000원×6/12=4,000,000원

〈손금불산입〉 6,000,000원(유보)

④ 처분손실 한도초과액 손금불산입

㉠ 양도가액 : 40,000,000원

㉡ 세무상 장부가액

100,000,000원−50,000,000원(감가상각누계액)
+30,000,000원(감가상각비 한도초과액 이월액)=80,000,000원

〈손금산입〉 30,000,000원(△유보)

㉢ 처분손실

40,000,000원(㉠)−80,000,000원(㉡)=−40,000,000원

〈손금불산입〉 32,000,000원(기타사외유출)

[별지 제29호 서식] 〈개정 2025.3.21.〉 (3쪽 중 제1쪽)

사업연도	2025. 1. 1. ~ 2025. 12. 31.	업무용승용차 관련비용 명세서	법 인 명	
			사업자등록번호	

1. 업무사용비율 및 업무용승용차 관련비용 명세 [부동산임대업 주업법인 [ ]해당, [✔]미해당]

① 차량번호	② 차종	③ 임차여부	④ 보험가입여부	⑤ 전용번호판 부착여부	⑥ 운행기록 작성여부	⑦ 총주행거리(㎞)	⑧ 업무용 사용거리(㎞)	⑨ 업무사용비율(⑧/⑦)	⑩ 보험의무가입대상일수	⑪ 실제보험가입일수	⑫ 보험가입일수비율(⑪/⑩)	⑬ 취득가액(취득일, 임차기간)	⑭ 해당연도 보유 또는 임차기간 월수	⑮ 업무용승용차 관련비용: ⑯ 감가상각비	⑰ 임차료 / ⑱ 감가상각비 상당액	⑲ 유류비	⑳ 보험료	㉑ 수선비	㉒ 자동차세	㉓ 기타	㉔ 합계
1111	BMW	자가	여	여	여	50,000	35,000	70%	365	365	100%	(25.1.1.~ . . .)	12	20,000,000		6,000,000	3,000,000		1,000,000		30,000,000
2222	소나타	자가	여	여	여	10,000	6,000	60%	171	171	100%	(25.7.14.~ . . .)	6	15,000,000		8,500,000	1,000,000		500,000		25,000,000
3333	에쿠스	리스	여	여	여	16,000	16,000	100%	253	253	100%	(22.5.8.~ 25.9.10.)	9		17,000,000 / 12,555,000	3,000,000					20,000,000
3333	에쿠스	자가	여	여	여	10,000	10,000	100%	92	92	100%	(25.10.1.~ . . .)	3	1,500,000		800,000					2,300,000
4444	아우디	자가	여	여	여	12,000	12,000	100%	166	166	100%	(23.1.1.~ 25.6.15.)	6	10,000,000		3,000,000	1,500,000		500,000		15,000,000
㉕ 합계																					

2. 업무용승용차 관련비용 손금불산입 계산

㉖ 차량번호	㉗ 업무사용금액: ㉙ 감가상각비(상당액) [(⑯또는⑱)×⑨×⑫]	㉗ ㉚ 관련비용 [(㉔−⑯ 또는 ㉔−⑱)×⑨×⑫]	㉗ ㉛ 합계 (㉙+㉚)	㉘ 업무외사용금액: ㉜ 감가상각비(상당액) (⑯−㉙ 또는 ⑱−㉙)	㉘ ㉝ 관련비용 [(㉔−⑯ 또는 ㉔−⑱)−㉚]	㉘ ㉞ 합계 (㉜+㉝)	㉟ 감가상각비(상당액) 한도초과금액	㊱ 손금불산입 합계 (㉞+㉟)	㊲ 손금산입 합계 (㉔ −㊱)
1111	14,000,000	7,000,000	21,000,000	6,000,000	3,000,000	9,000,000	6,000,000	15,000,000	15,000,000
2222	9,000,000	6,000,000	15,000,000	6,000,000	4,000,000	10,000,000	5,000,000	15,000,000	10,000,000
3333	12,555,000	7,445,000	20,000,000				6,555,000	6,555,000	13,445,000
3333	1,500,000	800,000	2,300,000				0	0	2,300,000
4444	10,000,000	5,000,000	15,000,000			0	6,000,000	6,000,000	9,000,000
㊳ 합계									

210mm×297mm[백상지 80g/㎡ 또는 중질지 80g/㎡]

(3쪽 중 제2쪽)

3. 감가상각비(상당액) 한도초과금액 이월명세

㊴ 차량번호	㊵ 차종	㊶ 취득일(임차기간)	㊷ 전기이월액	㊸ 당기 감가상각비(상당액) 한도초과금액	㊹ 감가상각비(상당액) 한도초과금액 누계	㊺ 손금추인(산입)액	㊻ 차기이월액(㊹－㊺)
1111	BMW	2025.01.01		6,000,000	6,000,000		6,000,000
2222	소나타	2025.07.14		5,000,000	5,000,000		5,000,000
3333	에쿠스	2022.05.08	20,000,000	6,555,000	26,555,000		26,555,000
4444	아우디	2023.01.01	24,000,000	6,000,000	30,000,000		30,000,000
㊼ 합계							

4. 업무용승용차 처분손실 및 한도초과금액 손금불산입액 계산

㊽ 차량번호	㊾ 양도가액	㊿ 세무상 장부가액				(55) 처분손실(㊾－(54)<0)	(56) 당기손금산입액	(57) 한도초과금액 손금불산입((55)－(56))
		(51) 취득가액	(52) 감가상각비 누계액	(53) 감가상각비한도초과금액 차기이월액(=㊻)	(54) 합계((51)－(52)+(53))			
4444	40,000,000	100,000,000	50,000,000	30,000,000	80,000,000	40,000,000	8,000,000	32,000,000
(58) 합계								

5. 업무용승용차 처분손실 한도초과금액 이월명세

(59) 차량번호	(60) 차종	(61) 처분일	(62) 전기이월액	(63) 손금산입액	(64) 차기이월액((62)－(63))
(65) 합계					

210mm×297mm[백상지 80g/㎡ 또는 중질지 80g/㎡]

[별지 제15호 서식] (2013.2.23. 개정)

(앞 쪽)

사 업 연 도	2025. 1. 1. ~ 2025. 12. 31.	**소득금액조정합계표**	법 인 명	㈜갑
			사업자등록번호	

익금산입 및 손금불산입				손금산입 및 익금불산입			
①과목	②금액	③소득처분		④과목	⑤금액	⑥소득처분	
		처분	코드			처분	코드
감가상각비 한도초과	17 000 000	유보		이월 감가상각비	30 000 000	유보	
비업무용 사용금액	19 000 000	상여					
감가상각비 한도초과	6 555 000	기타사외유출					
처분손실 한도초과	32 000 000	기타사외유출					
합 계	74 555 000			합 계	30 000 000		

[별지 제50호 서식 (을)] (99.5.24. 개정)

(앞 쪽)

사 업 연 도	2025. 1. 1. ~ 2025. 12. 31.	**자본금과 적립금조정명세서(을)**	법인명	㈜갑

※ 관리번호 □□ - □□　　사업자등록번호 □□□ - □□ - □□□□□

※표시란은 기입하지 마십시오.

세무조정유보소득 계산

①과목 또는 사항	②기초잔액	당 기 중 증 감		⑤기말잔액 (익기초현재)	비 고
		③감 소	④증 가		
감가상각비 한도초과액 (1111)			6,000,000	6,000,000	
감가상각비 한도초과액 (2222)			5,000,000	5,000,000	
감가상각비 한도초과액 (4444)	24,000,000	30,000,000	6,000,000	0	
합 계	24,000,000			11,000,000	

7 [서식사례] 업무용승용차 관련비용 명세서(2)-2026년

갑주식회사의 2026.1.1.~12.31. 사업연도의 업무용승용차 자료는 다음과 같다. 업무용승용차 관련 세무조정을 하고 업무용승용차 관련비용 명세서를 작성하라. 다음 차량은 모두 당해 법인의 임직원이 운행하였고, "전기이월자료는 작성사례(1)-2025년"을 참고하시오.

(1) 자 료

구분 \ 차량번호	1111	2222	3333	5555	6666
소유구분	자사소유	자사소유	자사소유	렌트차량	자사소유
업무전용 보험	가입/미가입*	가입	가입	가입	가입
운행기록부	작성 총주행거리 71,000km 업무사용거리 71,000km	미작성 -	작성 총주행거리 15,000km 업무사용거리 15,000km	작성 총주행거리 20,000km 업무사용거리 16,000km	미작성 -
취득(임차)일자	2025.1.1.	2025.7.14.	2025.9.11.	2026.10.3.	2026.4.7.
처분(해지)일자					
업무용승용차 관련비용	감가상각비 20,000,000원 유류비 11,000,000원 보험료 3,000,000원 자동차세 1,000,000원	감가상각비 20,000,000원 유류비 14,000,000원 보험료 4,000,000원 자동차세 2,000,000원	감가상각비 6,000,000원 유류비 8,000,000원 보험료 5,000,000원 자동차세 1,000,000원	임차료 5,000,000원 유류비 2,000,000원	감가상각비 4,000,000원 유류비 1,000,000원 보험료 800,000원 자동차세 300,000원

* 1111소유차량은 2026.8.7.까지는 업무전용자동차보험에 가입하였으나, 2026.8.8.부터는 누구나 보험에 가입하였다.

(2) 해　답

1) 1111차량

① 업무용 사용비율

219일(2026.1.1.~2026.8.7.)/365일＝60%

② 비업무용 사용금액 손금불산입

㉠ 업무용 사용금액

- 감가상각비 : 20,000,000원×60%＝12,000,000원
- 관련비용 : 15,000,000원×60%＝9,000,000원

㉡ 비업무용 사용금액

35,000,000원－21,000,000원＝14,000,000원

〈손금불산입〉 14,000,000원(상여)

③ 감가상각비 한도 초과액 손금불산입

- 감가상각비 업무용 사용금액 : 20,000,000원×60%＝12,000,000원
- 한도액 : 8,000,000원

〈손금불산입〉 4,000,000원(유보)

2) 2222차량

① 업무용 사용비율

15,000,000원/40,000,000원＝37.5%

② 비업무용 사용금액 손금불산입

㉠ 업무용 사용금액

- 감가상각비 : 20,000,000원×37.5%＝7,500,000원
- 관련비용 : 20,000,000원×37.5%＝7,500,000원

㉡ 비업무용 사용금액

40,000,000원－15,000,000원＝25,000,000원

〈손금불산입〉 25,000,000원(상여)

③ 감가상각비 한도 초과액 손금불산입

- 감가상각비 업무용 사용금액 : 20,000,000원×37.5%＝7,500,000원
- 한도액 : 8,000,000원
- 전기 한도초과액 : 5,000,000원

〈손금산입〉 500,000원(△유보)

3) 3333차량

〈자사소유〉

① 업무용 사용비율

15,000km/15,000km=100%

② 비업무용 사용금액 손금불산입

㉠ 업무용 사용금액

• 감가상각비 : 6,000,000원×100%=6,000,000원

• 관련비용 : 14,000,000원×100%=14,000,000원

㉡ 비업무용 사용금액

없음.

③ 감가상각비 한도 초과액 손금불산입

• 감가상각비 업무용 사용금액 : 6,000,000원×100%=6,000,000원

• 한도액 : 8,000,000원

세무조정 없음.

〈리스〉

전기 임차료 중 감가상각비 상당액 이월액

〈손금산입〉 8,000,000원(기타)

4) 4444차량

① 전기 처분손실 한도초과액 : 32,000,000원

② 당기 한도액 : 8,000,000원

〈손금산입〉 업무용승용차 처분손실 추인 8,000,000원(기타)

5) 5555차량

① 업무용 사용비율

16,000km/20,000km=80%

② 비업무용 사용금액 손금불산입

㉠ 업무용 사용금액

• 감가상각비 상당액 : 5,000,000원×70%=3,500,000원

• 감가상각비상당액 업무용 사용금액 : 3,500,000원×80%=2,800,000원

• 관련비용 : 2,000,000원×80%=1,600,000원

㉡ 비업무용 사용금액

7,000,000원－(7,000,000원×80%)＝1,400,000원

〈손금불산입〉 1,400,000원(상여)

③ 감가상각비 한도 초과액 손금불산입

• 감가상각비상당액 업무용 사용금액 : 3,500,000원×80%＝2,800,000원

• 한도액 : 8,000,000원×3/12＝2,000,000원

〈손금불산입〉 800,000원(기타사외유출)

6) 6666차량

① 업무용 사용비율

100%. 업무용승용차 관련비용 총액이 11,250,000원* 이하이므로 업무사용비율은 100%로 간주한다.

* 15,000,000원×9/12

② 비업무용 사용금액 손금불산입

㉠ 업무용 사용금액

• 감가상각비 : 4,000,000원×100%＝4,000,000원

• 관련비용 : 2,100,000원×100%＝2,100,000원

㉡ 비업무용 사용금액 : 0원

세무조정 없음.

③ 감가상각비 한도 초과액 손금불산입

• 감가상각비 업무용 사용금액 : 4,000,000원×100%＝4,000,000원

• 한도액 : 8,000,000원×9/12＝6,000,000원

세무조정 없음.

[별지 제29호 서식] 〈개정 2025.3.21.〉 (3쪽 중 제1쪽)

사업연도	2026. 1. 1. ~ 2026. 12. 31.	업무용승용차 관련비용 명세서	법 인 명	
			사업자등록번호	

1. 업무사용비율 및 업무용승용차 관련비용 명세 [부동산임대업 주업법인 [ ]해당, [✔]미해당]

① 차량번호	② 차종	③ 임차여부	④ 보험가입여부	⑤ 전용번호판 부착여부	⑥ 운행기록 작성여부	⑦ 총주행거리(㎞)	⑧ 업무용 사용거리(㎞)	⑨ 업무사용비율(⑧/⑦)	⑩ 보험의무가입대상일수	⑪ 실제보험가입일수	⑫ 보험가입일수비율(⑪/⑩)	⑬ 취득가액(취득일, 임차기간)	⑭ 해당연도 보유 또는 임차기간 월수	⑮ 업무용승용차 관련비용: ⑯ 감가상각비	⑰ 임차료	⑱ 감가상각비 상당액	⑲ 유류비	⑳ 보험료	㉑ 수선비	㉒ 자동차세	㉓ 기타	㉔ 합계
1111	BMW	자가	부	여	여	71,000	71,000	100%	365	219	60%	(25.1.1.~ . . .)	12	20,000,000			11,000,000	3,000,000		1,000,000		35,000,000
2222	소나타	자가	여	여				37.5%	365	365	100%	(25.7.14.~ . . .)	12	20,000,000			14,000,000	4,000,000		2,000,000		40,000,000
3333	에쿠스	자가	여	여	여	15,000	15,000	100%	365	365	100%	(25.10.1.~ . . .)	12	6,000,000	5,000,000	3,500,000	8,000,000	5,000,000		1,000,000		20,000,000
5555	K3	렌트	여	여	여	20,000	16,000	80%	90	90	100%	(26.10.3.~ . . .)	3				2,000,000					7,000,000
6666	벤츠	자가	여	여				100%	269	269	100%	(26.4.7.~ . . .)	9	40,000,000			1,000,000	800,000		300,000		6,100,000
㉕ 합계																						

2. 업무용승용차 관련비용 손금불산입 계산

㉖ 차량번호	㉗ 업무사용금액: ㉙ 감가상각비(상당액) [(⑯또는⑱)×⑨×⑫]	㉚ 관련비용 [(㉔−⑯ 또는 ㉔−⑱)×⑨×⑫]	㉛ 합계 (㉙+㉚)	㉘ 업무외사용금액: ㉜ 감가상각비(상당액) (⑯−㉙ 또는 ⑱−㉙)	㉝ 관련비용 [(㉔−⑯ 또는 ㉔−⑱)−㉚]	㉞ 합계 (㉜+㉝)	㉟ 감가상각비(상당액) 한도초과금액	㊱ 손금불산입 합계 (㉞+㉟)	㊲ 손금산입 합계 (㉔ −㊱)
1111	12,000,000	9,000,000	21,000,000	8,000,000	6,000,000	14,000,000	4,000,000	18,000,000	17,000,000
2222	7,500,000	7,500,000	15,000,000	12,500,000	12,500,000	25,000,000		25,000,000	15,000,000
3333	6,000,000	14,000,000	20,000,000				0	0	20,000,000
5555	2,800,000	1,600,000	4,400,000	700,000	1,900,000	2,600,000	800,000	3,400,000	3,600,000
6666	4,000,000	2,100,000	6,100,000						6,100,000
㊳ 합계									

210mm×297mm[백상지 80g/㎡ 또는 중질지 80g/㎡]

(3쪽 중 제2쪽)

3. 감가상각비(상당액) 한도초과금액 이월명세

㊴ 차량번호	㊵ 차종	㊶ 취득일 (임차기간)	㊷ 전기이월액	㊸ 당기 감가상각비(상당액) 한도초과금액	㊹ 감가상각비(상당액) 한도초과금액 누계	㊺ 손금추인(산입)액	㊻ 차기이월액(㊹-㊺)
1111	BMW	2025.1.1.	6,000,000	4,000,000	10,000,000		10,000,000
2222	소나타	2025.7.14.	5,000,000		5,000,000	500,000	4,500,000
3333	에쿠스	2022.5.8.	26,555,000		26,555,000	8,000,000	18,555,000
5555	K3	2026.10.8.		800,000	800,000		800,000
㊼ 합계							

4. 업무용승용차 처분손실 및 한도초과금액 손금불산입액 계산

㊽ 차량번호	㊾ 양도가액	㊿ 세무상 장부가액				55 처분손실 (㊾-54)<0)	56 당기손금산입액	57 한도초과금액 손금불산입 (55-56)
		51 취득가액	52 감가상각비 누계액	53 감가상각비한도초과금액 차기이월액(=㊻)	54 합계 (51-52+53)			
58 합계								

5. 업무용승용차 처분손실 한도초과금액 이월명세

59 차량번호	60 차종	61 처분일	62 전기이월액	63 손금산입액	64 차기이월액 (62-63)
4444	아우디	2025.6.15.	32,000,000	8,000,000	24,000,000
65 합계					

210mm×297mm[백상지 80g/㎡ 또는 중질지 80g/㎡]

[별지 제15호 서식] (2022.3.18. 개정) (앞쪽)

사 업 연 도	2026. 1. 1. ~ 2026. 12. 31.	**소득금액조정합계표**	법인명	㈜갑
			사업자등록번호	

익금산입 및 손금불산입				손금산입 및 익금불산입			
①과목	②금액	③소득처분		④과목	⑤금액	⑥소득처분	
		처분	코드			처분	코드
비업무용 사용금액	41 600 000	상여		감가상각비 전기초과액	500 000	유보	
감가상각비 한도초과	4 000 000	유보		전기 감가상각비 상당액 이월액	8 000 000	기타	
감가상각비 한도초과	800 000	기타사외유출		처분손실	8 000 000	기타	
합계				합계			

[별지 제50호 서식 (을)] (99.5.24. 개정) (앞쪽)

사 업 연 도	2026. 1. 1. ~ 2026. 12. 31.	**자본금과 적립금조정명세서(을)**	법인명	

※ 관리번호 [ ][ ] - [ ][ ] 사업자등록번호 [ ][ ][ ] - [ ][ ] - [ ][ ][ ][ ][ ]

※표시란은 기입하지 마십시오.

세무조정유보소득 계산

①과목 또는 사항	②기초잔액	당 기 중 증 감		⑤기말잔액 (익기초현재)	비 고
		③감 소	④증 가		
감가상각비 한도초과액 (1111)	6,000,000		4,000,000	10,000,000	
감가상각비 한도초과액 (2222)	5,000,000	500,000		4,500,000	
합 계	11,000,000	500,000	4,000,000	14,500,000	

국세청고시 제2025-5호

업무용승용차 운행기록 방법에 관한 고시

「소득세법」 제33조의 2 제1항, 같은 법 시행령 제78조의 3 제4항, 같은 법 시행규칙 제42조 제2항의 위임에 따라 업무용승용차 운행기록 방법을 다음과 같이 개정하여 고시합니다.

2025년 4월 1일
국 세 청 장

제1조【목적】 이 고시는 「소득세법」 제33조의 2 제1항, 같은 법 시행령 제78조의 3 제4항, 같은 법 시행규칙 제42조 제2항에서 국세청장에게 위임한 업무용승용차 운행기록 방법을 정함을 목적으로 한다.

제2조【운행기록 방법 및 서식】 업무용승용차 운행기록 방법은 별지 서식 「업무용승용차 운행기록부」를 작성하는 것으로 하되, 별지 서식상의 차종, 자동차등록번호, 사용일자, 사용자, 운행내역이 포함된 별도의 서식으로 작성할 수 있다.

제3조【업무목적 소명】 해당 개인사업자는 과세관청의 요청시 업무용승용차 관리 규정, 출장명령서 등을 통하여 업무목적을 소명하여야 한다.

제4조【재검토 기한】 「훈령 · 예규 등의 발령 및 관리에 관한 규정」(대통령 훈령 제431호)에 따라 이 고시 발령 후의 법령이나 현실여건의 변화 등을 검토하여 이 고시의 폐지, 개정 등의 조치를 하여야 하는 기한은 2028년 3월 31일까지로 한다.

부칙(2025.4.1. 국세청 고시 제2025-5호)

제1조【시행일】 이 고시는 고시한 날부터 시행한다.

제2조【종전 고시의 폐지】 종전의 「업무용승용차 운행기록 방법에 관한 고시」(국세청고시 제2022-8호)는 이를 폐지한다.

【업무용승용차 운행기록부에 관한 별지 서식】〈2022.4.1. 개정〉

과 세 기 간	. . . ~ . . .	업무용승용차 운행기록부	상 호 명	
			사 업 자 등 록 번 호	

1. 기본정보

①차 종	②자동차등록번호

2. 업무용 사용비율 계산

③사용 일자 (요일)	④사용자		운 행 내 역					
	부서	성명	⑤주행 전 계기판의 거리(㎞)	⑥주행 후 계기판의 거리(㎞)	⑦주행거리(㎞)	업무용 사용거리(㎞)		⑩비 고
						⑧출·퇴근용(㎞)	⑨일반 업무용(㎞)	
			⑪과세기간 총주행 거리(㎞)			⑫과세기간 업무용 사용거리(㎞)		⑬업무사용비율(⑫/⑪)

(뒤 쪽)

작 성 방 법
1. ① 업무용승용차의 차종을 적습니다.
2. ② 업무용승용차의 자동차등록번호를 적습니다.
3. ③ 사용일자를 적습니다.
4. ④ 사용자(운전자가 아닌 차량이용자)의 부서, 성명을 적습니다.
5. ⑤ 주행 전 자동차 계기판의 누적거리를 적습니다.(당일 동일인이 2회 이상 사용하는 경우 ⑤란을 적지 않고 ⑦란에 주행거리의 합만 적을 수 있습니다.)
6. ⑥ 주행 후 자동차 계기판의 누적거리를 적습니다.(당일 동일인이 2회 이상 사용하는 경우 ⑥란을 적지 않고 ⑦란에 주행거리의 합만 적을 수 있습니다.)
7. ⑦ 사용시마다 주행거리(⑥−⑤)를 적거나, 사용자별 주행거리의 합을 적습니다.
8. ⑧ 업무용 사용거리 중 출·퇴근용(원격지 출·퇴근을 포함) 사용거리를 적습니다.
9. ⑨ 업무용 사용거리 중 제조·판매시설 등 해당 업체의 사업장 방문, 거래처·대리점 방문, 회의 참석, 판촉 활동, 업무관련 교육·훈련 등 일반업무용 사용거리를 적습니다.
10. ⑪~⑬ 해당 과세기간의 주행거리 합계, 업무용 사용거리 합계, 업무사용 비율을 각각 적습니다.

210mm×297mm[백상지 80g/㎡ 또는 중질지 80g/㎡]

CHAPTER

13 이자수익

1 원천징수대상소득과 세율

법인에게 이자소득금액을 지급하는 때에는 법인세를 원천징수하는 것이며, 그 이자소득금액에 대한 원천납부 법인세액은 그 이자소득금액을 지급받은 사업연도의 법인세산출세액에서 이를 공제한다(법통 64-0…2). 원천징수세액을 법인세 산출세액에서 공제받으려는 법인은 법인세 신고와 함께 '원천납부세액명세서(갑)'[법칙 별지 제10호 서식(갑)]을 작성하여 제출하여야 한다.

내국법인에게 이자소득금액, 배당소득금액 중 투자신탁의 이익을 지급하는 자(이하 "원천징수의무자"라 함)는 그 금액을 지급할 때에는 그 지급금액의 14%(비영업대금의 이익은 25%)에 상당하는 법인세를 원천징수하여 그 징수일이 속하는 달의 다음 달 10일까지 원천징수의무자의 납세지 관할 세무서장에게 납부하여야 하는데(법법 73 ①) 이를 설명하면 다음과 같다.

▌원천징수대상소득과 세율▐

소득구분	내 용	세 율
(1) 이자소득금액	① 이자소득금액 ② 비영업대금의 이익	14% 25%
(2) 배당소득금액	투자신탁의 이익	14%

(1) 이자소득금액의 범위

소득세법 제16조 제1항에 따른 이자소득금액(금융보험업을 영위하는 법인의 수입금액을 포함하되 금융회사 등에게 지급하는 것은 제외)을 내국법인에게 지급하는 때에는 지급하는 금액의 14%(비영업대금은 25%)에 상당하는 법인세를 원천징수하여 그 징수일이 속하는 달의 다음 달 10일까지 납부하여야 한다(법법 73 ① 1호). 법인세가 부과되지 아니하거나 면제되는 소득 등에 대해서는 원천징수하지 아니한다(법법 73 ②).

여기서 '비영업대금의 이익'이라 함은 금전의 대여를 영업으로 표방하지 아니하는 자가 소비대차계약 등 법률관계에 기하여 수수하는 이자, 즉 대금을 영업으로 하지 아니하는 자가 일시적 · 우발적으로 대여하고 받는 이자를 말한다.

(2) 배당소득금액 중 투자신탁의 이익의 범위

소득세법 제17조 제1항 제5호에 따른 배당소득금액(집합투자기구로부터의 이익 등 투자신탁의 이익만 해당)을 내국법인에 지급하는 때에는 지급하는 금액의 14%에 상당하는 법인세를 원천징수하며 그 징수일이 속하는 달의 다음 달 10일까지 납부하여야 한다(법법 73 ① 2호).

2 원천징수 제외대상

(1) 소액부징수

법인의 원천징수세액은 1,000원 이상인 경우에만 원천징수하므로 1,000원 미만의 세액은 징수하지 않는다(법법 73 ①).

(2) 금융회사 등에 지급하는 이자소득

금융회사 등에 지급하는 소득은 원천징수대상에서 제외한다. 다만, 법인세법 제73조의 2 제1항 전단에 따른 채권 등 보유기간 이자상당액 등을 투자회사 및 자본확충목적회사가 아닌 법인에 지급하는 경우는 원천징수한다(법령 111 ①).

(3) 비과세 또는 면제소득 등

법인세가 부과되지 아니하거나 면제되는 소득 등 다음의 소득에 대해서는 법인세를 원천징수하지 아니한다(법법 73 ④, 법령 111 ②).

① 법인세가 부과되지 아니하거나 면제되는 소득

② 신고한 과세표준에 이미 산입된 미지급소득

③ 법령 또는 정관에 의하여 비영리법인이 회원 또는 조합원에게 대부한 융자금과 비영리법인이 당해 비영리법인의 연합회 또는 중앙회에 예탁한 예탁금에 대한 이자수입

④ 법률에 따라 설립된 기금을 관리 · 운용하는 법인(기금운용법인)과 법률에 따라 공제사업

을 영위하는 법인으로서 건강보험 · 연금관리 및 공제사업을 영위하는 비영리내국법인(기금운용법인의 경우에는 해당 기금사업에 한정)이 「국채법」에 따라 등록하거나 「주식 · 사채 등의 전자등록에 관한 법률」에 따라 전자등록한 다음의 국공채 등을 발행일부터 이자지급일 또는 상환일까지 계속하여 등록 · 보유함으로써 발생한 이자 및 할인액

㉠ 국가 또는 지방자치단체가 발행한 채권 또는 증권

㉡ 한국은행이 발행한 통화안정증권

㉢ 기획재정부령이 정하는 채권 또는 증권

⑤ 다음 중 어느 하나에 해당하는 조합의 조합원인 법인(금융 및 보험업을 영위하는 법인 제외)이 해당 조합의 규약에 따라 조합원 공동으로 예탁한 자금에 대한 이자수입

㉠ 상장유가증권에 대한 투자를 통한 증권시장의 안정을 목적으로 설립된 조합으로서 기획재정부령으로 정하는 조합

㉡ 채권시장의 안정을 목적으로 설립된 조합으로서 기획재정부령이 정하는 조합

⑥ 한국토지주택공사가 주택도시기금에 예탁한 자금(국민연금 및 우체국예금으로부터 사채발행을 통하여 조성한 자금을 예탁한 것으로서 이자소득 지급 당시 국민연금 및 우체국예금이 그 사채를 계속 보유하고 있는 경우에 한한다)에 대한 이자수입

3 상황별 법인세 원천징수

(1) 원천징수의무자를 대리하거나 위임받은 경우

원천징수의무자를 대리하거나 그 위임을 받은 자의 행위는 수권 또는 위임의 범위 안에서 본인 또는 위탁인의 행위로 보기 때문에 원천징수할 의무가 있다(법법 73 ④). 따라서 본인 또는 위탁인은 원천징수의무가 없으므로 원천징수를 이행하지 아니함으로써 부과하는 가산세는 그 대리 또는 위임을 받은 자에게 부과한다(법인 22601-900, 1987. 4. 13.).

(2) 금융회사 등이 어음 또는 채무증서를 인수 · 매매하는 경우 등

전술한 금융회사 등이 내국법인(개인을 포함)이 발행한 어음 또는 채무증서를 인수 · 매매 · 중개 또는 대리하는 경우에는 금융회사 등과 그 내국법인 간에 대리 또는 위임의 관계가 있는 것으로 보아 금융기관이 내국법인에게 이자소득금액 등을 지급하는 경우에는 법인세를 원천

징수할 의무가 있다(법법 73 ⑤).

(3) 외국법인이 발행한 채권 등에서 발생한 이자 등의 경우

외국법인이 발행한 채권 또는 증권에서 발생하는 이자 등을 내국법인에 지급하는 경우에는 국내에서 그 지급을 대리하거나 그 지급권한을 위임 또는 위탁받은 자가 그 소득에 대한 법인세를 원천징수한다(법법 73 ⑥).

(4) 채권 등을 중도에 매도하는 경우의 원천징수

내국법인이 채권 등(법인세가 비과세되거나 면제되는 채권 등을 제외)에서 발생하는 이자, 할인액 및 집합투자기구로부터의 이익의 계산기간 중에 당해 채권 등을 매도(중개 · 알선을 포함하고 환매조건부채권매매 등은 제외)하는 경우 채권 등의 보유기간에 따른 이자 등에 대하여는 해당 법인이 원천징수의무자를 대리하여 원천징수하여야 한다(법법 73의 2 ①). 이에 대하여는 '원천납부세액명세서(을)'[법칙 별지 제10호 서식(을)]을 작성하여 제출하여야 한다.

(5) 청산인의 원천징수의무 승계

법인이 해산한 경우 해산법인이 원천징수하여야 할 법인세를 징수하지 아니하였거나 징수한 법인세를 납부하지 아니하고 잔여재산을 분배한 때에는 그 법인세에 대하여 청산인은 잔여재산을 분배받은 자와 연대하여 납부할 책임을 진다.

이때에 잔여재산의 분배를 받은 자는 그 받은 재산의 가액의 한도 내에서 그 책임을 진다(법령 116 ①).

(6) 합병법인 등의 원천징수의무 승계

법인이 합병 또는 분할로 인하여 소멸한 경우 합병법인 등은 피합병법인 등이 원천징수하여야 할 법인세를 징수하지 아니하였거나 징수한 법인세를 납부하지 아니한 경우에도 납부할 책임이 있다(법령 116 ②).

4 이자소득의 귀속시기와 원천징수 시기

(1) 이자소득의 귀속시기

법인이 수입하는 이자 및 할인액과 법인이 지급하는 이자 및 할인액은 「소득세법」상 이자소득 수입시기에 해당하는 날이 속하는 사업연도의 익금과 손금으로 한다(법령 70 ①). 「소득세법」상 이자소득의 수입시기는 다음과 같다.

구 분	소득의 종류	수입시기
수입시기가 약정기준	① 공사채의 이자와 할인액	약정에 의한 이자지급 개시일(기명공사채에 한함)
	② 채권 어음 기타 증권의 이자와 할인액	약정에 의한 상환일
	③ 환매 조건부 채권증권의 매매차익	약정에 의한 환매수일 환매도일
	④ 직장공제회 초과 반환금	약정에 의한 공제회 반환금의 지급일
	⑤ 비영업대금이익	약정에 의한 이자 지급일. 단, 약정이 없는 경우에는 지급일
수입시기가 지급기준	⑥ 무기명 공사채 이자와 할인액	그 지급을 받은 날
	⑦ 보통예금, 정기예금, 적금, 부금의 이자	① 실제 지급받은 날 ② 원본전입특약이 있는 경우는 원본 전입일
	⑧ 통지예금	인출일
	⑨ 투자신탁의 수익	지급받는 날
	⑩ 저축성 보험차익	보험금 환급금의 지급일

한편, 한국표준산업분류상 금융 및 보험업을 영위하는 법인의 이자수익은 실제로 수입된 날로 하되, 선수입이자 및 할인액은 제외한다.

(2) 예외－발생주의

1) 이자수익

결산을 확정할 때 이미 경과한 기간에 대응하는 이자 및 할인액을 해당 사업연도의 수익으로 계상한 경우에는 그 계상한 사업연도의 익금으로 한다. 다만, 원천징수되는 이자 및 할인액은 제외한다.

2) 이자비용

결산을 확정할 때 이미 경과한 기간에 대응하는 이자 및 할인액을 당해 사업연도의 손금으로 계상한 경우에는 그 계상한 사업연도의 손금으로 한다. 단, 차입일부터 이자지급일이 1년을 초과하는 특수관계인과의 거래에 또는 이자 및 할인액을 제외한다.

(3) 이자소득의 지급시기

원천징수는 원천징수의무자가 원천징수의 대상이 되는 소득금액을 지급하거나 채권 등을 중도에 매도(또는 매수)하는 때에 원천징수를 하여야 한다. 이때에 이자소득의 지급시기는 소득세법 시행령 제190조에 따른 날로 하는데(법령 111 ⑥), 다음 중 어느 하나에 해당하는 이자소득에 대해서는 다음 각 호에 따른 날에 그 소득을 지급한 것으로 보아 소득세를 원천징수한다(소령 190).

① 금전의 사용에 따른 대가의 성격이 있는 이자와 할인액 : 약정에 의한 상환일(기일 전 상환의 경우는 그 상환일)

② 공채 · 사채 등의 이자와 할인액

㉠ 무기명 : 지급을 받은 날

㉡ 기명 : 약정에 의한 지급일

③ 보통예금 · 정기예금 · 적금 또는 부금의 이자

㉠ 실제로 이자를 지급받는 날

㉡ 원본에 전입하는 뜻의 특약이 있는 이자는 그 특약에 의하여 원본에 전입된 날

㉢ 해약으로 인하여 지급되는 이자는 그 해약일

㉣ 계약기간을 연장하는 경우에는 그 연장하는 날

㉤ 정기예금연결정기적금의 경우 정기예금의 이자는 그 해약일 또는 정기적금의 저축기간의 만료일

④ 통지예금의 이자 : 인출일

⑤ 채권 또는 증권의 환매조건부매매차익 : 약정에 의한 당해 채권 또는 증권의 환매수일 또는 환매도일. 다만, 기일 전에 환매수 또는 환매도하는 경우에는 그 환매수일 또는 환매도일

⑥ 저축성보험의 보험차익 : 보험금 또는 환급금의 지급일. 다만, 기일 전에 해지하는 경우에는 그 해지일

⑦ 직장공제회초과반환금 : 약정에 의한 공제회반환금의 지급일

⑧ 비영업대금의 이익 : 약정에 의한 이자지급일. 다만, 이자지급일의 약정이 없거나 약정에

의한 이자지급일 전에 이자를 지급하는 경우에는 그 이자지급일로 한다.

⑨ 채권 등의 보유기간이자상당액 : 해당 채권의 매도일 또는 이자의 지급일

사례

㈜택스에듀는 법인 결산을 위해 AA은행으로부터 아래와 같은 2025년 이자원천징수영수증을 받았다. 다음의 자료를 통해 회계처리 및 '원천납부세액명세서(갑)' 서식을 작성하시오.

2025.6.30.에 이자를 받은 건은 1억에 대한 적금 이자(3%)로 1년 만기(2024.7.1.~2025.6.30.)가 되어 해지된 건이다.

[✓] 이자 · 배당소득 원천징수영수증
[ ] 이자 · 배당소득 지 급 명 세 서

[✓] 소득자 보관용
[ ] 발행자 보관용
[ ] 발행자 보고용

징 수 의무자	① 법인명(상호) AA은행	①-1 영문법인명(상호)	② 대표자(성명) 박xx	③ 사업자등록번호 135-xx-xxxxx
	④ 주민(법인)등록번호	⑤ 소재지 또는 주소 서울시 중구 xxx		

소득자	⑥ 성명(상호) ㈜택스에듀	⑦ 주민(사업자)등록번호 123-xx-xxxxx		⑦-1 비거주자 생년월일	⑧ 소득자구분코드 211				
	⑨ 주 소	⑩ 거주구분		⑪ 거주지국	⑪-1 거주지국 코드	⑫ 계좌번호 (발행번호)	⑬ 신탁 이익 여부		
		[✓] 거주자	[ ] 비거주자				[ ] 여	[ ] 부	

지 급 명 세

⑭ 지급일			⑮ 귀속연월		⑯ 과세 구분	⑰ 소득의 종류	⑱ 조세 특례 등	⑲ 금융 상품 코드	⑳ 유가증권 표준코드 (유가증권발행사업자 등록번호)	㉑ 채권 이자 구분	㉒ 지급 대상 기간	㉓ 이자 율 등	㉔ 지급액 (소득금액)	㉕ 세율 (%)	원 천 징 수 세 액				
연	월	일	연	월											㉖ 소득세	㉗ 법인세	㉘ 지방 소득세	㉙ 농어촌 특별세	㉚ 계
2025	01	25	2025	01	C	12	NN						800,000	14.0	0	112,000	11,200	0	123,200
2025	03	25	2025	03	C	12	NN						600,000	14.0	0	84,000	8,400	0	92,400
2025	04	30	2025	09	C	12	NN						5,500	14.0	0	0	0	0	0
2025	06	30	2025	06	C	12	NN						3,000,000	14.0	0	420,000	42,000	0	462,000

풀이

1. 2025.01.25.

차) 보통예금	676,800	대) 이자수익	800,000
선납세금(세무서)	112,000		
선납세금(구청)	11,200		

2. 2025.3.25.

차) 보통예금	507,600	대) 이자수익	600,000
선납세금(세무서)	84,000		
선납세금(구청)	8,400		

3. 2025.4.30.

차) 보통예금	5,500	대) 이자수익 5,500	

* 법인의 원천징수세액은 1,000원 이상인 경우에만 원천징수하므로 1,000원미만의 세액은 징수하지 않는다.

4. 2025.6.30.(정기적금)

차) 보통예금	102,538,000	대) 정기예적금	100,000,000
선납세금(세무서)	420,000	이자수익	3,000,000
선납세금(구청)	42,000		

* 외감법인인 경우에는 발생주의에 따라 이자수익을 계산하여야 하며, 회계처리는 다음과 같다.

1. 2024년

차) 미수수익	1,512,328	대) 이자수익	1,512,328*

〈익금불산입〉 미수수익 1,512,328(△유보)

* 100,000,000×3%×184/365 = 1,512,328

2. 2025년

차) 보통예금	102,538,000	대) 정기예적금	100,000,000
선납세금(세무서)	420,000	미수수익	1,512,328
선납세금(구청)	42,000	이자수익	1,487,672*

〈익금산입〉 미수수익 1,512,328(유보)

* 100,000,000×3%×181/365 = 1,487,672

[별지 제10호 서식(갑)] (2018.3.21. 개정) (앞 쪽)

사 업 연 도	2025.1.1. ~ 2025.12.31.	원천납부세액명세서(갑)	법인명	㈜택스에듀
			사업자등록번호	

원천징수 명세내용

① 적요	② 원천징수의무자			③ 원천 징수일	④ 이자·배당금액	⑤ 세율	⑥ 법인세
	구분 [내국인, 외국인]	사업자등록번호 (주민등록번호)	상호 (성명)				
보통 예금이자	내국인	135-xx-xxxxx	AA은행	2025.02.10.	800,000	14%	112,000
보통 예금이자	내국인	135-xx-xxxxx	AA은행	2025.04.10.	600,000	14%	84,000
정기 적금이자	내국인	135-xx-xxxxx	AA은행	2025.07.10.	3,000,000	14%	420,000
합계					4,400,000		616,000

210mm×297mm[백상지 80g/㎡ 또는 중질지 80g/㎡]

CHAPTER

14 가지급금 인정이자

1 개 요

특수관계자에게 금전을 무상 또는 시가보다 낮은 이율로 대부한 경우에는 시가와 실제 수령한 이자와의 차액을 익금에 산입하고(법령 88 ① 6호), 귀속자에 따라 상여 등으로 소득처분한다(법집 52-89-5 ①). 이때 특수관계자에게 대여한 자금을 가지급금이라 하며, 자금대여 시 적용하는 이자의 시가를 인정이자라 한다.

회계처리	(차) 현금 등 (대) 이자수익	미달 수령액 〈익금산입〉(상여 등)
법인세법	「법인세법」상 인정이자	

인정이자=가지급금 적수×1/365×인정이자율

2 가지급금 적수

(1) 가지급금의 범위

인정이자의 계산대상이 되는 가지급금이란 법인이 특수관계인에게 금전을 무상 또는 낮은 이율로 대부한 경우의 대여금을 말한다(법집 52-89-5 ①). 다만, 다음의 항목은 가지급금에서 제외한다(법칙 44).

① 미지급소득에 대한 소득세를 법인이 납부하고 이를 가지급금등으로 계상한 금액. 미지급소득이란 「소득세법」상 지급시기의제 규정(소법 135 ①, 소법 135 ③)에 의하여 지급한 것으로 보는 배당소득 및 상여금을 말한다.

$$미지급소득에\ 대한\ 소득세 = 종합소득\ 총결정세액 \times \frac{미지급소득}{종합소득금액}$$

② 국외에 자본을 투자한 내국법인이 해당 국외투자법인에 종사하거나 종사할 자의 여비 · 급료 기타 비용을 대신하여 부담하고 이를 가지급금등으로 계상한 금액(그 금액을 실지로 환부받을 때까지의 기간에 상당하는 금액에 한함)
③ 법인이 우리사주조합 또는 그 조합원에게 해당 우리사주조합이 설립된 회사의 주식취득에 소요되는 자금을 대여한 금액
④ 「국민연금법」에 의하여 근로자가 지급받은 것으로 보는 퇴직금전환금
⑤ 사외유출된 것이 분명하나 그 귀속이 불분명하여 대표자에게 상여처분한 금액에 대한 소득세를 법인이 납부하고 이를 가지급금으로 계상한 금액
⑥ 직원에 대한 월정급여액의 범위에서의 일시적인 급료의 가불금
⑦ 직원에 대한 경조사비 또는 학자금(자녀의 학자금을 포함)의 대여액
⑧ 「조세특례제한법 시행령」 제2조에 따른 중소기업에 근무하는 직원(지배주주등인 직원 제외)에 대한 주택구입 또는 전세자금의 대여액
⑨ 한국자산관리공사가 출자총액의 전액을 출자하여 설립한 법인에 대여한 금액

(2) 적수의 계산

적수의 계산은 가지급금의 매일의 잔액을 합산한 것으로, 일수의 계산은 초일을 산입하고 그 회수일은 제외한다(법인 46012-530, 2001.3.12.).

(3) 가수금이 있는 경우

동일인에 대한 가지급금등과 가수금이 함께 있는 경우에는 이를 상계한 금액으로 할 수 있다(법령 53 ③). 다만, 동일인에 대한 가지급금등과 가수금의 발생 시에 각각 상환기간 및 이자율 등에 관한 약정이 있어 이를 상계할 수 없는 경우에는 상계하지 아니한다(법칙 28 ②). 여기서, 가지급금과 가수금을 상계할 수 있는 경우란 가지급금등 및 가수금의 발생 시에 상환기간, 이자율 등에 대한 약정이 없는 경우를 의미하고, 가지급금(대여금)이나 가수금(차입금)에 대하여 약정이 각각 모두 있거나 또는 가지급금이나 가수금 중 어느 하나에 대해서만 약정이 있는 경우에는 그 상환기간, 이자율 등이 달라 이를 서로 상계할 수 없는 것으로 풀이된다(국심 2001서2107, 2001.11.17.).

(4) 회수지연된 외상매출금

1) 가지급금 여부

법인이 특수관계 있는 자와의 거래에서 발생된 외상매출금 등의 회수가 지연되는 경우로서 당해 매출채권이 실질적인 소비대차로 전환된 것으로 인정되는 때에는 업무와 관련 없는 가지급금으로 본다. 그러나 거래 상대방의 자금사정 등으로 불가피하게 그 회수가 지연되는 등 매출채권의 회수가 지연되는 데 정당한 사유가 있다고 인정되는 경우에는 당해 매출채권이 업무와 관련 없는 가지급금으로 전환된 것으로 보지 아니한다(서이 46012-10687, 2001.12.6.).

2) 가지급금으로 판단한 경우

법인이 특수관계자로부터 지급받아야 할 매매대금의 회수를 정당한 사유 없이 지연시키는 것은 실질적으로 매매대금이 계약상의 의무이행기한 내에 전부 회수된 후 다시 가지급된 것과 같은 효과를 가져온다는 점에서 그 미회수 매매대금 상당액은 "업무와 관련 없이 지급한 가지급금등"에 해당하여 그에 상당하는 차입금의 지급이자가 손금에 산입되지 아니한다. 또한 그와 같은 매매대금의 회수지연이 건전한 사회통념이나 상관행에 비추어 경제적 합리성이 결여되어 조세의 부담을 부당하게 감소시킨 것으로 인정되는 경우에는 부당행위계산부인에 의하여 그에 대한 인정이자가 익금에 산입된다(대법원 2007두5646, 2010.1.14.).

3) 가지급금이 아니라고 판단한 경우

특수관계법인이 법인의 대량거래처일 뿐더러 생산제품의 유일한 수요자로서 그 경영상태 및 변제능력을 감안할 수밖에 없는 경우라면 특수관계법인의 경영실적이 악화되었을 때에는 외상매출금회수를 적게 하고 경영상태가 호전됨에 따라 그 회수를 강화하는 것은 거래처의 효율적인 관리를 통한 매출물량의 확대를 기하고자 하는 경제적 합리성에 따른 것으로 보아야 할 것이므로 법인의 요구를 수용할 수밖에 없는 다른 군소거래처들에 대한 외상매출금의 회수사정과 단순히 산술적으로만 비교하여 특수관계법인에 대한 외상매출금의 회수가 경제적 합리성을 무시한 부당행위부인규정에 해당한다고 할 수 없다(대법원 89누8095, 1990.5.11.).

실무포인트

1. 가지급금 해당 여부

(1) 현실적인 퇴직 없이 지급한 퇴직금

현실적으로 퇴직하지 아니한 임원 또는 직원에게 지급한 퇴직급여는 해당 임원 또는 직원이 현실적으로 퇴직할 때까지 이를 당해 법인의 업무와 관련이 없는 자금의 대여액에 해당하는 것으로 본다(법칙 22 ②).

(2) 자본금 인출액

상법의 규정에 의하여 정당하게 설립된 회사의 자본금은 동법의 규정에 의한 자본금이 감소될 때까지는 당초 자본금을 정당한 자본금으로 본다(법통 4-0…10 ①). 따라서 상법의 규정에 의하여 적법하게 불입된 자본금을 증자등기한 후 즉시 동 자본금 상당액을 주주에게 반환한 경우에는 주주에 대한 업무와 관련 없는 가지급금에 해당한다(법인 46012-3797, 1995.10.9.). 또한, 일시적인 차입금으로 주금납입의 형식을 취한 후 곧 그 납입금을 인출하여 동 차입금을 변제하는 대신 가공자산을 계상한 경우에 당해 가공자산의 처리는 67-106…12에 의한다. 그러나 자산을 특정인이 유용하고 있는 것으로서 회수할 것임이 객관적으로 입증되는 경우에는 가공자산으로 보지 아니하고 이를 동인에 대한 가지급금으로 처리한다(법통 4-0…10 ②).

(3) 지분 없는 지배주주 친족에게 대여한 전세자금이 가지급금인지 여부

질의 - A법인은 「조세특례제한법 시행령」 제2조에 따른 중소기업이며, 주주현황은 아래와 같음

	AAA(대표이사)	BBB(배우자)	CCC(자녀)	DDD(자녀)
지분율	30%	30%	20%	20%

- A법인은 직원에게 전세자금을 대여하였고, 해당 직원은 A법인의 발행주식을 30% 보유하고 있는 대표이사의 오빠임
- 내국법인이 지배주주등의 남매이면서 해당 내국법인의 발행주식을 보유하지 않은 직원에게 전세자금을 대여한 경우, 해당 대여금을 「법인세법 시행규칙」 제44조 제7호의 2*에 따른 전세자금의 대여액으로 볼 수 있는지 여부

* 「조세특례제한법 시행령」 제2조에 따른 중소기업에 근무하는 직원(지배주주등인 직원은 제외한다)에 대한 주택구입 또는 전세자금의 대여액

회신 귀 사전답변 신청의 사실관계와 같이, 내국법인이 「법인세법 시행령」 제47조 제7항에 따른 지배주주등의 남매이면서 해당 내국법인의 발행주식을 보유하지 않은 직원에게 전세자금을 대여한 경우, 해당 대여금은 「법인세법 시행규칙」 제44조 제7호의 2에 따른 전세자금의 대여액(가지급금에서 제외되는 전세자금 대여액)으로 볼 수 있는 것임(법규과-861, 2022.3.17.).

(4) 대표이사의 배우자에 대한 전세자금 대여액이 가지급금인지 여부

「조세특례제한법 시행령」 제2조에 따른 중소기업에 해당하는 내국법인이 직원(대표이사의 배우자)에게 대표이사 및 그 직원이 함께 거주할 용도의 주택을 마련하기 위한 전세자금을 대여한 경우 해당 대여액은 「법인세법 시행규칙」 제44조 제7호의 2에 따른 전세자금의 대여액(가지급금에서 제외되는 전세자금 대여액)에 해당하지 않는 것임(사전-2024-법규법인-0962, 2024.12.27.).

2. 가수금에 대한 이자를 미지급한 경우

거주자가 특수관계자인 법인에게 금전의 무상대여로 인하여 발생하는 이자소득에 대하여는 부당행위계산의 대상이 되지 아니하는 것임(소득세과-1390, 2009.9.9.).

3. 국외특수관계자의 대여금에 대한 이자율

내국법인이 국제조세조정에관한법률상의 국외특수관계자와 「금전대여약정」을 체결하고 자금을 대여함에 있어, 국외특수관계자의 대여거래는 국제거래로 같은 법 제3조의 규정에 의하여 법인세법에 우선하여 국제조세조정에관한법률을 적용하여야 하는 것으로 이에 대한 이자소득의 계산 등도 같은 법 제4조의 규정에 의한 정상가격의 과세조정의 대상이 되는 것임(서면인터넷방문상담2팀-120, 2005.1.17.).

3 인정이자율

(1) 원 칙

가지급금 인정이자의 계산 시에는 가중평균차입이자율을 시가로 한다. 가중평균차입이자율이란 자금을 대여한 법인의 대여시점 현재 각각의 차입금 잔액에 차입 당시의 각각의 이자율을 곱한 금액의 합계액을 해당 차입금 잔액의 총액으로 나눈 비율을 말한다. 이때 특수관계자로부터의 차입금은 제외하며, 차입금이 채권자가 불분명한 사채 또는 매입자가 불분명한 채권·증권의 발행으로 조달된 차입금에 해당하는 경우에도 해당 차입금의 잔액은 가중평균차입이자율 계산을 위한 잔액에 포함하지 아니한다. 한편, 변동금리로 차입한 경우에는 차입 당시의 이자율로 차입금을 상환하고 변동된 이자율로 그 금액을 다시 차입한 것으로 본다(법칙 43 ①·⑥).

▌가중평균차입이자율▐

대여시점 현재의 $\dfrac{\Sigma \text{ 각 차입금 잔액} \times \text{이자율}}{\text{총 차입금 잔액}}$ ① 특수관계자 차입금 제외 ② 채권자 불분명 사채이자 제외

(2) 예 외

개정일자	적용기간	이자율	근거법
2012.2.28.	2012.1.1. 이후 개시하는 사업연도부터 적용함.	연 6.9%	법칙 부칙 2 기획재정부령 제266호
2016.3.7.	2016.3.7. 이후 발생하는 분부터 적용함. 다만, 종전에 약정을 체결한 대여금으로 약정기간이 있는 경우 약정기간 만료일까지는 종전규정 적용	연 4.6%	법칙 부칙 4 기획재정부령 제544호

다음의 경우에는 예외적으로 당좌대출이자율을 시가로 할 수 있다(법령 89 ③).

1) 해당 법인이 법인세 과세표준 신고와 함께 당좌대출이자율을 시가로 선택하는 경우

이 경우 당좌대출이자율을 시가로 하여 선택한 사업연도와 이후 2개 사업연도는 당좌대출이자율을 시가로 한다(2011.1.1. 이후 신고분부터 적용).

이때에 법인이 당좌대출이자율을 시가로 선택하여 3년간 의무적용하고 그 다음 사업연도(4년차) 법인세 신고 시 당좌대출이자율을 다시 선택한 경우, 해당 사업연도(4년차)와 이후 2개 사업연도에도 당좌대출이자율을 시가로 한다(서면법령법인-4875, 2016.10.12.; 대법원 2018두64870, 2019.3.14.).

2) 가중평균차입이자율의 적용이 불가능한 경우(법칙 43 ③)

① 특수관계자가 아닌 자로부터 차입한 금액이 없는 경우

② 차입금 전액이 채권자가 불분명한 사채 또는 매입자가 불분명한 채권·증권의 발행으로 조달된 경우

③ 대여자의 가중평균차입이자율 및 대여금리＞차입자의 가중평균차입이자율

3) 대여기간이 5년을 초과하는 대여금이 있는 경우 등 기획재정부령으로 정하는 경우

이 경우 해당 대여금 또는 차입금에 한정하여 당좌대출이자율을 시가로 한다. “기획재정부령으로 정하는 경우”란 대여한 날(계약을 갱신한 경우에는 그 갱신일을 말한다)부터 해당 사업연도 종료일(해당 사업연도에 상환하는 경우는 상환일을 말한다)까지의 기간이 5년을 초과하는 대여금이 있는 경우를 말한다(법칙 43 ④).

4 인정이자의 세무조정과 소득처분

가지급금 인정이자에 관한 규정은 인정이자와 회사가 수령한 이자와의 차액이 3억원 이상이거나 시가의 5%에 상당하는 금액 이상인 경우에 한하여 적용한다(법령 88 ③). 현저한 이익에 해당하는 경우에는 계산된 인정이자와 회사가 수령한 이자와의 차액을 익금에 산입하며 금전을 대여받은 자의 구분에 따라 다음과 같이 소득처분한다(법기통 67-106…10).

① 출자자(출자임원 제외) : 배당
② 사용인(임원포함) : 상여
③ 법인 또는 사업을 영위하는 개인 : 기타사외유출
④ 전 각 호 이외의 개인 : 기타소득

(1) 이자를 수령한 경우의 세무조정

① 사전약정이 없는 가지급등에 대한 미수이자를 미수이자 대신 현금을 받아 계상하는 경우에는 세무계산상 인정이자상당액과 회사에서 현금으로 계상한 금액과의 차액을 소득귀속 여부에 따라 소득 처분한다는 과거의 예규가 있다(법인 22601-2273, 1990.12.3.).
② 그러나 최근 예규에서는 실제로 이자를 현금으로 수령하였는지 여부는 사실판단한다고 회신하였으며(법인-391, 2013.6.2.), 실제로 현금을 수령함 없이 회계처리만을 수행하거나, 금융자료등 객관적인 증빙에 의해 입증제시를 못하는 경우에는 인정이자 전액을 익금에 산입하고 귀속자에 따라 상여 등으로 처분하는 것이 심판례의 입장이다(국심 2001중2268, 2002.1.23.).

실무포인트

1. 현금회수 여부는 사실판단할 사항임

법인이 특수관계자와의 자금거래에서 발생한 가지급금의 미수이자를 이자 발생일이 속하는 사업연도 종료일로부터 1년이 되는 날까지 정당한 사유나 회수할 것임이 객관적으로 입증되는 사실이 없이 이를 회수하지 않은 경우 그 1년이 되는 날(그 이전에 특수관계가 소멸하는 경우 소멸하는 날)에 미수이자를 「법인세법 시행령」 제106조의 규정에 따라 소득처분하는 것으로 귀 질의의 일부 현금회수가 미수이자를 회수한 것인지는 당사자 간 자금대여 및 이자회수의 약정내용, 실제 현금회수 여부 등을 종합적으로 검토하여 판단할 사항임(법인-391, 2013.6.2.).

2. 미수이자가 현금회수된 것을 객관적 증빙에 따라 입증하지 못한 경우

청구법인은 위 가지급금인정이자 상당액(미수이자)을 매 익년도 초에 장부상 현금이 입금된 것으로 수익계상하였으나 처분청이 제시하는 심리자료와 조사내용 등에 의하면 청구법인의 대표이사 주○○○에 대한 가지급금 인정이자 37,745,501원(1998년)과 69,174,180원(1999년)은 사업연도 종료일로부터 1년이 되는 날까지 실질적으로 현금 회수되지 아니한 것으로 인정되고 이에 대해 청구법인이 금융자료 등 객관적인 증빙에 의해 입증제시를 못하고 있어 처분청이 「법인세법 시행령」 제94조의 2 등 관련 규정에 따라 귀속자인 청구법인의 대표이사 주○○○에 대한 상여로 소득처분한 것은 정당한 것으로 판단되며, 또한 가지급금 누적잔액이 사업연도말 현재 실질적으로 감소되었으므로 미수이자 현금유입 입금증빙이 없더라도 인정이자상당액이 현금으로 입금된 것으로 보아야 한다는 청구주장은 가지급금의 증감과 가지급금 인정이자상당액의 실제 현금입금 여부와는 직접 관련이 없는 것이므로 역시 청구주장은 이유 없다 할 것이다(국심 2001중2268, 2002.1.23.).

(2) 미수이자를 계상한 경우의 세무조정

1) 약정이 없는 경우

법인이 특수관계인 간의 금전거래에 있어서 상환기간 및 이자율 등에 대한 약정이 없는 대여금 및 가지급금등에 대하여 결산상 미수이자를 계상한 경우에도 동 미수이자는 익금불산입하고 영 제89조 제3항 및 제5항의 규정에 의하여 계산한 인정이자상당액을 익금에 산입하여 귀속자에 따라 상여 등으로 소득처분한다(법기통 67-106…10).

2) 약정이 있는 경우

가지급금의 대여시점마다 상환기간 이자율 등에 대한 구체적이고 개별적인 약정이 있는 경우에는 약정일에 미회수된 이자에 대하여 미수이자를 계상하는 것이 가능할 것으로 판단된다. 다만, 구체적이고 개별적인 약정이 아닌 포괄약정 등은 약정이 없는 것으로 보아 미수이자를 익금불산입하고 인정이자 전액에 대하여 귀속자에게 상여 등으로 소득처분한다.

① 법인이 특수관계자와 금전거래를 함에 있어 금전대차 시마다 개별약정에 의하여 원금과 이자에 대한 상환기간 및 이자율 등을 구체적으로 명시하지 않은 때에는 「법인세법 시행령」 제47조 제2항 단서의 규정을 적용할 수 없는 것임(법인 46012-884, 1994.3.24.).

② 법인이 출자자와 금전거래를 하면서 원금과 이자의 상환기간을 구체적으로 적시하지 아니하고 "익년 회계연도 기간 내"라는 포괄적인 표현으로 상환기간을 약정하는 경우는 「법인세법」 기본통칙 4-4-11…32 제2항 "상환기간 및 이자율등에 대한 약정이 없는" 경우에 해당되는 것임(법인 46012-130, 1993.1.16.).

③ 법인이 특수관계 있는 자에게 금전을 수시로 대여하면서 이자율 등에 관한 약정을 체결하였으나, 그 상환기간을 구체적으로 정하지 아니하고 채무자가 임의로 상환할 수 있도록 한 때에는 당해 대여금에 대하여 결산상 미수이자를 계상한 경우에도 동 미수이자는 익금불산입하고 「법인세법 시행령」 제47조의 규정에 의하여 계산한 인정이자상당액을 익금에 산입하여 같은 법 시행령 제94조의 2 제1항 제1호의 규정에 따라 처분하는 것임(법인 46012-2566, 1998.9.11.).

3) 이자지급 약정일이 12월 31일이 아닌 경우

특수관계인에게 자금을 대여함에 있어 이자지급 약정일이 12월 31일이 아닌 경우, 12월 31일에 계상한 미수이자에 대하여는 미수이자를 계상한 사업연도에는 익금불산입으로 세무조정하고 약정일에 의한 이자지급일에 다시 익금으로 산입하여야 한다. 그러나, 그 이자지급 약정일을 장기간으로 정하는 등 특수관계인이 아닌 자 간의 정상적인 이자지급방법에 의하지 아니한 경우에는 부당행위계상의 부인 규정이 적용될 수 있으므로 유의하여야 한다(법인세과-81, 2011.1.31.).

실무포인트 **약정이 있는 가지급금의 인정이자 세무조정**

질의

○ 서비스업을 영위하는 당해 법인은 차입금이 없는 무차입법인으로 특수관계에 있는 A 법인과 아래와 같이 금전소비대차 계약을 체결
- 대여기간 : 2010.4.1.~2011.3.31.
- 약정이자율 : 기획재정부령으로 정하는 당좌대출이자율(8.5%)
- 이자상환일 : 대여기간 종료일로부터 익월 말일까지(2011.4.30.)

○ 당사는 기업회계기준에 따라 2010.12.31. 기준으로 9개월간의 미수이자를 차변에, 수입이자를 대변에 계상

○ 특수관계자인 A법인과 당좌대출이자율로 이자를 수수하기로 약정하고, 기업회계기준에 따라 기간경과분에 대한 미수이자를 결산상 수입으로 계상한 경우, 미수이자의 법인세법상 익금귀속시기

회신

법인이 특수관계자간의 비영업대금 거래에서 발생하는 이자소득으로서 「법인세법」 제73조에 따라 원천징수되는 소득 이외의 이자소득의 귀속시기가 사업연도 종료일 현재 미도래하여 장부상 미수이자로 계상한 경우에는 이를 익금불산입 (△)유보처분한 후 같은 법 시행령 제70조 제1항 제1호 본문에서 정하는 사업연도에 익금산입 유보처분 하는 것이나, 그 이자지급 약정일을 장기간으로 정하는 등 특수관계자가 아닌 자간의 정상적인 이자지급방법에 의하지 아니한 경우에는 같은 법 제52조의 부당행위계산의 부인 규정을 적용하는 것임(법인세과-81, 2011.1.31.).

4) 미수이자의 원본가산

예규에 따르면 가지급금 인정이자에 대한 미수이자를 원본에 가산한다는 약정이 있는 경우에는 이를 가지급금 원금에 가산하여 인정이자를 계산하는 것이 가능할 것으로도 보이나, 최근 판례는 원본가산 이자를 인정하지 않고 회수되지 않은 이자로 보아 상여처분하는 경향이 있으므로 실무처리에 유의하여야 한다.

실무포인트

1. 미수이자의 원본가산 인정은 약정 여부에 따름(예규)

① 미수이자를 원본에 가산하기로 약정하였음에도 미수이자를 원본에 가산하지 않고 수입이자를 계산한 경우에는 당해 미수이자상당액에 대하여는 인정이자를 계산하여 익금산입한다(법인 46012-106, 1997.1.14.).

② 내국법인이 특수관계인과의 자금대여 거래에서 발생한 미수이자에 대해 대여금 원본에 포함한다는 약정이 없이 회수하지 않은 경우로서, 해당 미수이자가 사실상 금전소비대차로 전환되었다고 보기 어려운 경우에는 대여금 원본에 포함하지 아니하는 것이며, 「법인세법 시행령」 제11조 제9호 나목에 따라 1년 이내 회수하지 아니한 이자로 처리하여야 한다(서면 2015법령해석법인-0131, 2016.1.18.).

2. 원본가산된 미수이자는 미회수된 이자이므로 상여처분됨(판례)

① 부당행위계산부인 규정의 취지는 법인이 특수관계인에 대한 가지급금 이자를 실제 회

수함이 없이 장부상 미수이자로 또는 가지급금 원본에 산입하여 계상하는 경우 법인이 아무리 미수이자 또는 가지급금 원본산입으로 계상하였다고 하더라도 이는 가공자산에 불과할 뿐이므로 그에 대하여는 익금불산입하고, 가지급금 인정이자 상당액을 익금에 산입함과 동시에 특수관계인에 대한 배당 · 상여 · 기타소득 · 기타사외유출 등으로 처분함으로써 미회수 인정이자를 법인의 수익에 포함시키고, 동일액을 특수관계인의 소득에 산입하여 조세의 부담을 부당하게 감소시키는 행위를 방지하려는 규정이라고 할 것이다(… 중략). 따라서 가지급금의 이자상당액은 사업연도 종료일부터 1년이 되는 날까지 실질적으로 회수되지 아니한 것으로 봄이 타당하고, 각 금액을 대표자에 대한 상여로 소득처분하여 소득금액변동통지를 한 이 사건 처분은 적법하다(청주지방법원 2014구합1081, 2015.2.16.).

② 가지급금의 이자가 회수되지 않았음에도 현금회수되고 같은 날 다시 가지급금으로 지급한 것처럼 회계처리한 원고의 행위는 건전한 사회통념이나 상관행에 비추어 경제적 합리성이 결여되어 조세의 부담을 부당하게 감소시킨 것이라고 보인다. 따라서 미수이자를 원고의 익금에 산입하여 원고가 위 이자 상당액을 B에게 배당한 것으로 소득처분한 이 사건 소득금액변동통지처분은 적법하고, 이를 전제로 한 이 사건 부과처분 또한 적법하다(대전지방법원 2015구합101466, 2016.11.2., 진행 중).

③ 미수이자에 상당하는 돈을 AAA 등에게 대여하여 이를 가지급금 원본에 가산하는 방식으로 회계처리함으로써 계쟁 미수이자가 회수되었다고 하는 원고의 주장은 이유 없다(수원지방법원 2016구합750, 2017.5.16., 진행 중).

5 인정이자와 원천징수

(1) 인정이자 상당액을 수령한 경우의 원천징수

법인이 가지급금에 대한 인정이자 상당액을 특수관계인으로 수령하고 이자수익으로 계상한 경우 이를 지급한 특수관계인은 법인세(1천원 이상인 경우만 해당)를 원천징수하여 지급일이 속하는 달의 다음 달 10일까지 납부하여야 한다(법법 73 ①). 따라서 가지급금이 발생한 법인이 대금업을 영위하는 경우가 아니라면 가지급금은 대부분 이자소득 중 비영업대금이익에 해당하므로 원천징수 세율 25%를 적용하여야 하며, 지급명세서[소칙 별지 제23호서식(1)]의 제출의무도 있는 것이다.

(2) 미수수익을 계상한 경우의 원천징수

가지급금의 대여시점마다 상환기간 이자율 등에 대한 구체적이고 개별적인 약정이 있어 미수수익을 계상한 경우에도 원천징수 의무가 있다. 미수수익을 계상하였다면 아직 지급되지 않았다는 의미이므로 원천징수 의무가 없다고 생각할 수 있으나, 「법인세법」상 원천징수 규정을 적용함에 있어 이자소득의 지급시기는 「소득세법 시행령」 제190조 각 호에 따른 날로 하도록 되어 있고(법령 111 ⑥), 비영업대금의 이익에 대하여는 약정에 의한 이자지급일에 그 소득을 지급한 것으로 보아 소득세를 원천징수하도록 규정하고 있다(소령 190 2호, 소령 45 9호의 2). 따라서 약정에 의한 이자지급일에 미수수익을 계상한 경우 「소득세법」상 지급시기의제 규정에 따라 그 약정일에 지급된 것으로 보아 다음 달 10일까지 원천징수하고 지급명세서도 제출하여야 한다.

실무포인트

1. 미수수익을 "신고한 과세표준에 이미 산입된 미지급 소득"으로 인정하지 않는 예규(원천징수 의무 있음)

금융보험업을 영위하지 아니하는 법인이 금전소비대차 약정을 체결하고, 발생이자에 대하여 수입이자로 계상하였으나 세법상 수입시기가 도래하지 아니하였기 때문에 당해연도 법인세 신고 시 익금불산입하였다면, 그 소득은 법인세법 시행령 제100조의 4 제1항 제4호에 규정된 "신고한 과세표준에 이미 산입된 미지급 소득"에 해당하지 아니하며, 이후 당해 법인이 수입시기에 지급받는 이자소득에 대하여는 소득세법 제16조 제1항 제12호의 규정에 의한 비영업대금의 이자에 해당되는 것으로 같은 법 시행령 제45조 제9호의 2에 규정된 "약정에 의한 이자 지급일" 등에 원천징수되는 것임(법인46013-1829, 1998.7.7.).

2. 미수수익을 "신고한 과세표준에 이미 산입된 미지급 소득"으로 인정한 심판례(원천징수의무 없음)

청구법인에게 금전을 대여한자가 이자수익(미수금)을 과세표준에 이미 산입하여 법인세 신고를 하였으므로 청구법인은 원천징수의무가 없고, 이와 같은 경우 과세자료의 수집의 필요성이나 그 활용도도 없으므로, 지급명세서 미제출가산세를 과세한 처분은 잘못임(조심-2011-중-1743, 2011. 10. 26.).

* **저자주** : 청구법인은 특수관계법인으로부터 차입한 자금에 대하여 지급이자 관련 원천징수 및 지급명세서 제출을 하지 않았다. 한편, 대여법인은 결산 시 12.31일자로 "(차)미수수익 (대)이자수익"을 계상하여 법인세를 납부한 후 익년도 4월 중 미수수익을 회수(대여금 증가)로 회계처리하였다. 조세심판원에서는 대여법인이 이자수익에 대하여 이미 법인세를 납부하였으므로 "신고한 과세표준에 이미 산입된 미지급 소득"으로 인정하였다.
따라서, 청구법인은 원천징수의무자가 아니며, 지급명세서 제출의무를 강제할 수 없다고 보았고, 과세

자료의 수집 및 파악이라는 지급명세서 제도의 취지와 「국세기본법」 제85조의 2에 규정된 지급명세서 자료의 이용용도를 감안하면, 거래상대방의 법인세과세표준에 이미 산입된 이자소득에 대하여는 과세자료 수집의 필요성이나 그 활용도가 없는 것이므로, 실제 이자소득금액을 지급한 사실이 없을 뿐만 아니라 원천징수의무가 없는 청구법인에게 원천징수대상소득이 있음을 전제로 지급명세서미제출가산세를 적용하여 과세한 이 건 처분은 잘못된 것으로 판단하여, 가산세 부과를 취소결정하였다.

6 미수수익이 회수되지 않은 가지급금 및 미수이자

(1) 일반적인 경우

가지급금 및 그 이자로서 다음 중 어느 하나에 해당하는 금액은 익금에 산입하고, 「법인세법 시행령」 제106조의 규정에 따라 상여 등으로 소득처분한 것으로 본다(법령 11 9호의 2, 법통 4-0…6).

① 특수관계가 소멸되는 날까지 회수하지 아니한 가지급금 및 인정이자(②에 따라 익금에 산입한 이자는 제외)
② 특수관계가 소멸되지 아니한 경우로서 가지급금의 이자를 이자발생일이 속하는 사업연도 종료일부터 1년이 되는 날까지 회수하지 아니한 경우 그 이자

1) 처분시기

① 가지급금등 : 특수관계가 소멸하는 날
② 미수이자 : 발생일이 속하는 사업연도 종료일로부터 1년이 되는 날. 다만, 1년 이내에 특수관계가 소멸하는 경우 특수관계가 소멸하는 날

2) 처분 이후에 회수되는 경우

본 규정에 의하여 처분한 것으로 보는 미수이자를 그 후에 영수하는 때에는 이를 이월익금으로 보아 영수하는 사업연도의 소득금액 계산상 익금에 산입하지 아니한다(법통 4-0…6 ③).

3) 거래상대방의 세무조정

본 규정에 의하여 처분한 것으로 보는 미수이자에 상당하는 다른 상대방의 미지급이자는 이를 실제로 지급할 때까지는 채무로 보지 아니한다. 따라서 동 미지급이자는 그 발생

일이 속하는 사업연도 종료일로부터 1년이 되는 날이 속하는 사업연도의 소득금액 계산상 익금에 산입하고, 동 미지급이자를 실제로 지급하는 사업연도의 소득금액 계산상 손금에 산입한다(법통 4-0…6 ④).

4) 적용배제

채권 · 채무에 대한 쟁송으로 회수가 불가능한 경우 등 기획재정부령으로 정하는 정당한 사유가 있는 경우는 익금에 산입하지 아니한다. 여기서 정당한 사유란 다음 중 어느 하나에 해당하는 경우를 말한다(법령 11, 법칙 6호의 2).

① 채권 · 채무에 대한 쟁송으로 회수가 불가능한 경우
② 특수관계인이 회수할 채권에 상당하는 재산을 담보로 제공하였거나 특수관계인의 소유재산에 대한 강제집행으로 채권을 확보하고 있는 경우
③ 해당 채권과 상계할 수 있는 채무를 보유하고 있는 경우
④ 그 밖에 ①부터 ③까지와 비슷한 사유로서 회수하지 아니하는 것이 정당하다고 인정되는 경우

(2) 폐업 시까지 회수되지 않은 가지급금

법인이 특수관계에 있는 자에 대한 가지급금을 장부상 '대여금'으로 계상한 것은 그 특수관계에 있는 자로부터 그 대여금을 회수할 것이 전제된 것이므로, 만일 법인이 특수관계에 있는 자로부터 그 대여금을 회수하지 않는 등 사실상 회수를 포기하거나 회수가 불가능한 상황에 놓이게 된다면 위 대여금은 결국 사외로 유출되어 특수관계에 있는 자에게 확정적으로 귀속된 것으로 보아 그 귀속자에게 상여 등으로 소득처분이 될 수 있다. 따라서 폐업 시까지 회수되지 않은 가지급금은 그 귀속자에게 상여 등으로 소득처분하고 소득세를 부과하는 것이 과세관청과 판례의 입장인데 이를 예시하면 다음과 같다.

① 법인이 대표자인 원고에게 지급한 가지급금과 관련하여 폐업시점에 원고와 법인과의 특수관계가 소멸된 것으로 보고 회수하지 않은 가지급금과 인정이자상당액을 원고에 대한 상여로 소득처분하고 종합소득세를 과세한 처분은 정당하다(대법원 2007두4261, 2007.5.11.).
② 법인이 폐업할 때까지 쟁점대여금을 회수하지 아니한 것으로 보아 청구인에 대한 상여로 소득처분하여 종합소득세를 과세한 처분은 잘못이 없다고 판단된다(조심 2011부1264, 2011.5.24., 유사심판례 : 조심 2013부1239, 2013.5.24.).
③ 특수관계자와의 자금거래에서 발생한 가지급금등과 동 이자 상당액이 특수관계가 소멸할 때까지 회수되지 아니한 경우 특수관계가 소멸한 시점에 「법인세법 시행령」 제106조 규정에 의하

여 처분한 것으로 보되, 회수하지 아니한 정당한 사유가 있거나, 회수할 것임이 객관적으로 입증되는 경우에는 그러하지 아니하나(「법인세법」 기본통칙 4-0…6 참조), 청구인과 청구외법인 간에 채권 · 채무에 대한 쟁송이 있거나, 청구외법인이 청구인으로부터 회수할 채권에 상당하는 재산을 담보로 청구인으로부터 제공받는 등의 회수하지 아니한 정당한 사유 또는 회수할 것임이 객관적으로 입증할 만한 증빙을 제시하지 않고 있어 특수관계도 폐업 시 소멸되는 것으로 볼 수 있으므로 쟁점가지급금등을 청구외법인 폐업 시 청구인의 상여로 소득처분한 것은 잘못이 없는 것으로 판단된다(조심 2013서29, 2013.3.3.).

실무포인트

1. 직권폐업을 특수관계 소멸시점으로 본 판례

① 직권 폐업되었다는 사정만으로는 삼원AA과 원고 사이에 존재하던 특수관계가 바로 소멸하였다고 볼 수 없고, 직권 폐업 후 3년 내에 회사를 계속하지 않으면 청산이 종결된 것으로 간주된다는 근거도 없음. 따라서, 가지급금을 원고에 대한 상여로 소득처분하는 것은 위법하다고 본 원심의 결론은 정당함(대법원-2020-두-51723, 2021.8.12.).

② 법인이 직권폐업되었다는 사정만으로 바로 특수관계가 소멸하였다고 볼 수는 없으나, 직권폐업 이후 원고에 대한 사업실적이 없고 달리 직권폐업 이후에도 원고가 사업을 영위하였다는 자료가 없는 점 등에 비추어 보면, 이 사건 회사는 직권폐업일 무렵 영위하던 사업을 폐지하여 폐업한 상태에 있었다고 봄이 타당하고, 이에 따라 직권폐업일에 원고와 이 사건 회사의 특수관계가 소멸하였다고 보아 귀속이 분명하지 않은 대여금에 대하여 원고에게 상여처분한 것은 적법함(대법원-2023-두-49950, 2023.11.9.).

2. 대표이사에서 사임한 경우의 미회수 가지급금의 상여처분

임BB은 원고의 대표이사 및 사내이사 지위를 상실한 후에도 주주로서 지위를 유지하고 있었고, 자신의 주식을 동생인 임CC에게 양도한 후에도 '주주등의 친족'으로서 원고와의 특수관계가 계속해서 유지되고 있었으므로, 이 사건 소득금액변동통지는 과세관청이 합리적인 이유 없이 근거규정을 잘못 해석하거나, 사실관계를 오인하여 그 과세요건이 충족되지 않았음에도 이루어진 처분으로서 그 하자가 중대하고 명백하다고 봄이 타당하다. 따라서, 이 사건 소득금액변동통지는 원고와 전 대표이사의 특수관계 미소멸 등 익금에 산입할 수 있는 요건이 갖추어지지 못하였음에도 과세요건이 갖추어진 것으로 오인하고 이루어진 것으로서 그 하자가 중대하고 명백하여 무효임(대법원-2020-두-49676, 2021.1.28.).

3. 가지급금을 사업양도와 함께 승계하는 경우

내국법인의 특수관계인이 해당 법인의 경영권 및 주식 일체를 양도하면서 본인의 가지급금도 함께 양수인에게 인계하는 경우 해당 가지급금이 「법인세법 시행규칙」 제6조의 2에 따라 회수하지 아니하는 것이 정당하다고 인정되는 경우 등에 해당한다고 볼 수 있으며 다만, 이에 해당하는지는 관련 양수도계약서 등의 계약내용, 매매대금 산정 시 가지급금 포함 여부, 가지급금 원장, 회수가능성 등을 종합적으로 고려하여 사실판단할 사항임(기준-2022-법무법인-0201[법무과-6852], 2022.12.23.).

4. 가지급금이 있는 대표자가 사망한 경우 가지급금인정이자 계산방법

(1) 대표자의 사망시점이 특수관계소멸 시점임

법인이 그 대표자에게 업무와 관련 없는 가지급금을 계상하고 당해 가지급금에 대한 인정이자를 계산하는 중에 대표자의 사망으로 인하여 특수관계가 소멸하고 퇴직금의 지급의무가 발생한 경우 법인세법 제52조의 규정을 적용함에 있어서 당해 대표자에 대한 가지급금의 인정이자계산은 특수관계가 소멸하는 날까지 적용함(서이 46012-12080, 2002.11.18.).

(2) 가지급금이 있는 대표자가 사망한 경우 상여처분은 원천징수하지 않음

내국법인이 대표자의 사망으로 특수관계가 소멸되는 날까지 회수하지 아니한 가지급금을 「법인세법」 제67조 및 같은 법 시행령 제106조에 따라 상여처분한 경우, 해당 내국법인은 그 처분되는 상여에 대한 소득세에 대해 원천징수하지 아니하는 것임(사전2020법령해석소득-0861, 2020.12.23.).

(3) 가지급금이 있는 대표자가 사망한 경우 상속인에게 소득세 납세의무 있음

법인이 대표이사의 사망으로 특수관계가 소멸한 날까지 회수하지 아니한 대표이사의 임원단기채권 및 미수이자 등에 대하여 가지급금등으로 계상한 금액을 「법인세법」 제67조 및 같은 법 시행령 제106조 제1항에 따라 대표이사에게 상여로 소득처분하여 법인세 신고(수정신고)하는 경우, 대표이사에 대한 소득세 납세의무는 「국세기본법」 제21조 제2항 제1호에 따라 해당 과세기간이 끝나는 때 성립하는 것이며 같은 법 시행령 제24조 제1항에 따라 상속인이 해당 소득세에 대하여 상속으로 받은 재산의 한도에서 납부할 의무를 지는 것임(기획재정부 조세정책과-855, 2024.4.30.).

(4) 상속인이 소득세 납부 후 가지급금의 승계

「법인세법 시행령」 제106조 제1항 제1호 단서의 규정에 의하여 대표자에게 상여처분한 금액에 대한 소득세를 법인이 납부하고 이를 가지급금으로 계상한 경우로서, 이후 해당 대표자가 사망하여 해당 대표자의 상속인들이 해당 가지급금을 승계한 경우, 해당 가지급금에 대해서는 「법인세법」 제28조 제1항 및 같은 법 시행령 제89조 제5항 본문의 규정은 적용되지 않는 것임(서면-2023-법규법인-0325[법규과-2061], 2023.8.9.).

7 자기주식의 취득과 가지급금

(1) 개 요

국세청 예규에 따르면 내국법인이 주주에게 우회적으로 자금을 지원할 목적이 없이, 「상법」(2011.4.14. 법률 제10600호로 개정된 것) 제341조에 따라 주주로부터 자기주식을 취득하면서 지급한 금액은 인정이자 계산 대상 가지급금에 해당되지 아니하는 것이며, 이에 해당하는지는 「상법」 규정 위반 여부, 자기주식의 취득 목적, 취득 후 주주에게 재매각하는지 등 거래 내용의 제반 사항을 종합적으로 고려하여 사실판단한다고 해석하고 있다(서면 법규과-168, 2014.2.25.). 또한, 판례 및 심판례 등에서는 상법 규정 위반 여부, 자기주식의 취득 목적, 취득 후 주주에게 재매각하는지 등 거래 내용의 제반 사항을 종합적으로 고려하여 가지급금 여부 및 과세방법을 판단하므로 실무상 상당한 주의가 요구된다.

(2) 상법상 자기주식의 취득

구 「상법」(2011.4.14. 법률 제10600호로 개정되기 전의 것) 제341조 제1항은 주식 소각이나 회사의 합병 등 예외적인 경우를 제외하고는 원칙적인 자기주식취득 금지를 규정하고 있었다. 그러나 「상법」이 2011.4.14. 개정되면서 주식소각 등의 사유가 없더라도 개정된 「상법」 제341조와 그 시행령이 정한 절차와 방법에 따르면 자기주식취득을 허용하였다. 최근 자기주식 취득 관련 판례 및 심판례를 살펴보면 자기주식의 취득방법이 「상법」 제341조를 준수하였는지 여부에 따라 가지급금 판단에 중요한 쟁점이 되고 있다. 「상법」 규정을 준수하지 않은 자기주식의 취득은 취득행위 자체가 무효가 되므로 지급한 자기주식의 취득금액은 가지급금으로 보게 되는 것이다. 「상법」상의 자기주식취득 절차의 주요 내용을 살펴보면 다음과 같다.

1) 자기주식의 취득

자기주식을 취득하려는 회사는 미리 주주총회의 결의로 다음의 사항을 결정하여야 한다. 다만, 이사회의 결의로 이익배당을 할 수 있다고 정관으로 정하고 있는 경우에는 이사회의 결의로써 주주총회의 결의를 갈음할 수 있다(상법 341 ②).

① 취득할 수 있는 주식의 종류 및 수
② 취득가액의 총액의 한도
③ 1년을 초과하지 아니하는 범위에서 자기주식을 취득할 수 있는 기간

회사는 다음의 방법에 따라 자기의 명의와 계산으로 자기의 주식을 취득할 수 있다. 다만, 그 취득가액의 총액은 직전 결산기의 대차대조표상의 순자산액에서 제462조 제1항 각 호의 금액(자본금, 자본준비금, 이익준비금 등)을 뺀 금액을 초과하지 못한다(상법 341 ①).

① 거래소에서 시세가 있는 주식의 경우에는 거래소에서 취득하는 방법
② 제345조 제1항의 주식의 상환에 관한 종류주식의 경우 외에 각 주주가 가진 주식 수에 따라 균등한 조건으로 취득하는 것으로서 대통령령으로 정하는 방법

2) 자기주식취득의 방법

「상법」 제341조 제1항 제2호에서 "대통령령으로 정하는 방법"이란 다음 중 어느 하나에 해당하는 방법을 말한다(상법령 9 ①).

① 회사가 모든 주주에게 자기주식 취득의 통지 또는 공고를 하여 주식을 취득하는 방법
② 「자본시장과 금융투자업에 관한 법률」 제133조부터 제146조까지의 규정에 따른 공개매수의 방법

3) 모든 주주에게 통지 또는 공고를 하는 방법

이때에 '2) ①'의 방법에 따라 모든 주주에게 통지 또는 공고를 하는 경우에는 다음의 기준에 따라야 한다(상법령 10).

① 상법 제341조 제2항에 따른 결정을 한 회사가 자기주식을 취득하려는 경우에는 이사회의 결의로써 다음의 사항을 정할 것. 이 경우 주식 취득의 조건은 이사회가 결의할 때마다 균등하게 정하여야 한다.
   ㉠ 자기주식 취득의 목적
   ㉡ 취득할 주식의 종류 및 수
   ㉢ 주식 1주를 취득하는 대가로 교부할 금전이나 그 밖의 재산(해당 회사의 주식은 제외한다. 이하 "금전등")의 내용 및 그 산정 방법
   ㉣ 주식 취득의 대가로 교부할 금전등의 총액
   ㉤ 20일 이상 60일 내의 범위에서 주식양도를 신청할 수 있는 기간(이하 "양도신청기간")
   ㉥ 양도신청기간이 끝나는 날부터 1개월의 범위에서 양도의 대가로 금전등을 교부하는 시기와 그 밖에 주식 취득의 조건
② 회사는 양도신청기간이 시작하는 날의 2주 전까지 각 주주에게 회사의 재무 현황, 자기주식 보유 현황 및 ①의 사항을 서면으로 또는 각 주주의 동의를 받아 전자문서로 통지할 것. 다만, 회사가 무기명식의 주권을 발행한 경우에는 양도신청기간이 시작하는 날의 3주 전에

공고하여야 한다.

③ 회사에 주식을 양도하려는 주주는 양도신청기간이 끝나는 날까지 양도하려는 주식의 종류와 수를 적은 서면으로 주식양도를 신청할 것

④ 주주가 ③에 따라 회사에 대하여 주식 양도를 신청한 경우 회사와 그 주주 사이의 주식 취득을 위한 계약 성립의 시기는 양도신청기간이 끝나는 날로 정하고, 주주가 신청한 주식의 총수가 ① ㉡의 취득할 주식의 총수를 초과하는 경우 계약 성립의 범위는 취득할 주식의 총수를 신청한 주식의 총수로 나눈 수에 제3호에 따라 주주가 신청한 주식의 수를 곱한 수(이 경우 끝수는 버린다)로 정할 것

(3) 자기주식 취득대금의 가지급금 판단사례

1) 자기주식의 취득을 가지급금에 해당한다고 본 판례 등

기존의 심판례와 판례 등에서는 일부주주가 주식양도를 포기하여 특정주주의 주식만을 자기주식으로 취득한 경우 상법상 주주의 균등조건에 따른 취득이 아닌 것으로 보아 상법을 위반하였다고 판단하였다. 또한, 차입금을 마련하여 자기주식을 취득한 경우도 배당가능이익을 재원으로 자기주식을 취득한 것이 아니라고 보아 상법을 위반하였다고 보아 자기주식의 취득대금을 가지급금으로 판단하였다(조심 2016서1700, 2016.7.7., 심사법인 2018-20, 2018.10.17. 서울고법 2017누35631, 2017.8.30. 등 참고).

2) 기존의 심판례 및 판례와 상반된 대법원 판례

과거 고등법원에서는 ① 자기주식 취득목적 통지를 누락하였고, 특정주주로부터만 주식을 양수한 점, ② 차입금으로 자기주식 취득대금을 지급한 점을 근거로 상법을 위배한 것으로 판단하여 자기주식 취득대금을 가지급금으로 판단한 바 있다(서울고법 2017누35631, 2017.8.30.). 본 사건에 대하여 대법원에서는 원심판결을 파기하고, 사건을 다시 심리 · 판단하게 하기 위하여 고등법원에 환송하였는데, 판결의 주요내용을 요약하면 다음과 같다(대법원2017두63337, 2021.7.29.).

① 원고가 자기주식 취득의 통지를 하면서 이사회에서 결의한 사항의 일부를 누락하였다는 이유만으로 주주들의 공평한 주식양도의 기회가 침해되었다고 보기 어렵다. 또한 원고가 모든 주주들에게 자기주식 취득의 통지를 한 점 등에 비추어 보면, 원심이 든 사정만으로 원고가 처음부터 한○○가 보유하고 있던 주식만을 취득하려고 하였다고 단정할 수 없다. 따라서 이 사건 거래를 무효로 볼 수 없다.

② 원심은 상법 제341조 제1항 단서는 배당가능이익을 재원으로 자기주식을 취득하여

야 한다는 것을 의미하는데 차입금에 의한 자기주식 취득은 배당가능이익을 재원으로 한 것이 아니라는 전제 하에, 원고가 차입금으로 자기주식을 취득한 이상, 이 사건 거래는 상법 제341조 제1항 단서를 위반하여 무효라고 판단하였다.

그런데 배당가능이익은 채권자의 책임재산과 회사의 존립을 위한 재산적 기초를 확보하기 위하여 직전 결산기상의 순자산액에서 자본금의 액, 법정준비금 등을 공제한 나머지로서 회사가 당기에 배당할 수 있는 한도를 의미하는 것이지 회사가 보유하고 있는 특정한 현금을 의미하는 것이 아니다. 또한 회사가 자기주식을 취득하는 경우 당기의 순자산이 그 취득가액의 총액만큼 감소하는 결과 배당가능이익도 같은 금액만큼 감소하게 되는데, 이는 회사가 자금을 차입하여 자기주식을 취득하더라도 마찬가지이다. 따라서 상법 제341조 제1항 단서는 자기주식 취득가액의 총액이 배당가능이익을 초과하여서는 안 된다는 것을 의미할 뿐 차입금으로 자기주식을 취득하는 것이 허용되지 않는다는 것을 의미하지는 않는다. 이러한 원심의 판단에는 자기주식 취득의 한도인 배당가능이익에 관한 법리를 오해하여 판결에 영향을 미친 잘못이 있다.

실무포인트 **자기주식의 취득이 업무무관 가지급금에 해당하지 않는다고 본 판례**

① 원고의 이 사건 주식 취득이 상법의 규정을 위반하지 아니하여 적법 · 유효한 이상 이 사건 주식 매입대금은 원고가 주식 대가로 정당하게 지급한 금전일 뿐 업무와 무관하게 대여한 금전으로 볼 수 없다는 등의 이유로 이 사건 주식 매입대금이 업무무관 가지급금에 해당하지 않는다(대법원-2023-두-31263, 2023.4.27.).

② 원고의 자기 주식 주식 취득은 상법에 따라 적법하게 이루어진 것으로 무효라고 할 수 없고 무수익자산의 매입에 해당한다고 볼 수 없으며, 이 사건 주식의 매매대금은 정당한 대가로서 업무무관 가지급금으로 볼 수 없음(대법원-2023-두-31256, 2023.4.13.).

(4) 가지급금이 아닌 자기주식 거래대금의 과세방법

지금까지 살펴본 바와 같이 「상법」 제341조의 규정을 준수하여 적법한 절차에 따라 취득된 자기주식의 거래대금에 대하여는 가지급금으로 보지 않는다. 이때 주주는 주식의 취득가액과 법인으로부터 수령한 주식대금의 차액에 대하여 다음과 같이 과세된다.

구 분	주주에 대한 과세방법
① 주식양도 거래로 보는 경우	양도차익에 대한 양도소득세 또는 법인세 과세
② 주식소각 거래로 보는 경우	의제배당으로 보아 소득세 또는 법인세 과세(법법 16 ① 1호)

1) 자기주식취득 거래의 판단기준

주식의 매도가 자산거래인 주식의 양도에 해당하는지 또는 자본거래인 주식의 소각 내지 자본의 환급에 해당하는지는 법률행위 해석의 문제로서 그 거래의 내용과 당사자의 의사를 기초로 하여 판단하여야 할 것이지만, 실질과세의 원칙상 단순히 당해 계약서의 내용이나 형식에만 의존할 것이 아니라, 당사자의 의사와 계약체결의 경위, 대금의 결정방법, 거래의 경과 등 거래의 전체과정을 실질적으로 파악하여 판단하여야 한다(대법원 2008두19628, 2010.10.28.).

2) 주식양도 거래로 판단한 사례 – 양도소득세 과세

① 이 건 법인의 임시주주총회 의사록 및 이사회의사록 등에는 자기주식의 취득목적이 경영상 필요 등으로 되어 있고, 2011.4.14. 법률 제10600호로 개정된 「상법」에서도 종전에 자기주식을 예외적으로 취득할 수 있는 경우로 보았던 '주식을 소각하기 위한 때' 등이 삭제되었으며, 이 건 법인이 쟁점주식을 소각한 시기(2013.12.31.)도 청구인으로부터 쟁점주식을 자기주식으로 취득한 날(2013.1.23.)부터 약 11개월이나 경과한 시점인 점, 청구인의 쟁점주식 양도사유가 청구인이 법인에 불법행위에 의한 손해를 입혀 해임되자, 청구인이 퇴사하면서 법인이 청구인에 대한 민·형사상 소송을 제기하지 아니하고 퇴직금을 받지 않는 조건에 의한 것임이 각서 및 퇴직금 포기각서, 이사회회의록, 국세청 전산자료상으로 확인된다. 따라서, 청구인의 쟁점주식의 양도사유가 이 건 법인이 쟁점주식을 소각하기 위한 것이라기보다는 청구인의 불법행위로 위한 불가피한 사정에 의한 것임이 구체적인 증빙으로 확인되므로, 쟁점주식의 양도와 관련하여 청구인이 한 양도소득세 신고를 부인하고, 이를 주식소각에 따른 그 취득가액 초과액의 배당으로 보아 종합소득세를 부과한 처분은 잘못이 있다고 판단된다(조심2018중3318, 2018.11.15.).

② 청구법인의 임시주주총회 의사록에 의하여 쟁점주식을 '경영상 목적 등을 위하여 자기주식을 보유 후 재매각 목적'으로 취득하는 것으로 의결한 사실이 확인되는 점, 취득한 쟁점주식 중 일부를 거래처에 대한 증여, 직원에 대한 성과상여 지급 등의 목적으로 처분한 사실이 확인되는 점, 청구법인이 쟁점주식을 취득한 후 3년여가 경과한 심리일 현재까지도 쟁점주식을 소각한 사실이 확인되지 아니하는 반면, 쟁점주식의 취득이 실질적으로 소각을 통한 자본의 환급을 목적으로 하였다는 사실을 인정할만한 객관적인 과세근거가 제시된 사실이 없는 점 등에 비추어 쟁점주식 양수도거래가 실질적으로 주식소각 목적의 자본거래에 따른 의제배당에 해당하는 것으로 보아 배당소득(원천)세 및

법인세 등을 과세한 처분은 잘못이 있는 것으로 판단된다(조심2017중4926, 2018.2.5.).

③ ABCDE는 2015.12.31. 원고로부터 자사주를 매입한 때로부터 1년이 넘는 기간이 경과한 2017.2.26.에야 이 사건 주식을 소각하였고, ABCDE에 자사주 매입과 자사주 소각을 요구한 각 투자자는 전혀 다른 법인으로서 상호 아무런 관련이 없다. 위 인정 사실에 의하여 알 수 있는 다음과 같은 사정들을 종합하면, 원고가 2015.12.31. ABCDE에 이 사건 주식을 양도한 것이 주식의 소각이나 자본의 환급을 목적으로 한 것이라고 볼 수 없으므로, 이 사건 주식거래로 인하여 원고가 취득한 소득이 의제배당소득에 해당한다고 할 수 없다(서울행정법원2020구합58939, 2021.5.4.).

④ 청구인들은 배우자 간의 증여 추정에 해당하지 않음을 입증하지 못하므로 쟁점채권의 양도를 증여로 보아 과세한 처분은 잘못이 없는 한편 쟁점주식의 취득이 소각을 통한 자본 환급이 목적이라는 사실을 인정할 과세근거가 제시되지 않은 점에 비추어 쟁점주식의 양수도거래가 의제배당에 해당하는 것으로 보아 종합소득세를 과세한 처분은 잘못이 있는 것으로 판단된다(조심-2018-중-0199, 2018.9.19.).

⑤ 임시주총 결의 등 적법한 절차를 거쳐 이루어진 이 사건 증여를 통해 주주현황이 변경되었고, 배우자 증여재산 공제한도 또한 감소하였으므로 경제적 실질 없이 조세회피목적만을 가진 형식적 행위라고 단정할 수 없으며, 증여 및 양도는 배우자에 대한 일방 증여라는 경제적 실질이 인정되므로 의제배당소득 회피라는 결과만을 들어 비합리적 형식의 거래라고 보기 어려우므로 이 사건 부과처분은 취소되어야 함(수원고등법원-2023-누-14332, 2024.4.5.; 대법원-2024-두-42888, 2024.9.12.).

3) 주식 소각거래로 판한 사례 - 의제배당으로 과세

① 주식의 거래가 주식소각방법에 의한 자본감소절차의 일환으로 이루어진 것이고, 의제배당의 귀속시기는 주식의 양도일이 아닌 주식의 소각을 결정한 날이 되는 것이다(대법원 2016두49525, 2019.6.27.). 본 판례에서는 법인과 양도주주들 사이의 주식매매계약서, 이 사건 주식 취득을 위한 임시주주총회 의사록 등에 이 사건 주식의 향후 처리에 관한 내용이 기재되어 있지 않은 점, 원고가 이 사건 주식을 취득하고 주식을 소각하기까지 기간이 1년 3개월로 장기이나 그러한 사정들만으로 원고에게 이 사건 주식을 취득할 당시 주식소각 또는 자본 환급의 목적이 없었다고 단정할 수 없는 점, 실제로 이 사건 주식이 소각됨으로써 그만큼 자본 감소가 발생한 점 등을 근거로 자기주식거래를 소각거래로 판단하였다.

② 원고는 bbb가 이 사건 회사의 경영권을 확보할 목적으로 이 사건 주식을 취득한 것이

라고 주장하나, 이 사건 계약 주체는 이 사건 회사이고, 가사 bbb가 경영권 확보 목적으로 이 사건 회사를 통하여 이 사건 계약을 체결한 것이라고 하더라도 결국에는 이 사건 회사의 출자자인 원고가 이 사건 회사로부터 퇴사하여 출자금을 환급받을 목적으로 이 사건 주식을 양도하여 이 사건 회사로부터 출자금 내지 배당금을 교부받은 것과 실질적으로 동일하므로, 원고의 위 주장은 받아들이기 어렵다. 따라서, 원고는 이 사건 회사가 이 사건 계약 당시 단순히 원고로부터 원고가 보유한 이 사건 주식을 매수하는 것이 목적이 아니라 원고에게 원고의 출자금을 반환해 주는 목적, 이익잉여금을 배당해 주는 목적 등이 복합되어 있다는 것을 충분히 알았거나 예상할 수 있었다고 보여지고, 원고의 주장과 같이 이 사건 계약서 내용을 형식적으로만 보아 이 사건 계약이 단순한 주식의 양도에 불과하다고 볼 수 없다(대전지방법원2017구합102340, 2017.11.29.).

③ 이 건의 경우 청구인은 쟁점주식을 배우자에게 증여하는 경우 배우자에 대한 증여재산공제로 인하여 증여세를 부담하지 아니할 수 있다는 점을 이용하여 쟁점주식을 평가하여 소각대가와 동일한 가액에 상당하는 주식을 배우자에게 증여한 후 증여세 및 양도소득세의 부담 없이 쟁점주식을 소각하고 그 대가를 청구인이 금전대차형식을 빌어 반환받아 쟁점법인에 대한 가수금(가지급금)을 상환하였다. 이는 쟁점주식 소각행위를 증여 및 양도거래의 단계를 거침으로써 주식소각에 따른 의제배당에 대한 소득세 부담을 회피할 목적으로 가장거래를 한 것으로 볼 수 있는 점, 일련의 거래는 청구인이 가지급금을 상환하여 쟁점법인의 부채비율을 낮추기 위한 목적으로 사전에 자문을 받아 진행된 것으로 나타나는 점, 배우자는 실제 쟁점주식을 증여받아 재산권을 행사한 것으로 볼 수 없는 점, 쟁점주식 소각에 따른 이익을 모두 청구인이 사용·수익한 점 등에 비추어 쟁점주식과 관련하여 청구인이 선택한 법적 형식은 조세회피의 목적에서 비롯되었다고 봄이 타당하다 할 것이다. 따라서 처분청이 쟁점주식의 실제소유자를 청구인으로 보아 쟁점배당소득을 청구인의 종합소득금액에 합산하여 청구인에게 종합소득세를 과세한 이 건 처분은 달리 잘못이 없는 것으로 판단된다(조심2020부1593, 2020.9.15.).

④ 부부가 발행법인의 주식을 교차 증여받아 발행법인에 양도하고 바로 감자가 이루어진 경우 의제배당으로 볼 수 있으며 감자대가에서 차감하는 취득가액은 증여재산가액이 아닌 그 주식의 당초 취득가액으로 본다(심사-소득-2020-0001, 2020.5.6.).

8 [서식사례] 가지급금 인정이자 조정명세서(가중평균차입이자율)

(1) 작성사례

중소기업인 ㈜택스에듀의 제11기(2025.1.1.~2025.12.31.)의 다음 자료에 따라 가지급금 인정이자를 계산하고 이에 관한 세무조정을 행하시오(단, 1년은 365일로 가정한다).

1) 자금의 대여명세

<table>
<tr><th>대여받은 자</th><th>대여금</th><th>대여일자</th><th>수령한 이자</th><th>비 고</th></tr>
<tr><td rowspan="2">대표이사 김미래</td><td>30,000,000</td><td>2025.2.15.</td><td>500,000</td><td>개인용도</td></tr>
<tr><td>20,000,000</td><td>2025.7.1.</td><td>300,000</td><td>개인용도</td></tr>
<tr><td>회계팀장 박주택*</td><td>10,000,000</td><td>2024.7.1.</td><td>500,000</td><td>전세자금</td></tr>
<tr><td>합 계</td><td>60,000,000</td><td>–</td><td>1,300,000</td><td>–</td></tr>
</table>

* 지배주주등에 해당하지 않음

2) 제11기 사업연도 차입금의 명세

<table>
<tr><th>구 분</th><th>차입일자(상환일자)</th><th>차입금(상환금액)</th><th>연이자율</th><th>비 고</th></tr>
<tr><td>A</td><td>2024.2.1.
(2025.2.1.)</td><td>20,000,000
(20,000,000)</td><td>13%
–</td><td></td></tr>
<tr><td>B</td><td>2024.3.10.</td><td>50,000,000</td><td>1%</td><td>특수관계자 차입금</td></tr>
<tr><td>C</td><td>2024.10.27.</td><td>50,000,000</td><td>3%</td><td></td></tr>
<tr><td rowspan="2">D</td><td>2024.2.5.</td><td>150,000,000</td><td>4.5%</td><td rowspan="3">변동금리</td></tr>
<tr><td>2025.2.5.</td><td>(150,000,000)
150,000,000</td><td>(4.5%)
4%</td></tr>
<tr><td>E</td><td>2025.5.10.</td><td>100,000,000</td><td>12%</td></tr>
</table>

3) 적용이자율

당좌대출이자율은 연간 4.6%며 ㈜택스에듀는 제11기 사업연도에 대여한 가지급금부터 가중평균차입이자율을 선택하여 신고하였다.

(2) 풀 이

1) 대표이사의 가지급금 적수

30,000,000원×320일(2.15.~12.31.)=9,600,000,000원
20,000,000원×184일(7.1.~12.31.)=3,680,000,000원

2) 가중평균차입이자율

① 2025.2.15.

구 분	차입금 잔액	이자율	이자금액
차입금 C	50,000,000	3%	1,500,000
차입금 D	150,000,000	4%	6,000,000

(1,500,000원+6,000,000원)/(50,000,000원+150,000,000원)=3.75%

② 2025.7.1.

구 분	차입금 잔액	이자율	이자금액
차입금 C	50,000,000	3%	1,500,000
차입금 D	150,000,000	4%	6,000,000
차입금 E	100,000,000	12%	12,000,000

(1,500,000원+6,000,000원+12,000,000원)
/(50,000,000원+150,000,000원+100,000,000원)=6.5%

3) 가지급금 인정이자

① 2025.2.15.
9,600,000,000원×3.75%×1/365일=986,301원

② 2025.7.1.
3,680,000,000원×6.5%×1/365일=655,343원

4) 세무조정

1,641,644원(인정이자)−800,000원(회사계상액)=841,644원
〈익금산입〉 가지급금 인정이자 841,644원(상여)

[별지 제19호 서식(갑)] (2019.3.20. 개정)

사 업 연 도	2025. 01. 01. ~ 2025. 12. 31.	**가지급금 등의 인정이자 조정명세서(갑)**	법인명	㈜택스에듀
			사업자등록번호	123-81-xxxxx

1. 적용 이자율 선택

[✓] 원칙 : 가중평균차입이자율

[ ]「법인세법 시행령」제89조 제3항 제1호에 따라 해당 대여금 또는 차입금만 당좌대출이자율을 적용

[ ]「법인세법 시행령」제89조 제3항 제1호의2에 따라 해당 대여금 또는 차입금만 당좌대출이자율을 적용

[ ]「법인세법 시행령」제89조 제3항 제2호에 따른 당좌대출이자율 (선택사업연도 . . ~ . .)

2. 가중평균차입이자율에 따른 가지급금 등의 인정이자 조정

① 성명	②가지급금 적수(積數)	③가수금 적수	④차감적수 (②-③)	⑤ 인정이자	⑥회사 계상액	시가인정범위 ⑦차액 (⑤-⑥)	시가인정범위 ⑧비율(%) (⑦/⑤)×100	⑨조정액(=⑦) ⑦≥3억이거나 ⑧≥5%인경우
김미래	13,280,000,000		13,280,000,000	1,641,644	800,000	841,644	51.26	841,644
계								

3. 당좌대출이자율에 따른 가지급금 등의 인정이자 조정

⑩ 성명	⑪적용 이자율 선택방법	⑫가지급금 적수	⑬가수금 적수	⑭차감적수 (⑫-⑬)	⑮ 이자율	⑯인정이자 (⑭×⑮)	⑰회사 계상액	시가인정범위 ⑱차액 (⑯-⑰)	시가인정범위 ⑲비율(%) (⑱/⑯)×100	⑳조정액(=⑱) ⑱≥3억이거나 ⑲≥5%인경우
계										

작 성 방 법

1. 적용 이자율 선택

가. 「법인세법 시행령」제89조 제3항에 따라 원칙적으로 가중평균차입이자율을 적용하되, 같은 항 제1호, 제1호의2 및 제2호에 따라 당좌대출이자율을 선택하는 경우에는 "√"표시를 합니다.

나. 「법인세법 시행령」제89조 제3항 제1호 및 1호의2에 따라 선택한 이자율은 해당 대여금 또는 차입금에만 적용하고, 그 외의 경우 선택한 이자율은 해당 사업연도의 모든 거래에 대하여 적용합니다.

다. 「법인세법 시행령」제89조 제3항 제2호에 따른 당좌대출이자율을 선택한 경우에는 선택한 사업연도와 이후 2개 사업연도에는 계속 당좌대출이자율을 시가로 적용하여야 합니다.

(예) 2016.01.01~2016.12.31 사업연도에 당좌대출이자율을 선택하고 이후 2년간 계속 적용하는 경우 선택사업연도는 2016.01.01~2016.12.31을 기재합니다

2. 가지급금적수(②, ⑫), 가수금적수(③, ⑬), ⑤인정이자란은 "가지급금 등의 인정이자조정명세서(을)[별지 제19호 서식(을)]"의 각 해당란의 계 금액을 인명별로 적습니다.

3. 조정액(⑨, ⑳)란에는 차액(⑦, ⑱)란의 금액이 3억원 이상이거나 비율(⑧, ⑲)란이 5% 이상인 경우에 적습니다.

4. ⑪적용이자율 선택방법은 다음 구분에 따라 적습니다.

구분	기재내용
「법인세법 시행령」제89조 제3항 제1호	㉮
「법인세법 시행령」제89조 제3항 제1호의2	㉯
「법인세법 시행령」제89조 제3항 제2호	㉰

5. ⑯인정이자란에는 ⑭차감적수란의 금액에 이자율/365(윤년의 경우 366)를 곱하여 계산된 금액을 적습니다.

6. 음영으로 표시된 란은 적지 않습니다.

210mm×297mm[일반용지 70g/㎡(재활용품)]

[별지 제19호 서식 (을)] (2009.3.30. 개정) (앞 쪽)

사업연도	2025.1.1. ~ 2025.12.31.	가지급금 등의 인정이자 조정명세서(을)	법 인 명	㈜택스에듀
			사업자등록번호	123-81-xxxxx

직책(대표이사) 성명 (김미래)

1. 가중평균차입이자율에 따른 가지급금 등의 적수, 인정이자 계산

대여기간		③ 연월일	④적 요	⑤차변	⑥대변	⑦잔 액 (⑤-⑥)	⑧ 일수	⑨가지급금 적수 (⑦×⑧)	⑩가수금 적수	⑪차감 적수 (⑨-⑩)	⑫ 이자율	⑬인정 이자 (⑪×⑫)
①발생 연월일	②회수 연월일											
2025/2/15		2025/2/15	대여	30,000,000		30,000,000	320	9,600,000,000		9,600,000,000	3.75%	986,301
2025/7/1		2025/7/1	대여	20,000,000		20,000,000	184	3,680,000,000		3,680,000,000	6.5%	655,343
계												

2. 당좌대출이자율에 따른 가지급금 등의 적수 계산

⑭연월일	⑮적 요	⑯차 변	⑰대 변	⑱잔 액	⑲일수	⑳가지급금 적수(⑱×⑲)	㉑가수금 적수	㉒차감적수 (⑳-㉑)
계								

3. 가수금 등의 적수 계산

㉓연월일	㉔적 요	㉕차 변	㉖대 변	㉗잔 액	㉘일수	㉙가수금적수 (㉗×㉘)
계						

210㎜×297㎜(일반용지60g/㎡(재활용품))

▌소득금액 조정합계표의 작성▐

익금산입 및 손금불산입				손금산입 및 익금불산입			
① 과 목	② 금 액	③ 소득처분		④ 과 목	⑤ 금 액	⑥ 소득처분	
		처분	코드			처분	코드
가지급금 인정이자	841 644	상여	100				

9 [서식사례] 가지급금 인정이자 조정명세서(당좌대출이자율)

(1) 작성사례

중소기업인 ㈜택스에듀의 제11기(2025.1.1.~2025.12.31.)의 다음 자료에 따라 가지급금 인정이자를 계산하고 이에 관한 세무조정을 행하시오. 단, 1년은 365일로 가정한다.

1) 자금의 대여명세

대여받은 자	대여금	대여일자	수령한 이자	비 고
대표이사 김미래	30,000,000	2025.2.15.	500,000	개인용도
	20,000,000	2025.7.1.	300,000	개인용도
회계팀장 박주택*	10,000,000	2024.7.1.	500,000	전세자금
합 계	60,000,000	–	1,300,000	–

* 지배주주등에 해당하지 않음

2) 적용이자율

당좌대출이자율은 연간 4.6%며 ㈜택스에듀는 제10기(2024.1.1.~2024.12.31.) 사업연도에 대여한 가지급금부터 당좌대출이자율을 선택하여 신고하였다.

3) 미수수익의 계상

㈜택스에듀는 대표이사와 각 대여금에 대하여 다음과 같이 약정서를 작성하였고, 약정일에 미회수된 이자를 미수수익으로 계상하였다.

① 상환시기 : 대여일로부터 3년이 되는 날이 속하는 해의 말일

② 이자율 : 4.6%

③ 이자지급시기 : 매연도 말일

(2) 풀 이

1) 대표이사가 가지급금 적수 : 13,280,000,000원

30,000,000원×136일(2.15.~6.30.)=4,080,000,000원

50,000,000원×184일(7.1.~12.31.)=9,200,000,000원

2) 가지급금 인정이자

13,280,000,000원×4.6%×1/365일=1,673,644원

3) 세무조정

1,673,644원(인정이자)－1,673,644원(회사계상액)=0원 : 세무조정 없음

■ 법인세법 시행규칙 [별지 제19호 서식(갑)] 〈개정 2019.3.20.〉

사업연도	2025. 1. 1. ~ 2025.12.31.	가지급금 등의 인정이자 조정명세서(갑)	법인명	(주)택스에듀
			사업자등록번호	123-81-XXXXX

1. 적용 이자율 선택

[ ] 원칙 : 가중평균차입이자율

[ ] 「법인세법 시행령」 제89조제3항제1호에 따라 해당 대여금 또는 차입금만 당좌대출이자율을 적용

[ ] 「법인세법 시행령」 제89조제3항제1호의2에 따라 해당 대여금 또는 차입금만 당좌대출이자율을 적용

[√] 「법인세법 시행령」 제89조제3항제2호에 따른 당좌대출이자율 (선택사업연도 2024.1.1.~2024.12.31.)

2. 가중평균차입이자율에 따른 가지급금 등의 인정이자 조정

① 성명	②가지급금 적수(積數)	③가수금 적수	④차감적수 (②-③)	⑤ 인정이자	⑥회사 계상액	시가인정범위		⑨조정액(=⑦) ⑦≥3억이거나 ⑧≥5%인경우
						⑦차액 (⑤-⑥)	⑧비율(%) (⑦/⑤)×100	
계								

3. 당좌대출이자율에 따른 가지급금 등의 인정이자 조정

⑩ 성명	⑪적용 이자율 선택방법	⑫가지급금 적수	⑬가수금 적수	⑭차감적수 (⑫-⑬)	⑮ 이자율	⑯인정이자 (⑭×⑮)	⑰회사 계상액	시가인정범위		⑳조정액(=⑱) ⑱≥3억이거나 ⑲≥5%인경우
								⑱차액 (⑯-⑰)	⑲비율(%) (⑱/⑯)×100	
김미래	다	13,280,000,000		13,280,000,000	4.6	1,673,644	1,673,644	0		
계										

작 성 방 법

1. 적용 이자율 선택
   가. 「법인세법 시행령」 제89조제3항에 따라 원칙적으로 가중평균차입이자율을 적용하되, 같은 항 제1호, 제1호의2 및 제2호에 따라 당좌대출이자율을 선택하는 경우에는 "√"표시를 합니다.
   나. 「법인세법 시행령」 제89조제3항제1호 및 제1호의2에 따라 선택한 이자율은 해당 대여금 또는 차입금에만 적용하고, 그 외의 경우 선택한 이자율은 해당 사업연도의 모든 거래에 대하여 적용합니다.
   다. 「법인세법 시행령」 제89조제3항제2호에 따른 당좌대출이자율을 선택한 경우에는 선택한 사업연도와 이후 2개 사업연도에는 계속 당좌대출이자율을 시가로 적용해야 합니다.
   (예) 2016. 1. 1. ~ 2016. 12. 31. 사업연도에 당좌대출이자율을 선택하고 이후 2년간 계속 적용하는 경우 선택사업연도는 2016. 1. 1. ~ 2016. 12. 31.을 적습니다.
2. 가지급금적수(②, ⑫), 가수금적수(③, ⑬), ⑤인정이자란은 "가지급금 등의 인정이자조정명세서(을)[별지 제19호서식(을)]"의 각 해당란의 계 금액을 인명별로 적습니다.
3. 조정액(⑨, ⑳)란에는 차액(⑦, ⑱)란의 금액이 3억원 이상이거나 비율(⑧, ⑲)란이 5% 이상인 경우에 적습니다.
4. ⑪적용이자율 선택방법은 다음 구분에 따라 적습니다.

구 분	기재내용
「법인세법 시행령」 제89조제3항제1호	㉮
「법인세법 시행령」 제89조제3항제1호의2	㉯
「법인세법 시행령」 제89조제3항제2호	㉰

5. ⑯인정이자란에는 ⑭차감적수란의 금액에 이자율/365(윤년의 경우 366)를 곱하여 계산된 금액을 적습니다.
6. 음영으로 표시된 란은 적지 않습니다.

210mm×297mm[일반용지 70g/㎡(재활용품)]

[별지 제19호 서식(을)] 〈개정 2009.3.30.〉

(앞 쪽)

사 업 연 도	2025. 1. 1. ~ 2025.12.31.	가지급금 등의 인정이자 조정명세서(을)	법 인 명	㈜택스에듀
				123-81-XXXXX

직책(대표이사) 성명 (김미래)

1. 가중평균차입이자율에 따른 가지급금 등의 적수, 인정이자 계산

대여기간		③ 연월일	④적 요	⑤차 변	⑥대 변	⑦잔 액 (⑤-⑥)	⑧ 일수	⑨가지급금 적수 (⑦×⑧)	⑩가수금 적수	⑪차감적수 (⑨-⑩)	⑫ 이자율	⑬인정이자 (⑪×⑫)
①발생 연월일	②회수 연월일											
계												

2. 당좌대출이자율에 따른 가지급금 등의 적수 계산

⑭연월일	⑮적 요	⑯차 변	⑰대 변	⑱잔 액	⑲일수	⑳가지급금 적수(⑱×⑲)	㉑가수금적수	㉒차감적수 (⑳-㉑)
2025/2/15	대여	30,000,000		30,000,000	136	4,080,000,000		4,080,000,000
2025/7/1	대여	50,000,000		50,000,000	184	9,200,000,000		9,200,000,000
계		80,000,000		80,000,000		13,280,000,000		13,280,000,000

3. 가수금 등의 적수 계산

㉓연월일	㉔적 요	㉕차 변	㉖대 변	㉗잔 액	㉘일수	㉙가수금적수 (㉗×㉘)
계						

210㎜×297㎜(일반용지60g/㎡(재활용품))

CHAPTER

15 간주임대료

1 개 요

부동산임대업을 주업으로 하는 법인으로서 차입금이 일정기준을 초과하는 법인이 부동산 또는 부동산상의 권리를 대여하고 보증금을 받은 경우 당해 보증금에 정기예금이자율을 곱한 금액이 임대사업 부문에서 발생한 수입이자 및 배당금 등의 합계액을 초과하는 경우에는 그 초과금액을 익금에 산입한다.

▌부가가치세법과 법인세법상 간주임대료 규정 비교▐

구 분	법인세법	부가가치세법
적용대상자	① 영리내국법인 ② 부동산임대업을 주업 ③ 차입금 과다	제한 없음
적용대상자산	주택 제외	주택 제외
건설비 상당액	차감함	차감하지 않음
금융수익 상당액	차감함	차감하지 않음

2 적용대상자

(1) 영리내국법인

영리내국법인만을 간주임대료의 계산 대상으로 하고 있으므로 외국법인 및 비영리법인은 간주임대료의 계산 대상에서 제외된다.

(2) 부동산임대업이 주업

부동산임대업을 주업으로 하는 법인이라 함은 당해 법인의 사업연도 종료일 현재 자산총액 중 임대사업에 사용된 자산가액이 50% 이상인 법인을 말한다. 이 경우 자산가액은 「소득세법」 규정에 의한 기준시가로 계산한다(조특령 132 ③).

(3) 차입금 과다법인

차입금 과다법인이란 차입금이 자기자본의 2배에 상당하는 금액을 말한다(조특령 132 ① · ②). 간주임대료 계산 대상이 되는 차입금 과다법인의 판단 시 차입금과 자기자본은 적수로 계산한다.

1) 자기자본

자기자본은 다음의 ①과 ② 중 큰 금액으로 한다. 한편, 사업연도 중 합병 · 분할하거나 증자 · 감자 등에 따라 자기자본의 변동이 있는 경우에는 당해 사업연도 개시일부터 자기자본의 변동일 전일까지의 기간(당해 기간에 해당하는 자기자본은 다음 ①항목에서 증자액 또는 감자액을 차감 또는 가산하여 계산할 수 있다)과 그 변동일부터 당해 사업연도 종료일까지의 기간으로 각각 나누어 계산한 자기자본의 적수를 합한 금액을 자기자본의 적수로 한다.

① 당해 사업연도 종료일 현재 재무상태표상의 자산의 합계액에서 부채(충당금을 포함하며, 미지급법인세를 제외한다)의 합계액을 공제한 금액
② 당해 사업연도 종료일 현재의 납입자본금(자본금에 주식발행액면초과액 및 감자차익을 가산하고, 주식할인발행차금 및 감자차손을 차감한 금액으로 한다)

2) 차입금

차입금은 「법인세법」 규정에 따라 지급이자가 이미 손금불산입된 차입금과 「주택법」에 따른 국민주택기금으로부터 차입한 금액을 제외한다.

실무포인트

1. 임대사업에 사용된 자산가액

임대사업에 사용된 자산 중에는 주택임대에 공하는 자산가액을 포함(법인 46012-2896, 1996.10.18.).

2. 자산의 일부를 임대하고 있는 경우

자산의 일부를 임대사업에 사용하는 경우 임대부동산의 건설비상당액은 건설비총액을 임대면적 비율로 안분한 금액으로 함.

$$\text{일부를 입대사업에 사용하고 있는 자산의 가액} \times \frac{\text{임대사업에 사용하고 있는 부분의 면적}}{\text{당해 건물의 연면적}}$$

3 계산식

익금에 가산할 간주임대료 금액은 다음의 산식에 의하여 계산하며, 이 경우 익금에 가산할 금액이 영보다 적은 때에는 이를 없는 것으로 본다(조특령 132 ⑤).

$$\text{간주임대료} = \left[\begin{matrix}\text{당해 사업연도의} \\ \text{보증금 등의 적수}^{*}\end{matrix} - \begin{matrix}\text{임대용부동산의 건설비} \\ \text{상당액의 적수}\end{matrix}\right] \times \frac{1}{365} \times \text{정기예금이자율} - \text{금융수익}$$

* 적수의 계산은 매월말 현재의 잔액에 경과일수를 곱하여 계산할 수 있다.

(1) 당해 사업연도의 보증금 등의 적수

당해 사업연도의 보증금 등의 적수는 당해 사업연도의 부동산 또는 부동산상의 권리를 대여하고 받는 보증금, 전세금 또는 이와 유사한 성질의 금액의 적수를 말하며, 부동산을 임차하여 전대하는 경우에 보증금 등의 적수는 전대보증금 등의 적수에서 임차보증금 등의 적수를 차감하여 계산한다(조특칙 59 ③).

(2) 임대용 부동산의 건설비상당액 적수

건설비상당액은 당해 건축물의 취득가액으로 하며, 자본적 지출액은 포함하고, 재평가차액은 제외한다. 이때 임대사업개시 전에 임대용역의 제공이 없는 상태에서 부동산이 완공되면 임대하기로 하고 받은 계약금 · 선수보증금 등에 대하여는 임대를 개시한 날 이후부터 간주익금을 계산한다(조특통칙 138－132－1).

$$\text{건설비상당액의 적수} = \text{임대용부동산의 건설비 적수총계} \times \frac{\text{임대면적의 적수}}{\text{건물 연면적의 적수}}$$

(3) 정기예금 이자율

정기예금 이자율은 현행 3.1[7]%로 한다(법칙 6).

개정일자	적용시기	이자율
2021.3.16.	2021.1.1. 이후 개시하는 사업연도부터	1.2%
2023.3.20.	2023.1.1. 〃	2.9%
2024.3.22.	2024.1.1. 〃	3.5%

(4) 금융수익

금융수익이란 해당 사업연도의 보증금 등에서 발생한 수입이자와 할인료 · 배당금 · 신주인수권처분이익 및 유가증권처분이익의 합계를 말한다. 이때 수입이자는 기간경과에 따른 미수이자를 포함한다. 또한, 유가증권 처분손실은 처분이익과 상계하며, 그 금액이 음수인 경우에는 0으로 한다.

7) 2025년 1월 1일 전에 개시한 사업연도의 사업수입금액 계산에 적용하는 정기예금이자율에 관하여는 종전규정(3.5%)에 따른다.

사례

영리내국법인인 ㈜택스에듀넷의 다음의 자료를 보고 간주임대료 계산 대상인지 판단하여 보고, 간주임대료 계산 대상에 해당하는 경우 간주임대료를 계산하시오(토지 및 건물은 임대용자산에 해당하며, 보증금 관련 금융수익은 10,500,00원이다).

재 무 상 태 표

2025년 12월 31일

㈜택스에듀넷 (단위 : 원)

과 목	제 3(당)기 금 액
⋮	⋮
Ⅱ. 비유동자산	15,328,225,000
토지	13,643,000,000
건물	550,000,000
차량운반구	110,000,000
비품	15,000,000
시설장치	10,225,000
기타보증금	1,000,000,000
자산총계	16,722,500,000
⋮	⋮
Ⅰ. 유동부채	
⋮	
단기차입금	580,000,000
Ⅱ. 비유동부채	
장기차입금	11,000,000,000
⋮	⋮
부채총계	11,580,000,000
자 본	
Ⅰ. 자본금	500,000,000
자본금	
Ⅱ. 자본잉여금	
주식발행초과금	20,000,000
Ⅲ. 자본조정	
Ⅳ. 기타포괄손익누계액	
Ⅴ. 이익잉여금	4,622,500,000
이익준비금	5,700,000
미처분이익잉여금	4,616,800,000
자본총계	5,142,500,000

풀이

1. 간주임대료 계산 적용대상자 판단

(1) 부동산임대업이 주업

사업연도 종료일 현재 자산총액(16,722,500,000) 중 임대사업에 사용된 자산가액(13,643,000,000 +550,000,000)이 50% 이상인 법인에 해당한다.

(2) 차입금 과다법인

1) 차입금

=580,000,000(단기차입금)+11,000,000,000(장기차입금)=11,580,000,000

2) 자기자본

=MAX(①, ②)=5,142,500,000

① 16,722,500,000(자산총계)−11,580,000,000(부채총계)=5,142,500,000

② 500,000,000(자본금)+20,000,000(주식발행초과금)=520,000,000

3) 차입금 과다법인

차입금(11,580,000,000)이 자기자본(5,142,500,000)의 2배 이상이므로 차입금 과다법인에 해당한다.

2. 간주임대료의 계산

$$(1{,}000{,}000{,}000\times365-550{,}000{,}000\times365)\times\frac{1}{365}\times3.1\%-10{,}500{,}000$$

$$=3{,}450{,}000$$

3. 세수조정

〈익금산입〉 간주임대료 3,450,000(기타사외유출)

[별지 제18호 서식] (2012.2.28. 개정)

사업 연도	2025. 1. 1. ~ 2025. 12. 31.	임대보증금등의 간주익금조정명세서	법인명	㈜택스에듀넷
			사업자등록번호	

❶ 임대보증금 등의 간주익금조정

①임대보증금등적수	②건설비 상당액적수	③보증금 잔액 [(①-②)÷365 또는 366]	④이자율	⑤익금 상당액(③×④)	⑥보증금 운용수입	⑦익금산입금액 (⑤-⑥)
365,000,000,000	200,750,000,000	450,000,000	3.1	13,950,000	10,500,000	3,450,000

❷ 임대보증금 등 적수계산

⑧일자	⑨적요	⑩임대보증금누계	⑪일수	⑫적수(⑩×⑪)
2025.01.01	전기이월	1,000,000,000	365	365,000,000,000

❸ 건설비 상당액 적수계산

가. 건설비의 안분계산

⑬건설비총액적수 (⑳의 합계)	⑭임대면적적수 (㉔의 합계)	⑮건물 연면적적수 (㉘의 합계)	⑯건설비상당액적수 (⑬×⑭÷⑮)
200,750,000,000	365,000	365,000	200,750,000,000

나. 임대면적 등 적수계산

⑰건설비총액적수			㉑건물 임대면적 적수			㉕건물연면적 적수		
⑱건설비 총액누계	⑲임대 일수	⑳적수 (⑱×⑲)	㉒임대 면적누계	㉓임대 일수	㉔적수 (㉒×㉓)	㉖건물연 면적누계	㉗임대 일수	㉘적수 (㉖×㉗)
550,000,000	365	200,750,000,000	1,000	365	365,000	1,000	365	365,000
합계		200,750,000,000	합계		365,000	합계		365,000

❹ 임대보증금 운용수입금액 명세

㉙과목	㉚계정금액	㉛보증금운용수입금액	㉜기타 수입금액	비고
이자수익	10,500,000	10,500,000		
계				

210mm×297mm[백상지 80g/㎡ 또는 중질지 80g/㎡]

작성방법

1. ①임대보증금 등 적수란에 2. 임대보증금 등 적수계산의 ⑫적수란의 계를 옮겨 적습니다.

2. ②란의 건설비상당액적수는 ⑯건설비상당액적수란의 금액을 옮겨 적습니다.

3. ④이자율란에는 「법인세법 시행규칙」 제6조에 따른 이자율을 적습니다.

4. ⑥보증금운용수입란에는 4. 임대보증금 운용수입금액 명세의 ㉛보증금운용수입금액란의 계를 옮겨 적습니다.

5. ⑱건설비총액누계란에는 건물의 취득 · 건설비 총액(취득 후 발생된 자본적지출액을 포함하고 재평가차액 및 토지취득가액은 제외합니다)을 기입하고, ⑲임대일수란에는 해당 사업연도 최초 임대개시일을 기산일로 하여 건설비총액의 변동일까지의 일수를 순차로 기입합니다. 이 경우 1991년 1월 1일 이후 개시하는 사업연도 이전에 취득 · 건설한 부동산의 경우는 ⑱건설비총액누계란에 해당 부동산의 취득가액(확인되지 않은 경우에는「소득세법」제99조에 따른 기준시가를 말합니다)과 해당 부동산의 연면적에 1990년 12월 31일이 속하는 사업연도 종료일 현재 단위면적당 임대보증금(임대보증금÷건물임대면적)을 곱하여 계산한 금액 중 큰 금액을 적습니다.

6. ㉒임대면적누계란은 실제임대에 제공된 건물면적(공유면적을 포함합니다) 합계를 기입하고 ㉓임대일수란에는 해당 사업연도 최초 임대개시일을 기산일로 하여 임대면적변동일까지의 일수를 순차로 적습니다.

7. ㉖건물연면적누계란은 건축물관리대장상의 건물연면적(지하층을 포함합니다)을 기입하고, ㉗임대일수란에는 해당 사업연도 최초 임대개시일을 기산일로 하여 건물연면적 변동일까지의 일수를 순차로 적습니다.

8. 4. 임대보증금 운용수입금액 명세의 ㉛보증금운용수입금액란에는 임대사업 회계에서 발생한 수입이자와 할인료, 배당금, 신주인수권처분익 및 유가증권 처분익(매각익에서 매각손을 차감한 금액)을 적습니다.

CHAPTER

16 이자비용

1 개 요

(1) 손금불산입 대상 이자비용

법인은 자금조달방법의 하나로 기업 외부로부터의 차입을 선택할 수 있으며, 이로 인해 발생하는 이자비용은 순자산 감소액이므로 원칙적으로 손금에 해당한다. 그러나 다음에 해당하는 이자는 다음 순서에 따라 손금불산입한다(법법 28 ①, 법령 55).

순 서	구 분	손금불산입액	소득처분
①	채권자 불분명 사채이자	해당 이자	대표자상여*
②	비실명 채권 · 증권이자	해당 이자	
③	건설자금이자	해당 이자	유 보
④	업무무관자산 등에 대한 지급이자	지급이자 $\times \frac{\text{업무무관자산 등 적수}}{\text{차입금 적수}}$	기타사외유출

* 원천징수세액 상당액은 기타사외유출

(2) 지급이자의 범위

지급이자에 포함되는 것	지급이자에 포함되지 않는 것
• 금융어음 할인료 • 미지급이자 • 금융리스료 중 이자상당액 • 사채할인발행차금상각액 • 전환사채 만기보유자에게 지급하는 상환할증금	• 상업어음 할인액 • 선급이자 • 현재가치할인차금상각액 • 연지급수입에 있어 취득가액과 구분하여 지급이자로 계상한 금액 • 지급보증료 · 신용보증료 등 • 금융회사 차입금 조기상환수수료

(3) 차입금에서 제외되는 금액(법령 53 ④)

① 금융회사(법령 61 ②) 등이 차입한 일정한 차입금

② 내국법인이 한국은행총재가 정한 규정에 따라 기업구매자금대출에 의하여 차입한 금액

2 채권자 불분명 사채이자

(1) 개 요

채권자가 불분명한 사채(私債)의 이자는 손금에 산입하지 않는다(법법 28 ①). 사채(私債)란 금융기관이 아닌 개인 또는 법인으로부터 차입한 차입금을 말한다. 이러한 채권자가 불분명한 차입금의 이자는 손금불산입으로 세무조정하고 이를 대표자에 대한 상여로 처분하며, 원천징수세액에 상당하는 금액은 기타사외유출로 처분한다(법기통 67-106-3).

(2) 채권자 불분명 사채이자의 범위

채권자가 불분명한 사채의 이자라 함은 다음에 해당하는 차입금의 이자를 말한다. 이자에는 알선수수료 · 사례금 등 명목여하에 불구하고 사채를 차입하고 지급하는 금품을 포함한다. 다만, 거래일 현재 주민등록표에 의하여 그 거주사실 등이 확인된 채권자가 차입금을 변제받은 후 소재불명이 된 경우의 차입금에 대한 이자를 제외한다(법령 51 ①).

① 채권자의 주소 및 성명을 확인할 수 없는 차입금
② 채권자의 능력 및 자산상태로 보아 금전을 대여한 것으로 인정할 수 없는 차입금
③ 채권자와의 금전거래사실 및 거래내용이 불분명한 차입금

3 비실명 채권증권이자

국공채나 회사채에 따른 채권 · 증권의 이자 · 할인액 또는 차익 중 그 지급받은 자가 불분명한 채권 · 증권의 이자 · 할인액 또는 차익은 손금에 산입하지 않는다(법법 28 ①). 「법인세법」

에서는 채권 또는 증권의 이자 · 할인액 또는 차익을 당해 채권 또는 증권의 발행법인이 직접 지급하는 경우 그 지급사실이 객관적으로 인정되지 아니하는 이자 · 할인액 또는 차익을 손금에 산입하지 않는다(법령 51 ②). 이때 소득처분은 채권자불분명 사채이자와 마찬가지로 대표자에 대한 상여로 처분하되, 원천징수 상당액은 기타사외유출로 처분한다.

4 건설자금이자

(1) 개 요

건설자금이자란 그 명목여하에 불구하고 사업용 유형자산 및 무형자산의 매입 · 제작 또는 건설에 소요되는 차입금에 대한 지급이자 또는 이와 유사한 성질의 지출금을 말한다. 여기서 자산의 건설 등에 소요되었는지가 분명한 차입금은 특정차입금으로, 분명하지 아니한 차입금은 일반차입금으로 구분한다(법령 52 ①). 「법인세법」에서는 건설자금이자를 당기비용으로 처리한 경우 이를 손금에서 부인하는 세무조정을 수행하게 되는데 이를 기업회계와 요약 비교하면 다음과 같다.

구 분	기업회계		법인세법
	K-IFRS	일반기업회계기준	
자본화 여부	특정차입금 및 일반차입금 강제	특정차입금 및 일반차입금 선택가능	특정차입금은 강제 일반차입금은 선택
자본화 대상 자산	유형자산, 무형자산, 투자부동산, 재고자산 등 의도된 용도로 사용하거나 판매가능한 상태에 이르게 하는 데 상당한 기간을 필요로 하는 자산	유형자산, 무형자산, 투자부동산, 취득기간이 1년 이상인 재고자산	유형자산 및 무형자산

법인세법에서는 재고자산에 대하여는 건설자금이자를 계상하지 않는다. 따라서, 매매를 목적으로 매입 또는 건설하는 주택 및 아파트는 건설자금이자 계산대상 사업용 유형자산 및 무형자산에 해당하지 아니한다(법통 28-52…1 3호).

(2) 특정차입금 이자

1) 개 요

특정차입금 이자란 자산의 건설 등에 소요되었는지 여부가 분명한 차입금을 말하며, 특정차입금에 대한 지급이자등은 건설 등이 준공된 날까지 이를 자본적 지출로 하여 그 원본에 가산한다. 다만, 특정차입금의 일시예금에서 생기는 수입이자는 원본에 가산하는 자본적 지출금액에서 차감한다(법령 52 ②).

또한, 특정차입금의 일부를 운영자금에 전용한 경우에는 그 부분에 상당하는 지급이자는 이를 손금으로 하며, 특정차입금 중 해당 건설 등이 준공된 후에 남은 차입금에 대한 이자는 각 사업연도의 손금으로 한다. 이 경우 건설 등의 준공일은 해당 건설 등의 목적물이 전부 준공된 날로 한다(법령 52 ③ · ⑤).

2) 자본화 대상 이자

특정차입금의 연체로 인하여 생긴 이자를 원본에 가산한 경우 그 가산한 금액은 이를 해당 사업연도의 자본적 지출로 하고, 그 원본에 가산한 금액에 대한 지급이자는 이를 손금으로 한다(법령 52 ④). 또한, 차입과 관련된 지급보증료 및 할인료, 건설기간 중의 사채할인차금상각액 및 전환사채에 대한 지급이자도 포함된다.

3) 준공된 날

준공된 날이라 함은 다음 중 어느 하나에 해당하는 날로 한다(법령 52 ⑥).

구 분	준공된 날
토지	대금 청산일과 사업에 사용되기 시작한 날 중 빠른 날
건축물	소득세법시행령 제162조의 규정에 의한 취득일 또는 당해 건설의 목적물이 그 목적에 실제로 사용되기 시작한 날(사용개시일) 중 빠른 날
그 밖의 자산	사용개시일

① 대금을 청산한 날

'대금을 청산한 날'이라 함은 계약서상의 잔금지급약정일에 불구하고 당해 대금을 실제로 완불한 날을 말한다(법인 46012-3467, 1994.12.19.).

② 사업에 사용되기 시작한 날

'사업에 사용되기 시작한 날'이란 공장 등 건축물을 신축하는 경우에는 공장 등의 건설에 착공한 날 또는 당해 사업용 토지로 업무에 직접 사용한 날을 말한다(법통 28-52…1 5호,

법집행 28-52-1 4호).

③ 소득세법시행령 제162조의 규정에 의한 취득일

㉠ 대금을 청산한 날이 분명하지 아니한 경우에는 등기부 · 등록부 또는 명부 등에 기재된 등기 · 등록접수일 또는 명의개서일

㉡ 대금을 청산하기 전에 소유권이전등기(등록 및 명의의 개서를 포함한다)를 한 경우에는 등기부 · 등록부 또는 명부 등에 기재된 등기접수일

㉢ 장기할부조건의 경우에는 소유권이전등기(등록 및 명의개서를 포함한다) 접수일 · 인도일 또는 사용수익일 중 빠른 날

㉣ 자기가 건설한 건축물에 있어서는 건축법 제22조 제2항에 따른 사용승인서 교부일. 다만, 사용승인서 교부일 전에 사실상 사용하거나 같은 조 제3항 제2호에 따른 임시사용승인을 받은 경우에는 그 사실상의 사용일 또는 임시사용승인을 받은 날 중 빠른 날로 하고 건축허가를 받지 아니하고 건축하는 건축물에 있어서는 그 사실상의 사용일로 한다.

㉤ 상속 또는 증여에 의하여 취득한 자산에 대하여는 그 상속이 개시된 날 또는 증여를 받은 날

㉥ 민법 제245조 제1항의 규정에 의하여 부동산의 소유권을 취득하는 경우에는 당해 부동산의 점유를 개시한 날

㉦ 공익사업을위한토지등의취득및보상에관한법률이나 그밖의 법률에 따라 공익사업을 위하여 수용되는 경우에는 대금을 청산한 날, 수용의 개시일 또는 소유권이전등기접수일 중 빠른 날. 다만, 소유권에 관한 소송으로 보상금이 공탁된 경우에는 소유권 관련 소송 판결 확정일로 한다.

㉧ 완성 또는 확정되지 아니한 자산을 양도 또는 취득한 경우로서 해당 자산의 대금을 청산한 날까지 그 목적물이 완성 또는 확정되지 아니한 경우에는 그 목적물이 완성 또는 확정된 날. 이 경우 건설 중인 건물의 완성된 날에 관하여는 제4호를 준용한다.

④ 사용개시일

"사용개시일"이라 함은 정상제품을 생산하기 위하여 실제로 가동되는 날(선박의 경우에는 최초의 출항일, 「전기사업법」의 규정에 의한 전기사업자가 발전소를 건설하는 경우에는 「전기 사업법」 제63조 및 같은 법 시행규칙 제31조에 따른 사용전검사의 합격통지를 받은 날)을 말한다(법집행 28-52-1 5호).

(3) 일반차입금 이자

건설자금으로 사용된 것이 분명한 특정차입금의 차입금이자 및 이에 유사한 성질의 지출금은 강제적으로 자본화하여야 하며, 일반차입금에 대하여도 선택적으로 자본화할 수 있다. 일반차입금의 자본화 대상금액은 다음과 같이 계산한다.

일반차입금에 대한 자본화 대상금액 : Min[①, ②] ① 해당 사업연도 중 건설 등에 소요된 기간에 실제로 발생한 일반차입금의 지급이자의 합계 ② (해당 건설 등에 대하여 해당 사업연도에 지출한 금액의 적수－해당 사업연도 특정차입금의 적수)/해당 사업연도 일수×자본화 이자율*

* 자본화 이자율＝일반차입금에서 발생한 지급이자 등의 합계액/(해당 사업연도 일반차입금의 적수/해당 사업연도 일수)

(4) 건설자금이자 관련 세무조정

건설자금 이자를 비용처리하거나 과소계상한 경우에는 다음과 같이 세무조정한다.

구 분		내 용
비상각자산		손금불산입하여 유보처분하고 동자산의 양도 시 유보금액을 손금추인함.
상각자산	건설 완료	감가상각한 것으로 보아 시부인 계산
	건설 중인 자산	손금불산입하여 유보처분하되 건설이 완료되면 기왕의 상각부인액으로 보며 그 이후의 시인부족액의 범위 내에서 손금으로 추인됨.

5 업무무관자산

(1) 개 요

업무무관자산을 취득하거나 보유하거나 특수관계자에게 업무와 관련 없이 지급한 가지급금이 있는 내국법인이 각 사업연도에 지급한 차입금의 이자 중 해당 자산가액에 상당하는 금액의 이자는 손금에 산입하지 않는다(법법 28 ①). 업무무관자산 등 지급이자의 손금불산입액은 다음의 산식에 따라 계산하며, 손금불산입액은 기타사외유출로 처분한다(법령 53 ②).

$$\text{손금불산입액} = \text{지급이자} \times \frac{\text{업무무관 자산가액적수} + \text{업무무관 가지급금적수(차입금적수를 한도로 함)}}{\text{차입금적수}}$$

본 규정의 입법목적은 차입금을 보유하고 있는 법인이 특수관계인에게 업무와 관련 없이 가지급금 등을 지급한 경우에는 이에 상당하는 차입금의 지급이자를 손금불산입하도록 하는 조세상의 불이익을 주어, 차입금을 생산적인 부분에 사용하지 아니하고 계열사 등 특수관계인에게 대여하는 비정상적인 행위를 제한함으로써 타인자본에 의존한 무리한 기업 확장으로 기업의 재무구조가 악화되는 것을 방지하고, 기업자금의 생산적 운용을 통한 기업의 건전한 경제활동을 유도하는 데 있다(2005헌바75, 2007.1.17).

(2) 업무무관 가지급금 적수

가지급금 적수는 가지급금의 매일잔액을 합산하여 계산한다.

1) 업무무관 가지급금의 범위

업무무관 가지급금이란 특수관계인에게 해당 법인의 업무와 관련 없이 지급한 금액으로서 명칭 여하에 불구하고 당해 법인의 업무와 관련이 없는 자금의 대여액을 말한다(법법 28 ① 4호 나목, 법령 53 ①). '업무와 관련 없이 지급한 가지급금 등'에는 순수한 의미의 대여금은 물론 채권의 성질상 대여금에 준하는 것도 포함되고, 적정한 이자율에 의하여 이자를 받으면서 가지급금을 제공한 경우도 포함된다(대법원 91누8302, 1992.11.10.).

2) 가지급금에서 제외하는 것

다음의 항목은 가지급금에서 제외한다(법칙 44).

① 미지급소득에 대한 소득세를 법인이 납부하고 이를 가지급금등으로 계상한 금액. 미지급소득이란 「소득세법」상 지급시기의제 규정(소법 135 ①, 소법 135 ③)에 의하여 지급한 것으로 보는 배당소득 및 상여금을 말한다.

$$\text{미지급소득에 대한 소득세} = \text{종합소득 총결정세액} \times \frac{\text{미지급소득}}{\text{종합소득금액}}$$

② 국외에 자본을 투자한 내국법인이 해당 국외투자법인에 종사하거나 종사할 자의 여비 · 급료 기타 비용을 대신하여 부담하고 이를 가지급금등으로 계상한 금액(그 금액을 실지로 환부받을 때까지의 기간에 상당하는 금액에 한함)

③ 법인이 우리사주조합 또는 그 조합원에게 해당 우리사주조합이 설립된 회사의 주식취득에 소요되는 자금을 대여한 금액
④ 「국민연금법」에 의하여 근로자가 지급받은 것으로 보는 퇴직금전환금
⑤ 사외유출된 것이 분명하나 그 귀속이 불분명하여 대표자에게 상여처분한 금액에 대한 소득세를 법인이 납부하고 이를 가지급금으로 계상한 금액
⑥ 직원에 대한 월정급여액의 범위에서의 일시적인 급료의 가불금
⑦ 직원에 대한 경조사비 또는 학자금(자녀의 학자금을 포함)의 대여액
⑧ 「조세특례제한법 시행령」 제2조에 따른 중소기업에 근무하는 직원(지배주주등인 직원 제외)에 대한 주택구입 또는 전세자금의 대여액
⑨ 한국자산관리공사가 출자총액의 전액을 출자하여 설립한 법인에 대여한 금액

실무포인트

① 내국법인이 특수관계인인 해외 현지법인에게 시설 및 운영자금을 대여한 경우 그 자금의 대여가 사실상 해당 법인의 영업활동과 직접 관련된 때에는 이를 「법인세법」 제28조 제1항 제4호 나목에 의한 '업무와 관련 없이 지급한 가지급금 등'으로 보지 아니하는 것이나, 이에 해당되는지 여부는 자금을 대여한 사유 및 목적, 대여금의 사용처, 해외 현지법인의 사업 또는 영업활동이 내국법인 경영에 관련되는 정도 등을 고려하여 사실 판단할 사항임(법인세과-3065, 2020.8.25.).

② 대여금이 원고의 업무와 관련 없이 지급되었는지 여부를 판단함에 있어서는 「법인세법」 제28조 제1항 등의 입법목적과 함께 법률상 규정된 원고의 업무, 원고의 법인등기부상 목적사업, 원고가 실제로 행하고 있는 영업내용 등을 종합적으로 살펴보아야 한다. 따라서, 최초의 투자가 원고의 목적사업에 포함되고, 특수관계에 해당된 이후 운영자금 지원 등을 위한 쟁점대여금의 대여는 직접적인 이자 수입을 위한 목적뿐만 아니라, 기존 투자에 대한 손해방지 등의 차원에서도 원고의 금융투자업무와 무관하다고 보기 어려운바, 쟁점 대여금의 업무관련성을 부정한 당초 처분은 부당하다(서울고등법원2017누50432, 2017.12.5.).

③ 내국법인이 사업연도 중 차입금을 전액 변제한 후 잉여자금을 특수관계인에게 대여한 경우 대여시기와 상관없이 해당 사업연도의 지급이자에 대해 지급이자 손금불산입 규정을 적용하는 것임(서면법인 2019-0699, 2020.8.31.).

④ 내국법인이 금융회사로부터 자금을 차입하면서 수회로 분할하여 상환하기로 약정하였으나 이를 조기에 상환함으로써 약정이자 이외에 별도로 지급하는 조기상환수수료는 법인세법시행령 제53조 제2항의 규정에 의한 지급이자의 범위에 포함되지 아니함(법인46012-10655, 2001.12.1.).

(3) 업무무관자산 적수

업무무관자산 적수는 업무무관자산의 매일 잔액을 합산하여 계산하며, 업무무관자산이란 다음과 같다(법령 49).

구 분	내 용
부동산	① 법인의 업무에 직접 사용하지 아니하는 부동산. 다만, 법정 유예기간이 경과하기 전까지의 기간 중에 있는 부동산을 제외한다. ② 유예기간 중에 당해 법인의 업무에 직접 사용하지 아니하고 양도하는 부동산. 다만, 부동산매매업을 주업으로 영위하는 법인의 경우를 제외한다.
동 산	① 서화 및 골동품. 다만, 장식 · 환경미화 등의 목적으로 사무실 · 복도 등 여러 사람이 볼 수 있는 공간에 상시 비치하는 것을 제외한다. ② 업무에 직접 사용하지 아니하는 자동차 · 선박 및 항공기. 다만, 저당권의 실행 기타 채권을 변제받기 위하여 취득한 선박으로서 3년이 경과되지 아니한 선박 등 법령이 정하는 부득이한 사유가 있는 자동차 · 선박 및 항공기를 제외한다. ③ 기타 위와 유사한 자산으로서 당해 법인의 업무에 직접 사용하지 아니하는 자산

1) 법인의 업무

법인의 업무란 다음의 업무를 말한다(법칙 26 ②).

① 법령에서 업무를 정한 경우에는 그 법령에 규정된 업무
② 각 사업연도 종료일 현재의 법인등기부상의 목적사업(행정관청의 인가 · 허가 등을 요하는 사업의 경우에는 그 인가 · 허가 등을 받은 경우에 한한다)으로 정하여진 업무

2) 부동산 매매업의 판정

'부동산매매업을 주업으로 영위하는 법인'이란 한국표준산업분류에 따른 부동산 개발 및 공급업(묘지분양업을 포함) 및 건물 건설업(자영건설업에 한함)을 말한다. 이 경우 부동산매매업과 다른 사업을 겸영하는 경우에는 해당 사업연도와 그 직전 2사업연도의 부동산매매업 매출액의 합계액(해당 법인이 토목건설업을 겸영하는 경우에는 토목건설업 매출액을 합한 금액을 말한다)이 이들 3사업연도의 총수입금액 합계액의 50%를 초과하는 경우에 한하여 부동산매매업을 주업으로 하는 법인으로 본다(법칙 26 ⑦).

3) 유예기간

유예기간이란 다음의 기간을 말한다(법칙 26 ①).

① 건축물 또는 시설물 신축용 토지 : 취득일부터 5년

(공장용 부지로서 승인을 얻은 사업계획서상의 공장건설계획기간이 5년을 초과하는 경우에는 당해 공장건설계획기간)

② 부동산매매업을 주업으로 하는 법인이 취득한 매매용 부동산 : 취득일부터 5년

③ ① 및 ② 외의 부동산 : 취득일부터 2년

4) 부득이한 사유가 있는 부동산 제외

법령에 의하여 사용이 금지되거나 제한된 부동산 등 「법인세법 시행규칙」 제26조 제5항에서 정하는 부득이한 사유가 있는 부동산을 제외한다.

5) 업무에 직접 사용한 날의 범위

다음 중 어느 하나에 해당하는 경우에는 당해 부동산을 업무에 사용한 것으로 본다(법칙 26 ③).

① 토지를 취득하여 업무용으로 사용하기 위하여 건설에 착공한 경우(착공일이 불분명한 경우에는 착공신고서제출일을 기준으로 함)에는 업무에 사용한 것으로 본다. 다만, 천재지변 · 민원의 발생 기타 정당한 사유 없이 건설을 중단한 경우에는 중단한 기간 동안 업무에 사용하지 아니한 것으로 본다(법칙 26 ③ 1호).

② 부동산매매업을 주업으로 하는 법인이 취득한 매매용 부동산을 유예기간 내에 양도하는 경우에는 업무에 사용한 것으로 본다(법칙 26 ③ 2호).

한편, 업무무관부동산 규정을 적용함에 있어서 건축물이 없는 토지를 임대하는 경우(공장 · 건축물의 부속토지 등 법인의 업무에 직접 사용하던 토지를 임대하는 경우를 제외) 당해 토지는 업무에 직접 사용하지 아니하는 부동산으로 본다. 다만, 당해 토지를 임대하던 중 당해 법인이 건설에 착공하거나 그 임차인이 당해 법인의 동의를 얻어 건설에 착공한 경우 당해 토지는 그 착공일(착공일이 불분명한 경우에는 착공신고서 제출일)부터 업무에 직접 사용하는 부동산으로 본다(법칙 26 ④).

6) 업무와 관련 없는 것으로 보는 기간

업무와 관련이 없는 것으로 보는 기간은 다음에 의한다(법칙 26 ⑨).

구 분	업무와 관련 없는 부동산으로 보는 기간	근거법
• 업무에 직접 사용하지 아니하는 부동산 • 취득 후 계속하여 업무에 사용하지 아니하고 양도하는 부동산	• 업무에 직접 사용하지 아니한 기간 중 유예기간과 겹치는 기간을 제외한 기간 • 취득일부터 양도일까지의 기간	법칙 26 ⑨ 1호 본문 〃 1호 단서
• 유예기간 경과 전에 법령에 의하여 사용이 금지 · 제한된 부동산 등	• 금지 · 제한이 해제된 날부터 양도일까지의 기간	법칙 26 ⑨ 1호 단서
• 유예기간 중에 업무에 사용하지 아니하고 양도하는 부동산 • 법령에 의하여 사용이 금지 · 제한된 부동산	• 취득일부터 양도일까지의 기간 • 금지 · 제한이 해제된 날부터 양도일까지의 기간	법칙 26 ⑨ 2호
• 업무에 사용하지 아니하거나 유예기간 중에 업무에 사용하지 아니하고 양도한 부동산이 다음 각 호에 해당되는 경우 −수용(협의매수를 포함)되는 경우 −산업단지 안의 토지를 양도하는 경우	• 업무에 직접 사용하지 아니한 기간 중 유예기간과 겹치는 기간을 제외한 기간	법칙 26 ⑩

(4) 업무무관부동산에 대한 추가납부세액의 계산 및 납부

부동산을 취득한 후 업무에 직접 사용하지 아니하고 양도함에 따라 그 양도한 날이 속하는 사업연도의 이전에 종료한 사업연도의 지급이자 및 유지관리비 등을 손금불산입하는 경우에는 다음의 방법 중 하나를 선택하여 그 양도한 날이 속하는 사업연도의 법인세에 가산하여 납부하여야 한다(법칙 27). 이 경우 판정유예기간 경과일 또는 양도일이 속하는 사업연도의 법인세액에 가산하여 납부하는 경우에 한하여 미납부가산세를 적용하지 아니한다.

1) 세무조정에 의한 방법

종전 사업연도의 각 사업연도소득 · 과세표준 등을 다시 계산하여 산출한 결정세액에서 전 사업연도의 결정세액을 차감한 세액(가산세 제외)

2) 세무조정 없이 단순세액 계산방법

(종전 사업연도의 과세표준금액 + 지급이자 손금부인액 등) × 종전 사업연도의 세율 −종전 사업연도의 산출세액 = 추가납부세액(가산세 제외)

위 방법에 따라 계산된 추가납부세액은 「법인세법 시행규칙」 제27조에 따라 사업연도의 이전에 종료한 사업연도의 지급이자 및 유지관리비 등을 손금불산입하여 계산한 추가납부세액은 공제감면세액 및 추가납부세액합계표(을)[법칙 별지 제8호 서식(을)]에 기재한 후, 법인세 과세표준 및 세액조정계산서[법칙 별지 제3호 서식]의 "감면분 추가납부세액"란에 기재하여 납부한다.

실무포인트

1. 부동산매매업을 주업으로 하는 법인 관련 사례

(1) 업무무관부동산 유예기간 및 부동산매매업자 구분

부동산매매업을 주업으로 하는 법인이 매매용 부동산을 취득하여 유예기간(취득일로부터 5년) 내 양도한 경우 「법인세법 시행규칙」 제26조 제3항에 의하여 당해 부동산을 업무에 직접 사용한 것으로 보는 것이며, 이 경우 부동산매매업과 다른 사업을 겸영하는 경우 같은 법 시행규칙 제26조 제7항에 의하여 해당 사업연도와 그 직전 2사업연도의 부동산매매업 매출액의 합계액이 이들 3사업연도의 총수입금액의 합계액의 100분의 50을 초과하는 경우에 한하여 부동산매매업을 주업으로 하는 법인으로 보는 것임(법인세과-709, 2009.6.11.).

(2) 매매용 부동산을 임대하는 경우 업무무관 부동산 해당 여부

부동산매매업을 주업으로 하는 내국법인이 취득한 매매용부동산(수익성 제고를 위해 법인 등기부상의 목적사업에 임대업을 추가한 후 일시적으로 임대하는 경우 포함)은 「법인세법 시행규칙」 제26조 제1항 제2호에 따른 유예기간(취득일부터 5년)이 지난 다음날부터 업무무관 부동산에 해당하는 것임(서면-2022-법규법인-3396, 2023.10.18.).

2. 사용이 금지된 부동산 관련 사례

(1) 사용이 금지된 부동산의 유예기간 기산일

토지 취득 후 「법인세법 시행규칙」 제26조 제8항 제1호에 규정한 법령에 의하여 사용이 제한 또는 금지된 부동산은 해당 법령에 의한 사용의 금지·제한이 해제된 날부터 유예기간이 기산되는 것임(서면2팀-1284, 2006.7.11.).

(2) 법령에 의하여 사용이 금지 또는 제한된 부동산 해당 여부

법인이 업무에 직접 사용할 목적으로 토지('잡종지')를 취득한 후 「개발제한구역의 지정 및 관리에 관한 특별조치법」 제3조에 따른 개발제한구역으로 지정되어 사용이 제한된 경우 「법인세법 시행규칙」 제26조 제5항 제2호 가목에 따라 업무무관 자산에 해당하지 않는 것임(사전-2021-법규법인-1851, 2022.1.17.).

3. 업무무관 부동산 해당 여부

(1) 건축물이 없는 토지의 임대

나대지에 시멘트포장을 하고 둘레에 150㎝ 높이의 철망울타리 및 주차장 관리를 위한 사무실용 가건축물을 설치한 주차장을 임대하는 경우 법인세법 시행규칙 제26조 제4항의 규정을 적용함에 있어 당해 주차장을 건축물이 없는 토지로 보는 것임(재경부법인 46012-5, 2002.1.7.).

(2) 건축 중인 자산을 양도하는 경우 업무무관부동산 아님

건설업을 영위하는 법인이 「법인세법 시행규칙」 제26조 제1항의 규정에 의한 유예기간 이내에 건설에 착공한 경우로서 건축 중인 건축물 또는 준공된 건물을 즉시 양도하는 경우 「법인세법 시행규칙」 제26조 제3항 제1호의 규정에 의한 업무에 사용한 것으로 보는 것으로 「법인세법 시행령」 제49조 제1항 제1호의 규정에 의한 업무무관부동산으로 보지 아니함(법인 46012-44, 2001.2.2.).

(3) 건설 중 매각한 토지 : 부동산매매업을 주업으로 영위하지 않는 법인의 업무무관 부동산 해당 여부 판단

부동산매매업을 주업으로 영위하지 않는 법인이 토지를 취득한 후 공장용지 조성공사(토지정지작업 및 구획정리작업)를 실시하던 중에 해당 토지를 매각한 경우 「법인세법 시행규칙」 제26조 제9항 제1호 단서에 따라 취득일부터 양도일까지의 기간은 업무에 직접 사용하지 않는 기간으로 보는 것임(서면-2021-법규법인-5034, 2022.6.30.).

(4) 건설에 착공한 후 중단된 경우

법인이 토지를 취득하여 업무용으로 사용하기 위해 건설에 착공한 후 건설을 중단한 경우, 그 중단에 정당한 사유가 없는 한 그 법인이 당해 건설에 관련된 업무를 진행한 정황이 있더라도, 당해 토지는 업무 무관 부동산에 해당한다고 봄이 타당함(대법원-2020-두-56667, 2021.3.25.).

(5) 협력업체가 가설사무실 부지로 사용하는 토지

내국법인이 취득한 토지를 해당 내국법인의 협력업체가 가설건축물을 설치하여 사무실로 사용하는 경우 해당 토지는 「법인세법」 제27조 및 같은 법 시행령 제49조에 따른 업무와 관련이 없는 자산에 해당하는 것임(서면-2021-법규법인-6717, 2022.6.28.).

(6) 직원 복리후생을 위한 부동산

내국법인이 종업원의 복리후생을 위해 설치한 휴식 · 체육시설용 부동산은 「법인세법 시행령」 제49조 제1항 각 호에 규정한 업무와 관련이 없는 부동산의 범위에 해당하지 아니하는 것임(서면-2021-법인-3764, 2021.6.29.).

6 [서식사례] 업무무관부동산 등에 관련한 차입금이자조정명세서

(1) 작성사례

중소기업인 ㈜택스에듀의 제11기(2025.1.1.~2025.12.31.)의 다음 자료에 따라 지급이자 손금불산입 금액을 계산하고 이에 관한 서식을 작성하시오.

1) 자금의 대여명세

대여받은 자	대여금	대여일자	수령한 이자	비 고
대표이사 김대표	30,000,000	2025.2.15.	1,000,000	업무와 관련 없음
	20,000,000	2025.7.1.	800,000	업무와 관련 없음
회계팀장 박주택*	10,000,000	2024.7.1.	500,000	전세자금 대여
합 계	60,000,000	–	2,300,000	–

* 지배주주에 해당하지 않음

2) 제11기 사업연도 차입금의 명세

구 분	차입금(상환금액)	연이자율	이자비용
B	50,000,000	3%	1,200,000
C	50,000,000	10%	5,000,000
D	100,000,000	7%	6,300,000
E	30,000,000	20%	4,000,000
합 계	230,000,000	–	16,500,000

[별지 제26호 서식 (갑)] (2006.3.14. 개정) (앞 쪽)

사 업 연 도	2025. 01. 01. ~ 2025. 12. 31.	업무무관부동산 등에 관련한 차입금이자조정명세서(갑)	법 인 명	㈜택스에듀
			사업자등록번호	123-81-12346

1. 업무무관부동산 등에 관련한 차입금지급이자

①지급이자	적수				⑥차입금 (=⑲)	⑦ ⑤와 ⑥중 적은 금액	⑧손금불산입 지급이자 (①×⑦÷⑥)
	②업무무관 부동산	③업무무관 동산	④가지급금 등	⑤계 (②+③+④)			
16,500,000			13,280,000,000	13,280,000,000	73,000,000,000	13,280,000,000	3,001,643

2. 지급이자 및 차입금 적수계산

⑨ 이자율	⑩지급 이자	⑪차입금 적수	⑫채권자불분명 사채이자 등		⑮건설자금이자 등		차감	
			⑬지급 이자	⑭차입금 적수	⑯지급 이자	⑰차입금 적수	⑱지급이자 (⑩－⑬－⑯)	⑲차입금적수 (⑪－⑭－⑰)
3.0	1,200,000	14,600,000,000					1,200,000	14,600,000,000
10.0	5,000,000	18,250,000,000					5,000,000	18,250,000,000
7.0	6,300,000	32,850,000,000					6,300,000	32,850,000,000
20.0	4,000,000	7,300,000,000					4,000,000	7,300,000,000
합 계	16,500,000	73,000,000,000					16,500,000	73,000,000,000

210㎜×297㎜(신문용지 54g/㎡(재활용품))

▍소득금액 조정합계표의 작성▍

익금산입 및 손금불산입				손금산입 및 익금불산입			
① 과 목	② 금 액	③ 소득처분		④ 과 목	⑤ 금 액	⑥ 소득처분	
		처분	코드			처분	코드
가지급금등 지급이자	3 001 643	기타 사외 유출	500				

(2) 작성요령(갑)

❶ '① 지급이자'란에는 '⑱ 지급이자'란의 금액을 기입한다.

❷ '②'의 '업무무관부동산'란에는 "업무무관부동산등에관련한차입금이자조정명세서(을)"상의 '1. 업무무관부동산의 적수'란의 '⑦'란 중 '계'란의 금액을 기입한다.

❸ '③ 업무무관동산'란에는 "업무무관부동산등에관련한차입금이자조정명세서(을)"상의 '2. 업무무관동산의 적수'란의 '⑦'란 중 '계'란의 금액을 기입한다.

❹ '④ 가지급금등'란에는 "업무무관부동산등에관련한차입금이자조정명세서(을)"상의 '⑧'란의 적수금액을 기입하되, 동일인에 대한 가지급금과 가수금이 있는 경우에는 이를 상계하여 기입한다.

❺ '⑥ 차입금'란에는 '⑲'란의 차입금적수를 기입한다.

❻ '⑪ 차입금 적수'는 본래 차입금잔액에 일수를 곱하여 계산하여야 하나, 본 서식에서는 간편법을 적용하여 다음의 산식으로 계산한다.

⑪ 차입금 적수＝⑩ 지급이자÷⑨ 이자율×365

❼ '⑬ · ⑭'란의 상단에는 채권자불분명사채의 이자로서 손금불산입한 지급이자 및 차입금적수를 각각 기입하고, 하단에는 지급받은 자가 분명하지 아니한 채권 · 증권의 이자 또는 할인액으로서 손금불산입한 지급이자 및 차입금적수를 기입한다.

❽ '⑯ · ⑰'란의 상단에는 건설자금이자로서 손금불산입한 지급이자 및 차입금적수를 각각 기입하고, 하단에는 「국제조세조정에 관한 법률」 제14조에 따라 손금불산입한 지급이자 및 차입금적수를 각각 기입한다.

[별지 제26호 서식 (을)] (2021.10.28. 개정) (앞 쪽)

사업연도	2025. 01. 01. ~ 2025. 12. 31.	**업무무관부동산 등에 관련한 차입금 이자조정명세서(을)**	법 인 명	㈜택스에듀
			사업자등록번호	123-81-12346

구분		①연월일	②적 요	③차 변	④대 변	⑤잔 액	⑥일 수	⑦적 수
1. 업무무관 부동산의 적수								
		계						
2. 업무무관 동산의 적수								
		계						
3. 가지급금 등의 적수	⑧가지급금 등의 적수	2025.02.15.	가지급	30,000,000		30,000,000	136	4,080,000,000
		2025.07.01	가지급	20,000,000		50,000,000	184	9,200,000,000
		계		50,000,000			320	13,280,000,000
	⑨가수금 등의 적수							
		계						
4. 그밖의 적수								
		계						

5. 자기자본 적수계산

⑩재무상태표 자산총계	⑪재무상태표 부채총계	⑫자 기 자 본 (⑩ - ⑪)	⑬사 업 연 도 일 수	⑭적 수

210㎜×297㎜(신문용지 54g/㎡(재활용품))

CHAPTER

17 배당금수익

1 의제배당

(1) 개 요

상법상 이익배당에는 해당하지 아니하지만 법인이 감자 · 잉여금의 자본 전입 · 해산 또는 합병 · 분할한 경우에 법인의 이익이나 잉여금을 실질적으로 배당하는 것과 같은 다음의 경제적 이익은 주주 또는 출자자인 법인의 각 사업연도 소득금액 계산상 익금에 산입한다(법법 16).

(2) 잉여금의 자본 전입

법인의 잉여금의 전부 또는 일부를 자본이나 출자에 전입(轉入)함으로써 주주등인 내국법인이 취득하는 주식등의 가액은 이익을 배당받았거나 잉여금을 분배받은 금액으로 본다. 다만, 자본잉여금의 자본 전입으로 인한 무상주 등에 대하여는 배당으로 의제하지 않는다(법법 16 ①).

의제배당금액 = 의제배당 대상 무상주식수 × 액면가액*

* 주식배당은 발행가액으로 한다.

1) 자본 전입 시 의제배당에 해당되는 잉여금

① 이익잉여금

② 자산재평가법 규정에 의한 토지의 재평가 차액에 상당하는 재평가적립금(재평가세 1%분)

③ 소각일부터 2년 이내에 자본에 전입하는 자기주식소각익 등

④ 소각 당시 주식의 시가가 취득가액을 초과하는 경우에는 소각일부터 2년이 경과한 후 자본에 전입하는 자기주식소각익을 포함

2) 자본 전입 시 의제배당에서 제외되는 잉여금

① 주식발행액면초과액

② 주식의 포괄적 교환차익, 주식의 포괄적 이전차익

③ 감자차익

④ 합병차익, 분할차익

⑤ 자산재평가법에 의한 재평가적립금(재평가세 1%가 과세된 토지의 재평가차액에 상당하는 금액 제외)

⑥ 소각당시 주식의 시가가 취득가액을 초과하지 아니하는 경우로서 소각일부터 2년이 경과한 후 자본에 전입하는 자기주식소각익

(3) 자본감소 등으로 인한 의제배당

다음의 금액은 다른 법인의 주주등인 내국법인의 각 사업연도의 소득금액을 계산할 때 그 다른 법인으로부터 이익을 배당받았거나 잉여금을 분배받은 금액으로 본다(법법 16 ①).

의제배당금액＝법인소멸로 수령한 대가－소멸되는 주식의 취득가액

1) 요 건

의제배당이 되는 법인소멸의 4가지 형태로서 해산 · 자본감소 · 합병 · 분할을 규정하고 있다.

구 분	내 용
① 해 산	해산한 법인의 주주등(법인으로 보는 단체의 구성원을 포함한다)인 내국법인이 그 법인의 해산으로 인한 잔여재산의 분배로서 취득하는 금전과 그 밖의 재산의 가액이 그 주식등을 취득하기 위하여 사용한 금액을 초과하는 금액(법법 16 ① 4호)
② 자본감소	주식의 소각, 자본의 감소, 사원의 퇴사 · 탈퇴 또는 출자의 감소로 인하여 주주등인 내국법인이 취득하는 금전과 그 밖의 재산가액의 합계액이 해당 주식 또는 출자지분을 취득하기 위하여 사용한 금액을 초과하는 금액(법법 16 ① 1호)
③ 합 병	피합병법인의 주주등인 내국법인이 취득하는 합병대가가 그 피합병법인의 주식등을 취득하기 위하여 사용한 금액을 초과하는 금액(법법 16 ① 5호)
④ 분 할	분할법인 또는 소멸한 분할합병의 상대방 법인의 주주인 내국법인이 취득하는 분할대가가 그 분할법인 또는 소멸한 분할합병의 상대방 법인의 주식(분할법인이 존속하는 경우에는 소각 등에 의하여 감소된 주식만 해당)을 취득하기 위하여 사용한 금액을 초과하는 금액(법법 16 ① 6호)

2 수입배당금 익금불산입

(1) 개 요

영리내국법인이 해당 법인이 출자한 다른 내국법인으로부터 받은 수입배당금액에 익금불산입률을 적용한 금액에서 차입금이자 상당액을 차감한 금액은 각 사업연도의 소득금액을 계산할 때 익금에 산입하지 아니하고, 소득처분은 기타로 한다(법법 18의 2 ①).

(2) 적용요건

1) 적용대상

영리내국법인이 출자한 다른 내국법인으로부터 받은 배당금에 대하여 적용한다. 적용대상에서 제외되는 비영리내국법인은 고유목적사업준비금을 손금에 산입하는 비영리내국법인에 한정한다(법법 18의 2 ①).

2) 적용배제

다음의 경우에는 수입배당금 익금불산입 규정을 적용하지 않는다(법법 18의 2 ②).

① 배당기준일 전 3개월 이내에 취득한 주식등을 보유함으로써 발생하는 수입배당금액
② 「법인세법」 및 「조세특례제한법」에 따라 지급배당에 대하여 소득공제되거나 그 밖에 법인세가 비과세 · 면제 또는 감면되는 다음 중 하나에 해당하는 법인으로부터 받은 수입배당금액
  ㉠ 「자산유동화에 관한 법률」을 적용받는 유동화전문회사 · 투자회사 등(법법 51의 2), 프로젝트금융투자회사에 대한 소득공제를 적용받는 법인(조특법 104의 31)
  ㉡ 법인의 공장 및 본사를 수도권 밖으로 이전하는 경우 법인세 등 감면(조특법 63의 2), 제주첨단과학기술단지 입주기업에 대한 법인세 등의 감면(조특법 121의 8), 제주투자진흥지구 또는 제주자유무역지역 입주기업에 대한 법인세 등의 감면(조특법 121의 9)을 적용받는 법인(감면율이 100분의 100인 사업연도에 한함)
  ㉢ 동업기업과세특례를 적용받는 법인(조특법 100의 15)
  ㉣ 법인과세 신탁재산에 대한 소득공제를 적용받는 법인
③ 「자산재평가법」을 위반하여 재평가적립금을 감액하여 지급받은 수입배당금액
④ 자본준비금을 감액하여 지급받은 수입배당금액
⑤ 자본의 감소로 주주등인 내국법인이 취득한 재산가액이 당초 주식등의 취득가액을 초과하는 금액 등 피출자법인의 소득에 법인세가 과세되지 아니한 수입배당금액

(3) 계산방법

익금불산입액=수입배당금×익금불산입률-차입금 이자상당액

1) 수입배당금

의제배당금액을 포함하며, 적용배제대상 수입배당금을 제외한다.

2) 익금불산입률

익금불산입률은 다음과 같이 출자비율에 따르며, 지분율이 높을수록 익금불산입률도 높아진다(법법 18의 2 ①).

피출자법인에 대한 출자비율	익금불산입액
50퍼센트 이상	배당금수익×100%
20퍼센트 이상 50퍼센트 미만	배당금수익×80%
20퍼센트 미만	배당금수익×30%

한편, 출자비율은 출자받은 내국법인의 배당기준일 현재 3월 이상 계속하여 보유하고 있는 주식 등을 기준으로 계산한다. 이 경우 보유 주식등의 수를 계산함에 있어서 동일 종목의 주식등의 일부를 양도한 경우에는 먼저 취득한 주식등을 먼저 양도한 것으로 본다(법령 17의 2 ①).

3) 차입금이자 상당액

수입배당금 익금불산입액에서 차감하는 차입금이자 상당액은 다음과 같이 계산한다(법령 17의 2 ③·⑤). 이때 차입금의 이자와 재무상태표상의 자산총액의 적수 및 다른 내국법인의 주식 등의 장부가액 합계액의 적수는 수입배당금이 당해 법인의 익금으로 확정된 날이 속하는 사업연도의 것으로 한다(법기통 18의 3-17의 3…1 ②).

$$\text{이자상당액}=\text{지급이자}\times\text{익금불산입률}\times\frac{\text{다른 내국법인의 주식 등의 장부가액 합계액의 적수}}{\text{자산총액적수}}$$

① **지급이자** : 지급이자손금불산입 규정에 의해 손금불산입된 금액을 제외하며, 취득가액과 구분계상한 현재가치할인차금 상각액 및 연지급수입이자도 제외한다(법령

72 ⑥).

② **익금불산입률** : 수입배당금에 적용된 익금불산입률과 동일한 비율을 적용한다.

③ **주식의 장부가액적수** : 주식의 장부가액은 세무계산상 장부가액을 말하며, 익금불산입 규정 배제대상 수입배당금액이 발생하는 주식 등의 장부가액은 포함하지 아니한다(법기통 18의 3-17의 3…1 ①).

④ **자산총액적수** : 사업연도 종료일 현재 재무상태표상의 자산총액으로 한다(법령 17의 2 ⑤).

실무포인트

1. 자회사가 법인세를 일부만 감면받은 경우 수입배당금액의 익금불산입 적용 배제 여부

내국법인에 대하여 「법인세법」 제18조의 3【수입배당금액의 익금불산입】 규정을 적용함에 있어, 당해 내국법인에게 배당금을 지급하는 법인이 「조세특례제한법」 제63조의 2의 규정에 의하여 본사를 제외한 다수의 공장 중 특정 공장만을 수도권 밖으로 이전하고 이전한 공장에서 발생한 소득에 대한 법인세 상당액을 감면받음에 따라 당해 배당금 지급법인이 부담하여야 할 총 법인세액의 일부만을 감면받는 경우에는 「법인세법 시행령」 제17조의 2 제11항 제2호의 규정에 해당되지 아니하는 것임(법인-1407, 2009.12.17.).

2. 중간배당에 대한 수입배당금 익금불산입 규정 적용 가능 여부

「법인세법 시행령」 제17조의 3 제1항의 규정을 적용함에 있어 내국법인이 「상법」 제462조의 3의 규정에 따라 중간배당을 실시하는 경우 중간배당기준일을 배당기준일로 보아 수입배당금의 익금불산입 규정을 적용하는 것임(법인-1396, 2009.12.11.).

3. 배당기준일 현재 3월 이상 보유한 주식에 대한 수입배당금 익금불산입액 계산방법

「법인세법」 제18조의 3 제1항 제1호 및 제2호의 규정을 적용함에 있어서, 내국법인이 다른 내국법인에 출자한 비율은 같은 법 시행령 제17조의 3 제1항의 규정에 의하여 출자받은 내국법인의 배당기준일 현재 3월 이상 계속하여 보유하고 있는 주식 또는 출자지분(이하 '주식 등'이라 함)을 기준으로 계산하는 것이며, 이 경우 보유 주식 등의 수를 계산함에 있어서 동일 종목의 주식 등의 일부를 양도(감자 포함)한 경우에는 먼저 취득한 주식 등을 먼저 양도한 것으로 보는 것임(서면2팀-1834, 2007.10.11.).

4. 수입배당금 익금불산입률 계산 시 발행주식총수에 자기주식이 포함 여부

내국법인이 다른 내국법인(이하 '갑법인')의 발행주식총수 중 갑법인이 자기주식으로 보유하고 있는 주식을 제외한 나머지 주식 전부를 보유하면서 갑법인으로부터 현금배당을 받은 경우 「법인세법」(2018.12.24. 법률 제16008호로 개정되기 전의 것) 제18조의 3을 적용함에 있어 같은 조 제1항 제1호 단서에 따라 수입배당금액 전액에 상당하는 금액을 익금에 산입

산입하지 아니하는 것임(서면법령해석법인 2019-2886, 2019.12.18.).

5. **배당기준일 현재 3월 이상 보유한 주식에 대한 수입배당금 익금불산입액 계산방법**

내국법인이 다른 내국법인에 출자한 비율은 출자받은 내국법인의 배당기준일 현재 3월 이상 계속하여 보유하고 있는 주식 또는 출자지분을 기준으로 계산하는 것이며, 동일 종목의 주식 등의 일부를 양도한 경우에는 먼저 취득한 주식 등을 먼저 양도한 것으로 보는 것임(서면2팀-1834, 2007.10.11.).

3 외국자회사 수입배당금의 익금불산입

(1) 개 요

내국법인(간접투자회사등은 제외)이 해당 법인이 출자한 외국자회사로부터 받은 수입배당금액의 95%에 해당하는 금액은 각 사업연도의 소득금액을 계산할 때 익금에 산입하지 아니한다(법법 18의 4 ①). 외국자회사 수입배당금의 익금불산입(법법 18의 4) 규정이 적용대상이 되는 수입배당금액에 대해서는 외국납부세액공제(법법 57)의 규정을 적용하지 아니한다(법법 57 ⑦).

(2) 적용요건

1) 외국자회사

외국자회사란 내국법인이 의결권 있는 발행주식총수 또는 출자총액의 10%(해외자원개발사업을 하는 외국법인의 경우에는 5%) 이상을 배당기준일 현재 6개월 이상 계속하여 보유하고 있는 외국법인을 말한다(법령 18 ①).

2) 수입배당금액

수입배당금액이란 외국자회사로부터 받은 이익의 배당금 또는 잉여금의 분배금과 의제배당금액을 말한다(법법 18의 4 ①).

(3) 적용배제

1) 특정외국법인의 유보소득 배당간주

특정외국법인의 유보소득 배당간주규정에 따라 특정외국법인의 유보소득에 대하여 내국법인이 배당받은 것으로 보는 금액 및 해당 유보소득이 실제 배당된 경우의 수입배당금액에 대해서는 외국자회사 수입배당금액의 익금불산입규정을 적용하지 아니한다(법법 18의 4 ③).

2) 익금산입대상 수입배당금

다음 중 어느 하나에 해당하는 금액은 각 사업연도의 소득금액을 계산할 때 익금에 산입한다(법법 18의 4 ④).

① 특정외국법인의 유보소득 배당간주의 적용대상 요건을 모두 충족하는 특정외국법인으로부터 받은 수입배당금액으로서 실제부담세액이 실제발생소득의 15% 이하인 특정외국법인의 해당 사업연도에 대한 이익잉여금 처분액 중 이익의 배당금(해당 사업연도 중에 있었던 이익잉여금 처분에 의한 중간배당 포함) 또는 잉여금의 분배금과 의제배당금액(다만, 「해외자원개발 사업법」에 따른 해외자원개발사업자가 같은 법에 따른 해외자원개발을 위해 외국법인에 출자하거나 외국자회사에 투자를 하는 경우에는 제외한다)(법령 18 ②)

② 혼성금융상품의 거래에 따라 내국법인이 지급받는 수입배당금액. 혼성금융상품이란 자본 및 부채의 성격을 동시에 가지고 있는 금융상품으로서 다음이 구분에 따른 요건을 모두 갖춘 금융상품을 말한다(법령 18 ③).

㉠ 우리나라의 경우 : 우리나라의 세법에 따라 해당 금융상품을 자본으로 보아 내국법인이 거래상대방인 외국자회사로부터 지급받는 이자등을 배당소득으로 취급할 것

㉡ 외국자회사가 소재한 국가의 경우 : 그 국가의 세법에 따라 해당 금융상품을 부채로 보아 외국자회사가 해당 금융상품의 거래에 따라 국외특수관계인인 내국법인에게 지급하는 이자 등을 이자비용으로 취급할 것

③ ① 및 ②와 유사한 것으로서 법령으로 정하는 수입배당금액

(4) 자본준비금 감액배당의 익금불산입

내국법인이 해당 법인이 출자한 외국법인(외국자회사 제외)으로부터 자본준비금을 감액하여 받는 배당으로서 익금에 산입되지 아니하는 배당에 준하는 성격의 수입배당금액을 받는 경우 그 금액의 95%에 해당하는 금액은 각 사업연도의 소득금액을 계산할 때 익금에 산입하지 아니한다(법법 18의 4 ②).

(5) 추계 시

법인세의 과세표준과 세액을 추계하는 경우에는 외국자회사의 수입배당금 익금불산입을 적용하지 아니한다. 다만, 천재지변 등으로 장부나 그밖의 증명서류가 멸실되어 추계하는 경우에는 그러하지 아니하다(법법 68).8)

4 [서식사례] 수입배당금명세서

(1) 작성사례

㈜택스에듀(2025.1.1.~2025.12.31.)는 비상장회사인 ㈜강남의 주식을 보유하고 있으며 ㈜강남으로부터 배당금을 수령하였다.

① 주식 취득일 : 2017.2.1. ② 주식가액 : 800,000,000원(해당 사업연도 중 변동 없음, 지분율 70%) ③ 배당금 수익 : 20,000,000원 ④ 2025.12.31. 현재 자산총액 : 4,000,000,000원 ⑤ 손익계산서상 이자비용 : 16,500,000원 단, 가지급금등에 대하여 지급이자 손금불산입 3,001,643원이 있음.

(2) 풀　이

17,300,329원(수입배당금 익금불산입액) = ① − ② ① 20,000,000(수입배당금) × 100%(익금불산입률) = 20,000,000 ② (16,500,000 − 3,001,643) × 800,000,000/4,000,000,000 × 100% = 2,699,671

(3) 작성요령

❶ ①란에는 지주회사 또는 출자법인의 법인명을 적는다.

❷ ②란에는 "일반법인", "지주회사"로 구분하여 각각 별지로 작성한다.

❸ ⑧란에는 "주권상장법인"과 "기타"로 구분하여 적는다.

8) 2024.1.1. 이후 개시하는 사업연도의 과세표준 및 세액을 추계하는 경우부터 적용한다.

❹ ⑬란에는 자회사 또는 배당금지급법인의 발행주식총수 또는 출자총액 중 지주회사 또는 출자법인이 보유하고 있는 주식 또는 지분의 비율을 적는다.

❺ ⑮란에는 「법인세법」 제18조의 2 제2항(구 「법인세법」 제18조의 2 제2항 및 제18조의 3 제2항)에 해당하는 수입배당금액을 뺀 금액을 적는다.

❻ ⑯란에는 익금불산입비율을 다음 구분에 따라 적는다.

가. 법률 제19193호 법인세법 일부개정법률 부칙 제16조에 따라 구 「법인세법」 제18조의 2 및 제18조의 3을 적용받는 경우

– 구 「법인세법」 제18조의 2에 따른 수입배당금액

배당금 지급법인	지분비율	익금불산입비율
주권상장법인	100%	100%
	30% 이상 100% 미만	50%
	30% 미만	30%
기타법인	100%	100%
	50% 이상 100% 미만	50%
	50% 미만	30%

– 구 「법인세법」 제18조의 3에 따른 수입배당금액

배당금 지급법인	2019.1.1. 이후 최초배당분		2020.1.1. 이후 최초배당분	
	지분비율	익금불산입 비율	지분비율	익금불산입 비율
주권 상장 법인	40% 초과	100%	40% 이상	100%
	30% 초과 40% 이하	90%	30% 이상 40% 미만	90%
	30% 이하	80%	30% 미만	80%
기타 법인	80% 초과	100%	80% 이상	100%
	50% 초과 80% 이하 (벤처기업 : 50% 초과 80% 이하)	90%	50% 이상 80% 미만 (벤처기업 : 50% 이상 80% 미만)	90%
	50% 이하 (벤처기업 : 20% 이상 50% 이하)	80%	50% 미만 (벤처기업 : 20% 이상 50% 미만)	80%

나. 「법인세법」 제18조의 2를 적용받는 경우

피출자법인에 대한 출자비율	익금불산입비율
50% 이상	100%
20% 이상 50% 미만	80%
20% 미만	30%

❼. ⑱란에는 다음의 산식에 따라 계산한 익금불산입 차감금액을 적는다.

$$\text{지급이자} \times \frac{\text{익금불산입비율 적용대상 자회사 주식의 장부가액 적수}}{\text{지주회사(출자법인)의 자산총액}} \times \text{익금불산입비율}$$

※ 근거법조항 중 "구"는 「법인세법」(2022.12.31. 법률 제19193호로 개정되기 전의 것)에 따른 조항을 의미합니다.

[별지 제16호의 2 서식] (2024.3.22. 개정)

(앞쪽)

수입배당금액명세서

사업연도	2025.1.1.~2025.12.31.	법인명	㈜택스에듀	사업자등록번호	123-81-12346

1. 출자법인 현황

①법인명	②사업자등록번호	③소재지	④대표자 성명	⑤업태종목
㈜택스에듀	123-81-12346	서울 강남 역삼동 818-12	김경영	제조

2. 배당금 지급법인 현황

⑥법인명	⑦사업자등록번호	⑧소재지	⑨대표자	⑩발행 주식총수	⑪지분율(%)
㈜강남	156-81-00000	서울 강남 역삼	이대표	100,000	70%

3. 수입배당금액 및 익금불산입 금액 명세

⑫ 배당금 지급법인명	⑬수입배당금액	⑭익금불산입 비율(%)	⑮익금불산입 대상금액 (⑬×⑭)	⑯지급이자 관련 익금불산입 배제금액	⑰익금불산입액 (⑮-⑯)
㈜강남	20,000,000	100%	20,000,000	2,699,671	17,300,329
계	20,000,000	100%	20,000,000	2,699,671	17,300,329

210mm×297mm[백상지 80g/㎡ 또는 중질지 80g/㎡]

03 계정과목별 세무조정

| 소득금액 조정합계표의 작성 |

익금산입 및 손금불산입				손금산입 및 익금불산입			
① 과 목	② 금 액	③ 소득처분		④ 과 목	⑤ 금 액	⑥ 소득처분	
		처분	코드			처분	코드
				수입배당금	17 300 329	기타	200

사례

㈜택스는 외국법인으로부터 받은 아래의 수입배당금액을 수익으로 계상하고 원천징수세액 3,000,000원은 세금과공과로 계상하였다. 필요한 세무조정을 하고 '외국자회사 수입배당금액 명세서'를 작성하시오.

구 분	A법인(A국 소재)
업종	제조업
주식최득가액	300,000,000원
의결권 있는 지분율	30%
배당금수익	50,000,000원
원천징수세액	3,000,000원
주식취득일	2023.06.30.
배당기준일	2024.12.31.
배당확정일	2025.03.10.

풀이

㈜택스는 A법인의 주식을 배당기준일 현재 6개월 이상 보유 중이며, 의결권 있는 지분율을 10%이상 보유하고 있으므로 외국자회사 수입배당금액 익금불산입의 요건을 모두 충족한다.

차) 보통예금	47,000,000	대) 배당금수익	50,000,000
세금과공과	3,000,000		

〈손금불산입〉 세금과공과 3,000,000(기타사외유출)

〈익금불산입〉 수입배당금 47,500,000(기타)

[별지 제16호의 3 서식] (2025.3.21. 개정)

(앞쪽)

외국자회사 수입배당금액 명세서

사업연도	2025	

1. 내국법인 현황

① 법인명	② 사업자등록번호	③ 소재지	④ 대표자 성명	⑤ 업태종목
㈜택스	123-xx-xxxxx			

2. 외국자회사 또는 배당금 지급법인 현황

⑥법인명	⑦ 구분	⑧ 특정외국법인 해당 여부	⑨ 납세자번호	⑩ 소재지국	⑪ 국가코드	⑫ 발행주식 총수	⑬ 지분율(%)
A법인	외국자회사(신설)	미해당	185-0000000	베트남	VN	5,000	30%

3. 수입배당금액 및 익금불산입 금액 명세

(단위: 원)

⑭ 외국자회사 또는 배당금 지급법인명	⑮ 총수입 배당금액	⑯ 익금불산입 배제금액	⑰ 익금불산입 대상금액 (⑮-⑯)	⑱ 익금불산입 비율(%)	⑲ 익금불산입액 (⑰×⑱)
A법인	50,000,000		50,000,000	95%	47,500,000
계					

4. 외국자회사 지분을 인수한 경우 외국자회사 주식 취득가액 조정 명세

(단위: 원)

⑳ 외국자회사 법인명	㉑ 주식 취득가액	주식 취득일 현재 외국자회사 이익잉여금 배당액 중 익금불산입액			㉕ 외국자회사 주식 조정 취득가액 (㉑-㉔)
		㉒ 이익잉여금	㉓ 당기 배당액 중 익금불산입액	㉔ 익금불산입 누적액	

210mm×297mm[백상지 80g/㎡ 또는 중질지 80g/㎡]

▌소득금액 조정합계표의 작성▐

익금산입 및 손금불산입				손금산입 및 익금불산입			
①과목	②금액	③소득처분		④과목	⑤금액	⑥소득처분	
		처분	코드			처분	코드
세금과공과	3,000,000	기타사외유출	500	수입배당금	47,500,000	기타	200

CHAPTER

18 외환차손익

1 외화자산 · 부채의 평가

금융회사 등 외의 법인이 보유하는 화폐성외화자산 · 부채와 화폐성외화자산 · 부채(보험회사의 책임준비금은 제외한다)의 환위험을 회피하기 위하여 보유하는 통화선도 및 통화스왑은 다음의 방법 중 관할 세무서장에게 신고한 방법에 따라 평가하여야 한다. 다만, 최초로 다음 표의 (2)의 방법을 신고하여 적용하기 이전 사업연도의 경우에는 (1)의 방법을 적용하여야 하며, 신고한 평가방법은 그 후의 사업연도에도 계속하여 적용하여야 한다. 다만, 신고한 평가방법을 적용한 사업연도를 포함하여 5개 사업연도가 지난 후에는 다른 방법으로 신고를 하여 변경된 평가방법을 적용할 수 있다(법령 76 ② · ③).

구 분	내 용
(1) 취득일 환율	화폐성외화자산 · 부채와 환위험회피용통화선도 · 통화스왑의 계약 내용 중 외화자산 및 부채를 취득일 또는 발생일(통화선도 · 통화스왑의 경우에는 계약체결일을 말한다) 현재의 매매기준율등으로 평가하는 방법
(2) 사업연도 종료일 환율	화폐성외화자산 · 부채와 환위험회피용통화선도 · 통화스왑의 계약 내용 중 외화자산 및 부채를 사업연도 종료일 현재의 매매기준율등으로 평가하는 방법

"사업연도 종료일 환율"의 평가방법 적용하려는 법인 또는 평가방법을 변경하려는 법인은 최초로 "사업연도 종료일 환율" 평가방법을 적용하려는 사업연도 또는 변경된 평가방법을 적용하려는 사업연도의 법인세 신고와 함께 화폐성외화자산등평가방법신고서[법칙 별지 제63호의 4 서식]를 관할 세무서장에게 제출하여야 한다(법령 76 ⑥).

화폐성외화자산 · 부채, 통화선도 등 및 환위험회피용 통화선도 등을 평가한 법인은 과세표준신고와 함께 외화자산 등 평가차손익조정명세서[법칙 제40호 서식]를 관할세무서장에게 제출하여야 한다(법령 76 ⑦).

2 평가손익의 인식

화폐성외화자산 · 부채, 통화선도 · 통화스왑 및 환위험회피용통화선도 · 통화스왑을 평가함에 따라 발생하는 평가한 원화금액과 원화기장액의 차익 또는 차손은 해당 사업연도의 익금 또는 손금에 이를 산입한다. 이 경우 통화선도 · 통화스왑 및 환위험회피용통화선도 · 통화스왑의 계약 당시 원화기장액은 계약의 내용 중 외화자산 및 부채의 가액에 계약체결일의 매매기준율등을 곱한 금액을 말한다(법령 76 ④).

여기서 '매매기준율등'이란 사업연도 종료일 현재의 외국환거래규정에 따른 매매기준율 또는 재정된 매매기준율을 말한다(법칙 39의 2). 또한, '원화기장액'이란 장부상에 계상하고 있는 금액으로 하되 전기로부터 이월된 외화자산 · 부채는 직전 사업연도 종료일 현재 세법에 따라 평가한 금액으로 한다(법인 22601-908, 1992.4.22.).

3 외환차손익

내국법인이 상환받거나 상환하는 외화채권 · 채무의 원화금액과 원화기장액의 차익 또는 차손은 당해 사업연도의 익금 또는 손금에 이를 산입한다(법령 76 ⑤).

실무포인트

1. 외화자산 · 부채의 기장환율

외화자산 · 부채는 다음 각 호의 방법에 의하여 환산한 원화금액으로 기장한다(법기통 42-76…2).

① 사업연도 중에 발생된 외화자산 · 부채는 발생일 현재 「외국환거래법」에 의한 기준환율 또는 재정환율에 의하여 환산한다. 이 경우 외화자산 · 부채의 발생일이 공휴일인 때에는 그 직전일의 환율에 의한다.

② 사업연도 중에 보유외환을 매각하거나 외환을 매입하는 경우에는 거래은행에서 실제 적용한 환율에 의하여 기장한다.

③ 사업연도 중에 보유외환으로 다른 외화자산을 취득하거나 기존의 외화부채를 상환하는 경우에는 보유외환의 장부상 원화금액으로 회계처리한다.

2. 외화채무인계 등에 따른 차손익의 처리(법집 42-76-3)

① 자산의 양도대가로 외화부채를 인계 · 인수하는 경우에는 동 부채의 인계 · 인수일 현재의 매매기준율등에 따라 환산한 금액을 자산양도가액 또는 자산의 취득가액으로 한다.

② 새로운 외화채무로 종전의 외화채무를 상환한 경우에는 해당 채무의 원화기장액을 수정하지 아니한다.

3. 외화예금을 인출하는 경우

내국법인이 외화예금을 원화로 인출함으로써 수취하는 원화금액과 해당 외화예금의 원화기장액의 차익 또는 차손은 그 인출일이 속하는 사업연도의 익금 또는 손금에 산입하는 것임.

이 경우 수차례에 걸쳐 입금한 외화예금의 일부를 인출한 때에는 먼저 입금된 분부터 인출하는 것으로 하는 것이나, 해당 법인이 「법인세법 시행령」 제74조 제1항 제1호 마목의 '이동평균법'을 준용한 평가방법을 계속적으로 적용하여 온 경우에는 그에 따른 평가방법을 적용할 수 있는 것임(법인-865, 2009.7.29.).

4. 외화채권을 회수하여 외화예금으로 입금하는 경우

금융회사에 해당하지 않는 일반법인이 외화채권을 외화로 회수하여 원화로 환전하지 아니하고 다시 외화예금으로 입금하는 경우, 해당 외화예금의 가액은 당초 외화채권의 장부상 원화금액으로 하는 것임(법인-359, 2013.5.23.).

[별지 제63호의 4 서식] (2014.3.14. 개정)

[ ] 화폐성외화자산등 [ ] 특별계정 평가방법 신고서

※ 아래의 작성방법을 읽고 작성하시기 바랍니다.

신 고 인	법 인 명	사업자등록번호
	본점 소재지	
	대표자 성명	
	평가방법 적용 사업연도 개시일	

금융회사 등의 통화선도·통화스왑·환변동보험 평가방법 신고	[ ] 계약체결일의 매매기준율 등으로 평가 [ ] 사업연도 종료일 현재의 매매기준율 등으로 평가

금융회사 등 외의 법인의 화폐성 외화자산·부채 및 환위험회피목적의 통화선도·통화스왑·환변동보험 평가방법 신고	[ ] 계약체결일의 매매기준율 등으로 평가 [ ] 사업연도 종료일 현재의 매매기준율 등으로 평가

보험회사의 특별계정 평가방법 신고	[ ] 개별법 [ ] 이동평균법	[ ] 총평균법 [ ] 시가법

「법인세법 시행령」 제75조제4항 및 제76조제1항·제2항·제6항에 따라 화폐성외화자산등(특별계정) 평가방법 신고서를 제출합니다.

년 월 일

신고인 (서명 또는 인)

세무서장 귀하

작성방법

1. 이 서식은 금융회사의 통화선도·통화스왑·환변동보험 평가방법, 금융회사 외의 법인의 화폐성 외화자산·부채 및 환위험 회피목적의 통화선도·통화스왑·환변동보험 평가방법과 보험회사의 특별계정에 대한 평가방법을 신고하는 서식으로 「법인세법」 제60조에 따른 과세표준 신고와 함께 제출합니다.

2. 신고한 평가방법은 이후 사업연도에도 계속 적용해야 합니다. 다만, 화폐성외화자산 등 평가방법의 경우 「법인세법 시행령」 제76조제3항 단서에 따라 평가방법을 적용한 사업연도를 포함하여 5개 사업연도가 지난 후에 변경할 수 있습니다.

210mm×297mm[백상지 80g/㎡ 또는 중질지 80g/㎡]

[별지 제40호 서식(갑)] (2012.2.28. 개정)

(앞 쪽)

사 업 연 도	. . . ~ . . .	외화자산 등 평가차손익조정명세서(갑)	법인명	
			사업자등록번호	

1. 손익 조정금액

①구 분		②당기손익금 해당액	③회사손익금 계상액	조정		⑥손익 조정금액 (②-③))
				④차익조정 (③-②)	⑤차손조정 (②-③)	
가. 화폐성 외화자산 · 부채 평가손익						
나. 통화선도 · 통화스왑 · 환변동보험 평가손익						
다. 환율조정 계정손익	차익					
	차손					
계						

2. 환율조정계정 손익계산 명세

⑦구 분	⑧최종 상환(회수)기일	⑨전기 이월액	⑩ 당기경과일수 / 잔존일수	⑪손익금 해당액 (⑨×⑩)	⑫차기 이월액 (⑨-⑪)	비 고
계	차 익					
	차 손					

210mm×297mm[일반용지 70g/㎡(재활용품)]

(뒤 쪽)

작 성 방 법

1. 이 서식의 작성대상은 다음과 같습니다.
  1) 화폐성 외화자산 · 부채 및 통화선도 · 통화스왑 · 환변동보험을 보유한 금융회사 등(“「법인세법 시행령」제61조제2항제1호부터 제7호까지의 금융회사 등)
  2) 화폐성 외화자산 · 부채 및 환위험 회피용 통화선도 · 통화스왑 · 환변동보험을 보유한 금융회사 등(“「법인세법 시행령」제61조제2항제1호부터 제7호까지의 금융회사 등) 외의 법인으로서 「법인세법 시행령」 제76조제2항제2호의 평가방법을 선택한 법인
  3) 1998.12.31 이전 개시한 사업연도에 발생한 장기성 외화자산 · 부채에 대한 평가차손익을 환율조정계정으로 계상하고 미상각잔액이 남아 있는 법인
  ※ 위 1) · 2) · 3)에 해당하지 아니하는 외화자산 및 부채의 환산손익은 익금불산입 또는 손금불산입하여 “소득금액조정합계표(별지 제15호서식)” 및 “과목별소득금액조정명세서(별지 제15호서식 부표1 · 2)”에 적습니다.
2. “가.화폐성 외화자산 · 부채 등 평가손익”과 “나.통화선도 · 통화스왑 · 환변동보험 평가손익”의 ②당기손익해당액란은 “외화자산등 평가차손익조정명세서(을)[별지 제40호서식(을)]”의 ⑩란 평가손익을 적습니다.
3. “가.화폐성 외화자산 · 부채 등 평가손익”과 “나.통화선도 · 통화스왑 · 환변동보험 평가손익”의 ③회사손익금계상액은 법인이 해당 사업연도 결산 시 외화자산 및 부채와 관련하여 계상한 평가손익을 적습니다.
4. “가.화폐성 외화자산 · 부채 등 평가손익”과 “나.통화선도 · 통화스왑 평가손익 · 환변동보험”의 ⑥손익조정금액란은 ②당기손익금해당액에서 ③회사손익금 계상액을 뺀 금액을 적고, 계산된 금액을 해당사업연도의 법인세 과세표준 계산 시 익금 또는 손금에 산입합니다.
5. “다.환율조정계정손익”의 ②당기손익금해당액란에는 ⑪손익금해당액을 차익과 차손으로 구분하여 각각 적습니다.
6. “다.환율조정계정손익”의 ③회사손익금계상액란에는 외화자산 · 부채의 평가손익금계상액을 차익과 차손으로 구분하여 각각 적습니다.
7. ④차익조정란의 차익과소계상분은 익금산입, 차익과다계상분(△)은 익금불산입하고, ⑤차손조정란의 차손과다계상분은 손금불산입, 차손과소계상분(△)은 손금산입합니다.
8. ⑦구분란에는 외화자산 · 부채명을 적습니다.
9. ⑨전기이월액란에는 1999.1.1이후 개시하는 사업연도의 개시일 현재 환율조정계정의 잔액이 있는 경우 직전 사업연도 이 서식(갑)상의 차기이월액을 적습니다.
10. ⑩당기경과일수/잔존일수란은 해당 사업연도중 경과일수와 최종상환 또는 회수기일까지의 잔존일수로 합니다(해당 사업연도 중 경과일수도 잔존일수에 산입합니다).
11. 음영으로 표시된 난은 적지 않습니다.

[별지 제40호 서식(을)] (2012.2.28. 개정) (앞 쪽)

사업 연도	. . . ~ . . .	외화자산 등 평가차손익조정명세서(을)	법 인 명	
			사업자등록번호	

①구분	②외화종류	③외화금액	④장부가액		⑦평가금액		⑩평가손익
			⑤적용환율	⑥원화금액	⑧적용환율	⑨원화금액	자산(⑨-⑥) 부채(⑥-⑨)
외화자산							
	합 계						
외화부채							
	합 계						
통화선도							
	합 계						
통화스왑							
	합 계						
환변동보험							
	합 계						
총 계							

210mm×297mm[백상지 80g/㎡ 또는 중질지 80g/㎡]

(뒤 쪽)

작 성 방 법

1. 이 서식은 "외화자산등평가차손익조정명세서(갑)[별지 제40호서식(갑)]"의 "가.화폐성 외화자산·부채 등 평가손익"과 "나.통화선도·통화스왑·환변동보험 평가손익("「법인세법 시행령」제61조제2항제1호부터 제7호까지의 금융회사 등 외의 법인인 경우 환위험회피 목적)"을 작성하기 위한 서식입니다.

2. 외화종류별로 평가손익을 계산하되, 적용환율이 서로 다른 경우에는 적용환율별로 각각 구분하여 계산합니다.

3. ②외화종류란에는 국명과 화폐단위를 적습니다.

4. ⑤적용환율란에는 해당사업연도에 발생한 경우 발생시에 적용한 환율을 적고, 직전 사업연도 이전에 발생하여 해당사업연도로 이월된 경우 직전 사업연도 종료일 현재 평가 시에 적용한 환율을 적습니다.

5. ⑥원화금액란에는 해당 사업연도에 발생한 경우 장부상의 원화금액을 적고, 직전 사업연도 이전에 발생하여 해당 사업연도로 이월된 경우에는 직전 사업연도 종료일 현재 세법상의 방법에 의하여 평가한 금액(장부상 원화금액에서 세무상 유보금액을 더하거나 뺀 금액)을 적습니다.

6. ⑧적용환율란에는 금융회사 등의 화폐성외화자산·부채는 사업연도 종료일 현재의 기획재정부장관이 정하는 「외국환거래규정」에 따른 매매기준율 또는 재정된 매매기준율을, 금융회사의 통화선도와 통화스왑 및 금융회사 등 외의 법인의 화폐성외화자산·부채, 환위험 회피목적의 통화선도, 통화스왑 및 환변동보험은 관할세무서장에게 신고한 방법에 따른 환율을 적습니다.

7. ⑩평가손익란 중 합계금액은 "외화자산등평가차손익조정명세서(갑)[별지 제40호서식(갑)]"의 "가.화폐성 외화자산·부채 등 평가손익"과 "나.통화선도·통화스왑·환변동보험 평가손익의 ②당기손익금해당액란에 옮겨 적습니다.

CHAPTER

19 주식의 평가차손익

1 유가증권의 범위

「법인세법」상 평가의 대상이 되는 유가증권은 다음의 것을 말한다(법령 73).

① 주식 등
② 채권
③ 「자본시장과 금융투자업에 관한 법률」에 따른 집합투자재산
④ 보험업법 규정의 특별계정에 속하는 자산

2 유가증권의 취득가액

일반적으로 타인으로부터 매입한 자산은 매입가액에 부대비용을 더한 금액을 취득가액으로 한다(법법 41 ① 1호). 그러나 "단기금융자산등"의 취득가액은 매입가액으로 하므로 부대비용을 가산하지 않고 취득가액을 계산한다(법령 72 ② 5호의 2). 여기서 "단기금융자산등"이란 기업회계기준에 따라 단기매매항목으로 분류된 금융자산 및 파생상품을 말한다(법령 72 ①).

3 유가증권의 평가방법

기업회계에서는 유가증권을 단기매매증권, 매도가능증권, 만기보유증권, 지분법적용투자주식으로 구분하고 이를 시가나 지분법에 따라 평가한다. 그러나 「법인세법」에서는 기업회계의 평가를 모두 불인정하며, 예외적으로 주식발행법인의 파산 · 부도 등의 사유가 있는 경우에만 평가손실을 인정하고 있다.

(1) 원칙 : 원가법

유가증권의 평가는 다음 각 호의 방법 중 법인이 납세지 관할세무서장에게 신고한 방법에 의한다(법령 75 ①).

① 개별법(채권의 경우에 한한다)　　② 총평균법　　③ 이동평균법

(2) 예외 : 평가손실 인정

다음 중 어느 하나에 해당하는 주식은 당해 감액사유가 발생한 사업연도에 다음의 규정에 의한 평가액으로 감액하고, 그 감액한 금액을 해당 사업연도의 손비로 계상하여 그 장부가액을 감액할 수 있다(법법 42 ③, 법령 78).

<table>
<tr><th rowspan="2">구 분</th><th colspan="2">내 용</th></tr>
<tr><th>감액사유</th><th>평가액</th></tr>
<tr><td rowspan="2">주 식</td><td>주식을 발행한 법인이 파산한 경우의 해당 주식 등</td><td rowspan="2">사업연도 종료일 현재 시가로 평가한 가액. 단, 주식 등의 발행법인별로 보유주식총액을 시가로 평가한 가액이 1,000원 이하인 경우에는 1,000원으로 한다.</td></tr>
<tr><td>주식을 발행한 법인이 부도가 발생한 경우 또는 회생계획인가의 결정을 받았거나 부실징후기업이 된 경우의 해당 주식 등*</td></tr>
</table>

* 부도발생 등의 주식 등은 다음의 주식을 말한다.

① 「자본시장과 금융투자업에 관한 법률」에 따른 주권상장법인이 발행한 주식

② 주권상장법인 외의 법인 중 특수관계에 있지 아니한 법인이 발행한 주식
(이때 특수관계의 유무를 판단할 때 주식 등의 발행법인의 발행주식총수 또는 출자총액의 5% 이하를 소유하고 그 취득가액이 10억원 이하인 주주등에 해당하는 법인은 소액주주 등으로 보아 특수관계에 있는지를 판단한다)

③ 벤처투자회사 또는 신기술사업금융업자가 보유하는 주식 중 각각 창업자 또는 신기술사업자가 발행한 것

4 평가방법의 신고 및 변경

(1) 신고 및 변경기한

법인이 유가증권의 평가방법을 신고하고자 하는 때에는 다음의 기한 내에 유가증권평가조정명세서[법칙 별지 제39호 서식]를 납세지 관할 세무서장에게 제출(국세정보통신망에 의한 제출을 포함)하여야 한다(법령 75 ②).

① 신설법인과 새로 수익사업을 개시한 비영리내국법인은 당해 법인의 설립일 또는 수익사업개시일이 속하는 사업연도의 법인세 과세표준의 신고기한
② 위의 신고를 한 법인으로서 그 평가방법을 변경하고자 하는 법인은 변경할 평가방법을 적용하고자 하는 사업연도의 종료일 이전 3월이 되는 날

(2) 무신고 시

법인이 법정기한 내에 유가증권의 평가방법을 신고하지 아니한 경우에는 총평균법에 의하여 유가증권을 평가한다(법령 75 ②).

(3) 임의 변경 시

법인이 신고한 평가방법 외의 방법으로 유가증권을 평가하거나 법정 기한 내에 유가증권의 평가방법변경신고를 하지 아니하고 그 방법을 변경한 경우에는 신고한 평가방법에 의하여 평가한 가액이 총평균법에 의하여 평가한 가액보다 큰 경우에는 신고한 평가방법에 의한다.

▌유가증권의 평가방법▐

구 분	기한 내에 신고	무신고 시	임의 변경 시
평가방법	신고한 평가방법	총평균법	Max [신고한 평가방법, 총평균법]

실무포인트

1. 유가증권 평가방법 무신고 후 평가방법 변경 시 적용대상 사업연도

법인 설립 시 「법인세법 시행령」 제74조 제3항 제1호의 규정에 의한 기한 내에 유가증권의 평가방법을 신고하지 아니함에 따라 동조 제4항 규정에 의해 세무상 총평균법을 적용

계정과목별 세무조정 03

받아 온 법인이 그 후 처음으로 유가증권의 평가방법을 신고하면서 변경할 평가방법을 사업연도의 종료일 이전 3월이 되는 날까지 신고한 경우에는 이를 변경신고로 보는 것이며, 이 경우 그 적용하고자 하는 사업연도부터 새로운 평가방법에 의하여 유가증권을 평가하는 것임(법인세과-1586, 2008.7.15.).

2. 주식감액평가손실 손금계상시기

감액사유가 발생한 사업연도에 감액평가손실로 계상하여야 손금인정 가능함(재경부 법인-785, 2006.11.8.).

3. 발행법인이 폐업한 경우 주식의 평가손실을 인정하지 않음

주식 등을 발행한 법인이 폐업한 경우는 「법인세법」 제42조 제3항 제4호에서 규정하는 주식 등을 발행한 법인이 파산한 경우에 해당하지 아니하므로 폐업법인의 주식에 대한 투자유가증권감액손실은 손금에 산입할 수 없는 것임(서이 46012-10586, 2003.3.21.).

4. 유가증권 평가손실의 손금시기

법인이 보유하고 있는 유가증권의 평가손실은 「법인세법 시행령」 제78조 제3항의 규정에 해당하는 경우(부도, 파산 등)를 제외하고는 손금에 산입하지 아니하는 것이며, 그 처분손실은 실제 유가증권을 처분하여 손익이 실현되거나 주식발행법인이 해산하여 잔여재산의 분배가 완료된 때에 손금에 산입하는 것임(서면2팀-352, 2006.2.15.).

5. 해외투자유가증권 감액손실의 인식시점

「법인세법」 제42조 제3항 규정을 적용함에 있어 해외현지법인에 대한 투자유가증권이 재산적 가치가 없거나 취득가액보다 하락한 경우에도 주식발행법인이 해산 및 청산절차를 거쳐 투자액을 회수할 수 없는 것으로 확정될 때까지는 동 투자액을 손금으로 계상할 수 없는 것임(서면2팀-1402, 2005.8.31.).

6. 주식 등을 발행한 법인이 파산한 경우 주식가액의 처리

① 법인이 보유하고 있는 주식의 발행법인이 파산선고를 받음에 따라 해당 주식의 장부가액과 평가액과의 차액을 손금에 산입한 법인이 파산법인의 파산종결 결정이 있은 후 잔여재산의 분배로서 취득하는 금전 기타 재산이 있는 경우에는 그 취득일이 속하는 사업연도의 익금에 산입한다(법집 42-78-3).

② 내국법인이 보유한 주식발행법인이 「채무자 회생 및 파산에 관한 법률」 제545조에 따른 법원의 파산폐지 결정을 받은 경우 해당 주식의 가액은 파산폐지 결정일이 속하는 사업연도의 손금에 산입할 수 있는 것임(사전-2023-법규법인-0873, 2024.3.20.).

* 채무자 회생 및 파산에 관한 법률 제545조
법원은 파산선고 후에 파산재단으로써 파산절차의 비용을 충당하기에 부족하다고 인정되는 때에는 파산관재인의 신청에 의하거나 직권으로 파산폐지결정을 하여야 한다.

사 례

㈜택스에듀넷은 20x1년~20x2년 다음과 같이 S전자의 주식을 취득 및 처분하였다. 회계처리와 세무조정을 수행하시오.

20x1.11.01	주식거래를 위해 보통예금계좌에서 주식계좌로 2000만원 입금
20x1.11.05	100주 취득, 주당 취득가액 50,000원(거래수수료 5,000원)
20x1.11.30	50주 취득, 주당 취득가액 70,000원(거래수수료 3,500원)
20x1.12.03	50주 취득, 주당 취득가액 90,000원(거래수수료 4,500원)
20x1.12.31	1주당 평가액 100,000원
20x2.03.20	배당금 300,000원 입금
20x2.05.31	100주 처분, 주당 처분가액 150,000원(거래수수료 20,000원)

풀이

일자	차변	금액	대변	금액
20×1.11.01	(차) 기타제예금	20,000,000원	(대) 보통예금	20,000,000원
20×1.11.05	(차) 단기매매증권	5,000,000원	(대) 기타제예금	5,005,000원
	지급수수료	5,000원		
20×1.11.30	(차) 단기매매증권	3,500,000원	(대) 기타제예금	3,503,500원
	지급수수료	3,500원		
20×1.12.03	(차) 단기매매증권	4,500,000원	(대) 기타제예금	4,504,500원
	지급수수료	4,500원		
20×1.12.31	(차) 단기매매증권	7,000,000원	(대) 단기매매증권 평가이익	7,000,000원

* 1주당 평균단가 65,000원=(5,000,0000원+3,500,000원+4,500,000원) / 200주

* 평가이익 7,000,000원=(100,000원−65,000원) × 200주

[세무조정] 〈익금불산입〉 단기매매증권 7,000,000원(△유보)

20×2.03.20 배당금 300,000원 입금

차변	금액	대변	금액
(차) 기타제예금	300,000원	(대) 배당금수익	300,000원

20×2.05.31 100주 처분, 주당 처분가액 150,000원(거래수수료 20,000원)

차변	금액	대변	금액
(차) 기타제예금	15,000,000원	(대) 단기매매증권	10,000,000원
		단기매매증권 처분이익	5,000,000원
지급수수료	20,000원	기타제예금	20,000원

[세무조정] 〈익금산입〉 단기매매증권 3,500,000원(유보)

❙ 외감기업이 아닌 경우의 회계처리 ❙

20×1.12.31　평가이익 회계처리 없음, 세무조정 없음

20×2.05.31　100주 처분, 주당 처분가액 150,000원(거래수수료 20,000원)

(차) 기타제예금　15,000,000원　(대) 단기매매증권　6,500,000원

단기매매증권 처분이익 8,500,000원

❙ 증권계좌 거래내역 조회 ❙

거래일자	종목명	거래수량	거래금액	거래세/농특세	정산금액	미수변제
예수금	대출상환금	대출일	매체구분	거래구분	거래단가	수수료
소득세/주민세	미수발생금	연체변제	유가잔고	신용/대출이자	상환차금	처리시간
20×1.11.01			20,000,000	0	0	
20,000,000	0		지점	이체입금(지급결제)	0	0
0		0		0	0	01:31:14
20×1.11.05	S전자 주식	100	0	0	0	
14,995,000	0		지점	매수	50,000	5,000
0		0	100	0	0	00:39:13
20×1.11.30	S전자 주식	50	0	0	0	
11,491,500	0		지점	매수	70,000	3,500
0		0	150	0	0	00:41:20
20×1.12.03	S전자 주식	50	0	0	0	
6,987,000	0		지점	매수	90,000	4,500
0		0	200	0	0	16:33:20
20×2.03.20	S전자 주식		30,000	0	300,000	
7,287,000	0		지점	배당금입금	0	0
0		0		0	0	11:44:26
20×2.05.31	S전자 주식	100	0	0	0	
22,267,000	0		지점	매도	150,000	20,000
0		0	100	0	0	01:33:56

| 잔고증명서 추가 |

계좌번호	1234-5678-90	계좌명	㈜택스에듀넷
주민등록(사업자)번호	1234567890	발급용도	결산보고용
평가기준일자	20x1년 12월 31일	발급일시	2025년 12월 31일 10:44:42

1. 예수금 현황

구 분	평가금액	구 분	평가금액
예수금	6,987,000	미수금/미납대금	0
청약예수금	0	담보대출금	0
신용융자금	0	원화 주문설정금	0
연계신용			

2. 외화 예수금 현황

통화코드	외화 예수금	외화 미납금액	적용환율	원화환산금액(원)
USD				

3. 유가증권 잔고현황

구 분	평가금액	구 분	평가금액
주식	20,000,000	채권/CD/CP/금/외화채권	0
수익증권/ELS/외화ELS	0	증금예금/RP	0
해외주식	0	신탁수익증권	0
유가증권평가금액 합계	20,000,000		

4. 권리제한사항

권리제한합계	

5. 잔고평가금총계

잔고평가금 총계	외화 환산금액 총계(적용환율)
20,000,000	

CHAPTER

20 준비금

1 고유목적사업준비금

(1) 개 요

비영리내국법인은 수익사업과 고유목적사업을 영위하는데 그중 수익사업에서 발생한 소득은 법인세 과세대상에 해당한다. 그러나 비영리법인이 수익사업을 영위하는 것은 주로 수익사업에서 소득을 얻어 고유목적사업에 사용하기 위한 것인데 수익사업소득 전액에 대하여 법인세를 과세한다면 사회복지, 장학 등 각종 고유목적사업을 지원할 책임이 있는 국가가 공익사업에 사용될 재원 중 일부를 법인세 형태로 취하여 오히려 고유목적사업 수행을 방해하는 결과를 초래하게 된다. 따라서 「법인세법」은 비영리법인이 고유목적사업에 지출하기 위하여 고유목적사업준비금을 손비로 계상한 경우에는 법정 한도액 범위 안에서 당해 사업연도의 소득금액계산에 있어서 이를 손금에 산입하도록 규정하고 있다.

(2) 고유목적사업준비금의 설정대상

고유목적사업준비금의 설정대상은 다음에 해당하는 단체에 한한다.

1) 비영리내국법인(법법 29 ①)

2) 법인으로 보는 단체 중 다음의 경우(법령 56 ①)

① 「법인세법 시행령」 제39조 제1항 제1호에 해당하는 단체(공익법인등)

② 법령에 의하여 설치된 기금

③ 「공동주택관리법」에 따른 공동주택의 입주자대표회의 · 임차인대표회의 또는 이와 유사한 관리기구

3) 「조세특례제한법」상 설정대상법인

다음 중 어느 하나에 해당하는 법인에 대해서는 2025년 12월 31일 이전에 끝나는 사업연도까지 해당 법인의 수익사업에서 발생한 소득을 고유목적사업준비금으로 손금에 산입할 수 있다. 다만, ④ 및 ⑤의 경우에는 해당 사업과 해당 사업 시설에서 그 시설을 이용하는 자를 대상으로 하는 수익사업 또는 체육단체의 경우에는 국가대표의 활동과 관련된 수익사업에서만 고유목적사업준비금을 설정할 수 있다(조특법 74 ①).

① 학교법인 등
  ㉠ 학교법인, 산학협력단
  ㉡ 원격대학 형태의 평생교육시설을 운영하는 「민법」 제32조에 따른 비영리법인
  ㉢ 서울대학교 및 발전기금, 인천대학교 및 발전기금
② 사회복지법인
③ 대학병원 등
  ㉠ 국립대학병원 및 국립대학치과병원, 서울대학교병원, 서울대학교치과병원
  ㉡ 국립암센터, 지방의료원, 대한적십자사가 운영하는 병원, 국립중앙의료원, 의료기술 협력단(①~③ 중 어느 하나에 해당하는 법인이 설립한 경우)
④ 「도서관법」에 따라 등록한 도서관을 운영하는 법인
⑤ 「박물관 및 미술관 진흥법」에 따라 등록한 박물관 또는 미술관을 운영하는 법인
⑥ 정부로부터 허가 또는 인가를 받은 문화예술단체 및 체육단체로서 대통령령으로 정하는 법인
⑦ 「국제경기대회 지원법」에 따라 설립된 조직위원회로서 기획재정부장관이 효율적인 준비와 운영을 위하여 필요하다고 인정하여 고시한 조직위원회
⑧ 「공익법인의 설립 · 운영에 관한 법률」에 따라 설립된 법인으로서 해당 과세연도의 고유목적사업이나 일반기부금에 대한 지출액 중 80% 이상의 금액을 장학금으로 지출한 법인
⑨ 공무원연금공단, 사립학교교직원연금공단

(3) 고유목적사업준비금의 한도

비영리내국법인이 각 사업연도의 결산을 확정할 때 그 법인의 고유목적사업이나 일반기부금에 지출하기 위하여 고유목적사업준비금을 손비로 계상한 경우에는 다음의 한도액의 범위에서 그 계상한 고유목적사업준비금을 해당 사업연도의 소득금액을 계산할 때 손금에 산입한다(법법 29 ①). 「주식회사 등의 외부감사에 관한 법률」에 따른 감사인의 회계감사를 받는 비영리내국법인이 고유목적사업준비금을 계상하고 그 금액 상당액을 해당 사업연도의 이익처분을 할 때 고유목적사업준비금으로 적립한 경우에는 그 금액을 결산을 확정할 때 손비로 계상한 것으로 본다(법법 29 ②).

손금산입한도액=(이자소득+배당소득)×100% +(그 외 수익사업소득-특례 기부금 손금산입액-이월결손금)×50%

① **이자소득** : 비영업대금의 이익은 제외한다.

② **배당소득** : 공인법인 등의 출연재산에 대한 상속세 또는 증여세 과세가액 불산입 규정의 예외에 해당하여, 상속세 과세가액 또는 증여세 과세가액에 산입되거나 증여세가 부과되는 주식 등으로부터 발생한 배당소득금액은 제외한다.

③ **그 외 수익사업소득** : 수익사업에서 결손금이 발생한 경우에는 이자소득과 배당소득의 소득금액을 합한 금액에서 그 결손금을 차감한 금액으로 한다.

④ **설정률**

㉠ 50% : 일반적인 경우 및 「공익법인의 설립 · 운영에 관한 법률」에 따라 설립된 법인으로서 고유목적사업 등에 대한 지출액 중 50% 미만의 금액을 장학금으로 지출하는 법인

㉡ 80% : 「공익법인의 설립 · 운영에 관한 법률」에 따라 설립된 법인으로서 고유목적사업 등에 대한 지출액 중 50% 이상의 금액을 장학금으로 지출하는 법인

㉢ 100% : 「공익법인의 설립 · 운영에 관한 법률」에 따라 설립된 법인으로서 고유목적사업 등에 대한 지출액 중 80% 이상의 금액을 장학금으로 지출하는 법인

(4) 고유목적사업준비금의 사용

고유목적사업준비금을 손금에 산입한 비영리내국법인이 고유목적사업 등에 지출한 금액이 있는 경우에는 그 금액을 먼저 계상한 사업연도의 고유목적사업준비금부터 차례로 상계하여야 한다. 이 경우 고유목적사업 등에 지출한 금액이 직전 사업연도 종료일 현재의 고유목적사업준비금의 잔액을 초과한 경우 초과하는 금액은 그 사업연도에 계상할 고유목적사업준비금에서 지출한 것으로 본다(법법 29 ③).

(5) 고유목적사업준비금의 환입

1) 고유목적사업 준비금 잔액의 환입

① 해산한 경우(고유목적사업준비금을 승계한 경우 제외)

② 고유목적사업을 전부 폐지한 경우

③ 법인으로 보는 단체가 「국세기본법」에 따라 승인이 취소되거나 거주자로 변경된 경우

④ 고유목적사업준비금을 손금에 산입한 사업연도의 종료일 이후 5년이 되는 날까지 고유목적사업 등에 사용하지 아니한 경우(5년 내에 사용하지 아니한 잔액으로 한정)

⑤ 고유목적사업준비금을 고유목적사업등이 아닌 용도에 사용한 경우

2) 임의환입

손금에 산입한 고유목적사업준비금의 잔액이 있는 비영리내국법인은 고유목적사업준비금을 손금에 산입한 사업연도의 종료일 이후 5년 이내에 그 잔액 중 일부를 감소시켜 익금에 산입할 수 있다. 이 경우 먼저 손금에 산입한 사업연도의 잔액부터 차례로 감소시킨 것으로 본다(법법 29 ⑥).

3) 이자상당액의 가산

환입 사유 중 '1) ④, ⑤'와 '2)'에 해당하여 고유목적사업준비금의 잔액을 익금에 산입하는 경우에는 다음 산식에 따라 계산한 이자상당액을 해당 사업연도의 법인세에 더하여 납부하여야 한다(법법 29 ⑦, 법령 56 ⑦).

이자상당액＝법인세 차액* × 일수** × 22/100,000

* 해당 고유목적사업준비금의 잔액을 손금에 산입한 사업연도에 그 잔액을 손금에 산입함에 따라 발생한 법인세액의 차액을 말한다.

** 손금에 산입한 사업연도의 다음 사업연도의 개시일부터 익금에 산입한 사업연도의 종료일까지의 기간에 대하여 적용한다.

실무포인트 **고유목적사업준비금을 손금에 산입할 수 있는지 여부**

① 비영리내국법인 중 법인으로 보는 단체의 경우에는 법인세법 시행령 제56조 제1항에 해당하는 단체만 법인세법 제29조에 따른 고유목적사업준비금을 손금에 산입할 수 있는 것임(서면법인 2021-1503, 2021.3.25.).

② 상가, 오피스텔, 아파트로 구성된 주상복합건물 중 아파트 부분이 「공동주택관리법」 제2조 제1항 제1호 가목의 「주택법」 제2조 제3호에 따른 공동주택인 경우 해당 아파트부분의 입주자대표회의로서 「국세기본법」 제13조에 따른 법인으로 보는 단체는 고유목적사업준비금을 손금에 산입할 수 있는 것임(사전-2021-법규법인-132, 2022.1.19.).

③ 「보건의료기본법」에 따른 보건의료정보의 관리를 위한 정보시스템 설비를 개발하는 비용은 고유목적사업에 지출 또는 사용한 것으로 봄(사전-2022-법규법인-0477, 2022.4.28.).

④ 다른 비영리법인의 고유목적사업을 위한 사업비 명목으로 지급한 금액은 고유목적사업등에 사용한 것으로 볼 수 없음(사전-2022-법규법인-0492, 2022.5.13.).

2 책임준비금과 비상위험준비금

(1) 책임준비금(법법 30, 법령 57)

구 분	내 용
1) 대상법인	보험회사(수협 공제사업, 무역 보험공사의 무역보험사업, 새마을금고 공제사업, 중소 기업협동조합 공제사업, 건설 공제조합의 공제사업 포함, 보험업법에 따른 보험회사는 제외)
2) 손금산입범위액	손금산입범위액＝①＋②＋③ ① 해당 사업연도말 현재 모든 보험계약 해약 시 지급할 환급액(해약공제액 포함) ② 해당 사업연도말 현재 기발생보험 사고에 대한 추정보험금상당액 ③ 「법인세법」 제57조 제1항 제3호에 따라 적립한 배당준비금
3) 환 입	1) ① 및 ② : 다음 사업연도의 소득금액을 계산할 때 익금에 산입
	2) ③ : 보험계약자에게 배당한 때에 먼저 계상한 것부터 그 배당금과 순차로 상계하되 손금에 산입한 사업연도의 종료일 이후 3년이 되는 날까지 상계하고 남은 잔액이 있는 경우에는 그 3년이 되는 날이 속하는 사업연도의 소득금액을 계산할 때 익금에 산입

(2) 비상위험준비금(법법 31, 법령 58)

구 분	내 용
1) 대상법인	보험회사(수산업협동조합법에 의한 공제사업, 「무역보험법」에 의한 무역보험사업, 「새마을 금고법」에 따른 공제사업 포함)
2) 손금산입 범위액	손금산입 범위액＝Min[①, ②] ① 해당 사업연도의 보험종목별 적립대상보험료의 합계액×금융감독위원회가 정하는 보험종목별 적립기준율 ② 준비금의 누적액 한도 · 해당 사업연도의 보험종목별 적립대상보험료의 합계액×50%(자동차보험은 40%, 보증보험은 150%)
3) 상계와 환입	「보험업법」 시행령 및 동 시행규칙 규정에 의하여 금융위원회가 정하는 바에 따름

(3) 해약환급금준비금(법법 32)

구 분	내 용
1) 대상법인	보험업법에 따른 보험회사[전환 이익 과세특례 적용 보험회사 적용제외(법법 42의 3 ③) 적용 보험회사 제외]
2) 손금산입 범위액	「보험업법」 시행령 제65조에 따라 해약환급금 준비금에 관하여 금융위원회가 정하여 고시하는 방법으로 계산한 금액* * (해약환급금과 미경과보험료 합계액) – (책임준비금과 특별계정부채의 합계액)
3) 상계와 환입	「보험업법」 시행령 제65조에 따라 금융위원회가 정하여 고시하는 바에 따름

CHAPTER

21 일시상각충당금

1 손금산입 요건

(1) 국고보조금

구 분	내 용
1) 요 건	내국법인이 국고보조금을 지급받아 그 지급받은 날이 속하는 사업연도의 종료일까지 사업용자산을 취득하거나 개량하는 데에 사용한 경우 또는 사업용자산을 취득하거나 개량하고 이에 대한 국고보조금등을 사후에 지급받은 경우(법법 36 ①)
2) 손금산입 대상금액	해당 사업용자산의 가액 중 그 사업용자산의 취득 또는 개량에 사용된 국고보조금 등 상당액을 그 사업연도의 소득금액을 계산할 때 손금에 산입

(2) 공사부담금

구 분	내 용
1) 요 건	전기사업 등을 하는 내국법인이 그 사업에 필요한 시설을 하기 위하여 해당 시설의 수요자 또는 편익을 받는 자로부터 그 시설을 구성하는 토지 등 유형자산 및 무형자산(사업용자산)을 제공받은 경우 또는 금전 등(공사부담금)을 제공받아 그 제공받은 날이 속하는 사업연도의 종료일까지 사업용자산의 취득에 사용하거나 사업용자산을 취득하고 이에 대한 공사부담금을 사후에 제공받은 경우(법법 37 ①)
2) 손금산입 대상금액	개별 사업용자산별로 해당 자산가액에 상당하는 금액 또는 공사부담금을 제공받아 사업용자산을 취득하는 경우에는 그 취득에 사용된 공사부담금에 상당하는 금액은 사업연도의 소득금액을 계산할 때 손금에 산입(법령 65 ②)

실무포인트

1. 국고보조금의 범위

일시상각충당금 등을 설정할 수 있는 보조금은 다음 법률에 의한 보조금을 말한다(법령 64 ②·⑥).

① 보조금의 예산 및 관리에 관한 법률
② 지방자치단체 보조금 관리에 관한 법률
③ 농어촌 전기공급사업 촉진법
④ 전기사업법
⑤ 사회기반시설에 대한 민간투자법
⑥ 한국철도공사법
⑦ 농어촌정비법
⑧ 도시 및 주거환경정비법
⑨ 산업재해보상보험법
⑩ 환경정책기본법
⑪ 산업기술혁신 촉진법

2. 공사부담금의 적용대상 법인

공사부담금 적용대상은 다음의 사업을 경영하는 내국법인으로 한다(법법 37 ①, 법령 65 ①).

① 「전기사업법」에 따른 전기사업
② 「도시가스사업법」에 따른 도시가스사업
③ 「액화석유가스의 안전관리 및 사업법」에 따른 액화석유가스 충전사업, 액화석유가스 집단공급사업 및 액화석유가스 판매사업
④ 「집단에너지사업법」 제2조 제2호에 따른 집단에너지공급사업
⑤ 「지능정보화 기본법」에 따른 초연결지능정보통신기반구축사업
⑥ 「수도법」에 의한 수도사업

(3) 보험차익

구 분	내 용
1) 요 건	내국법인이 유형자산(보험대상자산)의 멸실이나 손괴로 인하여 보험금을 지급받아 그 지급받은 날이 속하는 사업연도의 종료일까지 멸실한 보험대상자산과 같은 종류의 자산을 대체 취득하거나 손괴된 보험대상자산을 개량(그 취득한 자산의 개량을 포함)하는 경우(법법 38 ①)
2) 손금산입 대상금액	개별 보험대상자산별로 해당 자산의 가액 중 그 취득 또는 개량에 사용된 보험차익 상당액을 그 사업연도의 소득금액을 계산할 때 손금에 산입. 이 경우 해당 보험대상자산의 가액이 지급받은 보험금에 미달하는 경우에는 보험금 중 보험차익 외의 금액을 먼저 사용한 것으로 본다(법령 66 ②).

사례

㈜A는 2XX1.5.10. 화재가 발생하여 공장건물이 멸실되었으며, 공장건물의 화재발생 당시 취득가액은 20억원, 감가상각누계액은 15억원이었다. ㈜A는 2XX1.8.31. 화재보험금 8억원을 수령하여, 2XX1.9.20.에 건물(6억원)과 승용차(2억원)를 취득하였다.

2XX1.5.10.	(차) 감가상각누계액	1,500,000,000	(대) 건물	2,000,000,000
	(차) 미결산	500,000,000		
2XX1.8.31.	(차) 보통예금	800,000,000	(대) 미결산	500,000,000
			(대) 보험차익	300,000,000
2XX1.9.20.	(차) 건 물	600,000,000	(대) 보통예금	800,000,000
	(차) 차량운반구	200,000,000		

[세무조정]

〈손금산입〉 일시상각충당금(건물) 100,000,000(-유보)

2 손금산입 방법

(1) 손금산입시기

국고보조금등을 지급받은 날이 속하는 사업연도의 종료일까지 사업용자산을 취득하거나 개량하지 아니한 내국법인이 그 사업연도의 다음 사업연도 개시일부터 1년(보험차익은 2년) 이내에 사업용자산을 취득하거나 개량하려는 경우에는 취득 또는 개량에 사용하려는 국고보조금등의 금액을 손금에 산입할 수 있다. 이 경우 허가 또는 인가의 지연 등의 사유로 국고보조금등을 기한 내에 사용하지 못한 경우에는 해당 사유가 끝나는 날이 속하는 사업연도의 종료일을 그 기한으로 본다(법법 36 ②).

(2) 손금산입 방법

손금에 산입하는 금액은 당해 사업용 자산별로 다음의 구분에 따라 일시상각충당금 또는 압축기장충당금으로 계상하여야 한다(법령 64 ③). 즉, 결산조정이 원칙이나 신고조정에 의한 손금산입도 허용된다.

① 감가상각자산 : 일시상각충당금

② 그 외의 자산 : 압축기장충당금

3 익금산입

(1) 일반적인 경우

손비로 계상한 일시상각충당금과 압축기장충당금은 다음 중 어느 하나에 해당하는 방법으로 익금에 산입한다(법령 64 ④).

1) 일시상각충당금

일시상각충당금은 해당 사업용 자산의 감가상각비와 상계하며, 당해 자산을 처분하는 경우에는 상계하고 남은 잔액을 그 처분한 날이 속하는 사업연도에 전액 익금에 산입한다. 이때 상계하는 감가상각비는 취득가액 중 해당 일시상각충당금에 상당하는 부분에 대한 것으로 한다.

일시상각충당금에 대한 감가상각비＝감가상각비×일시상각충당금/취득가액

한편, 감가상각비를 일시상각충당금과 상계할 때에는 먼저 감가상각비에 대한 세무조정을 실시한 후, 동 세무조정 결과 손금으로 인정되는 금액에 대하여 자산의 취득가액 중 일시상각충당금에 상당하는 부분을 당해 자산의 감가상각비와 상계한다(서이 46012-10646, 2002.3.27.).

2) 압축기장충당금

압축기장충당금은 당해 사업용 자산을 처분하는 사업연도에 이를 전액 익금에 산입한다.

(2) 미사용의 경우

국고보조금등 상당액을 손금에 산입한 내국법인이 손금에 산입한 금액을 기한 내에 사업용 자산의 취득 또는 개량에 사용하지 아니하거나 사용하기 전에 폐업 또는 해산하는 경우 그 사용하지 아니한 금액은 해당 사유가 발생한 날이 속하는 사업연도의 소득금액을 계산할 때 익금에 산입한다. 다만, 합병하거나 분할하는 경우로서 합병법인등이 그 금액을 승계한 경우는 제외하며, 이 경우 그 금액은 합병법인등이 손금에 산입한 것으로 본다(법법 36 ③).

▌국고보조금의 회계처리와 세무조정▐

국고보조금으로 고정자산을 취득한 법인이 재무상태표를 작성함에 있어서 기업회계기준에 따라 국고보조금을 취득한 고정자산에서 차감하는 형식으로 표시한 경우 이에 대한 세무조정방법은 다음과 같다(법기통 36-64-1).

구 분	기업회계기준	세무조정
① 수령 시 (수령 2000)	현금 2,000 / 국고보조금 2,000 (현금차감계정)	국고보조금(현금차감계정) 2,000 익금산입(유보)
② 자산 취득 시 등 (취득 2000)	차량운반구 2,000 / 현금 2,000 국고보조금 2,000 / 국고보조금 2,000 (현금차감계정) (자산차감계정)	국고보조금(현금차감계정) 2,000 손금산입(△유보) 국고보조금(자산차감계정) 2,000 익금산입(유보) 일시상각충당금 2,000 손금산입(△유보)
③ 결산 시 (상각 400)	감가상각비 400 / 감가상각충당금 400 국고보조금 400 / 감가상각비 400 (자산차감계정)	일시상각충당금 400 익금산입(유보) 국고보조금(자산차감계정) 400 손금산입(△유보)
④ 매각 시 (매각 2000)	현금 2,000 / 사업용자산 2,000 감가상각충당금 400 / 처분이익 2,000 국고보조금 1,600(자산차감계정)	일시상각충당금 1,600 익금산입(유보) 국고보조금(자산차감계정) 1,600 손금산입(△유보)

실무포인트

1. 전기자동차 보조금을 일시상각충당금으로 설정이 가능한지 여부

내국법인이 사업용 고정자산에 해당하는 전기자동차를 취득하면서 국가나 지방자치단체로부터 "국고보조금등"을 지급받은 경우 당해 사업용 고정자산의 가액 중 그 사업용 고정자산의 취득에 사용된 "국고보조금등"에 상당하는 금액은 「법인세법」 제36조를 적용하여 당해 사업연도의 소득금액을 계산할 때 일시상각충당금으로 계상하여 손금에 산입할 수 있는 것임(서면법인2024-619, 2024.8.28.).

2. 보험차익으로 취득한 자산가액의 손금산입 가능 여부

내국법인이 고정자산의 멸실 등으로 보험금을 지급받아 그 멸실한 고정자산에 대체하여 고정자산을 취득하는 경우 법인세법 제38조 제1항의 규정에 의하여 보험차익상당액을 손금산입함에 있어, 대체취득하는 고정자산은 멸실된 자산과 동일한 종류의 자산을 말하는 것이나 금융리스에 의하여 대체자산을 취득하는 경우에는 이를 보험차익의 사용으로 보지 아니하는 것임(법인46012-1250, 1999.4.3.).

4 연구개발 관련 출연금 등의 익금불산입(분할과세)

(1) 분할과세대상금액의 범위

내국법인이 2026.12.31.까지 연구개발 등을 목적으로 국가, 지방자치단체, 「공공기관의 운영에 관한 법률」에 따른 공공기관 또는 「지방공기업법」에 따른 지방공기업으로부터 연구개발출연금 등을 받고 구분경리하는 경우에는 익금불산입할 수 있다(조특법 10의 2 ①).

(2) 분할과세방법

「기초연구진흥 및 기술개발지원에 관한 법률」 등에 따라 정부로부터 기술개발에 소요되는 경비를 출연금으로 지급받은 경우 동 연구개발관련 출연금 등에 상당하는 금액은 익금에 산입하지 아니할 수 있도록 함으로써 법인이 선택적으로 적용할 수 있는데 이에 대한 과세방법을 설명하면 다음과 같다.

1) 연구개발출연금 등의 귀속시기

연구개발출연금 등을 지급받은 경우에는 동 출연금 등은 차후 기술개발의 성공에 따른 반환의무의 여부에 불구하고 지급받은 출연금 등의 전액을 동 출연금 교부통지를 받은 날이 속하는 사업연도에 익금에 산입하고 익금에 산입한 출연금 중 기술개발의 성공으로 출연금의 일부를 반환하는 경우에는 반환통지 또는 납부통지를 받은 날이 속하는 사업연도에 반환할 금액을 익금에서 차감하거나 손금에 산입한다(재경부 법인-75, 2005.8.31.; 서이-299, 2006.2.6.; 법인-1023, 2010.10.29.).

2) 익금불산입액의 계산

연구개발출연금 등을 지급받아 익금에 산입한 법인이 다시 조세특례제한법 제10조의 2에 따른 익금불산입규정을 적용하고자 하는 경우에는 법인세법 제113조를 준용하여 구분경리하여 지급받은 출연금 등의 전액에 상당하는 금액을 익금불산입할 수 있다(조특법 10의 2 ①; 법인-1023, 2010.10.29.).

(3) 익금불산입액의 분할환입

연구개발출연금 등에 대하여 익금불산입한 금액은 다음의 방법으로 환입하여 익금에 산입한다.

1) 연구개발비로 지출하는 경우

연구개발출연금 등을 익금불산입한 법인이 연구개발출연금 등을 해당 연구개발비로 지출하는 경우에는 지출일이 속하는 사업연도에 그 지출액에 상당하는 금액을 환입하여 익금에 산입한다(조특법 10의 2 ② 1호).

2) 연구개발용 자산의 취득에 사용하는 경우

연구개발출연금 등을 익금불산입한 법인이 연구개발출연금 등을 해당 연구개발에 사용되는 자산의 취득에 사용하는 경우에는 감가상각자산 해당 여부에 따라 다음과 같은 방법으로 환입하여 익금에 산입한다(조특법 10의 2 ② 2호, 조특령 9의 2 ③).

① 감가상각자산의 경우

㉠ 매 사업연도에 손금에 산입하는 감가상각비상당액을 익금산입

㉡ 처분 시에는 처분일이 속하는 사업연도에 잔액을 익금산입

② 비상각자산의 경우

처분일이 속하는 사업연도에 익금불산입액 전액을 익금산입

(4) 익금불산입액의 일시환입

1) 일시환입 사유

연구개발출연금 등을 익금불산입한 법인에게 다음에 해당하는 사유가 발생한 경우에는 당해 사유가 발생한 날이 속하는 사업연도에 익금불산입액의 전액을 환입하여 익금에 산입한다(조특법 10의 2 ③).

① 해당 연구개발목적 외의 용도로 사용한 경우

② 해당 연구개발에 사용하기 전에 폐업하거나 해산하는 경우

다만, 합병하거나 분할하는 경우로서 합병법인 등이 그 금액을 승계하는 경우는 제외하며 그 금액은 합병법인 등이 익금불산입한 것으로 본다.

2) 이자상당액의 납부

익금불산입한 법인이 전술한 일시환입사유에 해당되어 익금산입한 금액에 대하여는 조세특례제한법 제33조 제3항 후단의 규정을 준용하여 계산한 이자상당액을 납부하여야 하

는데(조특법 10의 2 ④), 이를 산식으로 표시하면 다음과 같다.

$$\text{익금불산입에 따른 법인세차액} \times \text{이자계산기간의 일수} \times \frac{22^{*}}{100,000} = \text{이자상당액}$$

① 익금불산입에 따른 법인세차액의 계산

위의 산식에서 '익금불산입에 따른 법인세차액'이란 익금불산입한 사업연도에 당해 익금불산입액을 익금불산입함에 따라 발생한 법인세액의 차액을 말한다(조특령 30 ⑨ 1호).

이때에 '당해 익금불산입액을 익금불산입함에 따라 발생한 법인세액의 차액'은 익금불산입액을 익금불산입한 사업연도에 익금산입한 것으로 하여 계산된 법인세액에서 익금불산입하여 계산된 법인세액을 차감하여 계산한다(조특통 4-3…1; 서면2팀-777, 2004.4.13.; 서면2팀-592, 2006.4.5.). 따라서 당해 익금불산입액을 익금산입하여 재계산한 법인세를 계산함에 있어서는 소득금액을 기준으로 하여 한도액을 계산하는 기부금, 감면세액 등을 재계산하여야 한다.

② 이자계산기간의 일수

위의 산식에서 '이자계산기간의 일수'란 당해 연구개발출연금 등을 익금불산입한 사업연도종료일의 다음날부터 익금에 산입한 사업연도종료일까지의 기간을 말한다(조특령 30 ⑨ 1호 가목).

(5) 연구개발출연금 등 익금불산입명세서의 제출

익금불산입규정을 적용받으려는 법인은 연구개발출연금 등을 지급받은 사업연도의 과세표준 신고와 함께 연구개발출연금 등 익금불산입명세서[별지 제3호의 3 서식]를 납세지 관할 세무서장에게 제출하여야 한다(조특법 10의 2 ⑤, 조특령 9의 2 ④).

사 례

㈜택스에듀넷은 국고보조금 40억원을 수령하여 건물을 100억원에 취득하였다. 회계처리와 세무조정을 수행하시오.

2024.10.5 국고보조금 40억 수령

(차) 보통예금	40억	(대) 국고보조금	40억
		(보통예금 차감계정)	

〈익금산입〉 국고보조금 40억(유보)

〈손금산입〉 압축기장충당금(보통예금) 40억(△유보)

2025.1.15 건물 취득

(차)	건물	100억	(대) 보통예금	100억
	국고보조금 (보통예금 차감계정)	40억	국고보조금 (건물 차감계정)	40억

〈손금산입〉 국고보조금 40억(△유보)

〈익금산입〉 압축기장충당금(보통예금) 40억(유보)

〈익금산입〉 국고보조금 40억(유보)

〈손금산입〉 일시상각충당금(건물) 40억(△유보)

2025.12.31 감가상각

(차)	감가상각비	2.5억	(대) 감가상각누계액	2.5억
	국고보조금 (건물 차감계정)	1억	감가상각비	1억

〈손금산입〉 국고보조금 1억(△유보)

〈익금산입〉 일시상각충당금(건물) 1억(유보)

[별지 제35호 서식] (2021.10.28. 개정) (앞쪽)

[V] 국고보조금등 [ ] 공사부담금 [ ] 보험차익 상당액 손금산입조정명세서

사업연도	2025.1.1.~2025.12.31	법인명	㈜택스에듀넷	사업자등록번호	123-xx-xxxxx

1. 국고보조금등으로 취득한 자산 손금산입액 조정

① 보조금 수령액	취득한 또는 취득할 자산가액					⑥ 해당 자산에 사용되는 국고보조금등 (MIN ①, ⑤)	손금산입액 조정		
	② 계정과목		③ 취득한 자산가액	④ 취득할 자산가액	⑤ 계 (③+④)		⑦ 용인한도액 (⑦=⑥)	⑧ 회사 계상액	⑨ 한도초과액 (⑧-⑦)
	과목명	코드							
40억	건물	99	100억		100억	40억	40억		
	계								

2. 공사부담금으로 취득한 자산 손금산입액 조정

⑩ 공사 부담금 가액	공사부담금으로 취득 또는 지급받은 자산가액						손금산입액 조정		
	⑪ 계정과목		⑫ 취득한 자산가액	⑬ 취득할 자산가액	⑭ 지급받은 자산가액	⑮ 계 (⑫+⑬+⑭)	⑯ 용인한도액 (⑯=⑮)	⑰ 회사 계상액	⑱ 한도 초과액 (⑰-⑯)
	과목명	코드							
	계								

3. 보험차익으로 취득한 자산 손금산입액 조정

보험차익계산			대체한 또는 대체할 자산가액					㉖ 대체자산에 사용되는 보험차익 [MIN ㉑,(㉕-⑳)]	손금산입액 조정		
⑲ 보험금	⑳ 멸실손괴 자산가액	㉑ 보험차익 (⑲-⑳)	㉒ 계정과목		㉓ 대체한 자산 가액	㉔ 대체할 자산 가액	㉕ 계 (㉓+㉔)		㉗ 용인 한도액 (㉗=㉖)	㉘ 회사 계상액	㉙ 한도 초과액 (㉘-㉗)
			과목명	코드							
			계								

4. 미사용분 익금산입액 조정

㉚ 구분 코드	㉛ 손금산입 사업연도	㉜ 원래 손금산입 기준액	㉝ 원래 손금 산입액	㉞ 전기이월 계획서 제출금액	㉟ 사용액	㊱ 미사용액 (㉞-㉟)	㊲ 익금 산입액 (㉝×㊱/㉜)	비 고
1								
2								
3								
계								

210mm×297mm[백상지 80g/㎡ 또는 중질지 80g/㎡]

(뒤쪽)

작 성 방 법

1. "1. 국고보조금등으로 취득한 자산의 손금산입액 조정"란 중 ⑥ 해당 자산에 사용되는 국고보조금등란에는 ⑤ 취득한 또는 취득할 자산가액 계와 ① 보조금수령액란의 금액 중 적은 금액을 적습니다.
2. "2. 공사부담금으로 취득한 자산 손금산입액 조정"란 중 ⑮ 계란에는 금전 · 자재로서 취득한 자산가액(⑫) 및 취득할 자산가액(⑬)과 지급받은 자산가액(⑭)의 합계액을 적습니다.
3. "3. 보험차익으로 취득한 자산 손금산입액 조정"란 중 ㉖ 대체자산에 사용되는 보험차익란에는 ㉕ 대체한 또는 대체할 자산가액 계에서 ⑳ 멸실손괴 자산가액을 차감한 잔액을 한도로 한 ㉑ 보험차익란의 금액을 적습니다.
4. 국고보조금등으로 취득한 자산의 계정과목란(②, ⑪, ㉒)은 "표준재무상태표[별지 제3호의2서식(1),(3)]의 계정과목명과 코드를 적습니다.
5. 국고보조금등으로 취득한 자산가액 계산 시 ④, ⑬, ㉔란에는 각 취득 또는 대체할 자산가액은 사용계획서제출금액으로 합니다.
6. "4. 미사용분 익금산입액 조정"란 중 각 란에는 사용계획서 제출에 의한 손금산입액 중 기한 내 미사용 또는 해산 등에 의한 익금산입액을 아래 구분코드(㉚)에 따라 계산합니다.

구분	국고보조금	공사부담금	보험차익
코드	1	2	3

7. ㉜ 원래 손금산입기준액란은 원래 손금산입 사업연도의 손금산입기준금액 ⑥, ⑮, ㉖란의 각 금액을 적고 ㉝ 원래 손금산입액란은 원래 손금산입 사업연도의 손금산입액 ⑧, ⑰, ㉘란의 각 금액을 적되, 원래 한도초과액은 제외합니다.
8. ㉞ 전기이월계획서 제출금액란에는 원래 손금산입 사업연도의 손금산입기준액 계산에 포함된 취득할 또는 대체할 가액(④, ⑬, ㉔)을 적습니다.
9. 한도초과액(⑨, ⑱, ㉙)란의 금액은 손금불산입하고 익금산입액(㊲)란의 금액은 익금산입합니다.

[별지 제35호의 2 서식] 〈신설 2004.3.5.〉 (앞쪽)

사업연도	. . ~ . .	보조금 등 수취명세서	법인명	
			사업자등록번호	

①수취일자	지급처		보조금 등 유형		⑥수취금액	반환 조건		비고
	②법인명	③사업자 번호 등	④명칭	⑤코드		⑦반환 예정일	⑧반환 비율	

210mm×297mm(신문용지 54g/㎡(재활용품))

(뒤쪽)

작성요령

1. ①수취일자란에는 보조금 등(국가 · 지방자치단체 등으로부터 무상으로 받은 금품)을 지급받은 일자를 기재합니다.
2. ②법인명란과 ③사업자번호 등란에는 보조금 등을 지급한 국가 · 지방자치단체 등의 명칭과 사업자등록번호(고유번호)를 기재합니다.
3. ④명칭란에는 지급받은 보조금 등의 명칭을 기재합니다.
4. ⑤코드란에는 지급받은 보조금 등의 반환여부에 따라 다음과 같이 기재합니다.
   - 전액 반환의무없는 보조금 등 : 11
   - 일부에 대해 무조건 반환의무있는 보조금 등 : 21
   - 일부에 대해 성공조건부 기타 조건부로 반환의무있는 보조금 등 : 22
   - 전액에 대해 성공조건부 기타 조건부로 반환의무있는 보조금 등 : 31
5. ⑦반환예정일란에는 반환의무있는 보조금의 경우 반환예정일(사용기간)을 기재합니다.
6. ⑧반환비율란에는 변환하여야 하는 비율을 기재합니다.

[별지 제36호 서식] (2020.3.13. 개정)

<table>
<tr><td rowspan="2">사업
연도</td><td rowspan="2">. . .
~
. . .</td><td rowspan="2">[ ] 국고보조금등
[ ] 공사부담금 사용계획서</td><td>법인명</td><td></td></tr>
<tr><td>사업자등록번호</td><td></td></tr>
</table>

<table>
<tr><td rowspan="5">❶ 국고보조금등 내용</td><td>①국고보조금등 · 공사부담금 사용기간</td><td colspan="4"></td></tr>
<tr><td>②국고보조금등 · 공사부담금 지급처명</td><td colspan="4"></td></tr>
<tr><td rowspan="2">③국고보조금등 · 공사부담금 지급목적별 지급금액</td><td>사업용자산취득 및 개량목적의보조금</td><td>기타보조금</td><td>국고보조금등 · 공사부담금계</td><td>기타</td></tr>
<tr><td></td><td></td><td></td><td></td></tr>
<tr><td>④국고보조금등 · 공사부담금 지급통지일</td><td>년 월 일</td><td colspan="2">⑤국고보조금등 · 공사부담금 수령일</td><td>년 월 일</td></tr>
</table>

<table>
<tr><td rowspan="8">❷ 국고보조금등 사용계획</td><td>⑥취득 또는 개량 연월일</td><td>⑦취득 또는 개량할 사업용 자산 소재지</td><td>⑧취득 또는 개량할 사업용 자산 명칭</td><td>⑨수량</td><td>⑩취득 또는 개량금액</td><td>⑪참고</td></tr>
<tr><td></td><td></td><td></td><td></td><td></td><td></td></tr>
<tr><td></td><td></td><td></td><td></td><td></td><td></td></tr>
<tr><td></td><td></td><td></td><td></td><td></td><td></td></tr>
<tr><td></td><td></td><td></td><td></td><td></td><td></td></tr>
<tr><td></td><td></td><td></td><td></td><td></td><td></td></tr>
<tr><td></td><td></td><td></td><td></td><td></td><td></td></tr>
<tr><td colspan="4">합 계</td><td></td><td></td></tr>
</table>

[ ]「법인세법」 제36조제5항 및 같은 법 시행령 제64조제8항
[ ]「법인세법」 제37조제3항 및 같은 법 시행령 제65조제5항
에 따라 사용계획서를 제출합니다.

년 월 일

신청인 (서명 또는 인)

세무서장 귀하

210mm×297mm[백상지 80g/㎡ 또는 중질지 80g/㎡]

03 계정과목별 세무조정

CHAPTER

22 기타의 비용관련 세무조정

1 업무무관비용

(1) 개 요

법인이 지출한 비용 중 다음의 금액은 각 사업연도의 소득금액을 계산할 때 손금에 산입하지 아니한다(법법 27).

① 업무무관 자산을 취득 · 관리함으로써 발생하는 비용
② 해당 법인의 업무와 직접 관련이 없다고 인정되는 지출금액으로서 법령에서 정하는 금액

(2) 업무무관자산을 취득 · 관리함으로써 발생하는 비용

법인이 업무와 관련 없는 자산을 취득 · 관리함으로써 생기는 비용, 유지비, 수선비 및 이와 관련되는 비용은 손금에 산입하지 않는다(법령 49 ③). 이는 업무무관자산의 자체를 부인하는 것이 아니라 그 자산에 대한 관리비용을 손금으로 인정하지 않는 것이므로 업무무관자산의 취득가액 및 취득부대비용은 자산으로 보며, 해당 자산의 장부가액을 처분시점의 손금으로 인정한다.

❙ 업무무관자산의 손금 처리 ❙

구 분	내 용
1) 취득단계	취득가액, 취득세 · 등록세 및 취득부대비용을 자산으로 처리
2) 보유단계	수선비, 재산세 등 유지비용은 손금불산입
3) 처분단계	처분당시 세무상 장부가액을 손금산입

(3) 그 외 업무무관비용

다음의 비용은 업무와 관계없는 비용으로 보아 손금에 산입하지 않는다(법령 50 ①).

① 해당 법인이 직접 사용하지 아니하고 다른 사람(주주등이 아닌 임원과 소액주주등인 임원 및 직원은 제외)이 주로 사용하고 있는 장소 · 건축물 · 물건 등의 유지비 · 관리비 · 사용료와 이와 관련되는 지출금. 다만, 법인이 「대 · 중소기업 상생협력 촉진에 관한 법률」 제35조에 따른 사업을 중소기업(제조업을 영위하는 자에 한한다)에 이양하기 위하여 무상으로 해당 중소기업에 대여하는 생산설비와 관련된 지출금 등은 제외한다.
② 해당 법인의 주주등(소액주주등은 제외)이거나 출연자인 임원 또는 그 친족이 사용하고 있는 사택의 유지비 · 관리비 · 사용료와 이와 관련되는 지출금
③ 업무무관자산을 취득하기 위하여 지출한 자금의 차입과 관련되는 비용
④ 해당 법인이 공여한 「형법」 또는 「국제상거래에 있어서 외국공무원에 대한 뇌물방지법」에 따른 뇌물에 해당하는 금전 및 금전 외의 자산과 경제적 이익의 합계액
⑤ 「노동조합 및 노동관계조정법」 규정을 위반하여 지급하는 노동조합 전임자의 급여

실무포인트 **금융자문수수료의 업무무관비용 해당 여부**

피고가 사업과 관련 없는 비용으로 본 금융자문수수료는 원고는 사업 진행 초기단계에서 필요한 자금의 조달방법, 거래구조개발, 사업타당성 등에 대한 자문을 그 내용으로 하는 것으로, 원고의 사업과 관련하여 발생하거나 지출된 비용인 것인 바 원고의 손금에 해당함(대법원-2015-두-50146, 2016.3.10.).

2 공동경비

법인이 해당 법인 외의 자와 동일한 조직, 자산, 사업, 등을 공동으로 운영하거나 영위함에 따라 발생되거나 지출된 손비 중 다음의 기준에 의한 분담금액을 초과하는 금액은 해당 법인의 소득금액을 계산할 때 손금에 산입하지 아니한다(법령 48 ①).

구 분		내 용
(1) 출자에 의하여 특정사업을 공동으로 영위하는 경우		출자한 금액의 비율
(2) 비출자공동 사업의 경우	① 비출자 공동사업자 사이에 특수관계가 있는 경우	매출액 비율*1 (직전 사업연도 또는 해당 사업연도의 매출액 총액 or 총자산가액 중 법인이 선택)*2
	② 비출자 공동사업자 사이에 특수관계가 없는 경우	비출자공동사업자 사이의 약정에 따른 분담비율. 다만, 해당 비율이 없는 경우에는 ①의 비율에 따른다.

*1. 공동행사비 및 공동구매비, 자산의 공동경비 등은 다음 기준에 따를 수 있다(법칙 25).
① 공동행사비 등 참석인원의 수에 비례하여 지출되는 손비 : 참석인원비율
② 공동구매비 등 구매금액에 비례하여 지출되는 손비 : 구매금액비율
③ 자산의 공동경비 : 해당 자산의 소유지분 및 사용횟수
④ 공동광고선전비
㉠ 국외 공동광고선전비 : 수출금액
㉡ 국내 공동광고선전비 : 기업회계기준에 따른 매출액 중 국내의 매출액
⑤ 공동연구개발비 : 기업회계기준에 따른 매출액 중 공동연구개발과 관련된 사업(한국표준산업에 따른 세분류상 사업)에서 발생한 매출액9)
⑥ 유형자산(토지 및 건축물은 제외한다)의 공동사용료
㉠ 고정비 : 해당 유형자산의 소유지분
㉡ 고정비 외의 비용 : 해당 유형자산의 사용비율
⑦ 무형자산의 공동사용료 : 해당 사업연도 개시일의 기업회계기준에 따른 자본의 총합계액

*2. 선택하지 아니한 경우에는 직전 사업연도의 매출액 총액을 선택한 것으로 보며, 선택한 사업연도부터 연속하여 5개 사업연도 동안 적용하여야 한다. 다만, 비출자공동사업자 전부 또는 일부가 직전 사업연도 매출액이 없는 경우에는 해당 사업연도의 매출액 또는 총자산가액 총액 중 해당 법인이 선택해야 하며, 선택하지 않으면 해당 사업연도의 매출액 총액을 선택한 것으로 본다.10)

실무포인트

공동경비의 분담기준으로 통합플랫폼을 통해 실행된 각 사의 매출액을 사용할 수 있는지 여부

내국법인이 자동차금융 경쟁력 강화를 위해 특수관계에 있는 다른 내국법인들과 자동차금융 관련 통합플랫폼을 구축하여 비출자공동사업을 영위하는 경우 비출자공동사업과 관련된 모든 법인들이 통합플랫폼과 관련하여 공동으로 부담하는 공동경비는 「법인세법 시행령」 제48조 제1항 제2호 가목에 따라 직전 사업연도 또는 해당 사업연도의 매출액 총액과 총자산가액 총액 중 법인이 선택하는 금액에서 해당법인의 매출액(총자산가액 총액을 선택한 경우에는 총자산가액)이 차지하는 비율로 안분하는 것임. 다만, 통합플랫폼 관련 국내 공동광고선전비는 같은 법 시행규칙 제25조 제2항 제3호 나목 괄호 안의 규정에 따라 해당 통합플랫폼을 통해 실행된 매출액을 기준으로 분담할 수 있는 것임(사전법인 2021-0905, 2021. 3.17.).

9) 이 규칙 시행(2025.3.21.) 이후 과세표준을 신고하는 경우부터 적용한다.
10) 이 영 시행일(2025.2.28.)이 속하는 사업연도에 공동경비를 지출하는 경우부터 적용한다.

CHAPTER

23 자본 및 배당

1 주식의 발행

(1) 일반적인 주식발행

주주로부터 현금을 수령하고 주식을 발행하는 경우에 주식의 발행금액이 액면금액보다 크다면 그 차액을 주식발행초과금으로 하여 자본잉여금으로 회계처리한다. 발행금액이 액면금액보다 작다면 그 차액을 주식발행초과금의 범위 내에서 상계처리하고, 미상계된 잔액이 있는 경우에는 자본조정의 주식할인발행차금으로 회계처리한다. 이익잉여금(결손금) 처분(처리)으로 상각되지 않은 주식할인발행차금은 향후 발생하는 주식발행초과금과 우선적으로 상계한다.

(2) 현물출자

기업이 현물을 제공받고 주식을 발행한 경우에는 제공받은 현물의 공정가치를 주식의 발행금액으로 한다. 주식의 발행금액과 액면금액의 차액은 문단 위에서 언급한 바와 같이 주식발행초과금 등으로 회계처리한다.

(3) 주식발행 시의 회계처리

주식의 발행금액과 액면가액(액면가×발행주식수)을 비교하여 그 크기에 따라 액면발행, 할증발행, 할인발행으로 구분한다.

주식발행가액이 액면가액을 초과할 때 차액을 주식발행초과금으로 처리하며 자본잉여금으로 분류한다. 주식발행가액이 액면가액에 미달될 경우 주식할인발행차금으로 처리하고 자본조정에 차감하는 형식으로 기재한다.

① 액면발행

(차) 현 금	×××	(대) 자 본 금	×××

② 할증발행

(차) 현 금	×××	(대) 자 본 금	×××
		주식발행초과금(자본잉여금)	×××

③ 할인발행

(차) 현 금	×××	(대) 자 본 금	×××
주식할인발행차금(자본조정)	×××		

예제 주식의 발행

㈜택스에듀는 액면 5,000원인 주식 1,000주를 발행하였다. 발행가액이 각각 다음과 같을 때 회계처리와 부분재무상태표를 표시하시오.

1) 1주당 발행가액 5,000원
2) 1주당 발행가액 7,000원
3) 1주당 발행가액 4,000원

풀이

1. 액면발행

(차) 현 금	5,000,000	(대) 자 본 금	5,000,000

재무상태표

자 본 :	
자본금	5,000,000
총 자본액 : 5,000,000	

2. 할증발행

(차) 현 금	7,000,000	(대) 자 본 금	5,000,000
		주식발행초과금	2,000,000

재무상태표

자　　본 :	
Ⅰ. 자본금	5,000,000
Ⅱ. 자본잉여금	
1. 주식발행초과금	2,000,000
총 자본액 : 7,000,000	

3. 할인발행

(차) 현　　　금	4,000,000	(대) 자　본　금	5,000,000
주식할인발행차금	1,000,000		

재무상태표

자　　본 :	
Ⅰ. 자본금	5,000,000
⋮	
Ⅳ. 자본조정	
1. 주식할인발행차금	(1,000,000)
총 자본액 : 4,000,000	

(4) 신주발행비

지분상품을 발행하거나 취득하는 과정에서 등록비 및 기타 규제 관련 수수료, 법률 및 회계자문 수수료, 주권인쇄비 및 인지세와 같은 여러 가지 비용이 발생한다. 이러한 자본거래 비용 중 자본거래가 없었다면 회피가능하고 자본거래에 직접 관련되어 발생한 추가비용에 대해서는 관련된 법인세효과를 차감한 금액을 주식발행초과금에서 차감하거나 주식할인발행차금에 가산한다.

예 제　신주발행비

㈜택스에듀는 액면 5,000원인 주식 1,000주를 발행하고 신주발행비로 500,000원을 지출하였다. 발행가액이 각각 다음과 같을 때 회계처리를 나타내시오.

1) 1주당 발행가액 5,000원
2) 1주당 발행가액 7,000원
3) 1주당 발행가액 4,000원

풀이

1. 1주당 발행가액 5,000원

(차) 보 통 예 금	4,500,000	(대) 자 본 금	5,000,000
주식할인발행차금	500,000		

2. 1주당 발행가액 7,000원

(차) 보 통 예 금	6,500,000	(대) 자 본 금	5,000,000
		주식발행초과금	1,500,000

3. 1주당 발행가액 4,000원

(차) 보통예금	3,500,000	(대) 자본금	5,000,000
주식할인발행차금	1,500,000		

예 제 동일 주식의 발행 시 회계처리(연결되는 회계처리)

1. ㈜경영은 액면 5,000원인 주식 1,000주를 20x1년 1월 1일에 1주당 8,000원으로 발행하였다(주금은 전액 보통예금에 입금).

풀이

(차) 보 통 예 금	8,000,000	(대) 자 본 금	5,000,000
		주식발행초과금	3,000,000

2. ㈜경영은 액면 5,000원인 주식 500주를 20x1년 6월 30일 1주당 3,000원으로 발행하였다(주금은 전액 보통예금에 입금).

풀이

(차) 당 좌 예 금	1,500,000	(대) 자 본 금	2,500,000
		주식발행초과금	1,000,000

※ 동일한 기업에서의 주식발행 시 발생한 주식발행초과금이 있다면 먼저 주식할인발행차금과 상쇄하는 데 사용한다.

(5) 신주발행비의 「법인세법」상 처리

「상법」 제417조의 규정에 의하여 주식을 액면미달의 가액으로 발행하는 경우 그 미달하는 금액과 신주발행비의 합계액은 주식할인발행차금으로서 이를 자본거래로 보아 손금에 산입하지 않는다(법법 20). '신주발행비'란 법인의 설립 후 자본을 증가함에 있어 증자 등기 시 납부하는 등록세, 신주의 발행과 관련하여 공모대행증권사에 지급하는 공모대행 인수수수료, 신주발행을 위하여 직접 지출하는 비용(법률비용, 주권인쇄비, 우송료, 등록비, 사무처리비, 광고료 등)을 말한다(법집 20-20-1).

실무포인트

1. 설립등기일 전에 발생한 설립등기비용 등의 손금산입 여부

내국법인이 설립등기일 전에 생긴 손익을 사실상 그 법인에 귀속시킨 것이 있는 경우 「법인세법 시행령」 제4조 제2항에 따라 조세포탈의 우려가 없을 때에는 최초사업연도의 기간이 1년을 초과하지 아니하는 범위 내에서 해당 법인의 최초 사업연도의 손금에 산입할 수 있는 것이며, 해당 손금에는 「상법」 제290조 제4호의 규정에 따라 정관에 기재된 회사가 부담할 설립비용, 설립등기를 위하여 지출한 세액, 등기수수료 및 개업준비기간중에 사업의 인가 또는 허가 등을 얻기 위하여 지출한 비용이 포함되는 것임(법령해석과-1868, 2021.5.30.).

2. 설립등기일 이후에 발생한 신주발행비의 손금산입 여부

내국법인이 설립 후 자본을 증가함에 있어 증자 등기 시 납부하는 등록세, 신주의 발행과 관련하여 공모대행증권사에 지급하는 공모대행 인수수수료, 신주발행을 위하여 직접 지출하는 비용(법률비용, 주권인쇄비, 우송료, 등록비, 사무처리비, 광고료 등)은 「법인세법」 제20조 제2호에 따른 신주발행비로서 주식할인발행차금에 해당하므로 손금에 산입하지 아니하는 것임(서면법인 2020-3684, 2020.11.30.).

2 이익잉여금의 처분

(1) 개 요

이익잉여금이란 손익거래에서 발생한 이익으로서 배당금 등으로 사외에 유출되지 않고 사내에 유보된 금액을 말하며, 유보이익이라고도 한다. 이러한 이익잉여금은 처분절차를 거쳐 주주에게 나누어 주거나 사내에 유보시키게 된다. 이익잉여금의 처분내용을 보여주는 보고서가 이익잉여금처분계산서이다.

잉여금의 처분은 재무상태표일(12월 31일) 이후에 주주총회에서 확정된다. 따라서 이익잉여금처분계산서에 포함된 처분내용, 즉 배당 등은 재무상태표일 현재 아직 확정되지 않았으므로 재무상태표에 부채로 인식하지 않으며, 재무상태표에는 이익잉여금 미처분의 재무상태를 표시한다. 즉, 당기말 재무상태표에는 이익잉여금이 처분되기 전의 금액을 보고하므로 이익잉여금을 어떻게 처분할 것인지에 대한 정보를 제공하는 보고서가 이익잉여금처분계산서인 것이다.

재무상태표	
자 본 :	
Ⅰ. 자본금	×××
Ⅴ. 이익잉여금	×××
1. 법정적립금	×××
2. 임의적립금	
3. 미처분이익잉여금	××× ←

이익잉여금처분계산서	
Ⅰ. 미처분이익잉여금	×××
전기이월미처분이익잉여금	×××
당기순이익	×××
Ⅱ. 이익잉여금처분액	×××
Ⅲ. 차기이월미처분이익잉여금	×××

(2) 잉여금의 처분

이익잉여금처분계산서

제××기 20x1년 1월 1일부터 20x1년 12월 31일까지

처분확정일 20x2년 3월 1일

회사명 : ㈜택스에듀 (단위 : 원)

과 목	제×(당)기 금 액	
Ⅰ. 미처분이익잉여금		4,000,000
1. 전기이월미처분이익잉여금	1,000,000	
2. 전기오류수정손익	0	
3. 당기순이익 (또는 당기순손실)	3,000,000	
Ⅱ. 임의적립금 등의 이입액	800,000	800,000
합 계		4,800,000
Ⅲ. 이익잉여금처분액		(2,100,000)
1. 이익준비금	100,000	
2. 기타법정적립금		
3. 배 당 금		
가. 현금배당	1,000,000	
나. 주식배당	600,000	
4. 사업확장적립금	400,000	
Ⅳ. 차기이월미처분이익잉여금		2,700,000

1) 미처분이익잉여금

잉여금을 처분하기 전에 처분가능한 잉여금으로서 전기로부터 이월된 잉여금 1,000,000원과 당기순이익 3,000,000원을 합한 금액이다. 전기로부터 이월된 잉여금이란 전기의 당기순이익 등에서 이익잉여금의 처분을 반영하고 남은 것이 당기로 이월된 것이다.

2) 임의적립금 등의 이입액

회사가 법의 규정에 의하여 강제적으로 적립한 금액이 아닌 임의적립금 등의 이입액에 대하여는 미처분잉여금과 합산하여 당기의 처분가능 이익잉여금을 구성한다.

3) 이익준비금

법에 의하여 이익잉여금 중 일정액을 강제로 적립하여야 하는 금액을 말한다. 법정적립금의 사례로는 이익준비금이 있는데 주식회사는 자본금의 1/2에 달할 때까지 매결산기의

현금배당액의 1/10 이상의 금액을 이익준비금으로 적립하여야 한다(상법 458). 위에서는 현금배당액이 1,000,000원이므로 100,000원을 적립하였는데 이에 대한 회계처리를 나타내면 다음과 같다.

(차) 미처분이익잉여금 (이익잉여금의 감소)	100,000	(대) 이 익 준 비 금 (이익잉여금의 증가)	100,000

이는 이익잉여금 내부에서의 계정 재분류에 해당하므로 이익잉여금은 물론 기업의 순자산에 변동을 주지 않는다. 다만, 이익잉여금 중 일정액을 배당할 수 없도록 처분하여 계정을 달리하는 것이다.

4) 임의적립금

적립이 강제되어 있지는 않으나 회사의 특별한 목적을 위해 적립하는 적립금이다. 예를 들어 사업확장적립금의 경우 수년 이내 공장부지를 늘리거나 투자를 통해 사업범위의 확장을 준비하기 위하여 적립하는 금액이다. 이러한 임의적립금은 처분절차를 거친 뒤 다음 기에 다시 처분가능한 이익잉여금으로 합산된다. 위에서는 사업확장적립금으로 400,000원을 처분하였는데, 이에 대한 회계처리를 나타내면 다음과 같다.

(차) 미처분이익잉여금 (이익잉여금의 감소)	400,000	(대) 사 업 확 장 적 립 금 (이익잉여금의 증가)	400,000

이 역시 이익잉여금 내부에서의 계정 재분류에 해당하지만 위의 'Ⅱ. 임의적립금 등의 이입액'에서 살펴보듯이 다음 기의 잉여금 처분 시 미처분이익잉여금으로 이입하여 기업의 사에 따라 배당금 등 이익처분의 재원으로 활용할 수 있다.

5) 배 당

회사는 재무상태표의 순자산액으로부터 다음의 금액을 공제한 액을 한도로 하여 이익배당을 할 수 있으며, 이익배당은 주주총회의 결의로 정한다(상법 462 ①·②).

① 자본금의 액

② 그 결산기까지 적립된 자본준비금과 이익준비금의 합계액

③ 그 결산기에 적립하여야 할 이익준비금의 액

④ 대통령령으로 정하는 미실현이익

현금배당은 배당금을 현금으로 지급하는 것이고, 주식배당은 배당금을 주식으로 교부하는 것이다. 이에 대한 회계처리는 잉여금을 처분하는 시점과 배당금을 지급하는 시점으로 나뉜다.

① 현금배당

• 잉여금 처분 시

(차) 미처분이익잉여금 (이익잉여금의 감소)	1,000,000	(대) 미 지 급 배 당 금 (부 채 의 증 가)	1,000,000

• 배당금 지급 시

(차) 미 지 급 배 당 금 (부 채 의 감 소)	1,000,000	(대) 현 금 (자 산 의 감 가)	1,000,000

② 주식배당

• 잉여금 처분 시

(차) 미처분이익잉여금 (이익잉여금의 감소)	600,000	(대) 미교부주식배당금 (자본조정의 증가)	600,000

• 배당금 지급 시

(차) 미교부주식배당금 (자본조정의 감소)	600,000	(대) 자 본 금 (자 본 금 의 증 가)	600,000

현금배당은 차후 배당금 지급 시 현금을 지급할 것이므로 처분시점에 미지급배당금이란 부채로 계상한다. 그러나 주식배당은 배당금을 지급하는 것이 아닌 자본금이 증가하게 되므로 처분시점에 자본의 임시계정이라 할 수 있는 자본조정으로 처리하게 된다.

6) 차기이월미처분이익잉여금

처분가능한 이익잉여금 중 처분내용을 반영하고 남은 잉여금은 다음 기로 넘어가게 되는데 이를 차기이월이익잉여금이라 한다. 즉, 처분가능 이익잉여금에서 잉여금처분액을 차감한 잔액이 된다. 한편, 위에서 살펴본 대로 재무상태표에는 미처분이익잉여금이 기록된다.

(3) 중간배당

연 1회의 결산기를 정한 회사는 영업연도 중 1회에 한하여 이사회의 결의로 일정한 날을 정하여 그 날의 주주에 대하여 이익을 배당할 수 있음을 정관으로 정할 수 있는데 이를 중간배당이라 한다(상법 462의 3 ①).

1) 중간배당의 한도

중간배당은 직전 결산기의 재무상태표상의 순자산액에서 다음의 금액을 공제한 액을 한도로 한다(상법 462의 3 ②).

① 직전 결산기의 자본금의 액
② 직전 결산기까지 적립된 자본준비금과 이익준비금의 합계액
③ 직전 결산기의 정기총회에서 이익으로 배당하거나 또는 지급하기로 정한 금액
④ 중간배당에 따라 당해 결산기에 적립하여야 할 이익준비금

2) 중간배당의 제한

회사는 당해 결산기의 재무상태표상의 순자산액이 다음의 금액(상법 462조 제1항 각 호의 금액)의 합계액에 미치지 못할 우려가 있는 때에는 중간배당을 하여서는 아니된다(상법 462의 3 ③).

① 자본금의 액
② 그 결산기까지 적립된 자본준비금과 이익준비금의 합계액
③ 그 결산기에 적립하여야 할 이익준비금의 액
④ 대통령령으로 정하는 미실현이익

3) 이사의 손해배상 책임

당해 결산기 재무상태표상의 순자산액이 제462조 제1항 각 호의 금액의 합계액에 미치지 못함에도 불구하고 중간배당을 한 경우 이사는 회사에 대하여 연대하여 그 차액을 배상할 책임이 있다. 다만, 이사가 '2)'의 우려가 없다고 판단함에 있어 주의를 게을리하지 아니하였음을 증명한 때에는 그러하지 아니하다(상법 462의 3 ④).

실무포인트 **정관에 없는 중간배당**

청구법인은 정관에 중간배당에 관한 규정을 두지 아니하였고, 이사회의 결의를 거치지도 아니한 것으로 보이는 점 등에 비추어 이 건 중간배당은 상법 또는 정관에 위배되는 임의배당에 해당하므로 처분청이 이를 업무무관가지급금으로 보아 한 이 건 처분은 달리 잘못이 없음(조심2023중3059, 2023.7.6.).

3 배당금의 지급과 원천징수

(1) 원천징수의무

법인에 배당을 결의하고 배당금을 지급하면 이에 대한 원천징수의무를 검토하여야 한다. 배당금 지급에 따른 원천징수의무는 배당금을 지급받은 자가 누구인지에 따라 다음과 같이 구분된다.

1) 거주자와 내국법인

구 분	소득 · 법인세율	지방소득세율	근 거
거주자	14%	1.4%	소득세법 제127조
내국법인	원천징수 제외		법인세법 제73조

2) 비거주자와 외국법인

국내에서 비거주자 외국법인에게 배당소득을 지급하는 경우 그 비거주자 외국법인이 국내사업장이 없는 경우(국내사업장이 있더라도 그 사업장에 귀속되지 않는 경우)에는 원칙적으로 20%(지방소득세 2%)의 세율로 원천징수하도록 규정하고 있다(소법 121, 법법 98). 다만, 조세조약이 체결되어 있는 경우 각국과의 조세조약에서 규정한 제한세율을 초과하여 과세할 수 없으므로 주주가 어느 국가의 거주자인지를 판단하여야 하며, 이와 관련된 조세조약을 검토하여야 한다.

(2) 원천징수시기

1) 원 칙

배당금을 지급하는 때에 원천징수한다.

2) 예 외

이익처분을 통해 배당을 결의한 법인이 당해 법인의 잉여금 처분결의일로부터 3개월이 되는 날까지 배당금을 지급하지 않으면 그 3개월이 되는 날에 지급한 것으로 보아 원천징수를 수행하여야 한다(소령 190). 일반적으로 12월말 결산 법인의 경우 결산확정이 3월 중에 이루어지므로 이때 배당을 결의하고 이익잉여금 처분계산서에 반영한 후 6월까지 지급하지 않은 경우 지급한 것으로 의제되므로 배당금을 지급하지 않았다 하더라도 7월 10일까지 원천징수를 수행하여야 한다.

(3) 지급명세서의 제출

개인에게 이자소득, 배당소득 등을 국내에서 지급하는 자는 지급명세서를 그 지급일이 속하는 과세기간의 다음 연도 2월 말일까지 원천징수 관할 세무서장, 지방국세청장 또는 국세청장에게 제출하여야 한다(소법 164 ①). 또한, 내국법인에 「소득세법」 제127조 제1항 제1호(이자소득) 또는 제2호(배당소득)의 소득을 지급하는 자는 다음 연도 2월 말일까지 납세지 관할 세무서장에게 지급명세서를 제출하여야 한다(법법 120 ①).

따라서 법인이 개인 또는 법인에게 배당금을 지급한 경우에는 다음 해 2월말까지 지급명세서를 제출하여야 한다. 법인주주에게 배당금을 지급할 때 원천징수는 하지 않으나 지급명세서의 제출의무가 있음에 유의하여야 한다.

4 [서식사례] 자본금과 적립금 조정명세서(갑)

(1) 2024년의 자본금 관련 사항

1) 자본금

㈜강변의 기초 자본금은 50,000,000원이며, 자본금외 자본잉여금이나 이익잉여금 등 다른 자본계정은 없다.

2) 당기순이익 발생

㈜강변은 2024.1.1.부터 2024.12.31.까지 20,000,000원 당기순이익이 발생하였다.

3) 잉여금 처분

㈜강변은 당기의 이익잉여금 중 2,000,000원을 배당하고, 이익준비금 200,000원을 적립하기로 결의하였다.

이익잉여금처분계산서

제2기 2024년 1월 1일부터 2024년 12월 31일까지
처분확정일 2025년 3월 31일

회사명 : ㈜강변 (단위 : 원)

과 목	금 액	
Ⅰ. 미처분이익잉여금		20,000,000
1. 전기이월미처분이익잉여금	0	
2. 전기오류수정손익	0	
3. 당기순이익 (또는 당기순손실)	20,000,000	
Ⅱ. 임의적립금 등의 이입액	0	0
합 계		20,000,000
Ⅲ. 이익잉여금처분액		(2,200,000)
1. 이익준비금	200,000	
2. 배 당 금		
가. 현금배당	2,000,000	
나. 주식배당		
Ⅳ. 차기이월미처분이익잉여금		17,800,000

(2) 2025년의 자본금 관련 사항

1) 배당금 지급

㈜강변은 2025.3.31. 결의한 배당금을 2025.4.20. 주주들에게 지급하였다.

① 2025.3.31.

(차) 미처분이익잉여금	2,200,000	(대)	미지급배당금	2,000,000
			이익준비금	200,000

② 2025.4.20.

(차) 미지급배당금	2,000,000	(대)	예수금(소득세)	280,000
			예수금(지방소득세)	28,000
			보통예금	1,692,000

③ 2025.5.10.

(차) 예수금(소득세)	280,000	(대)	보통예금	308,000
예수금(지방소득세)	28,000			

2) 자본금

㈜강변은 2025.7.1. 액면 5,000원의 주식 2,000주를 1주당 20,000원에 발행하고, 신주발행비로 1,000,000원을 지출하였다.

① 2025.7.1.(주식발행)

(차) 보통예금	40,000,000	(대)	자본금	10,000,000
			주식발행초과금	30,000,000

② 2025.7.1.(신주발행비 지급)

(차) 주식발행초과금	1,000,000	(대)	보통예금	1,000,000

3) 당기순이익 발생

㈜강변은 2025.1.1.부터 2025.12.31.까지 70,000,000원 당기순이익이 발생하였다.

4) 잉여금 처분

㈜강변은 당기의 이익잉여금 중 5,000,000원을 배당하고, 이익준비금 500,000원을 적립하기로 결의하였다.

이익잉여금처분계산서

제3기 2025년 1월 1일부터 2025년 12월 31일까지
처분확정일 2026년 3월 31일

회사명 : ㈜강변 (단위 : 원)

과 목	금 액	
Ⅰ. 미처분이익잉여금		87,800,000
1. 전기이월미처분이익잉여금	17,800,000	
2. 전기오류수정손익	0	
3. 당기순이익 (또는 당기순손실)	70,000,000	
Ⅱ. 임의적립금 등의 이입액	0	0
합 계		87,800,000
Ⅲ. 이익잉여금처분액		(5,500,000)
1. 이익준비금	500,000	
2. 배 당 금		
가. 현금배당	5,000,000	
나. 주식배당		
Ⅳ. 차기이월미처분이익잉여금		82,300,000

03 계정과목별 세무조정

(3) 자본금과적립금조정명세서(갑)_2024년

[별지 제50호 서식(갑)] (2022.3.18. 개정) (앞쪽)

사 업 연 도	2024. 1. 1. ~ 2024. 12. 31.	자본금과 적립금조정명세서(갑)	법 인 명	㈜강변
			사업자등록번호	

Ⅰ. 자본금과 적립금 계산서

①과목 또는 사항		코드	②기초잔액	당기중증감 ③감 소	당기중증감 ④증 가	⑤기말잔액	비 고
자본금 및 잉여금 등의 계산	1. 자 본 금	01	50,000,000			50,000,000	
	2. 자 본 잉 여 금	02					
	3. 자 본 조 정	15					
	4. 기타포괄손익누계액	18					
	5. 이 익 잉 여 금	14			20,000,000	20,000,000	
		17					
	6. 계	20	50,000,000		20,000,000	70,000,000	
7. 자본금과 적립금명세서(을)+(병) 계		21					
손익미계상 법인세 등	8. 법 인 세	22					
	9. 지 방 소 득 세	23					
	10. 계 (8+9)	30					
11. 차 가 감 계(6+7−10)		31	50,000,000		20,000,000	70,000,000	

Ⅱ. 이월결손금 계산서(생략)

(4) 자본금과적립금조정명세서(갑)_2025년

[별지 제50호 서식(갑)] (2022.3.18. 개정) (앞쪽)

사 업 연 도	2025. 1. 1. ~ 2025. 12. 31.	자본금과 적립금조정명세서(갑)	법 인 명	㈜강변
			사업자등록번호	

Ⅰ. 자본금과 적립금 계산서

①과목 또는 사항		코드	②기초잔액	당기중증감 ③감 소	당기중증감 ④증 가	⑤기말잔액	비 고
자본금 및 잉여금 등의 계산	1. 자 본 금	01	50,000,000		10,000,000	60,000,000	
	2. 자 본 잉 여 금	02			29,000,000	29,000,000	
	3. 자 본 조 정	15					
	4. 기타포괄손익누계액	18					
	5. 이 익 잉 여 금	14	20,000,000	2,000,000	70,000,000	88,000,000	
		17					
	6. 계	20	70,000,000	2,000,000	109,000,000	177,000,000	
7. 자본금과 적립금명세서(을)+(병) 계		21					
손익미계상 법인세 등	8. 법 인 세	22					
	9. 지 방 소 득 세	23					
	10. 계 (8+9)	30					
11. 차 가 감 계(6+7−10)		31	70,000,000	2,000,000	109,000,000	177,000,000	

Ⅱ. 이월결손금 계산서(생략)

(5) 부분재무제표

재 무 상 태 표

제3기 2025년 12월 31일 현재
제2기 2024년 12월 31일 현재

㈜강변 (단위 : 원)

과 목	제 3(당)기		제 2(전)기	
	금 액		금 액	
자 본				
Ⅰ. 자본금		60,000,000		50,000,000
자본금		60,000,000		50,000,000
Ⅱ. 자본잉여금		29,000,000		0
주식발행초과금		29,000,000		
Ⅲ. 자본조정		0		0
Ⅳ. 기타포괄손익누계액		0		0
Ⅴ. 이익잉여금		88,000,000		20,000,000
이익준비금		200,000		
미처분이익잉여금		87,800,000		20,000,000
(당기순이익)				
당기 : 70,000,000원				
전기 : 20,000,000원				
자본총계		177,000,000		70,000,000

5 주식등변동상황명세서

(1) 개 요

사업연도 중에 주주의 변동이나 주주별 출자금액의 변동이 있는 법인은 법인세 과세표준 신고기한 내에 주식등변동상황명세서[법칙 별지 제54호 서식]를 제출하여야 한다(법법 118 · 119). 주식등변동상황명세서를 제출하지 않거나 변동상황을 누락하여 제출하는 경우와 필요적 기재사항의 기재누락 · 오류기재 등으로 제출한 주식등변동상황명세서가 불분명한 때에는 가산세가 부과되므로 유의하여야 한다.

주식의 변동이라 함은 매매 · 증자 · 감자 · 상속 · 증여 및 출자 등에 의하여 주주등 · 지분비율 · 보유주식 액면총액 · 보유출자총액 등이 변동되는 경우를 말한다(법령 161 ⑦). 한편, 새로 설립한 법인은 신규 설립 시 주주명부가 입력되므로 당해 사업연도 중에 주식변동이 없으면 주식등변동상황명세서를 제출할 필요가 없다. 그러나 새로 설립한 법인이라 하더라도 당해 설립일이 속하는 사업연도 중에 주식변동이 있었다면 법인세 과세표준 신고기한 내에 주식등변동상황명세서를 제출하여야 한다.

(2) 제출서류

① 주식등의 변동이 있는 경우 : 주식등변동상황명세서

② 주식등의 변동원인이 양도에 의한 경우 : 주식 · 출자지분 양도명세서

(3) 필요적 기재사항

주식등변동상황명세서는 기획재정부령으로 정하며, 동 명세서에는 주식등의 실제소유자를 기준으로 다음의 내용을 적어야 한다(법령 161 ⑥).

① 주주등의 성명 또는 법인명, 주민등록번호 · 사업자등록번호 또는 고유번호
② 주주등별 주식등의 보유현황
③ 사업연도 중의 주식등의 변동사항

(4) 제출의무 면제

① 유가증시장권상장법인(코스닥 등록법인 포함)으로서 해당 사업연도 중 주식의 명의개서 또는 변경을 취급하는 자를 통해 1회 이상 주주명부를 작성하는 법인의 지배주주(그 특수

관계자 포함) 외의 주주등이 소유하는 주식등

② ① 이외 법인의 소액주주가 소유하는 주식등

실무포인트

1. 지배주주의 개념

"지배주주등"이란 법인의 발행주식총수 또는 출자총액의 1% 이상의 주식 또는 출자지분을 소유한 주주등으로서 그와 특수관계에 있는 자와의 소유 주식 또는 출자지분의 합계가 해당 법인의 주주등 중 가장 많은 경우의 해당 주주등을 말한다(법령 43 ⑦).

2. 소액주주의 개념

"소액주주등"이란 발행주식총수 또는 출자총액의 1%에 미달하는 주식등을 소유한 주주등(해당 법인의 국가, 지방자치단체가 아닌 지배주주등의 특수관계인인 자는 제외)을 말한다(법령 50 ②). 주식등변동상황명세서의 제출의무가 면제되는 소액주주란 소액주주등으로서 다음 중 어느 하나에 해당하는 주주를 말한다(법령 161 ④).

(1) 유가증권시장상장법인

보유하고 있는 주식의 액면금액의 합계액이 3억원에 미달하고 그 주식의 시가의 합계액이 100억원 미만인 주주

(2) 코스닥시장상장법인

보유하고 있는 주식의 액면금액의 합계액이 3억원에 미달하고 그 주식의 시가의 합계액이 100억원 미만인 주주. 다만, 코스닥시장 상장 전에 주식을 취득한 경우에는 해당 주식의 액면금액의 합계액이 500만원 이하인 주주와 중소기업의 주식을 코스닥시장을 통하여 양도한 주주

(3) 그 외 법인

(1) 및 (2) 외의 법인의 경우 보유하고 있는 주식의 액면금액 또는 출자총액의 합계액이 500만원 이하인 주주 등

3. 지배주주 및 소액주주 판단방법(법령 161 ⑤)

① 액면금액, 시가 또는 출자총액 : 사업연도 개시일과 종료일 현재의 현황에 의한다.

② 사업연도 개시일과 종료일 중 어느 한 날이라도 지배주주등에 해당하는 경우에는 지배주주등으로 보고, 사업연도 개시일과 종료일 중 어느 한 날이라도 소액주주 등에 해당하지 아니하는 경우에는 소액주주등으로 보지 아니한다.

* **저자주** : 「주식등변동상황명세서」 제출의무가 면제되는 주주 및 출자지분 변동은 「주식등변동상황명세서」를 작성할 때에 "제출의무면제 주주 소계"란에 일괄하여 기재한다. 다만, 제출의무가 면제되지 않는 주주에 대하여는 반드시 개인별 명세를 기재하여 제출하여야 한다.

(5) 가산세

주식등변동상황명세서를 제출해야 할 내국법인이 다음의 사유에 해당하는 경우에는 다음과 같이 가산세가 부과되며, 산출세액이 없는 경우에도 동 가산세는 징수한다(법법 75의 2 ②, 단, 제출기한 경과 후 1개월 내 제출 시 0.5%).

가산세액 = 미제출 · 누락제출 · 불분명제출 주식의 액면금액 × 1%

① 명세서를 제출하지 아니한 경우
② 명세서에 주식등의 변동사항을 누락하여 제출한 경우
③ 제출한 명세서가 대통령령으로 정하는 불분명한 경우에 해당하는 경우

위에서 "불분명한 경우"란 다음 중 어느 하나에 해당하는 경우를 말한다. 다만, 내국법인이 주식등의 실제소유자를 알 수 없는 경우 등 정당한 사유가 있는 경우는 제외한다(법령 120 ②).

① 제출된 변동상황명세서에 "필요적 기재사항"의 전부 또는 일부를 기재하지 아니하였거나 잘못 기재하여 주식등의 변동상황을 확인할 수 없는 경우
② 제출된 변동상황명세서의 필요적 기재사항이 주식등의 실제소유자에 대한 사항과 다르게 기재되어 주식등의 변동사항을 확인할 수 없는 경우

실무포인트 **'제출한 명세서가 불분명한 경우'에 해당 여부**

내국법인이 주주등의 명세서 및 주식등변동상황명세서 제출 시 착오로 주식수와 주당 액면가액을 잘못 기재하였으나 주주별 지분비율 및 보유주식액면총액은 정확히 기재한 경우 「법인세법」 제75조의 2 제1항 제3호 및 제2항 제3호의 '제출한 명세서가 불분명한 경우'에 해당하지 않는 것임(서면-2021-법령해석법인-4820, 2021.12.15.).

6 [서식사례] 주식등변동상황명세서

(1) 2025.1.1. 주주현황

㈜강변의 기초 주주현황은 다음과 같다.

주 주	주식수	지분율	비 고
박창업	9,000주	90%	
김투자	1,000주	10%	
합 계	10,000주	100%	

(2) 2025.7.1. 유상증자

㈜강변은 신주 2,000주를 발행하여 유상증자를 실시하였고, 1주당 발행가액은 20,000원이었으며, 해당 신주는 전액 김투자가 인수하였다.

주 주	주식수	지분율	비 고
박창업	9,000주	75%	
김투자	3,000주	25%	2025.7.1. 증자
합 계	12,000주	100%	

(3) 2025.8.1. 주식양도

박창업은 자신이 보유하고 있던 주식 중 3,000주를 ㈜우진에게 1주당 20,000원으로 양도하였다.

주 주	주식수	지분율	비 고
박창업	6,000주	50%	
김투자	3,000주	25%	
㈜우진	3,000주	25%	2025.8.1. 양수
합 계	12,000주	100%	

■ 법인세법 시행규칙[별지 제54호 서식] <개정 2021.3.16.>

주식등변동상황명세서

(앞쪽)

1. 제출법인 기본사항

① 법인명	(주)강변	② 사업자등록번호	123-12-12346	③ 대표자 성명	박창업
④ 상장변경일		⑤ 합병·분할일		⑥ 사업연도	2025. 1. 1. ~ 2025. 12. 31.
⑦ 주권상장여부	(1) 유가증권시장상장 (2) 코스닥 (3) 그 외(비상장 등)	⑧ 무액면주식 발행여부	(1) 여 (2) 부		

2. 자본금(출자금) 변동상황

⑨ 일자	⑩ 원인코드	⑪ 종류	⑫ 주식수(출자좌수)	⑬ 주당 액면가액	⑭ 주당발행(인수)가액	⑮ 증가(감소) 자본금	⑨ 일자	⑩ 원인코드	⑪ 종류	⑫ 주식수 출자좌수	⑬ 주당 액면가액	⑭ 주당발행(인수)가액	⑮ 증가(감소) 자본금
⑯ 기 초		보통주	10,000	5,000		50,000,000	. .						
2025. 7.1	01	보통주	2,000	5,000	20,000	10,000,000	. .						
. .							. .						
. .							. .						
. .							⑰ 기 말		보통주	12,000	5,000		60,000,000

(⑫~⑭ 항목은 "증가(감소)한 주식의 내용" 아래의 항목임)

3. 자본금(출자금) 세부 변동 내역

⑱ 일련번호	⑲ 구분	⑳ 성명(법인명)	㉑ 주민등록번호(사업자번호)	㉒ 거주지국	㉓ 거주지국코드	㉔ 주식수(출자좌수)	㉕ 지분율	㉖ 양수	㉗ 유상증자	㉘ 무상증자	㉙ 상속	㉚ 증여	㉛ 전환사채 등 출자전환	㉜ 명의신탁 등 실명전환	㉝ 기타	㉞ 양도	㉟ 상속	㊱ 증여	㊲ 감자	㊳ 명의신탁 등 실명전환	㊴ 기타	㊵ 주식수(출자좌수)	㊶ 지분율	㊷ 지배주주와의 관계코드
	주주·출자자					기초		변동상황(주식수·출자좌수): 증가주식수(출자좌수)								감소주식수(출자좌수)						기말		
01	합 계					10,000	100	3,000	2,000							3,000						12,000	100	
02	제출의무면제주주 소계																							
03	개인	박창업	xxxxxxx	대한민국	KR	9,000	90									3,000						6,000	50	00
04	개인	김투자	xxxxxxx	대한민국	KR	1,000	10		2,000													3,000	25	09
05	영리법인	(주)우진	xxxxxx	대한민국	KR			3,000														3,000	25	09
06																								
07																								
08																								
09																								
10																								

지배주주와의 관계코드 본인(00) 배우자(01) 자(02) 부모(03) 형제자매(04) 손(05) 조부모(06) 02~06의 배우자(07) 01~07이외의 친족(08) 기타(09) 특수관계법인(10)

4. 주식발행법인의 자기주식 보유현황 : 보유여부 (1) 여 (2) 부

㊸ 자기주식 수(주)		㊹ 소각 목적 자기주식수		㊺ 소각 목적 외 자기주식수	

「법인세법」 제60조·제119조, 같은 법 시행령 제97조·제161조에 따라 위와 같이 주식등변동상황명세서를 제출합니다.

2026년 3 월 31 일

대표자 : 박창업 (서명 또는 인)

세무서장 귀하

297㎜×420㎜[백상지 80g/㎡ 또는 중질지 80g/㎡]

(뒤쪽)

작 성 방 법

1. 음영으로 표시된 칸은 적지 않으며, 모든 금액 단위는 원입니다.
2. 주식등변동상황명세서 작성대상 법인은 해당 사업연도 중 1주라도 주식변동이 있는 법인입니다.
3. 해당 사업연도 중에 주권상장(코스닥 포함)되거나 그 내용이 변경된 경우 또는 합병·분할된 경우에는 ④ 상장변경일란과 ⑤ 합병·분할일란에 그 날짜를 적고, 해당일자를 기준으로 하여 이전·이후의 본 서식을 각각 별지로 구분 작성하여 제출합니다.
4. ⑦ 주권상장 여부는 유가증권시장에서 거래되는 주권상장법인의 경우 (01)유가증권시장상장, 코스닥시장상장법인의 경우는 (02)코스닥, 그 외 비상장법인 등의 경우는 (03)그 외(비상장 등)으로 구분하여 적습니다.
5. 발행주식이 무액면주식인 경우 (01)여, 일반 액면주식인 경우 (02)부로 구분하여 선택합니다.
6. 자본금(출자금) 변동상황(⑨부터 ⑰까지)은
- ⑨ 일자란에는 해당 사업연도 중 자본금 변동내역을 변동일자 순으로 적고, 동일자에 종류가 다른 주식이 함께 발행된 경우에는 ⑪ 종류란에 보통주는 01, 우선주는 02로 각각 구분하여 적습니다.
- ⑩ 원인코드란에는 다음 사유에 해당하는 코드를 적습니다.

사유	유상증자	무상증자	출자전환	주식배당	유상감자		무상감자		액면분할	주식병합	기타 (자사주소각 등)	이익소각 (자본금변동없음)
					주식수 감소	액면가액 감소	주식수 감소	액면가액 감소				
원인코드	01	02	03	04	05	15	06	16	07	08	09	10

* 액면가액 감소로 인한 유상·무상감자의 경우 주식수는 변동없음
- ⑮ 증가(감소) 자본금란은 증자 또는 감자로 인하여 증가하거나 감소하는 자본금을 적습니다.
- ⑯ 기초 및 ⑰ 기말의 ⑫ 주식수(출자좌수)는 주식종류와 관련없이 발행된 총주식수를 의미합니다.
- ⑰ 기말의 ⑮ 증가(감소) 자본금은 ⑫ 주식수(출자좌수) × ⑬ 주당 액면가액으로서 기초자본금에서 ⑮란의 당기 중 증가(감소)한 것을 더하거나 뺀 후의 금액과 일치하여야 합니다.
- ⑰ 기말의 ⑫ 주식수(출자좌수)는 ⑯ 기초의 ⑫ 주식수(출자좌수)(기중에 액면분할·병합된 경우는 분할·병합후의 주식 등 수)에서 당기 증감사항을 반영한 후의 것입니다.
- ⑰ 기말의 ⑫ 주식수(출자좌수)와 ⑮ 증가(감소) 자본금란에는 해당 사업연도말 현재 주주명부 또는 사원명부상의 합계액과 일치하여야 하고, 기초 주식수(출자좌수) 합계에서 변동상황(㉖부터 ㊴까지)을 더하거나 빼서 조정된 기말 주식수(출자좌수) 합계와 일치하여야 합니다.
7. 제출의무면제 주주 소계(㉔부터 ㊶까지)는 「법인세법」 제119조제2항에 따라 주식등변동상황명세서 제출의무가 면제되는 주주들의 합계액을 적으며, 개별적으로 적지 않습니다.
8. ⑲ 구분란은 주주(출자자)를 구분하는 것으로 개인은 01, 영리내국법인은 02, 비영리내국법인은 03, 개인단체는 04, 외국투자자는 05, 외국법인은 06으로 각각 적습니다.
9. 외국인 또는 외국법인 주주(출자자) 적는 방법
- ⑳ 성명(법인명)에 외국인은 성명을 영문으로 적되, 여권에 있는 영문성명 전부를 적습니다. 외국법인은 상호 등 명칭을 영문으로 적되, 머리글자(Initial)를 적지 않고 정식 명칭 전부를 적습니다. 일반적으로 머리글자를 사용하는 경우에는 머리글자 뒤에 괄호로 정식 명칭 전부를 적습니다.
- ㉑ 주민등록번호(사업자번호)란에는 아래표를 참조하여 적되 그 번호를 기준으로 동일인 여부를 판단하여 소액주주 등을 구분합니다.

	구 분	기 재 번 호
(1)	원 칙	주민등록번호 또는 사업자등록번호(사업자등록번호가 없는 경우 부여받은 고유번호)
(2)	(1)의 기재번호를 부여받지 않은 경우	[개인] 국내거소신고증상의 국내거소신고번호(재외국민, 외국국적동포인 경우) 또는 외국인등록표상의 외국인등록번호(외국인인 경우)를 적고, 그 번호가 없는 경우 여권상의 여권번호
(3)	(1),(2)의 기재번호를 부여받지 않은 경우	투자등록증상의 투자등록번호를 적고, 그 번호가 없는 경우 해당 거주지국의 납세번호(Taxpayer Identification Number)

- 주주(출자자)인 외국투자자나 외국법인이 「법인세법」 제119조제2항에 따라 주식등변동상황명세서 제출의무가 면제되는 주주인 경우에는 제출의무면제 주주 소계란에 합산하여 적습니다.
- ㉒ 거주지국과 ㉓ 거주지국코드는 국제표준화기구(ISO)가 정한 국가별 ISO코드 중 국명약어 및 국가코드를 적습니다. 다만, 주주의 거주지가 말레이시아 라부안인 경우는 LM(원천징수특례 사전승인받은 경우)이나 LN(원천징수특례 사전승인 받지 않은 경우)을 적습니다.
10. 변동상황(㉖부터 ㊴까지)은 증감사유별로 변동된 주식수(출자좌수)를 적습니다.
- ㉗ 유상증자란에는 사업연도 중 유상증자(출자)에 따라 증가한 주식수(출자좌수)를 적습니다.
- ㉘ 무상증자란에는 사업연도 중 자본준비금 및 재평가적립금액 자본전입·주식배당 등에 의한 증가된 주식수(출자좌수)를 적습니다.
- ㉛ 전환사채등 출자전환란은 사업연도 중 현물출자 및 전환사채, 신주인수권부사채 등 회사채의 주식전환에 따른 증가된 주식수(출자좌수)를 적습니다.
- ㉜, ㊳ 명의신탁등 실명전환란은 명의신탁 주식을 실제소유자 명의로 전환함에 따라 증가 또는 감소한 주식수(출자좌수)를 적습니다.
11. 지배주주와의 관계코드(㊷)
- 지배주주 본인(00)은 1% 이상을 소유한 주주 중 그와 특수관계자가 소유한 주식(출자지분)의 합계가 주주 중 가장 많은 자를 말하며 가장 많은 자가 2인 이상인 때에는 대표자를 맡고 있는 자를 말합니다.
- 기타주주(출자자)는 본 서식 하단의 지배주주와의 관계코드를 참고하여 적으며, 사업연도 종료일 또는 합병·분할일 등이 2012.2.2일 이후인 경우에는 (01)~(07)이외의 친족(08)은 「국세기본법 시행령」 제1조의2제1항제1호부터 제4호까지에 따라 판단하며, 특수관계법인(10)은 (00)~(08)에 해당하는 자와 「상속세 및 증여세법 시행령」 제2조의2제1항제3호부터 제8호까지의 관계에 해당하는 법인을 적습니다.
※ 사업연도 종료일 또는 합병·분할일 등이 2012. 2. 1일 이전인 경우에는 (01)~(07)이외의 친족(08)은 구 「국세기본법 시행령」(2010. 12. 30, 제22572호) 제20조에 따라 판단하며, 특수관계법인(10)은 (00)~(08)에 해당하는 자와 구 「상속세 및 증여세법 시행령」(2011. 7. 25, 제23040호) 제19조제2항제3호부터 제8호까지의 관계에 해당하는 법인을 적습니다.
- 기타(09)는 위에 해당하지 않는 관계의 주주 등을 적습니다.
12. ㊸ 자기주식 수란에는 사업연도말 현재 보유하고 있는 자기주식 전체 수를 기재합니다(단위는 주입니다).
- ㊹소각목적 자기주식수란에는 소각목적으로 분류하고 있는 경우 자기주식 수량을 기재하고, ㊺소각목적외 자기주식란에 소각외의 목적으로 보유하고 있는 자기주식 수량을 기재합니다.

297㎜×420㎜[백상지 80g/㎡ 또는 중질지 80g/㎡]

■ 법인세법 시행규칙 [별지 제54호 서식 부표] <개정 2025. 3. 21.>

(앞쪽)

사 업 연 도	2025.1.1. ~ 2025.12.31.	주식 · 출자지분 양도 등 명세서

1. 주식 발행법인 · 출자 대상법인 인적사항

① 법인명	㈜강변	② 사업자등록번호	123-12-12346	③ 대표자 성명	박창업

2. 주식 · 출자지분의 구분

주식 · 출자지분의 종류	구분코드	
「소득세법」 제94조제1항제4호나목(특정시설물 이용권 부여)	1	
「소득세법」 제94조제1항제4호다목(부동산 등 50% 이상 보유 · 양도)	2	
「소득세법」 제94조제1항제4호라목(골프장 · 스키장 · 휴양콘도미니엄 · 전문휴양시설 관련 사업 영위, 부동산 등 80% 이상)	3	
「소득세법」 제94조제1항제3호가목(주권상장법인)	4 (중소기업)	5 (일반기업)
「소득세법」 제94조제1항제3호나목(주권비상장법인)	⑥ (중소기업)	7 (일반기업)

3. 주식 · 출자지분 변동 세부내용

④ 일련번호	⑤ 변동원인 (코드)	주식수(출자좌수) 감소자			주식수(출자좌수) 증가자			주식 · 출자지분 변동내용		
		⑥ 성명 (법인명)	⑦ 주민등록번호 (사업자등록번호 또는 고유번호)	⑧ 거주지국 코드	⑨ 성명 (법인명)	⑩ 주민등록번호 (사업자등록번호 또는 고유번호)	⑪ 거주지국 코드	⑫ 처분일	⑬ 취득일	⑭ 주식수 (출자좌수)
1		박창업	XXXXXXXX	KR				2025.8.1.	2023.1.1.	3,000

297㎜ × 420㎜[백상지 80g/㎡ 또는 중질지 80g/㎡]

(뒤쪽)

직성방법

1. 주식·출자지분 양도 등 명세서는 "주식등변동상황명세서(별지 제54호서식)"의 주주(출자자)가 양도 등의 사유로 주식수가 감소한 경우의 변동 원인별 세부내용을 적습니다.
2. 주식수의 단위는 주(株)입니다.
3. 사업연도란: 개시 연월일 및 종료 연월일을 적습니다.
4. ① 법인명란부터 ③ 대표자 성명란까지: 주식 발행법인·출자 대상법인의 법인명, 사업자등록번호 또는 고유번호, 대표자 성명을 적습니다.
5. 2. 주식·출자지분의 구분란: 신고법인의 주식이 해당되는 곳 하나에만 "○"표시를 합니다.
※ 주식구분 중 4·5·6·7로 구분되는 주식이 1·2·3에도 해당하는 경우에는 1·2·3 주식으로 구분하여 적습니다.
- 「소득세법」 제94조제1항제4호나목의 주주에게 특정시설물 이용권을 부여한 법인의 주식(구분코드 1)
- 「소득세법」 제94조제1항제4호다목의 자산총액 중 부동산 등이 50% 이상이고 특정인 지분이 50% 초과인 법인의 주식(구분코드 2)
- 「소득세법」 제94조제1항제4호라목의 골프장·스키장·휴양콘도미니엄·전문휴양시설을 경영·분양·임대하는 사업을 영위하고 자산총액 중 부동산 등이 80% 이상인 법인의 주식(구분코드 3)
- 「소득세법」 제94조제1항제3호가목의 주권상장법인 주식(구분코드 4·5)
- 「소득세법」 제94조제1항제3호나목의 주권비상장법인 주식(구분코드 6·7)
※ 중소기업이란 주식(출자지분)의 양도일이 속하는 사업연도의 직전 사업연도 종료일 현재 「중소기업기본법」에 따른 중소기업에 해당하는 기업을 말합니다.
6. ④ 일련번호란: 1번부터 순차적으로 적습니다.
7. ⑤ 변동 원인(코드)란에는 주식수(출자좌수) 감소자를 기준으로 다음의 구분 코드를 적습니다.
- 양도: 01, 상속: 02, 증여: 03, 환원: 04, 기타: 05
8. ⑥ 성명(법인명)란 및 ⑦ 주민등록번호(사업자등록번호 또는 고유번호)란: 주식(출자지분)이 감소한 주주(출자자)의 성명(법인명), 주민등록번호(사업자등록번호 또는 고유번호)를 적습니다.
9. ⑨ 성명(법인명)과 ⑩ 주민등록번호(사업자등록번호 또는 고유번호)란: 주식(출자지분)이 증가한 주주(출자자)의 성명(법인명), 주민등록번호(사업자등록번호 또는 고유번호)를 적습니다.
<외국인 또는 외국법인 주주(출자자)의 경우 작성방법>
- ⑥ 성명(법인명)란 및 ⑨ 성명(법인명)란: 외국인의 경우 성명을 영문으로 적되 여권에 적혀있는 영문 성명 전부를 적고, 외국법인의 경우 상호 등 명칭을 영문으로 적되 정식 명칭 전부를 적습니다. 일반적으로 머리글자(Initial)를 사용하는 경우에는 머리글자 뒤에 괄호로 정식 명칭 전부를 적습니다.
- ⑦ 주민등록번호(사업자등록번호 또는 고유번호)란 및 ⑩ 주민등록번호(사업자등록번호 또는 고유번호)란: 아래 표를 참조하여 적습니다.

	구분	기재번호
(1)	원칙	주민등록번호 또는 사업자등록번호(사업자등록번호가 없는 경우 부여받은 고유번호)
(2)	(1)의 기재번호를 부여받지 않은 경우	[개인] 국내거소신고번호(재외국민, 외국국적동포인 경우) 또는 외국인등록번호(외국인인 경우). 그 번호가 없는 경우에는 여권번호
(3)	(1), (2)의 기재번호를 부여받지 않은 경우	투자등록증상의 투자등록번호. 그 번호가 없는 경우에는 해당 거주지국의 납세번호(Taxpayer Identification Number)

- ⑧ 거주지국 코드란 및 ⑪ 거주지국 코드란: 국제표준화기구(ISO)가 정한 국가별 ISO코드에 따른 국가명(약어) 및 국가코드를 적습니다. 다만, 주주의 거주지가 말레이시아 라부안인 경우는 LM(원천징수특례 사전승인받은 경우)이나 LN(원천징수특례 사전승인 받지 않은 경우)을 적습니다.
10. ⑫ 처분일란 및 ⑬ 취득일란: 다음에 해당하는 날을 적습니다.

구분	양도	상속	증여	환원	기타
처분일	양도일	상속개시일	증여일	환원일	처분일
취득일	취득일	취득일	취득일	명의신탁일	취득일

- 처분일을 기준으로 작성하되 여러 차례에 걸쳐 취득한 주식을 일괄 처분하는 경우에는 해당 처분주식의 취득일별로 구분하여 각각 적습니다(선입선출법 적용).
- 일괄 취득한 주식을 여러 차례에 걸쳐 처분하는 경우에는 처분일 기준으로 구분하여 각각 적습니다.
11. ⑭ 주식수(출자좌수)란: 처분 주식수(출자좌수)를 적습니다.

297㎜×420㎜[백상지 80g/㎡ 또는 중질지 80g/㎡]

(4) 작성요령

❶ ※표란과 음영으로 표시된 칸은 기입하지 않으며, 모든 금액 단위는 원이다.

❷ "주식 등 변동상황명세서" 작성대상 법인은 당해 사업연도 중 1주라도 주식변동이 있는 법인이다.

❸ 해당 사업연도 중에 주권상장 · 코스닥 상장되거나 그 내용이 변경된 경우 또는 합병 · 분할된 경우에는 '④ 상장변경일'란과 '⑤ 합병 · 분할일'란에 그 날짜를 적고, 해당일자를 기준으로 하여 이전 · 이후의 본 서식을 각각 별지로 구분 작성하여 제출한다.

❹ '⑦ 주권상장(코스닥) 여부'는 유가증권시장에서 거래되는 주권상장법인의 경우 (1) 유가증권시장상장, 코스닥시장상장법인의 경우는 (2)코스닥, 그 외 비상장법인의 경우 (3) 그 외(비상장)으로 구분하여 선택(∨)한다.

❺ 발생주식이 무액면주식인 경우 (1) 여, 일반 액면주식인 경우 (2) 부로 분하여 선택한다.

❻ 자본금(출자금) 변동상황(⑨부터 ⑰까지)

가. '⑨ 일자'란에는 해당 사업연도 중 자본금 변동내역을 변동일자 순으로 적고, 동일자에 종류가 다른 주식이 함께 발행된 경우에는 '⑪ 종류'란에 보통주는 01, 우선주는 02로 각각 구분하여 적는다.

나. '⑩ 원인코드'란에는 다음 사유에 해당하는 코드를 적는다.

사 유	유상증자	무상증자	출자전환	주식배당	(주식수 감소) 유상감자	(액면가액 감소) 유상감자
원인코드	01	02	03	04	05	15
사 유	(주식수 감소) 무상감자	(액면가액 감소) 무상감자	액면분할	주식병합	기타 (자사주소각 등)	이익소각 (자본금변동 없음)
원인코드	06	16	07	08	09	10

* (액면가액 감소로 인한) 유상 · 무상감자의 경우 주식수는 변동 없음.

다. '⑮ 증가(감소) 자본금'란은 증자 또는 감자로 인하여 증가하거나 감소하는 자본금을 적는다.

라. '⑯ 기초' 및 '⑰ 기말'의 '⑫ 주식수(출자좌수)'는 주식종류와 관련 없이 발행된 총주식수를 의미한다.

마. '⑰ 기말'의 '⑮ 증가(감소) 자본금'은 '⑫ 주식수(출자좌수) × ⑬ 주당 액면가액'으로서

기초자본금에서 '⑮'란의 당기 중 증가(감소)한 것을 더하거나 뺀 후의 금액과 일치하여야 한다.

바. '⑰ 기말'의 '⑫ 주식수(출자좌수)'는 '⑯ 기초'의 '⑫ 주식수(출자좌수, 기중에 액면분할·병합된 경우는 분할·병합 후의 주식등수)'에서 당기 증감사항을 반영한 후의 것이다.

사. '⑰ 기말'의 '⑫ 주식수(출자좌수)'와 '⑮ 증가(감소) 자본금'란에는 해당 사업연도말 현재 주주명부 또는 사원명부상의 합계액과 일치하여야 하고, 기초 주식수(출자좌수) 합계에서 변동상황(㉖ 내지 ㊴)을 더하거나 빼서 조정된 '㉟기말 주식수(출자좌수)' 합계와 일치하여야 한다.

❼ '제출의무면제 주주 소계(㉔ 내지 ㊶)'는 「법인세법」 제119조 제2항에 따라 주식등변동상황명세서 제출의무가 면제되는 주주들의 합계액을 적으며, 개별적으로 적지 않는다. 주식등변동상황명세서 제출의무가 면제되지 않는 주주 및 출자자의 변동상황을 '제출의무면제 주주 소계'란에 일괄 기재하여 제출하면 이에 상당하는 부분은 주식등변동상황명세서를 누락하여 제출한 것으로 보는 것이다.

❽ '⑲ 구분'란은 주주(출자자)를 구분하는 것으로 다음의 코드를 적는다.

주주구분	개 인	영리내국법인	비영리내국법인	개인단체	외국투자자	외국법인
코 드	01	02	03	04	05	06

❾ 외국인 또는 외국법인 주주(출자자) 적는 방법

가. '⑳ 성명(법인명)'란에는 외국인의 경우 성명을 영문으로 적되, 여권에 있는 영문성명 전부를 적는다. 외국법인은 상호 등 명칭을 영문으로 적되, 머리글자(initial)를 적지 않고 정식 명칭 전부를 적는다. 일반적으로 머리글자를 사용하는 경우에는 머리글자 뒤에 괄호로 정식 명칭 전부를 적는다.

나. '㉑ 주민등록번호(사업자번호)'란에는 아래의 표를 참조하여 적되 그 번호를 기준으로 동일인 여부를 판단하여 소액주주 등을 구분한다.

	구 분	기 재 번 호
(1)	원 칙	주민등록번호 또는 사업자등록번호(사업자등록번호가 없는 경우 부여받은 고유번호)
(2)	(1)의 기재번호를 부여받지 않은 경우	[개인] 국내거소신고증상의 국내거소신고번호(재외국민, 외국국적동포인 경우) 또는 외국인등록표상의 외국인등록번호(외국인인 경우)를 적고, 그 번호가 없는 경우 여권상의 여권번호
(3)	(1), (2)의 기재번호를 부여받지 않은 경우	투자등록증상의 투자등록번호를 적고, 그 번호가 없는 경우 해당 거주지국의 납세번호(Taxpayer Identification Number)

다. 주주(출자자)인 외국투자자나 외국법인이 「법인세법」 제119조 제2항에 따라 주식등변동상황명세서 제출의무가 면제되는 주주인 경우에는 '제출의무면제 주주 소계'란에 합산하여 적는다.

라. '㉒ 거주지국'과 '㉓ 거주지국코드'는 국제표준화기구(ISO)가 정한 국가별 ISO코드 중 국명약어 및 국가코드를 적는다. 다만, 주주의 거주지가 말레이시아 라부안인 경우는 LM(원천징수특례 사전승인받은 경우)이나 LN(원천징수특례 사전승인받지 않은 경우)을 적는다.

⑩ 변동상황(㉖부터 ㊴까지)은 증감사유별로 변동된 주식수(출자좌수)를 적는다.

가. '㉗ 유상증자'란에는 사업연도 중 유상증자(출자)에 따라 증가한 주식수(출자좌수)를 적는다.

나. '㉘ 무상증자'란에는 사업연도 중 자본준비금 및 재평가적립금액 자본 전입 · 주식배당 등에 의한 증가된 주식수(출자좌수)를 적는다.

다. '㉛ 전환사채등 출자전환'란은 사업연도 중 현물출자 및 전환사채, 신주인수권부사채 등 회사채의 주식전환에 따른 증가된 주식수(출자좌수)를 적는다.

라. '㉜', '㊳ 명의신탁등 실명전환'란은 명의신탁 주식을 실제소유자 명의로 전환함에 따라 증가 또는 감소한 주식수(출자좌수)를 적는다.

⑪ 지배주주와의 관계코드(㊷)

가. 지배주주 본인(00)은 1% 이상을 소유한 주주 중 그와 특수관계자가 소유한 주식(출자지분)의 합계가 주주 중 가장 많은 자를 말하며 가장 많은 자가 2인 이상인 때에는 대표자를 맡고 있는 자를 말한다.

나. 기타주주(출자자)는 본 서식 하단의 지배주주와의 관계코드를 참고하여 적으며, 사업연도 종료일 또는 합병 · 분할일 등이 2012.2.2. 이후인 경우에는 (01)~(07) 이외의 친족(08)은 「국세기본법 시행령」 제1조의 2 제1항 제1호부터 제4호까지에 따라 판단하며, 특수관계법인(10)은 (00)~(08)에 해당하는 자와 「상속세 및 증여세법 시행령」 제2조의 2 제1항 제3호부터 제8호까지의 관계에 해당하는 법인을 적는다.

※ 사업연도 종료일 또는 합병 · 분할일 등이 2012.2.1. 이전인 경우에는 (01)~(07) 이외의 친족(08)은 구 「국세기본법 시행령」(2010.12.30. -22572호) 제20조에 따라 판단하며, 특수관계법인(10)은 (00)~(08)에 해당하는 자와 구 「상속세 및 증여세법 시행령」(2011.7.25. -23040호) 제19조 제2항 제3호부터 제8호까지의 관계에 해당하는 법인을 적는다.

다. 기타(09)는 위에 해당하지 않는 관계의 주주 등을 적는다.

⑫ 가. 자기주식 수란에는 사업연도말 현재 보유하고 있는 자기주식 수의 전체 수를 기재

한다(단위는 주이다).

나. 소각목적의 자기주식 수란에는 소각목적으로 분류하고 있는 경우 자기주식 수량을 기재하고, ㊻ 소각목적 외 자기주식 란에 소각외의 목적으로 보유하고 있는 자기주식의 수량을 기재한다.

7 증권거래세 및 양도소득세

(1) 증권거래세

주권 또는 지분(이하 "주권등"이라 한다)의 양도에 대해서는 「증권거래세법」에 따라 증권거래세를 부과한다(증권거래세법 2).

1) 과세표준

주식을 양도하는 경우에는 그 주권의 양도가액을 과세표준으로 한다(증권거래세법 7 ①).

2) 세 율

2020.3.31. 이전	~2020.12.31.	2021년~2022년	2023년 이후
50/10,000	45/10,000	43/10,000	35/10,000

3) 신고기한

증권거래세의 납세의무자는 매 반기(半期)분의 과세표준과 세액을 양도일이 속하는 반기의 말일부터 2개월 이내에 관할 세무서장에게 신고하여야 한다(증권거래세법 10 ① 2호).

(2) 양도소득세

다음 중 어느 하나에 해당하는 주식 등의 양도로 발생하는 소득은 양도소득으로 과세된다(소법 94 ① 3).

① 주권상장법인의 주식 등으로서 다음 중 어느 하나에 해당하는 주식 등
㉠ 소유주식의 비율 · 시가총액 등을 고려하여 주권상장법인의 대주주가 양도하는 주식 등

ⓛ ㉠에 따른 대주주에 해당하지 아니하는 자가 「자본시장과 금융투자업에 관한 법률」에 따른 증권시장에서의 거래에 의하지 아니하고 양도하는 주식 등(다만, 「상법」에 따른 주식의 포괄적 교환 · 이전 또는 주식의 포괄적 교환 · 이전에 대한 주식매수청구권 행사로 양도하는 주식 등은 제외한다)

② 주권비상장법인의 주식 등. 다만, 다음에 해당하는 주식 등은 제외한다(소법 94 ① 3 나. 조특법 14 ① 7호).

㉠ 주권비상장법인의 대주주에 해당하지 아니하는 자가 「자본시장과 금융투자업에 관한 법률」에 따라 설립된 한국금융투자협회가 행하는 장외매매거래(Korea Over The Counter; K-OTC)에 의하여 양도하는 주식 등의 양도일 현재 「중소기업기본법」에 따른 중소기업 및 주식 등의 양도일 현재 「조세특례제한법 시행령」에 따른 중견기업의 주식 등

ⓛ 증권시장 밖(장외주식 호가중개시장)에서 거래되는 벤처기업의 주식으로서 대주주가 아닌 자가 양도하는 주식 등

1) 양도차익

양도가액에서 취득가액과 기타의 필요경비를 차감하여 계산된다.

원칙은 실지거래가액이다. 양도가액은 그 주식의 양도 당시의 양도자와 양수자 간에 실지거래가액에 따르며(소법 96 ①), 취득가액은 주식의 취득에 든 실지거래가액에 해당한다. 기타 필요경비는 양도비로서 「증권거래세법」에 따라 납부한 증권거래세, 양도소득세과세표준 신고서 작성비용 및 계약서 작성비용 등이 있다(소법 97 ①).

2) 과세표준

양도소득이 있는 거주자에 대해서는 주식의 양도소득별로 해당 과세기간의 양도소득금액에서 각각 연 250만원을 공제한다.

3) 산출세액

거주자의 주식의 양도소득세는 해당 과세기간의 양도소득 과세표준에 다음의 세율을 적용하여 계산한 금액을 양도소득 산출세액으로 한다.

구 분	양도소득세 과세대상 주식	적용세율
국내주식 ① 상장주식의 대주주 양도분과 장외 양도분 ② 비상장주식	1) 중소기업의 주식	① 대주주 양도 : 20%(25%) ② 대주주 외의 양도 : 10%
	2) 중소기업 외의 법인 주식	① 대주주 양도 ㉠ 1년 미만 보유하고 양도 : 30%

구 분	양도소득세 과세대상 주식	적용세율
국내주식 ① 상장주식의 대주주 양도분과 장외 양도분 ② 비상장주식	2) 중소기업 외의 법인 주식	㉡ 위 외의 경우 • 3억원 이하 : 20% • 3억원 초과 : 6천만원+(과표-3억원)×25% ② 대주주 외의 양도 : 20%

4) 신고기한

양도소득세 과세대상 주식을 양도한 거주자는 양도소득 과세표준을 양도일이 속하는 반기의 말일부터 2개월 내에 납세지 관할 세무서장에게 예정신고를 하여야 한다. 예정신고는 양도차익이 없거나 양도차손이 발생한 경우에도 하여야 한다(소법 105). 예정신고를 한 자는 해당 소득에 대한 확정신고를 하지 아니할 수 있다. 다만, 주식(국외주식 제외) 등을 2회 이상 양도한 경우로서 양도소득 기본공제의 적용순서에 따라 당초 신고한 양도소득 산출세액이 달라지는 경우에는 예정신고를 하였더라도 확정신고를 하여야 한다(소법 110 ④, 소령 173 ⑤).

5) 대주주 요건

대주주란 법인의 주식 또는 출자지분(신주인수권과 증권예탁증권 포함)을 소유하고 있는 주주 또는 출자자 1인(이하 "주주 1인") 및 주식 등의 양도일이 속하는 사업연도의 직전사업연도 종료일 현재 그와 특수관계인(이하 "기타주주")이 주식 등의 양도일이 속하는 사업연도의 직전사업연도 종료일(주식 등의 양도일이 속하는 사업연도에 새로 설립된 법인의 경우에는 해당 법인의 설립등기일) 현재 해당 법인의 주식 등의 소유비율 또는 시가총액이 다음의 기준 이상을 소유한 경우의 해당 주주 1인 및 기타주주를 말한다(소령 157 ④ · ⑤).

구 분	2018.4.01. ~2020.3.31.		2020.4.1.~		2024.1.1.~	
	지분율	시가총액	지분율	시가총액	지분율	시가총액
유가증권 상장주식	1%	15억원	1%	10억원	1%	50억원
코스닥시장	2%	10억원	2%	10억원	2%	50억원
코넥스시장	-	-	4%	10억원	4%	50억원
비상장주식	4%	15억원	4%	10억원	4%	50억원

■ 증권거래세법 시행규칙 [별지 제2호 서식] 〈개정 2021.3.16.〉 홈택스(www.hometax.go.kr)에서도 신고할 수 있습니다.

[√]정기
증권거래세 과세표준 [ ]수정 신고서
[ ]기한 후

※ 뒤쪽의 작성방법을 읽고 작성하여 주시기 바랍니다. (앞쪽)

관리번호	접수일	처리기간 즉시

[ ] 과 세 기 간 년 월 양도분 (「증권거래세법」 제3조제1호 및 제2호의 납세의무자)
[√] 과 세 기 간 2025년 2반기 양도분 (「증권거래세법」 제3조제3호의 납세의무자)

❶ 납세의무자 (신 고 자)	법 인 명		주민등록번호 (사업자등록번호)	
	성 명(대표자)	박창업	전화번호	
	주 소(소재지)			

❷ 증 권 거 래 세 과 세 표 준 및 세 액 계 산 서						❸ 농어촌특별세 과세표준 및 세액계산서
① 과 세 표 준	60,000,000	60,000,000				
② 세 율	합계	3.5/1,000	2.3/1,000	1/1,000	0.8/1,000	1.5/1,000
③ 산 출 세 액	210,000	210,000				
④ 감 면 세 액						
⑤ 조 정 환 급 액						
⑥ 차 감 세 액 (③－④－⑤)						
가산세 무(과소)신고						
가산세 납부지연						
가산세 ⑦가산세계						
⑧ 납 부 할 세 액 (⑥+⑦)	210,000					
⑨ 일괄납부 금액	210,000					

❹ 비 과 세 양 도 내 역	종목 수	양도가액 합계
국 가/지 방 자 치 단 체 양 도 분		
주 권 매 출 분		
주 권 소 비 대 차 거 래 분		

「증권거래세법」 제10조제1항 및 「농어촌특별세법」 제7조제4항, 「국세기본법」 제45조 또는 제45조의3에 따라 위와 같이 신고합니다.

년 월 일

신고인: (서명 또는 인)

세 무 서 장 귀하

구비서류	1. 조정환급명세서 1부(「증권거래세법」 제3조제1호의 납세의무자) 2. 사업장별 증권거래세 과세표준 및 산출세액 신고명세서 1부(「증권거래세법」 제3조제2호의 납세의무자) 3. 주권 또는 지분의 양도거래명세서 1부(「증권거래세법」 제3조제3호의 납세의무자) 4. 주권 또는 지분의 매매계약서 사본 1부(「증권거래세법」 제3조제3호의 납세의무자) 5. 비과세양도명세서 1부(「증권거래세법」 제3조제1호의 납세의무자) 6. 증권거래세 세액면제신청서(「조세특례제한법 시행규칙」 별지 제70호서식) 1부

210mm×297mm[백상지 80g/㎡ 또는 중질지 80g/㎡]

■ 증권거래세법 시행규칙 [별지 제2호 서식 부표 4] (2025.3.21. 개정)

주권 또는 지분의 양도거래명세서

(「증권거래세법」 제3조 제3호의 납세의무자용)

관리번호	접수일	처리기간 즉시

□ 과세기간 2025년 2반기 양도분 (「증권거래세법」 제3조 제3호의 납세의무자)

❶ 신 고 자	법 인 명		주민등록번호 (사업자등록번호)
	성 명(대표자)	박창업	전화번호
	주 소(소재지)		

❷ 주권거래 내역

① 매매 일자	② 주권 · 지분 발행법인		③ 양도자		④ 양수자		⑤ 양도주권 · 지분	
	법인명	사업자 등록번호	성명 (법인명)	납세자번호	성명 (법인명)	납세자번호	주식수	양도가액
25.8.1.	(주)강변	123-81-12346	박창업	XXXXX	(주)우진	XXXXX	3000	60,000,000

210mm×297mm[백상지 80g/㎡ 또는 중질지 80g/㎡]

■ 소득세법 시행규칙 [별지 제84호 서식] 〈개정 2023. 3. 20.〉

※ 2010. 1. 1. 이후 양도분부터는 양도소득세 예정신고를 하지 않으면 가산세가 부과됩니다. (4쪽 중 제1쪽)

관리번호	–

(2025년 귀속)양도소득(국외전출자)과세표준 신고 및 납부계산서

([ ]예정신고, [ ]확정신고, [ ]수정신고, [ ]기한 후 신고)

① 신고인 (양도인)	성명	박창업	주민등록번호	XXXXXX	내·외국인	[✔]내국인, [ ]외국인
	전자우편 주소		전화번호		거주구분	[✔]거주자, [ ]비거주자
	주소				거주지국 / 국적	거주지국코드 / 국적코드
② 양수인	성명	주민등록번호	양도자산 소재지		지분	양도인과의 관계

항목	양도소득세 합계	국내분 소계	–	–	–	국외분 소계
③ 세율구분 코드						
④ 양도소득금액	44,790,000	44,790,000	44,790,000			
⑤ 기신고·결정·경정된 양도소득금액 합계	0	0	0			
⑥ 소득감면대상 소득금액	0	0	0			
⑦ 양도소득기본공제	2,500,000	2,500,000	2,500,000			
⑧ 과세표준 (④+⑤–⑥–⑦)	42,290,000	42,290,000	42,290,000			
⑨ 세율	20%	20%	20%			
⑩ 산출세액	8,458,000	8,458,000	8,458,000			
⑪ 감면세액	0	0	0			
⑫ 외국납부세액공제	0	0	0			
⑬ 원천징수세액공제	0	0	0			
⑭ 전자신고세액공제	0	0	0			
⑮ 가산세 – 무(과소)신고	0	0	0			
⑮ 가산세 – 납부지연	0	0	0			
⑮ 가산세 – 기장불성실 등	0	0	0			
⑮ 가산세 – 계	0	0	0			
⑯ 기신고·결정·경정세액 조정공제	0	0	0			
⑰ 납부할 세액 (⑩–⑪–⑫–⑬–⑭+⑮–⑯)	8,458,000	8,458,000	8,458,000			
⑱ 분납(물납)할 세액	0	0	0			
⑲ 납부세액	8,458,000	8,458,000	8,458,000			
⑳ 환급세액	0	0	0			

농어촌특별세 납부계산서	
㉑ 소득세 감면세액	
㉒ 세율	
㉓ 산출세액	
㉔ 수정신고가산세등	
㉕ 기신고·결정·경정세액	
㉖ 납부할 세액	
㉗ 분납할 세액	
㉘ 납부세액	
㉙ 환급세액	

신고인은 「소득세법」 제105조(예정신고)·제110조(확정신고), 「국세기본법」 제45조(수정신고)·제45조의3(기한 후 신고), 「농어촌특별세법」 제7조에 따라 신고하며, 위 내용을 충분히 검토하였고 신고인이 알고 있는 사실 그대로를 정확하게 적었음을 확인합니다.

년 월 일

신고인 (서명 또는 인)

환급금 계좌신고	
㉚ 금융기관명	
㉛ 계좌번호	

세무대리인은 조세전문자격자로서 위 신고서를 성실하고 공정하게 작성하였음을 확인합니다.

세무대리인 (서명 또는 인)

세무서장 귀하

붙임서류	1. 양도소득금액계산명세서(부표 1, 부표 2, 부표 2의2 중 해당하는 것) 1부 2. 매매계약서(또는 증여계약서) 1부 3. 필요경비에 관한 증빙서류 1부 4. 감면신청서 및 수용확인서 등 1부 5. 그 밖에 양도소득세 계산에 필요한 서류 1부	접수일 인
담당공무원 확인사항	1. 토지 및 건물등기사항증명서 2. 토지 및 건축물대장 등본	

세무대리인	성명(상호)		사업자등록번호	
	생년월일		전화번호	

210mm×297mm[백상지80g/㎡ 또는 중질지80g/㎡]

[별지 제84호 서식 부표 2] (2020.3.13. 개정) (앞쪽)

관리번호	-

주식등 양도소득금액 계산명세서

양도주식 취득유형별 내용							
① 주식등 종목명		합계	㈜강변				
② 주식등 종목코드 또는 사업자등록번호 (해외주식은 ISIN코드와 국가명)			123-81-12346				
③ 국내/국외 구분			1				
④ 주식등 종류코드			34				
⑤ 양도유형			1				
⑥ 취득유형			1				
⑦ 취득유형별 양도주식등 수			3,000				
양도소득금액 계산내용							
⑧ 양도일자			2025-08-01				
⑨ 주당양도가액			20,000				
⑩ 양도가액(⑦×⑨)		60,000,000	60,000,000				
⑪ 취득일자			2023-01-01				
⑫ 주당취득가액			5,000				
⑬ 취득가액(⑦×⑫)		15,000,000	15,000,000				
⑭ 필요경비			210,000				
양도소득금액 (⑩-⑬-⑭)	전체 양도소득금액		44,790,000				
	비과세 양도소득금액						
	⑮ 과세대상 양도소득금액		44,790,000				
⑯ 감면소득금액							
⑰감면종류	감면율						
⑱ 과세이연 신청			1.여 2.부	1.여 2.부	1.여 2.부	1.여 2.부	1.여 2.부	1.여 2.부

※ 주식을 거래한 경우 양도소득세 신고와 별도로 증권거래세를 신고납부해야 합니다(원천징수된 경우는 제외).

210㎜×297㎜(백상지 80g/㎡)

(뒤쪽)

작 성 방 법

1. ① 주식등 종목명란: 주식발행법인명을 적습니다.
2. ② 주식등 종목코드란:「자본시장과 금융투자업에 관한 법률」에 따른 증권시장 주식의 경우에는 한국거래소에서 부여하는 주식종목코드를 적으며, 종목코드가 없는 그밖의 비상장주식의 경우에는 사업자등록번호를 적습니다.
   ※ 국외주식의 경우 국제증권식별번호(ISIN코드)를 적으며 동 번호가 부여되지 않은 경우 발행법인소재 국가명을 적습니다.
3. ③ 국내 / 국외 구분 : 국내·국외주식 구분에 따른 코드를 적습니다.(국외주식은 소득세법 제110조에 따른 확정신고기한에 신고하여야 합니다.)

유형	국내주식	국외주식
코드	1	2

4. ④ 주식등 종류코드란: 다음의 주식종류코드를 적습니다.

주식등 종류	비상장주식등					상장주식등					기타 자산 (주식등 양도분)	기타자산 (주식등 양도분 -비사업용 토지)	국외 주식등	
	주권 등 비상장법인					주권등 상장법인								
	중소기업 (소액주주)	중소기업 (대주주)	중소기업외 법인 (소액주주)	중소기업외 법인 (대주주)	중소기업외 법인 대주주 1년 미만	중소기업 (소액주주)	중소기업 (대주주)	중소기업외 법인 (소액주주)	중소기업외 법인 (대주주)	중소기업외 법인 대주주 1년 미만			중소기업	중소기업외 법인
세율	10%	20~25%	20%	20~25%	30%	10%	20~25%	20%	20~25%	30%	누진	누진	10%	20%
코드	31	34	32	35	33	코스피 43 코스닥 21 코넥스 71	코스피 44 코스닥 24 코넥스 74	코스피 42 코스닥 22	코스피 45 코스닥 25	코스피 41 코스닥 23	51	52	62	61

※ 국외주식란의 중소기업은 우리나라 중소기업이 해외에서 발행한 주식등으로서 외국의 시장에 상장된 주식을 말합니다.

5. ⑤ 양도유형란: 다음의 주식등 양도유형 및 코드를 적습니다.

양도 유형	매매	국외전출 시 주식등을 양도한 것으로 보는 경우
코드	1	2

6. ⑥ 취득유형란: 다음의 주식등 취득유형 및 코드를 적습니다.

취득유형	매매	공모	유상증자	무상증자	주식배당	합병	증여	상속	출자	기타
코드	1	2	3	4	5	6	7	8	10	9

7. ⑦ 취득유형별 양도주식등 수란: 양도주식등의 수를 적되, 양도하는 주식등의 취득유형이 다른 경우에는 취득유형별로 각각 적습니다.
8. ⑨ 주당양도가액란: 양도하는 주식등의 1주당 실지거래가액을 적습니다.
9. ⑩ 양도가액란: 양도하는 주식등의 실지거래가액(⑦×⑨)을 적으며, 국외자산은 원화환산한 금액을 적습니다.
10. ⑫ 주당취득가액란: 취득유형별로 취득한 주식등의 1주당 가액(상속·증여취득의 경우 법령에 정한 가액)을 적습니다.
   ※취득한 주식등의 1주당 취득가액은 실지거래가액을 적되, 실지거래가액이 확인되지 않는 경우에는 매매사례가액·환산취득가액을 순차적으로 적용하여 적습니다. 국외자산의 경우 실지거래가액, 해당정부 평가액, 매매사례가액, 감정가액을 순차적으로 적용하여 적습니다.
11. ⑭ 필요경비란: 취득가액을 실지거래가액에 의하는 경우에는 수수료·증권거래세·농어촌특별세 등 실제 양도비용과 취득비용을 적되, 실지거래가액이 확인되지 아니하는 경우에는 취득당시 기준시가의 1%에 해당하는 금액을 적습니다.
12. ⑯ 감면 소득금액란: 양도소득금액 중 감면되는 소득금액을 적습니다(과세이연 특례 신청의 경우에는 기재하지 않습니다).
13. ⑰ 감면종류 및 감면율란: 양도소득세 감면규정 및 감면율을 적습니다(감면 신청서는 별도로 작성하여 제출해야 합니다).
14. ⑱ 과세이연 신청 :「조세특례제한법」등에 따른 과세이연 특례 신청 해당여부에 따라 각각 해당란에 "○" 표시를 합니다(과세특례에 따른 신청서는 별도로 작성하여 제출하여야 합니다).

※ 작성예시: 중소기업 소액주주가 비상장 국내주식(사업자등록번호: 1238145678)을 매매로 취득하여 양도하는 경우
   가. 주식등 종목명: 주식발행법인명, 나. 주식종목코드 또는 사업자등록번호: 1238145678 다. 국내 / 국외구분 : 1 라. 주식등 종류코드: 31 마. 양도유형: 1 바. 취득유형: 1

15. 국외전출 시 주식등을 양도한 것으로 보는 경우 ⑤ 양도유형란에 2번을 적고 다음과 같이 작성합니다.
   ④ 주식등 종류코드란 : 주식 종류에 따라, 34, 35, 33, 44, 24, 74, 45, 25, 41, 23, 51 코드 중 하나만 적습니다.
   ⑧ 양도일자 란 : 출국일(국외전출일)을 적습니다.
   ⑨ 주당양도가액란 : 출국일 당시의 1주당 시가를 적되 시가를 산정하기 어려울 때에는「소득세법 시행령」제178조의9제2항에 따른 가액을 적습니다.
   ⑩ 양도가액란 : 국외전출자 국내주식등의 시가(⑦×⑨)를 적습니다.

※ 국외전출 시 주식등을 양도한 것으로 보는 경우 4.주식등 종류코드 관련 표에도 불구하고 20~25% 세율을 적용합니다.

210㎜×297㎜(백상지 80g/㎡)

CHAPTER

24 주요계정명세서

주요계정명세서는 과세표준의 계산이나 세액계산에 직접적으로 관여되는 조정서식은 아니나, 과세소득계산에 중요한 영향을 미치게 되는 주요 계정에 대하여 회사결산상의 계정금액과 세무조정 후의 금액을 비교 · 검토함으로써 법인세신고상황의 서면분석 및 법인종합관리를 위한 전산분석자료로 활용하기 위한 서식이다. 주요계정명세서는 법인세 전자신고 시 필수적으로 첨부되어야 하는 서식이므로, 세무조정 후 반드시 작성하여야 한다.

[별지 제47호 서식(갑)] (2024.3.22. 개정)　　　　　　　　　　　　　　　　　　　　　　　　　　　(앞쪽)

사업연도	2025. 1. 1. ~ 2025. 12. 31.	주요계정명세서(갑)	법인명	㈜택스에듀
			사업자등록번호	

① 구분		② 근거법 조항	코드	③회사계상금액	④세무상부인(조정)금액	⑤차가감금액(③-④)
준비금 충당금 등	⑩ 고유목적사업준비금	「법인세법」 제29조 「조세특례제한법」 제74조	53			
	⑩ 퇴직급여충당금	「법인세법」 제33조	12	150,000,000	150,000,000	
	⑩ 퇴직연금부담금	「법인세법 시행령」 제44조의2	71		-600,000,000	600,000,000
	⑩ 대손충당금	「법인세법」 제34조	13	25,000,000	8,960,000	16,040,000
	⑩ 대손금	「법인세법」 제19조의2	72	20,000,000	2,000,000	18,000,000
손금 산입	⑩ 합병양도손익	「법인세법」 제44조	55			
	⑩ 분할양도손익	「법인세법」 제46조	56			
	⑩ 물적분할자산양도차익	「법인세법」 제47조	57			
	⑫ 현물출자자산양도차익	「법인세법」 제47조의2	50			
	⑩ 교환자산양도차익	「법인세법」 제50조	58			
익금 불산입	⑪ 채무면제익 등 이월결손금 보전액	「법인세법」 제18조 제6호	59			
기부금	⑪ 특례기부금	「법인세법」 제24조 제2항	41	10,000,000		10,000,000
	⑪ 우리사주조합 기부금	「조세특례제한법」 제88조의4	78			
	⑪ 일반기부금 한도액	「법인세법」 제24조 제3항	66			65,000,000
	⑪ 일반기부금	「법인세법」 제24조 제3항	42	70,000,000	25,000,000	45,000,000
	⑪ 기타기부금	「법인세법」 제24조 제4항	73			
기업 업무 추진비	⑪ 기업업무추진비 한도액	「법인세법」 제25조 제1항	49			40,650,000
	⑪ 기업업무추진비 (⑪,⑫,⑫포함)	「법인세법」 제25조 제1항	65	70,000,000	29,350,000	40,650,000
	⑪ 기준금액 초과 기업업무추진비	「법인세법」 제25조 제2항	61	65,000,000	13,000,000	53,000,000
	⑫ 문화 기업업무추진비	「조세특례제한법」 제136조 제3항	67			
	⑫ 전통시장 기업업무추진비	「조세특례제한법」 제136조 제6항	79			
⑫ 외화자산 · 부채평가손익		「법인세법」 제42조	74			
업무무관 부동산 등과 관련한 차입금이자	⑫ 업무무관 부동산 등	「법인세법」 제28조 제1항	76			3,001,643

상여 배당 등	⑫ 소득처분금액 (「법인세법 시행령」 제106조)	97		⑫ 이익처분금액 (「상법」 제462조 등)	98	5,000,000

210mm×297mm[백상지 80g/㎡ 또는 중질지 80g/㎡]

(뒤쪽)

작 성 방 법

1. ③ 회사계상금액란: 이 서식의 계정구분(①)별로 표준재무제표상의 금액 [표준재무제표의 독립된 계정과목으로 분류되지 않은 경우에는 다른 계정에 포함된 해당 계정구분(①)의 금액]을 적습니다.
   ※ 부속명세서인 원가명세서의 금액을 포함하여 작성합니다.
2. ④ 세무상부인(조정)금액란:
   가. 이 서식의 계정구분(①)별로 "소득금액조정합계표(별지 제15호 서식)" 및 각종 세무조정명세서의 익금산입 및 손금불산입 금액 또는 손금산입 및 익금불산입 금액을 적습니다.
   나. 익금산입 및 손금불산입(과세표준금액 증가) 항목인 경우 양수로 적고, 손금산입 및 익금불산입(과세표준금액 감소) 항목인 경우 음수로 적습니다(숫자 앞에 "-" 표시).
3. ⑤ 차가감금액란: 회사계상금액(③)에서 세무조정금액(④)을 뺀 금액이 세무조정 후의 각 계정금액과 일치하도록 가감조정한 금액을 차가감금액(⑤)란에 적습니다.
4. ⑯ 대손금란: "대손충당금 및 대손금조정명세서(별지 제34호 서식)"의 ㉖ 금액의 계란의 금액과 ㊸ 금액의 계란의 금액의 합계액을 이 서식 ③회사계상금액란에 적고, "대손충당금 및 대손금조정명세서(별지 제34호 서식)"의 ㉙ 부인액 계란의 금액 및 ㊻ 부인액 계란의 금액과 ㉜ 부인액 계란의 금액 및 ㊾ 부인액 계란의 금액을 합산하여 이 서식 ④ 세무상부인(조정)금액란에 적습니다.
5. ⑫ 특례기부금란:
   가. ③ 회사계상금액: "기부금조정명세서(별지 제21호 서식)"의 ③「법인세법」제24조 제2항에 따른 특례기부금 해당 금액란의 금액을 적습니다.
   나. ④ 세무상부인(조정)금액: "기부금조정명세서(별지 제21호 서식)"의 ⑦ 한도초과액란의 금액을 적습니다.
      ※ 연결법인의 경우 "연결법인 기부금 조정명세서(을)[별지 제76호의16서식(을)]"의 ⑧ 기부금 손금불산입액 개별귀속액란의 해당 금액을 적습니다.
6. ⑬ 우리사주조합 기부금란:
   가. ③ 회사계상금액: "기부금조정명세서(별지 제21호 서식)"의 ⑨「조세특례제한법」제88조의 4 제13항에 따른 기부금 해당 금액란의 금액을 적습니다.
   나. ④ 세무상부인(조정)금액: "기부금조정명세서(별지 제21호 서식)"의 ⑫ 한도초과액란의 금액을 적습니다.
7. ⑭ 일반기부금 한도액란: "기부금조정명세서(별지 제21호 서식)"의 ⑭ 일반기부금 한도액을 적습니다.
8. ⑮ 일반기부금란:
   가. ③ 회사계상금액: "기부금조정명세서(별지 제21호 서식)"의 ⑬「법인세법」제24조 제3항에 따른 일반기부금 해당 금액을 적습니다.
   나. ④ 세무상부인(조정)금액: "기부금조정명세서(별지 제21호 서식)"의 ⑰ 일반기부금 한도초과액을 적습니다.
      ※ 연결법인의 경우 "연결법인 기부금 조정명세서(을)[별지 제76호의16서식(을)]"의 ⑧ 기부금 손금불산입액 개별귀속액란의 해당 금액을 적습니다.
9. ⑯ 기타기부금란: "기부금명세서(별지 제22호 서식)"의 ⑨ 소계란의 라. 그밖의 기부금(코드50)을 이 서식 ③ 회사계상금액 및 ④ 세무상부인(조정)금액란에 적습니다.
10. ⑰ 기업업무추진비 한도액란: "기업업무추진비 조정명세서(갑)[별지 제23호 서식(갑)]"의 ⑬란의 금액을 이 서식 ⑤차가감금액란에 적습니다.
11. ⑱ 기업업무추진비(⑲, ⑳, ㉑포함)란:
   가. ③ 회사계상금액: "기업업무추진비 조정명세서(갑)[별지 제23호 서식(갑)]"의 ①란의 금액을 적습니다.
   나. ④ 세무조정금액: "기업업무추진비 조정명세서(갑)[별지 제23호 서식(갑)]"의 ②란 및 ⑭란의 합계액[기준금액 초과 기업업무추진비 중 신용카드 등 미사용으로 인한 손금불산입액 및 한도초과액의 합계액]을 적습니다.
      ※ 연결법인의 경우 "연결법인 기업업무추진비 조정명세서(갑)[별지 제76호의15서식(갑)]"의 ⑲ 기업업무추진비 한도초과액 개별귀속액과 "연결법인 기업업무추진비 조정명세서(을)[별지 제76호의15서식(을)]"의 ⑳ 손금불산입액 개별귀속액을 더하여 적습니다.
12. ⑲ 기준금액 초과 기업업무추진비란:
   가. ③ 회사계상금액: "기업업무추진비 조정명세서(을)[별지 제23호 서식(을)]"의 경조사비 중 기준금액 초과액의 ⑩ 총초과금액란의 합계 금액에 기업업무추진비 중 기준금액 초과액의 ⑯ 총초과금액란의 합계 금액을 더한 금액을 적습니다.
   나. ④ 세무조정금액: "기업업무추진비 조정명세서(갑)[별지 제23호 서식(갑)]"의 ②의 금액[기준금액 초과 기업업무추진비 중 신용카드 등 미사용으로 인한 손금불산입액]을 적습니다.
13. ⑳ 문화 기업업무추진비의 회사계상금액란: "기업업무추진비 조정명세서[별지 제23호 서식(갑)]"의 ⑨란의 금액을 적습니다.
14. ㉑ 전통시장 기업업무추진비의 회사계상금액란: "기업업무추진비 조정명세서[별지 제23호 서식(갑)]"의 ⑪란의 금액을 적습니다.
15. ㉒ 외화자산 · 부채평가손익란: "외화자산등 평가차손익조정명세서(갑)[별지 제40호 서식(갑)]"의 가.화폐성 외화자산 · 부채평가손익란과 나.통화선도 · 통화스왑 · 환변동보험 평가손익란의 ③ 회사손익금계상액 합계를 이 서식 ③ 회사계상금액란에 적고, "외화자산등 평가차손익조정명세서(갑)[별지 제40호 서식(갑)]"의 가.화폐성 외화자산 · 부채평가손익란과 나.통화선도 · 통화스왑 · 환변동보험 평가손익란의 ⑥ 손익조정금액 합계를 이 서식 ④ 세무상부인(조정)금액란에 적습니다.
16. ㉓ 업무무관 부동산 등과 관련한 차입금이자란: 업무무관 부동산 등과 관련된 차입금이자조정명세서(갑)[별지 제26호 서식(갑)]의 ⑧ 손금불산입지급이자란의 금액을 이 서식 ⑤ 차가감금액란에 적습니다.
17. ㉔ 소득처분금액란: "소득금액조정합계표(별지 제15호 서식)"의 ③ 소득처분란이 상여(코드 100) · 배당(코드 200) · 기타소득(코드 300)인 항목의 금액을 합하여 적습니다.
18. ㉕ 이익처분금액란: "이익잉여금처분(결손금처리)계산서[별지 제3호의3서식(4)]"의 중간배당액, 배당금 및 이익처분에 의한 상여금 항목의 금액을 합하여 적습니다.
19. ■음영으로 표시된 난은 적지 않습니다.

210mm×297mm[백상지 80g/㎡ 또는 중질지 80g/㎡]

[별지 제47호 서식(을)] (2019.3.20. 개정) (앞쪽)

사 업 연 도	2025. 1. 1. ~ 2025.12.31.	**주요계정명세서(을)**	법 인 명	㈜택스에듀
			사업자등록번호	

1. 재고자산 · 유가증권 평가

① 자 산 별		② 신고방법	③ 평가방법	④ 회사계산 금 액	조정계산금액		⑦ 조 정 액 (⑤ 또는 ⑤와⑥ 중 큰 금액-④)
					⑤ 신고방법	⑥ 선입선출법	
⑩ 제품및상품		총평균법	총평균법	9,000,000	9,000,000		
⑩ 반제품 및 재공품		선입선출법	선입선출법	2,000,000	2,000,000		
⑩ 원 재 료		선입선출법	선입선출법	3,000,000	3,000,000		
⑩ 저 장 품							
유가증권	⑩ 채 권						
	⑩ 기 타						
⑩ 합 계							

2. 국고보조금 등 · 공사부담금 · 보험차익 손금산입 조정

⑧ 구 분	⑨ 금 액	⑩ 취득자산가액	⑪ 회사손금계상액	⑫ 한도초과액 (⑪-⑩)	⑬ 미사용분 익금산입액
⑩ 국고보조금등	4,000,000,000	4,000,000,000			
⑩ 공사부담금					
⑩ 보 험 차 익					

3. 가지급금 등 인정이자 조정

적 수			⑰ 인정이자	⑱ 회사계상액	⑲ 조정액
⑭ 가지급금	⑮ 가수금	⑯ 차 감(⑭-⑮)			
13,280,000,000		13,280,000,000	1,641,644	800,000	841,6411

4. 건설자금이자 조정

⑳ 구 분	㉑ 건설자금이자	㉒ 회사계상액	㉓ 상각대상자산분	㉔ 차감조정액(㉑-㉒-㉓)
⑪ 건설 완료 자산분				
⑫ 건설 중인 자산분				
합 계(⑪+⑫)				

210mm×297mm[백상지 80g/㎡ 또는 중질지 80g/㎡]

(뒤쪽)

작 성 방 법
1. 재고자산 · 유가증권 평가 가. ② 신고방법 및 ③ 평가방법은 [별지 39호 서식]의 ③ 신고방법 및 ④ 평가방법을 자산별로 적습니다. 나. ④ 회사계산금액, ⑤ 신고방법, ⑥ 선입선출법과 ⑦ 조정액은 [별지 39호 서식]의 ⑬ 회사계산금액, ⑮ 신고방법금액, ⑰ 선입선출법금액과 ⑱ 조정액의 자산별 합계금액을 적습니다. 다. ⑩ 합계란은 [별지 39호 서식]의 ⑬ 회사계산금액, ⑮ 신고방법금액, ⑰ 선입선출법금액 및 ⑱ 조정액의 계란과 일치해야 합니다. 2. 국고보조금등 · 공사부담금 · 보험차익 손금산입 조정 가. ⑨ 금액은 [별지 35호 서식]의 ① 보조금수령액, ⑩ 공사부담금가액 및 ㉑ 보험차익의 계란의 금액을 적습니다. 나. ⑩ 취득고정자산가액은 [별지 35호 서식]의 ⑥ 해당 자산에 사용되는 국고보조금등, ⑮ 공사부담금으로 취득 또는 지급받은 고정자산가액 계 및 ㉖ 대체자산에 사용되는 보험차익의 계란의 금액을 적습니다. 다. ⑪ 회사손금계상액 및 ⑫ 한도초과액은 [별지 35호 서식]의 ⑧ · ⑰ · ㉘의 회사계상액 및 ⑨ · ⑱ · ㉙의 한도초과액 란의 해당 금액을 각각 적습니다. 라. ⑬ 미사용분익금산입액은 [별지 35호 서식]의 ㊲ 익금산입액란의 해당 금액을 각각 적습니다. 3. 가지급금 등 인정이자 조정 가. ⑭ 가지급금과 ⑮ 가수금 적수란은 [별지 19호 서식(갑)]의 가지급금적수(②+⑪)의 계란과 가수금적수(③+⑫)의 계란의 금액을 적습니다. 나. ⑰ 인정이자와 ⑱ 회사계상액은 [별지 19호 서식(갑)]의 인정이자(⑤+⑮)란과 회사계상액(⑥+⑯)란의 금액을 적습니다. ⑲조정액란은 [별지 19호 서식(갑)]의 조정액(⑨+⑲)란의 금액을 적습니다. 4. 건설자금이자 조정 ㉑ 건설자금이자, ㉒ 회사계상액, ㉓ 상각대상자산분 및 ㉔ 차감조정액은 [별지 25호 서식]의 ① 건설자금이자, ② 회사계상액, ③ 상각대상자산분 및 ④ 차감조정액의 해당란의 금액을 각각 적습니다.

Corporate tax
Account Code
Tax base

PART 04

과세표준과 세액계산

CHAPTER 01 차가감 소득금액의 계산

1 계산구조

「법인세법」상 소득금액은 결산서상 당기순이익에 소득조정금액을 가감하여 계산한다. 이때 소득조정금액이란 소득금액조정합계표[법칙 별지 제15호 서식]에 기재된 익금산입액과 손금산입액의 합계액을 말하며, 이렇게 하여 계산된 금액을 차가감 소득금액이라 한다.

차가감 소득금액이 계산되면 여기에 기부금 시부인액을 가감하여 각 사업연도 소득금액을 계산하게 된다. 따라서 기부금 시부인액은 소득금액조정합계표에 반영하여서는 안 되며, 차가감 소득금액을 근거로 기부금 시부인을 한 뒤 차가감 소득금액에다 직접 시부인 금액을 가감하여야 한다.

(1) 법인세 과세표준 및 세액조정계산서

[별지 제3호 서식]

<table>
<tr><td rowspan="8">① 각사업연도소득계산</td><td colspan="2">(101) 결산서상당기순손익</td><td>01</td><td></td><td></td><td>973</td><td>647</td><td>042</td></tr>
<tr><td rowspan="2">소득조정 금 액</td><td>(102) 익금산입</td><td>02</td><td></td><td></td><td>386</td><td>653</td><td>287</td></tr>
<tr><td>(103) 손금산입</td><td>03</td><td></td><td></td><td>620</td><td>300</td><td>329</td></tr>
<tr><td colspan="2">(104) 차가감소득금액
((101)+(102)-(103))</td><td>04</td><td></td><td></td><td>740</td><td>000</td><td>000</td></tr>
<tr><td colspan="2">(105) 기부금한도초과액</td><td>05</td><td></td><td></td><td></td><td></td><td></td></tr>
<tr><td colspan="2">(106) 기부금한도초과이월액 손 금 산 입</td><td>54</td><td></td><td></td><td></td><td></td><td></td></tr>
<tr><td colspan="2">(107) 각 사업연도소득금액
((104)+(105)-(106))</td><td>06</td><td></td><td></td><td></td><td></td><td></td></tr>
</table>

(2) 소득금액조정합계표

[별지 제15호 서식] (앞쪽)

익금산입 및 손금불산입				손금산입 및 익금불산입			
① 과 목	② 금 액	③ 소득처분		④ 과 목	⑤ 금 액	⑥ 소득처분	
		처 분	코 드			처 분	코 드
공사수입금	92 500 000	유보	400	전기대손충당금 한도초과	3 000 000	유보	100
퇴직급여충당금 한도초과	150 000 000	유보	400	수입배당금	17 300 329	기타	200
퇴직연금	100 000 000	유보	400	퇴직연금	600 000 000	유보	100
증명서류 미수취 기업업무추진비	13 000 000	기타사외유출	500				
기업업무추진비 한도초과액	16 350 000	기타사외유출	500				
대손충당금 한도초과	8 960 000	유보	400				
대손금 부인	2 000 000	유보	400				
차입금 지급이자	3 001 643	기타사외유출	500				
가지급금 인정이자	841 644	상여	100				
합 계	386 653 287			합 계	620 300 329		

CHAPTER

02 기부금

1 개 요

기부금이란 법인이 특수관계자 외의 자에게 당해 법인의 사업과 직접 관계없이 무상으로 지출하는 재산적 증여의 가액을 말한다(법령 35). 법인이 지출하는 기부금은 일정범위 내에서 손금에 산입하는 기부금[특례기부금, 일반기부금]과 손금에 산입하지 않는 기타의 기부금으로 구분되며, 손금산입 범위액을 초과하는 기부금과 기타의 기부금은 손금에 산입할 수 없다.

2 기부금의 구분

(1) 특례 기부금(법법 24 ②)

① 국가나 지방자치단체에 무상으로 기증하는 금품의 가액
② 국방헌금과 국군장병 위문금품의 가액
③ 천재지변으로 생기는 이재민을 위한 구호금품의 가액
④ 사립학교 등에 시설비 · 교육비 · 장학금 또는 연구비로 지출하는 기부금
⑤ 국립대학병원 등에 시설비 · 교육비 또는 연구비로 지출하는 기부금
⑥ 사회복지사업, 그 밖의 사회복지활동의 지원에 필요한 재원을 모집 · 배분하는 것을 주된 목적으로 하는 비영리법인으로서 일정 요건을 갖춘 법인(전문모금기관)에 지출하는 기부금
⑦ 다음 중 어느 하나에 해당하는 기관으로서 해당 법인의 설립목적, 수입금액 등이 일정한 요건을 갖춘 기관에 지출하는 기부금

> ㉠ 「공공기관의 운영에 관한 법률」에 따른 공공기관(공기업은 제외)
> ㉡ 법률에 따라 직접 설립된 기관

실무포인트

1. ④의 사립학교 등이란 다음의 것을 말한다.

㉠ 「사립학교법」에 따른 사립학교

㉡ 비영리 교육재단(국립 · 공립 · 사립학교의 시설비, 교육비, 장학금 또는 연구비 지급을 목적으로 설립된 비영리 재단법인으로 한정한다)

㉢ 「국민 평생 직업능력 개발법」에 따른 기능대학

㉣ 「평생교육법」에 따른 전공대학의 명칭을 사용할 수 있는 평생교육시설 및 원격대학 형태의 평생교육시설

㉤ 「경제자유구역 및 제주국제자유도시의 외국교육기관 설립 · 운영에 관한 특별법」에 따라 설립된 외국교육기관

㉥ 「산업교육진흥 및 산학연협력촉진에 관한 법률」에 따른 산학협력단

㉦ 「한국과학기술원법」에 따른 한국과학기술원, 「광주과학기술원법」에 따른 광주과학기술원 및 「대구경북과학기술원법」에 따른 대구경북과학기술원, 「울산과학기술원법」에 따른 울산과학기술원 및 「한국에너지공과대학교법」에 따른 한국에너지공과대학교

㉧ 「국립대학법인 서울대학교 설립 · 운영에 관한 법률」에 따른 국립대학법인 서울대학교, 「국립대학법인 울산과학기술대학교 설립 · 운영에 관한 법률」에 따른 국립대학법인 울산과학기술대학교, 「국립대학법인 인천대학교 설립 · 운영에 관한 법률」에 따른 국립대학법인 인천대학교 및 이와 유사한 학교로서 대통령령으로 정하는 학교 및 이와 유사한 학교로서 대통령령으로 정하는 학교

㉨ 「재외국민의 교육지원 등에 관한 법률」에 따른 한국학교

㉩ 「한국장학재단 설립 등에 관한 법률」에 따른 한국장학재단

2. ⑤의 국립대학병원 등이란 다음의 것을 말한다.

㉠ 「국립대학병원 설치법」에 따른 국립대학병원

㉡ 「국립대학치과병원 설치법」에 따른 국립대학치과병원

㉢ 「서울대학교병원 설치법」에 따른 서울대학교병원

㉣ 「서울대학교치과병원 설치법」에 따른 서울대학교치과병원

㉤ 「사립학교법」에 따른 사립학교가 운영하는 병원

㉥ 「암관리법」에 따른 국립암센터

㉦ 「지방의료원의 설립 및 운영에 관한 법률」에 따른 지방의료원

㉧ 「국립중앙의료원의 설립 및 운영에 관한 법률」에 따른 국립중앙의료원

㉨ 「대한적십자사 조직법」에 따른 대한적십자사가 운영하는 병원

㉩ 「한국보훈복지의료공단법」에 따른 한국보훈복지의료공단이 운영하는 병원

㉪ 「방사선 및 방사성동위원소 이용진흥법」에 따른 한국원자력의학원

ⓔ 「국민건강보험법」에 따른 국민건강보험공단이 운영하는 병원

ⓕ 「산업재해보상보험법」에 따른 의료기관

ⓖ ㉠부터 ⓕ까지의 병원이 설립한 「보건의료기술 진흥법」에 따른 의료기술협력단

3. ⑥의 사회복지관련 단체 요건은 다음과 같다(법령 38 ④).

㉠ 기부금 모금액 및 그 활용 실적을 공개할 수 있는 인터넷 홈페이지가 개설되어 있을 것

㉡ 「주식회사의 외부감사에 관한 법률」에 따른 감사인에게 회계감사를 받을 것

㉢ 「상속세 및 증여세법」에 따른 결산서류 등을 인터넷 홈페이지 또는 국세청 홈페이지를 통하여 공시할 것

㉣ 「상속세 및 증여세법」에 따른 전용계좌를 개설하여 사용할 것

㉤ 신청일 직전 5개 사업연도 평균 기부금 배분 지출액이 총 지출금액의 100분의 80 이상이고 기부금의 모집 · 배분 및 법인의 관리 · 운영에 사용한 비용이 기부금 수입금액의 100분의 10 이하일 것

㉥ 신청일 직전 5개 사업연도 평균 개별 법인 및 단체별 기부금 배분지출액이 전체 배분지출액의 100분의 25 이하이고, 「상속세 및 증여세법 시행령」에 따른 출연자 및 그와 특수관계에 있는 자로서 일정한 요건에 해당하는 비영리법인에 대해서는 기부금 배분지출액이 없을 것

㉦ 지정이 취소된 경우에는 그 취소된 날부터 3년, 재지정을 받지 못하게 된 경우에는 그 지정기간의 종료일부터 3년이 지났을 것

4. ⑦의 공공기관 요건은 다음과 같다.

㉠ 기부금 모금액 및 그 활용 실적을 공개할 수 있는 인터넷 홈페이지가 개설되어 있을 것

㉡ 설립 목적이 사회복지 · 자선 · 문화 · 예술 · 교육 · 학술 · 장학 등 공익목적 활동을 수행하는 것일 것

㉢ 신청일 직전 5개 사업연도 평균 정부지원금 및 기부금 합계액이 연간 총 수입금액의 3분의 1 이상일 것

㉣ 지정이 취소된 경우에는 그 취소된 날부터 3년, 재지정을 받지 못하게 된 경우에는 그 지정기간의 종료일부터 3년이 지났을 것

(2) 일반 기부금(법령 39)

① 사회복지법인, 「영유아보육법」에 따른 어린이집 및 학교 등의 비영리법인에 대하여 당해 공익법인등의 고유목적사업비로 지출하는 기부금

② 「유아교육법」에 따른 유치원의 장, 「초 · 중등교육법」 및 「고등교육법」에 의한 학교의 장, 「국민 평생 직업능력 개발법」에 의한 기능대학의 장 또는 「평생교육법」에 의한 원

격대학의 장이 추천하는 개인에게 교육비 · 연구비 또는 장학금으로 지출하는 기부금

③ 「상속세 및 증여세법」의 요건을 갖춘 공익신탁으로 신탁하는 기부금

④ 사회복지 · 문화 · 예술 · 교육 · 종교 · 자선 · 학술 등 공익목적으로 지출하는 기부금으로서 기획재정부장관이 지정하여 고시하는 기부금

⑤ 「사회복지사업법」에 따른 사회복지시설 중 무료 또는 실비로 이용할 수 있는 것으로서 일정한 시설에 기부하는 금품의 가액

⑥ 다음의 요건을 모두 갖춘 국제기구로서 기획재정부장관이 지정하여 고시하는 국제기구에 지출하는 기부금

> ㉠ 사회복지, 문화, 예술, 교육, 종교, 자선, 학술 등 공익을 위한 사업을 수행할 것
> ㉡ 우리나라가 회원국으로 가입하였을 것

실무포인트

1. ①의 사회복지법인 및 학교 등은 다음의 것을 말한다(법령 36 ① 1호).

㉠ 「사회복지사업법」에 의한 사회복지법인

㉡ 「유아교육법」에 따른 유치원, 「초 · 중등교육법」 및 「고등교육법」에 의한 학교, 「근로자직업능력 개발법」에 의한 기능대학 또는 「평생교육법」에 의한 원격대학

㉢ 정부로부터 허가 또는 인가를 받은 학술연구단체 · 장학단체 · 기술진흥단체

㉣ 정부로부터 허가 또는 인가를 받은 문화 · 예술단체 또는 환경보호운동단체

㉤ 종교의 보급, 그 밖에 교화를 목적으로 「민법」에 따라 문화체육관광부장관 또는 지방자치단체의 장의 허가를 받아 설립한 비영리법인

㉥ 「의료법」에 의한 의료법인 및 「보건의료기술 진흥법」에 따른 의료기술협력단

㉦ 「민법」에 따라 주무관청의 허가를 받아 설립된 비영리법인(이하 "「민법」상 비영리법인") 또는 「협동조합 기본법」에 따라 설립 또는 등록된 사회적협동조합("사회적협동조합") 중 다음의 요건을 모두 충족한 것으로서 주무관청의 추천을 받아 기획재정부장관이 지정한 법인

ⓐ 「민법」상 비영리법인인 경우에는 정관의 내용상 수입을 회원의 이익이 아닌 공익을 위하여 사용하고 사업의 직접 수혜자가 불특정 다수인 것이 인정될 것

ⓑ 사회적협동조합인 경우에는 정관의 내용상 「협동조합 기본법」 규정의 사업을 수행하는 것으로 인정될 것

ⓒ 해산 시 잔여재산을 국가 · 지방자치단체 또는 유사한 목적을 가진 다른 비영리법인에게 귀속하도록 한다는 내용을 정관에 기재할 것

ⓓ 인터넷 홈페이지가 개설되어 있고, 인터넷 홈페이지를 통하여 연간 기부금 모금액 및 활용실적을 공개한다는 내용이 정관에 기재되어 있을 것

ⓔ 비영리법인으로 지정 · 고시된 날이 속하는 연도와 그 직전 연도에 해당 비영리법인의 명의 또는 그 대표자의 명의로 특정 정당 또는 특정인에 대한 「공직선거법」에 따른 선거운동을 한 사실이 없을 것

ⓕ 지정이 취소된 경우에는 그 취소된 날부터 3년, 같은 항에 따라 재지정을 받지 못하게 된 경우에는 그 지정기간의 종료일부터 3년이 지났을 것. 다만, 지정 취소 또는 재지정 거부의 사유가 법조정 사유에만 한정되는 경우에는 그러하지 아니하다.

ⓞ ㉠~㉦과 유사한 것으로서 국민건강보험공단, 대한적십자사, 새마을운동중앙본부 등의 단체(별표 6의 2)

2. ⑥의 사회복지시설은 다음의 것을 말한다(법령 36 ① 4호).

㉠ 「아동복지법」에 따른 아동복지시설

㉡ 「노인복지법」에 따른 노인복지시설 중 다음의 시설을 제외한 시설

ⓐ 「노인복지법」에 따른 노인주거복지시설 중 입소자 본인이 입소비용의 전부를 부담하는 양로시설 · 노인공동생활가정 및 노인복지주택

ⓑ 「노인복지법」에 따른 노인의료복지시설 중 입소자 본인이 입소비용의 전부를 부담하는 노인요양시설 · 노인요양공동생활가정 및 노인전문병원

ⓒ 「노인복지법」에 따른 재가노인복지시설 중 이용자 본인이 재가복지서비스에 대한 이용 대가를 전부 부담하는 시설

㉢ 「장애인복지법」에 따른 장애인복지시설. 다만, 다음의 시설은 제외한다.

ⓐ 비영리법인(「사회복지사업법」에 따라 설립된 사회복지법인을 포함) 외의 자가 운영하는 장애인 공동생활가정

ⓑ 「장애인복지법 시행령」에 따른 장애인생산품 판매시설

ⓒ 장애인 유료복지시설

㉣ 「한부모가족지원법」에 따른 한부모가족복지시설

㉤ 「정신보건법」에 따른 정신질환자사회복귀시설 및 정신요양시설

㉥ 「성매매방지 및 피해자보호 등에 관한 법률」에 따른 지원시설 및 성매매피해상담소

㉦ 「가정폭력방지 및 피해자보호 등에 관한 법률」에 따른 가정폭력 관련 상담소 및 보호시설

㉧ 「성폭력방지 및 피해자보호 등에 관한 법률」에 따른 성폭력피해상담소 및 성폭력피해자 보호시설

㉨ 「사회복지사업법」에 따른 사회복지시설 중 사회복지관과 부랑인 · 노숙인 시설

㉩ 「노인장기요양보험법」에 따른 재가장기요양기관

㉪ 「다문화가족지원법」에 따른 다문화가족지원센터

㉫ 「건강가정지원법」에 따른 건강가정지원센터

㉬ 「청소년복지지원법」에 따른 청소년복지시설

(3) 비지정기부금

비지정기부금이란 특례 기부금 및 일반 기부금으로 열거되지 않은 기부금을 말하며, 비지정 기부금은 전액 손금불산입된다(법령 24 ④). 예를 들어, 신용협동조합이나 새마을금고에 지출하는 기부금은 지역새마을사업을 위하여 지출하는 기부금으로 보지 아니하므로 비지정기부금에 해당한다.

3 기부금 한도액

(1) 기부금별 한도액

내국법인이 각 사업연도에 지출하거나 이월된 기부금 중 특례 기부금과 일반 기부금은 다음 표의 구분에 따라 산출한 손금산입한도액 내에서 해당 사업연도의 소득금액을 계산할 때 순차적으로 손금에 산입하고, 손금산입한도액을 초과하는 금액과 그 외의 기부금은 손금에 산입하지 아니한다(법법 24 ②).

구 분	손금산입한도액
① 특례 기부금	기준소득금액×50%
② 우리사주조합 기부금	(기준소득금액－특례 기부금 손금산입액)×30%
③ 일반 기부금	(기준소득금액－특례 기부금 손금산입액－우리사주조합 기부금 손금산입액)×10%(20%*)

* 사업연도 종료일 현재 「사회적기업 육성법」에 따른 사회적기업은 20%

(2) 기준소득금액

기부금 한도액의 기초가 되는 기준소득금액은 다음과 같이 계산한다.

- 1단계 : 차가감소득금액＝당기순이익＋익금산입 · 손금불산입－손금산입 · 익금불산입
- 2단계 : 기부금 지출 전 소득금액＝차가감소득금액＋특례 기부금＋일반 기부금
- 3단계 : 기준소득금액＝기부금 지출 전 소득금액－이월결손금*

  * 각 사업연도 소득의 80%를 한도로 이월결손금공제를 적용받는 법인은 기준소득금액의 80% 한도

기부금한도액 계산 시 차감하는 이월결손금은 과세표준 계산상 공제하는 이월결손금과 동일하며, 발생한 사업연도로부터 15년(2019.12.31. 이전에 개시하는 사업연도에 발생한 분은 10년) 이내의 결손금을 말한다.

4 기부금의 세무조정

내국법인이 각 사업연도에 지출하는 기부금 중 손금산입한도액을 초과하여 손금에 산입하지 않은 금액은 해당 사업연도의 다음 사업연도 개시일부터 10년 이내에 끝나는 각 사업연도로 이월하여 그 이월된 사업연도의 소득금액을 계산할 때 기부금 각각의 손금산입한도액의 범위에서 손금에 산입한다. 또한, 손금에 산입하는 경우에는 이월된 금액을 해당 사업연도에 지출한 기부금보다 먼저 손금에 산입하며, 이 경우 이월된 금액은 먼저 발생한 이월금액부터 손금에 산입한다(법법 24 ⑤ · ⑥).

5 기타사항

(1) 기부금의 귀속시기

기부금은 현금주의에 따라 인식하므로 기부금을 지출한 사업연도의 손금으로 한다. 따라서 법인이 기부금을 가지급금등으로 이연계상한 경우에는 이를 그 지출한 사업연도의 기부금으로 하고, 그 후의 사업연도에 있어서는 이를 기부금으로 보지 아니하며, 법인이 기부금을 미지급금으로 계상한 경우 실제로 이를 지출할 때까지는 당해 사업연도의 소득금액계산에 있어서 이를 기부금으로 보지 아니한다(법령 36 ② · ③). 또한 법인이 기부금의 지출을 위하여 어음을 발행(배서를 포함)한 경우에는 그 어음이 실제로 결제된 날에 지출한 것으로 보며, 수표를 발행한 경우에는 당해 수표를 교부한 날에 지출한 것으로 본다(법칙 18).

그러나 정부로부터 인 · 허가를 받기 이전에 설립 중인 공익법인 및 단체 등에 지정기부금에 해당하는 기부금을 지출하는 경우에는 그 법인 및 단체가 정부로부터 인가 또는 허가를 받은 날이 속하는 사업연도의 지정기부금으로 하도록 하고 있어(법통 24-36…4, 법집행 24-37-3, 법인 22601-1582, 1991.8.14.; 법인 46012-1720, 2000.8.8.) 예외적으로 인 · 허가 시까지는 이연처리를 인정하고 있으므로 인 · 허가 시점에서 기부금으로 대체처리하고 한도액을 계산한다.

(2) 현물기부금의 평가

법인이 기부금을 금전 외의 자산으로 제공한 경우 해당 자산의 가액은 이를 제공한 때의 시가(시가가 장부가액보다 낮은 경우에는 장부가액)에 의한다. 다만, 일반 기부금(특수관계자에게 기부한 지정기부금 제외)과 특례 기부금의 경우에는 장부가액으로 한다(법령 36 ①).

▮ 현물기부금의 평가 ▮

구 분	현물기부금의 평가
특례 기부금	장부가액
일반 기부금(특수관계 없는 경우)	
일반 기부금(특수관계 있는 경우)	Max[장부가액, 시가]
비지정 기부금	

실무포인트

1. 국외난민돕기 성금의 처리

법 제24조 제2항 제3호의 기부금에는 해외의 천재 · 지변 등으로 생긴 이재민을 위한 구호금품의 가액을 포함하는 것으로 한다(통칙 24-0…4).

2. 무이자 · 저리로 자금대여 시 기부금 해당 여부

법인이 특수관계없는 법인에게 시중금리 또는 국세청장이 정하는 당좌대월이자율보다 낮은 이율로 금전을 대여한 경우 위 시중금리 등에 의하여 계산한 이자상당액과 차액에 대하여는 「법인세법」 제24조(기부금의 손금불산입) 및 같은 법 제25조(기업업무추진비의 손금불산입)의 규정을 적용하지 아니하는 것임(서이 46012-11622, 2003.9.9.).

3. 부동산 무상 임대 시 기부금 해당 여부

내국법인이 특수관계인인 지정기부금 단체 등에 부동산을 무상 임대하고 당해 단체에서 고유목적사업에 사용하는 경우 임대료 시가 상당액을 지정기부금으로 보는 것이나, 특수관계인인 지정기부금 단체 등에 기부금 지출로 인해 법인의 소득에 대한 조세의 부담을 부당히 감소시킨 것으로 인정되는 경우에는 그러하지 아니하는 것임(서면-2017-법인-0108, 2017.5.17.).

4. 임직원 자녀를 기부금 수혜자로 지정하여 대학교에 지출하는 기부금의 특례기부금 해당 여부

내국법인이 「사립학교법」에 따른 사립학교에 해당법인의 임직원의 자녀를 기부금 수혜자로 지정하여 지출하는 기부금은 「법인세법」 제24조 제2항 제4호 가목에 해당하지 아니하는 것임(법규과-821 2013.7.17.).

5. 고유목적사업 등에 대한 지출 해당 여부

신설되는 산학협력단(B)의 설립 및 운영 지원을 고유목적사업 중 하나로 하는 산학협력단(A)이 수익사업에서 발생한 소득을 산학협력단(B)에 출연하는 경우 해당 출연금액은 「법인세법」 제29조에 따라 손금에 산입한 고유목적사업 준비금을 고유목적사업 등에 지출한 것으로 보는 것임(법규법인 2013-82, 2013.3.27.).

6. 사립학교에 연구비로 지출하는 기부금 구분 및 장부가액의 범위

① 내국법인이 「사립학교법」에 의한 사립학교에 연구비조로 지출하는 소프트웨어 상당액은 「법인세법」 제24조 제2항 제4호에서 규정하는 법정기부금에 해당하는 것이며, 「법인세법 시행령」 제37조를 적용함에 있어서 같은 조 단서 규정에 의한 장부가액은 세무상 장부가액을 의미하는 것이며, 법인이 무상으로 소프트웨어를 기부함에 있어 당해 소프트웨어 개발비 중 이미 비용으로 계상한 부분은 법정기부금의 장부가액에 포함되지 않는 것임(법인세과-343, 2009.3.26.).

② 내국법인이 학교법인에 지출한 기부금이 실제 사립학교의 시설비 · 교육비 · 장학금 또는 연구비로 사용된 경우는 「법인세법」 제24조 제2항 제1호 라목에 따른 기부금에 해당하나, 학교법인의 수익용 기본재산 확보 및 학교법인의 인건비 · 관리운영비로 사용된 금액은 「법인세법」 제24조 제2항 제1호 라목에 따른 기부금에 해당하지 않음(기획재정부 법인세제과-447, 2022.10.26.).

7. 코로나 19 관련 기부금의 특례기부금 여부

질의1 「법인세법」 제24조 제3항 제3호 및 같은 법 시행령 제38조 제1항에 따르면 "특별재난지역 선포의 사유가 된 재난으로 생기는 이재민 구호금품 가액"은 법정기부금에 해당하는바, 특별재난지역 선포일 전에 지출한 기부금에 대하여도 법정기부금으로 볼 수 있는지 여부

질의2 코로나19 관련 기부금품을 수령하여 자원봉사자 및 의사 · 간호사의 숙식비, 인건비, 각종 진료소모품 구입비 등으로 사용하는 경우에도 해당 기부금품을 이재민을 위한 구호금품 가액으로 볼 수 있는지 여부

질의3 특별재난지역으로 선포된 지역 외 지역의 코로나19 퇴치를 위하여 지출하는 기부금의 경우에도 법정기부금으로 볼 수 있는지 여부

회신 귀 질의의 경우 질의1, 질의2, 질의3 모두 법정기부금에 해당하는 것임(법인세제과-324, 2020.3.24.)

8. 특례기부금의 사용

내국법인이 코로나19 퇴치를 위하여 「법인세법」 제24조 제3항 제5호에 따른 병원에 지출하는 기부금은 법정기부금에 해당하는 것이며, 이때 당해 병원이 기부받은 금액으로 코로나19 극복 영상제작 및 원내 사진 전시회 행사에 지출하는 경우 해당 지출 비용이 코로나19 퇴치 목적에 해당하는지 여부는 영상 제작 및 전시회 행사 목적 등을 종합적으로 감안하여 사실 판단할 사항임(서면법인 2020-2411, 2020.11.6.).

9. 해외에 지급한 코로나19 재난 후원금품의 기부금 구분방법

내국법인이 우즈베키스탄의 코로나19 피해와 관련하여 주한우즈베키스탄 대사관에 현물기부금으로 환자용 수송침대를 기증하고 대사관에서 기부자의 성명, 기부금액, 기부목적, 기부금 지급일 등을 기재하여 임의로 작성한 기부금영수증을 받은 경우, 해당 기부금은 「법인세법」 제24조 제3항 제3호에 따른 법정기부금에 해당하는 것임(사전법령법인 2019-0582, 2020.8.28.).

10. 법인이 특수관계 있는 공익법인에 지출한 기부금

「법인세법」 제24조에 따른 기부금의 손금불산입 규정을 적용함에 있어 내국법인이 그 내국법인과 특수관계가 있는 공익법인의 고유목적사업비로 지출하는 기부금은 같은 법 같은 조 제3항 제1호에 따른 일반기부금에 해당하는 것임(서면-2023-법인-419, 2024.5.3.).

6 [서식사례] 기부금 조정명세서

(1) 작성사례

다음 자료를 참고하여 ㈜택스에듀의 기부금 관련 세무조정을 수행하시오.

1) 소득금액

① 당기순손익 : 973,647,042원

② 익금산입 합계 : 386,653,287원

③ 손금산입 합계 : 620,300,329원

2) 이월결손금 내역

발생연도	금 액
2011년	80,000,000원
2012년	50,000,000원
2023년	20,000,000원

3) 기부금 내역

기부일자	내 역	구 분	금 액
2025. 9.1.	천재지변 이재민 구호금품	특례	10,000,000원
2025.10.1.	종교단체 헌금	일반	70,000,000원

4) 이월액 내역

구 분	2024년 이월액
특례 기부금	140,000,000원
일반 기부금	20,000,000원

[별지 제22호 서식] (2023.3.20. 개정) (앞쪽)

사업 연도	2025. 1. 1. ~ 2025.12.31.	**기부금명세서**	법인명	㈜택스에듀
			사업자등록번호	123-81-12346

구분		③과 목	④연 월	⑤적 요	기 부 처		⑧금 액	비 고
① 유형	②코드				⑥법인명 등	⑦사 업 자 등록번호 등		
특례	10	기부금	9.1	천재지변		10,000,000		
일반	40	기부금	10.1	종교단체		70,000,000		

⑨소계	구분	⑧금 액	비 고
⑨소계	가.「법인세법」 제24조 제2항 제1호의 특례기부금(코드 10)	10,000,000	
	나.「법인세법」 제24조 제3항 제1호의 일반기부금(코드 40)	70,000,000	
	다.「조세특례제한법」 제88조의 4 제13항의 우리사주조합 기부금 (코드 42)		
	라. 그밖의 기부금(코드 50)		
계		80,000,000	

210mm×297mm[백상지 80g/㎡ 또는 중질지 80g/㎡]

[별지 제21호 서식] (2023.3.20. 개정)

(앞쪽)

사업연도	2025. 1. 1. ~ 2025. 12. 31.	기부금조정명세서	법인명	㈜택스에듀
			사업자등록번호	123-81-12346

1. 「법인세법」 제24조 제2항 제1호에 따른 특례기부금 손금산입액 한도액 계산

① 소득금액 계	820,000,000	⑤ 이월잔액 중 손금산입액 [MIN(④, ㉓)]	140,000,000
② 「법인세법」 제13조 제1항 제1호에 따른 이월결손금 합계액 (기준소득금액의 80% 한도)	20,000,000	⑥ 해당연도지출액 손금산입액 {MIN[(④-⑤)>0, ③]}	10,000,000
③ 「법인세법」 제24조 제2항 제1호에 따른 특례기부금 해당 금액	10,000,000	⑦ 한도초과액 [(③-⑥)>0]	0
④ 한도액 {[(①-②)>0]×50%}	400,000,000	⑧ 소득금액 차감잔액 [(①-②-⑤-⑥)>0]	650,000,000

2. 「조세특례제한법」 제88조의 4에 따라 우리사주조합에 지출하는 기부금 손금산입액 한도액 계산

⑨ 「조세특례제한법」 제88조의 4 제13항에 따른 우리사주조합 기부금 해당 금액		⑪ 손금산입액 [MIN(⑨, ⑩)]	
⑩ 한도액 [(⑧)×30%]		⑫ 한도초과액 [(⑨-⑩)>0]	

3. 「법인세법」 제24조 제3항 제1호에 따른 일반기부금 손금산입 한도액 계산

⑬ 「법인세법」 제24조 제3항 제1호에 따른 일반기부금 해당 금액	70,000,000	⑯ 해당연도지출액 손금산입액 {MIN[(⑭-⑮)>0, ⑬]}	45,000,000
⑭ 한도액 [(⑧-⑪)×10%, 20%]	65,000,000	⑰ 한도초과액 [(⑬-⑯)>0]	25,000,000
⑮ 이월잔액 중 손금산입액 [MIN(⑭, ㉓)]	20,000,000		

4. 기부금 한도초과액 총액

⑱ 기부금 합계액(③+⑨+⑬)	⑲ 손금산입 합계(⑥+⑪+⑯)	⑳ 한도초과액 합계(⑱-⑲)=(⑦+⑫+⑰)
80,000,000	55,000,000	25,000,000

210mm×297mm[백상지 80g/㎡ 또는 중질지 80g/㎡]

(뒤쪽)

5. 기부금 이월액 명세

사업연도	기부금 종류	㉑한도초과 손금불산입액	㉒기공제액	㉓공제가능 잔액(㉑-㉒)	㉔해당사업연도 손금추인액	㉕차기이월액 (㉓-㉔)
합계	「법인세법」 제24조 제2항 제1호에 따른 특례기부금	140,000,000		140,000,000	140,000,000	
	「법인세법」 제24조 제3항 제1호에 따른 일반기부금	20,000,000		20,000,000	20,000,000	
2024	「법인세법」 제24조 제2항 제1호에 따른 특례기부금	140,000,000		140,000,000	140,000,000	
	「법인세법」 제24조 제3항 제1호에 따른 일반기부금	20,000,000		20,000,000	20,000,000	
	「법인세법」 제24조 제2항 제1호에 따른 특례기부금					
	「법인세법」 제24조 제3항 제1호에 따른 일반기부금					

6. 해당 사업연도 기부금 지출액 명세

사업연도	기부금 종류	㉖지출액 합계금액	㉗해당 사업연도 손금산입액	㉘차기 이월액 (㉖-㉗)
2025	「법인세법」제24조 제2항 제1호에 따른 특례기부금	10,000,000	10,000,000	0
	「법인세법」제24조 제3항 제1호에 따른 일반기부금	70,000,000	45,000,000	25,000,000

작 성 방 법

1. ①소득금액계란: "법인세 과세표준 및 세액조정계산서(별지 제3호 서식)"의 ⑭차가감소득금액에서 이 서식의 ⑱기부금 합계액(③+⑨+⑬)을 합하여 적습니다. ⑲손금산입 합계(⑥+⑪+⑯)에는 그 금액을 합하여 적습니다.
2. ③, ⑨, ⑬란: "기부금명세서(별지 제22호 서식)"의 ⑨란의 가. ~ 다.에 해당하는 기부금 종류별 소계 금액과 일치해야 합니다.
3. ④한도액란: "(①-②)〉0"은 ①에서 ②(「법인세법」제13조 제1항 각 호 외의 부분 단서에 따라 각 사업연도 소득의 80%를 한도로 이월결손금 공제를 적용받는 법인은 기준소득금액의 80%를 한도로 함)를 차감한 금액을 적되, 그 금액이 음수(-)인 경우에는 "0"으로 적습니다. 이하에서 (Ⓐ-Ⓑ)〉0 표시된 경우는 모두 같은 방법으로 적습니다.
4. ⑤이월잔액 중 손금산입액란: 전기 이월된 한도초과액 잔액 중「법인세법」제24조 제5항 및 제6항에 따라 손금산입되는 금액을 적되,「법인세법」제24조 제5항의 기부금 전기이월액 중 ㉔해당사업연도 손금추인액의 합계금액과 일치해야 합니다.
5. ⑥해당연도지출액 손금산입액란: ④금액에서 ⑤금액을 뺀 금액과 ③금액 중 작은 금액을 적되, 그 금액이 음수(-)인 경우에는 "0"으로 적습니다.
6. ⑦한도초과액란: ③금액에서 ⑥금액을 빼서 적되, 그 금액이 음수(-)인 경우에는 "0"으로 적습니다.

※ 3. 「법인세법」 제24조 제3항 제1호에 따른 일반기부금의 손금산입 한도초과액(⑰란)도 같은 방법으로 적습니다.

7. ⑧소득금액 차감잔액란: ①금액에서 ②금액을 뺀 금액에서 ⑤란과 ⑥란의 손금산입액을 뺀 금액을 적되, 그 금액이 음수(-)인 경우에는 "0"으로 적습니다.
8. ⑭한도액란: 사업연도 종료일 현재「사회적기업 육성법」제2조 제1호에 따른 사회적기업에 해당하는 경우 (⑧소득금액 차감금액 -⑪)의 20%로 합니다.
9. ⑳한도초과액 합계란: 해당 사업연도 기부금 한도초과액 총합계금액으로서 별지 제3호 서식의 ⑮기부금한도초과액란에 적습니다.
10. "5. 기부금 이월액 명세"는 사업연도별로 작성하며, ㉔해당 사업연도 손금추인액 합계금액은 "법인세 과세표준 및 세액조정계산서(별지 제3호 서식)"의 ⑯기부금한도초과이월액 손금산입란에 적습니다.
11. "6. 해당 사업연도 기부금 지출액 명세"는 기부금 종류별로 작성하며, ㉖지출액 합계금액은 기부금 종류별 합계금액으로 "기부금명세서(별지 제22호 서식)"의 ⑨란의 가. · 나.에 해당하는 기부금 종류별 소계 금액과 일치해야 합니다.

※ 「법인세법」제24조 제5항에 따라 손금산입한도액을 초과하여 손금에 산입하지 않은 기부금은 10년 이내에 끝나는 각 사업연도로 이월하여 공제가능하며, 법인세법 일부개정법률(법률 제16008호로 2018. 12. 24. 공포, 2019. 1. 1. 시행된 것을 말함) 부칙 제4조 제2항에 따라 2013. 1. 1. 이후 개시한 사업연도에 지출한 기부금에 대해서도 적용합니다.

210mm×297mm[백상지 80g/㎡ 또는 중질지 80g/㎡]

▌법인세 과세표준 및 세액조정 계산서▐

① 각사업연도소득계산							
	⑩① 결산서상당기순손익		01		973	647	042
	소득조정 금액	⑩② 익금산입	02		386	653	287
		⑩③ 손금산입	03		620	300	329
	⑩④ 차가감소득금액 (⑩①+⑩②−⑩③)		04		740	000	000
	⑩⑤ 기부금한도초과액		05		25	000	000
	⑩⑥ 기부금한도초과이월액 손금산입		54		160	000	000
	⑩⑦ 각 사업연도소득금액 (⑩④+⑩⑤−⑩⑥)		06		605	000	000

(2) 작성요령

❶ ① 소득금액 계 : “법인세 과세표준 및 세액조정계산서(별지 제3호 서식)”의 ‘⑩④ 차가감소득금액’에서 이 서식의 ‘⑱ 기부금 합계액(③+⑨+⑬)’을 합하여 적는다. ‘⑲ 손금산입 합계(⑥+⑪+⑯)’에는 그 금액을 합하여 적는다.

① 소득금액 계＝740,000,000원(차가감 소득금액)＋80,000,000원(기부금 지출액)

❷ ③, ⑨, ⑬ : “기부금명세서(별지 제22호 서식)”의 ‘⑨’란의 ‘가.～다.’에 해당하는 기부금 종류별 소계 금액과 일치해야 한다.

❸ ④ 한도액 : “(①−②)＞0”은 ‘①’에서 ‘②(「법인세법」 제13조 제1항 각 호 외의 부분 단서에 따라 각 사업연도 소득의 80%를 한도로 이월결손금 공제를 적용받는 법인은 기준소득금액의 80%를 한도로 한다)’를 차감한 금액을 적되, 그 금액이 음수(−)인 경우에는 “0”으로 적는다. 이하에서 “(Ⓐ−Ⓑ)＞0” 표시된 경우는 모두 같은 방법으로 적는다.

❹ ⑤ 이월잔액 중 손금산입액 : 전기 이월된 한도초과액 잔액 중 「법인세법」 제24조 제5항 및 제6항에 따라 손금산입되는 금액을 적되, 「법인세법」 제24조 제5항의 기부금 전기이월액 중 ‘㉔ 해당사업연도 손금추인액’의 합계금액과 일치해야 한다.

❺ ⑥ 해당연도지출액 손금산입액 : ‘④ 금액’에서 ‘⑤ 금액’을 뺀 금액과 ‘③ 금액’ 중 적은 금액을 적되, 그 금액이 음수(−)인 경우에는 “0”으로 적는다.

❻ ⑦ **한도초과액** : '③ 금액'에서 '⑥ 금액'을 빼서 적되, 그 금액이 음수(-)인 경우에는 "0"으로 적는다.

※ 3. 지정기부금 손금산입 한도액 계산에 동일하게 적용한다.

❼ ⑧ **소득금액 차감잔액** : '① 금액'에서 '② 금액'을 뺀 금액에서 '⑤'란과 '⑥'란의 손금산입액을 뺀 금액을 적되, 그 금액이 음수(-)인 경우에는 "0"으로 적는다.

❽ ⑭ **한도액** : 사업연도 종료일 현재 「사회적기업 육성법」 제2조 제1호에 따른 사회적기업에 해당하는 경우 '(⑧ 소득금액 차감금액-⑪)'의 20%로 한다.

❾ ⑳ **한도초과액 합계** : 해당 사업연도 기부금 한도초과액 총합계금액으로서 별지 제3호 서식의 '⑩⑤ 기부금한도초과액'란에 적는다.

❿ **"5. 기부금 이월액 명세"**는 사업연도별로 작성하며, '㉔ 해당 사업연도 손금추인액 합계금액'은 "법인세 과세표준 및 세액조정계산서(별지 제3호 서식)"의 '⑩⑥ 기부금한도초과 이월액 손금산입'란에 적는다.

⓫ **"6. 해당 사업연도 기부금 지출액 명세"**는 기부금 종류별로 작성하며, ㉖지출액 합계금액은 기부금 종류별 합계금액으로 "기부금명세서(별지 제22호 서식)"의 '⑨'란의 '가. · 나.'에 해당하는 기부금 종류별 소계 금액과 일치해야 한다.

※ 「법인세법」 제24조 제5항에 따라 손금산입한도액을 초과하여 손금에 산입하지 아니한 기부금은 10년 이내에 끝나는 각 사업연도로 이월하여 공제가능하며, 「법인세법 일부개정법률」(법률 제16008호로 2018.12.24. 공포, 2019.1.1. 시행된 것을 말함) 부칙 제4조 제2항에 따라 2013.1.1. 이후 개시한 사업연도에 지출한 기부금에 대해서도 적용한다.

CHAPTER

03 과세표준

구분	항목	코드	금액
② 과세표준계산	⑱ 각 사업연도소득금액 (⑱=⑰)		
	⑲ 이 월 결 손 금	07	
	⑳ 비 과 세 소 득	08	
	㉑ 소 득 공 제	09	
	㉒ 과 세 표 준 (⑱－⑲－⑳－㉑)	10	
	⑮9 선 박 표 준 이 익	55	

법인세 과세표준은 각 사업연도 소득금액에서 이월결손금, 비과세, 소득공제를 차감하여 계산한다.

1 이월결손금

(1) 공제대상

각 사업연도의 결손금이란 그 사업연도에 속하는 손금의 총액이 그 사업연도에 속하는 익금의 총액을 초과하는 경우에 그 초과하는 금액을 말한다(법법 14 ②). 공제대상 결손금은 각 사업연도의 개시일 전 15년 이내(2019.12.31. 이전에 개시하는 사업연도에 발생한 분은 10년)에 개시한 사업연도에서 발생한 결손금으로서 그 후의 각 사업연도의 과세표준 계산을 할 때 공제되지 아니한 금액을 말한다(법법 13 ①). 공제대상 결손금에는 다음의 것이 포함되거나 포함되지 않는다(법법 13 ①, 법령 10 ②·③).

구 분	내 용
공제대상에 포함되는 것	① 결손금은 세무상 결손금으로서 과세표준 신고 시 포함되거나, 결정 · 경정 또는 수정신고 시 과세표준에 포함된 결손금만 해당 ② 합병 · 분할에 따라 승계된 결손금의 범위액을 포함
공제대상에 포함되지 않는 것	다음 중 어느 하나에 해당하는 결손금은 각 사업연도의 과세표준계산에 있어서 공제된 것으로 본다. ① 무상으로 받은 자산의 가액 및 채무의 면제 또는 소멸로 인한 부채의 감소액으로 충당된 이월결손금 ② 주식발행초과금 중 채무의 출자전환 시 발생한 채무면제액으로 충당된 결손금 ③ 결손금 소급공제 규정에 따라 공제받은 결손금

(2) 공제순서

과세표준 계산 시 결손금을 공제할 때에는 먼저 발생한 사업연도의 결손금부터 차례대로 공제한다(법령 10 ②).

(3) 공제배제

납세지 관할 세무서장 또는 관할지방국세청장이 법인세의 과세표준과세액을 추계하여 결정 또는 경정하는 경우에는 이월결손금공제 규정을 적용하지 아니한다. 다만, 천재지변 등으로 장부나 그 밖의 증명서류가 멸실되어 추계하는 경우에는 그러하지 아니하다(법법 68).

(4) 공제한도

다음 중 어느 하나에 해당하는 법인을 제외한 내국법인의 경우 이월결손금에 대한 공제의 범위는 각 사업연도 소득의 80%(2018년 1월 1일부터 2018년 12월 31일까지 개시하는 사업연도는 70%)로 한다(법법 13 ①, 법령 10 ①).

① 중소기업
② 「채무자 회생 및 파산에 관한 법률」에 따라 법원이 인가결정한 회생계획을 이행 중인 법인
③ 「기업구조조정 촉진법」에 따라 기업개선계획의 이행을 위한 약정을 체결하고 기업개선계획을 이행 중인 법인
④ 해당 법인의 채권을 보유하고 있는 금융회사등이나 그 밖의 법률에 따라 금융업무 또는 기업구조조정 업무를 하는 「공공기관의 운영에 관한 법률」에 따른 공공기관으로서 기획재정부령으로

정하는 기관과 경영정상화계획의 이행을 위한 협약을 체결하고 경영정상화계획을 이행 중인 법인

⑤ 채권, 부동산 또는 그 밖의 재산권(유동화자산)을 기초로 「자본시장과 금융투자업에 관한 법률」에 따른 증권을 발행하거나 자금을 차입(유동화거래)할 목적으로 설립된 법인으로서 다음 각 목의 요건을 모두 갖춘 법인

㉠ 「상법」 또는 그 밖의 법률에 따른 주식회사 또는 유한회사일 것

㉡ 한시적으로 설립된 법인으로서 상근하는 임원 또는 직원을 두지 아니할 것

㉢ 정관 등에서 법인의 업무를 유동화거래에 필요한 업무로 한정하고 유동화거래에서 예정하지 아니한 합병, 청산 또는 해산이 금지될 것

㉣ 유동화거래를 위한 회사의 자산 관리 및 운영을 위하여 업무위탁계약 및 자산관리위탁계약이 체결될 것

㉤ 2015년 12월 31일까지 유동화자산의 취득을 완료하였을 것

⑥ 「자산유동화에 관한 법률」이 적용되는 유동화전문회사등에 해당하는 내국법인이나 「조세특례제한법」의 프로젝트금융회사에 대한 소득공제에 따른 내국법인

⑦ 「기업 활력 제고를 위한 특별법」에 따른 사업재편계획 승인을 받은 법인

⑧ 「조세특례제한법」 또는 법인의 수익사업에서 발생한 소득을 고유목적사업준비금으로 손금에 산입할 수 있는 비영리내국법인

(5) 사업양수 시 이월결손금 공제 제한

1) 이월결손금 공제 제한

내국법인이 다른 내국법인의 사업을 양수하는 경우로서 다음의 기준에 모두 해당되는 경우에는 사업양수일 현재 이월결손금은 사업을 양수한 내국법인의 각 사업연도의 과세표준을 계산할 때 양수한 사업부문에서 발생한 소득금액의 범위에서는 공제하지 아니한다(법법 50의 2, 법령 86의 2 ①).

① 양수자산이 사업양수일 현재 양도법인의 자산총액의 70% 이상이고, 양도법인의 자산총액에서 부채총액을 뺀 금액의 90% 이상인 경우

② 사업의 양도 · 양수 계약일 현재 양도 · 양수인이 특수관계인인 법인인 경우

2) 구분경리

다른 내국법인의 사업을 양수하는 내국법인은 사업양수일 현재 법인세법 제13조 제1항 제1호에 해당하는 이월결손금(15년 내 발생한 것)이 있는 경우 그 결손금을 공제받는 기간 동안 자산 · 부채 및 손익을 양도법인으로부터 양수한 사업에 속하는 것과 그밖의 사업에

속하는 것을 각각 다른 회계로 구분하여 기록하여야 한다(법법 113 ⑦).

다만, 중소기업 간 또는 동일사업을 하는 법인 간에 사업을 양수하는 경우에는 회계를 구분하여 기록하지 아니할 수 있는데(법법 113 ⑦ 단서), 이에 따라 회계를 구분하여 기록하지 아니한 경우에는 그 소득금액을 사업양수일 현재 양수법인의 사업용 자산가액과 양수한 사업부문의 사업용 자산가액의 비율로 안분계산한 금액으로 한다(법법 50의 2). 이 경우 양수한 사업부문의 사업용 자산가액은 양수법인의 결손금을 공제하는 각 사업연도의 종료일 현재 계속 보유(처분 후 대체하는 경우를 포함한다) · 사용하는 자산의 사업양수일 현재 가액으로 한다(법령 86의 2 ①).

실무포인트 **이월결손금의 임의선택에 의하여 공제가능한지 여부**

1991년 사업연도에 발생한 결손금 중 1992년 및 1993년 사업연도의 소득금액계산상 소득금액의 범위 안에서 공제되지 아니한 금액은 1994년 사업도의의 소득금액 계산상 공제받을 수 없는 것임(법인46012-1768, 1994.6.17.).

2 비과세

내국법인의 각 사업연도 소득 중 공익신탁의 신탁재산에서 생기는 소득에 대하여는 각 사업연도의 소득에 대한 법인세를 과세하지 아니한다(법법 51).

3 소득공제

유동화전문회사 등의 내국법인이 다음 산식에 의한 배당가능이익의 90% 이상을 배당한 경우 그 금액은 해당 배당을 결의한 잉여금 처분의 대상이 되는 사업연도의 소득금액에서 공제한다(법법 51의 2 ①, 법령 86의 3 ①).

배당가능이익 = 기업회계상 당기순이익 + 이월이익잉여금 − 이월결손금 − 이익준비금

4 [서식사례] 자본금과 적립금 조정명세서(갑)

(1) 작성사례

㈜택스에듀(2025.1.1.~2025.12.31.)의 이월결손금 자료는 다음과 같을 때 자본금과 적립금 조정명세서(갑)과 법인세 과세표준 및 세액조정계산서를 작성하시오.

발생연도	금 액
2011년	80,000,000
2012년	50,000,000
2023년	20,000,000

[별지 제50호 서식(갑)] 〈개정 2025.3.21.〉 (앞쪽)

사업연도	2025. 1. 1. ~ 2025. 12. 31.	자본금과 적립금조정명세서(갑)	법인명	㈜택스에듀
			사업자등록번호	123-81-12346

Ⅱ. 결손금(이월결손금 및 당기 결손금) 계산서

1. 결손금 발생 및 증감내역

⑥ 사업연도	결손금					감소내역				잔액		
	발생액			⑩ 소급공제	⑪ 차감계	⑫ 기공제액	⑬ 당기 공제액	⑭ 보전	⑮ 계	⑯ 기한 내	⑰ 기한 경과	⑱ 계
	⑦ 계	⑧ 일반 결손금	⑨ 배분 한도초과 결손금 (⑨ = ㉕)									
2011	80,000,000	80,000,000									80,000,000	80,000,000
2012	50,000,000	50,000,000									50,000,000	50,000,000
2023	20,000,000	20,000,000					20,000,000		20,000,000			
계	150,000,000	150,000,000					20,000,000		20,000,000		130,000,000	130,000,000

2. 법인세 신고 사업연도의 결손금에 동업기업으로부터 배분한도를 초과하여 배분받은 결손금(배분한도 초과결손금)이 포함되어 있는 경우 사업연도별 이월결손금 구분내역

⑲ 법인세 신고 사업연도	⑳ 동업기업 과세연도 종료일	㉑ 손금산입한 배분한도 초과 결손금	㉒ 법인세 신고 사업연도 결손금	배분한도 초과결손금이 포함된 이월결손금 사업연도별 구분			
				㉓ 합계 (㉓=㉕+㉖)	배분한도 초과결손금 해당액		㉖ 법인세 신고 사업연도 발생 이월결손금 해당액 (⑧일반결손금으로 계상) (㉑≥㉒의 경우는 "0", ㉑<㉒의 경우는 ㉒-㉑)
					㉔ 이월결손금 발생 사업연도	㉕ 이월결손금 (㉕ = ⑨) ㉑과㉒ 중 작은 것에 상당하는 금액	

▌법인세 과세표준 및 세액조정 계산서▐

구분	항목		코드	금액
① 각사업도소득계산	⑩① 결산서상당기순손익		01	973 647 042
	소득조정 금액	⑩② 익금산입	02	386 653 287
		⑩③ 손금산입	03	620 300 329
	⑩④ 차가감소득금액 (⑩①+⑩②−⑩③)		04	740 000 000
	⑩⑤ 기부금한도초과액		05	25 000 000
	⑩⑥ 기부금한도초과이월액 손금산입		54	160 000 000
	⑩⑦ 각 사업연도소득금액 (⑩④+⑩⑤−⑩⑥)		06	605 000 000
② 과세표준계산	⑩⑧ 각 사업연도소득금액 (⑩⑧=⑩⑦)			605 000 000
	⑩⑨ 이월결손금		07	20 000 000
	⑪⓪ 비과세소득		08	
	⑪① 소득공제		09	
	⑪② 과세표준 (⑩⑧−⑩⑨−⑪⓪−⑪①)		10	585 000 000
	⑮⑨ 선박표준이익		55	

CHAPTER

04 세액계산

1 산출세액의 계산

(1) 개 요

법인세 산출세액은 법인세 과세표준금액에 세율을 적용하여 계산한다.

법인세 산출세액＝과세표준×세율

(2) 세율(법법 55 ①)

1) 일반적인 경우

과세표준	연도별 법인세율	
	2018.1.1. 이후 개시사업연도	2023.1.1. 이후 개시사업연도
2억원 이하 금액	10%	9%
2억원 초과 200억원 이하 금액	20%	19%
200억원 초과 3천억원 이하 금액	22%	21%
3천억원 초과 금액	25%	24%

2) 성실신고확인서 제출대상 부동산 임대업 주업법인 등의 경우

<table>
<tr><th rowspan="2">과세표준</th><th colspan="2">연도별 법인세율</th></tr>
<tr><th>그 이전</th><th>2025.1.1. 이후 개시사업연도</th></tr>
<tr><td>2억원 이하 금액</td><td>9%</td><td rowspan="2">19%</td></tr>
<tr><td>2억원 초과 200억원 이하 금액</td><td>19%</td></tr>
<tr><td>200억원 초과 3천억원 이하 금액</td><td>21%</td><td>21%</td></tr>
<tr><td>3천억원 초과 금액</td><td>24%</td><td>24%</td></tr>
</table>

성실신고확인서 제출대상 부동산 임대업 주업법인 등이란 다음의 요건을 모두 갖춘 내국법인(지급배당에 대하여 소득공제를 적용하는 유동화전문회사 등과 「조세특례제한법」에 따른 프로젝트금융회사에 대한 소득공제를 적용하는 투자회사 등은 제외)을 말한다(법법 60의 2 ①, 법령 97의 4 ②).

① 해당 사업연도 종료일 현재 내국법인의 지배주주등이 보유한 주식등의 합계가 해당 내국법인의 발행주식총수 또는 출자총액의 50%를 초과할 것

② 해당 사업연도에 부동산 임대업을 주된 사업으로 하거나 다음의 금액 합계가 기업회계기준에 따라 계산한 매출액(㉠부터 ㉢까지의 금액이 포함되지 아니한 경우에는 이를 포함하여 계산)의 50% 이상일 것

㉠ 부동산 또는 부동산상의 권리의 대여로 인하여 발생하는 소득의 금액(간주임대료 포함)

㉡ 이자소득의 금액

㉢ 배당소득의 금액

③ 해당 사업연도의 상시근로자 수가 5명 미만일 것

2 사업연도가 1년 미만인 경우

사업연도가 1년 미만인 내국법인의 각 사업연도의 소득에 대한 법인세는 다음과 같이 계산하며, 월수는 역에 따라 계산하되 1월 미만의 일수는 1월로 한다(법법 55 ②).

$$\text{법인세산출세액} = (\text{과세표준} \times \frac{12}{\text{사업연도월수}}) \times \text{세율} \times \frac{\text{사업연도월수}}{12}$$

사 례 신설법인의 산출세액

2025년 신설된 도 · 소매업을 영위하는 ㈜택스에듀의 산출세액을 계산하시오.

설립등기일 : 2025.7.26.	사업자등록일 : 2025.9.15.	과세표준 : 150,000,000원

풀이

$$산출세액 = (150,000,000 \times \frac{12}{6}) \times 세율 \times \frac{6}{12}$$
$$= [(200,000,000 \times 9\%) + (100,000,000 \times 19\%)] \times \frac{6}{12}$$
$$= 18,500,000원$$

3 토지 등 양도소득에 대한 법인세

(1) 개 요

내국법인이 다음 중 어느 하나에 해당하는 토지, 건물(건물에 부속된 시설물과 구축물을 포함), 주택을 취득하기 위한 권리로서 「소득세법」에 따른 조합원입주권 및 분양권을 양도한 경우에는 해당 각 호에 따라 계산한 세액을 토지 등 양도소득에 대한 법인세로 하여 법인세 산출세액에 추가하여 납부하여야 한다. 이 경우 하나의 자산이 다음의 규정 중 둘 이상에 해당할 때에는 그중 가장 높은 세액을 적용한다(법법 55의 2 ①).

대 상	세 율	
	2020.12.31. 이전	2021.1.1. 이후
1) 주택 및 별장	10%(미등기 40%)	20%(미등기 40%)
2) 비사업용 토지	10%(미등기 40%)	10%(미등기 40%)
3) 조합입주권 및 분양권	과세제외	20%(미등기 40%)

(2) 비과세

다음 중 어느 하나에 해당하는 토지 등 양도소득에 대하여는 토지 등 양도소득에 대한 법인세를 적용하지 아니한다. 다만, 미등기 토지 등에 대한 토지 등 양도소득에 대하여는 그러하지 아니하다(법법 55의 2 ④).

① 파산선고에 의한 토지 등의 처분으로 인하여 발생하는 소득
② 법인이 직접 경작하던 농지로서 양도소득세의 비과세요건을 충족하는 교환 또는 분할 · 통합으로 인하여 발생하는 소득
③ 「도시 및 주거환경정비법」이나 그 밖의 법률에 따른 환지처분으로 지목 또는 지번이 변경되거나 체비지로 충당됨으로써 발생하는 소득
④ 적격분할 · 적격물적분할 · 적격현물출자 · 조직변경 및 교환으로 인하여 발생하는 소득
⑤ 「한국토지주택공사법」에 따른 한국토지주택공사가 같은 법에 따른 개발사업으로 조성한 토지 중 주택건설용지로 양도함으로써 발생하는 소득
⑥ 주택을 신축하여 판매하는 법인이 그 주택 및 주택에 부수되는 토지로서 건물정착면적의 5배(도시지역 외는 10배) 이내의 토지를 양도함으로써 발생하는 소득
⑦ 그 밖에 공공목적을 위한 양도 등 기획재정부령이 정하는 사유로 인하여 발생하는 소득

(3) 양도소득금액의 계산

토지 등 양도소득은 토지 등의 양도금액에서 양도 당시의 장부가액을 뺀 금액으로 한다. 다만, 비영리 내국법인이 1990년 12월 31일 이전에 취득한 토지등 양도소득은 양도금액에서 장부가액과 1991년 1월 1일 현재 「상속세 및 증여세법」 제60조와 같은 법 제61조 제1항에 따라 평가한 가액 중 큰 가액을 뺀 금액으로 할 수 있다(법법 55의 2 ⑥).

토지 등 양도소득 = 토지 등의 양도금액 − 양도 당시의 장부가액

법인이 각 사업연도에 토지 등 양도소득에 대한 법인세를 적용받는 둘 이상의 토지 등을 양도하는 경우에 토지 등 양도소득은 해당 사업연도에 양도한 자산별로 위의 산식에 따라 계산한 금액을 합산한 금액으로 한다. 이 경우 양도한 자산 중 양도 당시의 장부가액이 양도금액을 초과하는 토지 등이 있는 경우에는 그 양도차손을 다음 자산의 양도소득에서 순차로 차감하여 토지 등 양도소득을 계산한다(법령 92의 2 ⑨).

① 양도차손이 발생한 자산과 같은 세율을 적용받는 자산의 양도소득
② 양도차손이 발생한 자산과 다른 세율을 적용받는 자산의 양도소득

(4) 귀속시기

토지 등 양도소득의 귀속사업연도, 양도시기 및 취득시기는 원칙적으로 대금청산일이 속하는 사업연도로 하며, 대금청산일 전에 소유권 등의 이전등기 · 등록을 하거나 해당 자산을

인도하는 경우 또는 상대방이 해당 자산을 사용수익하는 경우에는 그 이전등기 · 등록일, 인도일, 사용수익일 중 빠른 날이 속하는 사업연도로 한다. 한편, 장기할부조건에 의한 토지 등의 양도의 경우로서 법인이 회수약정기준에 따라 회계처리하였더라도 대금청산일, 사용수익일, 등기등록일 중 빠른 날로 적용한다(법령 92의 2 ⑥).

예약매출에 의하여 토지 등을 양도하는 경우에는 그 계약일에 토지 등이 양도된 것으로 본다. 이 경우 토지 등 양도소득은 작업진행률을 기준으로 하여 계산한 수익과 비용 중 지정지역에 포함되는 기간에 상응하는 수익과 비용을 각각 해당 사업연도의 익금과 손금으로 하여 계산한다(법령 92의 2 ⑦ · ⑧).

실무포인트

1. 주택과 부수토지

(1) 주택과 부수토지의 범위

과세대상 주택과 부수토지는 국내에 소재하는 주택(부수토지 포함) 및 별장(주거용 건축물로서 상시 주거용으로 사용하지 아니하고 휴양 · 피서 · 위락 등의 용도로 사용하는 건축물)을 말한다. 다만, 읍 또는 면에 있으면서 대통령령으로 정하는 범위 및 기준에 해당하는 농어촌주택(부속토지 포함)은 제외한다(법법 55의 2 ①).

(2) 과세대상에서 제외되는 것

대통령령으로 정하는 다음의 주택은 과세대상에서 제외한다(법령 99의 2 ②).

① 대통령령으로 정하는 요건을 충족한 민간매입임대주택, 공공매입임대주택, 민간건설임대주택, 공공건설임대주택, 미분양주택, 공공지원민간임대주택, 장기일반민간임대주택 등

② 주주 등이나 출연자가 아닌 임원 및 직원에게 제공하는 사택 및 그 밖에 무상으로 제공하는 법인 소유의 주택으로서 사택제공기간 또는 무상제공기간이 10년 이상인 주택

③ 저당권의 실행으로 인하여 취득하거나 채권변제를 대신하여 취득한 주택으로서 취득일부터 3년이 경과하지 아니한 주택

④ 그 밖에 부득이한 사유로 보유하고 있는 주택으로서 기획재정부령으로 정하는 주택

2. 비사업용 토지

(1) 비사업용 토지의 범위

비사업용 토지란 토지를 소유하는 기간 중 대통령령으로 정하는 기간 동안 다음 중 어느 하나에 해당하는 토지를 말한다(법법 55의 2 ②).

① 농지(논밭 및 과수원)

② 임야

③ 목장용지

④ 농지, 임야 및 목장용지 외의 토지 중 다음의 것을 제외한 토지

㉠ 「지방세법」이나 관계 법률에 따라 재산세가 비과세되거나 면제되는 토지

㉡ 「지방세법」 제106조 제1항 제2호 및 제3호에 따른 재산세 별도합산과세대상 또는 분리과세대상이 되는 토지

㉢ 토지의 이용상황, 관계 법률의 의무이행 여부 및 수입금액 등을 고려하여 법인의 업무와 직접 관련이 있다고 인정할 만한 상당한 이유가 있는 토지로서 대통령령으로 정하는 것

⑤ 「지방세법」 제106조 제2항에 따른 주택 부속토지 중 주택이 정착된 면적에 지역별로 대통령령으로 정하는 배율을 곱하여 산정한 면적을 초과하는 토지

⑥ 별장의 부속토지. 다만, 별장에 부속된 토지의 경계가 명확하지 아니한 경우에는 그 건축물 바닥면적의 10배에 해당하는 토지를 부속토지로 본다.

⑦ 그 밖에 ①부터 ⑥까지에 규정된 토지와 유사한 토지로서 법인의 업무와 직접 관련이 없다고 인정할 만한 상당한 이유가 있는 대통령령으로 정하는 토지

(2) 비사업용 토지의 기간 기준

비사업용 토지를 판단함에 있어서 "대통령령으로 정하는 기간"이란 다음 중 어느 하나에 해당하는 기간을 말한다(법령 92의 3).

① 토지의 소유기간이 5년 이상인 경우에는 다음 각 목의 모두에 해당하는 기간

㉠ 양도일 직전 5년 중 2년을 초과하는 기간

㉡ 양도일 직전 3년 중 1년을 초과하는 기간

㉢ 토지의 소유기간의 40%에 상당하는 기간을 초과하는 기간. 이 경우 기간의 계산은 일수로 한다.

② 토지의 소유기간이 3년 이상이고 5년 미만인 경우에는 다음 모두에 해당하는 기간

㉠ 토지의 소유기간에서 3년을 차감한 기간을 초과하는 기간

㉡ 양도일 직전 3년 중 1년을 초과하는 기간

㉢ 토지의 소유기간의 40%에 상당하는 기간을 초과하는 기간. 이 경우 기간의 계산은 일수로 한다.

③ 토지의 소유기간이 3년 미만인 경우에는 다음 모두에 해당하는 기간. 다만, 소유기간이 2년 미만이면 ㉠은 적용하지 아니한다.

㉠ 토지의 소유기간에서 2년을 차감한 기간을 초과하는 기간

㉡ 토지의 소유기간의 40%에 상당하는 기간을 초과하는 기간. 이 경우 기간의 계산은 일수로 한다.

3. 법령에 따른 협의매수 또는 수용된 토지가 아니므로 비사업용토지에 해당하고 공익사업용 감면 규정을 적용받을 수도 없음

일반 사인간의 위치에서 매매가 이루어진 이 사건 토지의 양도는 「공익사업을 위한 토지 등의 취득 및 보상에 관한 법률」에 따른 협의매수 또는 수용된 토지가 아니므로 비사업용토지에 해당하고, 2015년도 이후인 2016.11.21. 공익사업시행자로 미지정된 자에게 양도하였으므로 공익사업용 감면 규정 역시 적용받을 수 없음(대법원 2021두33395, 2021.5.27.).

4. 회생계획인가 결정에 따라 '회생계획의 수행을 위하여 양도하는 토지'란 법원의 허가를 받아 양도하고 그 양도대금을 회생계획에 따른 채무의 변제에 사용하는 토지를 말함

「법인세법 시행규칙」 제46조의 2 제3항 제14호의 「채무자의 회생 및 파산에 관한 법률」 제242조에 따른 회생계획인가 결정에 따라 '회생계획의 수행을 위하여 양도하는 토지'는 회생담보권 설정 여부와는 무관하고, 회생계획의 변제자금 조달방법 등에 처분이 구체적으로 예정된 토지에 한정되는 것이 아니라 회생계획에 처분이 구체적으로 예정되지 않은 토지라도 법원의 허가를 받아 양도하고 그 양도대금을 회생계획에 따른 채무의 변제에 사용하는 경우 위 '회생계획의 수행을 위하여 양도하는 토지'에 해당될 수 있는 것임. 다만, 회생계획에 처분이 구체적으로 예정되지 않은 토지의 양도가 위 '회생계획의 수행을 위하여 양도'한 토지에 해당되는지 여부는 회생계획의 구체적인 내용, 법원의 허가 여부 및 허가 조건, 양도대금을 회생계획에 따른 채무의 변제에 실제 사용하였는지 여부 등 관련 사실관계를 종합적으로 고려하여 판단할 사항임(서면법령법인-756, 2021.5.25.).

5. 주거용 오피스텔의 주택 포함 여부

내국법인이 양도하는 건물이 주택에 해당하는지 여부는 건물의 공부상의 용도구분에 관계없이 실제 용도가 사실상 주거에 공하는 건물인가에 의하여 판단하여야 하므로 공부상 주택으로 되어 있으나 주택을 멸실 후 나대지 상태로 양도하는 경우 주택 양도가 아닌 토지의 양도로 보는 것임(서면2팀-2676, 2006.12.28.).

6. 토지수용 후 잔여토지의 비사업용토지 해당 여부

내국법인이 상가 등을 신축할 목적으로 취득한 토지의 일부가 철도부지로 수용된 경우 남은 부분의 토지가 사업에 사용이 불가능하다는 사유는 「법인세법」 제55조의 2 제3항 및 같은 법 시행령 제92조의 11 규정이 적용되지 아니하는 것임(사전-2017-법령해석 법인-0091, 2017.8.10.).

7. 토지 등 양도소득 계산 시 양도비용이 장부가액에 포함 여부

「법인세법」 제55조의 2 제6항에 의한 토지 등 양도소득을 계산함에 있어 부동산 매매업을 영위하는 법인이 토지를 양도하면서 지출하는 비용(계약서 작성비용, 수수료, 텔레마케터 인건비 등)이 양도금액에서 차감되지 않는 것임(법인세과-1035, 2009.9.23.).

[별지 제3호 서식 부표 2] 〈신설 2021.3.16.〉 (앞쪽)

사업연도	. . . ~ . . .	**토지등 양도소득에 대한 법인세 산출명세서**	법인명	
			사업자등록번호	

① 일련번호	② 구분	③ 등기여부	④ 소 재 지	⑤ 종류	⑥ 면적	취득일자 / ⑦ 취득가액	양도일자 / ⑧ 양도가액	⑨ 장부가액	⑩ 양도차익 (⑧-⑨)	비과세 ⑪유형	비과세 ⑫금액	⑬ 과세소득 (⑩-⑫)	⑭ 세율
합 계										╳			╳

210mm×297mm[백상지 80g/㎡ 또는 중질지 80g/㎡]

4 법인세법상 가산세의 주요 내용

종 류	요 건	내 용
① 무기장가산세	장부를 비치 · 기장하지 아니한 경우	산출세액의 20%와 수입금액의 0.07% 중 큰 금액
② 원천징수불성실 가산세	납부기한 내에 납부하지 아니하거나 부족하게 납부하는 경우	다음 중 작은 금액 ① 미납세액 · 과소납부분 세액×0.022%×기간(납부기한의 다음 날부터 자진납부일 또는 납세고지일까지의 기간)+미납세액 · 과소납부분 세액×3% ② 미납세액 · 과소납부분 세액×10%
③ 지출증명서류 미수취가산세	재화 또는 용역을 공급받고 세금계산서, 계산서 또는 신용카드 매출전표, 현금영수증 등 정규영수증을 수취하지 아니한 경우	수취하지 아니한 금액 또는 사실과 다르게 받은 금액으로 손금에 산입하는 것이 인정되는 금액의×2% * 산출세액이 없는 경우에도 적용
④ 주주등명세서 제출 불성실가산세	주주등명세서를 제출하여야 하는 내국법인이 주주등명세서를 제출하지 않거나 명세의 전부 또는 일부를 누락하여 제출한 경우 및 불분명한 경우	미제출 · 누락제출 · 불명분 주식 등의 액면금액(무액면주식의 경우 주식발행법인의 자본금/발행주식총수)×0.5%
⑤ 주식 등 변동상황 명세서 제출 불성실가산세	제출하지 아니하거나 변동상황을 누락 또는 불분명하게 제출한 경우	미제출 · 누락 · 불분명한 주식 등의 액면금액 또는 출자가액의 1%*1 *1. 제출기한 경과 후 1월 이내 제출 시에는 0.5%* 적용 * 산출세액이 없는 경우에도 적용
⑥ 지급명세서 등 제출 불성실가산세	㉠ 지급명세서 제출 불성실 가산세	미제출(불분명)한 금액의 1%*(제출기한 경과 후 3월 이내 제출 시에는 0.5%* 적용) -일용근로소득 지급명세서의 미제출(불분명)한 금액의 0.25%*(제출기한 경과 후 1개월 이내 제출 시에는 0.125%* 적용) * 산출세액이 없는 경우에도 적용
	㉡ 간이지급명세서 제출 불성실 가산세	미제출(불분명)한 금액의 0.25%[제출기한 경과 후 3월(원천징수대상 사업소득의 경우 1월) 이내 제출 시에는 0.125%* 적용]

종 류	요 건	내 용
⑦ 계산서 교부 불성실가산세	계산서 미발급 또는 적어야 할 사항을 적지 아니하거나 사실과 다르게 적은 경우	공급가액의 1%, 2%(미발급, 가공 · 허위수수의 경우) * 산출세액이 없는 경우에도 적용 전자계산서 미발급, 계산서의 발급시기가 지난 후 해당 재화 또는 용역의 공급시기가 속하는 사업연도 말의 다음 달 25일까지 계산서를 발급한 경우 1%
⑧ 매출 · 매입처별 계산서합계표 불성실가산세	소정기한 내 제출하지 아니하거나 적어야 할 사항의 전부 또는 일부를 누락하거나 사실과 다르게 적은 경우(⑦이 적용되는 분의 매출가액 또는 매입가액은 제외)	* 공급가액의 1%(0.5%) * 산출세액이 없는 경우에도 적용 (③ 또는 「부가가치세법」의 규정에 따라 가산세가 부과되는 부분은 제외)
⑨ 업무용승용차 관련비용 명세서 제출 불성실 가산세	업무용 승용차 관련비용 등에 관한 명세서를 제출하지 아니하거나 사실과 다르게 제출한 경우	미제출(불분명)한 금액의 1% * 산출세액이 없는 경우에도 적용
⑩ 성실신고확인서 제출 불성실 가산세	성실신고 확인대상인 내국법인이 각 사업연도의 종료일이 속하는 달의 말일부터 4개월 이내에 제출하지 아니한 경우	다음 중 큰 금액 ① 법인세 산출세액×5% ② 수입금액×0.02% * 산출세액이 없는 경우에도 적용

* 원천징수세액을 반기별로 납부하는 원천징수의무자가 2021년 7월 1일부터 2022년 6월 30일까지 일용근로소득 또는 원천징수대상 사업소득을 지급하는 경우로서 다음의 어느 하나에 해당하는 경우에는 지급명세서 및 간이지급명세서 미제출 가산세는 부과하지 아니한다(법법 75의 7 ②).
  ① 일용근로소득에 대한 지급명세서를 그 소득 지급일(근로소득 원천징수시기에 대한 특례를 적용받는 소득에 대해서는 해당 소득에 대한 과세기간 종료일을 말한다)이 속하는 분기의 마지막 달의 다음 달 말일(휴업, 폐업 또는 해산한 경우에는 휴업일, 폐업일 또는 해산일이 속하는 분기의 마지막 달의 다음 달 말일)까지 제출하는 경우
  ② 원천징수대상 사업소득에 대한 간이지급명세서를 그 소득 지급일(연말정산 사업소득의 원천징수시기에 대한 특례를 적용받는 소득에 대해서는 해당 소득에 대한 과세기간 종료일을 말한다)이 속하는 반기의 마지막 달의 다음 달 말일(휴업, 폐업 또는 해산한 경우에는 휴업일, 폐업일 또는 해산일이 속하는 반기의 마지막 달의 다음 달 말일)까지 제출하는 경우
* 다음에 해당하는 경우에는 간이지급명세서 가산세는 부과하지 아니한다(법법 75의 7 ③).
  ① 2026년 1월 1일부터 2026년 12월 31일(「소득세법」 제128조 제2항에 따라 원천징수세액을 반기별로 납부하는 원천징수의무자의 경우에는 2027년 12월 31일)까지 「소득세법」 제164조의 3 제1항 제1호의 소득을 지급하는 경우로서 해당 소득에 대한 간이지급명세서를 그 소득 지급일(「소득세법」 제135조를 적용받는 소득에 대해서는 해당 소득에 대한 과세기간 종료일을 말한다)이 속하는 반기의 마지막 달의 다음 달 말일(휴업, 폐업 또는 해산한 경우에는 휴업일, 폐업일 또는 해산일이 속하는 반기의 마지막 달의 다음 달 말일)까지 제출하는 경우(법률 제19193호 부칙 제1조 2026.1.1. 시행)
  ② 2024년 1월 1일부터 2024년 12월 31일까지 「소득세법」 제164조의 3 제1항 제3호의 소득을 지급하는 경우로서 해당 소득에 대한 지급명세서를 그 소득 지급일이 속하는 과세연도의 다음 연도 2월 말일(휴업, 폐업 또는 해산한 경우에는 휴업일, 폐업일 또는 해산일이 속하는 달의 다음다음 달 말일)까지 제출하는 경우(법률 제19193호 부칙 제1조 2024.1.1. 시행)

5 국세기본법상 가산세의 주요 내용

종 류	요 건	내 용
① 무신고가산세 (국기법 47의 2)	법정신고기한 내 신고하지 않은 때	• 부당 무신고 → 산출세액의 40%와 수입금액의 0.14% 중 큰 금액 • 일반 무신고 → 산출세액의 20%와 수입금액의 0.07% 중 큰 금액 * 산출세액은 토지 등 양도소득에 대한 법인세 포함
② 과소신고가산세 (국기법 47의 4)	신고하여야 할 과세표준에 미치지 못하게 신고한 때	• 부당 과소신고 → 산출세액의 40%와 수입금액의 0.14% 중 큰 금액 • 일반 과소신고 → 산출세액의 10%
③ 초과환급신고 가산세 (국기법 47의 4)	신고한 환급세액이 신고하여야 할 환급세액을 초과하는 때	• 부당 초과환급신고 → 초과환급신고세액의 40% • 일반 초과환급신고 → 초과환급신고세액의 10%
④ 납부지연가산세 (국기법 47의 5)	세액을 납부하지 않거나 미치지 못하게 납부한 때 또는 세액을 초과환급받은 때	• 미납부세액 또는 초과환급세액의 0.022%×미납(초과환급)일수

실무포인트

1. 부정행위는 국세포탈 등의 목적이 있어야 함

"부당한 방법"으로 볼 수 있는 경우를 예시적으로 규정하고 있는 구 「국세기본법 시행령」 제27조 제2항은 그 일반조항이라고 할 수 있는 제6호에서 "부당한 방법"에 해당하기 위하여는 국세포탈 등의 목적이 필요하다는 취지로 규정하고 있다. 따라서 구 「국세기본법」 제47조의 3 제2항 제1호가 규정하는 부당과소신고가산세의 요건인 "부당한 방법으로 한 과세표준의 과소신고"란 국세에 관한 과세요건사실의 발견을 곤란하게 하거나 허위의 사실을 작출하는 등의 부정한 적극적인 행위에 의하여 과세표준을 과소신고하는 경우로서 그 과소신고가 누진세율의 회피, 이월결손금 규정의 적용 등과 같은 조세포탈의 목적에서 비롯된 것을 의미한다고 보아야 한다(대법원 2013두12362, 2013.11.28.).

2. 부정행위에 해당하는지 여부

구 「국세기본법 시행령」 제27조 제2항 제6호가 부당한 방법의 하나로 들고 있는 '사기, 그 밖의 부정한 행위'란 조세의 부과와 징수를 불가능하게 하거나 현저히 곤란하게 하는 위계 기타 부정한 적극적인 행위를 말하고, 적극적 은닉의도가 나타나는 사정이 덧붙여지지 않은 채 단순히 세법상의 신고를 하지 아니하거나 허위의 신고를 함에 그치는 것은 여기에 해당하지 않는다.

또한 납세자가 명의를 위장하여 소득을 얻더라도, 명의위장이 조세포탈의 목적에서 비롯되고 나아가 여기에 허위 계약서의 작성과 대금의 허위지급, 과세관청에 대한 허위의 조세 신고, 허위의 등기 · 등록, 허위의 회계장부 작성 · 비치 등과 같은 적극적인 행위까지 부가되는 등의 특별한 사정이 없는 한, 명의위장 사실만으로 구 「국세기본법 시행령」 제27조 제2항 제6호에서 정한 '사기, 그 밖의 부정한 행위'에 해당한다고 볼 수 없다(대법원 2015두44158, 2017.4.13.).

3. 재경정 및 귀책사유가 없는 경우 가산세 적용 방법

① 납세자가 신고의무를 불이행한 것에 대하여 정당한 사유가 인정되어 과소신고가산세가 부과되지 않은 경우에는 「국세기본법」 제48조 제1항에 따라 납부불성실가산세도 부과되지 아니하는 것임(기획재정부 조세정책과-89, 2011.1.21.).

② 납세지 관할세무서장 등이 경정한 법인세 과세표준 및 세액을 추후 심판결정에 따라 증액된 과세표준 및 세액으로 재경정하는 경우에는, 재경정된 과세표준에서 당초 「법인세법」(1998.12.28. 개정된 것. 이하 같음) 제60조의 규정에 따라 법인이 신고한 과세표준을 차감한 금액에 대하여 같은 법 제76조 제1항 제2호의 규정에 의한 신고불성실 가산세를 징수하고, 재경정하는 과세표준과 신고한 과세표준에 의한 산출세액의 차액에 대하여 같은 법 같은 조 같은 항 제3호의 규정에 의한 납부불성실 가산세를 징수하는 것임.
법인이 납세지 관할세무서장 등의 경정내용을 기준으로 이와 연관되는 그 다음 사업연도의 법인세 과세표준 및 세액을 신고 · 납부하였으나, 당초 경정 사업연도분에 대한 심판결정에 의해 당해 연관된 사업연도의 소득금액 및 과세표준과 세액을 증액하여 재경정하는 경우에는 당해 법인에게 과소신고 및 과소납부의 귀책사유가 없는 것이므로 신고불성실 가산세 및 납부불성실 가산세를 징수하지 아니하는 것임(법인세과-3129, 2008.10.28.).

③ 법인이 「국세기본법」 제45조의 2의 규정에 의하여 경정을 청구하여 과세관청이 동 내용을 그대로 인정하는 경정결정을 함에 따라 납부세액을 환급받은 후, 동 법인이 경정청구 및 경정결정에 착오가 있음을 확인하여 경정결정한 부분에 대하여 이를 정정하여 「국세기본법」 제45조의 규정에 의한 수정신고를 하는 경우 「법인세법」 제76조 제1항 제2호의 규정에 의한 과소신고가산세는 적용하지 않는 것임(재경부 법인-37, 2004.1.12.).

4. 과소신고가산세 적용방법

① 「국세기본법」 제47조의 3에 따라 법인세 과소신고가산세를 계산함에 있어서 과소신고한 익금에 대하여 그 익금과 직접 대응하는 손금이 있는 경우 과소신고과세표준은 그 손금을 차감한 금액으로 하는 것임.

「국세기본법」 제47조의 3 제2항을 적용함에 있어서 법인세 일반과소신고과세표준은 과소신고과세표준에서 부당과소신고과세표준을 차감하여 계산하는 것이며, 부당과소신고과세표준 또는 일반과소신고과세표준은 각각 세법에 따라 신고하여야 할 과세표준과 납세자가 신고한 과세표준과의 차액을 한도로 하는 것임.

「국세기본법」 제47조의 3에 따라 법인세 과소신고가산세를 계산함에 있어서 신고한 과세표준에 과세표준이 되지 아니하는 금액이 포함되어 있는 경우에는 이를 신고한 과세표준에서 차감하지 아니하는 것임(기획재정부 조세정책과-707, 2010.7.22.).

② 부당한 방법으로 과소신고한 과세표준에 해당하는지 여부는 「국세기본법 시행령」 제27조 제2항 각 호를 살피어 사실판단할 사항임(징세-536, 2009.1.29.).

③ 법인이 법정신고기한 내에 세법에 따른 과세표준신고서를 제출한 경우로서 신고한 과세표준이 세법에 따라 신고하여야 할 과세표준에 미달한 경우에 「국세기본법」 제47의 3에 따라 과소신고가산세가 적용되는 것이므로 수정신고 이후 경정청구에 의해 과세관청이 경정한 과세표준이 납세자가 당초 신고한 과세표준에 미달하는 경우에는 수정신고 시 납부한 과소신고가산세는 환급되는 것임(징세과-399, 2009.12.9.).

④ 비영업용 소형승용자동차의 임차비용 관련 매입세액에 대한 새로운 법령해석(기획재정부 부가가치세과-704, 2009.10.22.)에 따라 부가가치세 매입세액을 공제하는 경정청구와 함께 당해 매입세액을 손금불산입하여 법인세를 수정신고하는 경우에는 「국세기본법」 제48조에 의거 가산세 감면의 정당한 사유에 해당되는 것임(징세과-117, 2010.2.2.).

CHAPTER

05 세액감면 및 세액공제

1 법인세법상 세액공제

(1) 재해손실세액공제

내국법인이 각 사업연도 중 천재지변이나 그 밖의 재해로 인하여 자산총액의 20% 이상을 상실하여 납세가 곤란하다고 인정되는 경우에는 법인세액에서 재해상실비율을 곱하여 계산한 금액을 그 세액에서 공제한다(법법 58 ①).

1) 재해손실세액공제액의 계산방법

재해손실세액공제액 = Min[①, ②]

① 세액공제 대상액 = 공제대상 법인세 × 재해상실비율
② 한도액 : 상실된 재산가액

① 공제세액의 계산

구 분	내 용
㉠ 재해 발생일 현재 부과되지 아니한 법인세와 부과된 법인세로서 미납된 법인세	법인세액(가산세*) × 재해상실비율
㉡ 재해 발생일이 속하는 사업연도의 소득에 대한 법인세	(법인세액 산출세액 + 가산세* − 다른 법률에 의한 공제감면) × 재해상실비율

* 무기장가산세, 무신고가산세, 과소신고가산세 및 납부불성실가산세를 말한다(법령 95 ③).

② 재해상실비율

$$\text{재해상실비율} = \frac{\text{상실된 사업용 자산가액}}{\text{상실 전의 사업용 총자산가액}}$$

04 과세표준과 세액계산

사업용 총자산가액이란 사업용 자산(토지 제외)과 타인 소유의 자산으로서 그 상실로 인한 변상책임이 당해 법인에게 있는 것의 합계액을 말한다(법령 95 ①). 자산상실비율은 재해발생일 현재 그 법인의 장부가액에 의하여 계산하되, 장부가 소실 또는 분실되어 장부가액을 알 수 없는 경우에는 납세지 관할 세무서장이 조사하여 확인한 재해발생일 현재의 가액에 의하여 이를 계산한다(법령 95 ②). 법인이 재해로 인하여 수탁받은 자산을 상실하고 그 자산가액의 상당액을 보상하여 주는 경우에는 이를 재해로 인하여 상실된 자산의 가액 및 상실 전의 자산총액에 포함하되, 예금 · 받을어음 · 외상매출금 등은 당해 채권추심에 관한 증서가 멸실된 경우에도 이를 상실된 자산의 가액에 포함하지 아니한다. 이 경우 그 재해자산이 보험에 가입되어 있어 보험금을 수령하는 때에도 그 재해로 인하여 상실된 자산의 가액을 계산함에 있어서 동 보험금을 차감하지 아니한다(법칙 49 ②).

2) 기타사항

① 세액공제의 신청

재해손실세액공제를 받으려는 내국법인은 다음의 구분에 따른 기한까지 재해손실세액공제신청서[법칙 별지 제65호 서식]를 납세지 관할 세무서장에게 제출해야 한다(법령 95 ⑤).

> ㉠ 재해발생일 현재 과세표준신고기한이 지나지 않은 법인세의 경우에는 그 신고기한. 다만, 재해발생일부터 신고기한까지의 기간이 3개월 미만인 경우에는 재해발생일부터 3개월로 한다.
> ㉡ 재해발생일 현재 미납된 법인세와 납부해야 할 법인세의 경우에는 재해발생일부터 3개월

② 징수유예

납세지 관할 세무서장은 법인이 재해손실세액공제 규정에 의하여 공제받을 법인세에 대하여 해당 세액공제가 확인될 때까지 그 법인세의 지정납부기한 · 독촉장에서 정하는 기한을 연장하거나 납부고지를 유예할 수 있다(법령 95 ⑥).

실무포인트 **신고 누락한 소득에 대한 재해손실세액공제 가능 여부**

재해발생일 이전 과세기간의 신고누락 소득에 대한 소득세액으로 재해발생일 이후에 추징된 소득세액은 재해손실세액공제 적용할 수 없는 것임(소득세과-1484, 2009.9.25.).

(2) 외국납부세액공제

「법인세법」상 내국법인은 무제한 납세의무자로서 국내원천소득뿐 아니라 국외원천소득에 대하여도 과세된다. 국외원천소득에 대하여는 해당 외국에서 그 나라의 법률에 의하여 과세되는 것이 일반적이기 때문에 해당 소득에 대하여는 이중과세되는 문제점이 발생한다. 이러한 이중과세를 조정하기 위한 제도가 외국납부세액공제이다.

내국법인의 각 사업연도 소득에 대한 과세표준에 국외원천소득이 포함되어 있는 경우로서 그 국외원천소득에 대하여 외국법인세액을 납부하였거나 납부할 것이 있는 경우에는 외국법인세액을 해당 사업연도의 산출세액에서 공제할 수 있다(법법 57 ①).

외국납부세액공제를 적용받는 경우 외국법인세액은 익금에 산입한 후 세액공제를 적용한다. 과세표준에 포함되어야 할 소득은 세전소득이어야 하므로 외국법인세액을 납부하기 전의 소득으로 환원시켜 과세소득과 산출세액을 계산한 후 여기에서 세액공제를 적용하여야 되기 때문이다.

1) 공제대상 외국법인세액의 범위

공제대상 외국법인세액은 ① 직접외국납부세액, ② 의제외국납부세액, ③ 간접외국납부세액으로 구분된다.

① 직접외국납부세액

직접 외국납부세액이란 외국정부(지방자치단체 포함)에 납부하였거나 납부할 다음의 세액을 말하며, 가산세는 제외한다. 다만, 「국제조세조정에 관한 법률」 규정에 따라 내국법인의 소득이 감액조정된 금액 중 국외특수관계인에게 반환되지 아니하고 내국법인에게 유보되는 금액에 대하여 외국정부가 과세한 금액과 해당 세액이 조세조약에 따른 비과세 · 면제 · 제한세율에 관한 규정에 따라 계산한 세액을 초과하는 경우에는 그 초과하는 세액은 제외하되, 러시아연방 정부가 비우호국과의 조세조약 이행중단을 내용으로 하는 자국 법령에 근거하여 조세조약에 따른 비과세 · 면제 · 제한세율에 관한 규정에 따라 계산한 세액을 초과하여 과세한 세액은 포함한다(법령 94 ①).

㉠ 초과이윤세 및 기타 법인의 소득 등을 과세표준으로 하여 과세된 세액
㉡ 법인의 소득 등을 과세표준으로 하여 과세된 세의 부가세액
㉢ 법인의 소득 등을 과세표준으로 하여 과세된 세와 동일한 세목에 해당하는 것으로서 소득 외의 수익금액 기타 이에 준하는 것을 과세표준으로 하여 과세된 세액

② 의제외국납부세액

국외원천소득이 있는 내국법인이 조세조약의 상대국에서 해당 국외원천소득에 대하여 법인세를 감면받은 세액 상당액은 그 조세조약으로 정하는 범위에서 세액공제의 대상이 되는 외국법인세액으로 본다(법법 57 ③).

‖ 의제외국납부세액공제를 규정한 조약체결국 ‖

그리스, 말레이시아, 멕시코, 방글라데시, 베트남(2014.12.31.까지), 불가리아, 브라질, 사우디아라비아(2013.12.31.까지), 스리랑카, 슬로바키아, 싱가포르, 아일랜드, 요르단(2015.12.31.까지), 이스라엘, 이집트, 인도네시아, 중국(2014.12.31.까지), 체코, 카타르(2010.1.1.부터 10년), 쿠웨이트, 터키, 태국, 튀니지, 파키스탄, 파푸아뉴기니, 포르투갈, 피지, 필리핀 등

③ 간접외국납부세액

내국법인의 각 사업연도의 소득금액에 외국자회사로부터 받는 수입배당금액이 포함되어 있는 경우 그 외국자회사의 소득에 대하여 부과된 외국법인세액 중 그 수입배당금액에 대응하는 것으로서 다음 산식에 따라 계산한 금액은 세액공제의 대상이 되는 외국법인세액으로 본다(법법 57 ④, 법령 94 ⑧).

$$\text{간접외국납부세액} = \text{외국자회사의 당해 사업연도의 법인세액} \times \frac{\text{수입배당금액}}{\text{외국자회사의 해당 사업연도의 소득금액} - \text{외국자회사의 해당 사업연도의 법인세액}} \times 100\%$$

외국자회사란 내국법인이 의결권 있는 발행주식총수 또는 출자총액의 10%(해외자원개발사업을 하는 외국법인은 5%) 이상을 외국법인의 배당확정일 현재 6개월 이상 계속하여 보유하고 있는 법인을 말한다(법법 57 ⑤, 법령 94 ⑨). 다만, 외국자회사 수입배당금의 익금불산입규정의 적용대상이 되는 수입배당금에 대해서는 외국납부세액 규정을 적용하지 아니한다(법법 57 ⑦).

2) 외국납부세액공제액의 계산방법

외국납부세액공제 = Min[①, ②]

① 외국납부세액 = 직접외국납부세액 + 의제외국납부세액 + 간접외국납부세액

② $\text{공제한도} = \text{법인세 산출세액}^{*1} \times \frac{\text{국외원천소득}^{*2}}{\text{과세표준}}$

*1. 법인세 산출세액 : 토지 등 양도소득에 대한 법인세는 제외한다.
*2. 국외원천소득 : 국외원천소득이란 과세표준에 포함된 국외원천소득을 말하며, 이월결손금 · 비과세 · 소득공제가 국외에서 발생한 경우에는 전액을 국외소득금액에서 차감하나, 국외에서 발생한 것인지 여부가 불투명한 경우에는 소득금액에 비례하여 안분계산한 금액으로 한다(법령 94 ⑥).

3) 국외사업장이 둘 이상인 경우의 한도계산

공제한도금액을 계산할 때 국외사업장이 둘 이상의 국가에 있는 경우에는 국가별로 구분하여 이를 계산한다(법령 94 ⑦). 외국납부세액공제 한도액을 국가별로 구분하여 계산하는 경우에 어느 국가의 소득금액이 결손인 경우의 기준국외원천소득금액 계산은 각국별 소득금액에서 그 결손금액을 총소득금액에 대한 국가별 소득금액 비율로 안분계산하여 차감한 금액으로 한다(법기통 57-94…1).

4) 기타사항

① 세액공제의 신청

외국납부세액공제를 적용받으려는 내국법인은 과세표준신고와 함께 외국납부세액공제세액계산서[법칙 별지 제8호 서식 부표 5의 2]를 납세지 관할 세무서장에게 제출하여야 한다(법령 94 ③).

② 이월공제

외국정부에 납부하였거나 납부할 외국법인세액이 해당 사업연도의 공제한도금액을 초과하는 경우 그 초과하는 금액은 해당 사업연도의 다음 사업연도 개시일부터 10년 이내에 끝나는 각 사업연도로 이월하여 그 이월된 사업연도의 공제한도금액 내에서 공제받을 수 있다. 다만, 외국정부에 납부하였거나 납부할 외국법인세액을 이월공제기간 내에 공제받지 못한 경우 그 공제받지 못한 외국법인세액은 이월공제기간의 종료일 다음 날이 속하는 사업연도의 소득금액을 계산할 때 손금에 산입할 수 있다(법법 57 ②).

③ 추계 시

법인세의 과세표준과 세액을 추계하는 경우에는 외국납부세액공제를 적용하지 아니한다. 다만, 천재지변 등으로 장부나 그 밖의 증명서류가 멸실되어 추계하는 경우에는 그러하지 아니하다(법법 68).

실무포인트

1. 외국납부세액공제 적용 시 외국납부세액의 원화 환산방법

(1) 미납세액에 대한 환율적용

해당 과세기간 중에 확정된 외국납부세액이 납기 미도래 또는 분납으로 인하여 미납된 경우 동 미납세액에 대한 원화환산은 그 과세기간 종료일 현재의 외국환거래법에 의한 기준환율 또는 재정환율에 의하는 것임사전법령소득-283, 2019.12.31.).

(2) 수정신고한 세액의 환율적용

내국법인에 사용료소득을 지급한 일본법인이 지급 당시 세액을 원천징수하지 아니하고 추후 동 세액을 수정신고 · 납부함에 따라 내국법인이 이를 반환하는 경우, 내국법인이 일본에서 납부한 세액에 대하여 외국납부세액공제를 적용함에 있어 해당 외국납부세액의 원화환산은 일본법인이 일본 과세당국에 세액을 납부한 때의 「외국환거래법」에 의한 기준환율 또는 재정환율을 적용하는 것임(국제세원-279, 2012.6.5.).

2. 국외원천소득은 국외에서 받는 총수입금액에서 관련 직 · 간접경비를 차감하여 계산하는 것임

내국법인이 국외원천소득에 대한 외국납부세액공제 한도액을 계산함에 있어 공제대상 국외원천소득은 국외에서 받는 총수입금액에서 관련 직 · 간접경비를 차감하여 계산하는 것으로, 이와 관련하여 「법인세법 시행규칙」 별지 제8호 서식 부표 5의 공제감면세액 계산서(5)를 참조하기 바람(국제세원관리담당관실-367, 2012.8.14.).

3. 외국납부세액공제 대상 여부

내국법인이 중국에 소재하는 자회사로부터 사용료소득 수취 시 중국세법에 의하여 소득세 및 영업세가 원천징수된 경우 당해 소득세는 법인세법 제57조의 규정에 의한 외국법인세액에 해당하는 것이나, 당해 영업세는 동 규정에 의한 외국법인세액에 해당하지 아니하는 것이며 당해 법인의 각사업연도소득금액 계산 시 이를 손금에 산입하는 것이며(국제조세과-346, 2004.6.8.) 내국법인이 중국에 소재하는 자회사로부터 기술료를 수취함에 있어 중국세법에 의하여 원천징수된 영업세가 환급되는 경우 동 영업세는 환급이 확정되는 사업연도에 익금에 산입하고, 영업세 환급으로 인하여 추가납부하는 법인세는 같은 사업연도에 법인세법 제57조 외국납부세액공제 등 규정을 적용하는 것임(서면2팀-2243, 2004.11.4.).

2 [서식사례] 외국납부세액공제

(1) 작성사례

(주)택스에듀는 2025년도에 베트남에 법인세로서 25,000,000원을 납부하였다. 법인세 과세표준은 4억원이었으며 국외원천소득은 1억원이었다.

(2) 풀 이

1) 법인세 산출세액

200,000,000원×9%+200,000,000원×19%=56,000,000원

2) 외국납부세액공제

Min [①, ②]=14,000,000원

① 외국납부세액=25,000,000원

② 공제한도=56,000,000원×1억원/4억원=14,000,000원

■ 법인세법 시행규칙[별지 제8호 서식 부표 5] 〈개정 2021. 3. 16.〉 (앞쪽)

사업연도	2025.1.1. ~ 2025.12.31.	공제감면세액계산서(5)	법인명	(주)택스에듀
			사업자등록번호	

1. **외국납부세액공제 적용** (선택한 경우의 [ ] 에 ✔표 합니다.)

[✔] 예

[ ] 아니오

2. **국가별 세액공제 총괄명세** ('1. 외국납부세액공제 적용'에서 '예'를 선택한 경우만 작성) (단위 : 원)

①연번	②국가명	③국가코드		당기 공제대상 세액		⑥국가별 공제한도	⑦당기 실제 세액공제액	⑧이월배제액	⑨차기이월액
				④전기 이월액	⑤당기 외국납부세액 발생액				
1	*베트남*	*V*	*N*		*25,000,000*	*14,000,000*	*14,000,000*		*11,000,000*
2									
3									
4									
5									
6									
7									
8									
9									
10									
합 계					*25,000,000*		*14,000,000*		*11,000,000*

3. **손금산입 명세** ('1. 외국납부세액공제 적용'에서 '아니오'를 선택한 경우만 작성) (단위 : 원)

구 분	금 액
⑩ 매출원가 계상	
⑪ 판매비와 일반관리비에 계상	
⑫ 제조원가에 계상	
⑬ 그 밖의 계정과목에 계상	
⑭ 세무조정에 의한 손금산입	
합계(⑩+⑪+⑫+⑬+⑭)	

첨부서류	외국납부세액의 증빙서류, 감면근거(발생국가 관련법령, 조문) 등

210mm×297mm[백상지 80g/㎡ 또는 중질지 80g/㎡]

■ 법인세법 시행규칙 [별지 제8호 서식 부표 5의 2] 〈개정 2021. 3. 16.〉

(앞쪽)

사 업 연 도	2025.1.1. ~ 2025.12.31.	국가별 외국납부세액공제 명세서	법 인 명	(주)텍스에듀
			사업자등록번호	

※ 본 서식은 국외원천소득(결손)이 발생한 각 국가별로 구분하여 각각 작성해야 합니다.

1. 국외원천소득(결손) 발생국가

① 국가명	베트남	② 국가코드	V	N

2. 공제한도 계산

(단위 : 원)

구 분		금 액
③ 국외원천소득 대응 비용 차감 전 국외원천소득		100,000,000
④ 국외원천소득에 대응하는 비용 등		
⑤ 국외원천소득 대응 비용 차감 후 국외원천소득(③ － ④)		100,000,000
감면되는 국외원천소득	⑥ 국외원천소득 중 「조세특례제한법」 등에 따른 감면적용대상금액	
	⑦ 감면비율	
	⑧ 차감되는 감면 국외원천소득(⑥ × ⑦)	
⑨ 외국납부세액 공제대상 국외원천소득(⑤ － ⑧)		
⑩ 기준 국외원천소득(결손국가가 없는 경우=⑨, 있는 경우 작성방법 참조)		100,000,000
공제한도	⑪ 산출세액	56,000,000
	⑫ 과세표준	400,000,000
	⑬ 공제한도(⑪ × ⑩ / ⑫)	14,000,000
당기공제대상 세액	⑭ 전기 이월액	
	⑮ 당기 외국납부세액 발생액	25,000,000
	⑯ 당기 공제대상 세액(⑭ + ⑮)	25,000,000
이월배제액	⑰ 한도초과액(⑮ － ⑬, 음수인 경우 영(0))	11,000,000
	⑱ 이월배제 대상 외국납부세액	0
	⑲ 이월배제 외국납부세액(⑰와 ⑱ 중 작은 금액)	0
⑳ 차기 이월액(⑯ － ⑬ － ⑲, 음수인 경우 영(0))		11,000,000

3. 공제세액 계산

(단위 : 원)

㉑ 사업연도	㉒ 당초 외국납부세액 발생액	㉓ 전기 누적 공제액	㉔ 당초 이월배제액	㉕ 당기 공제대상 세액 (㉒-㉓-㉔=⑯)	㉖ 당기 실제 세액공제액 (합계≦⑬)	㉗ 이월배제액 (⑲)	㉘ 차기이월액 (㉕-㉖-㉗)
당 기	25,000,000			25,000,000	14,000,000		11,000,000
합 계							

210mm×297mm[백상지 80g/㎡ 또는 중질지 80g/㎡]

04 과세표준과 세액계산

사 업 연 도	2025.1.1. ~ 2025.12.31	소득종류별 외국납부세액 명세서	법 인 명	(주)택스에듀
			사업자등록번호	

(단위 : 원)

① 연번	소득발생처			⑤ 소득 구분	⑥국외원천 소득		외국납부세액			
	②국가명	③ 코드	④상호(성명)	코드			⑦직접	⑧간주	⑨간접	⑩하이브리드 (Hybrid)
1	베트남	V N	(주)택스에듀	사업소득		세목	외국법인세			
				B S I		세액	25,000,000			
2						세목				
						세액				
3						세목				
						세액				
4						세목				
						세액				
5						세목				
						세액				
6						세목				
						세액				
7						세목				
						세액				
8						세목				
						세액				
9						세목				
						세액				
10						세목				
						세액				
11						세목				
						세액				
12						세목				
						세액				
13						세목				
						세액				
14						세목				
						세액				
15						세목				
						세액				
합 계						세액	25,000,000			

210mm×297mm[백상지 80g/㎡ 또는 중질지 80g/㎡]

3 조세특례제한법상 세액감면 및 세액공제

법인세로 납부할 세액은 산출세액에서 공제감면세액을 차감하고 가산세를 가산하여 계산한다. 이때 공제감면세액은 최저한세 적용대상 세액과 최저한세 적용제외세액으로 구분하여 계산하는데, 최저한세 적용대상 공제감면 세액을 먼저 공제한 후 차감세액이 최저한세 이상이 되면 최저한세 적용제외 공제감면세액을 차감한다. 만약, 차감세액이 최저한세보다 작다면 최저한세 적용대상 공제감면세액을 배제하여 최저한세 이상이 되도록 조정하여야 한다.

▎법인세 과세표준 및 세액조정계산서의 작성흐름▎

구분	코드					
⑳ 산 출 세 액(⑳ = ⑲)						
㉑ 최저한세적용대상 공제감면세액	17					
㉒ 차 감 세 액	18					
㉓ 최저한세적용제외 공제감면세액	19					
㉔ 가 산 세 액	20					
㉕ 가 감 계(㉒−㉓+㉔)	21					

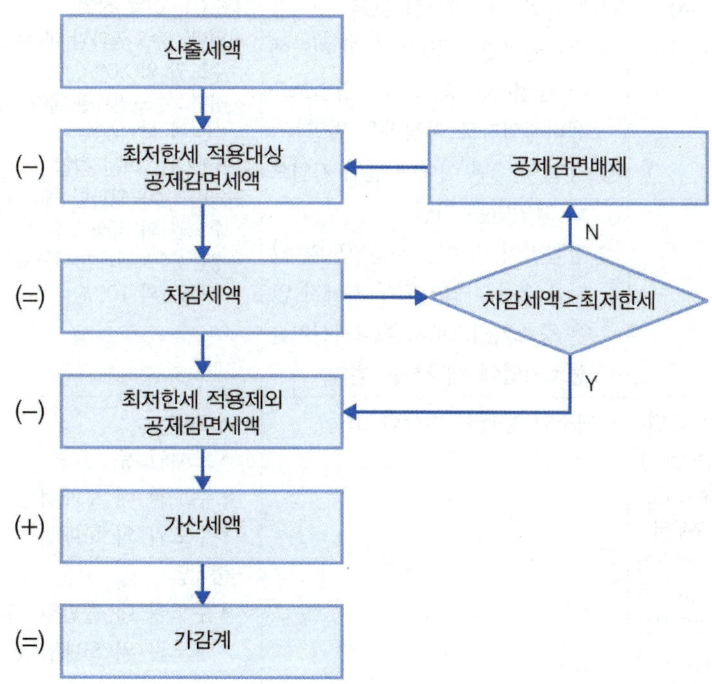

(1) 세액감면의 적용방법

1) 계산식

$$감면(면제)세액 = 산출세액 \times \frac{감면(면제)소득}{과세표준} \times 감면비율(100\%,\ 50\%,\ 30\%)$$

이월결손금 · 비과세소득 · 소득공제 등이 있는 경우의 면제소득계산은 다음과 같이 한다.

① 면제사업에서 발생한 것이 분명한 경우 : 면제소득에서 차감

② 면제사업에서 발생한 것인지의 여부가 불분명한 경우 : 소득금액에 비례하여 안분계산한 금액을 공제

2) 구분경리

법인세가 면제되는 사업과 기타의 사업을 겸영하는 경우에는 구분경리하여야 한다. 구분경리에 대하여는 "CHAPTER 06의 6. 구분경리"에서 자세히 살펴본다.

3) 조특법상 세액감면의 주요 내용

구 분	면제 · 감면 소득의 범위	면제 · 감면의 방법
① 창업중소기업에 대한 법인세 감면 (조특법 6)	당해 사업에서 발생한 소득 ㉠ 수도권과밀억제권역 외의 지역에서 창업하는 중소기업, 창업보육센터사업자로 지정받은 법인 ㉡ 창업 후 3년 이내에 벤처 기업으로 확인받은 기업 ㉢ 창업일이 속하는 사업연도와 그 다음 3개 사업연도가 지나지 않은 중소기업으로서 에너지신기술중소기업에 해당하는 법인	* 26.1.1. 이후 창업 －일반 : 수도권과밀 내(0%), 과밀 외(25%), 수도권 외 50% －청년 : 수도권과밀 내(50%), 과밀 외(75%), 수도권 외 100% * 25.12.31. 이전 창업 －일반 : 수도권과밀 내(0%), 과밀 외(50%), 수도권 외 50% －청년 : 수도권과밀 내(50%), 과밀 외(100%), 수도권 외 100%
② 중소기업 등 특별세액감면(조특법 7) * 2005.1.1. 이후 최초 개시 사업연도분부터 본점기준에서 사업장기준으로 변경(본점이 수도권 안에 있는 경우 모든 사업장이 수도권 안에 있	－제조업 등에서 발생한 소득	－소기업 • 도매업 등 : 10% • 수도권 내 도매업 등 외 : 20% • 수도권 외 도매업 등 외 : 30% －중기업 • 수도권 내 출판업 : 10% • 수도권 외 도매업 등 : 5%

구 분	면제 · 감면 소득의 범위	면제 · 감면의 방법
는 것으로 간주)		• 수도권 외 도매업 등 외 : 15% * 도매업 등 : 도매업, 소매업, 의료업 * 감면한도 : 1억원(상시근로자 수 감소 시 1억원-5백만원×감소한 상시근로자 수)
③ 기술이전에 대한 과세특례 (조특법 12 ① · ③)	-특허권, 실용신안권, 기술 비법 등을 내국인에게 이전함으로써 발생하는 소득 -중소기업이 특허권 등을 대여함으로써 발생하는 소득	-해당소득에 대한 법인세의 50% -해당소득에 대한 법인세의 25%
④ 연구개발특구에 입주하는 첨단기술 기업 등에 대한 법인세 감면 (조특법 12의 2)	-연구개발특구에 입주한 첨단 기술 기업 및 연구소기업	-소득 발생 후 3년간 100%, 그 후 2년간 50%
⑤ 공공차관 도입에 대한 법인세 감면 (조특법 20)	-공공차관의 도입과 관련하여 외국인에게 지급되는 기술 또는 용역의 대가	-공공차관협약에 따라 감면
⑥ 국제금융거래에 따른 이자소득면제 (조특법 21)	-국가 등이 국외에서 발행한 외화표시채권의 이자 등 -국가 등이 국외에서 발행한 유가증권을 비거주자와 외국법인이 국외에서 양도함으로써 발생하는 소득	-100% 면제
⑦ 공공기관이 혁신도시 등으로 이전하는 경우 법인세 등 감면(조특법 62)	-이전공공기관이 본사를 혁신 도시 또는 세종시로 이전하기 위하여 종전부동산을 양도함으로써 발생하는 양도차익 -성장관리권역에 본사가 소재하는 이전공공기관이 혁신도시로 본사를 이전하는 경우	-양도차익을 익금불산입하고, 5년 거치 5년간 균등액 이상을 환입 -이전일 이후 최초로 소득이 발생하는 과세연도와 그 후 2년은 100%, 그 다음 2년은 50% 감면 * (「법인세법」 소정의 과세표준-토지등 양도차익 및 대통령령으로 정하는 소득)×이전 후 본사근무인원 비율 상당하는 소득에 대하여 감면
⑧ 수도권과밀억제 권역 밖으로 이전 하는 중소기업공장의 법인세 감면(조특법 63)	-수도권과밀억제권역의 공장 시설을 수도권과밀억제권역 밖의 지역으로 전부이전함에 따른 이전 후 공장소득 * 본점 수도권과밀억제권역에 있는 경우 해당 본점도 함께 이전하는 경우에만 해당	-이전일 이후 최초로 소득이 발생한 과세연도와 그 후 6년(4년)은 100%, 그 다음 3년(2년)은 50% 감면

구 분	면제 · 감면 소득의 범위	면제 · 감면의 방법
⑨ 공장 및 본사의 수도권 밖 이전에 대한 법인세 감면 (조특법 63의 2)	−부동산업, 건설업, 소비성 서비스업, 무점포판매업 및 해운중개업을 영위하는 법인을 제외한 법인의 공장 및 본사의 이전에 따른 소득	−이전일 이후 최초로 소득이 발생한과세연도와 그 후 5년(7년, 10년)은 100%, 그 다음 2년(3년)은 50% 감면
⑩ 농공단지 입주기업 등에 대한 법인세 감면(조특법 64)	−농공단지 안에서 농어촌소득원 개발사업을 영위하는 내국인 −나주 · 김제지평선 · 장흥바이오식품 · 북평 · 나주혁신 · 강진환경일반산업단지, 정읍 첨단 과학산업단지에 입주하는 중소기업	−최초로 소득이 발생한 사업연도와 그 후 4년간 법인세 50% 감면
⑪ 영농조합법인에 대한 법인세 면제 (조특법 66)	−영농조합법인 * 2014.1.1. 개정 시 조합원당 수입금액 6억원을 초과하는 작물재배업 소득 분을 과세로 전환(2015.1.1. 이후 개시하는 사업연도분부터 적용)	−식량작물재배업소득 전액 −식량 외 작물재배업소득 : 6억원 등 한도로 법인세 면제 −작물재배업소득 외의 소득 중 1,200만원×조합원수 $\times\frac{\text{사업연도월수}}{12}$ 한도로 법인세 면제
⑫ 영어조합법인에 대한 법인세 면제 (조특법 67)	−영어조합법인	−어로어업소득 : 3,000만원×조합원수$\times\frac{\text{사업연도월수}}{12}$ 한도로 법인세 면제 −어로어업소득외의 소득 : 1,200만원×조합원수 $\times\frac{\text{사업연도월수}}{12}$ 한도로 법인세 면제
⑬ 농업회사 법인에 대한 법인세 면제 (조특법 68)	−농업회사법인 * 2014.1.1. 개정 시 수입금액 50억원을 초과하는 작물재배업 소득분을 과세로 전환(2015.1.1. 이후 개시하는 사업연도분부터 적용)	−식량작물재배업소득 전액 −기타 작물재배업 소득 : 50억원 등 한도 −부대사업 소득에 대한 법인세 : 최초로 소득이 발생한 연도와 그 후 4년간 법인세 50% 감면
⑭ 사회적기업 및 장애인표준사업장에 대한 법인세 감면 (조특법 85의 6)	−사회적기업이 해당 사업에서 발생한 소득 −장애인 표준사업장에서 발생한 소득	−최초로 소득이 발생한 사업연도와 그 후 2년은 100%, 그 다음 2년은 50% 감면(1억원+취약계층 등에 해당하는 상시근로자 수×2,000만원 한도) * 최저한세 적용 제외
⑮ 소형주택 임대사업자에 대한 세액감면	−내국인이 임대주택을 1호 이상 임대한 경우 임대사업에서 발생한	−1호 임대한 경우 법인세 : 30% 감면 (장기일반민간임대주택의 경우 75%)

구 분	면제 · 감면 소득의 범위	면제 · 감면의 방법
(조특법 96)	소득	-2호 이상 임대한 경우 법인세 : 20% (장기일반민간임대주택의 경우 50%)
⑯ 위기지역 내 창업 기업에 대한 법인세 감면 (조특법 99의 9)	-고용 또는 산업 위기지역 내 창업하는 기업으로 지정기간 내 창업기업	-법인세 : 5년간 100%감면 그 이후 2년간 50% 감면 - 중견 · 대기업은 다음 한도 : 투자누계액 50%+상시근로자 수×1,500만원(청년 등 2,000만원)
⑰ 해외진출기업 국내복귀에 대한 법인세 감면 (조특법 104의 24)	-내국법인이 국외(개성공업지구 포함)에서 2년 이상 운영한 사업장을 국내(수도권 밖)로 이전하여 창업하거나 사업장을 신설하고 국외 사업과 동일업종을 영위하는 등 일정요건 충족	① 완전복귀 -이전일 이후 최초로 소득이 발생한 과세연도와 그 다음 6개 과세연도 법인세 : 100% 감면 -다음 3개 과세연도 법인세 : 50% 감면 ② 부분 복귀 -(비수도권) 7년간 100%, 3년간 50% -(수도권*) 3년간 100%, 2년간 50% * 수도권과밀억제권역 외
⑱ 제주첨단과학기술단지 입주 기업에 대한 법인세 감면 (조특법 121의 8)	-제주첨단과학기술단지 입주기업의 생물산업 · 정보통신산업, 정보통신 서비스업, 첨단기술 및 첨단제품과 관련된 사업에서 발생한 소득	-최초 소득발생 과세연도 개시일부터 3년 법인세 : 100% 감면 -다음 2년 내 종료 과세연도 법인세 : 50% 감면
⑲ 제주투자진흥지구 등 입주 기업에 대한 법인세 감면 (조특법 121의 9)	㉠ 제주투자진흥지구 및 자유무역지역 입주기업의 해당 구역 사업장에서 발생하는 소득 ㉡ 제주투자진흥지구 개발사업시행자의 해당 개발사업에서 발생한 소득	㉠에 대한 감면 -최초 소득발생 과세연도 개시일부터 3년 법인세 : 100% 감면 -다음 2년 내 종료 과세연도 법인세 : 50% 감면 ㉡에 대한 감면 -㉠의 1/2을 각각 감면
⑳ 기업도시개발구역 등의 창업 기업 등에 대한 법인세 감면(조특법 121의 17)	㉠ 기업도시개발구역(지역개발사업구역, 지역활성화지역, 해양박람회특구, 평화경제특구)에서 창업 또는 사업장 신설 시 해당사업장에서 발생하는 소득 ㉡ 기업도시개발사업(지역개발사업구역, 지역활성화지역, 해양박람회	㉠에 대한 감면 -최초 소득발생 과세연도 개시일부터 3년 법인세 : 100% 감면 -다음 2년 내 종료 과세연도 법인세 : 50% 감면 ㉡에 대한 감면

04 과세표준과 세액계산

구 분	면제 · 감면 소득의 범위	면제 · 감면의 방법
	특구, 평화경제특구) 시행자의 해당 개발사업에서 발생한 소득	-㉠의 1/2을 각각 감면
㉑ 아시아문화중심도시 투자진흥지구 입주기업에 등에 대한 법인세 감면 (조특법 121의 20)	-아시아문화중심도시 투자진흥지구에 입주하는 기업이 그 지구에서 사업을 하기 위한 투자로서 업종 · 투자금액 등 일정 요건을 갖춘 경우 해당 감면대상 사업에서 발생하는 소득	-최초 소득발생 과세연도 개시일부터 3년 법인세 : 100% 감면 -다음 2년 내 종료 과세연도 법인세 : 50% 감면
㉒ 금융중심지 창업기업등에 대한 법인세 감면 (조특법 121의 21)	-금융중심지(수도권과밀억제권역 제외) 내에서 금융 · 보험업을 영위하기 위해 창업 또는 사업장을 신설하여 해당구역 안의 사업장에서 감면대상사업을 영위하는 경우 감면대상사업에서 발생하는 소득 * 2010.5.14. 이후 최초로 창업하거나 사업장을 신설하는 법인부터 적용	-최초 소득발생 과세연도 개시일부터 3년 법인세 : 100% 감면 -다음 2년 내 종료 과세연도 법인세 : 50% 감면
㉓ 첨단의료복합단지 및 국가식품클러스터 입주기업에 대한 법인세 감면 (조특법 121의 22)	-첨단의료복합단지에 입주한 기업이 보건의료기술 사업을 영위하는 경우 해당 사업에서 발생하는 소득 -국가식품클러스터에 입주한 기업이 식품산업 등 영위하는 경우 해당 사업에서 발생하는 소득	-최초 소득발생 과세연도 개시일부터 3년 법인세 : 100% 감면 -다음 2년 내 종료 과세연도 법인세 : 50% 감면
㉔ 외국법인의 보세구역 물류시설의 재고자산 판매이익의 법인세 면제 (조특법 141의 2)	-국내사업장이 없는 외국법인이 국외에서 제조하거나 양도받은 재고자산을 보세구역 및 자유무역지역에 소재하는 물류시설에 보관 후 양도함에 따라 발생하는 국내원천소득	-「법인세법」 제98조 제1항에 따른 법인세 면제

(2) 조특법상 세액공제의 주요 내용

<table>
<tr><th>구 분</th><th colspan="2">공제금 내역</th></tr>
<tr><td>① 상생결제 지급금액에 대한 세액공제(조특법 7의 4)</td><td colspan="2">• 중소기업이 상생결제제도를 통해 중소기업에 구매대금을 지급한 경우
－지급기한 15일 내 지급금액×0.5%
－지급기한 15일 초과 30일 내 지급금액×0.3%
－지급기한 30일 초과 60일 내 지급금액×0.15%
* 세액공제 한도 : 법인세의 10%</td></tr>
<tr><td>② 대 · 중소기업 상생협력을 위한 기금 출연 등에 대한 세액공제(조특법 8의 3)</td><td colspan="2">• 출연금액×10%
－출연법인의 특수관계인에 대한 지원은 공제대상에서 제외</td></tr>
<tr><td rowspan="5">③ 연구 및 인력개발비 세액공제(조특법 10)</td><td>일반기업</td><td>중소기업</td></tr>
<tr><td>－신성장동력 · 원천기술연구개발비×최대 30%*[20%+(매출액 대비 신성장 R&D 비중×3배)]
* 코스닥상장 중견기업은 최대 40%(25%+α)
－국가전략기술연구개발비×최대 40%</td><td>－신성장동력 · 원천기술연구개발비×최대 40%[30%+(매출액 대비 신성장 R&D 비중×3배)]
－국가전략기술연구개발비×최대 50%</td></tr>
<tr><td>위 해당 · 선택 않은 경우
① · ② 중 많은 것 선택
① 직전 과세연도 발생액 초과금액×25%</td><td>위 해당 · 선택 않은 경우
① · ② 중 많은 것 선택
① 직전 과세연도 발생액 초과금액×50%</td></tr>
<tr><td>② 당해연도 R&D비용×기본 0%+최대 2%(매출액 대비 R&D 비중의 1/2)</td><td>② 당해연도 R&D비용×25%
* 중소기업 졸업에 따른 공제율 단계적 인하
－중소기업 졸업 이후(유예기간 포함) 3년간 15%, 그 이후 2년간 10%</td></tr>
<tr><td>※ 중견기업 공제율 신설(2013.1.1. 이후 개시 과세연도)
① · ② 중 많은 것 선택
① 직전 과세연도 발생액 초과금액×40%
② 당해연도 R&D비용×8%</td><td>☞ 중견기업(조특령 9 ③)
1. 중소기업이 아닐 것
2. 주된 사업이 중소기업 업종
3. 소유와 경영의 실질적 독립성 충족
4. 직전 3년 평균 매출액 5천억 미만</td></tr>
<tr><td>④ 기술혁신형 합병에 대한 세액공제(조특법 12의 3)</td><td colspan="2">피합병법인에게 지급한 양도가액 중 기술가치 금액의 10%</td></tr>
</table>

구 분	공제금 내역
⑤ 기술혁신형 주식취득에 대한 세액공제(조특법 12의 4)	주식 등의 매입가액 중 기술가치 금액의 5%
⑥ 성과공유제 중소기업의 경영성과급 세액공제(조특법 19)	성과공유 중소기업이 근로자에게 지급하는 경영성과급의 10%
⑦ 통합투자세액공제(조특법 24)	• 공제대상 ① 사업용 유형자산(단, 토지 · 건물, 차량, 비품 등 제외) ② 일부 유형자산(① 제외)과 무형자산 • 공제방식 기본공제(1/5/10%)+추가공제(직전 3년 평균 투자액 초과분×3%)* * 국가전략기술사업화시설 4% • 신산업지원 강화 -신성장기술 및 신성장연구개발시설 관련 투자는 (3/6/12%) -국가전략기술관련 투자는 (15/25%) -반도체분야 국가전략기술 및 반도체분야 국가전략기술연구개발시설 관련 투자는 (20/30%) ※ 2025년에 투자하는 경우 기본공제(1/7/12%)*+추가공제(직전 3년 평균 투자액 초과분×10%) * 신성장사업화시설(3/8/14%), 국가전략기술(15/25%), 반도체분야시설(20/30%)
⑧ 영상콘텐츠 제작비용세액공제(조특법 25의 6)	기본공제(5/10/15%)+추가공제(제작비용×10%(15%)) * 공제시기 : 방송 · 영화상영이 되는 날이 속하는 사업연도
⑨ 산업수요맞춤형고등학교 등 졸업자를 병역이행 후 복직시킨 기업에 대한 세액공제(조특법 29의 2)	복직 후 2년 이내 지급한 인건비(근로의 대가로 지급하는 비용에서 퇴직소득과 퇴직급여충당금을 제외)×30%(중견기업 15%)
⑩ 경력단절 여성 고용중소기업에 대한 세액공제(조특법 29의 3)	고용 후 2년간 지급 인건비×30%(중견기업 15%)
⑪ 육아휴직 복귀자 인건비 세액공제(조특법 29의 3)	중소 · 중견기업이 6개월 이상 육아휴직 후 복귀한 근로자(남성 포함)에게 지급한 인건비×30%(중견 15%) * 아이 1명당 1번만 적용, 상시근로자 수가 감소하지 않는 경우에 적용
⑫ 근로소득을 증대시킨 기업에 대한 세액공제(조특법 29의 4)	직전 3년 임금증가율 평균 초과 임금증가분×20%(중소), 10%(중견)
	해당 과세연도에 정규직 전환 근로자의 전년 대비 임금증가액의 합계×20%(중소), 10%(중견) * 해당 과세연도 상시근로자 수가 직전 과세연도보다 크거나 같은 경우에만 적용

<table>
<tr><th>구 분</th><th>공제금 내역</th></tr>
<tr><td>⑬ 고용을 증대시킨 기업에 대한 세액공제(조특법 29의 7)</td><td>고용증가 시 1인당 연간 일정금액 공제
<table>
<tr><th rowspan="2">구 분</th><th colspan="2">중소기업</th><th rowspan="2">중견기업</th><th rowspan="2">대기업</th></tr>
<tr><th>수도권</th><th>지 방</th></tr>
<tr><td>상시근로자</td><td>700</td><td>770</td><td>450</td><td>–</td></tr>
<tr><td>청년정규직</td><td>1,100</td><td>1,200</td><td>800</td><td>400</td></tr>
</table></td></tr>
<tr><td>⑭ 고용유지중소기업 등에 대한 과세특례(조특법 30의 3)</td><td>연간 임금감소 총액×10%+시간당 임금상승에 따른 임금 보전액×15%</td></tr>
<tr><td>⑮ 중소기업의 고용증가 인원에 대한 사회보험료 세액공제(조특법 30의 4)</td><td>전년대비 고용이 증가한 중소기업의 고용증가인원에 대한 사용자의 사회보험료 부담증가액 중 청년 및 경력단절여성(청년 등) 상시근로자 순증인원의 사회보험료 100%, 청년 외 상시근로자 순증인원의 사회보험료 50%(신성장서비스업 75%)
* 고용이 감소되지 아니한 경우 다음해에도 세액공제적용</td></tr>
<tr><td>⑯ 상가임대료를 인하한 임대사업자에 대한 세액공제(조특법 96의 3)</td><td>임대료 인하액의 70%(해당 과세연도의 기준소득금액이 1억원을 초과하는 경우 5%)</td></tr>
<tr><td>⑰ 전자신고세액공제(조특법 104의 8)</td><td>• 직접 신고 : 2만원(납부할 세액 한도)
• 세무대리인 대행 : 세무대리인 본인의 소득 · 법인세 신고 월이 속하는 과세연도의 직전 과세연도 동안 법인세를 신고 대행한 경우 납세자 1인당 2만원(부가가치세 신고대리에 따른 세액공제를 포함하여 300만원 한도, 세무 · 회계법인은 750만원 한도)</td></tr>
<tr><td>⑱ 제3자 물류비용세액공제(조특법 104의 14)</td><td>• 직전 과세연도 대비 초과분공제 방식
(해당 과세연도 지출 제3자 물류비－직전 과세연도 지출 제3자 물류비)×3%(중소기업은 5%)
* 적용요건 : 직전 및 해당 과세연도 제3자 물류비용이 30% 이상이고 직전 과세연도보다 낮아지지 않을 것</td></tr>
<tr><td>⑲ 제3자 물류비용세액공제(조특법 104의 14)</td><td>• 해당 과세연도 대비 초과분공제 방식
(해당 과세연도 제3자 물류비－해당 과세연도 전체 물류비의 30%)×3%(중소기업은 5%)
* 적용대상 : 직전 과세연도 제3자 물류비용이 30% 미만이거나 없는 경우
※ 상기 두 가지 모두 해당 사업연도 법인세의 10% 한도</td></tr>
<tr><td>⑳ 기업의 운동경기부 운영비용에 대한 세액공제(조특법 104의 22)</td><td>• 취약종목의 운동경기부 및 이스포츠경기부 운영비용에 대해 창단 후 3년간 10% 세액공제
• 장애인 운동경기부 운영비용에 대한 창단 후 5년간 20% 세액공제</td></tr>
<tr><td>㉑ 석유제품 전자상거래에 대한 세액공제(조특법 104의 25)</td><td>수요자에 한해 공급가액의 0.3% 세액공제
* 해당 사업연도 법인세의 10% 한도</td></tr>
</table>

구 분	공제금 내역
㉒ 우수 선화주기업 인증을 받은 화주 기업에 대한 세액공제(조특법 104의 30)	외항정기화물운송사업자에게 지출한 운송비용×1%+직전연도 대비 증가분×3% * 해당 사업연도 법인세의 10% 한도
㉓ 금사업자와 스크랩등 사업자의 수입금액 증가 등에 대한 세액공제(조특법 122의 4)	매입자납부 익금 및 손금이 있는 경우 다음의 하나를 선택하여 공제 * 전년 초과금액의 50% 또는 매입자납부 익금 및 손금을 합친 금액의 5%에 상당하는 금액이 차지하는 비율
㉔ 성실신고 확인비용에 대한 세액공제(조특법 126의 6)	성실신고 확인비용×60%(150만원 한도)

4 중복적용의 배제

(1) 세액감면과 세액공제의 중복적용 배제

내국법인이 동일한 사업연도에 다음의 '1) 세액감면'과 '2) 세액공제' 규정이 중복되는 경우에는 그중 하나만을 선택하여 적용받을 수 있다. 다만, 창업중소기업 등에 대한 세액감면(조특법 6 ⑦)을 적용받는 경우에는 고용을 증대시킨 기업에 대한 세액공제(조특법 29의 7) 또는 통합고용세액공제(조특법 29의 8)를 적용하지 아니한다(조특법 127 ④).

① 세액감면과 세액공제 간의 중복적용 여부의 판정은 사업연도 단위로 결정한다(서이 46017-11543, 2003.8.25.; 서이-1668, 2004.8.12.).

② 세액감면을 적용받는 사업과 그 밖의 사업을 구분경리하는 경우로서 그 밖의 사업에서 공제규정이 적용되는 경우에는 해당 세액감면과 공제는 중복지원에 해당하지 않는다(조특법 127 ⑩).

③ 결손 또는 최저한세 적용으로 과거로부터 이월된 세액공제가 있는 경우 동 세액공제와 해당 사업연도에 적용되는 세액감면은 동일한 사업연도에 발생한 것이 아니므로 중복적용 가능하다(서면2팀-295, 2006.2.6.; 서면2팀-1512, 2005.9.21.).

1) 세액감면

① 창업중소기업 등에 대한 세액감면(조특법 6)

② 중소기업에 대한 특별세액감면(조특법 7)

③ 연구개발특구에 입주하는 첨단기술기업 등에 대한 세액감면(조특법 12의 2)

④ 창업중소기업 간의 통합 시 세액감면승계(조특법 31 ④)

⑤ 사업전환중소기업 · 수도권 외의 지역으로 이전하는 중소기업 또는 농업회사법인의 통합 시 세액감면승계(조특법 31 ⑤)

⑥ 법인전환 시 세액감면승계(조특법 32 ④)

⑦ 혁신도시로 이전하는 공공기관에 대한 세액감면(조특법 62 ④)

⑧ 수도권과밀억제권역 밖으로 이전하는 중소기업에 대한 세액감면(조특법 63 ①)

⑨ 지방이전법인에 대한 세액감면(조특법 63의 2 ①)

⑩ 농공단지 입주기업 등에 대한 세액감면(조특법 64)

⑪ 영농조합법인에 대한 세액면제(조특법 66)

⑫ 영어조합법인에 대한 세액면제(조특법 67)

⑬ 농업회사법인에 대한 세액면제(조특법 68)

⑭ 사회적기업 및 장애인표준사업장에 대한 세액감면(조특법 85의 6 ① · ②)

⑮ 감염병 피해에 따른 특별재난지역의 중소기업에 대한 법인세 등의 감면(조특법 99의 11 ①)

⑯ 해외진출기업의 국내복귀에 대한 세액감면(조특법 104의 24 ①)

⑰ 제주첨단과학기술단지 입주기업에 대한 세액감면(조특법 121의 8)

⑱ 제주투자진흥지구 등 입주기업에 대한 세액감면(조특법 121의 9 ②)

⑲ 기업도시개발구역 입주기업 등에 대한 세액감면(조특법 121의 17 ②)

⑳ 아시아문화중심도시투자진흥지구입주기업 등에 대한 세액감면(조특법 121의 20 ②)

㉑ 금융중심지창업기업 등에 대한 세액감면(조특법 121의 21 ②)

㉒ 첨단의료복합단지입주기업에 대한 세액감면(조특법 121의 22 ②)

㉓ 위기지역 창업기업에 대한 법인세 등의 감면(조특법 99의 9 ②)

㉔ 기회발전특구의 창업기업 등에 대한 법인세 등의 감면(조특법 121의 33 ②)

2) 세액공제

① 대 · 중소기업상생협력을 위한 기금출연 시 세액공제(조특법 8의 3)

② 내국법인의 벤처기업 등에의 출자에 대한 과세특례(조특법 13의 2)

③ 통합투자세액공제(조특법 24)

④ 영상콘텐츠 제작비용에 대한 세액공제(조특법 25의 6)

⑤ 고용창출투자세액공제(조특법 26)

⑥ 고용증가인원에 대한 사회보험료 세액공제(조특법 30의 4).

단 중소기업에 대한 특별세액감면(제7조)과 동시적용되는 경우를 제외한다.

⑦ 제3자물류비용에 대한 세액공제(조특법 104의 14)

⑧ 해외자원개발투자에 대한 세액공제(조특법 104의 15)

⑨ 운동경기부 운영비용에 대한 세액공제(조특법 104의 22)

⑩ 석유제품전자상거래에 대한 세액공제(조특법 104의 25)

⑪ 이스포츠대회 운영에 대한 과세특례(조특법 104의 35)

⑫ 금사업자와 스크랩 등 사업자에 대한 세액공제(조특법 122의 4 ①)

⑬ 금현물시장에서 거래되는 금지금에 대한 세액공제(조특법 126의 7 ⑧)

(2) 동일한 사업장에 대한 세액감면의 중복적용 배제

내국법인이 동일한 과세연도에 다음 규정에 따라 법인세가 공제되는 경우를 동시에 적용받을 수 있는 경우에는 그 중 하나만을 선택하여 적용받을 수 있다(조특법 127 ⑤).

① 창업중소기업 등에 대한 세액감면(조특법 6)

② 중소기업에 대한 특별세액감면(조특법 7)

③ 연구개발특구에 입주하는 첨단기술기업 등에 대한 세액감면(조특법 12의 2)

④ 창업중소기업간의 통합 시 세액감면승계(조특법 31 ④)

⑤ 사업전환중소기업 · 수도권 외의 지역으로 이전하는 중소기업 또는 농업회사법인의 통합 시 세액감면승계(조특법 31 ⑤)

⑥ 법인전환 시 세액감면승계(조특법 32 ④)

⑦ 혁신도시로 이전하는 공공기관에 대한 세액감면(조특법 62 ④)

⑧ 수도권과밀억제권역 밖으로 이전하는 중소기업에 대한 세액감면(조특법 63 ①)

⑨ 지방이전법인에 대한 세액감면(조특법 63의 2 ①)

⑩ 농공단지입주기업 등에 대한 세액감면(조특법 64)

⑪ 사회적기업 및 장애인표준사업장에 대한 세액감면(조특법 85의 6 ① · ②)

⑫ 감염병 피해에 따른 특별재난지역의 중소기업에 대한 법인세 등의 감면(조특법 99의 11 ①)

⑬ 해외진출기업의 국내복귀에 대한 세액감면(조특법 104의 24 ①)

⑭ 제주첨단과학기술단지 입주기업에 대한 세액감면(조특법 121의 8)

⑮ 제주투자진흥지구 등 입주기업에 대한 세액감면(조특법 121의 9 ②)

⑯ 기업도시개발구역 입주기업 등에 대한 세액감면(조특법 121의 17 ②)

⑰ 아시아문화중심도시투자진흥지구입주기업 등에 대한 세액감면(조특법 121의 20 ②)

⑱ 금융중심지창업기업 등에 대한 세액감면(조특법 121의 21 ②)

⑲ 첨단의료복합단지입주기업에 대한 세액감면(조특법 121의 22 ②)

⑳ 위기지역 창업기업에 대한 법인세 등의 감면(조특법 99의 9 ②)

㉑ 기회발전특구의 창업기업 등에 대한 법인세 등의 감면(조특법 121의 33 ②)

㉒ 외국인투자에 대한 조세 감면(조특법 121의 2)

㉓ 증자의 조세감면(조특법 121의 4)

(3) 추계 결정 시 감면배제

장부의 미비나 허위 등의 사유로 장부나 그 밖의 증명서류에 의하여 법인세의 소득금액을 계산할 수 없는 경우에는 다음의 특례를 적용하지 아니한다. 다만, 추계를 하는 경우에도 거주자에 대해서는 통합투자세액공제(조특법 24) 및 고용창출투자세액공제(조특법 26)(투자에 관한 증거서류를 제출하는 경우만 해당)는 거주자에 대해서는 적용한다(조특법 128 ①).

① 기업의 어음제도개선을 위한 세액공제(조특법 7의 2)

② 상생결제 지급금액에 대한 세액공제(조특법 7의 4)

③ 상생협력을 위한 기금 출연 등에 대한 세액공제(조특법 8의 3 ③)

④ 연구 · 인력개발비에 대한 세액공제(조특법 10)

⑤ 기술이전 및 기술취득 등에 대한 과세특례 중 중소기업의 특허권 등 취득에 따른 세액공제(조특법 12 ②)

⑥ 기술혁신형 합병에 대한 세액공제(조특법 12의 3)

⑦ 기술혁신형 주식취득에 대한 세액공제(조특법 12의 4)

⑧ 내국법인의 벤처기업 등에의 출자에 대한 과세특례(조특법 13의 2)

⑨ 내국법인의 소재 · 부품 · 장비전문기업에의 출자 · 인수에 대한 과세특례(조특법 13의 3)

⑩ 성과공유 중소기업의 경영성과급에 대한 세액공제 등(조특법 19 ①)

⑪ 통합투자세액공제(조특법 24)

⑫ 영상콘텐츠 제작비용에 대한 세액공제(조특법 25의 6)

⑬ 고용창출투자세액공제(조특법 26)

⑭ 산업수요맞춤형고등학교 등 졸업자를 병역 이행 후 복직시킨 기업에 대한 세액공제(조특법 29의 2)

⑮ 경력단절 여성 재고용 기업에 대한 세액공제(조특법 29의 3)

⑯ 근로소득을 증대시킨 기업에 대한 세액공제(조특법 29의 4)

⑰ 청년고용을 증대시킨 기업에 대한 세액공제(조특법 29의 5)

⑱ 고용을 증대시킨 기업에 대한 세액공제(조특법 29의 7)

⑲ 통합고용세액공제(조특법 29의 8)

⑳ 고용유지중소기업 등에 대한 과세특례(조특법 30의 3)

㉑ 중소기업 사회보험료 세액공제(조특법 30의 4)

㉒ 상가임대료를 인하한 임대사업자에 대한 세액공제(조특법 96의 3)(「소득세법」에 따른 간편장부대상자는 제외한다)

㉓ 선결제 금액에 대한 세액공제(조특법 99의 12)

㉔ 제3자물류 비용에 대한 세액공제(조특법 104의 14)

㉕ 해외자원개발투자에 대한 과세특례(조특법 104의 15)

㉖ 석유제품 전자상거래에 대한 세액공제(조특법 104의 25)

㉗ 우수 선화주기업 인증을 받은 화주 기업에 대한 세액공제(조특법 104의 30)

㉘ 이스포츠대회 운영에 대한 과세특례(조특법 104의 35)

㉙ 금사업자와 스크랩등사업자의 수입금액의 증가 등에 대한 세액공제(조특법 122의 4 ①)

㉚ 금 현물시장에서 거래되는 금지금에 대한 과세특례 중 금지금공급사업자가 금지금을 보관기관에 임치하고 해당 금지금을 금 현물시장에 매매거래를 통하여 공급하거나 금 현물시장에서 금지금을 매수한 사업자가 인출하는 경우의 세액공제(조특법 126의 7 ⑧)

(4) 무신고 및 기한후신고 시 세액감면의 배제

법인세법 제66조 제1항에 따라 법인세를 신고하지 아니함으로써 납세지관할세무서장이 결정하는 경우와 국세기본법 제45조의 3에 따라 기한후신고를 하는 경우에는 다음의 규정은 적용하지 아니한다(조특법 128 ②).

① 창업중소기업 등에 대한 세액감면(조특법 6)

② 중소기업에 대한 특별세액감면(조특법 7)

③ 특허권 등의 이전 및 대여에 대한 세액감면(조특법 12 ①·③)

④ 연구개발특구에 입주하는 첨단기술기업 등에 대한 세액감면(조특법 12의 2)

⑤ 중소기업간의 통합 시 세액감면의 승계(조특법 31 ④)

⑥ 사업전환 시 세액감면의 승계(조특법 31 ⑤)

⑦ 법인전환기업에 대한 세액감면(조특법 32 ④)

⑧ 혁신도시로 이전하는 공공기관에 대한 세액감면(조특법 62 ④)

⑨ 수도권과밀억제권역 밖으로 이전하는 중소기업에 대한 세액감면(조특법 63 ①)

⑩ 지방이전법인에 대한 세액감면(조특법 63의 2 ①)

⑪ 농공단지입주기업 등에 대한 세액감면(조특법 64)

⑫ 영농조합법인에 대한 세액면제(조특법 66)

⑬ 영어조합법인에 대한 세액면제(조특법 67)

⑭ 농업회사법인에 대한 세액면제(조특법 68)

⑮ 사회적기업 및 장애인표준사업장에 대한 세액감면(조특법 85의 6 ①·②)

⑯ 소형주택임대사업자에 대한 세액감면(조특법 96)

⑰ 상가건물 장기 임대사업자에 대한 세액감면(조특법 96의 2)

⑱ 상가임대료를 인하한 임대사업자에 대한 세액감면(조특법 96의 3)

⑲ 위기지역 창업기업에 대한 법인세 등의 감면(조특법 99의 9 ②)

⑳ 감염병 피해에 따른 특별재난지역의 중소기업에 대한 법인세 등의 감면(조특법 99의 11 ①)

㉑ 산림개발소득에 대한 세액감면(조특법 102)

㉒ 해외진출기업의 국내복귀에 대한 세액감면(조특법 104의 24 ①)

㉓ 제주첨단과학기술단지 입주기업에 대한 세액감면(조특법 121의 8)

㉔ 제주투자진흥지구 등 입주기업에 대한 세액감면(조특법 121의 9 ②)

㉕ 기업도시개발구역 입주기업에 대한 세액감면(조특법 121의 17 ②)

㉖ 아시아문화중심도시투자진흥지구입주기업 등에 대한 세액감면(조특법 121의 20 ②)

㉗ 금융중심지창업기업 등에 대한 세액감면(조특법 121의 21 ②)

㉘ 첨단의료복합단지입주기업에 대한 세액감면(조특법 121의 22 ②)

㉙ 선결제 금액에 대한 세액공제(조특법 99의 12)

㉚ 기회발전특구의 창업기업 등에 대한 법인세 등의 감면(조특법 121의 33 ②)

(5) 경정할 것을 미리 알고 수정신고 시 세액감면의 배제

법인세법 제66조 제2항에 따라 경정(조세특례제한법 제128조 제4항 각 호의 어느 하나에 해당되어 경정하는 경우를 제외)을 하는 경우와 과세표준수정신고서를 제출한 과세표준과 세액을 경정할 것을 미리 알고 제출한 경우에는 부정과소신고과세표준에 대하여는 다음의 규정을 적용하지 아니한다(조특법 128 ③).

① 창업중소기업 등에 대한 세액감면(조특법 6)

② 중소기업에 대한 특별세액감면(조특법 7)

③ 특허권 등의 이전 및 대여에 대한 세액감면(조특법 12 ①·③)

④ 연구개발특구에 입주하는 첨단기술기업 등에 대한 세액감면(조특법 12의 2)

⑤ 중소기업간의 통합 시 세액감면의 승계(조특법 31 ④)

⑥ 사업전환 시 세액감면의 승계(조특법 31 ⑤)

⑦ 혁신도시로 이전하는 공공기관에 대한 세액감면(조특법 62 ④)

⑧ 수도권과밀억제권역 밖으로 이전하는 중소기업에 대한 세액감면(조특법 63 ①)

⑨ 지방이전법인에 대한 세액감면(조특법 63의 2 ①)

⑩ 농공단지입주기업 등에 대한 세액감면(조특법 64)

⑪ 영농조합법인에 대한 세액면제(조특법 66)

⑫ 영어조합법인에 대한 세액면제(조특법 67)

⑬ 농업회사법인에 대한 세액면제(조특법 68)

⑭ 사회적기업 및 장애인표준사업장에 대한 세액감면(조특법 85의 6 ①·②)

⑮ 소형주택임대사업자에 대한 세액감면(조특법 96)

⑯ 상가건물 장기 임대사업자에 대한 세액감면(조특법 96의 2)

⑰ 상가임대료를 인하한 임대사업자에 대한 세액감면(조특법 96의 3)

⑱ 위기지역 창업기업에 대한 법인세 등의 감면(조특법 99의 9 ②)

⑲ 감염병 피해에 따른 특별재난지역의 중소기업에 대한 법인세 등의 감면(조특법 99의 11 ①)

⑳ 산림개발소득에 대한 세액감면(조특법 102)

㉑ 해외진출기업의 국내복귀에 대한 세액감면(조특법 104의 24 ①)

㉒ 제주첨단과학기술단지 입주기업에 대한 세액감면(조특법 121의 8)

㉓ 제주투자진흥지구 등 입주기업에 대한 세액감면(조특법 121의 9 ②)

㉔ 기업도시개발구역 입주기업에 대한 세액감면(조특법 121의 17 ②)

㉕ 아시아문화중심도시투자진흥지구입주기업 등에 대한 세액감면(조특법 121의 20 ②)

㉖ 금융중심지창업기업 등에 대한 세액감면(조특법 121의 21 ②)

㉗ 첨단의료복합단지입주기업에 대한 세액감면(조특법 121의 22 ②)

㉘ 선결제 금액에 대한 세액공제(조특법 99의 12)

㉙ 기회발전특구의 창업기업 등에 대한 법인세 등의 감면(조특법 121의 33 ②)

(6) 통합고용세액공제

통합고용세액공제 기본공제(조특법 29의 8 ①)는 고용을 증대시킨 기업에 대한 세액공제(조특법 29의 7) 또는 중소기업 사회보험료 세액공제(조특법 30의 4)에 따른 공제를 받지 아니한 경우에만 적용한다(조특법 127 ⑪).

5 세액공제액의 이월공제

(1) 이월공제

다음 규정에 따라 공제할 세액 중 해당 과세연도에 납부할 세액이 없거나 법인세 최저한세액에 미달하여 공제받지 못한 부분에 상당하는 금액은 해당 과세연도의 다음 과세연도 개시일부터 10년 이내에 끝나는 각 과세연도에 이월하여 그 이월된 각 과세연도의 법인세에서 공제한다(조특법 144 ①). 2020.12.29. 개정을 통해 종전 이월공제기간(5년, 7년, 10년)을 10년으로 통합하였고, 이를 2021.1.1. 이후 과세표준 신고 시 이월공제기간이 경과하지 않은 분부터 적용하도록 하였다(조특법 부칙 35 · 51 법률 제17759호).

① 기업의 어음제도개선을 위한 세액공제(조특법 7의 2)
② 상생결제 지급금액에 대한 세액공제(조특법 7의 4)
③ 대 · 중소기업 상생협력을 위한 기금 출연 시 세액공제(조특법 8의 3)
④ 연구 · 인력개발비에 대한 세액공제(조특법 10)
⑤ 기술이전 및 기술취득 등에 대한 과세특례 중 중소기업의 특허권 등 취득에 따른 세액공제(조특법 12 ②)
⑥ 기술혁신형 합병에 대한 세액공제(조특법 12의 3)
⑦ 기술혁신형 주식취득에 대한 세액공제(조특법 12의 4)
⑧ 내국법인의 벤처기업 등에의 출자에 대한 과세특례(조특법 13의 2)
⑨ 내국법인의 소재 · 부품 · 장비전문기업에의 출자 · 인수에 대한 과세특례(조특법 13의 3)
⑩ 성과공유 중소기업의 경영성과급에 대한 세액공제(조특법 19 ①)
⑪ 통합투자세액공제(조특법 24)
⑫ 영상콘텐츠 제작비용에 대한 세액공제(조특법 25의 6)
⑬ 고용창출투자세액공제(조특법 26)
⑭ 산업수요맞춤형고등학교 등 졸업자를 병역 이행 후 복직시킨 기업에 대한 세액공제(조특법 29의 2)
⑮ 경력단절 여성 재고용 기업에 대한 세액공제(조특법 29의 3)
⑯ 근로소득을 증대시킨 기업에 대한 세액공제(조특법 29의 4)
⑰ 청년고용을 증대시킨 기업에 대한 세액공제(조특법 29의 5)
⑱ 고용을 증대시킨 기업에 대한 세액공제(조특법 29의 7)
⑲ 통합고용세액공제(조특법 29의 8)

⑳ 고용유지중소기업 등에 대한 과세특례(조특법 30의 3)

㉑ 중소기업 사회보험료 세액공제(조특법 30의 4)

㉒ 상가임대료를 인하한 임대사업자에 대한 세액공제(조특법 96의 3)

㉓ 선결제 금액에 대한 세액공제(조특법 99의 12)

㉔ 전자신고에 대한 세액공제(조특법 104의 8)

㉕ 제3자물류 비용에 대한 세액공제(조특법 104의 14)

㉖ 해외자원개발투자에 대한 과세특례(조특법 104의 15)

㉗ 기업의 운동경기부 설치 · 운영에 대한 과세특례(조특법 104의 22)

㉘ 석유제품 전자상거래에 대한 세액공제(조특법 104의 25)

㉙ 우수 선화주기업 인증을 받은 화주 기업에 대한 세액공제(조특법 104의 30)

㉚ 금사업자와 스크랩등사업자의 수입금액의 증가 등에 대한 세액공제(조특법 122의 4 ①)

㉛ 성실신고 확인비용에 대한 세액공제(조특법 126의 6)

㉜ 금 현물시장에서 거래되는 금지금에 대한 과세특례 중 금지금공급사업자가 금지금을 보관기관에 임치하고 해당 금지금을 금 현물시장에 매매거래를 통하여 공급하거나 금 현물시장에서 금지금을 매수한 사업자가 인출하는 경우의 세액공제(조특법 126의 7 ⑧)

㉝ 내국법인의 문화산업전문회사에의 출자에 대한 세액공제(조특법 25의 7)

㉞ 지급명세서등에 대한 세액공제(조특법 104의 5)

㉟ 용역제공자에 관한 과세자료의 제출에 대한 세액공제(조특법 104의 32)

㊱ 이스포츠대회 운영에 대한 과세특례(조특법 104의 35)

(2) 공제순서

각 과세연도의 법인세에서 공제할 금액으로서 해당 과세기간의 세액공제 금액과 이월된 미공제 금액이 중복되는 경우에는 이월된 미공제 금액을 먼저 공제하고 그 이월된 미공제 금액 간에 중복되는 경우에는 먼저 발생한 것부터 차례대로 공제한다(조특법 144 ②). 조특법 제144조 제2항의 규정은 귀속사업연도가 상이한 동일 종류의 세액공제가 중복되는 경우에 적용하는 것이며, 서로 다른 종류의 세액공제가 중복되는 경우에는 당해 규정을 적용하지 않는다(서면인터넷방문상담2팀-1246, 2004.6.16.). 따라서, 서로 다른 종류의 세액공제가 중복되는 경우 이월된 미공제금액의 세액공제 순서는 납세자의 선택에 따른다.

(3) 고용창출투자세액공제의 이월 공제한도

고용창출투자세액공제의 한도 규정에 따라 해당 투자가 이루어진 과세연도에 공제받지 못한 금액과 상시근로자 수 감소로 납부한 금액은 다음의 순서대로 계산한 금액을 더한 금액을 한도로 하여 해당 투자가 이루어진 과세연도의 다음 과세연도 개시일부터 5년 이내에 끝나는 각 과세연도에 이월하여 그 이월된 각 과세연도의 사업소득에 대한 법인세에서 공제한다. 이 경우 이월공제받는 과세연도의 상시근로자 수는 '3)'에 따른 상시근로자 수 중 큰 수를 초과하여야 한다(조특법 144 ③).

실무포인트 **개정된 이월공제기간의 적용시기**

과세연도 종료일이 12월 말인 법인이 2015년 과세연도에 「조세특례제한법」 제10조에 따른 연구·인력개발비 세액공제 금액 중 납부할 세액이 없어 해당 과세연도에 공제받지 못한 부분에 상당하는 금액은 「조세특례제한법」(2020.12.29. 법률 제17759호로 개정된 것) 제144조 제1항 및 같은 법 부칙 제35조에 따라 해당 과세연도의 다음 과세연도 개시일부터 10년 이내에 끝나는 각 과세연도까지 이월하여 공제할 수 있는 것입니다(서면 2022 법인-1779, 2022.7.11.).

CHAPTER

06 중소기업특별세액감면

1 개 요

중소기업 중 감면 업종을 경영하는 기업에 대해서는 2025년 12월 31일 이전에 끝나는 과세연도까지 해당 사업장에서 발생한 소득에 대한 법인세에 감면 비율을 곱하여 계산한 세액 상당액을 감면한다(조특법 7 ①).

$$감면세액 = 법인세\ 산출세액^{*} \times \frac{감면소득}{과세표준} \times 감면율(5\sim30\%)$$

* 산출세액에서 가산세와 토지 등 양도소득에 대한 법인세는 제외된다.

구 분	내 용
최저한세	적용대상
농특세	비과세

2 감면율

감면율은 해당 내국법인의 본점이 수도권에 있는가에 따라 그 적용을 달리한다. 이때에 수도권 내 · 외의 여부를 판정하는 경우에는 사업연도 종료일 현재를 기준으로 적용하며(서면2팀-2499, 2006.12.7.), 여기서 수도권이란 서울특별시와 인천광역시 및 경기도 전 지역을 말한다(조특법 2 ① 9호).

한편, 감면율을 적용함에 있어 통관 대리 및 관련 서비스업에 따른 업종을 경영하는 사업장의 경우 아래의 감면 비율에 50%를 곱한 비율로 한다(조특법 7 ① 2호).

(1) 본점이 수도권에 있는 경우

내국법인의 본점이 수도권에 있는 경우에는 모든 사업장이 수도권에 있는 것으로 보아 다음의 감면율을 적용한다(조특법 7 ① 본문 단서).

▌감면율▐

법인구분	감면업종	감면율	근거법
소기업	도매 및 소매업, 의료업	10%	조특법 7 ① 본문 단서
	도매업 등 외의 업종	20%	
중기업	일반서적출판업	10%	〃 〃 마목

수도권 내 중기업 중 지식기반산업에 대한 감면은 2022년도 말에 폐지되었으므로, 2023. 1.1. 이후 적용하지 않도록 유의해야 하며, 수도권 내 중기업으로서 일반서적출판업에 대하여는 2025.1.1. 이후 개시하는 사업연도부터 10%를 감면한다(조특령 6 ⑤).

(2) 본점이 수도권 외에 있는 경우

내국법인의 본점이 수도권 외에 있는 경우에는 다음의 감면율을 적용한다(조특법 7 ① 2호).

▌감면율▐

법인구분	감면업종	감면율		근거법
		수도권 내 사업장	수도권 외 사업장	
소기업	도매 및 소매업, 의료업	10%	10%	조특법 7 ① 2호 가목
	도매업 등 외의 업종	20%	30%	〃 〃 나목 · 다목
중기업 (소기업은 제외)	도매 및 소매업, 의료업	–	5%	〃 〃 라목
	도매업 등 외의 업종	–	15%	〃 〃 바목

(3) 본점을 이전하는 경우

수도권 소재 여부 판정은 사업연도 종료일 현재 본점 소재지를 기준으로 적용하는 것이나, 본점을 이전하는 경우에는 다음과 같이 적용한다.

1) 본점을 수도권 안으로 이전하는 경우

본점을 수도권 안으로 이전하는 경우 이전일이 속하는 사업연도 개시일부터 수도권에 소재하는 것으로 보아 수도권 소재 감면율을 적용한다(서이46012-10159, 2003.1.22.).

2) 본점을 수도권 밖으로 이전하는 경우

수도권 안의 본점을 수도권 외의 지역으로 이전하는 경우 이전일이 속한 과세연도에는 본점 이전일 전후의 소득을 구분경리하여 각각 감면율을 적용한다(서이46012-10344, 2001.10.12.).

(4) 소기업

감면율의 적용에 있어서 '소기업'이란 중소기업 중 매출액이 업종별로 「중소기업기본법 시행령」 [별표 3]을 준용하여 산정한 규모 기준 이내의 기업을 말한다. 이 경우 "평균액 등"은 "매출액"으로 본다(조특령 6 ④). 즉, 세법상 소기업 범위판단은 업종별로 당해 사업연도 매출액만으로 판단하는 것이다.

소기업의 판정 시에 매출액은 당해 기업의 매출액만으로 판정하는 것이며, 관계기업의 매출액은 합산하지 않는다(서면법인-5783, 2016.12.9.). 또한, 법인이 둘 이상의 서로 다른 사업을 영위하는 경우 소기업에 해당하는지 여부는 사업별 사업수입금액이 큰 사업을 주된 사업으로 보아 당해 법인이 영위하는 사업 전체의 매출액을 기준으로 소기업 해당 여부를 판정한다(법집 7-0-4 ②).

한편, 법률 제13560호 「조세특례제한법」 일부개정법률 시행 당시 종전의 「조세특례제한법 시행령」 제6조 제5항에 따라 소기업에 해당되었던 기업이 법률 제13560호 「조세특례제한법」 일부개정법률 시행 이후 「조세특례제한법 시행령」 제6조 제5항의 개정규정에 따른 소기업에 해당하지 아니하게 된 경우에는 「조세특례제한법 시행령」 제6조 제5항의 개정규정에도 불구하고 2019.1.1.이 속하는 과세연도까지 소기업으로 본다(조특령 부칙 22 대통령령 제26959호).

[별표 3] 주된 업종별 평균매출액 등의 소기업 규모 기준(제8조 제1항 관련)(2025.9. 개정 예정)

해당 기업의 주된 업종	분류기호	개정(안)	현 행
1. 코크스, 연탄 및 석유정제품 제조업	C19	평균매출액등 140억원 이하	평균매출액등 120억원 이하
2. 1차 금속 제조업	C24		
3. 식료품 제조업	C10	평균매출액등 120억원 이하	
4. 음료 제조업	C11		
5. 의복, 의복액세서리 및 모피제품 제조업	C14		
6. 가죽, 가방 및 신발 제조업	C15		

해당 기업의 주된 업종	분류기호	개정(안)	현 행
7. 화학물질 및 화학제품 제조업(의약품 제조업 제외)	C20		
8. 의료용 물질 및 의약품 제조업	C21		
9. 비금속 광물제품 제조업	C23		
10. 금속가공제품 제조업(기계 및 가구 제조업 제외)	C25		
11. 전자부품, 컴퓨터, 영상, 음향 및 통신장비 제조업	C26		
12. 전기장비 제조업	C28		
13. 그 밖의 기계 및 장비 제조업	C29		
14. 자동차 및 트레일러 제조업	C30		
15. 가구 제조업	C32		
16. 전기, 가스, 증기 및 공기조절 공급업	D		
17. 수도업	E36		
18. 운수 및 창고업	H	평균매출액등 100억원 이하	평균매출액등 80억원 이하
19. 금융 및 보험업	K		
20. 농업, 임업 및 어업	A	평균매출액등 80억원 이하	
21. 광업	B		
22. 담배 제조업	C12		
23. 섬유제품 제조업(의복 제조업 제외)	C13		
24. 목재 및 나무제품 제조업(가구 제조업 제외)	C16		
25. 펄프, 종이 및 종이제품 제조업	C17		
26. 인쇄 및 기록매체 복제업	C18		
27. 고무제품, 및 플라스틱제품 제조업	C22		
28. 의료, 정밀, 광학기기 및 시계 제조업	C27		
29. 그 밖의 운송장비 제조업	C31		
30. 그 밖의 제품 제조업	C33		
31. 건설업	F		
32. 도매 및 소매업	G	평균매출액등 60억원 이하	평균매출액등 50억원 이하
33. 정보통신업	J	평균매출액등 50억원 이하	
34. 수도, 하수 및 폐기물 처리, 원료재생업(수도업 제외)	E(E36 제외)	평균매출액등 40억원 이하	평균매출액등 30억원 이하
35. 부동산업	L		
36. 전문 · 과학 및 기술 서비스업	M	평균매출액등 30억원 이하	
37. 사업시설관리, 사업지원 및 임대 서비스업	N		

해당 기업의 주된 업종	분류기호	개정(안)	현 행
38. 예술, 스포츠 및 여가 관련 서비스업	R		
39. 산업용 기계 및 장비 수리업	C34	평균매출액등 15억원 이하	평균매출액등 10억원 이하
40. 숙박 및 음식점업	I		
41. 교육 서비스업	P		
42. 보건업 및 사회복지 서비스업	Q		
43. 수리(修理) 및 기타 개인 서비스업	S		

3 감면대상업종

중소기업특별세액감면을 적용받기 위해서는 다음의 감면대상업종을 영위하여야 한다. 중소기업특별세액감면은 「조세특례제한법」상 중소기업이 모두 적용받을 수 있는 것이 아니며 「조세특례제한법」 제7조 제1항에서 열거하는 감면대상이 되는 업종을 영위하여야만 감면을 받을 수 있음에 유의하여야 한다(조특법 7 ①). 이때에 중소기업에 해당하는 경우에는 감면대상업종을 주업으로 하지 아니하는 경우에도 감면대상사업에서 발생하는 소득에 대하여는 감면규정을 적용한다(서이 46012-10184, 2002.1.31.).

① 작물재배업

② 축산업

③ 어업

④ 광업

⑤ 제조업

제조업에는 제조업과 유사한 사업으로서 자기가 제품을 직접 제조하지 아니하고 제조업체(사업장이 국내 또는 개성공업지구에 소재하는 업체에 한함)에 의뢰하여 제조하는 사업으로서 그 사업이 다음 각 호의 요건을 충족하는 경우에는 제조업으로 본다(조특령 5 ⑥, 조특칙 4의 2). 이때에 자기소유의 원재료를 다른 계약사업체에 제공하지 아니하는 경우를 포함한다(서이 46012-11550, 2003.8.26.; 서이 46012-11896, 2003.10.31.).

㉠ 생산할 제품을 직접 기획(고안 · 디자인 및 견본제작 등을 말함)할 것
㉡ 해당 제품을 자기명의로 제조할 것
㉢ 해당 제품을 인수하여 자기책임하에 직접 판매할 것

⑥ 하수 · 폐기물처리(재활용을 포함), 원료재생 및 환경복원법

⑦ 건설업

이때에 '건설업'에는 직접 건설활동을 수행하지 아니하더라도 건설공사에 대한 총괄적인 책임을 지면서 건설공사분야별로 도급 또는 하도급을 주어 전체적으로 건설공사를 관리하는 경우에도 건설활동으로 보며(한국표준산업분류 F. 건설업 41~42, 개요 및 국세청 업종별 기준경비율 및 단순경비율 451101), 직접 건설활동을 하지 아니하면서 전체 건설공사를 건설업자에게 일괄도급하여 건물을 건설하게 한 후 이를 분양하는 경우에는 부동산임대 및 공급업으로 본다(한국표준산업분류 681 및 국세청 업종별 기준경비율 및 단순경비율 451102, 451103).

⑧ 도매 및 소매업

⑨ 운수업 중 여객운송업

⑩ 출판업

⑪ 영상 · 오디오기록물 제작 및 배급업(비디오물 감상실 운영업은 제외)

⑫ 방송업

⑬ 전기통신업

⑭ 컴퓨터프로그래밍, 시스템통합 및 관리업

⑮ 정보서비스업(블록체인 기반 암호화자산 매매 및 중개업은 제외)

⑯ 연구개발업

⑰ 광고업

⑱ 기타 과학기술 서비스업

742101 측량업, 742102 지도제작업, 742108 제도업, 742113 지질조사, 742201 시험검사분석업, 742202 기술지도사 시험검사분석업, 742203 물질성분 분석업

⑲ 포장 및 충전업

⑳ 전문디자인업

㉑ 창작 및 예술관련 서비스업(자영예술가는 제외)

㉒ 수탁생산업

'수탁생산업'이란 위탁자로부터 주문자상표부착방식에 따른 제품생산을 위탁받아 이를 재위탁하여 제품을 생산 · 공급하는 사업을 말한다(조특령 6 ①).

㉓ 엔지니어링사업

'엔지니어링사업'이란 「엔지니어링산업진흥법」에 따른 엔지니어링활동(기술사법의 적용을

받는 기술사의 엔지니어링활동을 포함)을 제공하는 사업을 말한다(조특령 5 ⑦). '엔지니어링활동'이란 연구, 기획, 타당성 조사, 설계, 분석, 계약, 구매, 조달, 시험, 감리, 시험운전, 평가, 검사, 안전성 검토, 관리, 매뉴얼 작성, 자문, 지도, 유지 또는 보수, 사업관리 등을 말한다(엔지니어링산업진흥법 2).

㉔ 물류산업

'물류산업'이란 「조세특례제한법 시행령」 제5조 제8항에 따른 사업을 말하는데 이를 열거하면 다음과 같다.

㉠ 육상 · 수상 · 항공 운송업
㉡ 화물 취급업
㉢ 보관 및 창고업
㉣ 육상 · 수상 · 항공 운송지원 서비스업
㉤ 화물운송 중개 · 대리 및 관련 서비스업
㉥ 화물포장 · 검수 및 계량 서비스업
㉦ 「선박의 입항 및 출항 등에 관한 법률」에 따른 예선업
㉧ 「도선법」에 따른 도선업
㉨ 기타 산업용 기계 · 장비임대업 중 파렛트임대업

그러나 한국표준산업분류상 소포송달업(산업분류코드 64120)으로 분류되는 택배업은 물류산업에 해당하지 아니하고(서이-591, 2007.4.4.), 선박을 선원과 함께 임차한 후 선박을 운행하지 아니하고 그대로 제3자에게 재임대하는 경우에는 기타운송장비업(산업분류코드 71129)에 해당하며 선박을 임차한 후 자기소속직원의 선박운행자를 선박과 함께 제3자에게 재임대하는 경우에는 수상운송업(산업분류코드 61)에 해당한다(통계정책과-1132, 2007.4.9.; 서이-1562, 2007.8.27.).

㉕ 직업기술 분야 학원

'직업기술 분야 학원'이란 「학원의 설립 · 운영 및 과외교습에 관한 법률」에 따른 직업기술 분야를 교습하는 학원을 운영하는 사업 또는 「근로자직업능력 개발법」에 따른 직업능력개발훈련시설을 운영하는 사업을 말한다(직업능력개발훈련을 주된사업으로 하는 경우에 한함, 조특법 7 ① 1호 커목).

㉖ 자동차정비공장

'자동차정비공장'이란 「자동차관리법 시행규칙」 제131조의 규정에 따른 자동차종합정비업 또는 소형자동차정비업의 사업장을 말한다(조특령 6 ② · 54 ①, 조특칙 22).

㉗ 「해운법」에 따른 선박관리업

㉘ 「의료법」에 따른 의료기관을 운영하는 사업(의원 · 치과의원 및 한의원은 해당 사업연도의 수입금액에서 「국민건강보험법」 제47조에 따라 지급받는 요양급여비용이 차지하는 비율이 80% 이상으로서 해당 사업연도의 종합소득금액이 1억원 이하인 경우에 한함)

㉙ 「관광진흥법」에 따른 관광사업(카지노, 관광유흥음식점 및 외국인전용유흥음식점업은 제외)

㉚ 「노인복지법」에 따른 노인복지시설을 운영하는 사업

㉛ 「전시산업발전법」에 따른 전시사업

㉜ 인력공급 및 고용알선업(농업노동자 공급업을 포함)

㉝ 콜센터 및 텔레마케팅 서비스업

㉞ 「에너지이용 합리화법」 제25조에 따른 에너지절약전문기업이 하는 사업

㉟ 「노인장기요양보험법」 제32조에 따른 재가장기요양기관을 운영하는 사업

㊱ 건물 및 산업설비 청소업

㊲ 경비 및 경호 서비스업

㊳ 시장조사 및 여론조사업

㊴ 사회복지서비스업

㊵ 무형재산권임대업(「지식재산 기본법」 제3조 제1호에 따른 지식재산을 임대하는 경우로 한정)

㊶ 「국가과학기술 경쟁력 강화를 위한 이공계지원 특별법」 제2조 제4호 나목에 따른 연구개발지원업

㊷ 개인간병 및 유사서비스업, 사회교육시설, 직원훈련기관, 기타 기술 및 직업훈련학원, 도서관 · 사적지 및 유사여가관련 서비스업(독서실운영업은 제외)

㊸ 「민간임대주택에 관한 특별법」에 따른 주택임대관리업

㊹ 「신에너지 및 재생에너지 개발 · 이용 · 보급 촉진법」에 따른 신 · 재생에너지 발전사업

㊺ 보안시스템 서비스업

㊻ 임업

㊼ 통관 대리 및 관련 서비스업

㊽ 자동차임대업(「여객자동차 운수사업법」 제31조 제1항에 따른 자동차대여사업자로서 같은 법 제28조에 따라 등록한 자동차 중 100분의 50 이상을 「환경친화적 자동차의 개발 및 보급 촉진에 관한 법률」 제2조 제 3호에 따른 전기자동차 또는 같은 조 제6호에 따른 수소전기자동차로 보유한 경우로 한정한다)

4 감면한도

중소기업 특별세액감면액은 다음의 구분에 따른 금액을 한도로 한다(조특법 7 ① 3호).

① 해당 과세연도의 상시근로자 수가 직전 과세연도의 상시근로자 수보다 감소한 경우 : 1억원에서 감소한 상시근로자 1명당 5백만원씩을 뺀 금액(해당 금액이 음수인 경우에는 영으로 한다)

② 그 밖의 경우 : 1억원

5 신 청

법인세를 감면받고자 하는 자는 과세표준신고와 함께 세액감면(면제)신청서[조특칙 별지 제2호 서식]를 납세지 관할 세무서장에게 제출하여야 한다(조특령 6 ⑧).

실무포인트

1. 제조업의 중소기업특별세액감면

(1) 소사장제의 감면 여부

사업자가 제조업체의 한 공장 내에서 당해 제조업체로부터 공장기계시설 및 자재를 제공받아 별도의 독립된 자격으로 자기 책임하에 특정제품을 제조하여 공급하고 그 대가를 받는 경우(소사장제를 말함) 해당 사업의 업태는 제조업에 해당하는 것이며, 이때 해당 사업체가 중소기업에 해당하는 경우에는 「조세특례제한법」 제7조의 중소기업특별세액감면 규정을 적용받을 수 있는 것임(서면1팀-967, 2005.8.16.). 다만, 사업자가 발주자의 사업장 내에서 발주자로부터 공장기계시설 및 자재를 제공받아 자기의 책임하에 제조하여 주고 대가를 받는 소사장제 사업을 영위하는 것은 「조세특례제한법」 제6조의 규정에 의한 창업에 해당되지 아니하는 것임(법인 46012-760, 2000.3.23.).

(2) 임가공용역의 제조업 해당 여부

① 제조장을 설치한 중소기업이 원재료를 구입하여 도장 및 피막처리 후 일부 공정을 외주가공에 의하여 제품을 생산 판매하는 것과 제조장에 설치된 자기의 제조설비를 이용하여 다른 사업체로부터 제공받은 재료에 도장 및 피막처리 임가공용역을

제공하는 것은 「조세특례제한법」 제7조에 의한 특별세액감면을 받을 수 있는 제조업에 해당하는 것임(법인 46012-627, 2000.3.7.).

② 제조장을 설치한 사업자가 자기의 제조설비를 이용하여 다른 사업체로부터 제공받은 원부자재로 주문된 특정제품을 제조하여 제공하는 임가공업을 영위함으로써 발생한 소득에 대하여는 「조세감면규제법」 제15조의 3의 감면을 적용받을 수 있음(법인 46012-1742, 1993.6.14.).

(3) 국외 위탁제조

① 제품을 직접 제조하지 아니하고 국외에 소재하는 제조업체에 의뢰하여 제조하는 경우에는 중소기업의 업종을 판단함에 있어서 제조업이 아닌 도매업으로 보는 것이다(조특집 6-2-3 ②).

② 내국법인이 국내에 소재하는 사업장에서 부품을 제조하고 조립을 하여 중간제품 또는 반제품 상태로 국외 현지공장에 반출하고 현지공장에서 단순 조립하여 완제품을 판매하는 경우 「조세특례제한법」 제7조의 중소기업에 대한 특별세액 감면 시 제조업의 감면비율이 적용되는 것이다(조특집 6-2-3 ③, 서면2팀-17, 2007.1.4).

③ 해외에 위탁하여 제조 시 도매업에 대한 특별세액감면을 적용함. 그런데 이 도매업자가 중소기업이고 위탁자로부터 주문자상표부착방식에 의한 제품생산을 수탁받아 이를 해외에 재위탁한 자에 해당하는 경우에는 조특법 제7조 제1항 제1호 어목의 규정에 의한 '주문자상표부착방식에 의한 수탁생산업'의 특별세액감면을 적용받을 수 있음(재조예-805, 2004.12.1.; 서면법인-4209, 2016.10.27.).

2. 건설업 여부

① 법인이 직접 건설활동을 수행하지 않고 건설업체에 도급을 주어 아파트를 건설하고 이를 분양·판매하는 사업을 주된 사업으로 영위하여 한국표준산업분류상 부동산업 중 주거용 건물분양 공급업(70121)으로 분류되는 경우에는 「조세특례제한법」 제7조를 적용함에 있어서 건설업에 해당하지 아니하는 것임(서이 46012-12116, 2003.12.15.).

② 법인이 직접 건설활동을 수행하여 비주거용 건물을 건설하고 이를 분양·판매하여 한국표준산업분류상 비주거용 건물 건설업(4522)으로 분류되는 경우에는 「조세특례제한법」 제7조의 규정이 적용되는 것임(서면2팀-482, 2004.3.17.).

3. 중소기업특별세액 감면 여부

(1) 연예매니지먼트 업종의 감면 여부

「조세특례제한법」 제2조 제2항에 의하면 중소기업 해당업종 및 중소기업 특별세액감면 적용대상 감면업종의 경우 한국표준산업분류에 따르는 것이다. 그리고 2008년 간추린 개정세법 해설 책자에서 중소기업 특별세액감면 적용대상 업종의 하나인 '그 밖의 과학기술 서비스업'에 대하여 제9차 한국표준산업분류의 소분류 729에 해당하는 것으로 적시하였으며, 한국표준산업분류의 소분류 729는 '기타 과학기술 서비스업'으로서 청구법인의 주업종인 매니저업(세세분류 73901)이 속한 '그 외 기타 전문, 과학 및 기술 서비스업'(소분류 739)과 구분된다. 또한 한국표준산업분류의 업종 구분 및 「조세특례제한법」상의 감면업종 규정 등에 따르면 '그 외 기타 전문, 과학 및 기술 서비스업'(소분류 739) 전부 내지 '매니저업'을 중소기업 특별세액감면 대상업종에 속한다고 보기 어려운 점 등에 비추어 매니저업이 주업인 청구법인에 대하여 중소기업 특별세액감면을 배제하여 이 건 법인세를 부과한 처분은 잘못이 없다고 판단되는 것임(조심 2015서1894, 2015.6.30.).

(2) 폐기물운반수집업의 감면 여부

내국법인이 폐기물관리법에 따라 영위하는 폐기물 수집 · 운반업은 조세특례제한법 제7조 제1항 제1호 바목의 하수 · 폐기물 처리(재활용을 포함한다), 원료재생 및 환경복원업에 해당하는 것임(사전법령법인-218, 2017.4.19.).

(3) 태양광 발전설비 대여사업의 감면 여부

「신 · 재생에너지 설비의 지원 등에 관한 규정」 제37조에 따른 태양광 대여사업은 태양광 대여사업자가 주택 등에 태양광 발전설비를 설치하고 그 설비가 설치된 주택 등에서 납부하는 대여료와 신 · 재생에너지 생산인증서(REP) 판매수입으로 투자비를 회수하는 사업으로서 「조세특례제한법」 제7조 제1항 제1호 누목에서 규정하고 있는 「신에너지 및 재생에너지 개발 · 이용 · 보급촉진법」에 따른 신 · 재생에너지 발전사업에 해당하지 않는 것임(기준법령법인-195, 2020.10.26.).

(4) 택배업의 감면 여부

한국표준산업분류상의 택배업(49401)은 「조세특례제한법」 제7조의 중소기업특별세액감면이 적용되는 물류산업에 해당하는 것임(서면-2017-법령해석소득-1510, 2017.6.30.).

6 구분경리

(1) 개 요

중소기업특별세액감면 등 일부 감면은 감면사업에서 발생한 소득에 한해 감면해 주는 제도이므로 법인이 감면사업과 기타사업을 겸영하는 경우에는 「법인세법 시행규칙」 제75조 제1항, 제76조 제6항 및 제7항의 규정을 준용하여 감면사업과 기타사업을 구분경리하여 감면사업에 해당하는 소득에 대해서만 조세감면을 적용하여야 한다(법칙 75 ②).

(2) 구분경리의 기본원칙

구분경리를 할 때에는 구분하여야 할 사업 또는 재산별로 자산 · 부채 및 손익을 각각 독립된 계정과목에 의하여 구분기장하여야 한다. 다만, 각 사업 또는 재산별로 구분할 수 없는 공통되는 익금과 손금은 그러하지 아니하다(법칙 75 ①).

감면사업과 기타사업을 구분경리하는 경우 공통되는 익금과 손금은 다음의 규정에 의하여 구분계산하여야 한다. 다만, 공통익금 또는 손금의 구분계산에 있어서 개별손금(공통손금 외의 손금의 합계액)이 없는 경우나 기타의 사유로 다음 각 호의 규정을 적용할 수 없거나 적용하는 것이 불합리한 경우에는 공통익금의 수입항목 또는 공통손금의 비용항목에 따라 국세청장이 정하는 작업시간 · 사용시간 · 사용면적 등의 기준에 의하여 안분계산한다.

공통손익 구분		구분경리(안분계산) 방법
감면사업과 과세사업의 공통익금		수입금액 또는 매출액에 비례
공통손금	감면사업과 과세사업의 업종이 동일한 경우	수입금액 또는 매출액에 비례
	감면사업과 과세사업의 업종이 다른 경우	수익사업과 기타사업의 개별 손금액에 비례

① 공통되는 익금은 과세표준이 되는 것에 한하며, 공통되는 손금은 익금에 대응하는 것에 한한다.
② 개별손금액은 매출원가와 판매관리비 및 영업외비용 등 모든 개별손금의 합계액으로 한다(서이 46012-1280, 1998.5.16.).
③ 업종의 구분은 한국표준산업분류에 의한 소분류에 의하되, 소분류에 해당 업종이 없는 경우에는 중분류에 의한다(법칙 75 ②).

(3) 개별손익 · 공통손익 등의 계산

법인세가 감면되는 사업과 기타사업을 겸영하는 법인의 익금과 손금의 구분계산은 법에 특별히 규정한 것을 제외하고는 다음과 같이 계산한다(법기통 113-156…6).

1) 개별익금

① 매출액 또는 수입금액은 소득구분계산의 기준으로서 이는 개별익금으로 구분한다.

② 감면사업 또는 과세사업에 직접 관련하여 발생하는 부수수익은 개별익금으로 구분하며, 예시하면 다음과 같다.

㉠ 부산물 · 작업폐물의 매출액	㉡ 채무면제익
㉢ 원가차익	㉣ 상각채권추심익
㉤ 지출된 손금 중 환입된 금액	㉥ 준비금 및 충당금의 환입액

③ 영업외수익과 특별이익 중 과세사업의 개별익금으로 구분하는 것을 예시하면 다음과 같다.

㉠ 수입배당금
㉡ 수입이자
㉢ 유가증권처분익
㉣ 수입임대료(간주임대료 포함, 기본통칙 113-156…7)
㉤ 가지급금인정이자
㉥ 유형 · 무형자산처분익
㉦ 수증익

2) 공통익금

감면사업과 과세사업에 공통으로 발생되는 수익이나 귀속이 불분명한 부수수익은 공통익금으로 구분하며, 예시하면 다음과 같다.

① 귀속이 불분명한 부산물 · 작업폐물의 매출액
② 귀속이 불분명한 원가차익, 채무면제익
③ 공통손금의 환입액
④ 기타 개별익금으로 구분하는 것이 불합리한 수익

3) 개별손금

① 감면사업 또는 과세사업에 직접 관련하여 발생한 비용은 당해 사업의 개별손금으로 구분하며, 예시하면 다음과 같다.

> ㉠ 매출원가
> ㉡ 특정사업에 전용되는 유형 · 무형자산에 대한 제비용
> ㉢ 특정사업에 관련하여 손금산입하는 준비금 · 충당금전입액
> ㉣ 기타 귀속이 분명한 제비용

② 영업외비용과 특별손실 중 과세사업의 개별손금으로 구분하는 것을 예시하면 다음과 같다.

> ㉠ 유가증권처분손
> ㉡ 유형 · 무형자산처분손

4) 공통손금

감면사업과 과세사업에 공통으로 발생되는 비용이나 귀속이 불분명한 비용은 공통손금으로 구분하며, 예시하면 다음과 같다.

> ① 사채발행비상각
> ② 사채할인발행차금상각
> ③ 기타 개별손금으로 구분하는 것이 불합리한 비용
> ④ 해당 법인의 사업과 직접 관련 없이 지출한 기부금(서이-614, 2007.4.9.)
> ⑤ 면제사업과 과세사업을 겸영하는 법인이 구분경리 없이 대손충당금을 공통으로 계상한 경우(대법원 2005두5130, 2006.12.7.)

5) 지급이자

차입금에 대한 지급이자는 그 이자의 발생장소에 따라 구분하거나 그 이자전액을 공통손금으로 구분할 수 없으며, 차입한 자금의 실제 사용용도를 기준으로 사실판단하여 과세 및 감면사업의 개별 또는 공통손금으로 구분한다.

6) 외환차손익

① 감면사업 또는 과세사업에 직접 관련되는 외환차손익은 당해 사업의 개별손익으로 구분한다.

② 외상매출채권의 회수와 관련된 외환차손익(공사수입의 본사 송금거래로 인한 외환차손익 포함)은 외국환은행에 당해 외화를 매각할 수 있는 시점까지는 당해 외상매출채권이 발생된 사업의 개별손익으로 하고 그 이후에 발생되는 외환차손익은 과세사업의 개별손익으로 구분한다.

③ 외상매출채권을 제외한 기타 외화채권과 관련하여 발생하는 외환차손익은 과세사업의 개별손익으로 구분한다.

④ 외상매입채무의 변제와 관련된 외환차손익은 당해 외상매입채무와 관련된 사업의 개별손익으로 구분한다.

⑤ 외상매입채무를 제외한 기타 외화채무와 관련하여 발생하는 외환차손익은 외화채무의 용도에 따라 감면사업 또는 과세사업의 개별손익으로 구분하고, 용도가 불분명한 경우에는 공통손익으로 구분한다.

⑥ 외환증서, 외화표시예금, 외환표시유가증권 등과 관련하여 발생하는 외환차손익은 과세사업의 개별손익으로 구분한다.

⑦ 감면사업의 손익수정에 따른 외환차손익은 감면사업의 개별손익으로 구분한다.

7) 이월결손금 등

감면 또는 면제세액을 계산할 때 각 사업연도의 과세표준계산 시 공제한 이월결손금 · 비과세소득 또는 소득공제액(공제액 등)이 있는 경우 감면 또는 면제되는 소득은 다음 각 호의 금액을 공제한 금액으로 한다(법령 96 ①).

① 공제액 등이 감면사업 또는 면제사업에서 발생한 경우에는 공제액 전액

② 공제액 등이 감면사업 또는 면제사업에서 발생한 것인지의 여부가 불분명한 경우에는 소득금액에 비례하여 안분계산한 금액

구 분	감면 또는 면제소득
공제액 등이 감면 또는 면제사업에서 발생한 경우	감면 또는 면제소득 − 공제액 등
공제액 등이 감면 또는 면제사업에서 발생한 여부가 불분명한 경우	감면 또는 면제소득 − (공제액 등 × $\frac{\text{감면 또는 면제소득}}{\text{소득금액}}$)

실무포인트 **감면대상 소득 여부**

1. 감면소득 해당 여부

① 고용유지 지원금은 「조세특례제한법」 제7조 제1항의 소득세가 감면되는 "해당 사업장에서 발생한 소득"에 해당하지 아니하는 것임(사전법령소득-767, 2021.9.29.).

② 화물운전자가 「화물자동차 운수사업법」에 따라 지급받는 유가보조금은 중소기업특별세액 감면을 적용함에 있어 감면대상 소득에 해당함(기획재정부 조세특례제도과-379, 2008.7.8.).

③ 여객운송업에 해당하는 시내버스 운송사업을 영위하는 내국법인이 지방자치단체와 '시내 버스 준공영제 협약'을 체결 · 시행함에 있어 해당법인의 운송수입금이 당초 지자체가 정한 표준운송원가에 미달하여 그 차액분을 지자체로부터 보전받는 경우 해당 운송수입 보전금은 감면대상소득에 해당함(서면법규과-365, 2013.3.29.).

2. 겸영법인의 중소기업특별세액 감면소득 계산방법

질의

○ 성남시 소재 제조업을 영위하는 소기업으로 도매업을 겸업 중이고 과세표준은 다음과 같이 구성되어 있음.

감면사업소득		기타과세소득	과세표준
제조업	도매업		
80	△10	30	100

○ 통상 제조업 주업으로 도매업을 겸영하는 경우에 공통손금을 배분하면 도매업 소득금액은 결손이 발생함.

○ 상기의 경우 감면소득은 얼마로 보아야 하는지?

회신

제조업과 도매업 및 기타의 과세소득을 겸영하는 중소기업이 「조세특례제한법」 제7조의 중소기업특별세액감면 규정을 적용함에 있어서 당해법인의 각 사업연도의 소득 중 도매업 부문은 결손이고 제조업 소득과 기타 과세소득이 있는 경우, 법인세법 제59조 규정에 따른 '감면소득'은 당해 감면사업(제조업, 도매업)에서 발생한 소득과 결손금을 차가감한 금액으로 하고, '감면세액'은 산출세액에 상기의 감면소득이 과세표준에서 차지하는 비율을 곱한 금액으로 하며, 이 경우 「조세특례제한법」 제7조 제1항 제2호의 감면비율은 감면사업 중 소득이 발생한 업종(제조업)에 대한 감면율을 적용하는 것임(법인세과-1220, 2009. 11.5.).

7 [서식사례] 소득구분계산서

서울에서 제조업과 연예매니지먼트업을 겸영하는 ㈜택스에듀는 제7기 사업연도(2025.1.1.~12.31.)에 대한 결산을 확정하고 법인세신고를 진행하면서 중소기업특별세액감면을 적용받고자 한다. 다음 자료를 이용하여 '소득구분계산서'와 '공제감면세액계산서(2)'를 작성하라.

(1) 손익계산서 내용

손익계산서(2025.1.1.~12.31.)

과 목	금 액
(1) 매출액	130,000,000
(2) 매출원가	△60,000,000
(3) 매출총이익	70,000,000
(4) 판매비와관리비	△28,000,000
(5) 영업이익	42,000,000
(6) 영업외수익	3,300,000
(7) 영업외비용	1,000,000
(8) 법인세비용차감전순이익	44,300,000
(9) 법인세비용	△4,000,000
(10) 당기순이익	40,300,000

(2) 손익계산서 보충자료

1) 매출액 및 매출원가명세서

구 분 항 목	계	제조업	매니지먼트업
매 출 액	130,000,000	91,000,000	39,000,000
매 출 원 가	60,000,000	36,000,000	24,000,000
매출총이익	70,000,000	55,000,000	15,000,000

*① 제품매출은 전액 중소기업특별세액 감면대상사업이고, 연예매니지먼트업은 비감면사업임.
② 판매비와관리비는 전액 공통손금임.
③ 매출원가 이외의 개별손금액은 없음.

2) 영업 외 손익명세서

구 분	계정과목	금 액	비고
영업 외 수익	유형자산 처분이익	2,300,000	토지건물의 처분이익
	배당금 수익	1,000,000	관계회사 배당금 수령
영업 외 비용	이자비용	1,000,000	은행대출이자(운영자금)

(3) 세무조정사항

1) 익금 및 손금가산사항명세서

익금산입 손금불산입			손금산입 익금불산입		
과 목	금 액	처분	과 목	금 액	처분
법인세비용	4,000,000	기사	수입배당금익금불산입	300,000	기타
기업업무추진비 한도초과	1,000,000	기사			
업무용승용차	2,500,000	유보			
가지급금인정이자	2,000,000	상여			
지급이자손금불산입	500,000	기사			
합 계	10,000,000		합 계	300,000	

2) 이월결손금

결손금 발생연도	계	비고
2021.1.1.~12.31.	5,000,000	감면사업 및 기타사업에서 발생 여부가 분명하지 않음

8 [서식사례] 소득구분계산서 예제

1) 표준손익계산서 소득구분

① 과 목	표준손익금액	② 구 분	③합 계	감면분				기 타 분		비고
				중소기업 특별세액감면						
				④ 금액	⑤ 비율	④ 금액	⑤ 비율	⑥ 금액	⑦ 비율	
(1) 매출액	130,000,000		130,000,000	91,000,000	70%			39,000,000	30%	
(2) 매출원가	60,000,000		60,000,000	36,000,000	60%			24,000,000	40%	
(3) 매출총손익	70,000,000		70,000,000	55,000,000				15,000,000		
		개별분								
(4) 판매비와 관리비	28,000,000	공통분	28,000,000							
		계	28,000,000							
(5) 영업손익	42,000,000		42,000,000							
		개별분	3,300,000					3,300,000	100%	
(6) 영업외수익	3,300,000	공통분								
		계	3,300,000					3,300,000		
		개별분								
(7) 영업외비용	1,000,000	공통분	1,000,000							
		계								
(8) 각년도 소득	44,300,000		44,300,000							

2) 세무조정반영

구 분	과목명	금액	과목선택	구분선택	감면선택
익금산입	기업업무추진비 한도초과	1,000,000	3.판관비	2.공통분	
	업무용승용차	2,500,000	3.판관비	2.공통분	
	가지급금인정이자	2,000,000	4.영업외수익	1.개별분	4.기타분
	지급이자손금불산입	500,000	5.영업외비용	2.공통분	
	법인세비용	4,000,000	6.해당없음		
손금산입	수입배당금익금불산입	300,000	4.영업외수익	1.개별분	4.기타분

과목선택	1:매출액, 2:매출원가, 3:판매비와관리비, 4:영업외수익, 5:영업외비용, 6:해당 없음
구분선택	1:개별분, 2:공통분, 3:해당 없음
감면선택	1:감면분1, 2:감면분2, 3:감면분3, 4:기타분, 5:해당 없음

3) 배부기준

① 배부기준 선택

과 목		배부기준	
1.판매비와관리비공통분	2	매출액비례	개별손금비례
2.영업외수익공통분	1	매출액비례	개별손금비례
3.영업외비용공통분	2	매출액비례	개별손금비례

② 기준금액

과 목	합 계	감면분 또는 합병승계사업 해당분						기타	
		금액	비율	금액	비율	금액	비율	금액	비율
매출액	130,000,000	91,000,000	70.00					39,000,000	30.00
개별손금	60,000,000	36,000,000	60.00					24,000,000	40.00

4) 소득구분계산명세

① 과 목	표준손익금액	② 구 분	③합 계	감면분				기 타 분		비고
				중소기업 특별세액감면				⑥ 금액	⑦ 비율	
				④ 금액	⑤ 비율	④ 금액	⑤ 비율			
(1) 매출액			130,000,000	91,000,000	70%			39,000,000	30%	
(2) 매출원가			60,000,000	36,000,000	60%			24,000,000	40%	
(3) 매출총손익			70,000,000	55,000,000				15,000,000		
(4) 판매비와 관리비	손익계산서	개별분								
		공통분	28,000,000	16,800,000	60%			11,200,000	40%	
		계	28,000,000	16,800,000				11,200,000		
	세무조정	개별분								
		공통분	−3,500,000	−2,100,000	60%			−1,400,000	40%	
		계	−3,500,000	−2,100,000				−1,400,000		
(5) 영업손익	손익계산서		42,000,000	38,200,000				3,800,000		
	세무조정		3,500,000	2,100,000				1,400,000		
(6) 영업외수익	손익계산서	개별분	3,300,000					3,300,000	100%	
		공통분								
		계	3,300,000					3,300,000		
	세무조정	개별분	1,700,000					1,700,000	100%	
		공통분								
		계	1,700,000					1,700,000		
(7) 영업외비용	손익계산서	개별분								
		공통분	1,000,000	600,000	60%			400,000	40%	
		계	1,000,000	600,000				400,000		
	세무조정	개별분								
		공통분	−500,000	−300,000	60%			−200,000	40%	
		계	−500,000	−300,000				−200,000		
(8) 각년도 소득	손익계산서		44,300,000	37,600,000				6,700,000		
	세무조정		5,700,000	2,400,000				3,300,000		
(9) 이월결손금			5,000,000	4,000,000	80%			1,000,000	20%	

5) 소득구분계산서

[별지 제48호 서식] (2021.10.28. 개정) (앞 쪽)

사업연도	2025. 1. 1. ~ 2025. 12. 31.	소 득 구 분 계 산 서	법 인 명	㈜택스에듀
			사업자등록번호	123-xx-xxxxx

① 과 목	②구분	코드	③합 계	감면분 또는 합병승계사업해당분등						기 타 분		비 고
				중소기업특별세액감면								
				④ 금액	⑤ 비율	④ 금액	⑤ 비율	④ 금액	⑤ 비율	⑥ 금액	⑦ 비율	
(1) 매 출 액		01	130,000,000	91,000,000	70%					39,000,000	30%	
(2) 매 출 원 가		02	60,000,000	36,000,000	60%					24,000,000	40%	
(3) 매 출 총 손 익 {(1)－(2)}		03	70,000,000	55,000,000						15,000,000		
(4) 판매비와 관 리 비	개별분	04										
	공통분	05	24,500,000	14,700,000	60%					9,800,000	40%	
	계	06	24,500,000	14,700,000						9,800,000		
(5) 영 업 손 익 {(3)－(4)}		07	45,500,000							5,200,000		
(6) 영 업 외 수 익	개별분	08	5,000,000							5,000,000		
	공통분	09										
	계	10	5,000,000							5,000,000		
(7) 영 업 외 비 용	개별분	11										
	공통분	12	500,000	300,000	60%					200,000	40%	
	계	13	500,000	300,000						200,000		
(8) 각 사업연도 소득 또는 설정전소득 {(5)＋(6)－(7)}		21	50,000,000	40,000,000						10,000,000		
(9) 이월 결손금		22	5,000,000	4,000,000	80%					1,000,000	20%	
(10) 비과세 소득		23										
(11) 소득 공제액		24										
(12) 과 세 표 준 {(8)－(9)－(10)－11)}		25	45,000,000	36,000,000						9,000,000		

6) 공제감면세액계산서(2)

[별지 제8호 서식 부표 2] (2021.3.16. 개정) (앞 쪽)

사 업 연 도	2025. 1. 1. ~ 2025. 12. 31.	공제감면세액계산서(2)	법 인 명	(주)택스에듀
			사업자등록번호	123-XX-XXXXX

① 구 분		근거법 조 항	② 계산명세	③ 감면대상 세액	④ 최저한세 적용감면 배제금액	⑤ 감면세액 (③-④)	⑥ 적용사유 발생일
조세특례제한법	중소기업 특별세액 감면	제7조	4,050,000× 36,000,000/ 45,000,000×20%	648,000		648,000	
합		계		648,000	※	648,000	

210mm×297mm[백상지 80g/㎡ 또는 중질지 80g/㎡]

CHAPTER

07 통합투자세액공제

1 개 요

내국인이 공제대상 자산에 투자하는 경우에는 기본공제 금액과 추가공제 금액을 합한 금액을 해당 투자가 이루어지는 과세연도의 법인세에서 공제한다(조특법 24 ①).

구 분	내 용
최저한세	적용대상
농특세	과세

2020.12.29. 조세특례제한법 개정을 통해 기존의 "중소기업등 투자세액공제(구 조특법 5), 특정시설 투자세액공제(구 조특법 25), 의약품 품질관리개선시설투자세액공제(조특법 25의 4), 신성장기술 사업화 시설투자세액공제(구 조특법 25의 5), 초연결 네트워크구축 시설투자세액공제(구 조특법 25의 7)" 제도를 삭제하고 통합투자세액공제(조특법 24) 제도로 통합하였으며, 신설규정은 2021.1.1. 과세표준을 신고하는 경우부터 적용한다.

내국인이 2021.12.31.까지(종전의 제25조의 7에 따른 투자는 2020.12.31.까지) 투자를 완료하는 경우에는 종전의 제5조, 제25조, 제25조의 4, 제25조의 5 및 제25조의 7("종전 세액공제규정")을 적용받을 수 있다. 이 경우 종전세액공제규정을 적용받는 제24조 제1항의 개정규정에 따른 내국인은 다른 공제대상 자산에 대하여 제24조의 개정규정을 적용받을 수 없다(법률 제17759호, 2020.12.29.).

2 요 건

(1) 공제대상 내국인

공제 대상 내국인이란 다음 중 어느 하나에 해당하는 업종 외의 사업을 영위하는 자를 말한다(조특령 21 ①).

① 소비성서비스업

② 부동산임대 및 공급업

(2) 공제대상자산(조특법 24 ① 1호)

① 기계장치 등 사업용 유형자산. 다만, 대통령령으로 정하는 자산은 제외한다.

② '①'에 해당하지 않는 유형자산과 무형자산으로서 대통령령으로 정하는 자산

1) 기계장치 등

기계장치 등 사업용 유형자산은 세액공제 대상 자산에 해당한다. 다만, 토지와 건축물 등 조세특례제한법 시행규칙 [별표 1] 자산은 공제대상에서 제외한다(조특령 21 ②, 조특칙 12 ①).

조세특례제한법 시행규칙 [별표 1] (2021.3.16. 개정)

▌건축물 등 사업용 유형자산(제12조 제1항 관련)▐

구 분	구조 또는 자산명
1	차량 및 운반구, 공구, 기구 및 비품
2	선박 및 항공기
3	연와조, 블록조, 콘크리트조, 토조, 토벽조, 목조, 목골모르타르조, 철골 · 철근콘크리트조, 철근콘크리트조, 석조, 연와석조, 철골조, 기타 조의 모든 건물(부속설비를 포함한다)과 구축물

1. 제1호를 적용할 때 취득가액이 거래단위(취득한 자가 그 취득한 자산을 독립적으로 사업에 직접 사용할 수 있는 것)별로 20만원 이상으로서 그 고유업무의 성질상 대량으로 보유하고 그 자산으로부터 직접 수익을 얻는 비품은 제1호의 비품에 포함하지 않는다.
2. 제3호를 적용할 때 부속설비에는 해당 건물과 관련된 전기설비, 급배수 · 위생설비, 가스설비, 냉방 · 난방 · 통풍 및 보일러설비, 승강기설비 등 모든 부속설비를 포함한다.
3. 제3호를 적용할 때 구축물에는 하수도, 굴뚝, 경륜장, 포장도로, 교량, 도크, 방벽, 철탑, 터널 그 밖에 토지에 정착한 모든 토목설비나 공작물을 포함하되, 기계 · 장치 등 설비에 필수적이고 전용으로 사용되는 구축물은 제외한다.

2) 그 밖의 유형자산과 무형자산

1)에 해당하지 않는 유형자산과 무형자산으로서 공제대상이 되는 자산은 다음의 자산을 말한다(조특령 21 ③).

① 연구 · 시험, 직업훈련, 에너지 절약, 환경보전 또는 근로자복지 증진 등의 목적으로 사용되는 사업용자산으로서 다음의 자산(조특칙 12 ②)

구 분	공제대상자산
1. 연구 · 시험 및 직업훈련시설	조세특례제한법 시행규칙 제13조의 10 제1항 및 제2항에 따른 시설(설비투자자산의 감가상각비 손금산입 특례 대상 시설)
2. 에너지절약 시설	① 「에너지이용 합리화법」에 따른 에너지절약형 시설투자(에너지절약 전문기업이 대가를 분할상환 받은 후 소유권을 이전하는 조건으로 설치한 경우를 포함한다) 및 에너지절약형 기자재 ② 「물의 재이용 촉진 및 지원에 관한 법률」에 따른 중수도
3. 환경보전 시설	조세특례제한법 시행규칙 별표 2에 따른 환경보전시설
4. 근로자복지 증진 시설	① 무주택 종업원(출자자인 임원은 제외한다)에게 임대하기 위한 「주택법」에 따른 국민주택 규모의 주택 ② 종업원용 기숙사 ③ 장애인 · 노인 · 임산부 등의 편의 증진을 위한 시설 또는 장애인을 고용하기 위한 시설로서 별표 3에 따른 시설 ④ 종업원용 휴게실, 체력단련실, 샤워시설 또는 목욕시설(건물 등의 구조를 변경하여 해당시설을 취득하는 경우를 포함한다) ⑤ 종업원의 건강관리를 위해 「의료법」 에 따라 개설한 부속 의료기관 ⑥ 「영유아보육법」 에 따른 직장어린이집
5. 안전시설	조세특례제한법 시행규칙 별표 4에 따른 안전시설

② 운수업을 경영하는 자가 사업에 직접 사용하는 차량 및 운반구 등 다음의 자산(조특칙 12 ③)

구 분	공제대상자산
1. 운수업을 주된 사업으로 하는 중소기업	차량 및 운반구(「개별소비세법」 제1조 제2항 제3호에 따른 자동차로서 자가용인 것을 제외한다)와 선박
2. 어업을 주된 사업으로 하는 중소기업	선박
3. 건설업	「지방세법 시행규칙」 제3조에 따른 기계장비
4. 도매업 · 소매업 · 물류산업	조세특례제한법 시행규칙 별표 5에 따른 유통산업합리화시설

구 분	공제대상자산
5. 「관광진흥법」에 따라 등록한 관광숙박업 및 국제회의기획업	건축물과 해당 건축물에 딸린 시설물 중 「지방세법 시행령」 제6조에 따른 시설물
6. 「관광진흥법」에 따라 등록한 전문휴양업 또는 종합휴양업	「관광진흥법 시행령」 제2조 제1항 제3호 가목 및 제5호 가목에 따른 숙박시설, 전문휴양시설(골프장 시설은 제외한다) 및 종합유원시설업의 시설
7. 중소기업이 해당 업종의 사업에 직접 사용하는 소프트웨어	다음 각 목의 어느 하나에 해당하는 것을 제외한 소프트웨어 ① 인사, 급여, 회계 및 재무 등 지원업무에 사용하는 소프트웨어 ② 문서, 도표 및 발표용 자료 작성 등 일반 사무에 사용하는 소프트웨어 ③ 컴퓨터 등의 구동을 위한 기본운영체제(Operating System) 소프트웨어

③ 중소기업 및 중견기업이 취득한 다음의 자산(특수관계인으로부터 취득한 재산의 제외)

㉠ 내국인이 국내에서 연구 · 개발하여 「특허법」에 따라 최초로 설정등록받은 특허권

㉡ 내국인이 국내에서 연구 · 개발하여 「실용신안법」에 따라 최초로 설정등록받은 실용신안권

㉢ 내국인이 국내에서 연구 · 개발하여 「디자인보호법」에 따라 최초로 설정등록받은 디자인권

3 공제금액

내국인의 투자에 대하여 기본공제 금액과 추가공제 금액을 합한 금액 또는 임시투자세액공제금액을 공제한다. 이 경우 공제금액을 동시에 적용받을 수 있는 경우에는 납세의무자의 선택에 따라 그 중 하나만을 적용한다(조특법 24 ①).

통합투자세액공제 = 기본공제 금액 + 추가공제 금액(또는 임시투자세액공제금액)

투자가 2개 이상의 과세연도에 걸쳐서 이루어지는 경우에는 그 투자가 이루어지는 과세연도마다 해당 과세연도에 투자한 금액에 대하여 세액공제를 적용한다(조특법 24 ②).

(1) 기본공제 금액

기본공제 금액=해당 과세연도에 투자한 금액×공제율

구 분	공제율		
	중소기업	중견기업	일반기업
① 일반투자분	10%	5%	1%
② 신성장 · 원천기술의 사업화를 위한 시설 및 신성장 연구개발시설 투자분	12%	6%	3%
③ 국가전략기술의 사업화를 위한 시설 및 국가전략 기술연구개발시설 투자분	25%	15%	15%
④ 반도체분야 국가전략기술의 사업화를 위한 시설 및 국가전략기술연구개발시설 투자분	30%	20%	20%

(2) 추가공제 금액

추가공제 금액=Min[①, ②]

① 투자증가분 : [해당 과세연도 투자금액－직전 3년간 연평균 투자금액]×10%

② 한도액 : 기본공제 금액×2

(3) 임시투자세액공제금액

1) 기본공제

① 2024년 12월 31일이 속하는 과세연도에 투자하는 경우

기본공제 금액=해당 과세연도에 투자한 금액×공제율

구 분	공제율		
	중소기업	중견기업	일반기업
① 일반투자분	12%	7%	1%
② 신성장 · 원천기술의 사업화를 위한 시설 투자분	14%	8%	3%
③ 국가전략기술의 사업화를 위한 시설 투자분	25%	15%	15%

② 2025년 12월 31일이 속하는 과세연도에 투자하는 경우

구 분	공제율		
	중소기업	중견기업	일반기업
① 일반투자분	12%	7%	1%
② 신성장 · 원천기술의 사업화를 위한 시설 및 신성장연구개발시설 투자분	14%	8%	3%
③ 국가전략기술의 사업화를 위한 시설 및 국가전략기술연구 개발시설 투자분	25%	15%	15%
④ 반도체 분야 국가전략기술사업화시설 및 반도체 분야 국가전략기술연구개발시설 투자분	30%	20%	20%

2) 추가공제

추가공제 금액＝Min[①, ②]

① 투자증가분 : [해당 과세연도 투자금액－직전 3년간 연평균 투자금액]×10%

② 한도액 : 기본공제 금액×2

4 공제대상 투자의 범위

(1) 투자금액

세액공제대상이 되는 투자금액은 다음 계산식에 따른다(조특령 21 ⑦).

투자금액＝Max[①, ②]－[③＋④]

① 총투자금액에 법인세법시행령 제69조 제1항에 따른 작업진행률에 의하여 계산한 금액

② 해당 과세연도까지 실제로 지출한 금액 중 큰 금액

③ 해당 과세연도 전에 조세특례제한법 제24조를 적용받은 투자금액

④ 해당 과세연도 전의 투자분으로서 ③의 금액을 제외한 투자분에 대하여 ①·②을 준용하여 계산한 금액

(2) 공제대상에서 제외되는 투자

중소기업 투자 세액공제의 적용대상이 되는 투자에는 다음 각 호의 금액을 포함하지 아니한다(조특집 5-0-2).

① 기존 설비에 대한 보수

② 기존 설비에 대한 자본적지출. 다만, 기존설비를 생산능력이 큰 설비로 개체하거나 생산능력이 현저히 증가되도록 기존설비를 확장하는 증설은 제외한다.

(3) 중고품 및 리스투자

중고품 및 금융리스를 제외한 리스에 의한 투자는 공제대상 투자의 범위에서 제외한다(조특법 24 ①, 조특령 3). "금융리스"란 다음 중 어느 하나에 해당하는 경우의 자산 대여를 말한다(조특칙 3의 2).

① 리스기간[계약해지금지조건이 부가된 기간(명시적인 계약해지금지조건은 없으나 실질적으로 계약해지금지조건이 부가된 것으로 볼 수 있는 기간을 포함한다)을 말하며, 기간 종료시점에서 계약해지금지조건이 부가된 갱신계약의 약정이 있는 경우에는 그 약정에 따른 기간을 포함한다. 이하 이 조에서 같다] 종료 시 또는 그 이전에 리스이용자에게 해당 리스의 자산의 소유권을 무상 또는 당초 계약 시 정한 금액으로 이전할 것을 약정한 경우

② 리스기간 종료 시 리스자산을 취득가액의 10% 이하의 금액으로 구매할 수 있는 권리가 리스실행일 현재 리스이용자에게 주어진 경우 또는 취득가액의 10% 이하의 금액을 갱신계약의 원금으로 하여 리스계약을 갱신할 수 있는 권리가 리스실행일 현재 리스이용자에게 주어진 경우

③ 리스기간이 「법인세법 시행규칙」 별표 5 및 별표 6에 규정된 리스자산의 자산별 · 업종별(리스이용자의 업종에 의한다) 기준내용연수의 75% 이상인 경우

④ 리스실행일 현재 최소리스료를 기업회계기준에 따라 현재가치로 평가한 가액이 해당 리스자산의 장부가액의 90% 이상인 경우

⑤ 리스자산의 용도가 리스이용자만의 특정 목적에 한정되어 있고, 다른 용도로의 전용에 과다한 비용이 발생하여 사실상 전용이 불가능한 경우

(4) 국가 등으로부터 받은 출연금 등으로 투자한 경우

내국법인이 자산에 대한 투자 또는 출자지분의 취득을 목적으로 다음 각 호의 어느 하나에 해당하는 국가 등으로부터 출연금 등의 자산을 지급받아 투자 또는 출자에 지출하는 경우에

는 출연금 등의 자산을 투자 또는 출자에 지출한 금액에 상당하는 금액을 차감한다(조특법 127 ① 1호).

① 국가

② 지방자치단체

③ 「공공기관의 운영에 관한 법률」에 따른 공공기관

④ 「지방공기업법」에 따른 지방공기업

(5) 금융회사 등으로부터 융자받아 투자한 경우

내국법인이 자산에 대한 투자 또는 출자지분의 취득을 목적으로 「금융실명거래 및 비밀보장에 관한 법률」 제2조 제1호 각 목의 어느 하나에 해당하는 금융회사 등으로부터 융자를 받아 투자 또는 출자에 지출하고 금융회사 등에 지급하여야 할 이자비용의 전부 또는 일부를 국가 등이 내국법인을 대신하여 지급하는 경우에는 국가 등이 지급했거나 지급하기로 약정한 이자비용의 합계액을 투자금액 또는 취득가액에서 차감한다(조특법 127 ① 2호, 조특령 123 ①).

(6) 국가 등으로부터 융자받아 투자한 경우

내국법인이 자산에 대한 투자 또는 출자지분의 취득을 목적으로 국가 등으로부터 융자를 받아 투자 또는 출자에 지출하는 경우에는 다음의 산식에 따라 계산한 국가 등이 지원하는 이자지원금을 투자금액 또는 취득가액에서 차감한다(조특법 127 ① 3호, 조특령 123 ②).

> 융자시점의 가중평균차입이자율로 계산한 원리금 합계액 − 융자시점의 실제이자율로 계산한 원리금 합계액 = 이자지원금

(7) 공사부담금을 제공받는 경우

내국인이 「법인세법」 제37조 제1항 각 호의 어느 하나에 해당하는 사업에 필요한 자산에 대한 투자를 목적으로 해당 자산의 수요자 또는 편익을 받는 자로부터 같은 항에 따른 공사부담금을 제공받아 투자에 지출하는 경우에는 공사부담금을 투자에 지출한 금액에 상당하는 금액을 투자금액 또는 취득금액에서 차감한다(조특법 127 ① 4호).

5 신 청

세액공제를 적용받으려는 자는 해당 과세연도의 과세표준신고서와 함께 통합투자세액공제 신청서[조특칙 별지 제8호의 9 서식]를 납세지 관할 세무서장에게 제출하여야 한다(조특령 21 ⑫).

6 사후관리

세액공제를 받은 내국인이 투자완료일부터 일반자산의 경우에는 2년, 다음 중 어느 하나에 해당하는 건물과 구축물의 경우에는 5년이 지나기 전에 해당 자산을 처분한 경우(임대하는 경우 포함)에는 이자상당액을 가산하여 법인세로 납부하여야 한다(조특법 146, 조특령 137 ③).

① 연구 · 시험, 직업훈련, 에너지 절약, 환경보전 또는 근로자복지 증진 등의 목적으로 사용되는 사업용자산으로서 법령으로 정하는 자산

② 운수업을 경영하는 자가 사업에 직접 사용하는 차량 및 운반구 등 법령으로 정하는 자산

$$\text{공제받은 세액} \times \text{이자계산기간의 일수} \times \frac{22^{*}}{100{,}000} = \text{이자상당액}$$

* 2022년 2월 14일까지는 25/100,000 적용

위의 산식에서 '이자계산기간의 일수'란 세액공제를 받은 과세연도의 법인세과세표준신고일의 다음날부터 해당 사유가 발생한 날이 속하는 과세연도의 법인세과세표준신고일까지의 일수를 말한다(조특령 137 ② 1호).

7 공제배제

(1) 모든 투자에 대한 공제배제

중소기업이 아닌 자가 1990년 1월 1일 이후 수도권과밀억제권역에서 새로 사업장을 설치하여 사업을 개시하거나 종전의 사업장을 이전하여 설치하는 경우 수도권과밀억제권역에 있는 해당 사업장에서 사용하기 위하여 취득하는 사업용 고정자산에 대해서는 조특법 제24조(통합투자세액공제)를 적용하지 아니한다(조특법 130 ②). 다만, 대통령령으로 정하는 사업용 고정자산을 취득하는 경우에는 그러하지 아니하다.

(2) 증설투자에 대한 공제배제

1) 공제배제대상

다음에 해당하는 자가 수도권과밀억제권역에 있는 해당 사업장에서 사용하기 위하여 취득하는 사업용 고정자산으로서 증설투자에 해당하는 것에 대해서는 조특법 제24조(통합투자세액공제)를 적용하지 아니한다(조특법 130 ①).

① 1989년 12월 31일 이전부터 수도권과밀억제권역에서 계속하여 사업을 경영하고 있는 내국인

② 1990년 1월 1일 이후 수도권과밀억제권역에서 새로 사업장을 설치하여 사업을 개시하거나 종전의 사업장(1989년 12월 31일 이전에 설치한 사업장 포함)을 이전하여 설치하는 중소기업

2) 증설투자의 범위

증설투자란 다음의 구분에 따른 투자를 말한다(조특령 124 ①).

구 분	내 용
① 공장인 사업장의 경우	사업용고정자산을 새로 설치함으로써 해당 공장의 연면적이 증가되는 투자
② 공장 외의 사업장인 경우	사업용고정자산을 새로 설치함으로써 사업용고정자산의 수량 또는 해당 사업장의 연면적이 증가되는 투자

3) 적용제외 지역

수도권과밀억제권 안에 소재하는다음의 산업단지 또는 공업지역에서 증설투자를 하는 경우 세액공제 규정을 배제하지 않는다(조특령 124 ②).

① 「산업입지 및 개발에 관한 법률」에 의한 산업단지

② 「국토의 계획 및 이용에 관한 법률」에 의한 공업지역 및 지구단위계획구역 중 산업시설의 입지로 이용되는 구역

(3) 적용제외대상 자산

다음의 사업용 고정자산에 대하여는 (1)과 (2)의 배제규정을 적용하지 않는다(조특법 130 ①·②, 조특령 124 ③, 조특칙 54).

① 디지털방송을 위한 프로그램의 제작·편집·송신 등에 사용하기 위하여 취득하는 방송장비

② 「전기통신사업 회계정리 및 보고에 관한 규정」 제8조에 따른 전기통신설비 중 같은 조 제1호부터 제3호까지 및 제5호에 따른 교환설비, 전송설비, 선로설비 및 정보처리설비

③ 조세특례제한법 시행령 제21조 제3항 제1호에 해당하는 자산

④ 에너지 절약시설(조특칙 별표 7)

⑤ 신에너지 및 재생에너지를 생산하기 위한 시설을 제조하지 위한 시설(조특칙 별표 7의 2)

⑥ 의약품 품질관리 개선시설(조특칙 별표 11).

실무포인트

1. 통합투자세액공제 대상 여부

(1) 무주택 종업원에게 상시 주거용으로 임대하기 위해 오피스텔

내국법인이 무주택 종업원(출자임원 제외)에게 상시 주거용으로 임대하기 위해 「주택법」에서 규정하는 국민주택 규모의 오피스텔을 취득하는 경우 「조세특례제한법」 제24조에 따른 세액공제가 가능한 자산에 해당하는 것이며, 해당 오피스텔이 무주택 종업원에게 상시 주거용으로 임대되는지 여부는 사실판단할 사항임(서면법령법인-7339, 2021.12.30.).

(2) 통합투자세액공제 대상에서 제외되는 공구의 범위에 금형이 포함되는지 여부

금형은 「조세특례제한법」 제24조 제1호 가목 단서 및 같은 법 시행규칙 [별표 1] 제1호에 따른 공구에 포함되지 않는 것임(서면법규법인-0355, 2022.4.7.).

(3) 임대목적으로 취득한 사업용자산의 투자세액공제 대상 여부

산업용 장비 임대업을 영위하는 법인이 임대목적으로 취득한 자산의 경우 투자세액공제 대상에 해당함(기획재정부 조세특례제도과-1240, 2023.12.14.).

(4) 유통합리화시설 중 창고의 세액공제 대상여부

물류산업을 영위하는 내국법인이 해당 물류산업에 직접 사용하기 위하여 「조세특례제한법 시행규칙」 별표 5의 유통산업합리화시설 중 제4호의 '창고시설'에 투자하는 경우 「조세특례제한법」 제24조의 통합투자세액공제를 적용할 수 있는 것이며, 해당 '창고시설'에는 물품의 보관 · 저장 및 반출을 위한 창고건축물이 포함되는 것으로, 이 경우 '창고'는 「건축법 시행령」 별표 1 제18호 가목의 창고를 말하는 것임(서면-2022-법규법인-5578, 2023.8.25.).

(5) 소프트웨어 개발비용의 통합투자세액공제 적용 가능 여부

도소매업을 영위하는 중소기업이 해당 업종의 사업에 직접 사용하는 소프트웨어에 투자한 경우 자체개발 또는 외주제작 의뢰 방식에 관계없이 통합투자세액공제 대상에 해당하는 것임. 다만, 인사, 급여, 회계 및 재무 등 지원업무에 사용하는 소프트웨어는 공제대상 자산에 해당하지 아니하므로 지원업무와 구분되어 사용되는 소프트웨어인지 여부는 사실관계에 따라 판단할 사항임(서면-2022-법인-4711, 2023.4.19).

(6) 태양광 발전설비가 통합투자세액공제 대상인지

① 태양광 전기 발전업을 영위하는 내국법인이 태양광 발전설비에 투자하는 경우 통합투자세액공제가 가능함(사전-2024-법규법인-0023, 2024.4.26.).

② 내국법인이 전기료 절감을 목적으로 태양광 발전설비에 투자하는 경우 「조세특례제한법」 제24조에 따른 통합투자세액공제를 적용받을 수 없는 것임(사전-2021-법령해석법인-1785, 2021.12.29.).

(7) 지입회사에 차량을 지입한 차주의 통합투자세액공제 적용 가능 여부

운수업을 경영하는 자가 차량을 지입회사에 지입하여 사업활동을 영위하는 경우 해당 차량에 대한 통합투자세액공제 가능(기획재정부 조세특례제도과-660, 2022.9.28.).

(8) 하청업체에게 제공하는 금형의 세액공제 대상 여부

자기가 제품을 직접 제조하지 아니하고 투자세액공제 적용 시설을 하청업체의 사업장에 설치하고 그 시설에 대한 유지 · 관리비용을 부담하면서 하청업체가 생산한 제품을 전량 인수하여 자기 책임하에 직접 판매하는 경우 국내에 소재하는 하청업체에게 제공하는 금형은 통합투자세액공제 대상자산에 해당함(서면-2024-법인-1217, 2024.8.29.).

(9) 음식점업의 통합투자세액공제 대상

음식점업을 영위하는 중소기업이 해당 사업에 직접 사용하기 위하여 투자하는 스무디 제조머신, 커피머신 및 제빙기는 중소기업 등 투자세액공제 대상 사업용자산에 해당하는 것이나, 테이블 및 의자는 사업용자산에 해당하지 아니하는 것임(사전-2016-법령해석법인-0150, 2017.1.12.).

(10) 건설업을 영위하지 않는 법인의 통합투자세액 공제 대상 판단

통합투자세액 공제 대상 자산과 관련하여 건설업에 직접 사용하는 기계장비인 콘크리트 믹서트럭을 포함하고 있으나, 청구법인이 법인 등기사항전부증명서상 목적사업의 하나인 건설업에 쟁점트럭을 직접 사용한 사실이 확인되지 아니하고, 청구법인의 사업자등록증상 주·부업종에 건설업이 등록되지 아니한 점 등에 비추어 처분청이 콘크리트 믹서트럭을 통합투자세액 공제 대상으로 보지 아니하고 이 건 법인세를 부과한 처분은 달리 잘못이 없다고 판단됨(조심 2024인0386, 2024.7.22.).

2. 증설투자에 해당하지 않는 대체투자는 통합투자세액공제를 적용받을 수 있음

「조세특례제한법」 제130조 제1항 본문 및 같은 법 시행령 제124조 제1항 제2호에 따라 통합투자세액 공제의 적용이 배제되는 증설투자(이하 "쟁점증설투자")란 사업용고정자산을 새로 설치함으로써 사업용고정자산의 수량 또는 해당 사업장의 연면적이 증가되는 투자를 의미하는 것으로, 기존 사업용고정자산을 신형으로 교체하는 방식의 투자로서 해당 사업용고정자산의 수량이 그대로 유지되고 사업장의 연면적이 증가되지 않는 투자의 경우에는 쟁점증설투자에 해당하지 않는 것임(사전법규소득-1763, 2022.6.8.).

3. 본점이 수도권과밀억제권역에 있는 경우 과밀억제권역 외 투자에 대한 조세감면배제 여부

내국법인이 수도권과밀억제권역 외의 지역 사업장에서 직접 사용하기 위하여 취득하는 사업용고정자산에 대하여는 본점이 수도권과밀억제권역 안에 있는 경우에도 수도권과밀억제권역 안의 투자에 대한 조세감면배제규정이 적용되지 아니함(서이46012-11841, 2003.10.23.).

[별지 제1호 서식 부표(1)] (2024.3.22. 개정)

투자자산 명세서

※ [ ]에는 해당되는 곳에 √표를 합니다. (앞쪽)

과 세 연 도	. . . ~ . . .
상호 또는 법인명	사업자등록번호

1. 투자대상 자산의 종류

[ ] 1) 구「조세특례제한법 시행령」제4조(중소기업 등 투자세액공제) [코드 : 131]
[ ] 2) 구「조세특례제한법 시행령」제22조(연구시험용 시설 및 직업훈련용 시설투자에 대한 세액공제)[코드 : 134]
[ ] 3) 구「조세특례제한법 시행령」제22조의6(생산성향상시설 투자 등에 대한 세액공제)[코드 : 135]
[ ] 4) 구「조세특례제한법 시행령」제22조의5(안전시설 투자에 대한 세액공제)[코드 : 136]
[ ] 5) 구「조세특례제한법 시행령」제22조의2(에너지절약시설 투자에 대한 세액공제) [코드 : 177]
[ ] 6) 구「조세특례제한법 시행령」제22조의3(환경보전시설 투자에 대한 세액공제) [코드 : 14A]
[ ] 7) 구「조세특례제한법 시행령」제22조의8(의약품 품질관리 개선시설 투자에 대한 세액공제)[코드 : 14B]
[ ] 8) 구「조세특례제한법 시행령」제22조의9(신성장기술 사업화를 위한 시설투자에 대한 세액공제) [코드 : 18B]
[ ] 9) 「조세특례제한법 시행령」제23조(고용창출투자세액공제) [코드 : 14N]
[ ] 10) 구「조세특례제한법 시행령」제22조의4(근로자복지증진을 위한 시설투자에 대한 세액공제) [코드 : 142]
[ ] 11) 「조세특례제한법 시행령」제7조의 2 제12항(수탁기업에 설치하는 시설에 대한 세액공제) [코드 : 18L]
[ ] 12) 구「조세특례제한법 시행령」제22조의11(초연결 네트워크 구축을 위한 시설투자에 대한 세액공제) [코드 : 18I]
[ ] 13) 「조세특례제한법 시행령」제21조(통합투자세액공제-일반) [코드 : 13W]
[ ] 14) 「조세특례제한법 시행령」제21조(통합투자세액공제-신성장사업화시설) [코드 : 13X]
[ ] 15) 「조세특례제한법 시행령」제21조(통합투자세액공제-국가전략사업화시설) [코드 : 13Y]
[ ] 16) 「조세특례제한법 시행령」제21조(임시통합투자세액공제-일반) [코드 : 1B1]
[ ] 17) 「조세특례제한법 시행령」제21조(임시통합투자세액공제-신성장사업화시설) [코드 : 1B2]
[ ] 18) 「조세특례제한법 시행령」제21조(임시통합투자세액공제-국가전략사업화시설) [코드 : 1B3]

2. 투자 자산별 명세

(단위: 원)

① 투자자산종류	② 투자자산 소재지	③ 투자적격여부	④ 투자자산 명칭	⑤ 투자자산 구입처		⑥ 매입 세금계산서 발행일	⑦ 투자금액
				상호 또는 법인명	사업자 등록번호		
합 계							

210mm×297mm[백상지 80g/㎡ 또는 중질지 80g/㎡]

(뒤쪽)

첨부서류	1.「조세특례제한법 시행령」제22조의2에 따른 투자 세액공제 시 첨부서류 -「에너지이용 합리화법」에 따른 에너지관리공단이 확인한 에너지관리 시스템(EMS)임을 증명할 수 있는 서류 -「에너지이용 합리화법」에 따라 산업통상자원부장관이 인증한 고효율인증기자재의 인증서 사본 -「에너지이용 합리화법」에 따라 산업통상자원부장관이 승인한 자동절전제어장치의 승인서 사본 2.「조세특례제한법 시행령」제22조의5에 따른 투자 세액공제 시 첨부서류 -「비상대비자원 관리법」에 따라 비상대비업무를 수행하기 위해 보강하거나 확장한 시설의 경우 해당 주무부장관이 지정한 사실과 그 임무를 적어 송달한 고지서 사본 - 건축 당시에는 구조 안전 확인대상 건축물이 아니었으나,「지진 · 화산재해대책법」에 따라 내진성능 확인을 받아 내진보강을 한 시설인 경우 그 확인을 증명할 수 있는 건축물 내진성능 확인서 및 확인신청 시 첨부하였던 서류 사본	수수료 없음

작 성 방 법

1. 구「조세특례제한법 시행령」은 2021. 2. 17. 대통령령 제31444호로 개정되기 전의 것을 말합니다.
2. 각 과세연도에 구「조세특례제한법 시행령」제4조, 제22조, 제22조의2부터 제22조의6, 제22조의8, 제22조의9, 제22조의11 또는「조세특례제한법 시행령」 제7조의 2 제12항, 제21조 제11항, 제23조에 따라 세액공제신청서(별지 제1호 서식)를 제출해야 하는 경우 반드시 이 서식을 작성해야 합니다.
3. "2. 투자 자산별 명세"란: ⑦ 투자금액이 1억원 이상인 투자 자산의 명세를 적고, 나머지는 합계에 포함하여 적습니다.
4. "① 투자자산 종류"란: 위 "1. 투자대상 자산의 종류"에서 해당하는 분류번호(숫자 1~13)를 적습니다.
   * 예시) 의약품 품질관리 개선시설 투자세액공제를 신청하는 경우 → 7
5. "② 투자자산 소재지"란: 투자한 곳(투자처)의 소재지를 시/도 + 시/군/구 + 읍/면 + 도로명까지 적습니다.
6. "③ 투자적격 여부"란: 중고품 여 · 부, 리스 자산(금융리스 제외) 여부, 수도권과밀억제권역 내 투자 여부 등 해당 법령의 요건을 자체 검토하여 적격 여 · 부를 적습니다.
7. "⑦ 투자금액"란: 해당 자산에 대한 투자금액을 적습니다. 이 경우 2개 이상의 과세연도에 걸쳐서 이루어지는 투자에 대해 각 과세연도마다 공제받는 경우에는 구「조세특례제한법 시행령」 제4조 제3항에 따라 산출된 금액을 적고,「조세특례제한법 시행령」시행령 제23조에 따른 고용창출투자세액공제를 적용받는 경우에는 같은 조 제2항에 따라 산출된 금액을 적습니다.
8. 투자금액을 계산할 때「조세특례제한법」 제127조 제1항에 따라 국가 등으로부터 출연금 등의 자산 또는 이자비용을 지급받거나 융자를 받아 투자에 지출하는 경우에는 해당 지급금액이나 이자지원금에 상당하는 금액을 투자금액에서 차감하여 계산합니다.

[별지 제8호의 9 서식] (2024.3.22. 개정)

통합투자세액공제신청서

※ 뒤쪽의 작성방법을 읽고 작성해 주시기 바랍니다.

(앞쪽)

접수번호	접수일	처리기간 즉시

① 신청인	① 상호 또는 법인명	② 사업자등록번호
	③ 대표자 성명	④ 생년월일
	⑤ 주소 또는 본점소재지 (전화번호:)	
② 과세연도	년 월 일부터 년 월 일까지	
③ 신성장사업화시설, 국가전략기술 사업화시설 인정 신청 여부	여[ ], 부[ ]	미신청 투자금액 합계	
④ 신성장사업화시설, 국가전략기술 사업화시설 인정 여부	여[ ], 부[ ]	미인정 투자금액 합계	
⑤ 임시 투자 세액공제율 적용 여부			여[ ], 부[ ]
⑥ 해당 과세연도 투자분에 대한 공제세액 (=㉑ + ㉖)			

가. 2개 이상의 과세연도에 걸쳐서 이루어지는 투자금액(=⑰)

⑦ 투자 종류	⑧ 해당기술 사용 제품 외의 제품 생산에 사용되는 여부	⑨ 총 투자 예정 금액	⑩ 해당 과세연도 말까지 실제 지출한 금액	작업진행률에 의한 투자금액 계산				⑮누적투자 대상금액 (⑩와⑭ 중 큰 금액)	⑯ 해당 과세연도 이전 과세연도 까지의 누적투자 대상금액	⑰ 투자 금액 (⑮－⑯)
				⑪ 해당 과세 연도말 총투자 누적액	⑫ 총 투자 예정비	⑬ 진행률 (⑪/⑫)	⑭ 진행률에 의한 투자금액 (⑨×⑬)			
계										

나. 그 외 투자금액(=⑱)

투자종류		⑱ 투자금액
일반시설		
신성장사업화시설	⑧이 ‘여’인 시설	
	⑧이 ‘부’인 시설	
국가전략기술사업화시설	⑧이 ‘여’인 시설	
	⑧이 ‘부’인 시설	
계		

다. 기본공제금액(=㉑)

투자종류		⑲ 공제대상 투자금액 (=⑰+⑱)	⑳ 공제율	㉑ 기본공제금액 (=⑲×⑳)
일반시설			1%, 5%, 10% (3%, 7%, 12%)	
신성장 사업화시설	⑧이 ‘여’인 시설		3%, 6%, 12% (6%, 10%, 18%)	
	⑧이 ‘부’인 시설			
국가전략기술 사업화시설	⑧이 ‘여’인 시설		8%, 8%, 16% (15%, 15%, 25%)	
	⑧이 ‘부’인 시설			
합계				

210mm× 297mm[백상지 80g/㎡ 또는 중질지 80g/㎡]

(뒤쪽)

라. 추가공제금액(=㉖)

투자종류		㉒ 공제대상 투자금액 (=⑲)	㉓ 직전 3년 연 평균 투자 또는 취득금액	㉔ 초과액 (=㉒-㉓)	㉕ 공제율	㉖ 추가공제금액 Min[(㉔×㉕),(㉑×2)]
일반시설					3%(10%)	
신성장 사업화시설	⑧이 '여'인 시설				3%(10%)	
	⑧이 '부'인 시설					
국가전략기술 사업화시설	⑧이 '여'인 시설				4%(10%)	
	⑧이 '부'인 시설					
합계						

「조세특례제한법 시행령」제21조 제13항에 따라 위와 같이 세액공제신청서를 제출합니다.

년 월 일

신청인 (서명 또는 인)

세무서장 귀하

작 성 방 법

※ 「조세특례제한법」제24조에 따른 통합투자세액공제는 2021.1.1. 이후 과세표준을 신고하는 분부터 적용 가능하며 해당 세액공제를 신청한 경우 구「조세특례제한법」(2021. 1. 1. 법률 제17759호로 개정되기 전의 것) 제5조, 제25조, 제25조의4, 제25조의5 및 제25조의7(이하 "종전세액공제규정"이라 한다)은 중복으로 적용받을 수 없습니다.

1. ⑤ 임시 투자 세액공제율 적용 여부란:「조세특례제한법」제24조 제1항3호를 적용받는 경우에는 "여", 그렇지 않은 경우에는 "부"를 적습니다.
2. "⑦ 투자종류란": 일반시설 투자금액, 신성장사업화시설 투자금액과 국가전략기술사업화시설 투자금액으로 구분하여 작성하며, 신성장사업화시설은「조세특례제한법 시행규칙」별표 6에 따른 신성장 · 원천기술을 사업화하는 시설로서 연구개발세액공제기술심의위원회의 심의를 거쳐 기획재정부장관과 산업통상자원부장관이 공동으로 인정하는 공제대상 자산을 말하고, 국가전략기술사업화시설은「조세특례제한법 시행규칙」별표 6의2에 따른 국가전략기술을 사업화하는 시설로서 연구개발세액공제기술심의위원회 심의를 거쳐 기획재정부 · 산업통상자원부장관이 공동으로 인정하는 공제대상 자산을 말합니다.
3. "⑧ 해당기술 사용 제품 외의 제품생산에 사용되는 여부"란: 해당시설이 해당기술을 사용하여 생산하는 제품 외에 다른 제품의 생산에도 사용되는 시설인 경우에는 "여", 그렇지 않은 경우에는 "부"를 적습니다.
4. "⑬ 진행률란"은「법인세법 시행령」제69조 제1항에 따라 해당 과세연도말까지 발생한 총투자누적액이 총투자예정비에서 차지하는 비율로 계산합니다.
5. "⑮ 누적투자 대상금액"란: ⑩란의 해당 과세연도말까지 실제 지출한 금액과 ⑭란의 진행률에 의한 투자금액 중 큰 금액을 적고, ⑯ 해당 과세연도 이전 과세연도까지의 누적투자 대상금액란은 해당 과세연도 이전 과세연도까지의 실제지출한 금액과 해당 과세연도 이전 과세연도까지의 작업진행률에 따라 계산한 투자금액 중 큰 금액을 적습니다.
6. "⑲ 공제대상 투자금액"란 ⑰ 2개 이상의 과세연도에 걸쳐서 이루어지는 투자금액과 ⑱ 그 외 투자금액의 합계액을 적습니다.
7. ⑳ 공제율란 중 일반시설란 및 신성장사업화시설란의 괄호 안의 공제율은 2023년 12월 31일이 속하는 과세연도에 투자한 금액에 대하여 적용되는 공제율을 말하며, ⑳ 공제율란 중 국가전략기술사업화시설란의 괄호 안의 공제율은 2023년 1월 1일 이후 국가전략기술사업화시설에 투자한 금액에 대하여 적용되는 공제율을 말합니다.
8. "㉒ 공제대상 투자금액"란: ⑲ 공제대상 투자금액란을 그대로 옮겨 적습니다.
9. "㉓ 직전 3년 연 평균 투자 또는 취득금액"란: [(해당 과세연도 개시일부터 소급하여 3년간 투자한 금액의 합계÷3) × (해당 과세연도의 개월 수÷12)]로 계산하며 투자금액이 최초로 발생한 과세연도 개시일부터 해당 과세연도 개시일까지의 기간이 36개월 미만인 경우 그 기간에 투자한 금액의 합계액을 36개월로 환산하여 계산한 금액을 적습니다.
10. ㉕ 공제율란의 괄호 안의 공제율은 2023년 12월 31일이 속하는 과세연도에 투자한 금액에 대하여 적용되는 공제율을 말합니다.
11. ㉖ 추가공제금액란의 추가공제금액은 ㉔의 초과액의 합계액에 대해 적용하며 ㉑ 기본공제금액의 2배를 초과할 수 없습니다.

210mm× 297mm[백상지 80g/㎡ 또는 중질지 80g/㎡]

과세표준과 세액계산 04

CHAPTER

08 통합고용세액공제

1 개 요

정부에서는 2022.12.31. 조세특례제한법 개정을 통해 기존의 고용지원 관련 세액공제 제도를 통합 · 단순화하기 위하여 "통합고용세액공제 제도"(조특법 29의 8)를 신설하였다.

종 전	개 정
① 고용증대세액공제(조특법 29의 7) ② 사회보험료 세액공제(조특법 30의 4) ③ 경력단절여성 세액공제(조특법 29의 3 ①) ④ 정규직 전환 세액공제(조특법 30의 2) ⑤ 육아휴직 복귀자 세액공제(조특법 29의 3 ②)	통합고용세액공제(조특법 29의 8)

통합고용세액공제는 소비성서비스업을 제외한 모든 기업에 대하여 2025년 12월 31일이 속하는 사업연도까지 적용하며, 기본공제금액과 추가공제금액을 합산한 금액을 법인세에서 공제한다(조특법 29의 8). 여기서 소비성 서비스업이란 다음의 업종을 말한다(조특령 26의 8 ①).

① 호텔업 및 여관업(관광숙박업 제외)

② 주점업(일반유흥주점업, 무도유흥주점업 및 단란주점 영업만 해당되고, 관광진흥법에 따른 외국인전용유흥음식점업 및 관광유흥음식점업은 제외)

③ 그 밖에 오락 · 유흥 등을 목적으로 하는 사업으로서 다음 각 호의 사업

㉠ 무도장 운영업

㉡ 기타 사행시설 관리 및 운영업(「관광진흥법」 제5조 또는 「폐광지역 개발 지원에 관한 특별법」 제11조에 따라 허가를 받은 카지노업은 제외한다)

㉢ 유사 의료업 중 안마를 시술하는 업

㉣ 마사지업

구 분	내 용
최저한세	적용대상
농특세	과세대상

(1) 기본공제금액 : 고용증가인원수 × 세액공제액

구 분	세액공제액			
	중소기업(3년 지원)		중견기업 (3년 지원)	대기업 (2년 지원)
	수도권	지 방		
청년 정규직 등	1,450만원	1,550만원	800만원	400만원
상시근로자	850만원	950만원	450만원	-

(2) 추가공제금액 : 정규직 전환 · 육아휴직 복귀자 인원수 × 세액공제액

구 분	공제액	
	중 소	중 견
정규직 전환자(1년 지원)	1,300만원	900만원
육아휴직 복귀자(1년 지원)		

2 기본공제금액

(1) 세액공제금액

내국인의 2025년 12월 31일이 속하는 사업연도까지의 기간 중 해당 사업연도의 상시근로자의 수가 직전 사업연도의 상시근로자의 수보다 증가한 경우에는 다음의 금액을 해당 사업연도와 해당 사업연도의 종료일부터 1년(중소기업 · 중견기업은 2년)이 되는 날이 속하는 사업연도까지의 법인세에서 공제한다(조특법 29의 8 ①).

세액공제 금액 = ① + ②
① 청년등*1 상시근로자 증가 인원수*2 × 세액공제액*3
② 청년등외 상시근로자 증가 인원수*2 × 세액공제액*3

*1 청년 정규직근로자, 장애인근로자, 60세 이상인 근로자, 경력단절근로자, 북한이탈주민
*2 전체 상시근로자의 증가 인원수를 한도로 한다.
*3 세액공제액

구 분	세액공제액			
	중소기업		중견기업	대기업
	수도권	지 방		
청년등 상시근로자	1,450만원	1,550만원	800만원	400만원
상시근로자	850만원	950만원	450만원	–

1) 상시근로자

"상시근로자"란 「근로기준법」에 따라 근로계약을 체결한 내국인 근로자를 말한다. 다만, 다음 중 어느 하나에 해당하는 사람은 제외한다(조특령 26의 8 ②). 여기서 내국인이란 소득세법에 따른 거주자를 말한다(조특법 2).

① 근로계약기간이 1년 미만인 근로자. 단, 근로계약의 연속된 갱신으로 인하여 그 근로계약의 총기간이 1년 이상인 근로자는 상시근로자로 본다.

② 「근로기준법」에 따른 단시간근로자. 단, 1개월간의 소정근로시간이 60시간 이상인 근로자는 상시근로자로 본다.

③ 「법인세법 시행령」 제40조 제1항 각 호의 어느 하나에 해당하는 임원

④ 해당 기업의 최대주주 또는 최대출자자(개인사업자의 경우에는 대표자)와 그 배우자

⑤ 위 ④에 해당하는 자의 직계존비속(그 배우자 포함) 및 「국세기본법 시행령」 제1조의 2 제1항에 따른 친족관계인 사람

⑥ 「소득세법 시행령」에 따른 근로소득원천징수부에 의하여 근로소득세를 원천징수한 사실이 확인되지 아니하고, 다음 중 어느 하나에 해당하는 금액의 납부사실도 확인되지 아니하는 자

㉠ 「국민연금법」 제3조 제1항 제11호 및 제12호에 따른 부담금 및 기여금

㉡ 「국민건강보험법」 제69조에 따른 직장가입자의 보험료

2) 청년 정규직 근로자

청년 정규직 근로자란 15세 이상 34세 이하인 사람 중 다음 중 어느 하나에 해당하는 사람을 제외한 사람을 말한다. 다만, 해당 근로자가 병역을 이행한 경우에는 그 기간(6년 한도)을 현재 연령에서 빼고 계산한 연령이 34세 이하인 사람을 포함한다(조특령 26의 8 ③ 1호).

① 「기간제 및 단시간근로자 보호 등에 관한 법률」에 따른 기간제근로자 및 단시간근로자
② 「파견근로자보호 등에 관한 법률」에 따른 파견근로자
③ 「청소년 보호법」 제2조 제5호 각 목에 따른 업소에 근무하는 같은 조 제1호에 따른 청소년

3) 장애인근로자

장애인근로자란 다음의 사람을 말한다(조특령 26의 8 ③ 2호).

① 「장애인복지법」의 적용을 받는 장애인
② 「국가유공자 등 예우 및 지원에 관한 법률」에 따른 상이자
③ 「5 · 18민주유공자예우 및 단체설립에 관한 법률」 제4조 제2호에 따른 5 · 18민주화운동부상자
④ 「고엽제후유의증 등 환자지원 및 단체설립에 관한 법률」 제2조 제3호에 따른 고엽제후유의증환자로서 장애등급 판정을 받은 사람

4) 60세 이상인 근로자

60세 이상인 근로자란 근로계약 체결일 현재 연령이 60세 이상인 사람을 말한다(조특령 26의 8 ③ 3호).

5) 경력단절근로자

경력단절근로자란 다음의 요건을 모두 충족하는 근로자를 말한다(조특법 29의 8 ②).

① 임금을 목적으로 같은 기업에서 1년 이상 계속하여 근로를 제공(근로소득세를 원천징수한 사실이 확인되는 경우로 한정)한 후 다음의 결혼, 임신, 출산, 육아, 자녀교육, 가족돌봄의 사유로 퇴직하였을 것(조특령 26의 8 ⑫)

㉠ 퇴직한 날부터 1년 이내에 혼인한 경우(가족관계기록사항에 관한 증명서를 통하여 확인되는 경우에 한정한다)

㉡ 퇴직한 날부터 2년 이내에 임신하거나 난임 시술을 받은 경우(의료기관의 진단서 또는 확인서를 통하여 확인되는 경우에 한정한다)
㉢ 퇴직일 당시 임신한 상태인 경우(의료기관의 진단서를 통하여 확인되는 경우로 한정한다)
㉣ 퇴직일 당시 8세 이하의 자녀가 있는 경우
㉤ 퇴직일 당시 「초 · 중등교육법」에 따른 학교에 재학 중인 자녀가 있는 경우
㉥ 퇴직일 당시 「장애인복지법」 제32조에 따라 등록한 장애인 자녀가 있는 경우
㉦ 퇴직일 당시 다음 중 어느 하나에 해당하는 직계존속(배우자의 직계존속 포함)을 동거봉양하기 위해 같은 세대를 이루고 있는 경우
ⓐ 70세 이상
ⓑ 「장애인복지법」 제32조에 따라 등록한 장애인

② ①에 따른 사유로 퇴직한 날부터 2년 이상 15년 미만의 기간이 지났을 것
③ 해당 기업의 최대주주 또는 최대출자자(개인사업자의 경우에는 대표자를 말한다) 또는 그와 특수관계인이 아닐 것

경력단절근로자에 대한 개정규정은 2025.1.1. 이후 개시하는 사업연도를 최초 공제연도로 하여 통합고용세액공제를 신청하는 경우부터 적용한다. 다만, 2024.12.31. 이전에 개시하는 사업연도에 고용한 경력단절 근로자에 대하여는 제29조의 8 제1항 제1호 및 같은 조 제2항의 개정규정에도 불구하고 종전의 규정에 따른다(부칙 6, 2025.3.14. 법률 제20778호).

6) 북한이탈주민

「북한이탈주민의 보호 및 정착지원에 관한 법률」에 따른 북한이탈주민에 대하여도 청년등과 같이 높은 공제율을 적용한다(조특령 26의 8 ③ 5호). 북한이탈주민에 대한 개정규정은 2025.1.1. 이후 개시하는 사업연도를 최초 공제연도로 하여 통합고용세액공제를 신청하는 경우부터 적용한다. 다만, 2024.12.31. 이전에 개시하는 사업연도에 고용한 북한이탈주민에 관하여는 제26조의 8 제3항 제5호의 개정규정에도 불구하고 종전의 규정에 따른다(부칙 9, 2025.2.28. 대통령령 제35347호).

(2) 상시근로자 수 등의 계산

1) 계산방법

통합고용증대세액공제 규정을 적용할 때 상시근로자 수, 청년등 상시근로자 수는 다음의 구분에 따른 계산식에 따라 계산한 수(100분의 1 미만의 부분은 없는 것으로 한다)로 한다(조

특령 26의 8 ⑥).

① 상시근로자 수

$$\frac{\text{해당 사업연도의 매월말 현재 상시근로자 등의 수의 합}}{\text{해당 과세연도의 개월 수}}$$

② 청년등 상시근로자 수

$$\frac{\text{해당 사업연도의 매월말 현재 청년 등 상시근로자 등의 수의 합}}{\text{해당 과세연도의 개월 수}}$$

2) 단시간근로자가 있는 경우

「근로기준법」 제2조 제1항 제9호에 따른 단시간근로자로서 1개월간의 소정근로시간이 60시간 이상인 근로자는 상시근로자로 1명은 0.5명으로 하여 계산하되, 다음의 지원요건을 모두 충족하는 경우에는 0.75명으로 하여 계산한다(조특령 26의 8 ⑧).

① 해당 과세연도의 상시근로자 수(단시간근로자는 제외한다)가 직전 과세연도의 상시근로자 수(단시간근로자는 제외한다)보다 감소하지 아니하였을 것

② 기간의 정함이 없는 근로계약을 체결하였을 것

③ 상시근로자와 시간당 임금(「근로기준법」 제2조 제1항 제5호에 따른 임금, 정기상여금 · 명절상여금 등 정기적으로 지급되는 상여금과 경영성과에 따른 성과금을 포함한다), 그 밖에 근로조건과 복리후생 등에 관한 사항에서 「기간제 및 단시간근로자 보호 등에 관한 법률」 제2조 제3호에 따른 차별적 처우가 없을 것

④ 시간당 임금이 「최저임금법」 제5조에 따른 최저임금액의 130%(중소기업의 경우에는 120%) 이상일 것

3) 창업을 한 경우

해당 사업연도에 창업 등을 한 내국법인의 경우에는 다음의 구분에 따른 수를 직전 또는 해당 사업연도의 상시근로자 수 또는 청년등 상시근로자 수로 본다(조특령 26의 8 ⑧).

① 창업한 경우의 직전 사업연도의 상시근로자 수 또는 청년등 상시근로자 수 : 0

② 「조세특례제한법」 제6조 제10항 제1호(합병 · 분할 · 현물출자 또는 사업의 양수 등을 통하여 종전의 사업을 승계하는 경우는 제외)부터 제3호까지의 어느 하나에 해당하는 경우의 직전 사업연도의 상시근로자 수 : 종전 사업, 법인전환 전의 사업 또는 폐업 전의 사업의

직전 사업연도 상시근로자 수

③ 다음의 어느 하나에 해당하는 경우의 직전 또는 해당 사업연도의 상시근로자 수 : 직전 사업연도의 상시근로자 수는 승계시킨 기업의 경우에는 직전 사업연도 상시근로자 수에 승계시킨 상시근로자 수를 뺀 수로 하고, 승계한 기업의 경우에는 직전 사업연도 상시근로자 수에 승계한 상시근로자 수를 더한 수로 하며, 해당 사업연도의 상시근로자 수는 해당 사업연도 개시일에 상시근로자를 승계시키거나 승계한 것으로 보아 계산한 상시근로자 수로 한다.

㉠ 해당 사업연도에 합병 · 분할 · 현물출자 또는 사업의 양수 등에 의하여 종전의 사업부문에서 종사하던 상시근로자를 승계하는 경우

㉡ 「조세특례제한법 시행령」 제11조 제1항에 따른 특수관계인으로부터 상시근로자를 승계하는 경우

구 분	직전 사업연도 상시근로자 수 등	해당 사업연도 상시근로자 수 등
승계한 기업	직전 사업연도 상시근로자 수 + 승계한 상시근로자 수	해당 사업연도 개시일에 승계한 것으로 보아 상시근로자 수 계산
승계시킨 기업	직전 사업연도 상시근로자 수 – 승계시킨 상시근로자 수	해당 사업연도 개시일에 승계시킨 것으로 보아 상시근로자 수 계산

(3) 사후관리 – 2, 3차년도 공제배제

통합고용세액공제의 기본공제를 받은 내국인이 최초로 공제를 받은 사업연도의 종료일부터 2년이 되는 날이 속하는 사업연도의 종료일까지의 기간 중 상시근로자 및 청년등 상시근로자가 감소한 경우에는 다음의 구분에 따라 세액공제를 적용하지 아니한다(조특법 29의 8 ③).

① 전체 상시근로자의 수가 최초로 공제를 받은 사업연도에 비하여 감소한 경우에는 감소한 사업연도부터 통합고용세액공제 기본공제를 적용하지 아니한다.

② 청년등 상시근로자의 수가 최초로 공제를 받은 사업연도에 비하여 감소한 경우에는 감소한 사업연도부터 청년등 상시근로자에 대한 통합고용세액공제 기본공제를 적용하지 아니한다.

2년 이내 근로자 수	2차년도 및 3차년도 세액공제 적용 방법
1) 전체 상시근로자 수 감소	① 청년등 상시근로자 공제금액 : 공제불가
	② 청년등 외 상시근로자 공제금액 : 공제불가

2년 이내 근로자 수	2차년도 및 3차년도 세액공제 적용 방법
2) 전체 상시근로자 수 유지 또는 증가, 청년등 상시근로자 감소	① 청년등 상시근로자 공제금액 : 다음의 금액으로 공제가능 "청년등 인원 수 × 청년등 외 공제금액"
	② 청년등 외 상시근로자 공제금액 : 공제가능

기획재정부에서는 과거 전체 상시근로자 수는 유지(또는 증가)하면서, 청년 등 상시근로자 수만 감소하는 경우 2차년도 및 3차년도 세액공제를 받을 수 없다는 취지의 예규(사전-2020-법령해석소득-0541, 2020.10.29.)를 회신한 바 있다. 그러나, 2023.3.5. 청년 인원 수에 청년 외 공제금액을 곱하여 계산한 금액을 2차년도 및 3차년도 세액공제로 적용하도록 종전 해석을 변경하면서 종전 예규(사전-2020-법령해석소득-0541, 2020.10.29.)를 삭제하였고, 이후 유사한 취지의 해석을 연달아 회신하였다.

▌전체 증가(유지), 청년 감소 ▌

구 분	구 분	주요내용
삭제사례	사전-2020-법령해석소득-0541, 2020.10.29. (기획재정부에서 종전해석을 변경)	감소한 사업연도부터 청년에 대한 2,3차년도 공제 불가
유지사례	① 기획재정부 조세특례제도과-215, 2023.3.6. ② 서면-2023-법인-0978, 2023.5.26. ③ 조세특례제도과-906, 2023.8.28.	청년 인원 수에 청년 외 공제금액을 곱하여 2,3차년도 공제 가능

(4) 사후관리 - 공제받은 세액의 납부

통합고용세액공제의 기본공제를 받은 내국인이 최초로 공제를 받은 사업연도의 종료일부터 2년이 되는 날이 속하는 사업연도의 종료일까지의 기간 중 상시근로자 및 청년등 상시근로자가 감소한 경우에는 공제받은 세액에 상당하는 금액(공제금액 중 공제받지 못하고 이월된 금액이 있는 경우에는 그 금액을 차감한 후의 금액)을 법인세로 납부하여야 한다(조특법 29의 8 ③). 납부하여야 할 법인세액은 다음의 구분에 따라 계산한 금액으로 하며, 이를 해당 사업연도의 과세표준을 신고할 때 법인세로 납부하여야 한다(조특령 26의 8 ④). 한편, 추가납부세액 규정을 적용할 때 최초로 공제받은 사업연도에 청년등 상시근로자에 해당한 자는 이후 사업연도에도 청년등 상시근로자로 보아 청년등 상시근로자 수를 계산한다(조특령 26의 8 ⑤).

1) 2차년도

최초로 공제받은 사업연도의 종료일부터 1년이 되는 날이 속하는 사업연도의 종료일까

과세표준과 세액계산 04

지의 기간 중 최초로 공제받은 사업연도보다 전체 상시근로자 수 또는 청년등 상시근로자 수가 감소하는 경우에는 다음의 구분에 따라 계산한 금액을 납부하여야 한다. 단, 해당 사업연도의 직전 1년 이내의 사업연도에 공제받은 세액을 한도로 한다(조특령 26의 8 ④ 1호).

구 분	추가납부세액
① 전체 상시근로자 수가 감소하는 경우	①-1. 청년등 상시근로자의 감소한 인원수가 전체 상시근로자의 감소한 인원수 이상인 경우 : ㉠+㉡ ㉠ (최초로 공제받은 사업연도 대비 청년등 상시근로자의 감소한 인원수* - 전체 상시근로자의 감소한 인원수) ×(청년등의 공제금액 - 청년등 외의 공제금액) ㉡ 전체 상시근로자의 감소한 인원수×청년등 공제금액 ①-2. 그 밖의 경우 : ㉠+㉡ ㉠ (최초로 공제받은 사업연도 대비 청년등 상시근로자의 감소한 인원수**×청년등의 공제금액) ㉡ (최초로 공제받은 사업연도 대비 청년등 외 상시근로자의 감소한 인원수**×청년등 외의 공제금액)
② 전체 상시근로자 수는 감소하지 않으면서 청년등 상시근로자 수가 감소한 경우	최초로 공제받은 사업연도 대비 청년등 상시근로자의 감소한 인원수*×(청년등 공제금액 - 청년등 외의 공제금액)

* 최초로 공제받은 사업연도에 청년등 상시근로자의 증가한 인원수를 한도로 한다.
** 전체 상시근로자의 감소한 인원수를 한도로 한다.

2) 3차년도

1)에 따른 기간의 다음 날부터 최초로 공제받은 사업연도의 종료일부터 2년이 되는 날이 속하는 사업연도의 종료일까지의 기간 중 최초로 공제받은 사업연도보다 전체 상시근로자 수 또는 청년등 상시근로자 수가 감소하는 경우에는 다음의 구분에 따라 계산한 금액을 납부하여야 한다. 단, 1)에 따라 계산한 금액이 있는 경우 그 금액을 제외하며, 해당 사업연도의 직전 2년 이내의 사업연도에 공제받은 세액의 합계액을 한도로 한다(조특령 26의 8 ④ 2호).

구 분	추가납부세액
① 전체 상시근로자 수가 감소하는 경우	①-1. 청년등 상시근로자의 감소한 인원수가 상시근로자의 감소한 인원수 이상인 경우 : ㉠+㉡ ㉠ (최초로 공제받은 사업연도 대비 청년등 상시근로자의 감소한 인원수* - 전체 상시근로자의 감소한 인원수)×(청년등 공제금액 - 청년등 외의 공제금액)×직전 2년 이내의 사업연도에 공제받은 횟수

구 분	추가납부세액
① 전체 상시근로자 수가 감소하는 경우	㉡ 전체 상시근로자의 감소한 인원수×청년등 공제금액×직전 2년 이내의 사업연도에 공제받은 횟수
	①-2. **그 밖의 경우** : 최초로 공제받은 사업연도 대비 청년등 상시근로자 및 청년등 외 상시근로자의 감소한 인원수**에 대해 직전 2년 이내의 사업연도에 공제받은 세액의 합계액
② 전체 상시근로자 수는 감소하지 않으면서 청년등 상시근로자 수가 감소한 경우	최초로 공제받은 사업연도 대비 청년등 상시근로자의 감소한 인원수* ×(청년등 공제금액－청년등 외의 공제금액)×직전 2년 이내의 사업연도에 공제받은 횟수

* 최초로 공제받은 사업연도에 청년등 상시근로자의 증가한 인원수를 한도로 한다.
** 상시근로자의 감소한 인원수를 한도로 한다.

3 추가공제금액

(1) 정규직 전환자 추가공제

1) 세액공제금액

중소기업 또는 중견기업이 2023년 6월 30일 당시 고용하고 있는 비정규직 근로자 등을 2024년 1월 1일부터 2024년 12월 31일까지 정규직 근로자로 전환하는 경우에는 다음의 금액을 해당 사업연도의 법인세에서 공제한다(조특법 29의 8 ④).

> 세액공제 금액
> = 정규직 근로자로의 전환에 해당하는 인원 수* × 1,300만원(중견기업 900만원)

* 해당 기업의 최대주주 또는 최대출자자(개인사업자의 경우에는 대표자)나 그와 특수관계에 있는 사람은 제외한다. 여기서 특수관계에 있는 사람은 「국세기본법 시행령」 제1조의 2 제1항에 따른 친족관계인 사람을 말한다(조특령 26의 8 ⑨).

2) 비정규직 근로자 등

세액공제 대상이 되는 비정규직 근로자 등이란 2023년 6월 30일 당시 고용하고 있는 「기간제 및 단시간근로자 보호 등에 관한 법률」에 따른 기간제근로자 및 단시간근로자, 「파견근로자 보호 등에 관한 법률」에 따른 파견근로자, 「하도급거래 공정화에 관한 법률」

에 따른 수급사업자에게 고용된 기간제근로자 및 단시간근로자를 말한다(조특법 29의 8 ④).

3) 정규직 근로자로의 전환

정규직 근로자로의 전환이란 2023년 6월 30일 당시 고용하고 있는 비정규직 근로자 등을 2024년 1월 1일부터 2024년 12월 31일까지 기간의 정함이 없는 근로계약을 체결한 근로자로 전환하거나 「파견근로자 보호 등에 관한 법률」에 따라 사용사업주가 직접 고용하거나 「하도급거래 공정화에 관한 법률」 제2조 제2항 제2호에 따른 원사업자가 기간의 정함이 없는 근로계약을 체결하여 직접 고용하는 경우를 말한다(조특법 29의 8 ④).

4) 공제배제

해당 사업연도에 해당 중소기업 또는 중견기업의 상시근로자 수가 직전 사업연도의 상시근로자 수보다 감소한 경우에는 정규직 전환자 추가공제를 공제하지 아니한다(조특법 29의 8 ④). 여기서 상시근로자 수와 청년등 상시근로자 수를 계산할 때 「근로기준법」 제74조에 따른 출산전후휴가를 사용 중인 상시근로자를 대체하는 상시근로자가 있는 경우 해당 출산전후휴가를 사용 중인 상시근로자는 상시근로자 수와 청년등 상시근로자 수에서 제외한다(조특령 26의 8 ⑦).

(2) 육아휴직 복귀자 추가공제

1) 세액공제금액

중소기업 또는 중견기업이 육아휴직 복귀자를 2025년 12월 31일까지 복직시키는 경우에는 다음의 금액을 복직한 날이 속하는 사업연도의 법인세에서 공제한다(조특법 29의 8 ⑤).

세액공제 금액 = 육아휴직 복귀자 인원 수 × 1,300만원(중견기업 900만원)

2) 육아휴직 복귀자

육아휴직 복귀자란 다음의 요건을 모두 충족하는 사람을 말한다(조특법 29의 8 ⑤).

① 해당 기업에서 1년 이상 근무하였을 것. 이는 해당 기업이 육아휴직 복귀자의 근로소득세를 원천징수하였던 사실이 근로소득 원천징수부를 통하여 확인되는 경우로 한정한다(조특령 26의 8 ⑩).

② 「남녀고용평등과 일 · 가정 양립 지원에 관한 법률」 제19조 제1항에 따라 육아휴직한 경우로서 육아휴직 기간이 연속하여 6개월 이상일 것

③ 해당 기업의 최대주주 또는 최대출자자(개인사업자의 경우에는 대표자를 말한다)나 그와 특수관계에 있는 사람이 아닐 것. 여기서 특수관계에 있는 사람은 「국세기본법 시행령」 제1조의 2 제1항에 따른 친족관계인 사람을 말한다(조특령 26의 8 ⑨).

3) 공제배제

해당 사업연도에 해당 중소기업 또는 중견기업의 상시근로자 수가 직전 사업연도의 상시근로자 수보다 감소한 경우에는 육아휴직 복귀자 추가공제를 공제하지 아니한다(조특법 29의 8 ⑤). 여기서 상시근로자 수와 청년등 상시근로자 수를 계산할 때 「근로기준법」 제74조에 따른 출산전후휴가를 사용 중인 상시근로자를 대체하는 상시근로자가 있는 경우 해당 출산전후휴가를 사용 중인 상시근로자는 상시근로자 수와 청년등 상시근로자 수에서 제외한다(조특령 26의 8 ⑦).

(3) 사후관리 - 공제받은 세액의 납부

정규직 전환자 및 육아휴직 복귀자에 대한 추가공제 규정에 따라 법인세를 공제받은 자가 각각 정규직 근로자로의 전환일 또는 육아휴직 복직일부터 2년이 지나기 전에 해당 근로자와의 근로관계를 종료하는 경우에는 근로관계가 종료한 날이 속하는 사업연도의 과세표준신고를 할 때 공제받은 세액에 상당하는 금액(공제금액 중 공제받지 못하고 이월된 금액이 있는 경우에는 그 금액을 차감한 후의 금액)을 법인세로 납부하여야 한다(조특법 29의 8 ⑦).

4 세액공제의 신청

통합고용 세액공제를 받으려는 자는 과세표준 신고와 함께 세액공제신청서 및 공제세액계산서를 납세지 관할 세무서장에게 제출하여야 한다(조특법 29의 8 ⑧, 조특령 26의 8 ⑪).

실무포인트

1. 상시근로자 수의 계산

(1) 계약직 근로자의 계약기간이 갱신된 경우

조세특례제한법 제29조의 7 고용을 증대시킨 기업에 대한 세액공제를 적용함에 있어서 근로계약기간이 1년 미만인 근로자는 상시근로자에서 제외하는 것이나 근로계약의 연속된 갱신으로 인하여 그 근로계약의 총 기간이 1년 이상인 근로자는 상시근로자에 포함하는 것임. 이때, 근로계약의 연속된 갱신으로 근로계약 총 기간이 1년 이상이 된 근로자는 그 갱신일이 속하는 월부터 상시근로자에 포함하는 것임(서면-2023-법인-4011, 2024.3.25.).

(2) 신설법인의 상시근로자 수 계산

신설 내국법인이 「조세특례제한법 시행령」 제26조의 7 제7항에 따른 상시근로자 수를 계산함에 있어 "해당 과세연도의 개월 수"는 「법인세법」 제6조에 따른 사업연도 개시일부터 종료일까지의 개월 수를 의미하는 것임(서면법인-7994, 2022.4.21.).

2. 청년 등 근로자

(1) 기간제 근로자는 청년 등에 해당되지 않음

근로계약기간이 1년 이상으로 조세특례제한법 시행령 제23조 제10항 각 호에 해당하지 않으면 상시근로자로 보며, 청년 정규직 근로자에 기간제근로자는 제외됨(서면-2022-법인-2176 [법인세과-1583], 2022.10.31.).

(2) 근로계약 당시 청년이었으나, 생일이 지나 청년이 아니게 된 경우

① 내국인이 해당 과세연도에 "청년 등 상시근로자"와 "청년 등 상시근로자 외 상시근로자"가 각각 증가하여 조세특례제한법 제29조의 7(고용을 증대시킨 기업에 대한 세액공제) 제1항 각 호를 적용받은 후, 다음 과세연도에 "청년 등 상시근로자"의 수는 감소(최초 과세연도에 29세 이하였으나, 이후 과세연도에 30세 이상이 되어 청년 수가 감소하는 경우를 포함)하였으나 전체 상시근로자 수는 유지되거나 증가한 경우, 당초 적용받았던 "청년등 상시근로자 증가인원"에 대하여 같은 항 제1호 "청년 등 상시근로자" 증가에 따른 세액공제는 적용받을 수 없지만, 같은 항 제2호 "청년 등 상시근로자 외 상시근로자" 증가에 따른 세액공제는 적용할 수 있는 것임. 이 경우 당초 공제받았던 "청년 등 상시근로자 외 상시근로자" 증가에 따른 세액공제는 "청년 등 상시근로자 외 상시근로자"가 감소하지 않았으므로 잔여 공제연도에 대해서 계속 공제받을 수 있는 것임(법인세과-856, 2023.5.26.).

② 내국인이 해당 과세연도의 청년 등 상시근로자 증가인원에 대해 「조세특례제한법」 제29조의 7 제1항 제1호에 따른 세액공제를 적용받은 후 다음 과세연도에 청년 등 상시근로자의 수는 감소(최초 과세연도에는 29세 이하였으나, 이후 과세연도에 30세 이상이 되어 청년 수가 감소하는 경우를 포함)하였으나 전체 상시근로자의 수는 유지되는 경우, 잔여 공제연도에 대해서는 제29조의 7 제1항 제2호의 공제액을 적용하여 공제가 가능함(기획재정부 조세특례제도과-214, 2023.3.6.).

(3) "청년"을 "청년 외"로 보아 세액공제를 적용할 수 있는지 여부

최초 고용증대세액공제 적용 시, 청년을 청년 외로 보아 세액공제를 적용할 수 있는 것임(조세특례제도과-906, 2023.8.28.).

(4) 60세 이상이 되어 재고용된 경우

정년퇴직으로 근로관계가 실질적으로 단절된 후, 「근로기준법」에 따라 새로운 근로계약을 체결(근로계약기간 1년 이상)한 경우, 계약 체결일 현재 60세 이상인 경우에는 청년 등 상시근로자에 해당함(서면-2022-법규법인-3940 [법규과-1538], 2023.6.15.).

3. 근로자 승계 시 직전연도 근로자 수

(1) 개인사업자의 법인전환 시 직전연도 상시근로자 수

거주자가 하던 사업을 법인으로 전환하여 새로운 법인을 설립하는 경우에는 조세특례제한법 제6조 제10항 제2호의 법인전환에 해당하므로 직전 과세연도의 상시근로자 수는 조특령 제23조 제13항 제2호에 따라 법인전환 전의 사업의 직전 과세연도 상시근로자 수를 적용하는 것임(서면-2019-법인-1932 [법인세과-2690], 2020.7.28.).

(2) 근로자를 승계한 개인사업자의 법인전환 시 직전연도 상시근로자 수

질의 개인사업자가 사업의 포괄양수도 방법으로 법인전환함으로써 종전 사업에서 종사하던 상시근로자를 승계한 경우의 상시근로자 수 계산을 위한 조세특례제한법 시행령 제23조 제13항 각 호의 적용방법

(제1안) 상시근로자를 승계하였으므로 같은 항 제3호가 적용됨

(제2안) 법인전환이므로 같은 항 제2호가 적용됨

회신 개인사업자가 사업의 포괄양수도 방법으로 법인전환함으로써 종전 사업에서 종사하던 상시근로자를 승계한 경우의 상시근로자 수 계산을 위한 조세특례제한법 시행령 제23조 제13항 적용 시 같은 항 제3호가 적용됨(기획재정부 조세정책과-1837, 2023.9.5.).

(3) 내국법인의 대표이사가 다른 내국법인 설립하여 직원을 승계한 경우

내국법인의 대표이사가 동일업종을 영위하는 다른 내국법인을 설립하여 대표이사로 취임하고 기존 내국법인에서 퇴사한 상시근로자를 신설 내국법인이 채용한 경우, 근로자의 자의에 의한 것이 아니라 기존 내국법인의 경영방침에 의한 일방적인 결정에 따라 퇴직과 재입사의 형식을 거친 것에 불과하다면 신설 내국법인이 특수관계법인인 기존 내국법인으로부터 상시근로자를 승계받은 경우에 해당하므로, 신설 내국법인에 대해 「조세특례제한법」 제29조의 7을 적용함에 있어서 직전 과세연도의 상시근로자 수는 같은 법 시행령 제23조 제13항 제3호 나목에 따라 승계한 상시근로자 수를 더하여 산정함(사전-2019-법령해석법인-0103, 2019.6.13.).

4. 통합고용과 고용증대의 중복적용 배제규정 적용방법

중소기업인 내국법인이 2022.12.31.이 속하는 과세연도에 대해 조세특례제한법 제29조의 7(고용을 증대시킨 기업에 대한 세액공제)에 따라 세액공제를 받은 경우, 2023.12.31.이 속하는 과세연도와 2024.12.31.이 속하는 과세연도까지 조세특례제한법 제29조의 7(고용을 증대시킨 기업에 대한 세액공제) 규정을 적용하여 세액공제 하는 것임.

또한, 2023.12.31.(또는 2024.12.31.)이 속하는 과세연도(이하 "해당 과세연도")의 상시근로자 수가 직전 과세연도보다 증가하는 경우, 해당 과세연도에는 조세특례제한법 제29조의 7(고용을 증대시킨 기업에 대한 세액공제)과 같은 법 제29조의 8(통합고용세액공제) 중 어느 하나를 선택하여 세액공제를 적용하고 이후 과세연도의 추가 공제 시에도 당초 선택한 공제방법을 적용하는 것임(법인세과-914, 2023.6.8.).

5 [계산사례] 통합고용세액공제

사례 1 기본사례

제조업을 영위하는 중소기업인 ㈜택스에듀의 상시근로자 등의 자료는 다음과 같다. ㈜택스에듀는 12월말 결산법인이며 수도권에 소재하고 있다. 주어진 자료를 이용하여 2025년 사업연도에 대한 공제세액을 계산하시오.

구 분		1월	2월	3월	4월	5월	6월	7월	8월	9월	10월	11월	12월
2024	청년외 기타	5	12	9	5	3	4	8	10	11	10	10	9
	청년등	4	3	3	4	5	5	6	2	3	2	5	6
	상시 근로자	9	15	12	9	8	9	14	12	14	12	15	15
2025	청년외 기타	8	12	11	11	11	8	7	8	10	9	13	12
	청년등	8	6	6	6	6	8	8	8	6	7	7	8
	상시 근로자	16	18	17	17	17	16	15	16	16	16	20	20

1) 청년등 상시근로자

① 2024년 청년등

$$\frac{(4+3+3+4+5+5+6+2+3+2+5+6)}{12}=4$$

② 2025년 청년등

$$\frac{(8+6+6+6+6+8+8+8+6+7+7+8)}{12}=7$$

2) 청년등 외 상시근로자

① 2024년 상시근로자

$$\frac{(9+15+12+9+8+9+14+12+14+12+15+15)}{12}=12$$

② 2025년 상시근로자

$$\frac{(16+18+17+17+17+16+15+16+16+16+20+20)}{12}=17$$

	청년외 기타	청년등	상시근로자
2024년	8	4	12
2025년	10	7	17
증 가	2	3	5

• **공제세액의 계산**

청년 상시근로자 증가인원×1,450만원+기타 상시근로자 증가인원×850만원

=(7−4)×14,500,000원+(10−8)×8,500,000원

=60,500,000원

사례 2 **2차년도, 전체 감소, 청년 감소, 청년외 감소**

제조업을 영위하는 중소기업인 ㈜택스에듀의 상시근로자 등의 자료는 다음과 같다. ㈜택스에듀는 12월말 결산법인이며 수도권에 소재하고 있다. 주어진 자료를 이용하여 2025년 및 2026년 사업연도에 대한 공제세액과 추징세액을 계산하시오.

연 도	상시근로자(청년+청년외)	청 년	청년외
2024년	30	20	10
2025년	60	40	20
2026년	54	36	18

(1) 2025년 공제세액 및 추징세액

1차년도 공제액＝(40－20)×14,500,000원＋(20－10)×8,500,000 ＝375,000,000원

(2) 2026년 공제세액 및 추징세액

1) 1차년도 공제액 : 없음

전체 상시근로자가 감소하였으므로 1차년도 공제금액 없음.

2) 2차년도 공제액 : 없음

전체 상시근로자 수(54명)가 최초로 공제받은 2025년(60명)에 비하여 감소하였으므로 2차년도 공제금액 없음

3) 2차년도 : 2025년도 공제액 추징

＝(40－36)×14,500,000원＋(20－18)×8,500,000원＝75,000,000원

사례 3 2차년도, 전체 감소, 청년 감소, 청년외 증가

제조업을 영위하는 중소기업인 ㈜택스에듀의 상시근로자 등의 자료는 다음과 같다. ㈜택스에듀는 12월말 결산법인이며 수도권에 소재하고 있다. 주어진 자료를 이용하여 2025년 및 2026년 사업연도에 대한 공제세액과 추징세액을 계산하시오.

연 도	상시근로자(청년+청년외)	청 년	청년외
2024년	30	20	10
2025년	60	40	20
2026년	54	30	24

(1) 2025년 공제세액 및 추징세액

• 1차년도 공제액

(40－20)×14,500,000원＋(20－10)×8,500,000원＝375,000,000원

(2) 2026년 공제세액 및 추징세액

1) 1차년도 공제액 : 없음

전체 상시근로자가 감소하였으므로 1차년도 공제금액 없음

2) 2차년도 공제액 : 없음

전체 상시근로자 수(54명)가 최초로 공제받은 2025년(60명)에 비하여 감소하였으므로 2차년도 공제금액 없음

3) 2차년도 : 2025년도 공제액 추징

＝(10－6)×(14,500,000원－8,500,000원)＋6×14,500,000원

＝111,000,000원

사례 4 2차년도, 전체 증가, 청년 감소, 청년외 증가

제조업을 영위하는 중소기업인 ㈜택스에듀의 상시근로자 등의 자료는 다음과 같다. ㈜택스에듀는 12월말 결산법인이며 수도권에 소재하고 있다. 주어진 자료를 이용하여 2025년 및 2026년 사업연도에 대한 공제세액과 추징세액을 계산하시오.

연 도	상시근로자(청년+청년외)	청 년	청년외
2024년	30	20	10
2025년	60	40	20
2026년	65	38	27

(1) 2025년 공제세액 및 추징세액

1차년도공제액＝(40－20)×14,500,000원＋(20－10)×8,500,000원＝375,000,000원

(2) 2026년 공제세액 및 추징세액

1) 1차년도 공제액
- 청년 : 없음
- 청년외 : Min[① (27－20), ② 5]×8,500,000원＝42,500,000원

2) 2차년도 공제액
- 청년 : 20명(2025년도 청년 증가 인원)×8,500,000원＝170,000,000원
- 청년외 : 10명(2025년도 청년외 증가 인원)×8,500,000원＝85,000,000원

3) 2025년도 공제액 추징
＝① (40－38)×(② 14,500,000원－③ 8,500,000원)＝12,000,000원

사례 5 2차년도, 전체 증가, 청년 증가, 청년외 감소

제조업을 영위하는 중소기업인 ㈜택스에듀의 상시근로자 등의 자료는 다음과 같다. ㈜택스에듀는 12월말 결산법인이며 수도권에 소재하고 있다. 주어진 자료를 이용하여 2025년 및 2026년 사업연도에 대한 공제세액과 추징세액을 계산하시오.

연 도	상시근로자(청년+청년외)	청 년	청년외
2024년	30	20	10
2025년	60	40	20
2026년	65	48	17

(1) **2025년 공제세액 및 추징세액**

- 1차년도 공제액

청년 상시근로자 증가인원×1,450만원+기타 상시근로자 증가인원×850만원
=(40−20)×14,500,000원+(20−10)×8,500,000원=375,000,000원

(2) **2026년 공제세액 및 추징세액**

1) 1차년도 공제액

- 청년 : Min[① (48−40), ② 5]×14,500,000원=72,500,000원
- 청년외 : 없음.

2) 2차년도 공제액

- 청년 : 290,000,000원
- 청년외 : 85,000,000원

상시근로자 및 청년 상시근로자가 감소하지 않았으므로, 2025년도에 공제받은 금액을 한 번 더 공제

3) 추징세액 : 없음

전체 상시근로자 및 청년 상시근로자가 감소하지 않았으므로 추징세액은 없음.

사례 6 3차년도, 상시 감소, 청년 감소, 청년외 감소

다음 자료에 의하여 각 연도별 공제세액을 계산하라. 수도권에 소재하고 있는 제조업을 영위하는 중소기업이며 각 연도별 상시근로자 등의 자료는 다음과 같다. 2025년~2027년 사업연도의 공제세액과 추징세액을 계산하시오.

연 도	상시근로자(청년+청년외)	청 년	청년외
2024년	30	20	10
2025년	60	40	20
2026년	54	30	24
2027년	47	25	22

1. **2025년**

(1) 1차년도 공제세액

청년 상시근로자 증가인원×1,450만원+기타 상시근로자 증가인원×850만원
=(40−20)×14,500,000원+(20−10)×8,500,000원
=375,000,000원

2. **2026년**

(1) 1차년도 공제세액

전체 상시근로자 수가 감소하였으므로 1차년도 공제금액 없음

(2) 2차년도 공제세액

전체 상시근로자 수(54명)가 최초로 공제 받은 2025년(60명)에 비하여 감소하였으므로 2차년도 공제금액 없음

(3) 추징세액

=(10- 6)×(14,500,000-8,500,000)+6×14,500,000=111,000,000원

3. 2027년

(1) 1차년도 · 2차년도 · 3차년도 세액공제 : 없음

(2) 2026년 추징세액

=①(15명-13명)×(③14,500,000 - ④8,500,000) + ②13 × 14,500,000 - 111,000,000(2026년 추징세액)=89,500,000원

최초로 공제받은 과세연도 대비한 추징세액이므로 2026년도에 이미 납부한 세액은 차감해 주어야 한다.

사례 7 **3차년도, 상시 증가, 청년 감소, 청년외 증가**

제조업을 영위하는 중소기업인 ㈜택스에듀의 상시근로자 등의 자료는 다음과 같다. ㈜택스에듀는 12월말 결산법인이며 수도권에 소재하고 있다. 주어진 자료를 이용하여 2025년~2027년 사업연도의 공제세액과 추징세액을 계산하시오.

연 도	상시근로자(청년+청년외)	청 년	청년외
2024년	30	20	10
2025년	60	40	20
2026년	70	45	25
2027년	72	32	40

1. 2025년 공제세액 및 추징세액

(1) 1차년도 공제액

(40-20)×14,500,000원+(20-10)×8,500,000원=375,000,000원

2. 2026년 공제세액 및 추징세액

(1) 1차년도 공제액

(45-40)×14,500,000원+(25-20)×8,500,000원=115,000,000원

(2) 2차년도 공제액

290,000,000원(청년)+85,000,000원(청년외)=375,000,000원

3. 2027년 공제세액 및 추징세액

(1) 1차년도 공제액

Min[(40－25), (72－70)]×8,500,000원＝17,000,000원

(2) 2차년도 공제액

- 청 년 : 5명 × 8,500,000 = 42,500,000원
- 청년외 : 5명 × 8,500,000 = 42,500,000원

(3) 3차년도 공제액

- 청 년 : 20명 × 8,500,000 = 170,000,000원
- 청년외 : 10명 × 8,500,000 = 85,000,000원

(4) 2025년 공제액 추징

(40－32)×(14,500,000원－8,500,000원)×2회＝96,000,000원

(5) 2026년 공제액 추징

Min[(45－32), 5(2026년 증가인원)]×(14,500,000원－8,500,000원)×1회

＝30,000,000원

사례 8 청년이 생일이 지나 청년외로 분류되는 경우

제조업을 영위하는 중소기업인 ㈜택스에듀의 상시근로자 등의 자료는 다음과 같다. ㈜택스에듀는 12월말 결산법인이며 수도권에 소재하고 있다. 2024년 4월 입사 당시에는 청년이었던 상시근로자가 2025년 4월 중 생일이 지나 청년외로 분류된 경우의 주어진 자료를 이용하여 각 사업연도에 대한 공제세액을 계산하시오.

구 분		1월	2월	3월	4월	5월	6월	7월	8월	9월	10월	11월	12월
2024	청년	－	－	－	1	1	1	1	1	1	1	1	1
	청년외	－	－	－	－	－	－	－	－	－	－	－	－
	상시근로자	－	－	－	1	1	1	1	1	1	1	1	1
2025	청년	1	1	1	0	0	0	0	0	0	0	0	0
	청년외	0	0	0	1	1	1	1	1	1	1	1	1
	상시근로자	1	1	1	1	1	1	1	1	1	1	1	1

구 분	합계	청년	청년외
2024	0.75	0.75	0
2025	1	0.25	0.75
2026	1	0	1
2027	1	0	1
2028	1	0	1

(1) 상시근로자 등의 계산

1) 2024년 공제세액 및 추징세액

1차년도 공제액

- 청년 : 0.75×14,500,000원=10,875,000원
- 청년외 : 없음

(2) 2025년 공제세액 및 추징세액

1) 1차년도 공제액

- 청년 : 없음
- 청년외 : Min[0.75(청년외), 0.25(전체)]×8,500,000원=2,125,000원

2) 2차년도 공제액

- 청년 : 0.75명×8,500,000원=6,375,000원

3) 2024년 추징세액

청년 상시근로자 수가 2024년에 비해 감소하였으므로, 본래는 추징세액을 계산하여야 하나, 최초로 공제받은 과세연도에 청년등 상시근로자에 해당한 자의 경우에는 이후 과세연도에도 청년등 상시근로자의 수를 계산함에 있어서 공제받은 과세연도의 청년등 상시근로자 수로 하므로, 추징세액은 발생하지 않는다.

(3) 2026년 공제세액 및 추징세액

1) 1차년도 공제액

- 청년외 : Min[0.25(청년외), 0(전체)]×8,500,000원=0원

2) 2차년도

- 청년외 : 2,125,000원

  전체상시근로자 및 청년외 상시근로자가 감소하지 않았으므로, 2025년도에 공제받은 금액을 한 번 더 공제

3) 3차년도

- 청년 : 6,375,000원

(4) 2027년 공제세액의 계산

1) 1차년도

청년 및 청년외 상시근로자 수 변동 없으므로 공제세액 없음.

2) 2차년도

청년 및 청년외 상시근로자 수 변동 없으므로 공제세액 없음.

3) 3차년도

- 청년 : 2,125,000원

  청년외 상시근로자가 감소하지 않았으므로, 2025년도에 공제받은 금액을 한 번 더 공제

사례 9 통합고용세액공제 상시근로자 명세서 작성

제조업을 영위하는 중소기업인 ㈜택스에듀의 상시근로자 등의 자료는 다음과 같다. ㈜택스에듀는 12월말 결산법인이며 수도권에 소재하고 있다. 주어진 자료를 이용하여 2025년의 통합고용세액공제 상시근로자 명세서를 작성하시오.

• ㈜택스에듀의 설립등기일은 2024년 3월 16일이며, 사업자등록일은 2024년 5월 4일이다.

[근로자 현황]

성 명	생년월일	근로계약 체결일
김이현	19990531	20240501
이정은	19890812	20241101
정민수	19960209	20250101
박하진	19971002	20250701
이은혁	19860107	20251001
김태현	19850831	20251101

구 분	합계	청년	청년 외
2024년	1	0.8	0.2
2025년	3.91	2.5	1.41

(1) 2024년 공제세액

1차년도 공제액 = 0.8 × 14,500,000원 + 0.2 × 8,500,000원 = 13,300,000원

(2) 2025년 공제세액

1) 1차년도 공제액

(2.5−0.8) × 14,500,000원 + (1.41−0.2) × 8,500,000원 = 34,935,000원

2) 2차년도 공제액

11,600,000원(청년) + 1,700,000원(청년 외) = 13,300,000원

[별지 제10호의 10 서식] (2025.3.21. 신설)

통합고용세액공제 상시근로자 명세서

※ [ ]에는 해당되는 곳에 √표를 합니다. (앞쪽)

과세연도	2025. 1. 1. ~ 2025. 12. 31.	법인종류별 구분	
상호 또는 법인명	㈜텍스에듀	사업자등록번호	

1. 상시근로자 수 계산

구 분	해당(직전) 과세연도의 매월 말 현재 상시근로자 수												① 합계	② 개월수	③ 상시 근로자수 (=①÷②)	유형별 상시근로자 수					
																청년등					⑨ 청년등 외
	1월	2월	3월	4월	5월	6월	7월	8월	9월	10월	11월	12월				④ 청년	⑤ 장애인	⑥ 고령자	⑦ 경력 단절 여성	⑧ 북한이탈 주민	
해당 과세연도	3	3	3	3	3	3	4	4	4	5	6	6	47	12	3.91	2.5					1.41
직전 과세연도					1	1	1	1	1	1	2	2	10	10	1	0.8					0.2

2. 해당 과세연도 상시근로자별 명세

⑩ 생년월일	⑪ 성명	⑫ 상시 근로자 (N/Y)	⑬ 상시 근로자 제외사유	⑭ 단시간 근로자유형 (0.5/0.75)	⑮ 내국인 (N/Y)	⑯ 수도권 근무지 (N/Y)	⑰ 근로계약 체결일 (YYYY MMDD)	⑱ 근로기간 (MM~MM)	청년 ⑲ 여부 (N/Y)	청년 ⑳ 청년 제외시점 (YYYY MMDD)	㉑ 장애인 (N/Y)	㉒ 고령자 (N/Y)	㉓ 경력 단절 여성 (N/Y)	㉔ 북한 이탈 주민 (N/Y)	㉕ 정규직 전환자 (N/Y)	㉖ 육아 휴직 복귀자 (N/Y)
19990531	김이현	Y			Y	Y	20240501	01~12	Y		N	N	N	N	N	N
19890812	이정은	Y			Y	Y	20241101	01~12	N		N	N	N	N	N	N
19960209	정민수	Y			Y	Y	20250101	01~12	Y		N	N	N	N	N	N
19971002	박하진	Y			Y	Y	20250701	07~12	Y		N	N	N	N	N	N
19860107	이은혁	Y			Y	Y	20251001	10~12	N		N	N	N	N	N	N
19850831	김태현	Y			Y	Y	20251101	11~12	N		N	N	N	N	N	N

297㎜×420㎜[백상지 80g/㎡ 또는 중질지 80g/㎡]

(뒤쪽)

3. 직전 과세연도 상시근로자별 명세

㉗ 생년월일	㉘ 성명	㉙ 상시 근로자 (N/Y)	㉚ 상시 근로자 제외사유	㉛ 단시간 근로자유형 (0.5/0.75)	㉜ 내국인 (N/Y)	㉝ 수도권 근무지 (N/Y)	㉞ 근로계약 체결일 (YYYY MMDD)	㉟ 근로기간 (MM~MM)	청년		㊳ 장애인 (N/Y)	㊴ 고령자 (N/Y)	㊵ 경력 단절 여성 (N/Y)	㊶ 북한 이탈 주민 (N/Y)	㊷ 정규직 전환자 (N/Y)	㊸ 육아 휴직 복귀자 (N/Y)
									㊱ 여부 (N/Y)	㊲ 청년 제외시점 (YYYY MMDD)						
19990531	김이현	Y			Y	Y	20240501	05~12	Y		N	N	N	N	N	N
19890812	이정은	Y			Y	Y	20241101	11~12	N		N	N	N	N	N	N

「조세특례제한법」 제29조의 8 제1항 · 제3항 · 제4항 및 같은 법 시행령 제26조의 8 제11항에 따라 위와 같이 통합고용세액공제 상시근로자 명세서를 제출합니다.

2026년 3월 31일

신청인 (서명 또는 인)

세무서장 귀하

작성방법

1. "⑬ 상시근로자 제외 사유"란: 다음의 내용을 참고해서 적습니다.
 – "⑫ 상시근로자"란에서 'N'을 선택한 경우 제외 사유(「조세특례제한법 시행령」제23조 제10항)를 적습니다.(ⓐ근로계약기간 1년 미만, ⓑ단시간 근로자, ⓒ법인의 임원, ⓓ최대주주(출자자) 및 그 친족, ⓔ원천징수사실 미확인 근로자 등, ⓕ기타)
2. "⑭ 단시간근로자유형"란: 단시간근로자 중 ⑫상시근로자가 'Y'인 경우 다음 각 목의 구분에 따라 적습니다.
 가. 1개월간 소정 근로시간이 60시간 이상인 경우: 0.5,
 나. 가목의 단시간근로자가「조세특례제한법 시행령」제23조 제11항 제2호 각 목의 지원요건을 모두 충족하는 경우: 0.75
 * 단시간근로자: 1주동안 근로시간이 통상근로자에 비해 짧은 근로자(「근로기준법」제2조 제1항 제9호)
3. "⑮ 내국인"란: 우리나라에 주소를 두거나 183일 이상의 거소(居所)를 둔 개인을 말합니다.(국적 무관)
4. "⑯ 수도권근무지"란: 해당 근로자의 근무지가 수도권(서울/인천/경기)인 경우 Y로, 그 외의 경우 N으로 적습니다.
5. "⑱ 청년 여부"란: 해당 연도에 15세 이상 29세 이하인 사람으로 군필자는 병역이행기간(최대 6년)을 현재 연령에서 차감하여 계산합니다.
6. "⑲ 해당연도 청년 제외시점"란: 해당연도 중에 청년에서 제외되는 경우 최초로 청년에서 제외되는 일자를 적습니다.
 예시) 생일이 1994년 5월 28일인 직원(군미필)은 2024년 5월 27일까지 청년이고 2024년 5월 28일부터는 청년이 아니므로 해당 칸에는 '20240528'을 적음
7. "⑳ 장애인"란: 장애인, 국가유공자, 5 · 18민주화운동부상자, 고엽제후유의증환자로 장애등급 판정을 받은 사람을 말합니다.
8. "㉑ 고령자"란: ⑯근로계약 체결일 현재 60세 이상인 사람을 말합니다.
9. "㉒ 경력단절여성"란:「조세특례제한법」제29조3제1항에 따라 퇴직 전 1년 이상 근무, 결혼 · 임신 · 출산 등의 사유로 퇴직 등의 요건을 충족하는 여성을 말합니다.
10. "㉓ 북한이탈주민"란:「북한이탈주민의 보호 및 정착 지원에 관한 법률」에 따른 북한이탈주민을 말합니다.
11. "㉔ 정규직 전환자"란:「조세특례제한법」제29조의8제4항에 따라 고용 중인 기간제 또는 단시간 근로자였으나 해당 연도에 기한의 정함이 없는 근로계약을 체결한 근로자로 전환된 사람등을 말합니다.
12. "㉕ 육아휴직 복귀자"란:「조세특례제한법」제29조의8제5항에 따라 근무기간 1년 이상, 육아휴직기간 6개월 이상 등의 요건을 충족한 사람을 말합니다.

■ 조세특례제한법 시행규칙 [별지 제10호의 9 서식] 〈개정 2025.3.21.〉

통합고용세액공제 공제세액계산서

(3쪽 중 제1쪽)

① 신청인	① 상호 또는 법인명 ㈜택스에듀	② 사업자등록번호
	③ 대표자 성명	④ 생년월일
	⑤ 주소 또는 본점소재지 (전화번호:)	

② 과세연도	2025년 1월 1일부터 2025년 12월 31일까지

③ 상시근로자 현황 (작성방법 2,3번을 참고하시기 바랍니다.)

구분	직전전 과세연도	직전 과세연도	해당 과세연도
⑥ 상시근로자 수 (⑦+⑧)		1	3.91
⑦ 청년등상시근로자 수		0.8	2.5
⑧ 청년등상시근로자를 제외한 상시근로자 수		0.2	1.41
⑨ 정규직 전환 근로자 수	–	–	
⑩ 육아휴직 복귀자 수	–	–	

④ 기본공제 공제세액 계산내용

가. 1차년도 세제지원 요건 : ⑬ 〉 0

1. 상시근로자 증가 인원

⑪ 해당 과세연도 상시근로자 수	⑫ 직전 과세연도 상시근로자 수	⑬ 상시근로자 증가 인원 수 (⑪–⑫)
3.91	1	2.91

2. 청년등상시근로자 증가 인원

⑭ 해당 과세연도 청년등상시근로자 수	⑮ 직전 과세연도 청년등상시근로자 수	⑯ 청년등상시근로자 증가 인원 수 (⑭–⑮)
2.5	0.8	1.7

3. 청년등상시근로자를 제외한 상시근로자 증가 인원

⑰ 해당 과세연도 청년등상시근로자를 제외한 상시근로자 수	⑱ 직전 과세연도 청년등상시근로자를 제외한 상시근로자 수	⑲ 청년등상시근로자를 제외한 상시근로자 증가 인원 수(⑰–⑱)
1.41	0.2	1.21

(3쪽 중 제2쪽)

4. 1차년도 세액공제액 계산

구분	구분		직전 과세연도 대비 상시근로자 증가 인원 수 (⑬ 상시근로자 증가 인원 수를 한도로 함)	1인당 공제금액	⑳ 1차년도 세액공제액
중소기업	수도권 내	청년등	1.7	1천4백5십만원	24,650,000
		청년등 외	1.21	8백5십만원	10,285,000
	수도권 밖	청년등		1천5백5십만원	
		청년등 외		9백5십만원	
	계				34,935,000
중견기업	청년등			8백만원	
	청년등 외			4백5십만원	
	계				
일반기업	청년등			4백만원	
	청년등 외				
	계				

나. 2차년도 세제지원 요건 : ㉓ ≥ 0

1. 상시근로자 증가 인원

㉑ 2차년도(해당 과세연도) 상시근로자 수	㉒ 1차년도(직전 과세연도) 상시근로자 수	㉓ 상시근로자 증가 인원 수(㉑-㉒)
3.91	1	2.91

2. 2차년도 세액공제액 계산(상시근로자 감소여부)

1차년도 (직전 과세연도) 대비 상시근로자 감소여부	1차년도 (직전 과세연도) 대비 청년등상시근로자 수 감소여부	㉔ 1차년도 (직전 과세연도) 청년등상시근로자 증가 세액공제액	㉕ 1차년도 (직전 과세연도) 청년등 외 상시근로자 증가 세액공제액	㉖ 2차년도 세액공제액
부	부	11,600,000	1,700,000	13,300,000
	여			
여				

다. 3차년도 세제지원 요건(중소 · 중견기업만 해당) : ㉙ ≥ 0

1. 상시근로자 증가 인원

㉗ 3차년도(해당 과세연도) 상시근로자 수	㉘ 1차년도(직전전 과세연도) 상시근로자 수	㉙ 상시근로자 증가 인원(㉗-㉘)

2. 3차년도 세액공제액 계산(상시근로자 감소여부)

1차년도 (직전전 과세연도) 대비 상시근로자 감소여부	1차년도 (직전전 과세연도) 대비 청년등상시근로자 수 감소여부	㉚ 1차년도 (직전전 과세연도) 청년등 상시근로자 증가 세액공제액	㉛ 1차년도 (직전전 과세연도) 청년등 외 상시근로자 증가 세액공제액	㉜ 3차년도 세액공제액
부	부			
	여			
여				

CHAPTER

09 연구 · 인력개발비 세액공제

1 공제세액의 계산

내국인이 각 과세연도에 연구 · 인력개발비가 있는 경우에는 공제세액은 다음의 금액을 합한 금액으로 하며, ①과 ②를 동시에 적용받을 수 있는 경우에는 납세의무자의 선택에 따라 그 중 하나만을 적용한다(조특법 10 ①).

① 신성장 · 원천기술연구개발비 세액공제액[별표 7]
② 국가전략기술연구개발비 세액공제액[별표 7의 2]
③ 일반연구 · 인력개발비 세액공제액

구 분	내 용
최저한세	원칙 : 적용대상
	예외 : 중소기업은 적용제외
농특세	비과세

(1) 신성장 · 원천기술 연구개발비

연구 · 인력개발비 중 신성장연구개발비 및 원천기술연구개발비에 대한 공제세액은 2029. 12.31.까지 발생한 것에 한하여 다음의 산식에 따라 계산한 금액으로 한다(조특법 10 ① 1호).

해당 연도에 발생한 신성장 · 원천기술연구개발비	×아래 1)과 2)의 비율을 합계한 비율=세액공제액

1) 기업유형에 따른 비율

① 중소기업의 경우 : 30%

② 그 밖의 경우 : 20%(코스닥시장에 상장한 중견기업의 경우 25%)

2) 다음의 비율

다음 ①과 ② 중 작은 금액
① 10%(코스닥상장 중견기업은 15%)
② $\dfrac{\text{해당 사업연도의 신성장 · 원천기술연구개발비 발생액}}{\text{해당 사업연도의 수입금액}} \times 3$

(2) 국가전략기술연구개발비

연구 · 인력개발비 중 국가안보 차원의 전략적 중요성이 인정되고 국민경제 전반에 중대한 영향을 미치는 국가전략기술을 얻기 위한 연구개발비 국가전략기술연구개발비에 대해서는 해당 과세연도에 발생한 국가전략기술연구개발비에 대한 공제세액은 2029.12.31.(반도체 분야 기술의 경우 2031.12.31.)까지 발생한 것에 한하여 다음의 산식에 따라 계산한 금액으로 한다(조특법 10 ① 2호).

해당 연도에 발생한 국가전략기술연구개발비 × 아래 1)과 2)의 비율을 합계한 비율＝세액공제액

1) 기업유형에 따른 비율

① 중소기업의 경우 : 40%

② 그 밖의 경우 : 30%

2) 다음의 비율

다음 ①과 ② 중 작은 금액
① 10%
② $\dfrac{\text{해당 과세연도의 신성장 · 원천기술연구개발비 발생액}}{\text{해당 과세연도의 수입금액}} \times 3$

(3) 일반연구 · 인력개발비 세액공제액

일반연구 · 인력개발비란 연구 · 인력개발비 중 신성장 · 원천기술 연구개발비에 해당하지 아니하거나 (1)의 세액공제방법을 선택하지 아니한 경우를 말한다. 일반연구 · 인력개발비의 공제세액은 다음의 "1) 증가발생액 기준"과 "2) 당해연도 발생액 기준" 중에서 선택하는 금액으로 한다. 다만, 해당 과세연도의 개시일부터 소급하여 4년간 일반연구 · 인력개발비가 발생하지 아니하거나 직전 과세연도에 발생한 일반연구 · 인력개발비가 해당 과세연도의 개시일부터 소급하여 4년간 발생한 일반연구 · 인력개발비의 연평균 발생액보다 적은 경우에는 "2) 당해연도 발생액 기준"에 해당하는 금액을 공제한다(조특법 10 ① 3호).

1) 증가발생액 기준

해당 사업연도에 발생한 일반연구 · 인력개발비가 직전 사업연도에 발생한 일반연구 · 인력개발비를 초과하는 경우의 공제세액은 다음의 산식에 따라 계산한 금액으로 한다(조특법 10 ① 3호 가목).

> (해당 사업연도 발생 일반연구 · 인력개발비 − 직전 사업연도 발생 일반연구 · 인력개발비) × 25%(중견기업 40%, 중소기업은 50%) = 세액공제액

2) 당해연도 발생액 기준

> 해당 사업연도 발생 일반연구 · 인력개발비 × 공제율 = 세액공제액

위의 산식에서 적용한 '공제율'을 요약하면 다음과 같다.

| 공제율 |

구 분	공제율
중소기업의 경우(유예기간 포함)	25%
중소기업이 일반기업(중견기업)이 된 경우 −중소기업유예기간 경과 후 3년간 −그 다음 2년간	 20% 15%
중견기업의 경우	8%
일반기업의 경우	$\dfrac{\text{해당 사업연도 발생 일반연구 · 인력개발비}}{\text{해당 사업연도의 수입금액}} \times 50\%$(2% 한도)

(4) 연평균 발생액의 계산방법

4년간의 일반연구 · 인력개발비의 연평균 발생액은 다음 계산식에 따라 계산한 금액으로 한다(조특령 9 ⑨). 이때 개월 수는 월력에 따라 계산하되, 과세연도 개시일이 속하는 달이 1개월 미만인 경우에는 1개월로 하고, 과세연도 종료일이 속하는 달이 1개월 미만인 경우에는 산입하지 않는다(조특령 9 ⑪).

$$\frac{\text{해당 사업연도개시일부터 소급하여 4년간 발생한 일반연구·인력개발비의 합계액}}{\text{해당 사업연도개시일부터 소급하여 4년간 일반연구·인력개발비가 발생한 사업연도수}} \times \frac{\text{해당 사업연도의 개월수}}{12} = \text{4년간 발생한 일반연구·인력개발비의 연평균발생액}$$

(5) 중견기업의 범위

중견기업이란 다음의 요건을 모두 갖춘 기업을 말한다(조특령 9 ④).

① 중소기업이 아닐 것
② 다음 중 어느 하나에 해당하는 업종을 주된 사업으로 영위하지 아니할 것. 이 경우 둘 이상의 서로 다른 사업을 영위하는 경우에는 사업별 사업수입금액이 큰 사업을 주된 사업으로 본다.
　㉠ 소비성서비스업
　㉡ 금융업, 보험 및 연금업, 금융 및 보험 관련 서비스업
　㉢ 부동산 임대업
③ 소유와 경영의 실질적인 독립성이 「중견기업 성장촉진 및 경쟁력 강화에 관한 특별법 시행령」 제2조 제2항 제1호에 적합할 것
④ 직전 3개 과세연도의 매출액의 평균금액이 5천억원 미만인 기업일 것

2 연구 · 인력개발비

(1) 개 요

연구 · 인력개발비란 연구개발 및 인력개발을 위한 비용으로서 「조세특례제한법 시행령」 [별표 6]의 비용을 말한다. 다만, 다음에 해당하는 비용은 제외한다(조특령 9 ①).

① 연구개발출연금등을 지급받아 연구개발비로 지출하는 금액
② 국가, 지방자치단체, 공공기관 및 지방공기업으로부터 출연금 등의 자산을 지급받아 연구개발비 또는 인력개발비로 지출하는 금액

1) 연구개발

'연구개발'이란 과학적 또는 기술적 진전을 이루기 위한 활동과 새로운 서비스 및 서비스 전달체계를 개발하기 위한 체계적이고 창의적인 활동을 말한다(조특법 2 ① 11호). 다만, 다음의 활동을 제외한다(조특령 1의 2).

① 일반적인 관리 및 지원활동
② 시장조사와 판촉활동 및 일상적인 품질시험
③ 반복적인 정보수집 활동
④ 경영이나 사업의 효율성을 조사 · 분석하는 활동
⑤ 특허권의 신청 · 보호 등 법률 및 행정 업무
⑥ 광물 등 자원 매장량 확인, 위치확인 등을 조사 · 탐사하는 활동
⑦ 위탁받아 수행하는 연구활동
⑧ 이미 기획된 콘텐츠를 단순 제작하는 활동
⑨ 기존에 상품화 또는 서비스화된 소프트웨어 등을 복제하여 반복적으로 제작하는 활동
⑩ 이미 연구개발된 제품, 기술, 서비스, 설계, 디자인 등과 동일성을 유지하는 범위에서 이를 단순하게 보완, 변형, 개선하는 활동

2) 인력개발

'인력개발'이란 내국인이 고용하고 있는 임원 또는 사용인을 교육 · 훈련시키는 활동을 말한다(조특법 2 ① 12호).

[별표 6] 연구 · 인력개발비 세액공제를 적용받는 비용(2025.2.28. 개정)

1. 연구개발
   가. 자체연구개발
      1) 연구개발 또는 문화산업 진흥 등을 위한 기획재정부령으로 정하는 연구소 또는 전담부서(이하 "전담부서등"이라 한다)에서 근무하는 직원(연구개발과제를 직접 수행하거나 보조하지 않고 행정 사무를 담당하는 자는 제외한다) 및 연구개발서비스업에 종사하는 전담요원으로서 기획재정부령으로 정하는 자의 인건비. 다만, 다음의 인건비를 제외한다.
         가) 「소득세법」 제22조에 따른 퇴직소득에 해당하는 금액

나) 「소득세법」 제29조 및 「법인세법」 제33조에 따른 퇴직급여충당금

다) 「법인세법 시행령」 제44조의 2 제2항에 따른 퇴직연금등의 부담금 및 「소득세법 시행령」 제40조의 2 제1항 제2호에 따른 퇴직연금계좌에 납부한 부담금

2) 1)에 해당하는 직원 및 전담요원이 가입한 제30조의 4 제4항 제1호부터 제5호까지의 사회보험에 대해 사용자가 부담하는 사회보험료 상당액

3) 전담부서등 및 연구개발서비스업자가 연구용으로 사용하는 견본품 · 부품 · 원재료와 시약류 구입비(시범제작에 소요되는 외주가공비를 포함한다) 및 소프트웨어(인사, 급여 등 일반 사무에 사용하는 소프트웨어로서 기획재정부령으로 정하는 것은 제외한다) · 서체 · 음원 · 이미지의 대여 · 구입비

4) 전담부서등 및 연구개발서비스업자가 직접 사용하기 위한 연구 · 시험용 시설(제25조의 3 제3항 제2호 가목에 따른 시설을 말한다. 이하 같다)의 임차 또는 나목 1)에 따른 기관의 연구 · 시험용 시설의 이용에 필요한 비용

5) 「클라우드컴퓨팅 발전 및 이용자 보호에 관한 법률」 제2조 제3호에 따른 클라우드컴퓨팅서비스의 이용에 필요한 비용

나. 위탁 및 공동연구개발

1) 다음의 기관에 과학기술 및 산업디자인 분야의 연구개발용역을 위탁(재위탁을 포함한다)함에 따른 비용(전사적 기업자원 관리설비, 판매시점 정보관리 시스템 설비 등 기업의 사업운영 · 관리 · 지원 활동과 관련된 시스템 개발을 위한 위탁비용은 제외한다. 이하 이 목에서 같다) 및 이들 기관과의 공동연구개발을 수행함에 따른 비용

가) 「고등교육법」에 따른 대학 또는 전문대학

나) 국공립연구기관

다) 정부출연연구기관

라) 국내외의 비영리법인(비영리법인에 부설된 연구기관을 포함한다)

마) 「산업기술혁신 촉진법」 제42조에 따른 전문생산기술연구소 등 기업이 설립한 국내외 연구기관

바) 전담부서등(전담부서등에서 직접 수행한 부분으로 한정한다) 또는 국외기업에 부설된 연구기관

사) 영리를 목적으로 「연구산업진흥법」 제2조 제1호 가목 또는 나목의 산업을 영위하는 기업 또는 영리목적으로 연구 · 개발을 독립적으로 수행하거나 위탁받아 수행하고 있는 국외 소재 기업

아) 「산업교육진흥 및 산학연협력촉진에 관한 법률」에 따른 산학협력단

자) 한국표준산업분류표상 기술시험 · 검사 및 분석업을 영위하는 기업

차) 「산업디자인진흥법」 제4조 제2항 각 호에 해당하는 기관

카) 「산업기술연구조합 육성법」에 따른 산업기술연구조합

2) 「고등교육법」에 따른 대학 또는 전문대학에 소속된 개인(조교수 이상으로 한정한다)에게 과학기술분야의 연구개발용역을 위탁함에 따른 비용

다. 해당 기업이 그 종업원 또는 종업원 외의 자에 대한 직무발명 보상금 지급으로 발생한 금액

라. 기술정보비(기술자문비를 포함한다) 또는 도입기술의 소화개량비로서 기획재정부령으로 정하는 비용

마. 중소기업이 「과학기술분야 정부출연연구기관 등의 설립 · 운영 및 육성에 관한 법률」에 따라 설립된 한국생산기술연구원과 「산업기술혁신 촉진법」에 따라 설립된 전문생산기술연구소의 기술지도 또는 「중소기업진흥에 관한 법률」에 따른 기술지도를 받음에 따라 발생한 비용

바. 중소기업에 대한 공업 및 상품디자인 개발지도를 위하여 발생한 비용

사. 중소기업이 「산업재산 정보의 관리 및 활용 촉진에 관한 법률」 제17조 제1항에 따라 지정된 산업재산진단기관의 특허 조사 · 분석을 받음에 따라 발생한 비용

2. 인력개발

가. 위탁훈련비(전담부서등에서 연구업무에 종사하는 연구요원으로 한정한다)

1) 국내외의 전문연구기관 또는 대학에의 위탁교육훈련비

2) 「국민 평생 직업능력 개발법」에 따른 직업훈련기관에 위탁훈련비

3) 「국민 평생 직업능력 개발법」에 따라 고용노동부장관의 승인을 받아 위탁훈련하는 경우의 위탁훈련비

4) 중소기업이 「중소기업진흥에 관한 법률」에 따른 기술연수를 받기 위하여 발생한 비용

5) 그밖에 자체기술능력향상을 목적으로 한 국내외 위탁훈련비로서 기획재정부령으로 정하는 것

나. 「국민 평생 직업능력 개발법」 또는 「고용보험법」에 따른 사내직업능력개발훈련 실시 및 직업능력개발훈련 관련사업 실시에 소요되는 비용으로서 기획재정부령으로 정하는 것

다. 중소기업에 대한 인력개발 및 기술지도를 위하여 발생하는 비용으로서 기획재정부령으로 정하는 것

라. 생산성 향상을 위한 인력개발비로서 기획재정부령으로 정하는 비용

마. 기획재정부령으로 정하는 사내기술대학(대학원을 포함한다) 및 사내대학의 운영에 필요한 비용으로서 기획재정부령으로 정하는 것

바. 「산업교육진흥 및 산학연협력촉진에 관한 법률 시행령」 제2조 제1항 제3호 및 제4호에 따른 학교 또는 산업수요 맞춤형 고등학교 등과의 계약을 통해 설치 · 운영되는 직업교육훈련 과정 또는 학과 등의 운영비로 발생한 비용

사. 산업수요 맞춤형 고등학교 등과 기획재정부령으로 정하는 사전 취업계약 등을 체결한 후, 직업교육훈련을 받는 해당 산업수요 맞춤형 고등학교의 재학생에게 해당 훈련기간 중 지급한 훈련수당, 식비, 교재비 또는 실습재료비(생산 또는 제조하는 물품의 제조원가 중 직접 재료비를 구성하지 않는 것만 해당한다)

아. 「산업교육진흥 및 산학연협력촉진에 관한 법률」 제11조의 3에 따라 현장실습산업체가 교육부장관이 정하는 표준화된 운영기준을 준수하는 현장실습을 실시하는 산업교육기관 등과 기획재정부령으로 정하는 사전 취업약정 등을 체결하고 해당 현장실습 종료 후 현장실습을 이수한 대학생을 채용한 경우 현장실습 기간 중 해당 대학생에게 같은 조 제3항에 따라 지급한 현장실습 지원비(생산 또는 제조하는 물품의 제조원가 중 직접 재료비를 구성하지 않는 것만 해당한다)

자. 「산업교육진흥 및 산학연협력촉진에 관한 법률」 제2조 제2호 다목에 따른 대학과의 계약을 통해 설치 · 운영되는 같은 법 제8조 제2항에 따른 계약학과등의 운영비로 발생한 비용

차. 내국인이 고용하고 있는 임직원을 위한 교육 · 훈련과정을 해당 임직원이 아닌 자에게 제공하기 위해 추가로 소요되는 비용으로서 기획재정부령으로 정하는 것

(2) 전담부서

「조세특례제한법 시행령」 [별표 6] 제1호 가목 1) 가)부터 다)까지의 외의 부분 본문에서의 연구소 또는 전담부서란 다음 중 어느 하나에 해당하는 연구소 및 전담부서를 말하며, 영 [별표 6]의 제1호 가목 1) 가)부터 다)까지 외의 부분 본문에 따른 연구개발서비스업이란 「연구산업진흥법」에 따른 전문 연구 사업자가 영위하는 같은 법 제2조 제1호 가목의 연구산업을 말한다(조특칙 7 ①).

① 「기초연구진흥 및 기술개발지원에 관한 법률」 제14조의 2 제1항에 따라 과학기술정보통신부장관의 인정을 받은 기업부설연구소 또는 연구개발전담부서
② 「문화산업진흥 기본법」 제17조의 3 제1항에 따른 기업부설창작연구소 또는 기업창작전담부서
③ 「산업디자인진흥법」 제9조에 따른 산업디자인전문회사

(3) 전담부서에서 근무하는 직원

「조세특례제한법 시행령」 [별표 6]의 제1호 가목 1) 가)부터 다)까지 외의 부분 본문에서 "기획재정부령으로 정하는 자"란 전담부서등에서 연구업무에 종사하는 연구요원(산업디자인전문회사의 경우 연구업무에 종사하는 전문인력) 및 이들의 연구업무를 직접적으로 지원하는 자와 연구개발서비스업에 종사하는 전담요원을 말한다. 다만, 주주인 임원으로서 다음 중 어느 하나에 해당하는 자는 제외한다(조특칙 7 ③).

① 부여받은 주식매수선택권을 모두 행사하는 경우 해당 법인의 총발행주식의 10%를 초과하여 소유하게 되는 자
② 해당 법인의 주주로서 지배주주 등 및 해당 법인의 총발행주식의 10%를 초과하여 소유하는 주주
③ ②에 해당하는 자(법인 포함)의 「소득세법 시행령」 또는 「법인세법 시행령」에 따른 특수관계인. 이 경우 「법인세법 시행령」 제2조 제8항 제7호에 해당하는 자가 해당 법인의 임원인 경우를 제외한다.

(4) 기술정보비 등

「조세특례제한법 시행령」 [별표 6]의 제1호 라목에서 "기획재정부령으로 정하는 비용"이란 다음 중 어느 하나에 해당하는 자로부터 산업기술에 관한 자문을 받고 지급하는 기술자문료를 말한다(조특칙 7 ⑤).

① 과학기술분야를 연구하는 국 · 공립연구기관, 정부출연연구기관, 국내외 비영리법인(부설연구기관 포함), 전문생산기술연구소 등 기업이 설립한 국내외 연구기관, 전담부서등 또는 국외기업에 부설된 연구기관에서 연구업무에 직접 종사하는 연구원
② 「고등교육법」에 따른 대학(교육대학 및 사범대학 포함) 또는 전문대학에 근무하는 과학기술분야의 교수(조교수 이상인 자에 한함)
③ 외국에서 기술집약적인 산업 등의 분야에 5년 이상 종사하였거나 학사학위 이상의 학력을 가지고 해당 분야에 3년 이상 종사한 외국인기술자

(5) 자체기술능력향상을 목적으로 한 국내외 위탁훈련비

「조세특례제한법 시행령」 [별표 6]의 제2호 가목 5)에서 "기획재정부령으로 정하는 것"이란 전담부서등에서 연구업무에 종사하는 연구요원이 훈련을 목적으로 지출하는 다음 각 호의 어느 하나에 해당하는 비용을 말한다(조특칙 7 ⑧).

① 국내외기업(국내기업의 경우에는 전담부서등을 보유한 기업에 한함)에의 위탁훈련비
② 한국생산성본부에의 위탁훈련비

(6) 직업능력개발훈련 등 실시에 소요되는 비용

「조세특례제한법 시행령」 [별표 6]의 제2호 나목에서 "기획재정부령으로 정하는 것"이란 다음 중 어느 하나에 해당하는 비용을 말한다(조특칙 7 ⑨).

① 사업주가 단독 또는 다른 사업주와 공동으로 직업능력개발훈련을 실시하는 경우의 실습재료비. 다만, 해당 기업이 생산 또는 제조하는 물품의 제조원가 중 직접 재료비를 구성하지 않는 것으로 한정한다.
② 「국민 평생 직업능력 개발법」 제20조 제1항 제2호에 따른 기술자격검정의 지원을 위한 필요경비
③ 직업능력개발훈련교사 등에게 지급하는 급여

④ 사업주가 단독 또는 다른 사업주와 공동으로 실시하는 직업능력개발훈련으로서 「국민 평생 직업능력 개발법」 제24조에 따라 고용노동부장관의 인정을 받은 직업능력개발 훈련과정의 직업능력개발훈련을 받는 훈련생에게 지급하는 훈련수당 · 식비 · 훈련교재비 및 직업훈련용품비

(7) 중소기업에 대한 인력개발 및 기술지도비용

「조세특례제한법 시행령」 [별표 6]의 제2호 다목에서 "기획재정부령으로 정하는 것"이란 다음 중 어느 하나에 해당하는 비용을 말한다(조특칙 7 ⑩).

① 지도요원의 인건비 및 지도관련경비
② 직업능력개발훈련의 훈련교재비 및 실습재료비
③ 직업능력개발훈련시설의 임차비용
④ 중소기업이 「중소기업 인력지원 특별법」에 따라 중소기업 핵심인력 성과보상기금에 납입하는 비용. 다만, ㉠에 따른 납입비용은 세액공제 대상에서 제외하고, ㉡에 따른 환급받은 금액은 납입비용에서 뺀다.
  ㉠ 다음 중 어느 하나에 해당하는 사람에 대한 납입비용
    ⓐ 해당 기업의 최대주주 또는 최대출자자와 그 배우자
    ⓑ ⓐ에 해당하는 자의 직계존비속(그 배우자 포함) 또는 친족관계에 있는 사람
  ㉡ 중소기업 핵심인력 성과보상기금에 가입한 이후 3년 이내에 중도해지를 이유로 중소기업이 환급받은 금액(환급받은 금액 중 이전 과세연도에 빼지 못한 금액이 있는 경우에는 해당 금액을 포함)
⑤ 내국인이 사용하지 아니하는 자기의 특허권 및 실용신안권을 중소기업(특수관계인이 아닌 경우로 한정)에게 무상으로 이전하는 경우 그 특허권 및 실용신안권의 장부상 가액
⑥ 「산업발전법」에 따른 지속가능경영과 관련된 임직원 교육 경비 및 경영수준진단, 컨설팅 비용

(8) 생산성 향상을 위한 인력개발비

「조세특례제한법 시행령」 [별표 6]의 제2호 라목에서 "기획재정부령으로 정하는 비용"이란 다음 중 어느 하나에 해당하는 비용을 말한다. 다만, 교육훈련시간이 24시간 이상인 교육과정으로 한정한다(조특칙 7 ⑪).

① 품질관리 · 생산관리 · 설비관리 · 물류관리 · 소프트웨어관리 · 데이터관리 · 보안관리에 관한 회사 내 자체교육비로서 (9) 각 호의 비용에 준하는 것
② 다음의 기관에 품질관리 등에 관한 훈련을 위탁하는 경우의 그 위탁훈련비. 다만, 「국민 평생 직업능력 개발법」에 따른 위탁훈련비와 「산업발전법」에 따라 설립된 한국생산성본부에의 위탁훈련비를 제외한다.

㉠ 국가전문행정연수원(국제특허연수부에서 훈련받는 경우에 한함)
㉡ 한국표준협회
㉢ 한국디자인진흥원
㉣ 품질관리 등에 관한 교육훈련을 목적으로 설립된 사단법인 한국능률협회
㉤ 부산상공회의소의 연수원

③ 한국콘텐츠진흥원에 교육을 위탁하는 경우 그 위탁교육비용(2010.4.20. 개정)
④ 「항공안전법」에 따른 조종사의 운항자격 정기심사를 받기 위한 위탁교육훈련비용
⑤ 해외 호텔 및 해외 음식점에서 조리법을 배우기 위한 위탁교육훈련비용

(9) 사내기술대학 등의 운영에 필요한 비용

「조세특례제한법 시행령」 [별표 6]의 제2호 마목에서 "기획재정부령으로 정하는 것"이란 다음 중 어느 하나에 해당하는 비용을 말한다(조특칙 7 ⑬).

① 교육훈련용교재비 · 실험실습비 및 교육용품비
② 강사에게 지급하는 강의료
③ 사내기술대학 등에서 직접 사용하기 위한 실험실습용 물품 · 자재 · 장비 또는 시설의 임차비
④ 사내기술대학 등의 교육훈련생에게 교육훈련기간 중 지급한 교육훈련수당 및 식비

3 신성장 · 원천기술 연구개발비 및 국가전략기술연구개발비

(1) 신성장 · 원천기술 연구개발비

"신성장 · 원천기술을 얻기 위한 연구개발비"란 다음의 구분에 따른 비용을 말한다. 다만, "2. 연구 · 인력개발비"에 해당하는 비용은 제외한다(조특령 9 ②).

1) 자체 연구개발의 경우

① 기획재정부령으로 정하는 연구소 또는 전담부서에서 「조세특례제한법 시행령」 [별표 7]에 따른 신성장 · 원천기술의 연구개발업무에 종사하는 연구원 및 이들의 연구개발 업무를 직접적으로 지원하는 사람에 대한 인건비 및 사회보험료 상당액. 다만, 기획재정부령으로 정하는 사람에 대한 인건비는 제외한다.

② 신성장 · 원천기술연구개발업무를 위하여 지출하는 별표 6 제1호 가목 3)부터 5)까지 및 같은 호 다목부터 사목까지의 비용

2) 위탁 및 공동연구개발의 경우

기획재정부령으로 정하는 기관에 신성장 · 원천기술연구개발업무를 위탁(재위탁 포함)함에 따른 비용 및 이들 기관과의 공동연구개발을 수행함에 따른 비용. 다만, 전사적 기업자원 관리설비, 판매시점 정보관리 시스템 설비 등 기업의 사업운영 · 관리 · 지원 활동과 관련된 시스템 개발을 위한 위탁비용은 제외한다.

(2) 국가전략기술 연구개발비

국가전략기술 연구개발비란 연구 · 인력개발비 중 반도체, 이차전지, 백신, 디스플레이, 수소, 미래형 이동수단 및 그 밖에 대통령령으로 정하는 분야와 관련된 기술로서 국가안보 차원의 전략적 중요성이 인정되고 국민경제 전반에 중대한 영향을 미치는 기술로서 국가전략기술을 얻기 위한 연구개발비를 말한다.

1) 자체 연구개발의 경우

연구소 또는 전담부서에서 「조세특례제한법 시행령」 [별표 7의 2]에 따른 국가전략기술 연구개발업무에 종사하는 연구원 및 이들의 연구개발업무를 직접적으로 지원하는 사람에 대한 인건비와 국가전략기술연구개발업무를 위하여 사용하는 견본품, 부품, 원재료와 시약류 구입비

2) 위탁 및 공동연구개발의 경우

기획재정부령으로 정하는 기관에 국가전략기술 연구개발업무를 위탁(재위탁을 포함)함에 따른 비용(전사적 기업자원 관리설비, 판매시점 정보관리 시스템 설비 등 기업의 사업운영 · 관리 · 지원 활동과 관련된 시스템 개발을 위한 위탁비용은 제외) 및 이들 기관과의 공동연구개발을 수행함에 따른 비용

(3) 구분경리

일반연구 · 인력개발비, 신성장 · 원천기술연구개발비 및 국가전략기술연구개발비 세액공제를 적용받으려는 내국인은 일반연구 · 인력개발비, 신성장 · 원천기술연구개발비 및 국가전략기술연구개발비를 각각 별개의 회계로 구분경리해야 한다. 이 경우 일반연구 · 인력개발비,

신성장 · 원천기술연구개발비 및 국가전략기술연구개발비가 서로 공통되는 경우에는 해당 비용을 기획재정부령으로 정하는 바에 따라 일반연구 · 인력개발비, 신성장 · 원천기술연구개발비 및 국가전략기술연구개발비로 안분하여 계산한다(조특령 9 ⑫).

4 세액공제방법

(1) 신 청

연구 · 인력개발비 세액공제를 적용받으려는 내국인은 과세표준신고를 할 때 세액공제신청서, 연구및인력개발비명세서 등 다음의 서류를 납세지 관할 세무서장에게 제출하여야 한다(조특령 9 ⑭).

① 일반연구 및 인력개발비 명세서[조특칙 별지 제3호 서식(1)]
② 신성장 · 원천기술 연구개발비 명세서[조특칙 별지 제3호 서식(2)]
③ 해당 연도의 연구 · 인력개발비 발생 명세[조특칙 별지 제3호 서식 부표(1)]
④ 연구과제 총괄표[조특칙 별지 제3호 서식 부표(2)]

(2) 연구개발계획서, 연구개발보고서 및 연구노트 등의 작성 · 보관

연구 · 인력개발비 세액공제를 적용받으려는 내국인은 해당 과세연도에 수행한 연구개발과제별로 연구개발계획서[조특칙 별지 제3호의 2 서식] 등 다음의 서류 작성하고 해당 과세연도의 종료일로부터 5년 동안 보관해야 한다(조특령 9 ⑬, 조특칙 7 ⑬).

① **일반 연구 · 인력개발비** : 연구개발계획서, 연구개발보고서
② **국가전략기술 연구개발비, 신성장 · 원천기술연구개발비** : 연구개발계획서, 연구노트

(3) 사전심사제도

연구 · 인력개발비 세액공제를 적용받으려는 내국인은 법인세 과세표준신고를 하기 전에 지출한 비용이 연구 · 인력개발비에 해당하는지 여부 등에 관해 국세청장에게 미리 심사하여 줄 것을 요청할 수 있다(조특령 9 ⑭).

(4) 기타의 사항

① 중소기업의 연구 · 인력개발비 세액공제는 최저한세의 적용대상에서 제외하나, 그 외 기업의 경우에는 최저한세가 적용된다(조특법 132 ① 3호).

② 연구 · 인력개발비 세액공제에 대하여는 농어촌특별세가 비과세된다(농특령 4 ⑥).

③ 세액공제를 적용할 때 새로운 서비스 및 서비스 전달체계를 개발하기 위한 활동에 지출한 금액 중 과학기술분야와 결합되어 있지 아니한 금액에 대해서는 자체 연구개발에 지출한 것에 한정한다(조특법 10 ⑤).

④ 관련법령에 따라 기업부설연구소, 연구개발전담부서, 기업부설창작연구소, 기업창작전담부서의 인정이 취소되어 자체 연구개발에 지출하는 금액이 연구개발비에 해당하지 아니하게 되는 경우에는 대통령령으로 정하는 날 이후 지출하는 금액에 대하여 세액공제를 적용하지 아니한다(조특법 10 ⑥).

5 [서식사례] 일반연구 및 인력개발비 명세서

제조업을 영위하는 중소기업인 ㈜택스에듀의 2025년 연구원의 인건비는 150,000,000원(4명)이며 직전 4년의 연구 및 인력개발비는 다음과 같다. ㈜택스에듀는 12월말 결산법인이며 수도권에 소재하고 있다. 주어진 자료를 이용하여 2025년 사업연도에 대한 공제세액을 계산하시오.

과세연도	연구 및 인력개발비
2024년	20,000,000
2023년	260,000,000
2022년	220,000,000
2021년	200,000,000

(1) 직전 4년간 연평균발생액

=(20,000,000+260,000,000+220,000,000+200,000,000)/4

=175,000,000원

(2) 공제금액=37,500,000원*

* 법인이 증가발생액 기준과 당해연도 발생액 기준으로 계산하여 선택가능하지만 해당 과세연도의 개시일부터 소급하여 4년간 일반연구·인력개발비가 발생하지 아니하거나 해당 사례와 같이 직전 과세연도에 발생한 일반연구·인력개발비(20,000,000원)가 해당 과세연도의 개시일부터 소급하여 4년간 발생한 일반연구·인력개발비의 연평균 발생액(175,000,000원)보다 적은 경우에는 당해연도 발생액 기준에 해당하는 금액을 공제한다.

1) 당해연도 발생액 기준

=150,000,000×25%=37,500,000원

2) 증가발생액 기준

={150,000,000(해당 사업연도 발생액)－20,000,000(직전 사업연도 발생액)}×50%

=65,000,000원

[별지 제3호 서식(1)] (2025.3.21. 개정)

일반연구 및 인력개발비 명세서

(앞쪽)

❶ 신청인	① 상호 또는 법인명　㈜택스에듀	② 사업자등록번호
	③ 대표자 성명	④ 생년월일
	⑤ 주소 또는 본점 소재지 (전화번호 :)	

❷ 과세연도	2025년 1월 1일부터 2025년 12월 31일까지

❸ 해당 연도의 연구 및 인력개발비 발생 명세

구분 / 계정과목	자체 연구개발비					
	인건비 및 사회보험료		재료비 등		기 타	
	인원	⑥ 금액	건수	⑦ 금액	건수	⑧ 금액
인건비	5	150,000,000				
합 계						

구분 / 계정과목	위탁 및 공동 연구개발비		인력개발비		⑪ 총 계 (⑥+⑦+⑧+⑨+⑩)
	건수	⑨ 금액	건수	⑩ 금액	
					150,000,000
합 계					150,000,000

연구 및 인력개발비의 증가발생액의 계산

⑫ 해당 과세연도 발생액(=⑪)	⑬ 직전 4년 발생액 계 (⑭+⑮+⑯+⑰)	2024.1.1. ~ 2024.12.31 ⑭ (직전 1년)	2023.1.1. ~ 2023.12.31 ⑮ (직전 2년)	2022.1.1 ~ 2022.12.31 ⑯ (직전 3년)	2021.1.1. ~ 2021.12.31 ⑰ (직전 4년)
150,000,000	740,000,000	20,000,000	260,000,000	220,000,000	200,000,000
⑱ 직전 4년간 연평균발생액 (⑬/4)	175,000,000	⑲ 직전 3년간 연평균발생액 [(⑭+⑮+⑯)/3]	166,666,666	⑳ 직전 2년간 연평균발생액 [(⑭+⑮)/2]	140,000,000
㉑ 증가발생액(⑫－⑭)			130,000,000		

❹ 공제세액

해당 연도 총발생 금액 공제	중소기업	㉒ 대상금액(=⑪)	㉓ 공 제 율			㉔ 공제세액 (㉒×㉓)
		150,000,000	25%			37,500,000
	중소기업 유예기간 종료 이후 5년 내 기업	㉕ 대상금액(=⑪)	㉖ 유예기간 종료연도	㉗ 유예기간 종료 이후 년차	㉘ 공 제 율	㉙ 공제세액 (㉕×㉘)
					종료 이후 1~3년차 15% 종료 이후 4~5년차 10%	
	중견기업	㉚ 대상금액(=⑪)	㉛ 공제율			㉜ 공제세액 (㉚×㉛)
			8%			
	일반기업	㉝ 대상금액(=⑪)	공제율: ㉞ 기본율	㉟ 추가	㊱ 계 (㉞+㉟)	㊲ 공제세액 (㉝×㊱)
			0%			
증가발생금액 공제 (직전 4년간 연구·인력개발비가 발생하지 않은 경우 또는 ⑭<⑱ 경우 공제 제외)		㊳ 대상금액(=㉑)	㊴ 공제율	㊵ 공제세액 (㊳×㊴)		*공제율 －중소기업 : 50% －중견기업 : 40% －대기업 : 25%
			%			
㊶ 해당 연도에 공제받을 세액		중소기업 (㉔와 ㊵ 중 선택) 중소기업 유예기간 종료 이후 5년 내 기 (㉙와 ㊵ 중 선택) 중견기업(㉜와 ㊵ 중 선택) 일반기업(㊲과 ㊵ 중 선택)				37,500,000

210mm×297mm[백상지 80g/㎡ 또는 중질지 80g/㎡]

(뒤쪽)

**❺ 출연금 등 수령명세 (「조세특례제한법 시행령」 제9조 제1항 단서 관련)
= 연구·인력개발비용에서 제외되는 비용**

구분	출연금 교부처	관련 법령	수령일	수령금액	연구개발비로 지출하는 금액

❻ 연구소/전담부서/연구개발서비스업자 현황

구분	인정일 (고시일)	취소일	연구개발 인력							
			계		연구전담요원		연구보조원		기 타	
			인원	금액	인원	금액	인원	금액	인원	금액

「조세특례제한법 시행령」 제9조 제14항에 따라 위와 같이 일반연구 및 인력개발비 명세서를 제출합니다.

년 월 일

신청인 (서명 또는 인)

세무서장 귀하

작 성 방 법

※ 「조세특례제한법」 제10조 제1항 제3호에 따른 '일반연구·인력개발비'세액공제를 신청하는 경우에는 반드시 이 서식을 작성하여야 합니다.

1. "중소기업"이란 「조세특례제한법 시행령」 제2조에 따른 중소기업을 말합니다.
2. 재료비 등의 "⑦ 금액"란은 「조세특례제한법 시행령」 별표 6에 따른 자체연구개발비용 중 견본품·부품·원재료와 시약류 구입비 및 소프트웨어(문화상품제작에 한함)·서체·음원·이미지의 대여·구입비를 적습니다.[별표6 제1호 가목2) 항목]
3. 기타의 "⑧ 금액"란은 「조세특례제한법 시행령」 별표 6에 따른 자체연구개발비용 중 연구·시험용 시설 임차(이용)비용을 적습니다.[별표6 제1호가목3) 항목]
4. 인력개발비의 "⑩ 금액"란은 「조세특례제한법 시행령」 별표 6 제2호에 따른 위탁훈련비, 직업능력개발훈련 비용 등을 적습니다.
5. 공제율의 "㉟ 추가"란은 해당 과세연도의 수입금액에서 연구·인력개발비가 차지하는 비율에 2분의 1을 곱한 비율과 100분의 2 중 낮은 비율을 적습니다.
6. ❺, ❻의 "구분"란은 연구소·전담부서 또는 연구개발서비스업자를 적습니다.(연구소와 전담부서가 2개 이상인 경우 각각 구분하여 작성합니다)
7. "❺ 연구개발출연금 등 수령명세"란은 「조세특례제한법 시행령」 제9조 제1항 각 호에 따른 연구개발출연금 등의 수령명세와 연구개발비로 지출하는 금액을 적습니다.
8. "❻ 연구소/전담부서/연구개발서비스업자 현황"은 「조세특례제한법 시행규칙」 제7조 제1항에 따른 연구소·전담부서 또는 연구개발서비스업자의 현황과 연구·인력개발비 세액공제를 적용받는 인건비를 구분하여 적습니다.

210mm×297mm[백상지 80g/㎡ 또는 중질지 80g/㎡]

04 과세표준과 세액계산

[별지 제3호 서식 부표(1)] (2022.3.18. 개정)

(앞쪽)

과세 연도	2025.1.1. ~ 2025.12.31.	**해당 연도의 일반 연구 · 인력개발비 발생 명세**	법 인 명	㈜택스에듀
			사업자등록번호	

1. 인건비 발생 명세

(단위 : 원)

① 연구과제명	② 연구개발 인력 인건비			
	성명	생년월일	인건비지급액	연구전담 등 구분
합 계			150,000,000	
A소프트웨어개발	김xx	1984-03-05	41,850,450	[✓]전담, [ ]보조, [ ]기타
A소프트웨어개발	이xx	1995-03-16	36,529,841	[✓]전담, [ ]보조, [ ]기타
B소프트웨어개발	장xx	1989-04-12	31,632,510	[✓]전담, [ ]보조, [ ]기타
B소프트웨어개발	김xx	1995-05-10	20,851,121	[ ]전담, [✓]보조, [ ]기타
B소프트웨어개발	강xx	1987-06-19	19,136,078	[ ]전담, [✓]보조, [ ]기타

2. 재료비 등 발생 명세

(단위 : 원)

③ 연구 과제명	④ 재료비 등				
	계	견본품 등 (별표 6 1.가.2))	임차료 등 (별표 6 1.가.3))	위탁 · 공동연구비 (별표 6 1.나)	기타 (별표 6 1.다~사)
합 계					

3. 위탁 및 공동 연구개발비 발생 명세

(단위 : 원)

⑤ 연구 과제명	⑥ 연구개발비				⑦ 금액	⑧ 수탁기업 전담부서등 수행 여부
	상호 또는 성명	사업자번호 또는 생년월일	연구착수일	연구종료일		
합 계						

210mm×297mm[백상지 80g/㎡ 또는 중질지 80g/㎡]

(뒤쪽)

작 성 방 법

※ 각 과세연도에 「조세특례제한법 시행령」 제9조 제14항에 따라 일반연구 및 인력개발비 명세서[별지 제3호 서식(1)]를 제출해야 하는 경우 반드시 이 서식을 작성해야 합니다.

1. 인건비 발생 명세

가. "① 연구과제명"란은 약식으로 적거나 연구과제명이 다수인 경우 유사 연구과제를 통합하여 적을 수 있습니다.

나. 1명의 연구원이 여러 연구과제를 수행하는 경우에는 연구과제별로 구분하여 적습니다.

다. "② 연구개발 인력 개발비" 합계는 [별지 제3호 서식(1)] 자체 연구개발비의 인건비의 '⑥금액'의 합계와 일치해야 합니다.

라. 해당 과세연도에 연구소 또는 전담부서에서 근무하는 직원 및 연구개발서비스업에 종사하는 전담요원으로서 「조세특례제한법 시행규칙」 제7조 제3항에서 정하는 자의 인건비 발생명세에 대하여 작성합니다(다만, 퇴직소득에 해당하는 금액, 퇴직급여충당금, 퇴직연금 등의 부담금 및 퇴직 연금계좌에 납부한 부담금을 제외합니다).

마. "연구전담 등 구분"란은 [ ]에 '연구전담요원', '연구보조원', '기타' 중 해당되는 곳에 √표를 합니다.

* "연구전담요원"이란 연구전담요원 자격을 보유한 사람으로서 연구개발업무 외에 다른 업무를 겸직하지 않고 연구개발 과제를 직접 수행하는 사람을 말합니다.

* "연구보조원"이란 연구전담요원의 자격을 보유하지 않고 기업부설연구소 또는 연구개발전담부서에 근무하면서 연구개발과제의 수행을 보조하는 사람을 말합니다.

* "기타"는 위 연구개발 인력 외의 경우를 말합니다.

2. 재료비 등 발생 명세

가. "③ 연구과제명"란은 약식으로 적거나 연구과제명이 다수인 경우 유사 연구과제를 통합하여 적을 수 있습니다.

나. 해당 과세연도에 연구소 · 전담부서 또는 연구개발서비스업자가 연구용으로 사용하는 견본품 등을 「조세특례제한법 시행령」 별표 6(2020년 1월 1일 전에 개시하는 과세연도 분까지는 별표 6의3)의 구분에 따라 분류하여 적습니다.

다. "④ 재료비 등"란의 합계는 [별지 제3호 서식(1)] 자체 연구개발비의 재료비 등의 '⑦금액'의 합계와 일치해야 합니다.

3. 위탁 및 공동 연구개발비 발생 명세

가. 해당 과세연도에 「조세특례제한법 시행령」 별표 6(2020년 1월 1일 전에 개시하는 과세연도 분까지는 별표 6의3) 제1호나목에 열거된 비용에 대하여 작성합니다.

나. "⑤ 연구과제명"란은 약식으로 적거나 연구과제명이 다수인 경우 연구과제를 통합하여 적을 수 있습니다.

다. "⑥ 연구개발비"란은 과학기술 및 산업디자인 분야의 연구개발용역을 위탁(재위탁 포함) 및 공동연구개발을 수행한 기관이나 「고등교육법」에 따른 대학 또는 전문대학에 소속된 개인(조교수 이상으로 한정합니다)의 인적사항 등을 적습니다.

라. "⑦ 금액"의 합계는 [별지 제3호 서식(1)]의 위탁 및 공동 연구개발비의 '⑨금액'의 합계와 일치해야 합니다.

마. "⑧ 수탁기업 전담부서등 수행 여부"란은 위탁 · 재위탁한 연구개발 과제를 수탁기업의 연구소 · 전담부서 또는 연구개발서비스업자가 수행했는지를 적습니다.

210mm×297mm[백상지 80g/㎡ 또는 중질지 80g/㎡]

04 과세표준과 세액계산

[별지 제3호 서식(2)] (2022.3.18. 개정)

신성장 · 원천기술 연구개발비 명세서

❶ 신청인	① 상호 또는 법인명	② 사업자등록번호
	③ 대표자 성명	④ 생년월일
	⑤ 주소 또는 본점 소재지 (전화번호 :)	

❷ 과세연도	년 월 일부터 년 월 일까지

❸ 신성장 · 원천기술 연구개발비 발생 명세

구 분 / 기술명	계정과목	자체 연구개발비		⑧ 위탁 및 공동 연구개발비	⑨ 합계 (⑥+⑦+⑧)
		⑥ 인건비	⑦ 재료비 등		
합 계					

❹ 공제세액

해당 연도에 공제받을 세액	중소기업	⑩ 대상금액(=⑨)	공 제 율			⑭ 공제세액 (⑩×⑬)
			⑪기본율	⑫추가	⑬계(⑪+⑫)	
			30%			
	중소기업 외의 기업	⑮ 대상금액(=⑨)	공 제 율			⑲ 공제세액 (⑮×⑱)
			⑯기본율	⑰추가	⑱계(⑯+⑰)	
			20% 또는 25%			

「조세특례제한법 시행령」 제9조 제14항에 따라 명세서를 제출합니다.

년 월 일

신청인 (서명 또는 인)

세무서장 귀하

첨부서류	▪ 신성장 · 원천기술 분야별 대상기술 연구개발계획서 ▪ 전담부서의 조직 · 직원 현황 및 연구요원의 자격을 증명하는 서류 ▪ 연구요원 등의 전담부서 근무시간을 확인할 수 있는 서류를 구분하여 제출(일반 연구개발업무, 신성장 · 원천기술 연구개발업무 또는 국가전략기술 연구개발업무를 구분하여 표시) ▪ 연구요원 등의 급여지급 명세서 ▪ 신성장 · 원천기술 연구개발업무에 사용하는 견본품 · 부품 · 원재료 · 시약류 구입 명세서, 소프트웨어 · 서체 · 음원 · 이미지의 대여 · 구입 명세서 및 세금계산서 사본 ▪ 일반연구 · 인력개발비와 신성장 · 원천기술연구개발비 및 국가전략기술연구개발비의 구분경리 명세 ▪ 그밖에 신성장 · 원천기술 분야별 대상기술임을 증명하는 서류	수수료 없음

작 성 방 법

※ 「조세특례제한법」 제10조 제1항 제1호에 따른 '신성장 · 원천기술 연구개발비'세액공제를 신청하는 경우에는 반드시 이 서식을 작성해야 합니다.

1. "중소기업"이란 「조세특례제한법 시행령」 제2조에 따른 중소기업을 말합니다.
2. "⑥ 인건비"란의 합계는 해당 연도의 신성장 · 원천기술 및 국가전략기술 연구개발비 발생 명세[별지 제3호 서식 부표(2)] 1. 인건비 발생 명세의 인건비지급액 중 ②기술구분코드가 '신성장 · 원천기술 코드(01)'인 금액의 합계와 일치해야 합니다.
3. "⑦ 재료비 등"란은 신성장 · 원천기술 연구개발업무를 위하여 사용하는 견본품 · 부품 · 원재료와 시약류 구입비 및 소프트웨어 · 서체 · 음원 · 이미지의 대여 · 구입 명세서를 적습니다.
4. "⑦ 재료비 등"란의 합계는 [별지 제3호 서식 부표(2)] 2. 재료비 등 발생 명세의 '⑦신성장 · 원천기술 재료비' 합계와 일치해야 합니다.
5. "⑧ 위탁 및 공동 연구개발비"란의 합계는 [별지 제3호 서식 부표(2)] 3. 위탁 및 공동 연구개발비 발생 명세의 ⑫금액 중 ⑪기술구분코드가 '신성장 · 원천기술 코드(01)'인 금액의 합계와 일치해야 합니다.
6. "⑫, ⑰ 추가" 란은 해당 과세연도의 수입금액에서 신성장 · 원천기술 연구개발비가 차지하는 비율에 3을 곱한 비율과 100분의 10(코스닥 상장 중견기업의 경우 100분의 15)중 낮은 비율을 적습니다.
7. "⑯ 기본율"란은 20%(코스닥 상장 중견기업의 경우 25%)를 적습니다.

210mm×297mm[백상지 80g/㎡ 또는 중질지 80g/㎡]

[별지 제3호 서식 부표(3)] (2022.3.18. 개정)

과 세 연 도	2025.1.1. ~ 2025.12.31	**연구과제 총괄표**	법 인 명	
			사업자 등록번호	

① 연번	② 기술 구분코드	③ 연구과제명	④ 기술명 (신성장 · 원천기술, 국가전략기술의 경우에만 작성)
1	03	A소프트웨어개발	
2	03	B소프트웨어개발	

작 성 방 법

※ **각 과세연도에 「조세특례제한법 시행령」 제9조 제14항에 따라 일반연구 및 인력개발비 명세서[별지 제3호 서식(1)], 신성장 · 원천기술 연구개발비 명세서[별지 제3호 서식(2)], 국가전략기술 연구개발비 명세서[별지 제3호 서식(3)]를 제출해야 하는 경우 반드시 이 서식을 작성해야 합니다.**

※ 연구과제별로 별지 제3호의2서식에 따른 연구개발계획서, 연구개발보고서를 작성하고 보관해야 합니다.

※ 신성장 · 원천기술과 국가전략기술에 해당하는 연구과제는 연구노트를 작성하고 보관해야 합니다.

※ 작성한 연구과제는 ①과학적 또는 기술적 진전을 이루기 위한 활동 또는 ②새로운 서비스, 서비스전달체계의 개발을 위한 활동에 해당하여야 합니다.

1. "① 연번"란에는 1부터 시작하는 숫자를 순서대로 적습니다.
2. "② 기술구분 코드"란에는 다음에 해당하는 숫자를 적습니다.

연구개발세액공제 종류	신성장 · 원천기술 연구개발비	국가전략기술 연구개발비	일반 연구 · 인력개발비
코드번호	01	02	03

3. "③ 연구과제명"란은 기업에서 구분하여 관리하는 연구과제별 명칭을 적습니다. 연구과제의 구분은 기업에서 자율적으로 선택할 수 있으나, 해당 과제별로 연구개발계획서, 연구개발보고서, 연구노트(신성장 · 원천기술 연구개발비, 국가전략기술 연구개발비만 해당), 투입 인력 등을 구분할 수 있어야 합니다.
4. "④ 기술명"란은 신성장 · 원천기술 또는 국가전략기술 연구개발비에 해당하는 경우 해당 기술명을 적습니다. 일반 연구 및 인력개발비에 해당하는 연구과제는 동 란을 빈칸으로 남겨둡니다.

210mm×297mm[백상지 80g/㎡ 또는 중질지 80g/㎡]

[별지 제3호의 2 서식] (2022.3.18. 개정) (4쪽 중 제1쪽)

연구개발계획서(자율양식)

※ 제시된 내용을 포함하되 목차 및 양식을 자유롭게 재구성·활용할 수 있습니다.

1. 연구과제명

2. 연구 개발의 목표 및 내용

3. 신성장·원천기술 또는 국가전략기술 관련

4. 연구과제 수행계획

(4쪽 중 제2쪽)

연구개발보고서(자율양식)

※ 제시된 내용을 포함하되 목차 및 양식을 자유롭게 재구성 · 활용할 수 있습니다.
※ 여러 연구과제에 공통되는 항목이 있을 경우 연구과제별로 각각 작성하지 않고 한 문서에 여러 연구과제에 해당하는 내용을 함께 작성할 수 있습니다.

1. 연구과제명

2. 연구 개발 개요

3. 연구수행 내용 및 성과

붙임. 참고자료 및 증빙자료

연구노트(자율양식)

※ 제시된 내용을 포함하되 목차 및 양식을 자유롭게 재구성 · 활용할 수 있습니다.

1. 연구과제명

2. 연구 내용

작성 요령(제출 시 삭제할 것)

□ 연구개발계획서

○ **연구과제명**
- 별지 제3호 서식 부표(3)의 연구과제 총괄표에 따른 연구과제명

○ **연구 개발의 목표 및 내용**
- 목표, 주요내용, 과제착수 시점을 포함하여 작성합니다.

○ **신성장 · 원천기술 또는 국가전략기술 관련**
- 「조세특례제한법 시행령」 별표 7의 신성장 · 원천기술 또는 별표 7의2의 국가전략기술에 해당하는지 여부 및 해당 시 그 근거를 포함하여 작성합니다.
- 신성장 · 원천기술 또는 국가전략기술에 해당하는 경우 연구노트의 작성 기준과 작성 주기를 명시합니다.
 * 작성기준은 과제별 · 부서별 · 연구원별 중 선택합니다(과제별 · 부서별인 경우 작성 책임자도 함께 명시합니다).

○ **연구과제 수행계획**
- 해당 연구개발 과제를 수행할 부서
- 투입 예상 인력 및 비용(실제 투입 인력 및 예산과는 달라질 수 있습니다)

○ **기타 작성과 관련된 유의사항**
- 다년간에 걸친 과제의 경우 연도별 투입 예정 비용 · 인원이 작성되어 있고 특별한 내용상 변동이 없는 경우 동일한 연구계획서를 여러 해에 걸쳐 반복하여 활용할 수 있습니다.

□ 연구개발보고서

○ **연구과제명**
- 별지 제3호 서식 부표(3)의 연구과제 총괄표에 따른 연구과제명

○ **연구 개발 개요**
- 실제 수행한 연구개발의 주요 내용(해당 연구개발을 통해 달성하려는 ① 과학적 · 기술적 진전 또는 ② 새로운 서비스 또는 서비스 전달체계가 무엇인지 드러나야 합니다)
- 조세특례제한법 시행령 별표 7의 신성장 · 원천기술 또는 별표 7의2의 국가전략기술에 해당하는지 여부 및 해당 시 그 근거
- 과제 수행 기간

○ **연구 수행 내용 및 성과**
- 수행부서, 연간 투입인력 현황(인건비 발생 명세서상 인력 중 해당 연구과제에 투입된 인력)
- 연간 위탁 · 공동연구개발 현황(위탁 · 공동연구개발 수행 기관, 수행 기간, 주요 내용 등)
- 실험 등 연구개발을 위해 활용한 방법(연구노트가 있는 경우 연구노트로 대체 가능)
- 연구개발 주요 성과(특허권 신청 실적, 실패 시 실패 내용 등)

○ **참고자료 및 증빙자료**
- 보고서의 내용을 확인하기 위한 참고자료 및 증빙자료의 종류
- 동일 연구원이 동일 기간에 여러 연구과제에 중복 참여한 경우 중복 참여한 현황

□ 연구노트

○ **연구과제명**
- 별지 제3호 서식 부표(3)의 연구과제 총괄표에 따른 연구과제명

○ **아래 기준을 충족하는 범위에서 자유롭게 작성하거나 내부 보고서로 대체 가능합니다.**
- 기재내용은 위 · 변조 없이 객관적인 사실을 상세하고 정확하게 기록합니다.
- 연구과제별(부서별, 연구원별 선택 가능)로 별도의 연구노트를 작성합니다.
- 작성자 또는 작성 책임자를 명시하고, 작성한 날짜를 기록합니다.
- 한 달 이내의 기간마다 해당 기간에 수행한 연구개발 내용 및 참여인력 현황을 작성합니다.
 (1분기 이내의 기간마다 작성하는 것도 가능하나, 이 경우 기술개발 진척도, 실험의 내용 또는 목표의 성공 · 실패 여부 등 자체적으로 설정하는 작성 주기의 기준이 사전에 연구개발계획서에 명시되어야 합니다)
- 서면으로 작성하는 경우 기록내용이 장기간 보관되는 필기구로 작성, 그 외의 작성도구 및 사용 소프트웨어 등에 대한 제한은 없습니다.

실무포인트

1. 연구 · 인력개발비 세액공제 대상에 해당하는지 여부

(1) 자체 제작한 견본품의 세액공제 여부

내국법인이 연구인력개발비에 대한 세액공제를 적용함에 있어 「조세특례제한법 시행령」[별표 6(제8조 제1항 관련)] 제1호 가목 "② 전담부서에서 연구용으로 사용하는 견본품 · 부품 · 원재료와 시약류구입비(시범제작에 소요되는 외주가공비를 포함한다)"에는 해당 법인이 자체 제작한 견본품 등을 포함하는 것이며, 이 경우 취득가액은 「법인세법 시행령」 제72조를 준용하여 산정하는 것임(법인-828, 2011.10.30.).

(2) 연구용 금형 제작비용의 세액공제 여부

시제품 제조에 사용되는 연구용 금형을 제작하기 위해 지출한 외주가공비는 조세특례제한법시행령 별표 6(2020.2.11. 대통령령 제30390호로 개정되기 전) 제1호 가목 2)의 '시범제작에 소요되는 외주가공비'에 포함되는 것이며, 회신일 이후 신고분(결정 · 경정 포함)부터 적용하는 것임(조세특례제도과-245, 2021.3.24.).

(3) 청년내일채움공제 기업 부담금이 세액공제 대상인지 여부

청년내일채움공제에 가입함에 따라 납입하는 기업부담금은 손금에 산입되며, 연구 · 인력개발비세액공제 대상에도 해당하는 것임(사전법령법인-1632, 2021.12.7.).

(4) 인력개발비 지출액을 국가로부터 전액 훈련지원금으로 수령하는 경우

내국법인이 조세특례제한법시행규칙 제7조 제9항 제5호에 해당하는 훈련수당 등의 인력개발비를 지출한 후 국가로부터 전액 훈련지원금으로 수령하는 경우 해당 인력개발비 지출액은 조세특례제한법 제10조에 따른 연구 · 인력개발비 세액공제 적용 대상에 해당하지 않는 것임(기준법령법인-260, 2018.11.14.).

2. 인건비의 세액공제 대상 여부

(1) 연구보조원의 인건비가 연구 · 인력 개발비 세액공제 대상 비용에 해당하는지 여부

기업창작전담부서에서 근무하면서 다른 업무를 겸하지 아니하고 창작개발 업무만을 전담하여 수행하는 보조원의 인건비는 「조세특례제한법」 제10조에 따른 연구 · 인력개발비 세액공제 대상 비용에 해당함(다만, 주주인 임원으로서 「조세특례제한법 시행규칙」 제7조 제3항 제1호~제3호에 해당하는 자는 제외)(서면법인-1004, 2023.6.14.).

(2) 비과세급여가 연구요원의 인건비에 포함되는지 여부

「조세특례제한법 시행령」 제9조 제2항 관련 [별표 6] 제1호의 비용란 가의 ①에서 규정하고 있는 전담부서에서 근무하는 '연구요원의 인건비'라 함은 그 명칭 여하에 불구하고 급여의 성격을 지닌 비용을 말하는 것이며, 비과세 근로소득도 연구요원의 인건비에 해당되는 것임(서면2팀-62, 2007.1.9.).

(3) 사업연도 중 회사의 주식을 10% 초과 취득한 연구의 세액공제 여부

조세특례제한법 제10조의 연구 · 인력개발비에 대한 세액공제 적용 시 법인의 전담부서에서 연구업무에 종사하는 연구요원이자 임원에 해당하는 자가 사업연도 중 당해 법인의 주식을 취득하여 그 소유지분이 총발행주식의 10%를 초과하게 되어 연구인력개발비 세액공제 대상 연구전담요원에서 제외되는 경우 그 제외사유 발생일 이전 기간에 상당하는 인건비에 대해서는 연구인력개발비 세액공제를 적용할 수 있는 것임(서면법인-2477, 2017.12.8.).

3. 연구 및 인력개발비 증가발생액 기준 계산식의 적용 여부

(1) 최초 발생연도의 증가발생액 기준 계산식 적용 여부

중소기업에 해당하는 내국법인이 「조세특례제한법」 제10조에 따른 연구 및 인력개발비가 최초로 발생한 사업연도에는 동 비용과 비교할 수 있는 직전 4년간 연평균발생액이 없으므로 같은 법 제10조 제1항 제1호에 가목에서 규정한 세액공제 방식을 적용할 수 없는 것임(법인-1285, 2009.11.17.).

(2) 최초 발생연도의 다음 사업연도의 증가발생액 기준 계산식 적용 여부

내국법인의 일반연구 · 인력개발비가 직전 과세연도에 최초로 발생한 경우에도 해당 내국법인은 「조세특례제한법」 제10조 제1항 제3호 가목을 적용할 수 있는 것임(법령해석과-754, 2021.3.5.).

4. 산업디자인 회사의 범위

「조세특례제한법」 제10조에 따른 연구 · 인력개발비 세액공제를 적용함에 있어 같은 법 시행령 별표 6 제1호 나목 1) 차)에 따른 기관 중 산업디자인전문회사는 「산업디자인진흥법」 제9조 및 같은 법 시행규칙 제9조에 따라 산업통상자원부장관에게 신고하여 신고확인증을 발급받은 회사를 말하는 것임(서면-2022-법규법인-3918, 2023.3.8.).

5. 연구 · 인력개발비 세액공제가 세무조사 과정에서 부인된 사례

조사청이 청구법인의 기업부설연구소를 현장확인한 결과, 직원 및 설비가 없는 것으로 조사되었고, 청구법인의 조직도, 인사 관련 서류 및 경비 사용내역 등에서 쟁점직원들이 타 부서 소속인 것으로 확인되는 점, 청구법인의 기업부설연구소에서 과학적 또는 기술적 진전을 이루기 위한 연구개발 등이 수행되었고, 그 업무를 쟁점직원들이 전담하였음을 입증할 수 있는 객관적 증빙의 제시가 없는 점 등에 비추어 처분청이 쟁점직원들의 인건비에 대하여 조세특례제한법 제10조에 따른 연구 · 인력개발비 세액공제를 배제하여 법인세를 과세한 이 건 처분은 잘못이 없음(조심2016서3201, 2016.10.28.).

※ 연구인력개발비 세액공제 시 기업부설연구서(연구전담부서)의 조직도와 연구보고서 등의 연구실적과 관련된 객관적 증빙이 매우 중요하다는 판례임.

CHAPTER

10 창업중소기업 등에 대한 세액감면

1 개 요

① 창업중소기업 ② 청년창업중소기업 ③ 창업보육센터 사업자 ④ 창업벤처중소기업 ⑤ 에너지신기술중소기업 ⑥ 신성장서비스업 영위 중소기업 ⑦ 영세창업중소기업에 대해서는 해당 사업에서 최초로 소득이 발생한 과세연도부터 해당 사업에서 발생한 소득에 대한 법인세를 감면한다(조특법 6).

<table>
<tr><th>구 분</th><th>수도권 과밀억제권역 내</th><th>수도권 과밀억제권역 외</th><th>수도권 외 지역
수도권 내 인구감소지역</th></tr>
<tr><td>① 창업중소기업</td><td>감면 제외</td><td>5년간 25%</td><td>5년간 50%</td></tr>
<tr><td>② 청년창업중소기업</td><td>5년간 50%</td><td>5년간 75%</td><td>5년간 100%</td></tr>
<tr><td>③ 창업보육센터 사업자</td><td colspan="3">5년간 50%</td></tr>
<tr><td>④ 창업벤처중소기업</td><td colspan="3">5년간 50%</td></tr>
<tr><td>⑤ 에너지신기술중소기업</td><td colspan="3">5년간 50%</td></tr>
<tr><td>⑥ 신성장 서비스업 영위 중소기업</td><td colspan="3">3년간 75%, 2년간 50%(2024.12.31. 이전 창업)</td></tr>
<tr><td>⑦ 영세창업중소기업</td><td colspan="2">5년간 50%</td><td>5년간 100%</td></tr>
</table>

<table>
<tr><th>구 분</th><th>내 용</th></tr>
<tr><td rowspan="2">최저한세</td><td>원칙 : 적용대상</td></tr>
<tr><td>예외 : 감면율 100%분은 적용 제외</td></tr>
<tr><td>농특세</td><td>비과세</td></tr>
</table>

① 감면받는 세액의 합계액이 5억원을 초과하는 경우에는 그 초과하는 금액은 감면하지 아니한다(조특법 6 ⑬).

② 창업중소기업감면(조특법 6)을 받는 경우에는 고용증대세액공제(조특법 29의 7) 또는 통합고용세액공제(조특법 29의 8)을 동시에 적용하지 아니한다(조특법 127 ④).

2 감면대상 및 감면율

(1) 창업중소기업 및 청년창업중소기업

중소기업 중 2027년 12월 31일 이전에 감면대상 업종으로 창업한 중소기업에 대해서는 해당 사업에서 최초로 소득이 발생한 과세연도와 그 다음 과세연도의 개시일부터 4년 이내에 끝나는 과세연도까지 해당 사업에서 발생한 소득에 대한 법인세에 감면율을 곱한 금액에 상당하는 세액을 감면한다. 만약, 사업 개시일부터 5년이 되는 날이 속하는 과세연도까지 해당 사업에서 소득이 발생하지 아니하는 경우에는 5년이 되는 날이 속하는 과세연도를 최초로 소득이 발생한 과세연도로 한다(조특법 6 ①).

여기서, "해당 사업에서 최초로 소득이 발생한 과세연도"에서 "소득"이란 세액감면 대상사업에서 발생한 소득으로서, 법인세법 제14조에서 규정하고 있는 각 사업연도 소득을 의미한다(법인세과-4046, 2008.12.17.). 따라서, 결산서상 당기순이익이나, 각 사업연도 소득 및 과세표준을 기준으로 최초로 소득이 발생한 사업연도를 판단하는 것이 아니며, 감면대상소득(소득구분계산 후)이 최초로 발생한 사업연도를 기준으로 감면시작연도를 판단하여야 한다.

1) 2025년 12월 31일 이전에 창업한 경우의 감면율

구 분	수도권		수도권 외
	과밀지역 내	과밀지역 외	
창업중소기업	−	50%	50%
청년창업중소기업	50%	100%	100%

2) 2026년 1월 1일 이후에 창업한 경우의 감면율

구 분	수도권			수도권 외
	과밀지역 내	과밀지역 외	인구감소지역	
창업중소기업	–	25%	50%	50%
청년창업중소기업	50%	75%	100%	100%

"인구감소지역"이란 「지방자치분권 및 지역균형발전에 관한 특별법」 제2조 제12호에 따른 인구감소지역을 말한다(조특법 2 10호의 2). 현재 수도권에서는 인천 강화군, 옹진군 및 경기 가평군, 연천군이 인구감소지역으로 지정되어 있다(행정안전부고시 제2024-15호, 2024. 2.27.).

3) 청년창업중소기업의 범위

청년창업중소기업이란 대표자가 다음의 구분에 따른 요건을 충족하는 기업을 말한다. 「소득세법」에 따른 공동사업장의 경우에는 손익분배비율이 가장 큰 사업자를 대표자로 하며, 손익분배비율이 가장 큰 사업자가 둘 이상인 경우에는 그 모두를 대표자로 한다(조특령 5 ①).

① 개인사업자로 창업하는 경우 : 창업 당시 15세 이상 34세 이하인 사람
다만, 병역을 이행한 경우에는 그 기간(6년 한도)을 창업 당시 연령에서 빼고 계산한 연령이 34세 이하인 사람을 포함한다.

② 법인으로 창업하는 경우 : 다음의 요건을 모두 갖춘 사람

㉠ ①의 요건을 갖출 것

㉡ 지배주주 등으로서 해당 법인의 최대주주 또는 최대출자자일 것

4) 청년창업중소기업 감면 적용의 변경

청년창업중소기업의 대표자가 감면기간 중 3) ② ㉡의 요건(최대주주 요건)을 충족하지 못하게 되거나 개인사업자로서 손익분배비율이 가장 큰 사업자가 아니게 된 경우에는 해당 사유가 발생한 날이 속하는 과세연도부터 남은 감면기간 동안 해당 사업에서 발생한 소득에 대한 법인세에 다음의 구분에 따른 비율을 곱한 금액에 상당하는 세액을 감면한다(조특령 5 ②).

① 2025년 12월 31일 이전에 창업한 경우

㉠ 수도권과밀억제권역 외의 지역에서 창업한 경우 : 50%

㉡ 수도권과밀억제권역에서 창업한 경우 : 0

② 2026년 1월 1일 이전에 창업한 경우

㉠ 수도권 외의 지역 또는 수도권의 인구감소지역에서 창업한 경우 : 50%

㉡ 수도권(수도권과밀억제권역과 인구감소지역은 제외)에서 창업한 경우 : 25%

㉢ 수도권과밀억제권역에서 창업한 경우 : 0

실무포인트

1. 기산연도 판단 시 "소득"의 의미

조세특례제한법 제6조 제1항에 따른 창업중소기업 세액감면의 기산연도 판단 시 "해당 사업에서 최초로 소득이 발생한 과세연도"에서 "소득"은 소득금액을 의미함(기획재정부 조세특례 제도과-745, 2022.11.1.).

2. "해당 사업에서 발생한 소득"의 의미

창업중소기업 등의 "해당 사업에서 발생한 소득"이란 감면대상사업의 주된 영업활동에서 직접 발생한 소득만을 의미하는 것임(사전-2022-법규소득-0608, 2022.6.28.).

3. "해당 사업에서 최초로 소득이 발생한 과세연도"의 의미

「조세특례제한법」 제6조 제1항의 규정에 의한 창업중소기업 등의 "해당 사업에서 최초로 소득이 발생한 날이 속하는 과세연도"라 함은 감면대상 사업에서 소득이 최초로 발생한 날이 속하는 과세연도를 말하는 것으로, 감면대상소득계산 시 이자수익 · 유가증권처분이익 · 유가증권처분손실 등은 포함하지 아니하는 것임(사전-2021-법령해석소득-0773, 2021.10.27.).

(2) 창업보육센터 사업자

2027년 12월 31일 이전에 「중소기업창업 지원법」 제6조 제1항에 따라 창업보육센터사업자로 지정받은 내국인에 대해서는 해당 사업에서 최초로 소득이 발생한 과세연도와 그 다음 과세연도의 개시일부터 4년 이내에 끝나는 과세연도까지 해당 사업에서 발생한 소득에 대한 법인세에 50%를 곱한 금액에 상당하는 세액을 감면한다(조특법 6 ①).

(3) 창업벤처중소기업

1) 개 요

창업벤처중소기업의 경우에는 해당 사업에서 최초로 소득이 발생한 과세연도와 그 다음

과세연도의 개시일부터 4년 이내에 끝나는 과세연도까지 해당 사업에서 발생한 소득에 대한 법인세의 50%에 상당하는 세액을 감면한다(조특법 6 ②·⑤).

2) 창업벤처중소기업의 범위

창업벤처중소기업이란 「벤처기업육성에 관한 특별조치법」 제2조 제1항에 따른 벤처기업 중 다음 중 어느 하나에 해당하는 기업으로서 창업 후 3년 이내에 2027.12.31.까지 벤처기업으로 확인받은 중소기업을 말한다(조특법 6 ②, 조특령 5 ④).

① 「벤처기업육성에 관한 특별조치법」 제2조의 2의 요건을 갖춘 중소기업(같은 조 제1항 제2호 나목에 해당하는 중소기업을 제외)
② 연구개발 및 인력개발을 위한 비용으로서 「조세특례제한법 시행령」 [별표 6]의 비용이 당해 사업연도의 수입금액의 5% 이상인 중소기업

3) 적용배제

① 창업중소기업, 청년창업중소기업, 창업보육센터사업자의 감면규정을 적용받는 경우에는 창업벤처중소기업감면 규정을 적용하지 않는다(조특법 6 ②).
② 감면기간 중 다음의 사유가 있는 경우에는 다음의 구분에 따른 날이 속하는 과세연도부터 감면을 적용하지 아니한다(조특법 6 ②).

㉠ 벤처기업의 확인이 취소된 경우 : 취소일
㉡ 벤처기업확인서의 유효기간이 만료된 경우(해당 과세연도 종료일 현재 벤처기업으로 재확인받은 경우는 제외) : 유효기간 만료일

(4) 에너지신기술중소기업

1) 개 요

창업일이 속하는 과세연도와 그 다음 3개 과세연도가 지나지 아니한 중소기업으로서 2027년 12월 31일까지 에너지신기술중소기업에 해당하는 경우에는 그 해당하는 날 이후 최초로 해당 사업에서 소득이 발생한 과세연도와 그 다음 과세연도의 개시일부터 4년 이내에 끝나는 과세연도까지 해당 사업에서 발생한 소득에 대한 법인세의 50%에 상당하는 세액을 감면한다. 만약, 에너지신기술중소기업에 해당하는 날부터 5년이 되는 날이 속하는 과세연도까지 해당 사업에서 소득이 발생하지 아니하는 경우에는 5년이 되는 날이 속하는 과세연도를 최초로 소득이 발생한 과세연도로 한다(조특법 6 ④).

2) 에너지신기술중소기업의 범위

에너지신기술중소기업이란 다음의 고효율제품 등을 제조하는 중소기업을 말한다(조특령 5 ⑪).

① 에너지소비효율 1등급 제품 및 고효율에너지 기자재로 인증받은 제품
② 신 · 재생에너지설비로 인증받은 제품

3) 적용배제

① 창업중소기업, 청년창업중소기업, 창업보육센터사업자, 창업벤처중소기업의 감면규정을 적용받는 경우에는 에너지신기술중소기업 감면 규정을 적용하지 않는다(조특법 6 ④).
② 감면기간 중 에너지신기술중소기업에 해당하지 않게 되는 경우에는 그날이 속하는 과세연도부터 감면하지 아니한다(조특법 6 ④ 단서).

(5) 신성장서비스업 영위 중소기업

1) 개 요

2024년 12월 31일까지 에너지신기술중소기업에 해당하는 경우로서 신성장서비스업을 영위하는 기업의 경우에는 최초로 세액을 감면받는 과세연도와 그 다음 과세연도의 개시일부터 2년 이내에 끝나는 과세연도에는 법인세의 75%에 상당하는 세액을 감면하고, 그 다음 2년 이내에 끝나는 과세연도에는 50%에 상당하는 세액을 감면한다(조특법 6 ⑤).

2) 신성장서비스업을 영위하는 기업의 범위

신성장서비스업을 영위하는 기업이란 다음 중 어느 하나에 해당하는 신성장서비스업종을 주된 사업으로 영위하는 중소기업을 말한다. 이 경우 둘 이상의 서로 다른 사업을 영위하는 경우에는 사업별 사업수입금액이 큰 사업을 주된 사업으로 본다(조특령 5 ⑫).

① 컴퓨터 프로그래밍, 시스템 통합 및 관리업, 소프트웨어 개발 및 공급업, 정보서비스업(뉴스제공업 제외) 또는 전기통신업
② 창작 및 예술관련 서비스업(자영예술가 제외), 영화 · 비디오물 및 방송 프로그램 제작업, 오디오물 출판 및 원판 녹음업 또는 방송업
③ 엔지니어링사업, 전문 디자인업, 보안 시스템 서비스업 또는 광고업 중 광고물 문안, 도안, 설계 등 작성업

④ 서적, 잡지 및 기타 인쇄물 출판업, 연구개발업, 직업기술 분야를 교습하는 학원을 운영하는 사업 또는 직업능력개발훈련시설을 운영하는 사업(직업능력개발훈련을 주된 사업으로 하는 경우로 한정)

⑤ 다음의 물류산업

운수업 중 화물운송업, 화물취급업, 보관 및 창고업, 화물터미널운영업, 화물운송 중개 · 대리 및 관련서비스업, 화물포장 · 검수 및 계량 서비스업, 「선박의 입항 및 출항 등에 관한 법률」에 따른 예선업 및 「도선법」에 따른 도선업과 기타 산업용 기계장비 임대업 중 파렛트임대업

⑥ 관광숙박업, 국제회의업, 유원시설업 또는 관광객이용시설업

⑦ 그 밖에 기획재정부령으로 정하는 신성장서비스업(조특칙 4의 3)

㉠ 「전시산업발전법」에 따른 전시산업

㉡ 기타 과학기술 서비스업

㉢ 시장조사 및 여론조사업

㉣ 광고업 중 광고대행업, 옥외 및 전시 광고업

3) 적용배제

신성장서비스업을 영위하는 기업의 감면을 적용할 때 감면기간 중 신성장서비스업종 이외의 업종으로 주된 사업이 변경되는 경우에는 감면을 적용하지 아니하고, 해당 사유가 발생한 날이 속하는 과세연도부터 남은 감면기간 동안 창업중소기업, 청년창업중소기업, 창업보육센터사업자, 창업벤처중소기업의 감면, 에너지신기술중소기업 감면을 적용한다(조특령 5 ⑬).

(6) 영세창업중소기업

2018.5.29. 이후부터 2027.12.31. 이전에 창업한 창업중소기업(청년창업중소기업 제외)에 대해서는 최초로 소득이 발생한 과세연도와 그 다음 과세연도의 개시일부터 4년 이내에 끝나는 과세연도까지의 기간에 속하는 과세연도의 수입금액(과세기간이 1년 미만인 과세연도의 수입금액은 1년으로 환산한 총수입금액)이 8,000만원(2021.12.31. 이전 개시한 과세연도는 4,800만원) 이하인 경우 그 과세연도에 대한 법인세에 다음의 구분에 따른 비율을 곱한 금액에 상당하는 세액을 감면한다. 다만, 창업벤처중소기업 또는 에너지신기술중소기업 감면을 적용받는 경우는 제외한다(조특법 6 ⑥).

1) 2025년 12월 31일 이전에 창업한 경우의 감면율

구 분	감면비율
① 수도권 과밀억제권역 외 지역에서 창업	5년간 100%
② 수도권 과밀억제권역에서 창업	5년간 50%

2) 2026년 1월 1일 이후에 창업한 경우의 감면율

구 분	감면비율
① 수도권 외 지역 또는 수도권 인구감소지역에서 창업	5년간 100%
② 수도권(과밀억제권과 인구감소지역 제외)에서 창업	5년간 75%
③ 수도권 과밀억제권에서 창업	5년간 50%

(7) 추가 감면

(1)~(6)의 감면을 적용받는 업종별최소고용인원(광업 · 제조업 · 건설업 및 운수업은 10인, 그 외 업종은 5인) 이상을 고용하는 수도권과밀억제권역 외에서 창업한 창업중소기업, 창업보육센터 사업자, 창업벤처중소기업 및 에너지신기술중소기업으로서 감면기간 중 해당 과세연도의 상시근로자 수가 직전 과세연도의 상시근로자 수보다 큰 경우에는 다음에 따라 산출한 금액을 감면세액에 더하여 감면한다. 다만, 수입금액에 따른 100%에 상당하는 세액을 감면받는 과세연도에는 이에 따른 감면을 적용하지 아니한다(조특법 6 ⑦).

$$\text{추가 감면세액} = \text{해당 사업에서 발생한 소득에 대한 법인세} \times \frac{(\text{해당 과세연도} - \text{직전 과세연도})\text{의 상시근로자 수}}{\text{직전 과세연도의 상시근로자 수}} \times 100\%$$

다만, 50%에 상당하는 세액(75%에 상당하는 세액을 감면받는 과세연도의 경우에는 25%에 상당하는 세액)을 한도로 하고, 1% 미만인 부분은 없는 것으로 본다.

(8) 감면 한도

기본 감면 및 추가 감면 세액의 합계액이 5억원을 초과하는 경우에는 그 초과하는 금액은 감면하지 아니한다(조특법 6 ⑬).

실무포인트 **2025년 개정세법**

창업중소기업감면(조특법 6)을 적용함에 있어서 2025.1.1. 이후 창업중소기업을 창업하는 경우, 창업보육센터사업자로 지정을 받는 경우, 벤처기업으로 확인받는 경우 또는 에너지신기술중소기업에 해당하게 되는 경우에는 다음과 같이 적용한다.

① 상시근로자 수 증가에 따른 추가감면율을 계산할 때 종전에 50%를 곱하던 것을 100%로 적용한다.

② 창업중소기업감면(조특법 6)을 적용하여 소득세 또는 법인세를 감면받는 경우에는 통합고용세액공제(조특법 29의 8)를 적용하지 아니한다.

③ 감면한도 : 5억원

3 감면요건

(1) 창업요건

1) 개 요

창업이라 함은 중소기업을 새로이 설립하는 것을 말하는 것으로서 법인의 경우 창업일은 법인설립등기일이 된다(법집 6-0-2 ①).

2) 창업으로 보지 않는 것

다음 중 어느 하나에 해당하는 경우에는 창업으로 보지 아니한다(조특법 6 ⑩). 이때에 같은 종류의 사업의 분류는 한국표준산업분류에 따른 세분류에 따른다(조특령 5 ㉓).

① 합병 · 분할 · 현물출자 또는 사업의 양수를 통하여 종전의 사업을 승계하거나 종전의 사업에 사용되던 자산을 인수 또는 매입하여 같은 종류의 사업을 하는 경우. 다만, 다음 중 어느 하나에 해당하는 경우는 제외한다(조특령 5 ⑲ · ⑳ · ㉑).

㉠ 종전의 사업에 사용되던 자산을 인수하거나 매입하여 같은 종류의 사업을 하는 경우 그 자산가액의 합계가 사업 개시 당시 사업용자산(토지와 건물 및 기계장치 등 감가상각자산)의 총가액에서 차지하는 비율이 30% 이하인 경우

㉡ 사업의 일부를 분리하여 해당 기업의 임직원이 사업을 개시하는 경우로서 다음의 요건을 모두 갖춘 경우

ⓐ 기업과 사업을 개시하는 임직원 간에 사업 분리에 관한 계약을 체결할 것

ⓑ 사업을 개시하는 임직원이 새로 설립되는 기업의 대표자로서 지배주주등에 해당하는 해당 법인의 최대주주 또는 최대출자자일 것(개인사업자의 경우에는 대표자를 말한다)

② 거주자가 하던 사업을 법인으로 전환하여 새로운 법인을 설립하는 경우

③ 폐업 후 사업을 다시 개시하여 폐업 전의 사업과 같은 종류의 사업을 하는 경우

④ 사업을 확장하거나 다른 업종을 추가하는 경우 등 새로운 사업을 최초로 개시하는 것으로 보기 곤란한 경우

실무포인트

1. 창업에 해당하지 않는 경우

(1) 종전사업의 승계 및 자산의 인수

① 창업의 취지는 새로운 사업을 최초로 개시함으로써 원시적인 사업창출의 효과가 있는 경우에만 소득세 또는 법인세의 감면혜택을 주려는 데 있음. 종전의 사업에 사용되던 자산을 인수 또는 매입하여 동종의 사업을 영위한 경우에는 그것이 설령 종전 사업체의 유휴설비를 이용하거나 사실상 폐업한 업체의 자산을 이용하여 사업을 개시하는 경우에 해당하더라도 원시적인 사업창출의 효과가 없음. 따라서, 조세특례제한법 제6조 제4항 제1호에서 창업의 범위에서 제외한 "종전의 사업에 사용되던 자산을 인수 또는 매입한 경우"에 해당한다고 봄이 타당하며, 여기에는 자산을 임차하여 사용하는 경우도 포함되는 것임(대법원2011두11549, 2014.03.27.).

② 종전사업자가 폐업한 장소에서 설립하여 종전사업자와 동종의 사업을 영위하는 경우에는 창업에 해당하지 아니한다(법인 46012-3946, 1999.11.11.).

③ 기존공장을 취득(경매에 의한 취득 포함)하거나 임차하여 종전 사업자와 동일한 사업을 영위하는 경우에는 창업중소기업에 대하여 세액감면적용이 되지 아니한다(법인세과-409, 2014.9.25.).

④ 종전의 사업에 사용되던 자산을 취득(경매에 의한 취득을 포함)하여 동종의 사업을 영위하는 경우에 당해 자산가액의 합이 사업개시 당시 사업용 자산의 총가액에서 차지하는 비율이 100분의 50 미만으로서 같은 법 시행령 제5조 제14항에서 정하는 비율 이하인 경우에는 창업에 해당하는 것임(서면법인-21435, 2015.4.30.).

(2) 거주자가 하던 사업을 법인으로 전환

① 개인사업자가 조세특례제한법 제32조에 따른 요건을 갖추지 않고 법인으로 전환하는 경우에는 전환된 법인이 당초 개인기업의 창업일부터 3년 이내 벤처기업으로 확인을 받더라도 창업벤처중소기업에 대한 세액감면을 적용받을 수 없음(사전-2020-법령해석법인-0561, 2020.9.29.).

(3) 폐업 후 같은 종류의 사업

① 폐업 전 영위하던 업종과 사업개시 후 영위하는 업종이 한국 표준분류상의 세분류를 기준으로 동일하지 아니하고, 폐업 전 · 후 사업이 사업장소, 고용인원, 사용면적 등을 감안할 때 실질적으로 폐업 전 영위하던 사업과 동종의 사업을 영위한다고 볼 수 없는 경우에는 조세특례제한법 제6조 제4항 제3호(폐업 후 사업을 다시 개시하여 폐업 전의 사업과 같은 종류의 사업을 하는 경우)에 해당하지 아니함(기획재정부 조세특례제도과-30, 2009.1.12.).

② 개인사업자가 폐업 후 폐업 전의 업종과 동일업종으로 A법인을 설립하는 경우 및 A법인이 100% 출자하여 A법인과 동일한 대표자 및 동일업종으로 다른 지역에 B법인을 설립하는 경우 창업에 해당하지 않음(서면-2021-법령해석법인-1262, 2021.6.8.).

(4) 새로운 사업을 최초로 개시하는 것으로 보기 곤란한 경우

① 사업자등록상 사업장을 이전하고 기존의 사업과 연관성이 없는 다른 업종의 사업을 새로이 개시하는 경우 「조세특례제한법」 제6조의 창업중소기업 등에 대한 세액감면이 적용되는 '창업'에 해당하는 것임. 다만, 새로운 사업의 개시가 「조세특례제한법」 제6조 제6항의 '사업을 확장하거나 다른 업종을 추가하는 경우'에 해당하는 경우 '창업'으로 보지 아니하며 '사업을 확장 하거나 다른 업종을 추가하는 경우'에 해당하는지 여부는 기존 사업과의 연관성, 위치, 업종 등을 종합적으로 고려하여 사실판단 할 사항임(기준-2017-법령해석소득-0057, 2017.5.19.).

② 자신이 대표자로 있는 법인에 사업장의 일부를 임대하는 거주자가 동일 사업장 일부에 공장을 신축하여 제조업을 영위하는 경우 해당 제조업에서 발생하는 소득에 대하여 「조세특례제한법」 제6조에 따른 창업중소기업 등에 대한 세액감면을 적용받을 수 없는 것임(서면법규과-1210, 2013.11.5.).

③ 쟁점개인사업체의 대표자가 청구법인의 지분을 100% 소유하고 상호 및 목적사업 등이 유사하며 주 매출처가 동일한 점 등에 비추어 청구법인은 사실상 쟁점개인사업체의 사업을 확장하며 창업한 경우 등에 해당하여 새로운 사업을 최초로 개시하는 창업으로 보기 어려움(조심2017지224, 2017.5.2.).

2. 창업에 해당하는 경우

① 거주자가 하던 사업을 법인으로 전환하여 새로운 법인을 설립하는 경우에는 창업으로 보지 아니하는 것이나, 개인사업자가 법인으로 전환하면서 기존 업종에 다른 업종을 추가하여 그 업종으로 주업종을 변경한 경우에는 추가한 업종에 대해 창업으로 보는 것임(서면법규과-731, 2014.7.11.).

② 내국법인의 대표이사가 지배하고 있는 기존 법인과 다른 업종으로 별도의 장소에 새로운 법인을 설립한 경우에는 창업으로 보는 것임(사전-2018-법령해석법인-0251, 2018. 6.14.).

③ 사업장을 이전하여 기존의 사업과 연관성이 없는 다른 업종의 사업을 새로이 개시하는 경우 「조세특례제한법」 제6조의 창업 중소기업 등에 대한 세액감면이 적용되는 '창업'에 해당하는 것임. 다만, 새로운 사업의 개시가 「조세특례제한법」 제6조 제6항의 '사업을 확장하거나 다른 업종을 추가하는 경우'에 해당하는 경우 '창업'으로 보지 아니하며 '사업을 확장하거나 다른 업종을 추가하는 경우'에 해당하는지 여부는 기존 사업과의 연관성, 위치, 업종 등을 종합적으로 고려하여 사실판단할 사항임(기준-2017-법령해석소득-0057, 2017.5.19.).

④ 기존 법인의 대표자가 기존 법인과 다른 장소에 다른 업종으로 새로이 법인을 설립하여 독립적으로 사업을 경영할 경우, 새로이 설립된 법인이 「조세특례제한법」 제6조 제10항 각 호의 어느 하나에 해당하지 않는 경우에는 창업에 해당하는 것이며, 새로이 설립된 법인이 이에 해당하는지 여부는 설립경위, 사업의 실태, 경영관계 등을 종합적으로 감안하여 실질 내용에 따라 사실판단할 사항이다(서면법인-2433, 2021.5.26.).

④ 기존 법인의 대표자가 기존 법인과 다른 장소에 다른 업종으로 새로이 법인을 설립하여 독립적으로 사업을 경영할 경우, 새로이 설립된 법인이 「조세특례제한법」 제6조 제10항 각 호의 어느 하나에 해당하지 않는 경우에는 창업에 해당하는 것이며, 새로이 설립된 법인이 이에 해당하는지 여부는 설립경위, 사업의 실태, 경영관계 등을 종합적으로 감안하여 실질 내용에 따라 사실판단할 사항이다(서면법인-2433, 2021.5.26.).

⑤ 수도권과밀억제권역에서 모피 제조업을 영위하던 법인을 폐업 후 상당한 시간(본 질의 경우 16년)이 경과한 후에 수도권과밀억제권역 외의 지역에 종전사업의 승계 또는 종전자산의 인수(매입)에 의하지 않고 새로이 법인을 설립하는 경우에는 종전 법인과 동일한 업종을 영위하더라도 감면을 적용받을 수 있는 것임(서면-2022-법인-5582, 2023.7. 24.).

⑥ 거주자가 설비투자 등 창업 활동을 전혀 하지 아니한 상태에서 개인 사업자 등록 후 실질적으로 사업을 개시하지 않고 폐업한 뒤, 중소기업에 해당하는 법인을 설립하여 실질적인 창업 활동을 하는 경우에는 같은 조 규정에 의한 '창업중소기업'에 해당하는 것임(서면법인 2019-0563, 2020.9.10., 사전-2023-법규소득-0346, 2023.6.1.).

⑦ 개인사업자가 그 사업을 계속하면서 개인사업을 승계하거나 인수하지 않고 다른 지역에 별도의 법인을 설립하여 개인사업자와 동일 업종으로 사업을 개시하는 경우 「조세특례제한법」 제6조를 적용함에 있어 '창업'에 해당하는 것임(사전-2023-법규법인-0818, 2023.12.13.).

3. 인적용역사업자가 창업한 경우 감면 적용가능 여부

① 원천징수대상 미용업 사업소득이 있던 미용사가 「부가가치세법」 제8조에 따라 사업자등록을 하고 사업을 개시하는 경우에는 「조세특례제한법」 제6조 제1항에 따른 감면을 적용받을 수 있는 것임(사전-2019-법령해석소득-0088, 2019.4.18.)

② 원천징수대상 사업소득만 있는 인적용역사업자가 「조세특례제한법」 제6조 제3항에 열거된 감면대상업종으로 사업자등록을 하고 사업을 개시하는 경우로서 법정된 요건을 충족하는 경우에는 같은 조 제1항에 따른 감면을 적용받을 수 있는 것임(사전-2024-법규소득-0961, 2024.12.26.).

(2) 수도권 과밀억제권역

'수도권과밀억제권역'이란 「수도권정비계획법 시행령」 [별표 1]에서 열거된 과밀억제권역을 말한다(조특법 2 ① 10호).

수도권정비계획법 시행령 [별표 1] (2017.6.20. 개정)

▌과밀억제권역, 성장관리권역 및 자연보전권역의 범위(제9조 관련)▐

과밀억제권역	성장관리권역	자연보전권역
1. 서울특별시 2. 인천광역시[강화군, 옹진군, 서구 대곡동·불로동·마전동·금곡동·오류동·왕길동·당하동·원당동, 인천경제자유구역(경제자유구역에서 해제된 지역을 포함한다) 및 남동 국가산업단지는 제외한다] 3. 의정부시 4. 구리시 5. 남양주시(호평동, 평내동, 금곡동, 일패동, 이패동, 삼패동, 가운동, 수석동, 지금동 및 도농동만 해당한다) 6. 하남시 7. 고양시 8. 수원시 9. 성남시 10. 안양시	1. 인천광역시[강화군, 옹진군, 서구 대곡동·불로동·마전동·금곡동·오류동·왕길동·당하동·원당동, 인천경제자유구역(경제자유구역에서 해제된 지역을 포함한다) 및 남동 국가산업단지만 해당한다] 2. 동두천시 3. 안산시 4. 오산시 5. 평택시 6. 파주시 7. 남양주시(별내동, 와부읍, 진접읍, 별내면, 퇴계원면, 진건읍 및 오남읍만 해당한다) 8. 용인시(신갈동, 하갈동, 영덕동, 구갈동, 상갈동, 보라동, 지곡동, 공세동, 고매동, 농서동, 서천동, 언남동, 청덕동, 마북동, 동백동,	1. 이천시 2. 남양주시(화도읍, 수동면 및 조안면만 해당한다) 3. 용인시(김량장동, 남동, 역북동, 삼가동, 유방동, 고림동, 마평동, 운학동, 호동, 해곡동, 포곡읍, 모현면, 백암면, 양지면 및 원삼면 가재월리·사암리·미평리·좌항리·맹리·두창리만 해당한다) 4. 가평군 5. 양평군 6. 여주시 7. 광주시 8. 안성시(일죽면, 죽산면 죽산리·용설리·장계리·매산리·장릉리·장원리·두현리 및 삼죽면 용월리·덕산리·율곡리·내장리·배태리만 해당

과밀억제권역	성장관리권역	자연보전권역
11. 부천시 12. 광명시 13. 과천시 14. 의왕시 15. 군포시 16. 시흥시[반월특수지역(반월특수지역에서 해제된 지역을 포함한다)은 제외한다]	중동, 상하동, 보정동, 풍덕천동, 신봉동, 죽전동, 동천동, 고기동, 상현동, 성복동, 남사면, 이동면 및 원삼면 목신리 · 죽릉리 · 학일리 · 독성리 · 고당리 · 문촌리만 해당한다) 9. 연천군 10. 포천시 11. 양주시 12. 김포시 13. 화성시 14. 안성시(가사동, 가현동, 명륜동, 숭인동, 봉남동, 구포동, 동본동, 영동, 봉산동, 성남동, 창전동, 낙원동, 옥천동, 현수동, 발화동, 옥산동, 석정동, 서인동, 인지동, 아양동, 신흥동, 도기동, 계동, 중리동, 사곡동, 금석동, 당왕동, 신모산동, 신소현동, 신건지동, 금산동, 연지동, 대천동, 대덕면, 미양면, 공도읍, 원곡면, 보개면, 금광면, 서운면, 양성면, 고삼면, 죽산면 두교리 · 당목리 · 칠장리 및 삼죽면 마전리 · 미장리 · 진촌리 · 기솔리 · 내강리만 해당한다) 15. 시흥시 중 반월특수지역(반월특수지역에서 해제된 지역을 포함한다)	한다)

(3) 업종요건

감면대상법인 중 '창업중소기업', '청년창업중소기업', '창업벤처중소기업', '영세창업중소기업'이란 다음의 업종을 경영하는 중소기업을 말한다(조특법 6 ③).

① 광업

② 제조업

제조업에는 제조업과 유사한 사업으로서 자기가 제품을 직접 제조하지 아니하고 제조업체(사업장이 국내 또는 개성공업지구에 소재하는 업체에 한함)에 의뢰하여 제조하는 사업으로서 그 사업이 다음 각 호의 요건을 충족하는 경우에는 제조업으로 본다(조특령 5 ⑥, 조특칙 4의 2).

㉠ 생산할 제품을 직접 기획(고안 · 디자인 및 견본제작 등을 말함)할 것

㉡ 해당 제품을 자기명의로 제조할 것

㉢ 해당 제품을 인수하여 자기책임하에 직접 판매할 것

③ 수도, 하수 및 폐기물 처리, 원료 재생업

④ 건설업

이때에 건설업에는 직접 건설활동을 수행하지 아니하더라도 건설공사에 대한 총괄적인 책임을 지면서 건설공사분야별로 도급 또는 하도급을 주어 전체적으로 건설공사를 관리하는 경우에도 건설활동으로 보며(한국표준산업분류 F. 건설업 41~42, 개요 및 국세청 업종별 기준경비율 및 단순경비율 451101), 직접 건설활동을 하지 아니하면서 전체 건설공사를 건설업자에게 일괄도급하여 건물을 건설하게 한 후 이를 분양하는 경우에는 부동산임대 및 공급업으로 본다(한국표준산업분류 681 및 국세청 업종별 기준경비율 및 단순경비율 451102, 451103).

건설공사에 대한 총괄적인 책임 및 전체 건설공사를 관리하는 활동은 건설공사와 관련된 인력 · 자재 · 장비 · 자금 · 시공 · 품질 · 안전관리 부문 등을 전체적으로 책임지고 관리하는 경우를 나타낸다.

⑤ 통신판매업

⑥ 물류산업

'물류산업'이라 함은 운수업 중 다음의 사업을 말한다(조특령 5 ⑦).

㉠ 운수업 중 화물운송업

㉡ 화물취급업

㉢ 보관 및 창고업

㉣ 화물터미널운영업

㉤ 화물운송 중개 · 대리 및 관련서비스업

㉥ 화물포장 · 검수 및 계량서비스업

㉦ 항만법에 따른 예선업

㉧ 선박의입항및출항등에관한법률에 따른 도선업

㉨ 기타 산업용 기계장비임대업 중 파렛트임대업

⑦ 음식점업

⑧ 정보통신업

다만, 다음의 어느 하나에 해당하는 업종은 제외한다.

㉠ 비디오물 감상실 운영업

㉡ 뉴스제공업

㉢ 블록체인 기반 암호화자산 매매 및 중개업

⑨ 금융 및 보험업 중 대통령령으로 정하는 정보통신을 활용하여 금융서비스를 제공하는 업종

⑩ 전문, 과학 및 기술 서비스업

대통령령으로 정하는 엔지니어링사업(이하 "엔지니어링사업"이라 한다)을 포함한다. 다만, 다음의 어느 하나에 해당하는 업종은 제외한다.

㉠ 변호사업

㉡ 변리사업

㉢ 법무사업

㉣ 공인회계사업

㉤ 세무사업

㉥ 수의업

㉦ 행정사법 제14조에 따라 설치된 사무소를 운영하는 사업

㉧ 건축사법 제23조에 따라 신고된 건축사사무소를 운영하는 사업

⑪ 사업시설 관리, 사업 지원 및 임대 서비스업

다음의 어느 하나에 해당하는 업종을 말한다.

㉠ 사업시설 관리 및 조경 서비스업

㉡ 사업 지원 서비스업(고용 알선업 및 인력 공급업은 농업노동자 공급업을 포함한다)

⑫ 사회복지 서비스업

⑬ 예술, 스포츠 및 여가관련 서비스업

다만, 다음의 어느 하나에 해당하는 업종은 제외한다.

㉠ 자영예술가

㉡ 오락장 운영업

㉢ 수상오락 서비스업

㉣ 사행시설 관리 및 운영업

㉤ 그 외 기타 오락관련 서비스업

⑭ 협회 및 단체, 수리 및 기타 개인 서비스업

다음의 어느 하나에 해당하는 업종을 말한다.

㉠ 개인 및 소비용품 수리업

㉡ 이용 및 미용업

⑮ 직업기술분야학원

'직업기술분야학원'이란 「학원의 설립 · 운영 및 과외교습에 관한 법률」에 따른 직업기술분야를 교습하는 학원을 운영하는 사업 또는 「국민평생직업능력개발법」에 따른 직업능력개발훈련시설을 운영하는 사업(직업능력개발훈련을 주된 사업으로 하는 경우에 한함)

⑯ 「관광진흥법」에 따른 관광숙박업 · 국제회의업 · 테마파크업 및 관광객이용시설업

이때에 '관광객이용시설업'이란 「관광진흥법 시행령」 제2조에 따른 다음의 사업을 말한다(조특령 5 ⑩).

㉠ 전문휴양업

㉡ 종합휴양업

㉢ 자동차야영장업

㉣ 관광유람선업

㉤ 관광공연장업

⑰ 노인복지법에 따른 노인복지시설을 운영하는 사업

⑱ 전시산업발전법에 따른 전시사업

실무포인트 **창업 당시 감면 대상 업종으로 창업하지 않은 경우**

① 법인설립 후 지점을 설치하여 다른 업종을 추가하는 경우 해당 지점에서 발생하는 소득에 대해서는 창업중소기업 감면을 적용하지 않는 것이나, 법인설립 당시부터 지점을 설치하여 감면사업을 영위하기로 사업계획하고 일시적으로 지점설치 및 지점등기가 지연된 경우로서 사실상 법인설립 당시부터 해당 감면사업을 영위한 것으로 인정되는 경우에는 해당 세액감면 적용 가능함(법령해석과-2005, 2015.8.18.).

② 창업이라 함은 중소기업을 새로이 설립하는 것으로서 법인의 경우 창업일이란 법인설립등기일을 말하며 내국법인이 같은 조 제3항 각 호 중 어느 하나에 해당하는 업종으로 창업하지 않은 경우에는 창업중소기업 등에 대한 세액감면을 적용받을 수 없는 것임(사전-2021-법령해석법인-1540, 2021.11.11.).

③ 설립등기시점의 목적사업인 부동산매매업 등은 창업중소기업 세액감면대상 업종이 아니었고, 음식업이 실제 목적사업이었다 하더라도 설립등기 당시 규정에는 음식업이 세액감면 대상 업종으로 열거되어 있지 아니하였던바, 창업일(설립등기일) 이후 음식업을 추가한 청구법인에게 창업중소기업 등에 대한 세액감면 규정을 적용하기 어려운 것으로 판단됨(조심-2014-광-0706, 2014.5.26.).

4 감면방법

(1) 신 청

창업중소기업 등에 대한 법인세를 감면받으려는 자는 과세표준신고와 함께 세액감면신청서[조특칙 별지 제2호의 2 서식]를 납세지 관할세무서장에게 제출하여야 한다(조특령 5 ㉖).

(2) 감면배제

창업중소기업 등에 대한 세액감면에 따라 감면을 적용받은 기업이 다음 중 어느 하나에 해당하는 사유에 따라 중소기업에 해당하지 아니하게 된 경우에는 해당 사유 발생일이 속하는 과세연도부터 감면을 적용하지 않는다(조특법 6 ⑪, 조특령 5 ㉔).

① 「중소기업기본법」에 따른 중소기업이 아닌 기업과 합병하는 경우
② 유예기간 중에 있는 기업과 합병하는 경우
③ 실질적 독립성 요건(관계기업 매출액의 중소기업기준 요건은 제외)을 갖추지 못하게 되는 경우
④ 창업일이 속하는 과세연도 종료일부터 2년 이내의 과세연도 종료일 현재 중소기업기준을 초과하는 경우

(3) 사업장 이전 등

수도권과밀억제권역 외의 지역에서 창업한 창업중소기업이 창업 이후 창업한 지역보다 감면비율이 더 낮은 지역으로 이전하거나 지점 또는 사업장을 설치(합병 · 분할 · 현물출자 또는 사업의 양수를 포함)할 경우에는 해당 사유가 발생한 날이 속하는 과세연도부터 남은 감면기간 동안 해당 창업중소기업은 사업장을 이전하거나 지점 또는 사업장을 설치한 지역에서 창업한 창업중소기업으로 본다(조특령 5 ㉕).

(4) 중복적용 배제

① 창업중소기업에 대한 세액감면은 통합투자세액공제와 중복적용이 배제된다(조특법 127 ④).
② 창업중소기업감면(조특법 6)을 받는 경우에는 고용증대세액공제(조특법 29의 7) 또는 통합고용세액공제(조특법 29의 8)을 동시에 적용하지 아니한다(조특법 127 ④).

(5) 최저한세의 적용

「조세특례제한법」 제132조 제1항에 따라 최저한세적용 대상에 해당한다. 다만, 100% 세액감면을 받은 과세연도와 업종별 최소고용인원 이상 고용에 대한 추가 감면을 받는 부분은 제외한다.

실무포인트

1. 대표자 변경 시 세액감면의 지속 여부

① 창업중소기업 등에 대한 세액감면은 별도 규정이 없다면 창업 당시 법인소재지를 기준으로 감면율을 정하는 것이므로 수도권과밀억제권역 내에서 창업 후 권역 외로 이전한다하더라도 감면율은 기존과 동일함. 또한, 청년창업중소기업에 대한 세액 감면기간 중 기존 창업자에서 다른 청년으로 대표를 변경하면서 창업자의 주식을 새로운 대표에게 전부 양도한다 하더라도 해당 과세연도부터 남은 감면기간 동안은 청년창업중소기업의 요건을 갖추지 못한 것으로 보는 것임(서면법인 2019-1931, 2020.9.11.).

② 감면기간 중 해당 법인의 대표자를 다른 청년으로 변경하는 경우에는 같은 법 시행령 제5조 제3항에 따라 대표자 변경일이 속하는 과세연도부터 남은 감면기간 동안 감면을 적용하지 아니하는 것임(서면-2021-법인-3244, 2021.6.17.).

③ 청년이 100% 출자하여 법인을 설립하고, 청년과 청년이 아닌 자가 각자 대표로 취임하여 사업을 운영하는 경우에는 청년창업중소기업에 대한 세액감면을 적용할 수 없음(서면-2020-법령해석법인-5711, 2021.6.30.).

④ 청년창업중소기업에 대한 세액감면을 적용받던 법인이 청년대표자 요건을 충족하지 못하게 되어 잔여기간 감면이 중단된 후 변경된 대표자가 기존 법인의 업종과 동일한 업종을 영위하는 법인을 새로이 설립하는 경우에도 대표자가 청년대표자 요건을 충족하더라도 신규 설립 법인이 사업의 승계, 확장 등에 해당하는 경우에는 청년창업에 해당하지 않는 것임(서면-2022-법인-4398, 2022.11.17.).

⑤ 창업 당시 청년이면서 50%지분을 보유한 주주가 감면기간 중 대표자로 변경되고 이와 함께 종전대표자의 지분 전체를 인수하는 경우 잔여 감면기간 중 청년창업 중소기업 세액감면을 적용할 수 없음(사전-2023-법규법인-0148, 2023.4.13.).

⑥ 「조세특례제한법 시행령」 제5조 제1항 제2호 각 목의 요건을 갖춘 자가 단독으로 설립하여 대표자로 있는 청년창업중소기업이, 유상증자를 실시함에 따라 "해당 대표자" 및 "그와 「법인세법 시행령」 제43조 제8항에 따른 특수관계에 있는 자"가 각각 해당 청년창업중소기업의 지분을 50%씩 보유하게 된 경우에도 「조세특례제한법 시행령」 제5조 제1항 제2호 나목의 요건을 충족하는 것임(사전-2023-법규법인-0165, 2023.5.2.).

⑦「조세특례제한법」 제6조 제1항 제1호 가목의 청년창업중소기업은 해당 기업을 창업한 대표자가 동법 시행령 제5조 제1항의 요건을 충족하는 기업을 의미하고, 내국법인이 「조세특례제한법」 제6조 제1항 제1호 가목에 따른 창업중소기업을 적용받던 중 대표자가 변경된 경우 대표자가 변경된 날이 속하는 사업연도부터 같은 법 제6조 제1항 제1호 가목에 따른 감면을 적용하지 아니함(기획재정부 조세특례제도과 -941, 2023.9.8.).

2. 소재지 이전 시 세액감면의 적용방법

① 수도권과밀억제권역 외 지역에서 창업한 중소기업이 수도권과밀억제권역 내에 지점을 설치하고, 경영진이 상주하여 사실상 본사를 수도권 내로 이전하였다고 볼 수 있는 경우에는 원칙적으로 창업중소기업 세액감면을 적용받을 수 없음(재경부 조예－100, 2007.2.9.).

② 창업중소기업이 조세특례제한법 제6조의 세액감면이 적용되는 기간 중 수도권과밀억제권역으로 이전한 경우 이전일 이후에는 세액감면이 적용되지 않는 것이며, 수도권과밀억제권역 외의 지역으로 재이전한 경우 재이전일 이후부터 잔존 감면기간 동안 세액감면이 적용되는 것임(서면－2015－소득－0637, 2015.5.21.).

③ 수도권과밀억제권역에서 창업한 청년창업중소기업이 수도권과밀억제권역 외의 지역으로 사업장을 이전한 경우 「조세특례제한법」 제6조 제1항 제1호 나목의 감면비율(50%)을 적용하는 것임(사전-2020-법령해석소득-0913, 2020.12.9.).

④ 수도권과밀억제권역 외에서 창업한 중소기업이 수도권과밀억제권역으로 이전한 경우 이전일이 속하는 과세연도부터 남은 감면기간 동안 해당 창업중소기업은 수도권과밀억제권역에서 창업한 창업중소기업으로 봄(서면-2019-법령해석소득-3821, 2020.2.7.).

⑤ 수도권과밀억제권역 외의 지역에서 창업하여 「조세특례제한법」 제6조 제1항에 따른 세액감면을 적용받던 청년창업 중소기업이 사업장을 수도권과밀억제권역으로 이전하여 같은 법 시행령 제5조 제25항에 따라 해당 사유가 발생한 날이 속하는 사업연도부터 남은 감면기간 동안 수도권과밀억제권역에서 창업한 청년창업 중소기업으로 보아 해당 세액감면을 적용받던 중, 사업장을 수도권과밀억제권역 외의 지역으로 재이전하는 경우에는, 재이전일이 속하는 사업연도부터 남은 감면기간 동안 수도권과밀억제권역 외의 지역에서 창업한 청년창업 중소기업으로 보아 해당 세액감면을 적용받을 수 있는 것임(사전-2023-법규법인-0165, 2023.5.2.).

사례1

부산에서 제조업과 연예매니지먼트업을 겸영하는 ㈜택스에듀는 제2기 사업연도(2025.1.1.~12.31.)에 대한 법인세신고를 진행하면서 창업중소기업세액감면을 적용받고자 한다. 다음 자료를 이용하여 '창업 중소기업 등에 대한 감면세액계산서'와 '공제감면세액계산서(2)'를 작성하라(법인세 산출액은 4,000,000원으로 가정한다).

[별지 제48호 서식] (2021.10.28. 개정) (앞 쪽)

사 업 연 도	2025. 1. 1. ~ 2025. 12. 31.	소 득 구 분 계 산 서	법 인 명	㈜택스에듀
			사업자등록번호	123-xx-xxxxx

① 과 목	②구 분	코드	③합 계	감면분 또는 합병 승계사업해당분등						기 타 분		비 고
				창업중소기업 세액감면								
				④ 금액	⑤ 비율	④ 금액	⑤ 비율	④ 금액	⑤ 비율	⑥ 금액	⑦ 비율	
(1) 매 출 액		01	130,000,000	91,000,000	70%					39,000,000	30%	
(2) 매 출 원 가		02	60,000,000	36,000,000	60%					24,000,000	40%	
(3) 매 출 총 손 익 {(1)－(2)}		03	70,000,000	55,000,000						15,000,000		
(4) 판매비와 관 리 비	개별분	04										
	공통분	05	24,500,000	14,700,000	60%					9,800,000	40%	
	계	06	24,500,000	14,700,000						9,800,000		
(5) 영 업 손 익 {(3)－(4)}		07	45,500,000							5,200,000		
(6) 영 업 외 수 익	개별분	08	5,000,000							5,000,000		
	공통분	09										
	계	10	5,000,000							5,000,000		
(7) 영 업 외 비 용	개별분	11										
	공통분	12	500,000	300,000	60%					200,000	40%	
	계	13	500,000	300,000						200,000		
(8) 각 사업연도 소득 또는 설정전소득 {(5)＋(6)－(7)}		21	50,000,000	40,000,000						10,000,000		
(9) 이월 결손금		22	5,000,000	4,000,000	80%					1,000,000	20%	
(10) 비과세 소득		23										
(11) 소득 공제액		24										
(12) 과 세 표 준 {(8)－(9)－(10)－11)}		25	45,000,000	36,000,000						9,000,000		

210㎜×297㎜(신문용지 54g/㎡(재활용품))

[별지 제2호의 2 서식] (2024.3.22. 개정)

창업 중소기업 등에 대한 감면세액계산서

제출법인		
제출법인	① 법인명 ㈜택스에듀	② 사업자등록번호 123-xx-xxxxx
	③ 대표자 성명	④ 생년월일
	⑤ 주소 또는 본점 소재지 (전화번호:)	
	⑥ 과세연도 2025년 1월 1일부터 2025년 12월 31일까지	⑦창업일 2024년 1월 1일

구분			
창업 중소기업 등의 구분	⑧ 창업중소기업 [✓] ⑨ 청년창업중소기업 [ ]	⑩ 창업보육센터사업자 [ ] ⑪ 창업벤처중소기업 [ ]	⑫ 에너지신기술중소기업 [ ] ⑬ 신성장서비스 중소기업[ ] ⑭ 재창업자금 지원 중소기업 [ ]
창업 지역	⑮ 수도권과밀억제권역 [✓]	⑯ 수도권과밀억제권역 외의 지역 [ ]	
수입금액	⑰ 8,000만원 이하 [ ]	⑱ 8,000만원 초과 [✓]	
최초 소득발생 과세연도	2024년 1월 1일부터	2024년 12월 31일까지	

감면세액계산내용

기본 감면 (최저한세 적용)	⑲ 감면대상 산출세액	3,200,000	⑳ 감면비율	50%	[✓]
				75%	[ ]
				100%	[ ]
	㉑ 기본 감면세액(⑲ × ⑳)			1,600,000	
추가 감면 (최저한세 배제)	1. 공제요건 : 해당 과세연도 상시 근로자수가 최소고용인원 이상인지 여부 [ ]여 [ ]부 가. 광업, 제조업, 건설업, 물류산업 : 10명 나. 그밖의 업종 : 5명				
	2. 고용증가 인원 계산				
	㉒ 해당 과세연도 상시근로자수		㉓ 직전 과세연도 상시근로자수	㉔ 증가한 상시근로자수 (㉒-㉓)	
	명		명	명	
	㉕ 감면대상 산출세액 (=⑲)		㉖ 감면비율 (=㉙)	㉗ 고용증가율 × 50/100 (㉔/㉓× 50/100)	%
				㉘ 한도율	50%(25%)
				㉙ 추가감면율 Min(㉗,㉘)	%
	㉚ 추가 감면세액(㉕ × ㉖)				
㉛ 총 감면세액(㉑+㉚)				1,600,000	

「조세특례제한법 시행령」제5조 제26항에 따라 창업 중소기업 등에 대한 감면세액계산서를 제출합니다.

2026년 3월 31일

신청인 (서명 또는 인)

세무서장 귀하

작 성 방 법

1. ⑰, ⑱의 연간 수입금액 기준은 2022년 1월 1일 이후 개시하는 과세연도부터 적용합니다.
2. 직전 과세연도의 상시근로자수가 업종별 최소고용인원에 미달하는 경우에는 "㉓ 직전 과세연도 상시근로자수"에 업종별 최소고용인원을 적습니다.
3. 「조세특례제한법」 제6조 제1항, 제2항, 제4항, 제5항 또는 제6항에 따른 세액감면은 최저한세가 적용되고, 같은 조 제1항(100% 감면받는 경우만 해당합니다), 제6항(100% 감면받는 경우만 해당합니다) 또는 제7항에 따른 세액감면은 최저한세가 적용되지 않습니다.

210mm×297mm[백상지 80g/㎡ 또는 중질지 80g/㎡]

[별지 제8호 서식 부표 2] (2021.3.16. 개정) (앞쪽)

사 업 연 도	2025. 1. 1. ~ 2025. 12. 31.	공제감면세액계산서(2)	법인명	㈜택스에듀
			사업자등록번호	123-xx-xxxxx

① 구 분		근거법 조 항	② 계산명세	③ 감면대상 세액	④ 최저한세 적용감면 배제금액	⑤ 감면세액 (③-④)	⑥ 적용사유 발생일
조세특례제한법	창업중소기업 세액감면(최저한세적용대상)	법 제6조	4,000,000× $\frac{36,000,000}{45,000,000}\times\frac{50}{100}$	1,600,000		1,600,000	
합 계					※		

210mm×297mm[백상지 80g/㎡ 또는 중질지 80g/㎡]

CHAPTER

11 최저한세

1 개 요

정책목적상 조세특례제도를 이용하여 세금을 감면하여 주는 경우에도 세 부담의 형평성, 세제의 중립성, 재정확보 측면에서 소득이 있으면 누구나 최소한의 세금을 내도록 하기 위하여 공제감면의 종합한도를 두고 있는데 이를 최저한세라 한다(조특법 132).

법인세 납부세액 계산 시 세액공제 · 감면 등 「조세특례제한법」상 지원제도를 적용할 때에는 이를 적용한 세액과 「조세특례제한법」상 지원제도를 적용하지 않은 과세표준에 최저한세율(7~17%)을 적용한 세액을 비교하여 이 중 큰 금액을 세액으로 한다.

2 적용범위

(1) 적용대상

최저한세의 적용대상은 다음과 같다(조특법 132 ①).

① 내국법인(조합법인 등을 제외)의 각 사업연도 소득에 대한 법인세
② 국내 사업장을 가진 외국법인과 부동산소득이 있는 외국법인의 각 사업연도 소득에 대한 법인세

(2) 적용대상 법인세

최저한세의 적용대상 법인세는 다음을 제외한 법인세를 말한다(조특법 132 ①).

① 토지등 양도소득에 대한 법인세(법법 55의 2)
② 외국법인의 지점세(법법 96)

③ 투자 · 상생협력 촉진을 위한 과세특례를 적용하여 계산한 법인세(조특법 100의 32)
④ 가산세
⑤ 다음의 추징세액(조특령 126 ①)
㉠ 「조세특례제한법」에 의하여 각종 준비금 등을 익금산입하는 경우와 감면세액을 추징하는 경우(법인세에 가산하여 자진납부하거나 부과징수하는 경우 포함)에 있어서의 이자상당가산액
㉡ 「조세특례제한법」 또는 「법인세법」에 의하여 법인세의 감면세액을 추징하는 경우 당해 사업연도에 법인세에 가산하여 자진납부하거나 부과징수하는 세액

3 최저한세의 계산구조

(1) 개 요

1. 각종감면 후의 세액
   ① 「조세특례제한법」에 의한 준비금 · 특별감가상각비
   ② 소득공제 · 익금불산입 · 비과세 금액
   ③ 세액공제 및 법인세 면제 및 감면
   ─ 후의 세액
2. 각종 감면 전의 과세표준×최저한세율
   ① 「조세특례제한법」에 의한 준비금 · 특별감가상각비
   ② 소득공제 · 익금불산입 · 비과세금액
   ─ 적용 전의 과세표준 × 최저한세율

(1과 2) 중 큰 금액

(2) 최저한세율

구 분	과세표준	최저한세율
중소기업	–	7%
일반기업	100억원 이하	10%
	1천억원 이하	12%
	1천억원 초과	17%
중소기업이 일반기업이 된 경우	유예기간	7%
	유예기간 경과 후 3년간	8%
	그 다음 2년간	9%

4 최저한세 적용대상이 아닌 공제감면

(1) 법인세법상 각종 감면 등을 받는 경우

최저한세의 적용은 「조세특례제한법」상의 감면 등을 받는 경우에 한하므로(조특법 132 ①) 다음에 열거한 「법인세법」상의 각종 감면 등은 최저한세의 적용대상이 되지 아니한다.

① 「법인세법」상의 준비금 및 충당금
② 「법인세법」상의 손금산입 및 익금불산입
③ 「법인세법」상의 비과세소득 및 소득공제
④ 「법인세법」상의 다음의 세액공제 등
  ㉠ 외국납부세액공제(법법 57)
  ㉡ 간접투자회사 등의 외국납부세액공제(법법 57의 2)
  ㉢ 재해손실세액공제(법법 58)
  ㉣ 사실과 다른 회계처리에 기인한 경정에 따른 세액공제(법법 58의 3)

(2) 조세특례제한법상의 각종 감면 등을 받는 경우

최저한세의 적용은 「조세특례제한법」상의 감면 등을 받는 경우로서 동법 제132조에서 열거하고 있는 것에 한하므로(조특법 132) 다음의 것은 최저한세의 대상이 되지 아니한다.

1) 익금불산입액

「조세특례제한법」상의 익금불산입액 중 다음의 것을 제외하고는 최저한세의 대상이 되지 아니한다(조특법 132 ① 2호).

① 상생협력중소기업으로부터 받은 수입배당금의 익금불산입(조특법 8의 2)
② 연구개발 관련 출연금 등의 익금불산입(조특법 10의 2)
③ 대도시공장의 지방이전에 따른 양도차익의 익금불산입(조특법 60 ②)
④ 본사의 수도권과밀억제권역 밖 이전에 따른 양도차익의 익금불산입(분할과세, 조특법 61 ③)
⑤ 대도시공장 또는 본사의 수도권 밖 이전에 따른 양도차익의 익금불산입(조특법 63의 2 ④)
⑥ 중소기업 지원설비에 대한 손금산입(조특법 8)
⑦ 벤처투자회사 등의 주식양도차익 등에 대한 비과세(조특법 13)
⑧ 창업기업 등에의 출자에 대한 과세특례(조특법 14)
⑨ 서비스업 감가상각비의 손금산입(조특법 28)

⑩ 중소 · 중견기업 설비투자자산의 감가상각비 손금산입(조특법 28의 2)
⑪ 설비투자자산의 감가상각비 손금산입(조특법 28의 3)
⑫ 자기관리 부동산투자회사 등에 대한 과세특례(조특법 55의 2 ④)
⑬ 공공기관이 혁신도시 등으로 이전하는 경우 법인세 등 감면(조특법 62 ①)
⑭ 수도권 밖으로 공장을 이전하는 기업에 대한 세액감면 등(조특법 63 ④)

2) 비과세

「조세특례제한법」상의 비과세 중 다음의 것은 최저한세의 대상이 되지 아니한다(조특법 132 ① 2호).

어업협정에 따른 어업자 등이 받는 지원금의 비과세(조특법 104의 2 ①)

3) 소득공제액

「조세특례제한법」상의 소득공제 중 다음의 것은 최저한세의 대상이 되지 아니한다(조특법 132 ① 2호).

고용유지중소기업에 대한 소득공제(조특법 30의 3)

4) 세액공제액

「조세특례제한법」상의 세액공제 중 다음의 것은 최저한세의 대상이 되지 아니한다(조특법 132 ① 3호).

연구 · 인력개발비에 대한 세액공제(조특법 10) 중 중소기업의 연구 · 인력개발비 세액공제

5) 감면세액

「조세특례제한법」상의 세액감면 중 다음의 것은 최저한세의 대상이 되지 아니한다(조특법 132 ① 4호).

① 다음 규정에 따라 법인세 100%를 감면받는 사업연도
   ㉠ 창업중소기업 등에 대한 세액감면(조특법 6 ① · ⑥)
   ㉡ 연구개발특구에 입주하는 첨단기술기업 등에 대한 법인세 등의 감면(조특법 12의 2)
   ㉢ 위기지역 창업기업에 대한 법인세 등의 감면(조특법 99의 9)

㉣ 제주첨단과학기술단지 입주기업에 대한 법인세 등의 감면(조특법 121의 8)
㉤ 제주투자진흥기구 또는 제주자유무역지역 입주기업에 대한 법인세 등의 감면(조특법 121의 9)
㉥ 기업도시개발구역 등의 창업기업 등에 대한 법인세 등의 감면(조특법 121의 17)
㉦ 아시아문화중심도시 투자진흥기구 입주기업 등에 대한 법인세 등의 감면(조특법 121의 20)
㉧ 금융중심지 창업기업 등에 대한 법인세 등의 감면 등(조특법 121의 21)
㉨ 첨단의료복합단지 및 국가식품클러스터 입주기업에 대한 법인세 등의 감면(조특법 121의 22)
㉩ 기회발전특구의 창업기업 등에 대한 법인세 등의 감면(조특법 121의 33)

② 수도권 밖으로 공장을 이전하는 기업에 대한 세액감면 등(조특법 63)
③ 농업회사법인에 대한 법인세의 면제 등[조특법 68(작물재배업에서 발생하는 소득의 경우)]
④ 추가고용에 따른 창업감면 추가감면율 적용분(조특법 6 ⑦)

5 공제감면 배제 시의 적용순위

(1) 납세의무자가 신고(수정신고 및 경정청구 포함)하는 경우

각종 감면 후의 산출세액이 각종 감면 전의 과세표준에 최저한세율을 곱하여 계산한 세액(최저한세)에 미달하는 경우에는 납세의무자의 임의선택에 따라 최저한세 적용대상 특별비용(준비금 및 특별상각), 소득공제, 비과세, 세액공제, 법인세의 면제 및 감면 중에서 그 미달하는 세액만큼 적용 배제한다(법집 132－126－3 ④).

(2) 정부가 경정하는 경우

납세의무자가 신고(수정신고 및 경정청구 포함)한 법인세액이 「조세특례제한법」 제132조의 규정에 의하여 계산한 세액에 미달하여 법인세를 경정하는 경우에는 다음의 순서에 따라 순차로 다음 각 호의 감면을 적용배제하여 추징세액을 계산한다(조특령 126 ⑤).

① 손금산입 및 익금불산입(조특법 132 ① 2호 및 ② 2호에 해당하는 것)
② 세액공제(조특법 132 ① 3호 및 ② 3호에 해당하는 것). 이 경우 동일 조문에 의한 감면세액 중 이월된 공제세액이 있는 경우에는 나중에 발생한 것부터 적용배제한다.
③ 세액감면(조특법 132 ① 4호 및 ② 4호에 해당하는 것)
④ 소득공제 및 비과세(조특법 132 ① 2호 및 ② 2호에 해당하는 것)

실무포인트

1. 최저한세 적용대상 이월공제액과 최저한세 적용제외 감면액의 적용 순서

「조세특례제한법」 제63조의 2에 따라 "법인의 공장 및 본사의 수도권 외의 지역으로의 이전에 대한 임시특별세액감면"을 적용받는 법인이 이월된 "임시투자세액공제"가 있어 이를 동시에 적용하는 경우 법인세 납부할 세액의 계산은 이월된 "임시투자세액공제"를 먼저 적용하고 「조세특례제한법」 제63조의 2에 따른 "법인의 공장 및 본사의 수도권 외의 지역으로의 이전에 대한 임시 특별세액감면"을 그 다음에 적용하는 것임(재정경제부 조세지출예산과-112, 2005.2.5.).

2. 이월세액을 공제받지 못한 경우 이월기간 내 공제 가능

내국법인이 2018사업연도에 「조세특례제한법」 제29조의 7(고용을 증대시킨 기업에 대한 세액공제)를 적용받았으나, 같은 법 제132조에 따른 최저한세의 적용으로 인하여 공제할 세액 중 공제받지 못한 금액(이하 '이월세액')을 이월한 경우로서 2019사업연도에 해당 이월세액 외에 당해 사업연도에 공제받을 수 있는 세액공제액이 없음에도 이월세액에 대하여 세액공제를 적용 받지 않은 경우, 해당 내국법인은 2020사업연도 이후 같은 법 제144조 제1항에 따른 이월공제기간 이내에 각 사업연도의 법인세에서 해당 이월세액을 공제할 수 있는 것임(법령해석과-2703, 2021.8.5.).

3. 최저한세가 적용되는 공제 · 감면과 최저한세가 적용되지 않는 공제 · 감면 순서 등

① 내국법인이 「조세특례제한법」 제132조 제1항에 따른 최저한세가 적용되는 공제 · 감면과 최저한세가 적용되지 않는 공제 · 감면을 동시에 적용하는 경우에는 같은 조 제3항에 따라 최저한세가 적용되는 공제 · 감면을 먼저 적용하는 것이며, 해당 내국법인이 법인세 신고 시 신청한 공제 · 감면을 취소하고자 하는 경우에는 「국세기본법」 제45조에 따른 수정신고를 통해 당초 신청한 공제 · 감면을 취소할 수 있는 것임(서면법인 2020-4041, 2021.3.8.).

② 법인세법이나 다른 법률에 적용 순서에 관한 별도 규정이 없고, 조세특례제한법 제132조를 법인세법 제59조 제1항이 정한 공제 · 감면 순서의 예외를 정한 별도 규정으로 볼 수 없으므로, 법인세법 제59조에 따라 연구인력개발비세액공제에 앞서 외투감면을 먼저 적용하여 함(대법원-2012-두-28445, 2013.5.24.).

③ 조세특례제한법 제132조 제3항(열거된 감면을 먼저 적용한다) 신설 전부터 최저한세 적용대상 등을 우선 적용하는 것으로 법인세법 시행규칙 [별지 제3호 서식]이 유효하게 시행되어 온 점, 법령의 개정취지로 보아 신설된 조세특례제한법 제132조 제3항은 기시행 중인 내용에 대한 확인적 규정으로 해석되는 점 등에 비추어 최저한세 적용대상 공제감면 등을 우선적용하는 것이 타당함(조심-2011-중-1049, 2013.4.26.).

[별지 제4호 서식] (2019.3.20. 개정) (앞쪽)

사업연도	. . . ~ . . .	최저한세조정계산서	법 인 명	
			사업자등록번호	

1. 최저한세 조정 계산 명세

① 구 분		코드	② 감면 후 세액	③ 최저한세	④ 조정감	⑤ 조정 후 세액
⑩ 결산서상 당기순이익		01				
소득조정금액	⑩ 익금산입	02				
	⑩ 손금산입	03				
⑩ 조정 후 소득금액(⑩+⑩-⑩)		04				
최저한세 적용대상 특별비용	⑩ 준비금	05				
	⑩ 특별상각 및 특례자산 감가상각비	06				
⑩ 특별비용 손금산입 전 소득금액 (⑩+⑩+⑩)		07				
⑩ 기부금한도초과액		08				
⑩ 기부금 한도초과 이월액 손금산입		09				
⑪ 각 사업연도소득금액 (⑩+⑩-⑩)		10				
⑪ 이월결손금		11				
⑪ 비과세소득		12				
⑪ 최저한세 적용대상 비과세소득		13				
⑪ 최저한세 적용대상 익금불산입·손금산입		14				
⑪ 차가감소득금액 (⑪-⑪-⑪+⑪+⑪)		15				
⑪ 소득공제		16				
⑪ 최저한세 적용대상 소득공제		17				
⑪ 과세표준금액 (⑪-⑪+⑪)		18				
⑪ 선박표준이익		24				
⑫ 과세표준금액(⑪+⑪)		25				
⑫ 세율		19				
⑫ 산출세액		20				
⑫ 감면세액		21				
⑫ 세액공제		22				
⑫ 차감세액(⑫-⑫-⑫)		23				

2. 최저한세 세율 적용을 위한 구분 항목

⑫ 중소기업 유예기간 종료연월		⑫ 유예기간 종료 후 연차			

210mm×297mm[백상지 80g/㎡ 또는 중질지 80g/㎡]

(뒤쪽)

작성방법

※「조세특례제한법」 제104조의10에 따른 해운기업의 법인세 과세표준 계산 특례를 적용받는 해운기업의 경우에는 ⑩란부터 ⑱란까지, ⑫란 및 ⑫란에 비해운소득과 관련하여 발생한 금액을 적으며, ⑲ 선박표준이익란에 선박표준이익 산출명세서[별지 제3호서식 부표]의 ⑦ 선박표준이익란의 금액을 옮겨 적습니다.

또한, 법인세 과세표준 및 세액신고서(별지 제1호서식)의 ㊼ 기능통화 도입기업의 과세표준 계산방법이 '기능통화 표시 재무제표 기준'으로 '2'로 표기할 경우 ⑩란부터 ⑱란까지의 금액은 기능통화로 표기하지 않고, 기능통화 금액에 같은 별지 제1호서식의 ㉚ 과세표준 환산시 적용환율을 곱한 금액으로 적습니다. 이때 작성방법 1~12까지의 각종 조정명세서, 명세서 등 관련 서식에도 같은 별지 제1호서식의 ㉚ 과세표준 환산 시 적용환율을 곱한 금액으로 적습니다.

※ 예 : 기능통화(USD), 적용환율(1,100원), 당기순이익(USD 2,000)일 경우 ⑩ 결산서상 당기순이익란은 '2,200,000' 으로 적습니다.

1. ②란 중 ⑫ 차감세액란의 금액이 ③란 중 ⑫ 산출세액란의 금액보다 큰 경우에는 ④란 및 ⑤란은 작성하지 않습니다.
2. ⑭ 조정 후 소득금액란: ②,③,⑤란에 모두 같은 금액을 적습니다.
3. ③란 중 ⑯ 준비금란의 금액은 "특별비용조정명세서(별지 제5호서식)"의 ⑯ 준비금 계란 중 ④ 차감액을 적고, ⑯특별상각 및 특례자산 감가상각비란의 금액은 "특별비용조정명세서(별지 제5호서식)"의 ⑰ 특별 감가상각비 계란 중 ④ 차감액과 ⑱ 특례자산 감가상각비 계란 중 ④ 차감액을 합하여 적습니다.
4. ④란 중 ⑯ 준비금란의 금액은 "특별비용조정명세서(별지 제5호서식)"의 ⑯ 준비금 계란 중 ⑤ 최저한세 적용 손금부인액란을 옮겨 적고, ⑯ 특별상각 및 특례자산 감가상각비란의 금액은 "특별비용조정명세서(별지 제5호서식)"의 ⑰ 특별 감가상각비 계란 중 ⑤ 최저한세 적용 손금부인액란과 ⑱ 특례자산 감가상각비 계란 중 ⑤ 최저한세 적용 손금부인액란을 합하여 옮겨 적습니다.
5. ②란과 ③란 중 ⑩ 기부금한도초과액란: "기부금조정명세서(별지 제21호서식)"의 ㉒ 한도초과액합계금액을 적습니다.
6. ②란과 ③란 중 ⑩ 기부금한도초과 이월액 손금산입란: "기부금조정명세서(별지 제21호서식)"의 ㉖ 해당 사업연도 손금추인액란의 합계 금액을 적습니다.
7. ③란 중 ⑬ 최저한세 적용대상 비과세소득란: "비과세소득명세서(별지 제6호서식)"의 ⑧ 금액란 중 ⑳ 합계란의 금액을 옮겨 적습니다.
8. ④란 중 ⑬ 최저한세 적용대상 비과세소득란: "비과세소득명세서(별지 제6호서식)"의 ⑨ 최저한세적용 비과세배제금액란 중 ⑳합계란의 금액을 옮겨 적습니다.
9. ③란 중 ⑭ 최저한세 적용대상 익금불산입란: "익금불산입 조정명세서(별지 제6호의2서식)"의 ⑤ 익금불산입 총액란 중 ⑩, ⑩, ⑰부터 ⑳까지의 합계액을 적습니다.
10. ④란 중 ⑭ 최저한세 적용대상 익금불산입란: "익금불산입 조정명세서(별지 제6호의2서식)"의 ⑥ 최저한세적용 익금불산입 배제액란 중 ⑩, ⑩, ⑮부터 ⑱까지의 합계액을 적습니다.
11. ③란 중 ⑰ 최저한세 적용대상 소득공제란: "소득공제조정명세서(별지 제7호서식)"의 ⑥ 소득공제 대상금액란 중 ⑱ 합계란의 금액을 옮겨 적습니다.
12. ④란 중 ⑰ 최저한세 적용대상 소득공제란: "소득공제조정명세서(별지 제7호서식)"의 ⑦ 최저한세 적용감면 배제금액 중 ⑱ 합계란의 금액을 옮겨 적습니다.
13. ③란 중 ⑫ 산출세액란: ⑱란의 금액에「조세특례제한법」 제132조제1항 각 호 외의 부분에 따른 세율을 곱하여 산정한 금액과 ②란 중 ⑫ 산출세액란의 산출세액을 ②란 중 ⑲ 선박표준이익이 ②란 중 ⑫ 과세표준금액에서 차지하는 비율을 곱하여 산정한 금액의 합계액을 적습니다.

※ 최저한세 세율

구분	중소기업 (유예기간 4년 포함)	유예기간 경과 후		일반기업		
		1~3년차	4~5년차	과표 1백억원 이하	과표 1백억원~1천억원 이하	과표 1천억원 초과
현행	7%	8%	9%	10%	12%	17%
종전	7%	8%	9%	10%	12%	16%

* 2014. 1. 1. 이후 개시하는 사업연도분부터 현행 세율 적용

14. ②란 중 ⑫ 감면세액란: "공제감면세액계산서(2)(별지 제8호서식 부표 2)"의 ③ 감면대상세액 합계를 옮겨 적습니다.
15. ④란 중 ⑫ 감면세액란: "공제감면세액계산서(2)(별지 제8호서식 부표 2)"의 ④ 최저한세 적용감면 배제금액 합계를 옮겨 적습니다.
16. ②란 중 ⑫ 세액공제란: "세액공제조정명세서(3)(별지 제8호서식 부표 3)"의 ⑮란(당기 공제대상세액의 계)의 합계금액 중 최저한세 적용대상 합계금액을 옮겨 적습니다.

    ※「법인세법」 제57조에 따른 외국납부세액공제,「법인세법」 제58조에 따른 재해손실세액공제 등은 포함되어 있지 않습니다.
17. ④란 중 ⑫ 세액공제란: "세액공제조정명세서(별지 제8호서식 부표 3)"의 ⑯ 최저한세적용에 따른 미공제액란의 합계금액란에 옮겨 적습니다.
18. ⑤란 중 ⑯,⑯,⑬,⑭,⑰란은 각각 ④란 중 ⑯,⑯,⑬,⑭,⑰란의 금액과 일치합니다.
19. ⑤란 중 ⑫,⑫란은 각각 ②란 중 ⑫,⑫란의 금액에서 ④란 중 ⑫,⑫란의 금액을 차감하여 적습니다.
20. ⑤란 중 ⑫ 차감세액은 ③란 중 ⑫ 산출세액보다 작지 않도록 해야 합니다.
21. ⑫ 중소기업 유예기간 종료연월란은「조세특례제한법 시행령」 제2조에 따른 중소기업 졸업에 따른 유예기간(4년)이 종료되는 사업연도의 연월을 '사업연도 연월'과 같이 적습니다.

    ※ 예: 중소기업을 졸업한 사업연도 종료일이 2008. 12. 31. 경우, 유예기간 종료연월은 '2011. 12'로 적습니다.
22. ⑫ 유예기간 종료 후 연차란은 ⑫의 유예기간 종료 후 연차가 1~5년차의 경우 그 연차에 따라 1, 2, 3, 4, 5로 구분하여 적습니다.
23. ■음영으로 표시된 난은 적지 않습니다.

6 [서식사례] 공제 감면 관련 서식

다음 자료를 바탕으로 수도권 내 제조업을 영위하는 중소기업 ㈜텍스에듀의 공제 감면 서식을 작성하시오.

(1) 중소기업 특별세액 감면

91,150,000(산출세액)×526,500,000(감면대상소득)/585,000,000(과세표준)×20%(감면율)
=16,407,000

(2) 통합고용세액공제

①+②=34,935,000

① 14,500,000×1.7명(청년 고용증대인원)=24,650,000

② 8,500,000×1.21명(기타 상시근로자 고용증대인원)=10,285,000

(3) 연구 · 인력개발비 세액공제

① 당해연도 발생액 기준

150,000,000×25%=37,500,000원

② 증가발생액 기준

{250,000,000(해당 사업연도 발생액)−60,000,000(직전 사업연도 발생액)}×50%
=95,000,000원

* 직전 과세연도에 발생한 일반연구 · 인력개발비는 해당 과세연도의 개시일부터 소급하여 4년간 발생한 일반연구 · 인력개발비의 연평균 발생액(185,000,000원)보다 적다.

(4) 중간예납세액

2,000,000/가산세 50,000

[별지 제3호 서식] (2024.3.22. 개정) (앞쪽)

사 업 연 도	2025.1.1. ~ 2025.12.31.	법인세 과세표준 및 세액조정계산서	법 인 명	㈜택스에듀
			사업자등록번호	

구분	항목	코드	금액
① 각 사업연도 소득계산	⑩ 결산서상 당기순손익	01	973 647 042
	소득조정 금액 ⑩ 익 금 산 입	02	386 653 287
	소득조정 금액 ⑩ 손 금 산 입	03	620 300 329
	⑩ 차 가 감 소 득 금 액 (⑩+⑩-⑩)	04	740 000 000
	⑩ 기 부 금 한 도 초 과 액	05	25 000 000
	⑩ 기부금한도초과이월액 손 금 산 입	54	160 000 000
	⑩ 각 사업연도소득금액 (⑩+⑩-⑩)	06	605 000 000
② 과세표준 계산	⑩ 각 사업연도소득금액 (⑩=⑩)		605 000 000
	⑩ 이 월 결 손 금	07	20 000 000
	⑩ 비 과 세 소 득	08	
	⑪ 소 득 공 제	09	
	⑫ 과 세 표 준 (⑩-⑩-⑩-⑪)	10	585 000 000
	⑮ 선 박 표 준 이 익	55	
③ 산출세액 계산	⑬ 과 세 표 준(⑫+⑮)	56	585 000 000
	⑭ 세 율	11	19
	⑮ 산 출 세 액	12	91 150 000
	⑯ 지 점 유 보 소 득 (「법인세법」 제96조)	13	
	⑰ 세 율	14	
	⑱ 산 출 세 액	15	
	⑲ 합 계(⑮+⑱)	16	91 150 000
④ 납부할 세액 계산	⑳ 산 출 세 액(⑳ = ⑲)		91 150 000
	㉑ 최저한세 적용대상 공 제 감 면 세 액	17	50 200 000
	㉒ 차 감 세 액	18	40 950 000
	㉓ 최 저 한 세 적 용 제 외 공 제 감 면 세 액	19	37 500 000
	㉔ 가 산 세 액	20	50 000
	㉕ 가 감 계(㉒-㉓+㉔)	21	3 500 000
	기납부세액 기한내납부세액 ㉖ 중 간 예 납 세 액	22	2 000 000
	기납부세액 기한내납부세액 ㉗ 수 시 부 과 세 액	23	
	기납부세액 기한내납부세액 ㉘ 원 천 납 부 세 액	24	616 000
	기납부세액 기한내납부세액 ㉙ 간접투자회사등의 외국납부세액	25	
	기납부세액 기한내납부세액 ㉚ 소 계 (㉖+㉗+㉘+㉙)	26	2 616 000
	기납부세액 ㉛ 신고납부전가산세액	27	
	기납부세액 ㉜ 합 계(㉚+㉛)	28	2 616 000

구분	항목	코드	금액
	㉝ 감 면 분 추 가 납 부 세 액	29	
	㉞ 차 감 납 부 할 세 액 (㉕-㉜+㉝)	30	884 000
⑤ 토지등 양도소득에 대한 법인세 계산	양도차익 ㉟ 등 기 자 산	31	
	양도차익 ㊱ 미 등 기 자 산	32	
	㊲ 비 과 세 소 득	33	
	㊳ 과 세 표 준 (㉟+㊱-㊲)	34	
	㊴ 세 율	35	
	㊵ 산 출 세 액	36	
	㊶ 감 면 세 액	37	
	㊷ 차 감 세 액(㊵-㊶)	38	
	㊸ 공 제 세 액	39	
	㊹ 동업기업 법인세 배분액 (가산세 제외)	58	
	㊺ 가 산 세 액 (동업기업 배분액 포함)	40	
	㊻ 가 감 계(㊷-㊸+㊹+㊺)	41	
	기납부세액 ㊼ 수 시 부 과 세 액	42	
	기납부세액 ㊽ ( )세 액	43	
	기납부세액 ㊾ 계 (㊼+㊽)	44	
	㊿ 차감납부할세액(㊻-㊾)	45	
⑥ 미환류소득 법인세	(161) 과세대상 미환류소득	59	
	(162) 세 율	60	
	(163) 산 출 세 액	61	
	(164) 가 산 세 액	62	
	(165) 이 자 상 당 액	63	
	(166) 납부할세액((163)+(164)+(165))	64	
⑦ 세액계	(151) 차 감 납 부 할 세 액 계 (㉞+㊿+(166))	46	884 000
	(152) 사 실 과 다 른 회 계 처 리 경 정 세 액 공 제	57	
	(153) 분 납 세 액 계 산 범 위 액 ((151)-㉔-㉝-㊺-(152)+㉛)	47	
	(154) 분 납 할 세 액	48	
	(155) 차 감 납 부 세 액 ((151)-(152)-(154))	49	884 000

210mm×297mm[백상지 80g/㎡ 또는 중질지 80g/㎡]

[별지 제4호 서식] (2019.3.20. 개정)

(앞쪽)

사업연도	2025. 1. 1. ~ 2025. 12. 31.	최저한세조정계산서	법인명	㈜택스에듀
			사업자등록번호	

1. **최저한세 조정 계산 명세**

① 구분		코드	② 감면 후 세액	③ 최저한세	④ 조정감	⑤ 조정 후 세액
⑩ 결산서상 당기순이익		01	973,647,042			
소득조정금액	⑩ 익금산입	02	386,653,287			
	⑩ 손금산입	03	620,300,329			
⑭ 조정 후 소득금액(⑩+⑩-⑩)		04	740,000,000	740,000,000		740,000,000
최저한세 적용대상 특별비용	⑩ 준비금	05				
	⑩ 특별상각 및 특례자산 감가상각비	06				
⑩ 특별비용 손금산입 전 소득금액 (⑭+⑮+⑯)		07				
⑩ 기부금한도초과액		08	25,000,000	25,000,000		25,000,000
⑩ 기부금 한도초과 이월액 손금산입		09	160,000,000	160,000,000		160,000,000
⑪ 각사업연도소득금액 (⑩+⑩-⑩)		10	605,000,000	605,000,000		605,000,000
⑪ 이월결손금		11	20,000,000	20,000,000		20,000,000
⑫ 비과세소득		12				
⑬ 최저한세 적용대상 비과세소득		13				
⑭ 최저한세 적용대상 익금불산입·손금산입		14				
⑮ 차가감소득금액 (⑩-⑪-⑫+⑬+⑭)		15	585,000,000	585,000,000		585,000,000
⑯ 소득공제		16				
⑰ 최저한세 적용대상 소득공제		17				
⑱ 과세표준금액 (⑮-⑯+⑰)		18	585,000,000	585,000,000		585,000,000
⑲ 선박표준이익		24				
⑳ 과세표준금액(⑱+⑲)		25	585,000,000	585,000,000		585,000,000
㉑ 세율		19	19%	7%		19%
㉒ 산출세액		20	91,150,000	40,950,000		91,150,000
㉓ 감면세액		21	16,407,000			16,407,000
㉔ 세액공제		22	34,935,000		1,142,000	33,793,000
㉕ 차감세액(㉒-㉓-㉔)		23	39,808,000			40,950,000

2. **최저한세 세율 적용을 위한 구분 항목**

㉖ 중소기업 유예기간 종료연월		㉗ 유예기간 종료 후 연차			

210mm×297mm[백상지 80g/㎡ 또는 중질지 80g/㎡]

[별지 제8호 서식 부표 2] (2021.3.16. 개정) (앞쪽)

사업연도	2025. 1. 1. ~ 2025. 12. 31.	공제감면세액계산서(2)	법 인 명	㈜텍스에듀
			사업자등록번호	

① 구 분		근거법 조 항	② 계산명세	③ 감면대상 세액	④ 최저한세 적용감면 배제금액	⑤ 감면세액 (③－④)	⑥ 적용사유 발생일
조세특례제한법	중소기업 특별세액 감면	제7조	91,150,000×526,500,000/585,000,000×20%	16,407,000		16,407,000	
합 계					※		

210mm×297mm[백상지 80g/㎡ 또는 중질지 80g/㎡]

(뒤쪽)

작 성 방 법

1. ③ 감면대상세액란 : 각 사업연도 소득에 대한 법인세 산출세액에 대하여 다음 계산기준에 따라 산출된 감면세액을 적습니다. 이 경우 법령의 개정에 따라 종전의 규정 또는 새로운 규정에 따라 감면받는 경우에는 근거법 조항란에 해당 조항을 적습니다.

구 분	「조세특례제한법」 근거 조항	계 산 기 준
(1) 창업중소기업 등 세액감면	제6조	산출세액×(감면소득/과세표준)×(50,75,100/100)
(2) 중소기업에 대한 특별세액감면	제7조	산출세액×(감면소득/과세표준)×(5,10,15,20,30/100)
(3) 기술이전소득에 대한 세액감면	제12조 제1항	산출세액×(감면소득/과세표준)×(50/100)
(4) 기술대여소득에 대한 세액감면	제12조 제3항	산출세액×(감면소득/과세표준)×(25/100)
(5) 연구개발특구 입주기업감면	제12조의2	산출세액×(감면소득/과세표준)×(100,50/100)
(6) 국제금융거래이자소득 면제	제21조	산출세액×(면제대상이자소득/과세표준)×(100/100)
(7) 해외자원개발투자배당 감면	제22조	산출세액×(해외자원개발투자배당소득/과세표준)×(100/100)
(8) 사업전환중소기업에 대한 감면	제33조의2	산출세액×(감면소득/과세표준)×(50/100)
(9) 무역조정지원기업의 사업전환 감면	제33조의2	산출세액×(감면소득/과세표준)×(50/100)
(10) 혁신도시 이전 공공기관 세액감면	제62조 제4항	산출세액×(감면소득/과세표준)×(100,50/100)
(11) 지방이전중소기업 감면	제63조	산출세액×(감면소득/과세표준)×(100,50/100)
(12) 공장의 수도권 밖 이전에 대한 세액감면	제63조	산출세액×(감면소득/과세표준)×(100,50/100)
(13) 본사의 수도권 밖 이전에 대한 세액감면	제63조의2	산출세액×(감면소득/과세표준)×(100,50/100)
(14) 농공단지입주기업 등 감면	제64조	산출세액×(감면소득/과세표준)×(50/100)
(15) 기업구조조정 전문회사 주식양도차익 세액감면	법률 제9272호 부칙 제10조·제40조	양도차익 × 50/100
(16) 영농조합법인 감면	제66조	산출세액×(감면소득/과세표준)×(100/100)
(17) 영어조합법인 감면	제67조	산출세액×(감면소득/과세표준)×(100/100)
(18) 농업회사법인 감면	제68조	산출세액×(농업소득/과세표준)×(100/100) 산출세액×(농업 외 소득/과세표준)×(50/100)
(19) 행정중심복합도시 등 공장이전에 대한 조세감면	제85조의2	산출세액×(감면소득/과세표준)×(50/100)
(20) 사회적기업 및 장애인 표준사업장에 대한 감면	제85조의6	산출세액×(감면소득/과세표준)×(100,50/100)
(21) 소형주택 임대사업자에 대한 세액감면	제96조	산출세액×(감면소득/과세표준)×(20/100)
(22) 상가건물 장기임대사업자에 대한 세액감면	제96조의2	산출세액×(감면소득/과세표준)×(5/100)
(23) 위기지역 내 창업기업 세액감면	제99의9	산출세액×(감면소득/과세표준)×(100,50/100)
(24) 산림개발소득 감면	제102조	산출세액×(산림소득/과세표준)×(50/100)
(25) 해외진출기업의 국내복귀에 대한 세액감면(철수방식)	제104조의24제1항 제1호	산출세액×(감면소득/과세표준)×(100,50/100)
(26) 해외진출기업의 국내복귀에 대한 세액감면(유지방식)	제104조의24제1항 제2호	산출세액×(감면소득/과세표준)×(100,50/100)
(27) 고도기술수반사업 외국인투자 세액감면	제121조의2제1항 제1호	산출세액×(감면소득/과세표준) × (외국인투자비율)× (100,50/100)
(28) 외국인투자지역내 외국인투자 세액감면	제121조의2제1항 제2호 또는 제2호의5	산출세액×(감면소득/과세표준) × (외국인투자비율)× (100,50/100)
(29) 경제자유구역내 외국인투자 세액감면	제121조의2제1항 제2호의2	산출세액×(감면소득/과세표준) × (외국인투자비율)× (100,50/100)
(30) 경제자유구역 개발사업시행자 세액감면	제121조의2제1항 제2호의3	산출세액×(감면소득/과세표준) × (외국인투자비율)× (100,50/100)
(31) 제주투자진흥기구의 개발사업시행자 세액감면	제121조의2제1항 제2호의4	산출세액×(감면소득/과세표준) × (외국인투자비율)× (100,50/100)
(32) 기업도시 개발구역 내 외국인투자 세액감면	제121조의2제1항 제2호의6	산출세액×(감면소득/과세표준) × (외국인투자비율)× (100,50/100)
(33) 기업도시 개발사업의 시행자 세액감면	제121조의2제1항 제2호의7	산출세액×(감면소득/과세표준) × (외국인투자비율)× (100,50/100)
(34) 새만금사업지역 내 외국인투자 세액감면	제121조의2제1항 제2호의8	산출세액×(감면소득/과세표준) × (외국인투자비율)× (100,50/100)
(35) 새만금사업 시행자 세액감면	제121조의2제1항 제2호의9	산출세액×(감면소득/과세표준) × (외국인투자비율)× (100,50/100)
(36) 기타 외국인투자유치를 위한 조세감면	제121조의2제1항 제3호	산출세액×(감면소득/과세표준) × (외국인투자비율)× (100,50/100)
(37) 외국인투자기업의 증자의 조세감면	제121조의4	산출세액×(감면소득/과세표준) × (외국인투자비율)× (100,50/100)
(38) 제주도첨단과학기술단지 입주기업 감면	제121조의8	산출세액×(감면소득/과세표준) × (50,100/100)
(39) 제주 투자진흥지구 등 입주기업 조세감면	제121조의9	산출세액×(감면소득/과세표준) × (25,50,100/100)
(40) 기업도시 입주기업 감면	제121조의17제1항 제1호	산출세액×(감면소득/과세표준)×(100,50/100)
(41) 기업도시개발사업시행자 감면	제121조의17제1항 제2호	산출세액×(감면소득/과세표준)×(50,25/100)
(42) 지역개발사업구역 창업·사업장신설기업 감면	제121조의17제1항 제3호	산출세액×(감면소득/과세표준)×(100,50/100)
(43) 지역개발사업구역 개발사업시행자 감면	제121조의17제1항 제4호	산출세액×(감면소득/과세표준)×(50,25/100)
(44) 여수세계박람회 조성사업구역 창업·사업장신설기업 감면	제121조의17제1항 제5호	산출세액×(감면소득/과세표준)×(100,50/100)
(45) 여수세계박람회 조성사업구역 사업시행자 감면	제121조의17제1항 제6호	산출세액×(감면소득/과세표준)×(50,25/100)
(46) 아시아문화중심도시 투자진흥기구 입주기업 감면	제121조의20제1항	산출세액×(감면소득/과세표준) × (100,50/100)
(47) 금융중심지 창업기업에 대한 감면	제121조의21제1항	산출세액×(감면소득/과세표준) × (100,50/100)
(48) 첨단의료복합단지 입주기업에 대한 감면	제121조의22	산출세액×(감면소득/과세표준)×(100,50/100)
(49) 국가식품클러스터 입주기업에 대한 감면	제121조의22	산출세액×(감면소득/과세표준)×(100,50/100)
(50) 감염병 피해에 따른 특별재난지역의 중소기업에 대한 감면	제99조의11	산출세액×(감면소득/과세표준)×(30,60/100)

* 해당 법령에 "감면한도"에 관한 규정(최저한세 제외)이 별도로 있는 경우 감면한도초과액을 차감한 후의 금액을 적습니다.

2. ④란의 최저한세 적용감면 배제금액 합계(※표시란) : "최저한세조정계산서(별지 제4호 서식)"의 ④란 중 ⑬ 감면세액란의 금액을 옮겨 적고, 이에 따라 각 구분별 ④ 최저한세 적용감면 배제금액을 조정하여 옮겨 적습니다.
3. 각 구분별 ④ 최저한세 적용감면 배제금액 : 「조세특례제한법 시행규칙」의 해당 세액감면신청서의 최저한세 적용감면 배제금액란에 옮겨 적습니다.
4. ⑥ 적용사유 발생일 : 창업일 · 전환일 또는 이전일 등을 적습니다.

210mm×297mm[백상지 80g/㎡ 또는 중질지 80g/㎡]

[별지 제48호 서식] (2021.10.28. 개정) (앞 쪽)

사 업 연 도	2025. 1. 1. ~ 2025.12.31.	**소 득 구 분 계 산 서**	법 인 명	㈜택스에듀
			사업자등록번호	

① 과 목	②구분	코드	③합 계	감면분 또는 합병 승계사업해당분등						기 타 분		비 고
				④ 금액	⑤ 비율	④ 금액	⑤ 비율	④ 금액	⑤ 비율	⑥ 금액	⑦ 비율	
(1) 매 출 액		01	2,000,000,000	1,600,000,000	80.00%					400,000,000	20.00%	
(2) 매 출 원 가		02	1,100,000,000	825,000,000	75.00%					275,000,000	25.00%	
(3) 매 출 총 손 익 {(1)-(2)}		03	900,000,000	775,000,000	86.12%					125,000,000	13.89%	
(4) 판 매 비 와 관 리 비	개별분	04										
	공통분	05	350,000,000	262,500,000	75.00%					87,500,000	25.00%	
	계	06	350,000,000	262,500,000	75.00%					87,500,000	25.00%	
(5) 영 업 손 익 {(3)-(4)}		07	550,000,000	512,500,000	93.19%					37,500,000	6.82%	
(6) 영 업 외 수 익	개별분	08	17,812,500							17,812,500		
	공통분	09	22,187,500	17,750,000	80.00%					4,437,500	20.00%	
	계	10	40,000,000	17,750,000	44.38%					22,250,000	55.63%	
(7) 영 업 외 비 용	개별분	11										
	공통분	12	5,000,000	3,750,000	75.00%					1,250,000	25.00%	
	계	13	5,000,000	3,750,000	75.00%					1,250,000	25.00%	
(8)각 사업연도 소득 또는 설정전소득 {(5)+(6)-(7)}		21	585,000,000	526,500,000	90.00%					58,500,000	10.00%	
(9) 이월 결손금		22										
(10) 비과세 소득		23										
(11) 소득 공제액		24										
(12) 과 세 표 준 {(8)-(9)-(10)-11)}		25	585,000,000	526,500,000	90.00%					58,500,000	10.00%	

210㎜×297㎜(신문용지 54g/㎡(재활용품))

[별지 제8호 서식 부표 3] (2024.3.22. 개정) (앞쪽)

사업연도	2025. 1. 1. ~ 2025. 12. 31.	세액공제조정명세서(3)	법인명	㈜택스에듀
			사업자등록번호	

1. 공제세액계산(「조세특례제한법」)

⑩ 구 분		근거법 조항	⑩ 계 산 기 준	코드	⑩ 계산 명세	⑩ 공제대상 세 액
조세특례제한법	중소기업 등 투자세액공제	구 제5조	투자금액 × 1(2,3,5,10)/100	131		
	상생결제 지급금액에 대한 세액공제	제7조의4	지급기한 15일 이내: 지급 금액의 0.5% 지급기한 15일 ~ 30일: 지급 금액의 0.3% 지급기한 30일 ~ 60일: 지급 금액의 0.015%	14Z		
	대·중소기업 상생협력을 위한 기금출연 세액공제	제8조의 3 제1항	출연금 × 10/100	14M		
	협력중소기업에 대한 유형고정자산 무상임대 세액공제	제8조의 3 제2항	장부가액 × 3/100	18D		
	수탁기업에 설치하는 시설에 대한 세액공제	제8조의 3 제3항	투자금액 × 1(3,7)/100	18L		
	교육기관에 무상 기증하는 중고자산에 대한 세액공제	제8조의 3 제4항	기증자산 시가 × 10/100	18R		
	신성장·원천기술 연구개발비세액공제(최저한세 적용제외)	제10조 제1항 제1호	(일반 연구·인력개발비) '14.1.1.~'14.12.31.: 발생액 × 3~4(8,10,15,20,25,30)/100 또는 2년간 연평균 발생액의 초과액 × 40(50)/100 '15.1.1. 이후: 발생액 × 2~3(8,10,15,20,25,30)/100 또는 직전 발생액의 초과액 × 40(50)/100 '17.1.1. 이후: 발생액 × 1~3(8,10,15,20,25,30)/100 또는 직전 발생액의 초과액 × 30(40,50)/100 '18. 1. 1. 이후: 발생액 × 0~2(8,10,15,20,25,30)/100 또는 직전 발생액의 초과액 × 25(40,50)/100 (신성장·원천기술 연구개발비) '17. 1. 1. 이후: 발생액 × 20(30)/100 (국가전략기술 연구개발비) '21. 7. 1. 이후: 발생액 ×30(40)/100	16A		
	국가전략기술 연구개발비세액공제(최저한세 적용제외)	제10조 제1항 제2호		10D		
	일반 연구·인력개발비세액공제(최저한세 적용제외)	제10조 제1항 제3호		16B		37,500,000
	신성장·원천기술 연구개발비세액공제(최저한세 적용대상)	제10조 제1항 제1호		13L		
	국가전략기술 연구개발비세액공제(최저한세 적용대상)	제10조 제1항 제2호		10E		
	일반 연구·인력개발비세액공제(최저한세 적용대상)	제10조 제1항 제3호		13M		
	기술취득에 대한 세액공제	제12조 제2항	특허권 등 취득금액 × 5(10)/100 *법인세의 10% 한도	176		
	기술혁신형 합병에 대한 세액공제	제12조의3	기술가치금액 × 10/100	14T		
	기술혁신형 주식취득에 대한 세액공제	제12조의4	기술가치금액 × 10/100	14U		
	벤처기업등 출자에 대한 세액공제	제13조의2	주식등 취득가액 × 5/100	18E		
	성과공유 중소기업 경영성과급 세액공제	제19조	'22.1.1. 이전 지급분: 근로자에 지급하는 경영성과급 × 10/100 '22.1.1. 이후 지급분: 근로자에 지급하는 경영성과급× 15/100	18H		
	연구·인력개발설비투자세액공제	구 제25조 제1항 제1호	'14.1.1.~'15.12.31. 투자분: 투자금액 × 3(5,10)/100 '16.1.1. 이후 투자분: 투자금액 × 1(3,6)/100 '19.1.1. 이후 투자분: 투자금액 × 1(3,7)/100	134		
	에너지절약시설투자세액공제	구 제25조 제1항 제2호	'14.1.1.~'15.12.31. 투자분: 투자금액 × 3(5,10)/100 ('16.1.1. 현재 투자진행 중인 경우 '16.12.31.까지 종전율 적용) '16.1.1. 이후 투자개시분: 투자금액 × 1(3,10)/100 '19.1.1. 이후 투자분: 투자금액 × 1(3,7)/100	177		
	환경보전시설 투자세액공제	구 제25조 제1항 제3호	투자금액 × 3(5,10)/100 '19.1.1. 이후 투자분: 투자금액 × 3(5,10)/100	14A		
	근로자복지증진시설투자세액공제	구 제25조 제1항 제4호	투자금액 × 7(10)/100 '19.1.1. 이후 취득분: 취득금액 × 3(5,10)/100	142		
	안전시설투자세액공제	구 제25조 제1항 제5호	'13.1.1.~'14.12.31. 투자분: 투자금액 × 3(7)/100 '15.1.1. 이후 투자분: 투자금액 × 1(3,7)/100 '19.1.1. 이후 투자분: 투자금액 × 1(5,10)/100	136		
	생산성향상시설투자세액공제	구 제25조 제1항 제6호	'13.1.1.~'14.12.31. 투자분: 투자금액 × 3(7)/100 '15.1.1. 이후 투자분: 투자금액 × 1(3,7)/100 '20.1.1.~'20.12.31. 투자분: 투자금액 × 2(5,10))/100 '21.1.1.~'21.12.31. 투자분: 투자금액 × 1(5,10))/100 '21.1.1.~이후. 투자분: 투자금액 × 1(3,7))/100	135		
	의약품 품질관리시설투자세액공제	구 제25조의4	'14.1.1.~'16.12.31. 투자분: 투자금액 × 3(5,7)/100 '17.1.1. 이후 투자분: 투자금액 × 1(3,6)/100	14B		
	신성장기술 사업화를 위한 시설투자 세액공제	구 제25조의5	투자금액 × 5(7,10)/100	18B		
	영상콘텐츠 제작비용에 대한 세액공제(기본공제)	제25조의6	제작비용 × 5(10,15)/100	18C		
	영상콘텐츠 제작비용에 대한 세액공제(추가공제)	제25조의6	제작비용 × 10(15)/100	1B8		
	초연결 네트워크 시설투자에 대한 세액공제	구 제25조의7	투자금액 × 2(3)/100	18I		
	고용창출투자세액공제	제26조	'12.1.1.~12.31.: 투자금액 × {기본공제(3~4%)+추가공제(2~3%)} '13.1.1.~12.31.: 투자금액 × {기본공제(2~4%)+추가공제(3%)} '14.1.1. 이후: 투자금액 × {기본공제(1~4%)+추가공제(3%)} (한도: 상시근로자 증가분 × 1,000만원, 1,500만원, 2,000만원) '15.1.1. 이후: 투자금액 × {기본공제(0~3%)+추가공제(3~7%)} '17.1.1. 이후: (한도:상시근로자 증가분 × 1,000(1,500)만원, 1,500(2,000)만원, 2,000(2,500)만원)	14N		
	산업수요맞춤형고등학교등 졸업자를 병역이행 후 복직시킨 중소기업에 대한 세액공제	제29조의2	복직자에게 지급한 인건비 × 중소30(중견15)/100	14S		
	경력단절 여성 고용 기업 등에 대한 세액공제	제29조의 3 제1항	경력단절 여성 재고용 인건비 × 중소30(중견15)/100	14X		
	육아휴직 후 고용유지 기업에 대한 인건비 세액공제	제29조의 3 제2항	육아휴직 복귀자 인건비 × 중소30(중견15)/100	18J		
	근로소득을 증대시킨 기업에 대한 세액공제	제29조의4	평균 초과 임금증가분 × 5(중견10, 중소20)/100 정규직 전환 근로자의 임금 증가분 × 5(10,20)/100	14Y		
	청년고용을 증대시킨 기업에 대한 세액공제	제29조의5	청년정규직근로자 증가인원수 × 3백만원(7백만원, 1천만원)	18A		
	고용을 증대시킨 기업에 대한 세액공제	제29조의7	직전연도 대비 상시근로자 증가수 × 4백만원(1천2백만원) '21.12.31~'22.12.31.: 직전연도 대비 상시근로자 증가수 × 5백만원(1천3백만원)	18F		
	통합고용세액공제	제29조의8	직전연도 대비 상시근로자 증가수 × 4백만원(1천4백5십만원)	18S		34,935,000
	통합고용세액공제(정규직전환)	제29조의8		1B4		
	통합고용세액공제(육아휴직복귀)	제29조의8		1B5		
	정규직 근로자 전환 세액공제	제30조의2	전환인원수 × 중소1천만원(중견7백만원)	14H		
	고용유지중소기업에 대한 세액공제	제30조의3	연간 임금감소 총액× 10/100 + 시간당 임금상승에 따른 보전액 × 15/100	18K		
	중소기업 고용증가 인원에 대한 사회보험료 세액공제	제30조의 4 제1항	청년(만15~29세)근로자 등 순증인원의 사회보험료(증가분의 100%) 청년 및 경력단절 여성 외 근로자 순증인원의 사회보험료(증가분의 50%, 75%)	14Q		

210mm×297mm[백상지 80g/㎡ 또는 중질지 80g/㎡]

04 과세표준과 세액계산

(뒤쪽)

(101) 구 분	근거법 조항	(102) 계 산 기 준	코드	(103) 계산 명세	(104) 공제대상 세 액
중소기업 사회보험 신규가입에 대한 사회보험료 세액공제	제30조의 4 제3항	'20.12.31.까지 사회보험 신규가입에 따 른 사용자 부담액× 50%	18G		
전자신고에 대한 세액공제(법인)	제104조의 8 제1항	법인세 전자신고시 2만원	184		
전자신고에 대한 세액공제(세무법인 등)	제104조의 8 제3항	법인 · 소득세 전자신고 대리건수 × 2만원 *한도: 연300만원(세무 · 회계법인 연750만원) 한도액계산시 부가가치세 대리신고에 따른 세액공제액 포함	14J		
제3자 물류비용 세액공제	제104조의14	(전년대비 위탁물류비용 증가액)×3/100(중소기업은 5/100) * 직전 위탁물류비 30% 미만 : (당기 위탁물류비 - 당기 전체물류비 × 30%) ×3/100(중소기업은 5/100) * 법인세 10% 한도	14E		
대학 맞춤형 교육비용 세액공제	구 제104조의18제1항	법 제10조 연구 · 인력개발비세액공제 준용 *수도권 소재대학의 발생액은 50%만 인정	14I		
대학등 기부설비에 대한 세액공제	구 제104조의18제2항	법 제11조 연구 · 인력개발설비투자세액공제 준용 *수도권 소재대학의 기부금액은 50%만 인정	14K		
기업의 운동경비부 설치운영 세액공제	제104조의22	설치운영비용 × 10(20)/100	14O		
산업수요맞춤형 고등학교 등 재학생에 대한 현장훈련수당 등 세액공제	구 제104조의18제4항	일반 연구 · 인력개발비 세액공제 준용	14R		
석유제품 전자상거래에 대한 세액공제	제104조의25	'13.1.1.~12.31. : 공급가액의 0.5%(산출세액의 10% 한도) '14.1.1.~'16.12.31. : 공급가액의 0.3%(산출세액의 10% 한도) '17.1.1.~'19.12.31. : 공급자는 공급가액의 0.1%,수요자0.2%, (산출세액의 10% 한도) '20.1.1.~'22.12.31. : 수요자만 공급가액의 0.2%(산출세액의 10% 한도)	14P		
금 현물시장에서 거래되는 금지금에 대한 과세특례	제126조의 7 제8항	산출세액×[(금 현물시장 이용금액 - 직전 과세연도의 금 현물시장 이용금액)/매출액] 또는 산출세액×[(금 현물시장 이용금액×5/100)/매출액]	14V		
금사업자와 스크랩등사업자의 수입금액증가등 세액공제	제122조의4	산출세액×[(매입자납부익금및손금합계금액 - 직전 과세연도의 매입자납부익금및손금합계금액)×50/100]/익금및손금합계금액 또는 산출세액×[(매입자납부익금및손금합계금액×5/100]/익금및손금합계금액 *한도: 해당 과세연도 산출세액-직전 과세연도 산출세액	14W		
성실신고 확인비용에 대한 세액공제	제126조의6	확인비용 × 60/100 (150만원 한도)	10A		
우수 선화주 인증받은 국제물류주선업자에 대한 세액공제	제104조의30	운송비용의 1% + 직전과세연도 대비 증가분의 3%(산출세액의 10%한도)	18M		
용역제공자에 관한 과세자료의 제출에 대한 세액공제	제104조의32	과세자료에 기재된 용역제공자 인원수×300원(200만원 한도)	10C		
소재 · 부품 · 장비 수요기업 공동출자세액공제	제13조의 3 제1항	주식 또는 출자지분 취득가액 5%	18N		
소재 · 부품 · 장비 외국법인 인수세액 공제	제13조의 3 제3항	주식 또는 출자지분 취득가액 5% (중견7%, 중소10%)	18P		
상가임대료를 인하한 임대사업자에 대한 세액공제	제96조의3	임대료 인하액의 70%	10B		
문화산업전문회사 출자에 대한 세액공제	제25조의 7	출자금액 중 영상콘텐츠제작비용의 3%	1B7		
선결제 금액에 대한 세액공제	제99조의12	선결제금액 × 1%	18Q		
통합투자세액공제(일반)	제24조	기본공제: 투자금액 × 1(중견5, 중소10)/100, 신성장 · 원천기술 투자금액 × 3(중견6,중소12)/100 국가전략기술 투자금액 × 8(중견8,중소16)/100 추가공제: 직전 3년 연평균 투자금액 초과액 × 3/100(국가전략기술 4/100) (기본공제 200% 한도)	13W		
임시통합투자세액공제(일반)			1B1		
통합투자세액공제(신성장 · 원천기술)	제24조		13X		
임시통합투자세액공제(신성장 · 원천기술)			1B2		
통합투자세액공제(국가전략기술)	제24조		13Y		
임시통합투자세액공제(국가전략기술)			1B3		
해외자원개발투자에 대한 과세특례	제104조의15	투자금액×3%	1B6		
합 계			1A1		72,435,000

2. 당기공제세액 및 이월액계산

(105) 구분	(106) 사업 연도	요공제세액		당기 공제대상세액							(121) 최저한세 적용에 따른 미공제액	(122) 그밖의 사유로 인한 미공제액	(123) 공제세액 ((120)-(121)-(122))	(124) 소멸	(125) 이월액 ((107)+(108)-(123)-(124))
		(107) 당기분	(108) 이월분	(109) 당기분	(110) 1차연도 / (115) 6차연도	(111) 2차연도 / (116) 7차연도	(112) 3차연도 / (117) 8차연도	(113) 4차연도 / (118) 9차연도	(114) 5차연도 / (119) 10차연도	(120) 계					
통합고용	2025	34,935,000		34,935,000						34,935,000	1,142,000		33,793,000		1,142,000
	소계														
연구인력개발	2025	37,500,000		37,500,000						37,500,000			37,500,000		
	소계														
합 계		72,435,000		72,435,000						72,491,666	※		71,293,000		1,142,000

작성방법

1. (105) 구분란: 1. 공제세액계산(「조세특례제한법」)의 코드를 적습니다.
2. (106) 사업연도란: 이월된 공제대상세액이 발생한 사업연도와 종료월을 적습니다.
3. (107) 당기분란: (104) 공제대상세액을 적습니다.
4. (108) 이월분란: (101) 구분별, 사업연도별로 전기의 (125) 이월액을 적습니다.
5. (109) 당기분란: 당기분 세액을 적고, (110)란~(119)란의 해당 연도란에는 (108) 이월분 세액을 각각 적습니다.
6. (121) 최저한세 적용에 따른 미공제액란의 합계(※표란): "최저한세조정계산서(별지 제4호 서식)"의 ④란 중 (124) 세액공제란의 금액을 옮겨 적고, 「조세특례제한법」 제144조 제2항에 규정된 순서에 따라 (121)란의 최저한세 적용에 따른 미공제액의 각 란에 조정하여 적습니다.
7. 근거법조항 중 "구"는 「조세특례제한법」(2020. 12. 29. 법률 제17759호로 개정되기 전의 것)에 따른 조항을 의미합니다.

210mm×297mm[백상지 80g/㎡ 또는 중질지 80g/㎡]

[별지 제8호 서식(갑)] (2024.3.22. 개정) (4쪽 중 제1쪽)

사업연도	2025. 1. 1. ~ 2025.12.31.	공제감면세액 및 추가납부세액합계표(갑)	법 인 명	㈜택스에듀
			사업자등록번호	

1. 최저한세 적용제외 공제감면세액

	① 구 분	② 근 거 법 조 항	코드	③ 대상세액	④ 감면(공제)세액
세액감면	⑩ 창업중소기업에 대한 세액감면(최저한세 적용제외)	「조세특례제한법」제6조 제7항 외	110		
	⑩ 해외자원개발투자배당 감면	「조세특례제한법」제22조	103		
	⑩ 수도권과밀억제권역 밖으로 이전하는 중소기업 세액감면(수도권 밖으로 이전)	구「조세특례제한법」제63조	169		
	⑩ 공장의 수도권 밖 이전에 대한 세액감면	「조세특례제한법」제63조	108		
	⑩ 본사의 수도권 밖 이전에 대한 세액감면	「조세특례제한법」제63조의2	109		
	⑩ 영농조합법인 감면	「조세특례제한법」제66조	104		
	⑩ 영어조합법인 감면	「조세특례제한법」제67조	107		
	⑩ 농업회사법인 감면(농업소득)	「조세특례제한법」제68조	11B		
	⑩ 행정중심복합도시 등 공장이전에 대한 조세감면	「조세특례제한법」제85조의 2 제3항(2019.12.31. 법률 제16835호로 개정되기 전의 것)	11A		
	⑪ 위기지역 내 창업기업 세액감면(최저한세 적용제외)	「조세특례제한법」제99조의9	11N		
	⑪ 해외진출기업의 국내복귀에 대한 세액감면(철수방식)	「조세특례제한법」제104조의24제1항 제1호	11F		
	⑪ 해외진출기업의 국내복귀에 대한 세액감면(유지방식)	「조세특례제한법」제104조의24제1항 제2호	11H		
	⑪ 고도기술수반사업 외국인투자 세액감면	「조세특례제한법」제121조의 2 제1항 제1호	186		
	⑪ 외국인투자지역내 외국인투자 세액감면	「조세특례제한법」제121조의 2 제1항 제2호 또는 제2호의5	187		
	⑪ 경제자유구역내 외국인투자 세액감면	「조세특례제한법」제121조의 2 제1항 제2호의2	188		
	⑪ 경제자유구역 개발사업시행자 세액감면	「조세특례제한법」제121조의 2 제1항 제2호의3	157		
	⑪ 제주투자진흥기구의 개발사업시행자 세액감면	「조세특례제한법」제121조의 2 제1항 제2호의4	158		
	⑪ 기업도시 개발구역내 외국인투자 세액감면	「조세특례제한법」제121조의 2 제1항 제2호의6	159		
	⑪ 기업도시 개발사업의 시행자 세액감면	「조세특례제한법」제121조의 2 제1항 제2호의7	160		
	⑫ 새만금사업지역내 외국인투자 세액감면	「조세특례제한법」제121조의 2 제1항 제2호의8	11J		
	⑫ 새만금사업 시행자 세액감면	「조세특례제한법」제121조의 2 제1항 제2호의9	11K		
	⑫ 기타 외국인투자유치를 위한 조세감면	「조세특례제한법」제121조의 2 제1항 제3호	167		
	⑫ 외국인투자기업의 증자의 조세감면	「조세특례제한법」제121조의4	172		
	⑫ 기술도입대가에 대한 조세면제(국내지점 등)	법률 제9921호 조세특례제한법 일부개정법률 부칙 제77조	173		
	⑫ 제주첨단과학기술단지 입주기업 조세감면(최저한세 적용제외)	「조세특례제한법」제121조의8	181		
	⑫ 제주투자진흥지구등 입주기업 조세감면(최저한세 적용제외)	「조세특례제한법」제121조의9	182		
	⑫ 기업도시개발구역 등 입주기업 감면(최저한세 적용제외)	「조세특례제한법」제121조의17제1항 제1·3·5호	197		
	⑫ 기업도시개발사업 등 시행자 감면	「조세특례제한법」제121조의17제1항 제2·4·6·7호	198		
	⑫ 아시아문화중심도시 투자진흥지구 입주기업 감면(최저한세 적용제외)	「조세특례제한법」제121조의20제1항	11C		
	⑬ 금융중심지 창업기업에 대한 감면(최저한세 적용제외)	「조세특례제한법」제121조의21제1항	11G		
	⑬ 동업기업 세액감면 배분액(최저한세 적용제외)	「조세특례제한법」제100조의18제4항	11D		
	⑬ 사회적기업에 대한 감면	「조세특례제한법」제85조의6	11L		
	⑬ 장애인 표준사업장에 대한 감면	「조세특례제한법」제85조의6	11M		
	⑬ 첨단의료복합단지 입주기업에 대한 감면(최저한세 적용제외)	「조세특례제한법」제121조의22제1항1호	17A		
	⑬ 국가식품클러스터 입주기업에 대한 감면(최저한세 적용제외)	「조세특례제한법」제121조의22제1항2호	17B		
	⑬ 연구개발특구 입주기업에 대한 감면(최저한세 적용제외)	「조세특례제한법」제12조의2	17C		
	⑬ 감염병 피해에 따른 특별재난지역의 중소기업에 대한 감면	「조세특례제한법」제99조의11	17D		
	⑬ 기회발전특구 창업기업 등에 대한 법인세 등의 감면(최저한세 적용제외)	「조세특례제한법」제121조의33	1D1		
	⑬ 소 계		170		
세액공제	⑭ 외국납부세액공제	「법인세법」제57조	101		
	⑭ 재해손실세액공제	「법인세법」제58조	102		
	⑭ 신성장·원천기술 연구개발비세액공제(최저한세 적용제외)	「조세특례제한법」제10조 제1항 제1호	16A		
	⑭ 국가전략기술 연구개발비세액공제(최저한세 적용제외)	「조세특례제한법」제10조 제1항 제2호	10D		
	⑭ 일반 연구·인력개발비세액공제(최저한세 적용제외)	「조세특례제한법」제10조 제1항 제3호	16B	37,500,000	37,500,000
	⑭ 동업기업 세액공제 배분액(최저한세 적용제외)	「조세특례제한법」제100조의18제4항	12D		
	⑭ 성실신고 확인비용에 대한 세액공제	「조세특례제한법」제126조의6	10A		
	⑭ 상가임대료를 인하한 임대사업자에 대한 세액공제	「조세특례제한법」제96조의3	10B		
	⑭ 용역제공자에 관한 과세자료의 제출에 대한 세액공제	「조세특례제한법」제104조의32	10C		
	⑭ 소 계		180	37,500,000	37,500,000
	⑮ 합 계(⑬ + ⑭)		110	37,500,000	37,500,000

210mm×297mm[백상지 80g/㎡ 또는 중질지 80g/㎡]

04 과세표준과 세액계산

2. 최저한세 적용대상 공제감면세액

	① 구 분	② 근 거 법 조 항	코드	③ 대상세액	④ 감면세액
세액감면	(151) 창업중소기업에 대한 세액감면(최저한세 적용대상)	「조세특례제한법」제6조 제1항 · 제5항 · 제6항	111		
	(152) 창업벤처중소기업 세액감면	「조세특례제한법」제6조 제2항	174		
	(153) 에너지신기술 중소기업 세액감면	「조세특례제한법」제6조 제4항	13E		
	(154) 중소기업에 대한 특별세액감면	「조세특례제한법」제7조	112	16,407,000	16,407,000
	(155) 연구개발특구 입주기업에 대한 세액감면(최저한세 적용대상)	「조세특례제한법」제12조의2	179		
	(156) 국제금융거래이자소득 면제	「조세특례제한법」제21조	123		
	(157) 사업전환 중소기업에 대한 세액감면	구「조세특례제한법」제33조의2	192		
	(158) 무역조정지원기업의 사업전환 세액감면	구「조세특례제한법」제33조의2	13A		
	(159) 기업구조조정 전문회사 주식양도차익 세액감면	법률 제9272호 조세특례제한법 일부개정법률 부칙 제10조 · 제40조	13B		
	(160) 혁신도시 이전 등 공공기관 세액감면	「조세특례제한법」제62조 제4항	13F		
	(161) 공장의 지방이전에 대한 세액감면(중소기업의 수도권 안으로 이전)	「조세특례제한법」제63조	116		
	(162) 농공단지입주기업 등 감면	「조세특례제한법」제64조	117		
	(163) 농업회사법인 감면(농업소득 외의 소득)	「조세특례제한법」제68조	119		
	(164) 소형주택 임대사업자에 대한 세액감면	「조세특례제한법」제96조	13I		
	(165) 상가건물 장기임대사업자에 대한 세액감면	「조세특례제한법」제96조의2	13N		
	(166) 산림개발소득 감면	「조세특례제한법」제102조	124		
	(167) 동업기업 세액감면 배분액(최저한세 적용대상)	「조세특례제한법」제100조의18 제4항	13D		
	(168) 첨단의료복합단지 입주기업에 대한 감면(최저한세 적용대상)	「조세특례제한법」제121조의22 제1항 제1호	13H		
	(169) 기술이전에 대한 세액감면	「조세특례제한법」제12조 제1항	13J		
	(170) 기술대여에 대한 세액감면	「조세특례제한법」제12조 제3항	13K		
	(171) 제주첨단과학기술단지 입주기업 감면(최저한세 적용대상)	「조세특례제한법」제121조의8	13P		
	(172) 제주투자진흥지구등 입주기업 감면(최저한세 적용대상)	「조세특례제한법」제121조의9	13Q		
	(173) 기업도시개발구역 등 입주기업 감면(최저한세 적용대상)	「조세특례제한법」제121조의17 제1항 제1호 · 제3호 · 5호	13R		
	(174) 위기지역 내 창업기업 세액감면(최저한세 적용대상)	「조세특례제한법」제99조의9	13S		
	(175) 아시아문화중심도시 투자진흥지구 입주기업 감면(최저한세 적용대상)	「조세특례제한법」제121조의20 제1항	13T		
	(176) 금융중심지 창업기업에 대한 감면(최저한세 적용대상)	「조세특례제한법」제121조의21 제1항	13U		
	(177) 국가식품클러스터 입주기업에 대한 감면(최저한세 적용대상)	「조세특례제한법」제121조의22 제1항 제2호	13V		
	(178) 기회발전특구 창업기업 등에 대한 법인세 등의 감면(최저한세 적용대상)	「조세특례제한법」제121조의33	1C1		
	(179) 소 계		130	16,407,000	16,407,000

210mm×297mm[백상지 80g/㎡ 또는 중질지 80g/㎡]

	① 구 분	② 근 거 법 조 항	코드	⑤ 전기 이월액	⑥ 당기발생액	⑦ 공제세액
세액공제	(180) 중소기업 등 투자세액공제	구「조세특례제한법」제5조	131			
	(181) 상생결제 지급금액에 대한 세액공제	「조세특례제한법」제7조의4	14Z			
	(182) 대·중소기업 상생협력을 위한 기금출연 세액공제	「조세특례제한법」제8조의 3 제1항	14M			
	(183) 협력중소기업에 대한 유형고정자산 무상임대 세액공제	「조세특례제한법」제8조의 3 제2항	18D			
	(184) 수탁기업에 설치하는 시설에 대한 세액공제	「조세특례제한법」제8조의 3 제3항	18L			
	(185) 교육기관에 무상 기증하는 중고자산에 대한 세액공제	「조세특례제한법」제8조의 3 제4항	18R			
	(186) 신성장·원천기술 연구개발비세액공제(최저한세 적용대상)	「조세특례제한법」제10조 제1항 제1호	13L			
	(187) 국가전략기술 연구개발비세액공제(최저한세 적용대상)	「조세특례제한법」제10조 제1항 제2호	10E			
	(188) 일반 연구·인력개발비세액공제(최저한세 적용대상)	「조세특례제한법」제10조 제1항 제3호	13M			
	(189) 기술취득에 대한 세액공제	「조세특례제한법」제12조 제2항	176			
	(190) 기술혁신형 합병에 대한 세액공제	「조세특례제한법」제12조의3	14T			
	(191) 기술혁신형 주식취득에 대한 세액공제	「조세특례제한법」제12조의4	14U			
	(192) 벤처기업등 출자에 대한 세액공제	「조세특례제한법」제13조의2	18E			
	(193) 성과공유 중소기업 경영성과급 세액공제	「조세특례제한법」제19조	18H			
	(194) 연구·인력개발설비투자 세액공제	구「조세특례제한법」제25조 제1항 제1호	134			
	(195) 에너지절약시설투자 세액공제	구「조세특례제한법」제25조 제1항 제2호	177			
	(196) 환경보전시설 투자 세액공제	구「조세특례제한법」제25조 제1항 제3호	14A			
	(197) 근로자복지증진시설투자 세액공제	구「조세특례제한법」제25조 제1항 제4호	142			
	(198) 안전시설투자 세액공제	구「조세특례제한법」제25조 제1항 제5호	136			
	(199) 생산성향상시설투자세액공제	구「조세특례제한법」제25조 제1항 제6호	135			
	(200) 의약품 품질관리시설투자 세액공제	구「조세특례제한법」제25조의4	14B			
	(201) 신성장기술 사업화를 위한 시설투자 세액공제	구「조세특례제한법」제25조의5	18B			
	(202) 영상콘텐츠 제작비용에 대한 세액공제(기본공제)	「조세특례제한법」제25조의6	18C			
	(203) 영상콘텐츠 제작비용에 대한 세액공제(추가공제)	「조세특례제한법」제25조의6	1B8			
	(204) 초연결 네트워크 시설투자에 대한 세액공제	구「조세특례제한법」제25조의7	18I			
	(205) 고용창출투자세액공제	「조세특례제한법」제26조	14N			
	(206) 산업수요맞춤형고등학교등 졸업자를 병역이행 후 복직시킨 중소기업에 대한 세액공제	「조세특례제한법」제29조의2	14S			
	(207) 경력단절 여성 고용 기업 등에 대한 세액공제	「조세특례제한법」제29조의 3 제1항	14X			
	(208) 육아휴직 후 고용유지 기업에 대한 인건비 세액공제	「조세특례제한법」제29조의 3 제2항	18J			
	(209) 근로소득을 증대시킨 기업에 대한 세액공제	「조세특례제한법」제29조의4	14Y			
	(210) 청년고용을 증대시킨 기업에 대한 세액공제	「조세특례제한법」제29조의5	18A			
	(211) 고용을 증대시킨 기업에 대한 세액공제	「조세특례제한법」제29조의7	18F			
	(212) 통합고용세액공제	「조세특례제한법」제29조의8	18S		34,935,000	33,793,000
	(213) 통합고용세액공제(정규직 전환)	「조세특례제한법」제29조의8	1B4			
	(214) 통합고용세액공제(육아휴직 복귀)	「조세특례제한법」제29조의8	1B5			
	(215) 정규직근로자 전환 세액공제	「조세특례제한법」제30조의2	14H			
	(216) 고용유지중소기업에 대한 세액공제	「조세특례제한법」제30조의3	18K			
	(217) 중소기업 고용증가 인원에 대한 사회보험료 세액공제	「조세특례제한법」제30조의4 제1항	14Q			
	(218) 중소기업 사회보험 신규가입에 대한 사회보험료 세액공제	「조세특례제한법」제30조의4 제3항	18G			
	(219) 전자신고에 대한 세액공제(납세의무자)	「조세특례제한법」제104조의8 제1항	184			
	(220) 전자신고에 대한 세액공제(세무법인 등)	「조세특례제한법」제104조의8 제3항	14J			
	(221) 제3자 물류비용 세액공제	「조세특례제한법」제104조의14	14E			
	(222) 대학 맞춤형 교육비용 등 세액공제	구「조세특례제한법」제104조의18제1항	14I			
	(223) 대학등 기부설비에 대한 세액공제	구「조세특례제한법」제104조의18제2항	14K			
	(224) 기업의 경기부 설치운영비용 세액공제	「조세특례제한법」제104조의22	14O			
	(225) 동업기업 세액공제 배분액(최저한세 적용대상)	「조세특례제한법」제100조의18제4항	14L			
	(226) 산업수요맞춤형 고등학교 등 재학생에 대한 현장훈련수당 등 세액공제	구「조세특례제한법」제104조의18제4항	14R			
	(227) 석유제품 전자상거래에 대한 세액공제	「조세특례제한법」제104조의25	14P			
	(228) 금 현물시장에서 거래되는 금지금에 대한 과세특례	「조세특례제한법」제126조의 7 제8항	14V			
	(229) 금사업자와 스크랩등사업자의 수입금액의 증가 등에 대한 세액공제	「조세특례제한법」제122조의4	14W			
	(230) 우수 선화주 인증 국제물류주선업자 세액공제	「조세특례제한법」제104조의30	18M			
	(231) 소재·부품·장비 수요기업 공동출자 세액공제	「조세특례제한법」제13조의 3 제1항	18N			
	(232) 소재·부품·장비 외국법인 인수세액 공제	「조세특례제한법」제13조의 3 제3항	18P			
	(233) 선결제 금액에 대한 세액공제	「조세특례제한법」제99조의12	18Q			
	(234) 해외자원개발투자에 대한 과세특례	「조세특례제한법」제104조의15	1B6			
	(235) 통합투자세액공제(일반)	「조세특례제한법」제24조	13W			
	(236) 통합투자세액공제(신성장·원천기술)	「조세특례제한법」제24조	13X			
	(237) 통합투자세액공제(국가전략기술)	「조세특례제한법」제24조	13Y			
	(238) 임시통합투자세액공제(일반)	「조세특례제한법」제24조	1B1			
	(239) 임시통합투자세액공제(신성장·원천기술)	「조세특례제한법」제24조	1B2			
	(240) 임시통합투자세액공제(국가전략기술)	「조세특례제한법」제24조	1B3			
	(241) 문화산업전문회사 출자에 대한 세액공제	「조세특례제한법」제25조의7	1B7			
	(242) 소 계		149		34,935,000	33,793,000
	(243) 합 계((179) + (242))		150		51,342,000	50,200,000
	(244) 공제감면세액 총계((150) + (243))		151			74,200,000

210mm×297mm[백상지 80g/㎡ 또는 중질지 80g/㎡]

㉔⑤ 기술도입대가에 대한 조세면제	법률 제9921호 조세특례제한법 일부개정법률 부칙 제77조	183				
㉔⑥ 간주 · 간접 외국납부세액공제	「법인세법」제57조 제3항 · 제4항 · 제6항	189				

작성방법

1. ③ 대상세액란: 「법인세법」, 「조세특례제한법」 등에 따른 공제감면대상금액이 있는 경우 공제감면세액계산서(별지 제8호 서식 부표 1, 2, 3, 4, 5)에 따라 감면구분별로 적습니다.
2. ④ · ⑦ 공제세액란: 「법인세법」, 「조세특례제한법」 등에 따른 공제감면세액은 공제감면세액계산서(별지 제8호 서식 부표 1, 2, 3, 4, 5)에 따라 계산된 공제세액 중 당기에 공제될 세액의 범위에서 「법인세법」 제59조 제1항에 따른 공제순서에 따라 감면 구분별로 적습니다.
3. ⑮⓪란 중 ④ 감면세액란: 법인세 과세표준 및 세액조정계산서(별지 제3호 서식)의 ⑫③ 최저한세 적용제외 공제감면세액란에 옮겨 적습니다.
4. ㉔②란 중 ⑦ 공제세액란: 법인세 과세표준 및 세액조정계산서(별지 제3호 서식)의 ⑫① 최저한세 적용대상 공제감면세액란에 옮겨 적습니다.
5. ㉔⑤ 기술도입대가에 대한 조세면제란의 공제세액란: 기술도입대가를 지급하는 내국법인이 별지 제8호 서식 부표 9 기술도입대가에 대한 조세면제명세서의 면제세액 합계액을 적습니다(국내사업장이 있고 해당 기술이 국내사업장에 실질적으로 관련되거나 귀속되는 경우에는 기술을 제공하는 외국법인이 ㉔⑤ 기술도입대가에 대한 조세면제란의 감면세액란에 적습니다).
6. ⑭⓪ 외국납부세액공제란: 외국납부세액과 ㉔⑥ 간주 · 간접 외국납부세액공제액을 합하여 적고, 간주 · 간접 외국납부세액공제액은 ㉔⑥란에 별도로 적습니다.
7. 「조세특례제한법」 제10조의 연구 · 인력개발비세액공제 중 최저한세가 적용되는 공제세액은 ⑱⑥, ⑱⑦ 또는 ⑱⑧란에 적고, 최저한세 적용이 제외되는 공제세액은 ⑭②, ⑭③ 또는 ⑭④란에 각각 구분하여 적습니다.
8. ⑱⑥, ⑱⑦ 또는 ⑱⑧란 중 ⑤ 전기이월액란: 「조세특례제한법」 제144조 제1항에 따라 이월된 미공제 금액 중 해당 과세연도에 공제할 일반연구 · 인력개발비, 신성장 · 원천기술연구개발비 또는 국가전략기술연구개발비를 각각 구분하여 적습니다(구 공제감면코드: 132).
9. 법령의 개정에 따라 종전의 규정 또는 개정규정에 따라 공제감면 받는 경우에는 비어 있는 란 등에 해당 법령의 조문순서에 따라 별도로 적습니다.
10. ② 근거법조항 중 "구"는 「조세특례제한법」(2020. 12. 29. 법률 제17759호로 개정되기 전의 것)에 따른 조항을 의미합니다.

210mm×297mm[백상지 80g/㎡ 또는 중질지 80g/㎡]

CHAPTER 12 농어촌특별세

1 개 요

「조세특례제한법」에 의하여 감면을 받은 법인의 경우 당해 감면세액(농어촌특별세 과세표준)의 20%를 농어촌특별세로 납부하여야 한다. 농어촌특별세는 해당 본세를 신고 · 납부(중간예납 제외)하는 때에는 그에 대한 농어촌특별세도 함께 신고 · 납부하여야 한다.

(1) 세액공제 · 면제 · 감면을 받는 경우

세액공제 · 면제 또는 감면을 받은 세액×세율(20%)

최저한세의 적용으로 공제받지 못한 부분에 상당하는 금액을 이월하여 공제하는 경우에는 실제로 공제받은 사업연도에 농어촌특별세를 납부한다(법인 46019-578, 1995.3.2.).

(2) 비과세 · 소득공제를 받는 경우

$$\left[\left(\begin{array}{c}\text{과세표준금액}+\\\text{비과세 · 소득공제 금액}\end{array}\times\text{법인세율}\right)-\left(\begin{array}{c}\text{과세표준}\\\text{금액}\end{array}\times\text{법인세율}\right)\right]\times\text{세율}(20\%)$$

2 감면의 범위

법인세에 따른 농어촌특별세는 2034.6.30.까지 종료하는 사업연도에 「조세특례제한법」에 따라 법인세의 감면을 받는 법인에 한하므로(농특법 3 1호, 농특법 부칙 2 · 3, 법률 제47435호, 2023.12.31. 개정) 「조세특례제한법」 이외의 법, 즉 「법인세법」 등에 따라 법인세를 감면받는 경우에는 납세의무가 없다. 이때에 '감면'이란 다음 중 어느 하나에 해당하는 것을 말한다(농특법 2 ①).

① 「조세특례제한법」에 따라 법인세가 비과세, 소득공제, 세액면제, 세액감면, 세액공제되는 경우
② 「조세특례제한법」 제72조 제1항에 따른 조합법인 등에 대한 법인세특례세율을 적용하는 경우

3 농특세 비과세

「조세특례제한법」상 법인세가 비과세, 소득공제, 세액감면, 세액공제되는 분 중 농어촌특별세를 비과세하는 분을 요약하면 다음과 같다.

▌법인세의 감면 중 농어촌특별세의 비과세▐

구 분	법인세의 감면 등 구분	농어촌특별세의 비과세	근 거 법
① 벤처투자회사 등의 주식양도차익(조특법 13 ①)	비과세	○	농특령 4 ⑦ 1호
② 벤처투자회사 등이 창업자 등으로부터 받는 배당소득(조특법 13 ③)	〃	○	〃
③ 어업협정에 따른 어업자 등이 받는 지원금(조특법 104의 2 ①)	〃	○	〃
① 고용유지중소기업에 대한 소득공제(조특법 30의 3)	소득공제	○	농특령 4 ⑦ 1호
② 프로젝트금융투자회사에 대한 소득공제(조특법 104의 31)	〃	○	〃
① 연구개발관련출연금 등의 익금불산입(조특법 10의 2)	익금불산입	○	농특령 4 ⑦ 1호
② 사업전환 통상변화대응지원기업의 양도차익의 익금불산입(조특법 33)	〃	○	〃
③ 토공 · 주공합병에 따른 부당행위계산의 익금불산입액(조특법 104의 21 ②)	〃	○	〃

구 분	법인세의 감면 등 구분	농어촌특별세의 비과세	근 거 법
④ 공적자금회수를 위한 합병 등의 익금불산입(조특법 121의 24)	익금불산입	○	농특법 4 11호의 4
① 창업중소기업 등에 대한 세액감면(조특법 6)	세액감면	○	농특법 4 3호
② 중소기업에 대한 특별세액감면(조특법 7)	〃	○	〃
③ 기술이전 및 취득에 대한 세액감면(조특법 12 ①)	〃	○	농특령 4 ⑦ 1호
④ 연구개발특구에 입주하는 첨단기술기업 등에 대한 세액감면(조특법 12의 2)	〃	○	〃
⑤ 공공차관도입에 따른 세액감면(조특법 20)	〃	○	농특법 4 11호의 2
⑥ 국제금융거래에 따른 이자소득 등에 대한 세액면제(외국법인, 조특법 21)	〃	○	〃 5호
⑦ 수도권 밖으로 공장을 이전하는 기업에 대한 세액감면(조특법 63)	〃	○	〃 ⑦ 1호
⑧ 수도권 밖으로 본사를 이전하는 법인에 대한 세액감면(조특법 63의 2)	〃	○	〃
⑨ 농공단지입주기업 등에 대한 세액감면(조특법 64)	〃	○	〃
⑩ 영농조합법인에 대한 세액면제(조특법 66 ①)	〃	○	농특령 4 ⑦ 1호
⑪ 영어조합법인에 대한 세액면제(조특법 67 ①)	〃	○	〃
⑫ 농업회사법인에 대한 세액감면(조특법 68 ①)	〃	○	〃
⑬ 산림개발소득에 대한 세액감면(조특법 102)	〃	○	〃
⑭ 외국인투자기업에 대한 세액감면(조특법 121의 2 · 121의 4)	〃	○	농특령 4 ⑦ 1호
① 연구 · 인력개발비에 대한 세액공제(조특법 10)	세액공제	○	농특령 4 ⑦ 1호
② 기술이전 및 취득에 대한 세액공제(조특법 12 ②)	〃	○	〃
③ 정규직근로자로의 전환에 따른 세액공제(조특법 30의 2)	〃	○	농특법 4 11호의 3
④ 중소기업 사회보험료 세액공제(조특법 30의 4)	〃	○	〃
⑤ 전자신고에 대한 세액공제(조특법 104의 8 ① · ③)	〃	○	농특령 4 ⑦ 1호
다음의 조합법인(조특법 72 ①)	(9, 12%)		농특령 4 ① 1호
• 농업협동조합 및 조합공동사업법인	〃	○	
• 수산업협동조합법에 의하여 설립된 조합(어촌계를 포함) 및 조합공동사업법인	〃	○	
• 산림조합(산림계를 포함) 및 조합공동사업법인	〃	○	
• 엽연초생산협동조합	〃	○	
• 소비자생활협동조합	〃	○	

4 분 납

(1) 분 납

① 농어촌특별세의 납세의무자가 본세를 분납하는 경우에는 농어촌특별세도 그 분납금액의 비율에 의하여 해당 본세의 분납의 예에 따라 분납할 수 있다.

② 본세가 해당 세법의 규정에 의한 분납기준금액에 미달하여 그 본세를 분납하지 아니하는 경우에도 농어촌특별세의 세액이 500만원을 초과하는 경우에는 당해 본세의 분납기간 이내에 다음과 같이 분납할 수 있다(농특법 9, 농특령 8).

㉠ 농어촌특별세액이 1,000만원 이하인 때에는 500만원을 초과하는 금액
㉡ 농어촌특별세액이 1,000만원을 초과하는 때에는 그 세액의 50% 이하의 금액

(2) 분납세액의 계산

1) 법인세의 납부세액이 1,000만원 초과 2,000만원 이하인 경우

법인세의 납부세액이 2,000만원 이하인 때에는 1,000만원을 초과하는 세액만을 분납할 수 있으므로 농어촌특별세액의 분납은 법인세액의 분납액에 따라 분납할 수 있다.

예 법인세의 납부세액이 16,000,000원, 농어촌특별세액이 6,000,000원인 경우의 분납할 세액의 계산

세 목	자진납부할 세액	분납할 세액	기한 내 납부할 세액
법 인 세	16,000,000	6,000,000	10,000,000
농어촌특별세	6,000,000	2,250,000	3,750,000

㈜ : 농어촌특별세의 자진납부할 세액 600만원을 법인세의 자진납부할 세액에 대한 분납할 세액의 비율로 안분계산한다.

$$6,000,000원 \times \frac{6,000,000원}{16,000,000원} = 2,250,000원(분납할\ 세액)$$

2) 법인세의 납부세액이 2,000만원을 초과하는 경우

법인세의 납부세액이 2,000만원을 초과하는 경우에는 그 세액의 50% 이하의 금액을 분납할 수 있으므로 농어촌특별세액의 분납은 법인세액의 분납액에 따라 분납할 수 있다.

예 법인세의 납부세액이 30,000,000원, 농어촌특별세액이 6,000,000원인 경우의 분납할 세액의 계산

세 목	자진납부할 세액	분납할 세액	기한 내 납부할 세액
법 인 세	30,000,000	15,000,000	15,000,000
농어촌특별세	6,000,000	3,000,000	3,000,000

㈜ : 농어촌특별세의 자진납부할 세액 600만원을 법인세의 자진납부할 세액에 대한 분납할 세액의 비율로 안분계산한다.

$$6,000,000원 \times \frac{15,000,000원}{30,000,000원} = 3,000,000원(분납할\ 세액)$$

3) 법인세의 납부세액이 1,000만원 이하이나 농어촌특별세의 납부세액이 500만원 초과 1,000만원 이하인 경우

법인세가 감면됨으로써 법인세의 납부세액이 1,000만원 이하이나 농어촌특별세의 납부세액이 500만원 초과 1,000만원 이하인 경우에는 법인세는 분납기준금액에 미달하므로 분납할 수 없으나 농어촌특별세는 500만원을 초과하는 금액을 분납할 수 있다.

예 법인세의 납부세액이 8,000,000원, 농어촌특별세액이 6,000,000원인 경우의 분납할 세액의 계산

세 목	자진납부할 세액	분납할 세액	기한 내 납부할 세액
법 인 세	8,000,000	–	8,000,000
농어촌특별세	6,000,000	1,000,000	5,000,000

㈜ : 농어촌특별세의 자진납부할 세액이 500만원 초과 1,000만원 이하인 때에는 500만원을 초과하는 금액인 100만원만을 분납할 수 있다.

4) 법인세의 납부세액이 1,000만원 이하이나 농어촌특별세의 납부세액이 1,000만원을 초과하는 경우

법인세가 감면됨으로써 법인세의 납부세액이 1,000만원 이하이나 농어촌특별세액이 1,000만원을 초과하는 경우에는 그 세액의 50% 이하의 금액을 분납할 수 있다.

예 법인세의 납부세액이 8,000,000원, 농어촌특별세액이 12,000,000원인 경우의 분납할 세액의 계산

세 목	자진납부할 세액	분납할 세액	기한 내 납부할 세액
법 인 세	8,000,000	–	8,000,000
농어촌특별세	12,000,000	6,000,000	6,000,000

㈜ : 농어촌특별세의 자진납부할 세액이 1,200만원이므로 그 세액의 50%인 600만원을 분납할 수 있다.

5 농특세 환급

농어촌특별세의 과오납금 등(감면을 받은 세액을 추징함에 따라 발생하는 환급금을 포함)에 대한 환급은 본세의 환급의 예에 따른다(농특법 12). 「조세특례제한법」의 규정에 의하여 공제감면세액을 추징하고 관련 농어촌특별세를 환급하는 경우 환급방법은 본세의 환급의 예에 의하는 것이며, 이 경우 당초 공제감면받은 세액에 이자상당가산액을 가산하여 납부하는 세액은 납부하는 사업연도의 본세에 해당하는 것이므로 농어촌특별세의 환급도 본세를 납부하는 사업연도를 기준으로 결정 또는 경정하여야 한다(서면인터넷방문상담2팀-2434, 2004.11.24.).

실무포인트 **법인세 환급결정 시 농특세 납부지연 가산세**

법인세 감면을 추가로 인정하는 과세관청의 경정결정으로 인하여 법인세는 일부환급되고 농어촌특별세는 추가 고지되는 경우 법인세 환급세액은 농어촌특별세의 납부지연가산세 계산 시 기납부세액으로 공제되는 것임(서면-2022-징세-3543, 2023.6.22.).

[별지 제2호 서식] (2024.3.22. 개정)

농어촌특별세 과세표준 및 세액신고서

※ 뒤쪽의 신고안내 및 작성방법을 읽고 작성하여 주시기 바랍니다. (앞쪽)

1. 신고인 인적사항

①소 재 지					
②법 인 명	㈜택스에듀		③대 표 자 성 명		
④사업자등록번호	123-81-12346	⑤사 업 연 도	2025.1.1. ~2025.12.31.	⑥전화번호	

2. 농어촌특별세 과세표준 및 세액 조정내역

⑦과 세 표 준		33,793,000
⑧산 출 세 액		6,758,600
(미납세액, 미납일수, 세율) ⑨가 산 세 액		(, , 2.2/10,000)
⑩총 부 담 세 액		6,758,000
⑪기 납 부 세 액		
⑫환 급 예 정 세 액		
⑬차 감 납 부 할 세 액		6,758,000
⑭분 납 할 세 액		
⑮차 감 납 부 세 액		
⑯충 당 후 납 부 세 액		6,758,000
⑰국 세 환 급 금 충 당 신 청	환 급 법 인 세	
	충당할 농어촌특별세	

신고인은 「농어촌특별세법」 제7조에 따라 위의 내용을 신고하며, 위 내용을 충분히 검토하였고 신고인이 알고 있는 사실 그대로를 정확하게 적었음을 확인합니다.

2026년 3월 31일

신고인(대표자) (서명 또는 인)

세무대리인은 조세전문자격자로서 위 신고서를 성실하고 공정하게 작성하였음을 확인합니다.

세무대리인 (서명 또는 인)

세무서장 귀하

210mm×297mm[백상지 80g/㎡ 또는 중질지 80g/㎡]

(뒤쪽)

작 성 방 법

1. ⑦과세표준 및 ⑧산출세액란 : "농어촌특별세과세표준 및 세액조정계산서(별지 제12호 서식)" ⑧ · ⑫소계란 중 ②과세표준 및 ③세액란의 금액을 옮겨 적습니다.
2. ⑩총부담세액란 : ⑧산출세액란의 금액에 「국세기본법」 제47조의 4 및 제48조에 따른 가산세액(⑨)을 더하여 적습니다.

* 가산세액(⑨)은 미납세액에 가산세율(2.2/10,000를 적용하되, 2019년 2월 11일까지의 기간에 대해서는 3/10,000을, 2019년 2월 12일부터 2022년 2월 14일까지의 기간에 대해서는 2.5/10,000를 적용합니다)과 미납일수를 곱하여 계산합니다.

3. ⑫환급예정세액란:「농어촌특별세법」 제5조 제1항 제1호에 따라 계산한 세액(=「조세특례제한법」 등에 따른 감면세액×20%)을 납부한 이후 감면분 추가납부 등으로 환급이 예정되어 있는 농어촌특별세액이 있는 경우 그 금액을 적습니다.
4. ⑭분납할 세액란 : 「농어촌특별세법」 제9조에 따라 분납할 세액을 적습니다.
5. ⑯충당 후 납부세액란 : ⑮차감납부세액란의 금액에서 ⑰란 중 충당할 농어촌특별세란의 금액을 뺀 금액을 적습니다.
6. ⑰국세환급금 충당신청란: 법인세를 환급받는 법인이 법인세분 농어촌특별세를 납부해야 하는 경우 해당 환급금 중 농어촌특별세에 충당하려는 금액(⑰충당할 농어촌특별세≤⑮차감납부세액)을 적습니다.

■ 법인세법 시행규칙[별지 제12호 서식] 〈개정 2017.3.10.〉

(앞 쪽)

사 업 연 도	2025.1.1. ~ 2025.12.31.	**농어촌특별세과세표준 및 세액조정계산서**	법 인 명	㈜택스에듀
			사업자등록번호	

농어촌특별세 과세표준 및 세액 조정내역

①법 인 유 형	②과 세 표 준		세 율	③세 액
	구 분	금 액		
④일 반 법 인	⑤법 인 세 감 면 세 액	33,793,000	20%	6,758,600
	⑥			
	⑦			
	⑧소 계			
⑨조 합 법 인 등	⑩법 인 세 공제·감 면 세 액	33,793,000	20%	6,758,600
	⑫소 계			

작 성 방 법

1. ②란 중 ⑤법인세감면세액란에는 농어촌특별세과세대상감면세액합계표[별지 제13호서식]상의 ⑩감면세액합계란의 금액을 옮겨 적습니다.

2. ②란 중 ⑩법인세공제 · 감면세액란에는 농어촌특별세과세대상감면세액합계표[별지 제13호서식] 2. 조합법인 등 감면세액중 ⑦감면세액란의 합계금액과 3. 조합법인 등 공제세액중 ⑨ 공제세액란 합계금액을 더하여 기입합니다.

210mm×297mm[백상지 80g/㎡ 또는 중질지 80g/㎡]

과세표준과 세액계산 04

■ 법인세법 시행규칙 [별지 제13호 서식] 〈개정 2025.7.4.〉 (4쪽 중 제1쪽)

사업연도	2025. 1. 1. ~ 2025. 12. 31.	**농어촌특별세 과세대상 감면세액 합계표**	법 인 명	㈜택스에듀
			사업자등록번호	

1. 일반법인의 감면세액

① 구분	② 감면내용	③「조세특례제한법」 근거조항	코드	④ 감면세액 (소득금액)	비고
⑤ 비과세	⑩ 기업구조조정전문회사의 양도차익 비과세	법률 제9272호 부칙 제10조 · 제40조	604	(　　)	「법인세법 시행규칙」 별지 제6호서식의 ⑩란 해당 금액
	⑩ 중소기업창업투자회사 등의 소재 · 부품 · 장비전문기업 주식양도차익 등에 대한 비과세	제13조의4	62Q	(　　)	
	⑩		606		
⑥ 소득공제	⑩ 국민주택임대소득공제	제55조의2제4항	460	(　　)	「법인세법 시행규칙」 별지 제7호서식의 ⑧란 해당 금액
	⑩ 주택임대소득공제(연면적 149㎡ 이하)	제55조의2제5항	463	(　　)	
	⑩			(　　)	
	⑩		458		
⑦ 비과세 · 소득공제분 감면세액			6A1		(과세표준+소득금액)×세율−산출세액
⑧ 세액감면	⑩ 국제금융거래이자소득 면제	제21조	123		「법인세법시행규칙」 별지 제8호서식(갑)의 ④란 해당 금액
	⑩ 해외자원개발배당 감면	제22조	103		
	⑪ 사업전환 중소기업에 대한 세액감면	구 제33조의2	192		
	⑪ 무역조정지원기업의 사업전환 세액감면	구 제33조의2	13A		
	⑪ 기업구조조정전문회사의 주식양도차익 감면	법률 제9272호 부칙 제10조 · 제40조	13B		
	⑪ 혁신도시 이전 공공기관 세액감면	제62조제4항	13F		
	⑪ 행정중심복합도시 등 공장이전 조세감면	제85조의2('19.12.31. 법률 제16835호로 개정되기 전의 것)	11A		
	⑪ 사회적 기업에 대한 감면	제85조의6	11L		
	⑪ 장애인 표준사업장에 대한 감면	제85조의6	11M		
	⑪ 소형주택 임대사업자에 대한 세액감면	제96조	13I		
	⑪ 상가건물 장기 임대사업자에 대한 감면	제96조의2	13N		
	⑪ 제주첨단과학기술단지입주기업 조세감면(최저한세적용제외)	제121조의8	181		
	⑫ 제주투자진흥지구 등 입주기업 조세감면(최저한세적용제외)	제121조의9	182		
	⑫ 기업도시개발구역 창업 · 사업장신설기업에 대한 감면(최저한세 적용제외)	제121조의17제1항제1호	197		
	⑫ 기업도시개발사업 시행자에 대한 감면	제121조의17제1항제2호	198		
	⑫ 지역개발사업구역 또는 지역활성화지역 창업 · 사업장신설기업에 대한 세액감면(최저한세 적용제외)	제121조의17제1항제3호	1D2		
	⑫ 지역개발사업구역, 지역활성화지역 또는 낙후지역 사업시행자에 대한 감면	제121조의17제1항제4호	1D3		
	⑫ 해양박람회특구 창업 · 사업장신설기업에 대한 감면(최저한세 적용제외)	제121조의17제1항제5호	1D4		
	⑫ 해양박람회특구 사후활용 사업시행자에 대한 감면	제121조의17제1항제6호	1D5		
	⑫ 새만금투자진흥지구 사업시행자에 대한 감면	제121조의17제1항제7호	1D7		
	⑫ 새만금투자진흥지구 창업 · 사업장신설기업에 대한 감면(최저한세 적용제외)	제121조의17제1항제8호	1D6		
	⑫ 평화경제특구 창업 · 사업장신설기업에 대한 감면(최저한세 적용제외)	제121조의17제1항제9호	1D8		
	⑬ 평화경제특구 개발사업시행자에 대한 감면	제121조의17제1항제10호	1D9		

210mm×297mm[백상지 80g/㎡ 또는 중질지 80g/㎡]

⑬ 아시아문화중심도시 투자진흥지구 입주기업 감면(최저한세적용제외)	제121조의20제1항	11C		
⑬ 금융중심지 창업기업에 대한 감면(최저한세적용제외)	제121조의21제1항	11G		
⑬ 첨단의료복합단지 입주기업에 대한 감면(최저한세적용제외)	제121조의22	17A		
⑬ 국가식품클러스터 입주기업에 대한 감면(최저한세적용제외)	제121조의22	17B		
⑬ 첨단의료복합단지 입주기업에 대한 감면(최저한세적용대상)	제121조의22	13H		
⑬ 국가식품클러스터 입주기업에 대한 감면(최저한세적용대상)	제121조의22	13V		
⑬ 제주첨단과학기술단지입주기업 조세감면(최저한세적용대상)	제121조의8	13P		
⑬ 제주투자진흥지구 등 입주기업 조세감면(최저한세적용대상)	제121조의9	13Q		
⑬ 기업도시개발구역 창업 · 사업장신설기업에 대한 감면(최저한세 적용대상)	제121조의17제1항제1호	13R		
⑭ 지역개발사업구역 또는 지역활성화지역 창업 · 사업장신설기업에 대한 감면(최저한세 적용대상)	제121조의17제1항제3호	1E1		
⑭ 해양박람회특구 창업 · 사업장신설기업에 대한 감면(최저한세 적용대상)	제121조의17제1항제5호	1E2		
⑭ 새만금투자진흥지구 창업 · 사업장신설기업에 대한 감면(최저한세 적용대상)	제121조의17제1항제8호	1E3		
⑭ 평화경제특구 창업 · 사업장신설기업에 대한 감면(최저한세 적용대상)	제121조의17제1항제9호	1E4		
⑭ 금융중심지 창업기업에 대한 감면(최저한세적용대상)	제121조의21제1항	13U		
⑭ 아시아문화중심도시 투자진흥지구 입주기업 감면(최저한세적용대상)	제121조의20제1항	13T		
⑭ 기회발전특구 창업기업 등에 대한 법인세 등의 감면(최저한세적용제외)	제121조의33	1D1		
⑭ 기회발전특구 창업기업 등에 대한 법인세 등의 감면(최저한세적용대상)	제121조의33	1C1		
⑭		164		

210mm×297mm[백상지 80g/㎡ 또는 중질지 80g/㎡]

04 과세표준과 세액계산

① 구분	② 감면내용	③ 「조세특례제한법」 근거 조항	코드	④ 감면세액 (소득금액)	비고
⑨ 세액 공제	(149) 중소기업투자세액공제	구 제5조	131		「법인세법 시행규칙」 별지 제8호서식(갑)의 ④ · ⑦란 세액공제 해당 금액
	(150) 상생결제 지급금액에 대한 세액공제	제7조의4	14Z		
	(151) 대중소기업 상생협력을 위한 기금출연 세액공제	제8조의3제1항	14M		
	(152) 협력중소기업에 대한 유형고정자산 무상임대 세액공제	제8조의3제2항	18D		
	(153) 수탁기업에 설치하는 시설에 대한 세액공제	제8조의3제3항	18L		
	(154) 교육기관에 무상 기증하는 중고자산에 대한 세액공제	제8조의3제4항	18R		
	(155) 기술혁신형 합병에 대한 세액공제	제12조의3	14T		
	(156) 기술혁신형 주식취득에 대한 세액공제	제12조의4	14U		
	(157) 벤처기업 등 출자에 대한 세액공제	제13조의2	18E		
	(158) 성과공유 중소기업 경영성과급 세액공제	제19조	18H		
	(159) 에너지절약시설투자 세액공제	구 제25조제1항제2호	177		
	(160) 환경보전시설투자 세액공제	구 제25조제1항제3호	14A		
	(161) 근로자복지증진시설투자 세액공제	구 제25조제1항제4호	142		
	(162) 안전시설투자 세액공제	구 제25조제1항제5호	136		
	(163) 생산성향상시설투자세액공제	구 제25조제1항제6호	135		
	(164) 의약품 품질관리시설투자 세액공제	구 제25조의4	14B		
	(165) 신성장기술 사업화를 위한 시설투자 세액공제	구 제25조의5	18B		
	(166) 영상콘텐츠 제작비용에 대한 세액공제(기본공제)	제25조의6	18C		
	(167) 영상콘텐츠 제작비용에 대한 세액공제(추가공제)	제25조의6	1B8		
	(168) 초연결 네크워크 시설투자에 대한 세액공제	구 제25조의7	18I		
	(169) 고용창출투자세액공제	제26조	14N		
	(170) 산업수요맞춤형고등학교등 졸업자 복직 중소기업 세액공제	제29조의2	14S		
	(171) 경력단절 여성 고용 기업 등에 대한 세액공제	제29조의3제1항	14X		
	(172) 육아휴직 후 고용유지 기업에 대한 인건비 세액공제	제29조의3제2항	18J		
	(173) 근로소득을 증대시킨 기업에 대한 세액공제	제29조의4	14Y		
	(174) 청년고용을 증대시킨 기업에 대한 세액공제	제29조의5	18A		
	(175) 고용을 증대시킨 기업에 대한 세액공제	제29조의7	18F	33,793,000	
	(176) 통합고용세액공제	제29조의8	18S		
	(177) 통합고용세액공제(정규직 전환)	제29조의8	1B4		
	(178) 통합고용세액공제(육아휴직복귀)	제29조의8	1B5		
	(179) 제3자 물류비용 세액공제	제104조의14	14E		
	(180) 대학 맞춤형 교육비용 등 세액공제	구 제104조의18제1항	14I		
	(181) 대학등 기부설비에 대한 세액공제	구 제104조의18제2항	14K		
	(182) 산업수요맞춤형 고등학교 등 재학생에 대한 현장훈련수당 등 세액공제	구 제104조의18제4항	14R		
	(183) 기업의 경기부 설치운영비용 세액공제	제104조의22	14O		
	(184) 석유제품 전자상거래에 대한 세액공제	제104조의25	14P		
	(185) 금 현물시장에서 거래되는 금지금에 대한 과세특례	제126조의7제8항	14V		
	(186) 금사업자와 스크랩등사업자의 수입금액의 증가 등에 대한 세액공제	제122조의4	14W		
	(187) 우수 선화주 인증 국제물류주선업자 세액공제	제104조의30	18M		
	(188) 용역제공자에 관한 과세자료의 제출에 대한 세액공제	제104조의32	10C		
	(189) 이스포츠대회 운영에 대한 과세특례	제104조의35	1F1		
	(190) 소재 · 부품 · 장비 수요기업 공동출자 세액공제	제13조의3제1항	18N		
	(191) 소재 · 부품 · 장비 외국법인 인수세액 공제	제13조의3제3항	18P		
	(192) 상가임대료를 인하한 임대사업자에 대한 세액공제	제96조의3	10B		
	(193) 선결제 금액에 대한 세액공제	제99조의12	18Q		
	(194) 통합투자세액공제(일반)	제24조	13W		
	(195) 임시통합투자세액공제(일반)	제24조	1B1		
	(196) 통합투자세액공제(신성장 · 원천기술)	제24조	13X		
	(197) 임시통합투자세액공제(신성장 · 원천기술)	제24조	1B2		
	(198) 통합투자세액공제(국가전략기술)	제24조	13Y		
	(199) 임시통합투자세액공제(국가전략기술)	제24조	1B3		
	(200) 통합투자세액공제(반도체분야 국가전략기술)	제24조	13Z		
	(201) 임시통합투자세액공제(반도체분야 국가전략기술)	제24조	1B9		
	(202) 해외자원개발투자에 대한 과세특례	제104조의15	1B6		
	(203) 문화산업전문회사 출자에 대한 세액공제	제25조의7	1B7		
	(204)		165		
⑩ 감 면 세 액 합 계			1A2	33,793,000	

210mm×297mm[백상지 80g/㎡ 또는 중질지 80g/㎡]

2. 조합법인 등의 감면세액

① 법인세 과세표준	②「조세특례제한법」 제72조 세율	③ 산출세액 (①×②)	④ 과세표준		⑤「법인세법」 제55조의 세율	⑥ 산출세액	⑦ 감면세액 (⑥-③)
			구분	금액			
			2억원 이하 200억원 이하 3천억원 이하 3천억원 초과				
합 계			합 계				

3. 조합법인에 대한 공제세액

⑧ 공제내용	코드	⑨ 공제세액	비고
청년고용을 증대시킨 기업에 대한 세액공제	18A		「법인세법 시행규칙」 별지 제8호서식(갑)의 ⑦란 공제세액 해당 금액
고용을 증대시킨 기업에 대한 세액공제	18F		「법인세법 시행규칙」 별지 제8호서식(갑)의 ⑦란 공제세액 해당 금액
기업의 경기부 설치운영비용 세액공제	14O		「법인세법 시행규칙」 별지 제8호서식(갑)의 ⑦란 공제세액 해당 금액
상가임대료를 인하한 임대사업자에 대한 세액공제	10B		「법인세법 시행규칙」 별지 제8호서식(갑)의 ④란 감면(공제)세액 해당 금액
선결제금액에 대한 세액공제	18Q		「법인세법 시행규칙」 별지 제8호서식(갑)의 ⑦란 공제세액 해당 금액
통합고용세액공제	18S		「법인세법 시행규칙」 별지 제8호서식(갑)의 ⑦란 공제세액 해당 금액
합 계			

작 성 방 법

1. 일반법인의 감면세액 계산

가. ⑦ 비과세·소득공제분 감면세액란 중 ④ 감면세액(소득금액)란의 금액은 각 사업연도 소득에 대한 법인세 과세표준[법인세 과세표준 및 세액조정계산서(별지 제3호 서식)의 ⑬란의 금액을 말합니다]에 ⑤란의 비과세 소득금액과 ⑥란의 소득공제금액을 합산한 조정과세표준에 대한 산출세액에서 법인세 과세표준 및 세액조정계산서(별지 제3호서식)의 ⑮란의 산출세액의 금액을 빼서 적습니다.

나. 그 밖에 ⑤ 비과세, ⑥ 소득공제, ⑧ 세액감면, ⑨ 세액공제의 빈 란에는 「조세특례제한법」의 개정으로 추가하여 감면세액이 발생되거나 개정 전 규정의 부칙에 따라 적용되는 감면세액이 농어촌특별세 과세대상에 해당하는 경우에 해당 감면세액을 각각 적습니다.

2. 조합법인 등의 감면세액 계산: ⑤「법인세법」 제55조의 세율은 다음과 같이 적용합니다.

가. 2012년 1월 1일 이후 개시하는 사업연도

과세표준	세율
2억원 이하	과세표준의 100분의 10
2억원 초과 200억원 이하	2천만원 + (2억원 초과 200억원 이하 금액의 100분의 20)
200억원 초과	39억 8천만원 + (200억원을 초과하는 금액의 100분의 22)

나. 2018년 1월 1일 이후 개시하는 사업연도

과세표준	세율
2억원 이하	과세표준의 100분의 10
2억원 초과 200억원 이하	2천만원 + (2억원 초과 200억원 이하 금액의 100분의 20)
200억원 초과 3천억원 이하	39억8천만원 + (200억원을 초과하는 금액의 100분의 22)
3천억원 초과	655억8천만원 + (3천억원을 초과하는 금액의 100분의 25)

다. 2023년 1월 1일 이후 개시하는 사업연도

과세표준	세율
2억원 이하	과세표준의 100분의 9
2억원 초과 200억원 이하	1천8백만원 + (2억원 초과 200억원 이하 금액의 100분의 19)
200억원 초과 3천억원 이하	37억8천만원 + (200억원을 초과하는 금액의 100분의 21)
3천억원 초과	625억8천만원 + (3천억원을 초과하는 금액의 100분의 24)

3. 조합법인 등의 공제세액 계산: 「조세특례제한법」의 개정으로 조합법인 등에 추가로 공제되는 공제세액이 농어촌특별세 과세대상에 해당하는 공제세액을 적습니다.

※ 근거 법조항 중 "구"는 「조세특례제한법」(2020. 12. 29. 법률 제17759호로 개정되기 전의 것)에 따른 조항을 의미합니다.

210mm×297mm[백상지 80g/㎡ 또는 중질지 80g/㎡]

CHAPTER

13 지방소득세

1 세액계산 방법

구 분	납부할 세액의 계산	근거법
각 사업연도의 소득	• 법인세 과세표준금액×법인지방소득세율 =법인지방소득세산출세액 • 법인지방소득세 산출세액 +가산세 − { • 공제세액 · 감면세액 • 수시부과세액 • 특별징수세액 • 기납부세액 } =납부할 세액	지법 88 ① 〃 103의 21 ① 〃 103의 23 ③
토지등 양도소득	토지등 양도소득×1%(미등기 4%)=납부할 세액	
미환류소득	미환류소득×10%×법인지방소득세율	지법 103의 31 ⑤

(1) 과세표준

1) 일반적인 경우

내국법인의 각 사업연도의 소득에 대한 법인지방소득세의 과세표준은 「법인세법」에 따라 계산한 법인세의 과세표준(「조세특례제한법」 및 다른 법률에 따라 과세표준 산정과 관련된 조세감면 또는 중과세 등의 조세특례가 적용되는 경우에는 이에 따라 계산한 법인세의 과세표준)과 동일한 금액으로 한다(지법 103의 19 ①).

2) 외국납부세액이 있는 경우

내국법인의 각 사업연도의 소득에 대한 법인세 과세표준에 국외원천소득이 포함되어 있는 경우로서 「법인세법」 제57조에 따라 외국 납부 세액공제를 하는 경우에는 같은 조 제1항에 따른 외국법인세액을 법인세 과세표준 금액에서 차감한 금액을 법인지방소득세 과세표준으로 한다. 이 경우 해당 사업연도의 과세표준에 「법인세법」 제57조 제2항 단서에 따라 손금에 산입한 외국법인세액이 있는 경우에는 그 금액을 법인세 과세표준에 가산한 이후에 전단의 규정을 적용한다(지법 103의 19 ②).

법인세 과세표준의 신고 시에는 외국납부세액을 법인세액에서 공제받을지 손금에 산입할지 선택할 수 있으나, 법인지방소득세에 있어 외국법인세액의 세액공제를 허용하거나 손금에 산입한다는 규정이 없어 국가 간 중복과세의 문제가 있었다. 그러나, 지난 2020.3.12. 대법원에서는 외국납부세액을 손금으로 산입하여 법인지방소득세의 과세표준을 산정하는 것이 타당하다고 판결하였고, 외국납부세액공제는 적용되지 않더라도 손금산입법을 적용할 수 있게 되었다(대법원 2019두58698, 2020.3.12.). 따라서, 법인세 신고 · 납부에 있어 세액공제방법을 적용하는 경우 직접외국납부세액 및 간접외국납부세액을 과세표준에 포함하여 산정한 후, 법인지방소득세의 신고 · 납부 시에는 이를 다시 손금산입(또는 익금불산입하여) 과세표준을 산정하여야 하므로 위 대법원 판례에 따라 지방세법 제103조의 19 제2항을 신설하였다.

(2) 세 율

내국법인의 각 사업연도의 소득에 대한 법인지방소득세의 표준세율은 다음과 같다. 다만, 지방자치단체의 장은 조례로 정하는 바에 따라 각 사업연도의 소득에 대한 법인지방소득세의 세율을 제1항에 따른 표준세율의 50%의 범위에서 가감할 수 있다(지법 103의 20).

1) 일반법인

과세표준	세율표
2억원 이하	과세표준×0.9%
2억원 초과	200만원+(과세표준−2억원)×1.9%
200억원 초과	3억 9,800만원+(과세표준−200억원)×2.1%
3000억원 초과	65억 5,800만원+(과세표준−3,000억원)×2.4%

2) 부동산임대업을 주된 사업으로 하는 내국법인

과세표준	세율표
200억원 이하	과세표준×1.9%
200억원 초과 3,000억원 이하	3억 8,000만원+(과세표준−200억원)×2.1%
3,000억원 초과	62억 6,000만원+(과세표준−3,000억원)×2.4%

(3) 산출세액

내국법인의 각 사업연도의 소득에 대한 법인지방소득세는 과세표준에 세율을 적용하여 계산한 금액(토지 등 양도소득에 대한 법인지방소득세 세액이 있으면 이를 합한 금액)을 그 세액으로 한다(지법 103의 21 ①). 사업연도가 1년 미만인 내국법인의 각 사업연도의 소득에 대한 법인지방소득세는 그 사업연도의 「법인세법」에 따라 계산한 법인세의 과세표준(「조세특례제한법」 및 다른 법률에 따라 과세표준 산정과 관련된 조세감면 또는 중과세 등의 조세특례가 적용되는 경우에는 이에 따라 계산한 법인세의 과세표준)과 동일한 금액을 그 사업연도의 월수로 나눈 금액에 12를 곱하여 산출한 금액에 따른 세액에 그 사업연도의 월수를 12로 나눈 수를 곱하여 산출한 세액을 그 세액으로 한다. 이 경우 월수의 계산은 역에 따라 계산하되, 1월 미만의 일수는 1월로 한다(지법 103의 21 ②).

$$\left(\text{법인세 과세표준}\times\frac{12}{\text{사업연도 월수}}\right)\times\text{세율}\times\frac{\text{사업연도 월수}}{12}=\text{산출세액}$$

(4) 세액공제 및 세액감면

내국법인의 각 사업연도의 소득에 대한 법인지방소득세의 공제 및 감면되는 세액은 법인지방소득세 산출세액(토지등 양도소득 및 미환류소득에 대한 법인지방소득세 세액을 제외한 금액)에서 공제하되 산출세액을 초과하는 경우에는 그 초과금액은 없는 것으로 한다(지법 103의 22 ① · ②). 이때에 내국법인의 각 사업연도의 소득에 대한 법인지방소득세의 세액공제 및 세액감면에 관한 사항은 「지방세특례제한법」에서 정하도록 하고 있는데(지법 103의 22 ①), 현재까지 「지방세특례제한법」에서는 법인지방소득세와 관련된 공제 · 감면세액에 대한 규정을 정하고 있지 아니하다.

2 과세표준 및 세액의 확정신고와 납부

(1) 신 고

「법인세법」에 따른 신고의무가 있는 내국법인은 각 사업연도의 종료일이 속하는 달의 말일부터 4개월 이내에 그 사업연도의 소득에 대한 법인지방소득세의 과세표준과 세액을 납세지 관할 지방자치단체의 장에게 신고하여야 한다(지법 103의 23 ①).

법인지방소득세를 신고납부할 때에는 그 신고서에 다음의 서류를 첨부하여야 한다(지법 103의 23 ②, 지령 100의 12). 법인지방소득세 신고를 할 때 그 신고서에 다음의 ①부터 ③까지의 서류를 첨부하지 아니하면 지방세법에 따른 신고로 보지 아니한다. 다만, 「법인세법」 제3조 제3항 제1호 및 제7호에 따른 수익사업을 하지 아니하는 비영리내국법인은 그러하지 아니하다(지법 103의 23 ⑦).

① 기업회계기준을 준용하여 작성한 개별 내국법인의 재무상태표 · 포괄손익계산서 및 이익잉여금 처분계산서(또는 결손금처리계산서)
② 세무조정계산서
③ 법인지방소득세 안분명세서
④ 그 밖에 대통령령으로 정하는 서류

한편, 둘 이상의 지방자치단체에 법인의 사업장이 있는 경우에는 본점 소재지를 관할하는 지방자치단체의 장에게 위의 첨부서류를 제출할 수 있다. 이 경우 법인의 각 사업장 소재지 관할 지방자치단체의 장에게도 이를 제출한 것으로 본다(지법 103의 23 ⑥).

(2) 납 부

내국법인은 각 사업연도의 소득에 대한 법인지방소득세 산출세액에서 다음의 법인지방소득세 세액(가산세는 제외)을 공제한 금액을 과세표준 신고기한까지 납세지 관할 지방자치단체에 납부하여야 한다(지법 103의 23 ③). 납부할 세액이 100만원을 초과하는 내국법인은 그 납부할 세액의 일부를 납부기한이 지난 후 1개월(중소기업의 경우에는 2개월) 이내에 분할납부할 수 있다(지법 103의 23 ④).

① 해당 사업연도의 공제 · 감면세액
② 해당 사업연도의 수시부과세액
③ 해당 사업연도의 특별징수세액
④ 해당 사업연도의 예정신고납부세액

3 납세지와 안분계산

(1) 법인지방소득세의 납세지

법인지방소득세의 납세지는 사업연도 종료일 현재 「법인세법」 제9조에 따른 그 법인의 등기부에 따른 본점이나 주사무소의 소재지로 한다. 다만, 법인 또는 연결법인이 둘 이상의 지방자치단체에 사업장이 있는 경우에는 각각의 사업장 소재지를 납세지로 한다(지법 89 ① 2호). 이때에 사업장을 이전할 경우에는 해당 법인의 사업연도 종료일 현재 그 사업장의 소재지로 한다(지령 87 ①).

(2) 둘 이상 사업장이 있는 경우의 법인지방소득세 안분계산방법

둘 이상의 지방자치단체에 법인의 사업장이 있는 경우 또는 각 연결법인의 사업장이 있는 경우에는 다음의 기준에 따라 법인지방소득세를 안분하여 그 소재지를 관할하는 지방자치단체의 장에게 각각 신고납부하여야 한다(지법 89 ②, 지령 88 ①).

$$\text{안분율} = \left[\left(\frac{\text{관할 지방자치단체 안 종업원수}}{\text{법인의 총 종업원수}} + \frac{\text{관할 지방자치단체 안 건축물 연면적}}{\text{법인의 총 건축물 연면적}} \right) \right] \div 2$$

1) 사업장

사업장이란 인적 설비 또는 물적 설비를 갖추고 사업 또는 사무가 이루어지는 장소를 말한다(지법 85 ① 10호).

① 인적설비란 계약의 형태나 형식에 불구하고 당해 장소에서 그 사업에 종사 또는 근로를 제공하는 자를 말한다(지방세법 운영예규 85-1).
② 물적설비란 허가와 관계없이 현실적으로 사업이 이루어지고 있는 건축물 기계장치 등이 있고, 이러한 설비들이 지상에 고착되어 현실적으로 사무·사업에 이용되는 것을 말한다(지방세법 운영예규 85-1).

2) 종업원 수

종업원 수란 해당 법인의 사업연도 종료일 현재 「지방세법」 제74조 제8호 및 「지방세법 시행령」 제78조의 3에 따른 종업원 수를 말한다(지령 88 ②). 종업원이란 사업소에 근무하거나 사업소로부터 급여를 지급받는 임직원, 그 밖의 종사자로서 급여의 지급 여부와 상관없이 사업주 또는 그 위임을 받은 자와의 계약에 따라 해당 사업에 종사하는 사람을 말한다. 다만, 국외근무자는 제외한다(지법 74 8호, 지령 78의 3 ①).

3) 건축물 연면적

건축물 연면적이란 해당 법인의 사업연도 종료일 현재 사업장으로 직접 사용하는 「건축법」 제2조 제1항 제2호에 따른 건축물(이와 유사한 형태의 건축물 포함)의 연면적을 말한다. 다만, 구조적 특성상 연면적을 정하기 곤란한 기계장치 또는 시설(수조 · 저유조 · 저장창고 · 저장조 · 송유관 · 송수관 및 송전철탑만 해당)의 경우에는 그 수평투영면적을 말한다(지령 88 ②).

(3) 둘 이상의 구에 사업장이 있는 경우 신고 · 납부

같은 특별시 · 광역시 안의 둘 이상의 구에 사업장이 있는 법인은 해당 특별시 · 광역시에 납부할 법인지방소득세를 본점 또는 주사무소의 소재지(연결법인의 경우에는 모법인의 본점 또는 주사무소)를 관할하는 구청장에게 일괄하여 신고 · 납부하여야 한다. 다만, 특별시 · 광역시 안에 법인의 본점 또는 주사무소가 없는 경우에는 해당 특별시 또는 광역시 안에 소재하는 사업장 중 「지방세법 시행령」 제78조의 3에 따른 종업원의 수가 가장 많은 사업장(주된 사업장이라 함)의 소재지를 관할하는 구청장에게 신고 · 납부한다(지령 88 ④, 지칙 39).

❙ 법인지방소득세 안분계산 시 세부 적용기준(지방세법 시행규칙 [별표 4]) ❙

1. 종업원 수

구 분	적용례
가. 「소득세법」 제12조 제3호에 따른 비과세 대상 급여만을 받는 사람	종업원 수에 포함
나. 대표자	종업원 수에 포함
다. 현역복무 등의 사유로 사실상 해당 사업소에 일정기간 근무하지 아니하는 사람	급여를 지급하는 경우 종업원 수에 포함
라. 국외파견자 또는 국외교육 중인 사람	종업원 수에 포함하지 않음
마. 국내교육 중인 사람	종업원 수에 포함
바. 고용관계가 아닌 계약에 따라 사업소득에 해당하는 성과금을 지급하는 방문판매원	종업원 수에 포함하지 않음
사. 특정업무의 수요가 있을 경우에만 이를 수임처리하기로 하고 월간 또는 연간 일정액의 급여를 지급받는 자	종업원 수에 포함

구 분	적용례
아. 해당 사업장에 근무하지 아니하고 사업주로부터 급여를 지급받지 아니하는 비상근이사	종업원 수에 포함하지 않음
자. 소속회사 직원이 용역이나 도급계약 등에 의하여 1년이 초과하는 기간 동안 계약업체에 파견되어 일정한 장소에서 계속 근무하는 자	계약업체의 종업원 수에 포함
차. 물적설비 없이 인적설비만 있는 사업장의 종업원	본점 또는 주사업장의 종업원 수에 포함

2. 건축물 연면적 등

구 분	적용례
가. 사업연도 종료일 현재 미사용 중인 공실의 연면적	사용을 개시하지 않은 경우는 건축물 연면적에 포함하지 않음
	사용하던 중 사업연도 종료일 현재 일시적 미사용 상태인 경우 건축물 연면적에 포함
나. 기숙사 등 직원 후생복지시설의 연면적	법인 목적사업 및 복리후생에 공여되는 시설 중 직원 후생복지시설은 건축물 연면적에 포함
다. 공동도급공사 수행을 위한 현장사무소의 연면적	각 참여업체가 공동으로 사용하고 있는 현장사무소의 경우로 실제 사용면적 산정이 불가능한 경우 도급공사 지분별로 안분
라. 건설법인의 사업연도 종료일 현재 미분양 상태로 소유하고 있는 주택과 상가의 연면적	법인의 사업장으로 직접 사용하고 있지 않은 것으로 보아 안분대상 건축물에 포함하지 않음
마. 별도의 사업장이 필요하지 않아 주소지 또는 거소지를 사업장소재지로 등록한 경우 주소지 또는 거소지의 연면적	주소지 또는 거소지를 사업장소재지로 하여 사업자등록을 하였더라도, 사실상 별도의 사업장이 없는 것으로 보아 해당 주소지 또는 거소지의 면적을 건축물 연면적에 포함하지 않음
바. 수평투영면적의 적용	지하에 설치된 시설물을 포함
	기계장치 또는 각 시설물의 수평투영면적은 사업연도 종료일 현재 고정된 상태에서의 바닥면적을 적용
	수평투영면적을 산정하기 곤란한 경우, 기계장치 또는 각 시설물의 설계 도면상 면적을 적용
사. 기계장치의 범위	기계장치란 동력을 이용한 작업도구 중 특정장소에 고정된 것을 말하며, 그 기계의 작동에 필수적인 부대설비를 포함하여 적용함

4 기타의 사항

(1) 수정신고

1) 개 요

과세표준 및 세액의 확정신고를 한 내국법인이 「국세기본법」에 따라 「법인세법」에 따른 신고내용을 수정신고할 때에는 납세지를 관할하는 지방자치단체의 장에게도 해당 내용을 신고하여야 한다(지법 103의 24 ①).

2) 사 유

과세표준 및 세액의 확정신고에 따라 신고를 한 내국법인이 신고납부한 법인지방소득세의 납세지 또는 지방자치단체별 안분세액에 오류가 있음을 발견하였을 때에는 결정 및 경정에 따라 지방자치단체의 장이 보통징수의 방법으로 부과고지를 하기 전까지 관할 지방자치단체의 장에게 「지방세기본법」에 따른 수정신고납부 또는 경정 등의 청구를 할 수 있다(지법 103의 24 ②).

3) 법인지방소득세의 납세지 또는 사업장별 안분세액에 오류가 있는 경우

법인지방소득세의 과세표준 및 세액신고를 한 내국법인이 신고납부한 법인지방소득세의 납세지 또는 지방자치단체별 안분세액에 오류가 있는 때에는 「지방세법」 제103조의 25에 따라 지방자치단체의 장이 보통징수의 방법으로 부과고지를 하기 전까지 관할 지방자치단체의 장에게 「지방세기본법」 제50조 및 제51조에 따른 수정신고납부 또는 경정 등의 청구와 기한 후 신고를 할 수 있다(지법 103의 24 ②). 수정신고 또는 기한 후 신고에 따라 추가납부세액이 발생하는 경우에는 이를 납부하여야 하며(지법 103의 24 ③), 이때 가산세는 부과하지 아니한다(지법 103의 24 ③). 또한 경정 등의 청구 결과 환급세액이 발생한 경우에는 「지방세기본법」 제62조에 따른 지방세환급가산금을 지급하지 아니한다(지법 103의 24 ④).

(2) 결정과 경정

1) 개 요

납세지 관할 지방자치단체의 장은 내국법인이 과세표준 및 세액의 확정신고에 따른 신고를 하지 아니하거나 신고 내용에 오류 또는 누락이 있는 경우에는 해당 사업연도의 과세표준과 세액을 결정 또는 경정한다. 납세지 관할 지방자치단체의 장은 법인지방소득세의 과세표준과 세액을 결정 또는 경정한 후 그 결정 또는 경정에 오류나 누락이 있는 것을 발견한 경우에는 즉시 이를 다시 경정한다.

2) 원칙－실지조사

이와 같은 경우 납세지 관할 지방자치단체의 장은 「법인세법」에 따라 납세지 관할 세무서장 또는 관할 지방국세청장이 결정 또는 경정한 자료, 장부나 그 밖의 증명서류를 근거로 하여야 한다.

3) 예외－추계

「법인세법」에 따른 추계결정 및 경정으로 정하는 사유로 장부나 그 밖의 증명서류에 의하여 소득금액을 계산할 수 없는 경우에는 「법인세법」에서 정하는 바에 따라 추계할 수 있다(지법 103의 25 ①·②·③).

4) 통 지

지방자치단체의 장이 법인지방소득세의 과세표준과 세액을 결정 또는 경정한 때에는 그 내용을 해당 내국법인에게 서면으로 납세고지서에 그 과세표준과 세액의 계산명세를 첨부하여 통지하여야 한다. 다만, 각 사업연도의 과세표준이 되는 금액이 없거나 납부할 세액이 없는 경우에는 그 결정된 내용을 통지하여야 한다(지법 103의 25 ④, 지령 100의 16).

(3) 가산세

납세지 관할 지방자치단체의 장은 납세지 관할 세무서장이 「법인세법」 제74조의 2, 제75조 및 제75조의 2부터 제75조의 9까지의 규정에 따라 법인세 가산세를 징수하는 경우에는 그 징수하는 금액의 10%에 해당하는 금액을 법인지방소득세 가산세로 징수한다. 다만, 「법인세법」 제75조의 3에 따라 징수하는 가산세(무기장가산세)의 10%에 해당하는 법인지방소득세 가산세와 「지방세기본법」 제53조(무신고가산세) 또는 제54조(과소신고가산세)에 따른 가산세가 동시에 적용되는 경우에는 그중 큰 가산세액만 적용하고, 가산세액이 같은 경우에는 「지방세기본법」 제53조(무신고가산세) 또는 제54조(과소신고가산세)에 따른 가산세만 적용한다(지법 103의 30 ①).

한편, 법인의 사업장 소재지가 둘 이상의 지방자치단체에 있어 각 사업장 소재지 관할 지방자치단체의 장이 「지방세법」 제89조 제2항에 따라 안분하여 부과·징수하는 경우에는 「지방세법」 제103조의 30 제1항에 따라 징수하려는 법인지방소득세 가산세도 안분하여 징수한다(지법 103의 30 ②).

5 특별징수

(1) 개 요

「법인세법」에 따른 원천징수의무자가 내국법인으로부터 법인세를 원천징수하는 경우에는 원천징수하는 법인세(「조세특례제한법」 및 다른 법률에 따라 조세감면 또는 중과세 등의 조세특례가 적용되는 경우에는 이를 적용한 법인세)의 10%에 해당하는 금액을 법인지방소득세로 특별징수하여야 한다(지법 103의 29 ①). 법인지방소득세의 특별징수에 관하여 지방소득세에서 특별한 규정이 있는 경우를 제외하고는 「법인세법」에 따른 원천징수에 관한 규정을 준용한다(지법 103의 29 ⑤).

(2) 납 부

특별징수의무자는 특별징수한 지방소득세를 그 징수일이 속하는 달의 다음 달 10일까지 관할 지방자치단체에 납부하여야 한다(지법 103의 29 ③).

(3) 가산세

특별징수의무자가 징수하였거나 징수하여야 할 세액을 납부기한까지 납부하지 아니하거나 과소납부한 경우에는 「지방세기본법」에 따라 산출한 특별징수납부 등 불성실가산세를 부과하며, 특별징수의무자가 징수하지 아니한 경우로서 납세의무자가 그 법인지방소득세액을 이미 납부한 경우에는 특별징수의무자에게 그 가산세액만을 부과한다. 다만, 국가 또는 지방자치단체와 그 밖에 대통령령으로 정하는 자가 특별징수의무자인 경우에는 특별징수 의무불이행을 이유로 하는 가산세는 부과하지 아니한다(지법 103의 29 ④).

(4) 법인지방소득세 특별징수세액 정산을 위한 특례

법인지방소득세 산출세액에서 특별징수세액을 공제할 때 특별징수지와 신고지가 다른 경우 해당 특별징수세액은 신고지 관할 지방자치단체의 장에게 납부하는 법인지방소득세로 본다(지법 103의 62 ①). 여기서 '특별징수지'란 「지방세법」 제89조 제3항에 따른 특별징수세액의 납세지를 말하며, 이는 그 소득의 지급지를 말한다(지법 89 ③ 2호). 또한, '신고지'란 「지방세법」 제89조 제1항 제2호에 따른 납세지를 말하는데, 이는 그 법인의 등기부에 따른 본점이나 주사무소의 소재지를 말한다. 다만, 법인 또는 연결법인이 둘 이상의 지방자치단체에 사업장이 있는 경우에는 각각의 사업장 소재지를 말한다(지법 89 ① 2호).

이때에 특별징수지 관할 지방자치단체의 장은 해당 특별징수세액의 감액경정을 하여 해당 법인의 본점 또는 주사무소 소재지(연결법인의 경우 연결모법인의 본점 또는 주사무소 소재지를 말하며, 이하 "본점 소재지"라 함)를 관할하는 지방자치단체의 장에게 지급하여야 한다(지법 103의 62 ②). 이에 따라 특별징수 세액을 지급받은 본점 소재지 관할 지방자치단체의 장은 신고법인이 둘 이상의 지방자치단체에 안분신고한 내역을 근거로 대통령령으로 정하는 정산금액을 신고지 관할 지방자치단체에 배분하고, 그 내역을 통보하여야 한다. 이 경우 신고지 관할 지방자치단체의 장은 해당 배분액을 납세의무자가 납부한 법인지방소득세로 보아 징수하여야 한다(지법 103의 62 ③).

정산 금액을 배분할 때 본점 소재지 관할 지방자치단체의 장은 특별징수된 세액이 법인지방소득세 총부담세액을 초과하여 환급세액이 발생한 경우 그 환급세액을 대통령령으로 정하는 바에 따라 납세의무자에게 환급하거나 지방세에 충당한다. 이 경우 체납된 징수금이 2건 이상인 경우에는 신고지 관할 지방자치단체의 체납된 징수금 중 소멸시효가 먼저 도래하는 것부터 충당하여야 한다(지법 103의 62 ④). 특별징수세액이 총부담세액을 초과하여 환급할 때에 본점 소재지 관할 지방자치단체의 장은 환급세액을 납세의무자에게 환급하는 경우 신고지를 관할하는 지방자치단체의 장에게 배분할 금액의 지급을 유보하고 환급금을 해당 법인에 일괄 환급(해당 지방자치단체의 장이 납세의무자에게 환급할 금액에 한정)을 하여야 한다. 이 경우에 해당 법인에 환급하고 남은 금액은 그 신고지를 관할하는 지방자치단체의 장에게 교부하여야 한다(지령 100의 36 ②).

사례 법인지방세 안분 사례

㈜택스에듀는 지점이 있는 본점이다. ㈜택스에듀의 종업원 수 및 건축물 연면적이 다음과 같을 때, 법인지방소득세 과세표준 및 세액신고서를 작성하시오.

구 분	본 점	지 점	합 계
종업원	6	4	10
건축물 연면적	300	700	1,000

- 과세표준은 1억이다.
- 자금관리는 본점에서 일괄적으로 이루어지므로 특별징수납부세액 100,000원은 본점에서 발생하였다.

해설

종업원 수 및 건축물 연면적의 비율로 안분율을 계산하여 산출세액 및 기납부세액을 안분한다.

본점의 안분율 = $(\frac{6}{10}+\frac{300}{1,000})\times\frac{1}{2}=45\%$

지점의 안분율 = $(\frac{4}{10}+\frac{700}{1,000})\times\frac{1}{2}=55\%$

과세표준과 세액계산 04

[별지 제43호 서식] (2023.12.29. 개정)

법인지방소득세 과세표준 및 세액신고서

※ 뒤쪽의 작성방법을 참고하시기 바라며, 색상이 어두운 란은 신청인이 적지 않습니다. (앞쪽)

접수번호	접수일자	관리번호

①사업자등록번호	123-xx-xxxxx	②법인등록번호	
③법인명	㈜택스에듀	④전화번호	
⑤대표자성명		⑥전자우편	
⑦소재지			
⑧업태	⑨종목	⑩주업종코드	
⑪사업연도	2025. 1. 1. ~ 2025. 12. 31.	⑫수시부과기간	. . ~ . .

⑬법인구분	1. 내국 2.외국 3.외투(비율 %)						⑭조정구분	1. 외부 2. 자기
⑮종류별구분		중소기업	일반 중견기업	일반 상호출자제한기업	일반 그외기업	당기순이익과세	⑯외부감사대상	1. 여 2. 부
영리법인	상장법인	11	71	81	91		⑰신고구분	1. 정기신고
영리법인	코스닥 상장법인	21	72	82	92			2. 수정신고(가. 서면분석, 나. 기타)
영리법인	기타법인	30	73	83	93			3. 기한후 신고
비영리법인		60	74	84	94	50		4. 중도폐업신고
								5. 경정청구
⑱법인유형별구분	기타법인	코드					⑲결산확정일	2026.03.31.
⑳신고일	2026.04.30.						㉑납부일	
㉒신고기한 연장승인	1. 신청일						2. 연장기한	

구분	여	부	구분	여	부
㉓주식변동	1	2	㉔장부전산화	1	2
㉕사업연도의제	1	2	㉖결손금소급공제 환급신청	1	2
㉗동업기업의 출자자(동업자)	1	2	㉘미환류소득에 대한 법인지방소득세 신고	1	2

ㅁ 법인별 세액의 계산

구분	법인지방소득세: 각 사업연도 소득에 대한 법인지방소득세	토지 등 양도소득에 대한 법인지방소득세	미환류소득에 대한 법인지방소득세	계
㉙수입금액	(273,000,000)			
㉚과세표준	100,000,000			
㉛표준산출세액	900,000			900,000
㉜총부담세액	900,000			900,000
㉝기납부세액	100,000			100,000
㉞차감납부할세액	800,000			800,000
㉟경정·수정신고 등 가감액				
㊱납부할총세액(㉞+㉟)				800,000
㊲분납할세액		㊳신고기간 이내 납부할 세액(㊱-㊲)		800,000

ㅁ 안분율의 계산

㊴본점/지점여부	1.단일사업장 2. 지점 있는 법인의 본점 3. 지점	㊵특·광역시 주사업장 여부	1. 여 2. 부
㊶해당사업장 명칭	㈜택스에듀	소재지	전남 XX시
연락처			

㊷안분율의 계산

구분	종업원 수(명)	건축물 연면적(㎡) 계	건물	기계장치	시설물	안분율(소수점8자리)
법인전체	10	1,000	1,000	0	0	
시군구내	6	300	300	0	0	
비율(%)	60	30				45

ㅁ 납세지별 세액의 계산

㊸납세지별 산출세액	405,000					㊹납세지별 세액공제·감면액		
㊺납세지별 가산세액						㊻납세지별 추가납부세액		
합계	무(과소)신고	납부지연	지방세법 제103조의30에 따른 가산세	동업기업 가산세 배분액	기타	㊼납세지별 기납부세액	특별징수납부세액	45,000
							수시부과세액 및 예정신고납부세액	
						㊽ 납세지별 경정·수정신고 등 가감액		
㊾탄력세율적용 조정세액						㊿해당 납세지에 납부할 세액		360,000
51해당 납세지에 분납할 세액						52신고기간 이내 해당 납세지에 납부할 세액(㊿-51)		360,000

□ 안분율의 계산

<table>
<tr><td>㊴본점/지점여부</td><td colspan="4">1.단일사업장 2. 지점 있는 법인의 본점 (3.) 지점</td><td colspan="2">㊵특 · 광역시 주사업장 여부</td><td>1. 여 (2.) 부</td></tr>
<tr><td>㊶ 해 당 사 업 장</td><td>명칭</td><td colspan="2">㈜택스에듀</td><td>소재지</td><td>서울시 중구 XX</td><td>연락처</td><td></td></tr>
</table>

㊷안분율의 계산

<table>
<tr><td rowspan="2">구분</td><td rowspan="2">종업원 수
(명)</td><td colspan="4">건축물 연면적(㎡)</td><td rowspan="2">안분율
(소수점8자리)</td></tr>
<tr><td>계</td><td>건물</td><td>기계장치</td><td>시설물</td></tr>
<tr><td>법인전체</td><td>10</td><td>1,000</td><td>1,000</td><td>0</td><td>0</td><td></td></tr>
<tr><td>시군구내</td><td>4</td><td>700</td><td>700</td><td>0</td><td>0</td><td></td></tr>
<tr><td>비율(%)</td><td>40</td><td>70</td><td></td><td></td><td></td><td>55</td></tr>
</table>

□ 납세지별 세액의 계산

<table>
<tr><td colspan="2">㊸납세지별 산출세액</td><td colspan="4">495,000</td><td colspan="2">㊹납세지별 세액공제 · 감면액</td><td></td></tr>
<tr><td colspan="6">㊺납세지별 가산세액</td><td colspan="2">㊻납세지별 추가납부세액</td><td></td></tr>
<tr><td rowspan="2">합계</td><td rowspan="2">무(과소)
신고</td><td rowspan="2">납부지연</td><td rowspan="2">지방세법
제103조의30에
따른 가산세</td><td rowspan="2">동업기업
가산세 배분액</td><td rowspan="2">기타</td><td rowspan="2">㊼납세지별
기납부세액</td><td>특별징수납부세액</td><td>55,000</td></tr>
<tr><td>수시부과세액 및
예정신고납부세액</td><td></td></tr>
<tr><td></td><td></td><td></td><td></td><td></td><td></td><td colspan="2">㊽ 납세지별 경정 · 수정신고 등 가감액</td><td></td></tr>
<tr><td colspan="6">㊾탄력세율적용 조정세액</td><td colspan="2">㊿해당 납세지에 납부할 세액</td><td>440,000</td></tr>
<tr><td colspan="3">51해당 납세지에 분납할 세액</td><td colspan="3"></td><td colspan="2">52신고기간 이내 해당 납세지에
납부할 세액(㊿−51)</td><td>440,000</td></tr>
</table>

CHAPTER

14 결손금 소급공제와 환급

1 개 요

중소기업은 결손금을 차후 연도로 이월하여 공제하는 이월공제 방법 외에도 직전 사업연도의 소득에 대하여 과세된 법인세액을 한도로 결손금 소급공제에 의한 법인세 환급을 신청할 수 있다(법법 72, 법령 110).

2 적용대상 법인

적용대상 법인은 「조세특례제한법 시행령」 제2조의 규정에 의한 중소기업으로서 결손금이 발생한 사업연도와 그 직전 사업연도의 법인세 과세표준과 세액을 법정 신고기한 내에 각각 신고한 경우에 한하여 적용한다(법법 72 ①·④).

3 환급신청 방법

결손금의 소급공제에 의하여 법인세를 환급받고자 하는 법인은 소급공제 법인세액 환급신청서[법칙 별지 제68호 서식]에 직전 사업연도 과세표준금액 및 소급공제를 받고자 하는 결손금액 등을 기재하여 납세지 관할세무서장에게 반드시 신청하여야 한다(법법 72 ②). 소급공제 신청서를 기한 내에 제출하지 않은 경우에는 결손금은 자동적으로 이월결손금으로 5년간 공제된다.

4 환급세액의 계산

결손금 소급공제로 인한 환급세액＝MIN[①, ②]

$$\text{① 환급대상액} = \frac{\text{직전 사업연도}}{\text{법인세 산출세액}} - \left[\frac{\text{직전 사업연도}}{\text{과세표준}} - \frac{\text{소급공제할}}{\text{결손금액}}\right] \times \frac{\text{직전 사업연도}}{\text{법인세율}}$$

② 환급한도액＝직전 사업연도 법인세 산출세액* －직전 사업연도 공제 · 감면세액

* 토지등 양도소득에 대한 법인세를 제외한다.

실무포인트

1. 소급공제 법인세 환급신청서를 제출하지 않는 경우

법인이 「법인세법」 제72조의 규정에 의한 결손금 소급공제를 적용받고자 하는 사업연도의 법인세 과세표준 신고기한 내에 같은 조 제2항의 규정에 의한 소급공제 법인세액 환급신청을 하지 아니한 경우에는 당해 결손금 소급공제에 의한 환급을 적용받을 수 없음(법인 46012－1314, 2000.6.7.).

2. 결손금 소급공제에 의한 환급신청의 경정청구 대상 여부

「법인세법」 제72조의 규정에 따라 결손금소급공제에 의한 환급을 받은 법인이 경정으로 인하여 직전 사업연도의 법인세 과세표준금액이 증가된 경우에는 「국세기본법」 제45조의 2의 규정에 의한 경정 등의 청구절차에 의하여 추가로 환급신청을 할 수 있음(법인 46012－1644, 2000.7.26.).

※ 당초부터 환급신청서를 제출하지 아니한 경우는 제외

3. 경정청구에 의하여 결손금이 증가한 경우

「법인세법」 제72조의 규정에 의하여 결손금 소급공제에 의한 환급을 받은 법인이 「국세기본법」 제45조의 2 규정에 의한 경정청구에 의하여 결손금이 발생한 사업연도의 결손금이 증가된 경우 추가로 결손금소급공제를 받을 수 있음(재경부 법인 46012－189, 2000.1.22.).

4. 농어촌특별세는 환급하지 않음

결손금소급공제에 의해 법인세를 환급받는 경우에도 각 사업연도 소득에 대한 법인세에 부가되는 농어촌특별세는 환급하지 않음(서이 46012－10328, 2001.10.10.).

5. 결손금 소급공제에 의한 환급대상 중소기업 해당 여부

「조세특례제한법 시행령」 제2조 제1항 제3호의 요건을 갖추지 못한 법인이 「독점규제 및 공정거래에 관한 법률 시행령」 제21조의 규정에 의하여 대규모 기업집단 소속법인에서 제외됨에 따라 중소기업에 해당하게 된 때에는 그 통지를 받은 날이 속하는 사업연도부터 「법인세법」 제72조의 규정을 적용받을 수 있는 중소기업으로 보는 것임(법인 46012-44, 2000.1.7.).

6. 사업을 영위하지 않는 휴업 중인 법인은 환급신청할 수 없음

사업을 장기간 휴업 중인 법인으로서 토지 등 양도차익만 있는 법인은 「법인세법」 제38조의 2 규정에 의한 결손금 소급공제에 의한 환급을 적용받을 수 없는 것임(법인 46012-633, 1998.3.14.).

예제 결손금소급공제

중소기업인 ㈜텍스에듀는 제12기(2025.1.1.~2025.12.31.) 사업연도에 다음과 같은 결손금이 발생하여 제11기 결손금 소급공제를 신청하고자 한다. 결손금 소급공제로 인한 환급세액과 결손금 소급액, 이월결손금을 구하시오.

- 12기
- 결손금 : 400,000,000원

- 11기
- 과세표준 : 700,000,000원
- 산출세액 : 113,000,000원
- 세액공제 : 70,000,000원(최저한세 적용대상: 60,000,000원, 적용 제외: 10,000,000원)
- 납부세액 : 43,000,000원

결손금 소급공제로 인한 환급세액 MIN(①, ②)
① 환급대상액 = 직전 사업연도 법인세 산출세액 - (직전 사업연도 과세표준 - 소급공제할 결손금액) × 직전사업연도 법인세율
② 환급한도액 = 직전 사업연도 법인세 산출세액 - 직전 사업연도 공제감면세액

풀이

1. 환급대상 세액 계산
   (1) 환급대상액=113,000,000-(700,000,000-400,000,000) × (9%)19% = 76,000,000원
   (2) 환급한도=113,000,000-70,000,000=43,000,000원

2. 환급한도 초과 시 소급공제할 결손금 재계산 및 결손금 이월액 계산
   (1) 환급대상액이 한도와 동일해지도록 소급공제 결손금 재계산

환급대상액=113,000,000-(700,000,000-소급공제액) × (9%)19% = 43,000,000원

과세표준 2억원까지 9% 세율이 적용되므로

[700,000,000-(소급공제액-200,000,000)] × 19% + 200,000,000 × 9%

= 70,000,000원

소급공제액=226,315,789원

(2) 환급세액=43,000,000원

(3) 이월결손금=400,000,000-226,315,789=173,684,211원

다른풀이

1. 차기이월 결손금 먼저 계산

2. 환급한도 초과 시 소급공제할 결손금 재계산 및 이월결손금 계산

(1) 환급한도 초과금액= 76,000,000-43,000,000=33,000,000원

(2) 한도초과 세액에 해당하는 결손금(이월결손금) = 33,000,000/19%(세율 19% 구간)

= 173,684,211원

(3) 결손금 소급액 = 400,000,000 - 173,684,211 = 226,315,789원

(4) 환급세액: 43,000,000원

[별지 제68호 서식] (2023.3.20. 개정)

소급공제법인세액환급신청서

※ 뒤쪽의 신고안내 및 작성방법을 읽고 작성하여 주시기 바랍니다. (앞쪽)

1. 신청인

법 인 명	㈜텍스에듀	사 업 자 등 록 번 호	123-81-12346
대 표 자 성 명		업 태 · 종 목	
소 재 지			

2. 환급신청 명세

①결 손 사 업 연 도	2025년 1월 1일 ~ 2025년 12월 31일	②직전사업연도	2024년 1월 1일 ~ 2024년 12월 31일
③결 손 사 업 연 도 결 손 금 액	⑥결손금액		400,000,000
	⑦소급공제받을 결손금액		226,315,789
④직 전 사 업 연 도 법 인 세 액 계 산	⑧과세표준		700,000,000
	⑨세 율		19%
	⑩산출세액		113,000,000
	⑪공제감면세액		70,000,000
	⑫차감세액(⑩－⑪)		43,000,000
⑤환 급 신 청 세 액 계 산	⑬직전사업연도법인세액(⑬＝⑩)		113,000,000
	⑭차감할 세액[(⑧－⑦)×세율][⑭≧(⑩－⑫)]		70,000,000
	⑮환급신청세액(⑬－⑭)(⑮≦⑫)		43,000,000

국세환급금 계좌 신고	⑯예 입 처	은행 (본)지점
	⑰예금종류	예금
	⑱계 좌 번 호	

「법인세법」 제72조 제2항 및 같은 법 시행령 제110조 제2항에 따라 소급공제법인세액환급신청서를 제출합니다.

년 월 일

신청인(법 인) (인)

신청인(대표자) (서명)

세무서장 귀하

210mm×297mm[백상지 80g/㎡ 또는 중질지 80g/㎡]

[자본금과 적립금 조정명세서(갑)]

(단위: 원)

Ⅱ. 이월결손금 계산서

1. 이월결손금 발생 및 증감내역

⑥ 사업연도	이월결손금					감 소 내 역				잔 액		
	발 생 액			⑩ 소급 공제	⑪ 차감계	⑫ 기공제액	⑬ 당기 공제액	⑭ 보전	⑮ 계	⑯ 기한 내	⑰ 기한 경과	⑱ 계
	⑦계	⑧일반 결손금	⑨배 분 한도초과 결손금 (⑨=㉕)									
2025	400,000,000	400,000,000		226,315,789						173,684,211		
계												

[별지 제3호 서식] (2024.3.22. 개정) (앞쪽)

사업연도	2024. 01. 01. ~ 2024. 12. 31.	**법인세 과세표준 및 세액조정계산서**	법인명	㈜텍스에듀
			사업자등록번호	123-81-12346

구분		항목	코드	금액
① 각 사업연도 소득계산		(101) 결산서상 당기순손익	01	540 000 000
	소득조정금액	(102) 익금산입	02	220 000 000
		(103) 손금산입	03	50 000 000
		(104) 차가감소득금액 ((101)+(102)−(103))	04	710 000 000
		(105) 기부금한도초과액	05	30 000 000
		(106) 기부금한도초과이월액 손금산입	54	40 000 000
		(107) 각 사업연도소득금액 ((104)+(105)−(106))	06	700 000 000
② 과세표준계산		(108) 각 사업연도소득금액 ((108)=(107))		700 000 000
		(109) 이월결손금	07	
		(110) 비과세소득	08	
		(111) 소득공제	09	
		(112) 과세표준 ((108)−(109)−(110)−(111))	10	700 000 000
		(159) 선박표준이익	55	
③ 산출세액계산		(113) 과세표준((112)+(159))	56	700 000 000
		(114) 세율	11	19
		(115) 산출세액	12	113 000 000
		(116) 지점유보소득(「법인세법」 제96조)	13	
		(117) 세율	14	
		(118) 산출세액	15	
		(119) 합계((115)+(118))	16	113 000 000
④ 납부할세액계산		(120) 산출세액((120)=(119))		113 000 000
		(121) 최저한세 적용대상 공제감면세액	17	60 000 000
		(122) 차감세액	18	60 000 000
		(123) 최저한세 적용제외 공제감면세액	19	10 000 000
		(124) 가산세액	20	
		(125) 가감계((122)−(123)+(124))	21	43 000 000
	기납부세액 / 기한내납부세액	(126) 중간예납세액	22	17 000 000
		(127) 수시부과세액	23	
		(128) 원천납부세액	24	
		(129) 간접투자회사등의 외국납부세액	25	
		(130) 소계 ((126)+(127)+(128)+(129))	26	17 000 000
	기납부세액	(131) 신고납부전가산세액	27	
		(132) 합계((130)+(131))	28	17 000 000

구분		항목	코드	금액
		(133) 감면분추가납부세액	29	
		(134) 차감납부할세액 ((125)−(132)+(133))	30	26 000 000
⑤ 토지등양도소득에 대한 법인세 계산	양도차익	(135) 등기자산	31	
		(136) 미등기자산	32	
		(137) 비과세소득	33	
		(138) 과세표준 ((135)+(136)−(137))	34	
		(139) 세율	35	
		(140) 산출세액	36	
		(141) 감면세액	37	
		(142) 차감세액 ((140)−(141))	38	
		(143) 공제세액	39	
		(144) 동업기업 법인세 배분액 (가산세 제외)	58	
		(145) 가산세액 (동업기업 배분액 포함)	40	
		(146) 가감계((142)−(143)+(144)+(145))	41	
	기납부세액	(147) 수시부과세액	42	
		(148) (　　) 세액	43	
		(149) 계 ((147)+(148))	44	
		(150) 차감납부할세액((146)−(149))	45	
⑥ 미환류소득법인세		(161) 과세대상 미환류소득	59	
		(162) 세율	60	
		(163) 산출세액	61	
		(164) 가산세액	62	
		(165) 이자상당액	63	
		(166) 납부할세액((163)+(164)+(165))	64	
⑦ 세액계		(151) 차감납부할세액계 ((134)+(150)+(166))	46	26 000 000
		(152) 사실과 다른 회계처리 경정세액공제	57	
		(153) 분납세액계산범위액 ((151)−(124)−(133)−(145)−(152)+(131))	47	26 000 000
		(154) 분납할세액	48	13 000 000
		(155) 차감납부세액 ((151)−(152)−(154))	49	13 000 000

210mm×297mm[백상지 80g/㎡ 또는 중질지 80g/㎡]

PART 05

부 록

1 시험연구용자산의 내용연수표

2 무형자산의 내용연수표

3 건축물 등의 기준내용연수 및 내용연수 범위표

4 업종별자산의 기준내용연수 및 내용연수 범위표

5 법인조정순서

1 시험연구용자산의 내용연수표

[별표 2] (2025.3.21. 개정)

▍시험연구용자산의 내용연수표(제15조 제1항 및 제2항 관련)▍

<table>
<tr><th>자산범위</th><th>자산명</th><th>내용연수</th></tr>
<tr><td rowspan="2">1. 새로운 지식이나 기술의 발견을 위한 실험연구시설
2. 신제품이나 신기술을 개발할 목적으로 관련된 지식과 경험을 응용하는 연구시설
3. 신제품이나 신기술과 관련된 시제품, 원형, 모형 또는 시험설비 등의 설계, 제작 및 시설을 위한 설비
4. 새로운 기술에 수반되는 공구, 기구, 금형 등의 설계 및 시험적 제작을 위한 시설
5. 직업훈련용 시설</td><td>(1) 건물부속설비
(2) 구축물</td><td>5년</td></tr>
<tr><td>(3) 기계장치
(4) 광학기기
(5) 시험기기
(6) 측정기기
(7) 공구
(8) 기타 시험연구용 설비</td><td>3년</td></tr>
</table>

1. 시험연구용 자산 중 「조세특례제한법 시행령」 제25조의 3 제3항 제2호에 따른 연구 · 시험용시설 및 직업훈련용 시설에 대한 투자에 대해 「조세특례제한법」 제24조에 따른 세액공제를 이미 받은 자산에 대해서는 이 내용연수표에 의한 감가상각비를 손금에 산입할 수 없다.
2. 법인이 시험연구용자산에 대하여 이 내용연수표를 적용하지 않으려는 경우에는 [별표 5] 건축물 등의 기준내용연수 및 내용연수 범위표 또는 [별표 6] 업종별 자산의 기준내용연수 및 내용연수 범위표를 적용하여 감가상각비를 손금에 산입할 수 있다.

2 무형자산의 내용연수표

[별표 3] (2025.3.21. 개정)

▌무형자산의 내용연수표(제15조 제2항 관련)▐

구 분	내용연수	무형자산
1	5년	영업권, 디자인권, 실용신안권, 상표권
2	7년	특허권
3	10년	어업권, 「해저광물자원 개발법」에 따른 채취권(생산량비례법 선택 적용), 유료도로관리권, 수리권, 전기가스공급시설이용권, 공업용수도시설이용권, 수도시설이용권, 열공급시설이용권
4	20년	광업권(생산량비례법 선택 적용), 전신전화전용시설이용권. 전용측선이용권, 하수종말처리장시설관리권, 수도시설관리권
5	30년	철도시설관리권
6	50년	댐사용권

05 부록

3 건축물 등의 기준내용연수 및 내용연수 범위표

[별표 5] (2024.11.11. 개정)

▌건축물 등의 기준내용연수 및 내용연수 범위표(제15조 제3항 관련)▐

구 분	기준내용연수 및 내용연수범위(하한-상한)	구조 또는 자산명
1	5년 (4년~6년)	차량 및 운반구[운수업, 임대업(부동산은 제외한다)에 사용되는 차량 및 운반구는 제외한다], 공구, 기구, 금형 및 비품
2	12년 (9년~15년)	선박 및 항공기[어업, 운수업, 임대업(부동산은 제외한다)에 사용되는 선박 및 항공기는 제외한다]
3	20년 (15년~25년)	연와조, 블록조, 콘크리트조, 토조, 토벽조, 목조, 목골모르타르조, 기타 조의 모든 건물(부속설비를 포함한다)과 구축물
4	40년 (30년~50년)	철골 · 철근콘크리트조, 철근콘크리트조, 석조, 연와석조, 철골조의 모든 건물(부속설비를 포함한다)과 구축물

1. 이 표를 적용할 때 "건물(부속설비를 포함한다)" 과 "구축물"이 그 기준내용연수 및 내용연수범위가 서로 다른 둘 이상의 복합구조로 구성되어 있는 경우에는 주된 구조에 따른 기준내용연수 및 내용연수범위를 적용한다.
2. 이 표 제3호 및 4호를 적용할 때 "부속설비"에는 해당 건물과 관련된 전기설비, 급배수 · 위생 설비, 가스설비, 냉방 · 난방 · 통풍 및 보일러 설비, 승강기 설비 등 모든 부속설비를 포함하고, "구축물"에는 하수도, 굴뚝, 경륜장, 포장도로, 교량, 도크, 방벽, 철탑, 터널 그밖에 토지에 정착한 모든 토목설비나 공작물을 포함한다. 다만, "부속설비"를 해당 건물과 구분하여 업종별 자산으로 회계처리하는 경우에는 별표 6을 적용할 수 있다.
3. 다음 각 목의 어느 하나에 해당하는 건물(부속설비를 포함한다) 또는 구축물에 대해서는 이 표 제3호의 기준내용연수 및 내용연수범위(하한~상한)를 10년(8년~12년)으로 하고, 이 표 제4호의 기준내용연수 및 내용연수범위(하한~상한)를 20년(15년~25년)으로 한다.
   가. 변전소, 발전소, 공장, 창고, 정거장 · 정류장 · 차고용 건물, 폐수 · 폐기물처리용 건물, 「유통산업발전법」 별표에 따른 대형마트 또는 전문점(해당 대형마트 또는 전문점의 지상층에 주차장이 있는 경우로 한정한다), 「국제회의산업 육성에 관한 법률」에 따른 국제회의시설, 「무역거래기반 조성에 관한 법률」에 따른 무역거래기반시설(별도의 건물인 무역연수원은 제외한다), 축사
   나. 하수도, 굴뚝, 경륜장, 포장도로, 폐수 · 폐기물처리용 구축물, 진동이 심하거나 부식성 물질에 심하게 노출된 구축물
   다. 건물 또는 구축물 중 진동이 심하거나 부식성 물질에 심하게 노출된 것

4 업종별자산의 기준내용연수 및 내용연수 범위표

[별표 6] (2024.3.22. 개정)

▌업종별자산의 기준내용연수 및 내용연수 범위표(제15조 제3항 관련)▐

<table>
<tr><th rowspan="2">구 분</th><th rowspan="2">기준내용연수 및 내용연수범위(하한~상한)</th><th colspan="2">적용대상자산(다음에 규정된 한국표준산업분류상 해당업종에 사용되는 자산)</th></tr>
<tr><th>대분류</th><th>중분류</th></tr>
<tr><td rowspan="2">1</td><td rowspan="2">4년
(3년~5년)</td><td>제조업</td><td>15. 가죽, 가방 및 신발제조업. 다만, 모피 및 가죽제조업(1511)은 제4호의 기준내용연수 및 내용연수범위[8년(6년~10년)]를 적용한다.</td></tr>
<tr><td>교육 서비스업</td><td>85. 교육 서비스업</td></tr>
<tr><td rowspan="8">2</td><td rowspan="8">5년
(4년~6년)</td><td>농업, 임업 및 어업</td><td>01. 농업. 다만, 과수의 경우에는 제9호의 기준내용연수 및 내용연수범위[20년(15년~25년)]를 적용한다.
02. 임업</td></tr>
<tr><td>광업</td><td>05. 석탄, 원유 및 천연가스 광업</td></tr>
<tr><td>제조업</td><td>18. 인쇄 및 기록매체 복제업
21. 의료용 물질 및 의약품 제조업</td></tr>
<tr><td>수도, 하수 및 폐기물 처리, 원료 재생업</td><td>37. 하수, 폐수 및 분뇨 처리업
38. 폐기물 수집, 운반, 처리 및 원료재생업. 다만, 해체, 선별 및 원료재생업(383) 중 재생용 금속·비금속 가공원료 생산업은 제5호의 기준내용연수 및 내용연수범위[10년(8년~12년)]를 적용한다.
39. 환경 정화 및 복원업</td></tr>
<tr><td>건설업</td><td>42. 전문직별 공사업</td></tr>
<tr><td>도매 및 소매업</td><td>45. 자동차 및 부품 판매업
46. 도매 및 상품중개업
47. 소매업(자동차는 제외한다)</td></tr>
<tr><td>운수 및 창고업</td><td>49. 육상 운송 및 파이프라인 운송업. 다만, 철도운송업(491) 및 도시철도 운송업(49211)은 제9호의 기준내용연수 및 내용연수범위[20년(15년~25년)]를 적용하고 택배업(49401) 및 늘찬 배달업(49402)은 제4호의 기준내용연수 및 내용연수범위[8년(6년~10년)]를 적용한다.</td></tr>
<tr><td>정보통신업</td><td>58. 출판업
59. 영상·오디오 기록물 제작 및 배급업
60. 방송 및 영상·오디오물 제공 서비스업
62. 컴퓨터 프로그래밍, 시스템 통합 및 관리업</td></tr>
</table>

구 분	기준내용연수 및 내용연수범위 (하한~상한)	적용대상자산(다음에 규정된 한국표준산업분류상 해당업종에 사용되는 자산)	
		대분류	중분류
2	5년 (4년~6년)		63. 정보서비스업
		금융 및 보험업	64. 금융업 65. 보험 66. 금융 및 보험 관련 서비스업
		전문, 과학 및 기술 서비스업	70. 연구개발업 71. 전문 서비스업 72. 건축기술, 엔지니어링 및 기타 과학기술 서비스업 73. 기타 전문, 과학 및 기술 서비스업
		사업시설 관리, 사업 지원 및 임대 서비스업	74. 사업시설 관리 및 조경 서비스업 75. 사업지원 서비스업. 다만, 여행사 및 기타 여행보조 서비스업(752)은 제4호의 기준내용연수 및 내용연수범위[8년(6년~10년)]를 적용한다. 76. 임대업(부동산은 제외한다)
		공공행정, 국방 및 사회보장 행정	84. 공공행정, 국방 및 사회보장 행정
		보건업 및 사회복지 서비스업	86. 보건업 87. 사회복지사업
		예술, 스포츠 및 여가 관련 서비스업	90. 창작, 예술 및 여가 관련 서비스업 91. 스포츠 및 오락관련 서비스업
		협회 및 단체, 수리 및 기타 개인 서비스업	94. 협회 및 단체 96. 기타 개인 서비스업
		가구 내 고용활동 및 달리 분류되지 않은 자가소비 생산활동	97. 가구 내 고용활동 98. 달리 분류되지 않은 자가소비를 위한 가구의 재화 및 서비스 생산활동
		국제 및 외국기관	99. 국제 및 외국기관
3	6년 (5년~7년)	제조업	26. 전자부품, 컴퓨터, 영상, 음향 및 통신장비 제조업. 다만, 마그네틱 및 광학 매체 제조업(2660)은 제4호의 기준내용연수 및 내용연수범위[8년(6년~10년)]를 적용하고, 전자코일, 변성기 및 기타 전자유도자 제조업(26293) 및 유선 통신장비 제조업(26410) 중 중앙통제실 송신용 침입 및 화재경보 시스템 제조는 제5호의 기준내용연수 및 내용연구

구 분	기준내용연수 및 내용연수범위 (하한~상한)	적용대상자산(다음에 규정된 한국표준산업분류상 해당업종에 사용되는 자산)	
		대분류	중분류
			범위[10년(8년~12년)]를 적용한다.
		정보통신업	61. 우편 및 통신업
4	8년 (6년~10년)	제조업	14. 의복, 의복 액세서리 및 모피제품 제조업. 다만, 편조의복 제조업(143) 및 편조의복 액세서리 제조업(1441)은 제5호의 기준내용연수 및 내용연수범위[10년(8년~12년)]를 적용한다. 20. 화학물질 및 화학제품 제조업(의약품은 제외한다). 다만, 살균·살충제 및 농약 제조업(2032)은 제1호의 기준내용연수 및 내용연수범위[4년(3년~5년)]을 적용하고, 화약 및 불꽃제품 제조업(20494) 중 성냥 제조는 제5호의 기준내용연수 및 내용연수범위[10년(8년~12년)]를 적용한다. 34. 산업용 기계 및 장비 수리업
		건설업	41. 종합 건설업
		운수 및 창고업	52. 창고 및 운송관련 서비스업
		숙박 및 음식점업	55. 숙박업 56. 음식점 및 주점업
		부동산업	68. 부동산업
		협회 및 단체, 수리 및 기타 개인 서비스업	95. 개인 및 소비용품 수리업
5	10년 (8년~12년)	농업, 임업 및 어업	03. 어업. 다만, 내수면 양식 어업(03212) 중 수생파충류 및 개구리 양식은 제2호의 기준내용연수 및 내용연수범위[5년(4년~6년)]를 적용한다.
		광업	06. 금속광업 07. 비금속광물 광업(연료용은 제외한다). 다만, 그 외 기타 비금속광물 광업(0729) 중 토탄 채굴은 제2호의 기준내용연수 및 내용연수범위[5년(4년~6년)]를 적용한다. 08. 광업 지원 서비스업. 다만, 광업 지원 서비스업(08000) 중 채굴목적 광물탐사활동, 유·무연탄 채굴 지원 서비스 및 갈탄 및 토탄 채굴 지원 서비스는 제2호의 기준내용연수 및 내용연수범위[5년(4년~6년)]를 적용한다.
		제조업	10. 식료품 제조업 11. 음료 제조업

구 분	기준내용연수 및 내용연수범위 (하한~상한)	적용대상자산(다음에 규정된 한국표준산업분류상 해당업종에 사용되는 자산)	
		대분류	중분류
5	10년 (8년~12년)	제조업	13. 섬유제품 제조업(의복은 제외한다). 다만, 섬유제품 염색, 정리 및 마무리 가공업(134)은 제4호의 기준내용연수 및 내용연수범위[8년(6년~10년)]를 적용한다. 16. 목재 및 나무제품제조업(가구는 제외한다) 17. 펄프, 종이 및 종이제품 제조업 22. 고무 및 플라스틱제품 제조업 23. 비금속 광물제품 제조업. 다만, 산업용 유리 제조업(2312) 중 평판 디스플레이용 유리의 제조업과 브라운관용 벌브유리의 제조업은 제2호의 기준내용연수 및 내용연수범위[5년(4년~6년)]를 적용한다. 24. 1차 금속 제조업. 다만, 기타 비철금속 제련, 정련 및 합금 제조업(24219) 중 우라늄 제련 및 정련업은 제4호의 기준내용연수 및 내용연수범위[8년(6년~10년)]를 적용한다. 25. 금속가공제품 제조업(기계 및 가구는 제외한다) 27. 의료, 정밀, 광학기기 및 시계 제조업 28. 전기장비 제조업 29. 기타 기계 및 장비 제조업 31. 기타 운송장비 제조업 32. 가구 제조업 33. 기타 제품 제조업
6	12년 (9년~15년)	제조업	12. 담배 제조업. 다만, 니코틴이 함유된 전자담배 기기용 용액 제조는 제4호의 기준내용연수 및 내용연수범위[8년(6년~10년)]를 적용한다. 30. 자동차 및 트레일러 제조업
		운수 및 창고업	50. 수상 운송업. 다만, 외항화물운송업(50112)은 제9호의 기준내용연수 및 내용연수범위[20년(15년~25년)]를 적용한다. 51. 항공 운송업
7	14년 (11년~17년)	제조업	19. 코크스, 연탄 및 석유정제품 제조업. 다만, 코크스 및 연탄 제조업(1910) 중 연탄, 갈탄 · 토탄의 응집 유 · 무연탄 및 기타 유 · 무연탄 제조는 제2호의 기준내용연수 및 내용연수범위[5년(4년~6년)]를 적용한다.

구 분	기준내용연수 및 내용연수범위 (하한~상한)	적용대상자산(다음에 규정된 한국표준산업분류상 해당업종에 사용되는 자산)	
		대분류	중분류
8	16년 (12년~20년)	전기, 가스, 증기 및 공기조절 공급업	35. 전기, 가스, 증기 및 공기조절 공급업
9	20년 (15년~25년)	수도, 하수 및 폐기물 처리, 원료재생업	36. 수도업

* 비고
1. 이 표는 [별표 3]이나 [별표 5]의 적용을 받는 자산을 제외한 모든 감가상각자산에 대하여 적용한다.
2. 내용연수범위가 서로 다른 둘 이상의 업종에 공통으로 사용되는 자산이 있는 경우에는 그 사용기간이나 사용정도의 비율에 따라 사용비율이 큰 업종의 기준내용연수 및 내용연수범위를 적용한다.

5 법인조정순서

아래내용은 회계프로그램을 이용하여 법인세 세무조정을 함에 있어서 권장되는 서식작성 순서를 제시한 것이다. 택스에듀넷(www.taxedunet.co.kr)의 "법인조정순서" 강의에서는 아래 순서에 따라 프로그램을 이용하여 법인세무조정을 수행하였고, 각 서식별 유의사항을 설명하였다.

(1) 세무조정 전 검토

구 분	메뉴명	검토사항
기초정보 검토	회사기본사항등록	① 사업장주소지 변경여부 확인 ② 업종코드/업태/종목 확인 ③ 설립년월일 확인
선 세무조정 사항	선급비용명세서	① 보험정보 입력 및 선급비용 산출 ② 12월 31일 : 차변) 선급비용 대변) 보험료
	가지급금등의 인정이자조정 (갑,을)	① 세무조정 및 인정이자 산출 ② 12월 31일 : 차변) 미수수익 대변) 이자수익
	대손충당금및대손금조정명세서	① 세무조정 및 대손충당금 한도 산출 ② 12월 31일자 : 차변) 대손상각비 대변) 대손충당금

05 부록

구 분	메뉴명	검토사항
재무제표 확정	결산자료입력	① 원재료, 재공품, 제품, 상품 재고 입력
	일반전표입력	차변) 법인세등 대) 선납세금 미지급세금
	합계잔액시산표	① 대차금액 일치 여부 확인 ② 각 계정에 (-)금액 여부 검토하기
	제조원가명세서 손익계산서	
	이익잉여금처분계산서	처분예정일, 처분확정일, 현금배당, 이익준비금(=배당×10%) 입력 후 전표 추가
	재무상태표	

(2) 기초사항검토

구 분	메뉴명	검토사항
세무조정 기초사항 검토	자본금과 적립금 조정명세서(갑,을)	① 을(세무조정 유보소득계산) -전기서식 기말잔액을 기초잔액으로 입력 ② 갑(자본금과 적립금 계산서) -전기서식 기말잔액을 기초잔액으로 입력 -이익잉여금 Ⓐ 감소 : 전기 배당금(이익준비금 제외) Ⓑ 증가 : 당기순이익 -검증 : 6.계 기말잔액=자본총계 ③ 갑(이월결손금)] -전기서식 이월결손금
	수입금액조정명세서	손익계산서상 매출액 입력
	조정후수입금액명세서	① 주업종코드 검토 ② 조정후수입금액과 부가세 과표 차이조정
	중소기업기준검토표	

(3) 과목별세무조정(주요내용)

1) 판매관리비 계정

손익계산서 계정	메뉴명	검토사항
매출원가	재고자산(유가증권)평가조정명세서	
퇴직급여	퇴직급여충당금 조정명세서	회사계상액 전액 손금불산입
	퇴직연금부담금 조정명세서	DB형만 작성, DC형의 경우 서식 작성 안 함
기업업무추진비	기업업무추진비 조정명세서(갑,을)	
세금과공과금	세금과공과금명세서	
감가상각비	① 미상각분 감가상각조정명세 ② 양도자산 감가상각조정명세 ③ 감가상각비조정명세서합계표	–양도자산 감가상각조정명세는 기중양도자산이 있는 경우만 작성 –감가상각비조정명세서합계표는 재무상태표와 비교 검증
보험료	선급비용명세서	
차량유지비	업무용승용차관련비용명세서	
대손상각비	대손충당금및대손금조정명세서	

2) 영업외손익 계정

손익계산서 계정	메뉴명	검토사항
이자수익	원천납부세액명세서(갑,을)	선납세금 계정과 비교 검증
	가지급금등의 인정이자조정(갑,을)	
이자비용	업무무관지급이자조정명세서(갑,을)	
배당금수익	수입배당금명세서	이자비용 세무조정 후 진행
수입임대료	임대보증금 간주익금 조정	

(4) 소득금액 및 과세표준계산

구 분	메뉴명	검토사항
차가감소득금액 확정	소득금액조정합계표	
	자본금과 적립금 조정명세서(갑,을)	[을(세무조정 유보소득계산)] 유보발생 〉 "④ 증가" 유보추인 〉 "③ 감소"

구 분	메뉴명	검토사항
	소득자료(상여, 배당, 기타)명세서	-근로소득지급명세서 수정제출 -원천징수이행사항 신고서 제출
각사업연도 소득금액 확정	기부금조정명세서	기부금명세서 작성 소득금액 검토 세무조정 반영 〉 3호 서식
과세표준 확정	자본금과 적립금 조정명세서(갑, 을)	[갑(자본금과 적립금 계산서)] 이월결손금 공제액 반영 〉 3호 서식

(5) 세액공제 및 감면

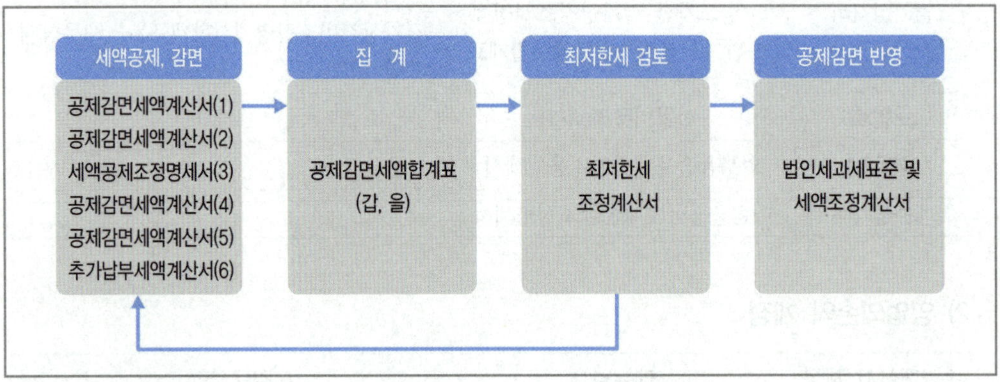

1) 세액공제(주요내용)

구 분	메뉴명	검토사항
통합고용 세액공제 고용증대 세액공제	① 근로자고용현황(공제세액계산용) ② 고용증대기업에 대한 공제세액계산서 ③ 통합고용세액공제 공제세액계산서 ③ 세액공제조정명세서(3) ④ 추가납부세액계산서(6) ⑤ 공제감면세액 합계표(갑, 을) ⑥ 최저한세조정계산서 ⑦ 세액공제신청서	① 2차, 3차연도 공제요건 ② 세액공제 → 농특세 납부 ③ 세액추징 → 농특세 환급
연구인력개발비 세액공제	① 연구 및 인력개발비 발생명세서 ② 세액공제조정명세서(3) ③ 공제감면세액 합계표(갑, 을) ④ 세액공제신청서	① 기업부설연구소 ② 연구과제총괄표

구 분	메뉴명	검토사항
외국납부 세액공제	① 국가별 외국납부세액공제 명세서 ② 공제감면세액계산서(5) ③ 공제감면세액 합계표(갑,을)	

2) 세액감면(주요내용)

구 분	메뉴명	검토사항
중소기업 특별세액 감면	① 근로자고용현황(공제세액계산용) ② 소득구분계산서 ③ 공제감면세액계산서(2) ④ 공제감면세액 합계표(갑,을) ⑤ 최저한세조정계산서 ⑥ 세액감면신청서	① 감면율 –소기업 여부 –수도권 여부 ② 감면한도
창업중소기업 감면	① 소득구분계산서 ② 창업중소기업등에대한감면세액계산서 ③ 공제감면세액계산서(2) ④ 공제감면세액 합계표(갑,을) ⑤ 최저한세조정계산서 ⑥ 세액감면신청서	① 창업요건 ② 청년창업 〉 창업일 ③ 최저한세 대상 여부

3) 농특세

구 분	메뉴명	검토사항
농어촌특별세	① 농특세 감면세액 합계표 ② 농특세 과표 및 세액조정계산서 ③ 농특세 과표 및 세액신고서	① 이월공제액 제외 ② 세액추징 시 농특세 환급 ③ 주요 비과세 –창업중소기업감면 –중소기업 특별세액감면 –고용증가 인원에 대한 사회보험료세액공제 –연구인력개발비세액공제

(6) 법인세과세표준 및 세액조정계산서

항목명	관련서식 & 검토사항
101. 결산서상당기순손익	손익계산서
104. 차가감소득금액	소득금액조정합계표
105. 기부금 한도초과액 106. 기부금한도초과이월액손금산입	기부금조정명세서
109. 이월결손금	자본금과 적립금 조정명세서(갑,을)
115. 산출세액	신설법인의 경우 회사등록 검토(설립등기일)
121. 최저한세 적용대상 공제감면세액 122. 최저한세 적용제외 공제감면세액	공제감면세액 합계표(갑,을)
124. 가산세액	가산세액 계산서
126. 중간예납세액	법인세중간예납신고서
128. 원천납부세액	원천납부세액명세서(갑,을)
133. 감면분추가납부세액	공제감면세액 합계표(갑,을)

(7) 신고서 마감

구 분	메뉴명	검토사항
신고부속서류	전산조직운용명세서	
	주요계정명세서(갑,을)	① 갑 : 퇴직급여충당금, 퇴직연금, 대손금, 대손충당금, 접대비, 기부금, 지급이자, 인정상여 등, 이익배당 등
		② 을 : 재고자산, 유가증권, 가지급금 등
	특수관계인 간 거래명세서(갑,을)	매입매출거래(갑), 자본거래(을)
	주식 등 변동상황명세서	① 매매 · 증자 · 감자 · 상속 · 증여 · 출자 ② 증권거래세, 양도소득세 신고
마감	법인세과세표준 및 세액신고서	

(8) 법인지방소득세

메뉴명	검토사항
법인지방소득세 가산세액계산서	
법인지방소득세 특별징수세액(갑을병)	
법인지방소득세 과표 및 세액조정계산서	지방소득세 과세표준 계산 시 외국납부세액 차감
법인지방소득세 과표신고서	복수 사업장의 경우 사업장별 안분

■ **법인세 계상**

(차) 법인세등 법인세 3호 125+133	(대) 선납세금 중간예납세액 3호 126
	선납세금 원천납부세액 3호 128
	미지급세금
(차) 법인세등 농특세	(대) 미지급세금
(차) 법인세등 지방소득세 43호의 2 125+134	(대) 선납세금 원천납부세액 43호의 2 128
	미지급세금

꼭 필요한 실무내용만 짚어주는

포인트 법인조정 실무

포인트
법인조정
실무

Profile

세무사 **김태원**

- 동국대학교 회계학과 졸업
- 택스에듀넷 대표강사(www.taxedunet.co.kr)
- 전) ㈜더존다스 근무
- 전) 세무법인리젠 파트너
- 현) 옳세무회계 대표 세무사
- 이나우스아카데미, 한국능률협회, 상공회의소 등 강의
- 현대백화점, 현대홈쇼핑, 현대HCN 등 다수기업 ERP 컨설팅
- (주)휴스틸, 소리바다, 유엔젤(주) 등 다수기업 내부회계관리제도 컨설팅
- 유튜브 채널 "택스에듀tv" 운영 중

〈주요 저서〉
- 포인트 세무조사 실무(조세통람)
- 포인트 통합고용세액공제 실무(공저, 조세통람)
- 포인트 법인조정 실무(공저, 조세통람)
- 포인트 연말정산 실무(공저, 조세통람)
- 포인트 종합소득세 실무(공저, 조세통람)
- 포인트 부가가치세 실무(공저, 조세통람)
- 법인결산신고실무(공저, 조세통람)
- 세법학 1, 2(공저, 나무와사람)
- 회계관리 2급(시대고시기획)
- 왕초보 회계원리(시대고시기획)
- 전산회계 2급(공저, 시대고시기획)

세무사 **장윤서**

- 국민대학교 경제학과 졸업
- 현) 자임세무회계사무소 공동 대표세무사
- 현대백화점, 유엔젤㈜, 웰바이오텍, 휴스틸 등 다수 상장기업 컨설팅

〈주요 저서〉
- 포인트 법인조정 실무(공저, 조세통람)
- 포인트 연말정산 실무(공저, 조세통람)
- 포인트 종합소득세 실무(공저, 조세통람)
- 포인트 부가가치세 실무(공저, 조세통람)
- 전산회계 2급(공저, 시대고시기획)

꼭 필요한 실무내용만 짚어주는

2025 포인트 법인조정 실무

저　　자 **김태원 · 장윤서**
발 행 인 **서원진**
편집 · 교정 **류현수, 김영림**
편집디자인 **이은희, 이미영, 황자애**
발 행 처 **㈜조세통람**
펴 낸 날 **2018년 11월 20일 초 판 발행**
2025년 8월 11일 제8판 발행

저자와의 협의하에 인지생략

주　　소 서울특별시 중구 동호로 14길 5-6(신당동)
등　　록 1976. 11. 5. 제9-81호
대표전화 02) 2231-7027
F A X 02) 2234-1754
구입문의 02) 2231-7027~9
I S B N 979-11-6064-360-2 13320
정　　가 **58,000원**

(주)조세통람은 좋은 책을 만들기 위해 독자 여러분의 의견을 기다립니다.
• 독자 의견 및 도서 문의 메일 : josetop@inaus.co.kr